U0916147

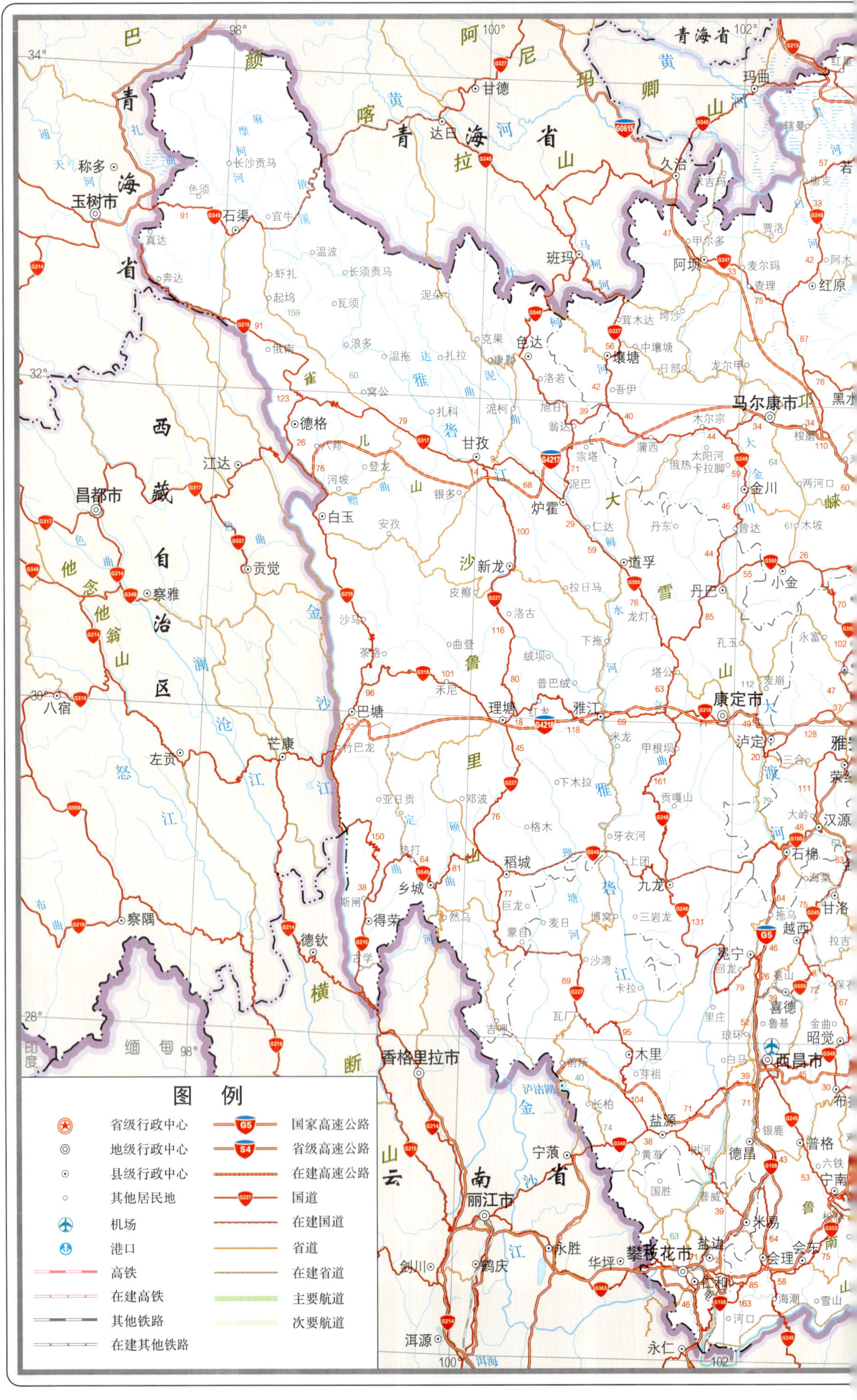
青海省
青海省
青海省
西藏自治区
云南省
巴颜喀拉山
阿尼玛卿山
他念他翁山
大雪山
沙鲁里山
邛崃山
横断山
黄河
通天河
雅砻江
金沙江
澜沧江
怒江
大渡河
缅甸
印度
玉树市
称多
石渠
长沙贡马
色须
宜牛
真达
奔达
虾扎
温波
长须贡马
起坞
瓦须
俄南
浪多
温拖
扎拉
泥朵
克果
色达
康勒
洛若
寄公
扎科
泥柯
旭日
翁达
德格
甘孜
八邦
登龙
河坡
白玉
安孜
银多
炉霍
泥巴
宗塔
仁达
新龙
皮察
拉日马
洛古
曲登
绒坝
下拖
普巴绒
禾尼
理塘
雅江
巴塘
茶洛
沙马
竹巴龙
亚日贡
邓波
下木拉
格木
稻城
热打
乡城
斯闸
得荣
古学
然乌
巨龙
麦日
蒙自
博窝
三岩龙
沙湾
卡拉
瓦厂
吉呷
木里
芽祖
前所
长柏
盐源
黄草
国胜
树河
普威
德昌
米易
盐边
攀枝花市
仁和
华坪
永胜
宁蒗
泸沽湖
丽江市
鹤庆
剑川
洱源
永仁
香格里拉市
德钦
芒康
左贡
八宿
察隅
贡觉
江达
昌都市
察雅
甘德
达日
久治
班玛
壤塘
茸木达
中壤塘
日部
吾伊
马尔康市
木尔宗
蒲西
太阳河
卡拉脚
金川
两河口
丹东
道孚
龙灯
丹巴
小金
孔玉
塔公
康定市
泸定
米龙
甲根坝
贡嘎山
九龙
上团
牙衣河
里庄
喜德
鲁基
昭觉
西昌市
冕宁
回龙
越西
拖乌
石棉
汉源
大岭
甘洛
雅安
荣经
三合
普格
宁南
会理
会东
德昌
银鹿
白马
琅环
海潮
雪山
河口
玛曲
红原
阿坝
麦尔玛
查理
贾洛
甲尔多
唐克
若尔盖
辖曼
黑水
梭磨
阿木
龙尔甲
永富
麦崩
34°
32°
30°
28°
98°
100°
102°
图 例
省级行政中心
地级行政中心
县级行政中心
其他居民地
机场
港口
高铁
在建高铁
其他铁路
在建其他铁路
国家高速公路
省级高速公路
在建高速公路
国道
在建国道
省道
在建省道
主要航道
次要航道

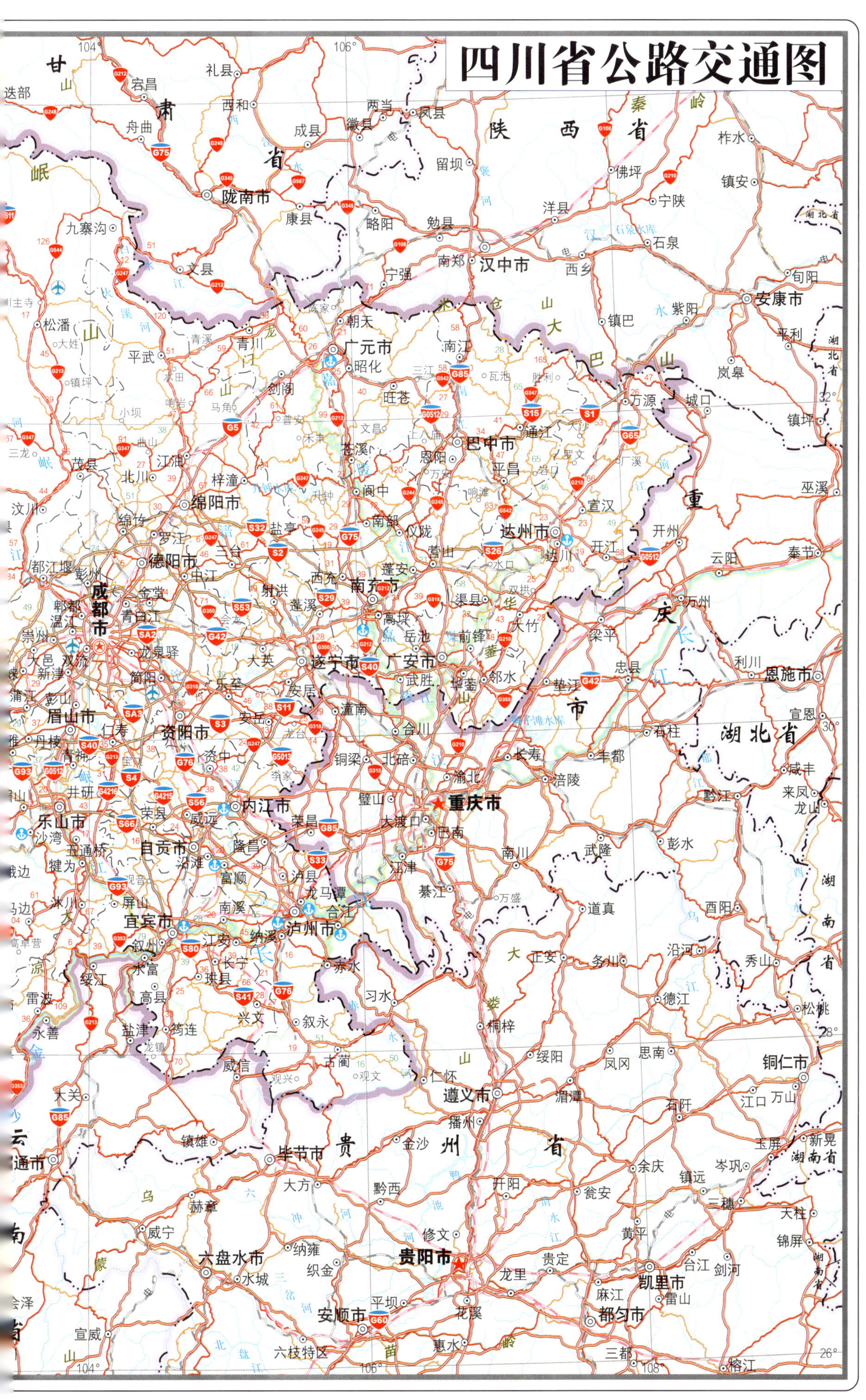
四川省公路交通图
甘肃省
陕西省
重庆市
湖北省
贵州省
成都市
重庆市
贵阳市

四川省“四向八廊”综合运输通道空间格局示意图

蒙俄
齐走廊
京津冀
⑦ 川陕京走廊
③ 长江北走廊
长三角
④ 长江南走廊
海西
粤港澳大湾区
南海诸岛
北京
天津
哈尔滨
长春
沈阳
呼和浩特
石家庄
太原
济南
郑州
西安
合肥
南京
上海
杭州
武汉
长沙
南昌
福州
台北
广州
香港
澳门
海口
黑龙江省
吉林省
辽宁省
河北省
山西省
山东省
河南省
江苏省
安徽省
浙江省
湖北省
湖南省
江西省
福建省
广东省
海南省
台湾省
广西壮族自治区
日本海
黄海
东海
南海
太平洋
朝鲜
韩国
日本
菲律宾
平壤
首尔
东京
大阪
北海道岛
本州
九州岛
四国岛
琉球群岛
鄂霍次克海
哈巴罗夫斯克（伯力）
符拉迪沃斯托克（海参崴）
布拉戈维申斯克（海兰泡）
萨哈林岛（库页岛）
东沙群岛
西沙群岛
中沙群岛
南沙群岛
马尼拉
斯里巴加湾市
河内

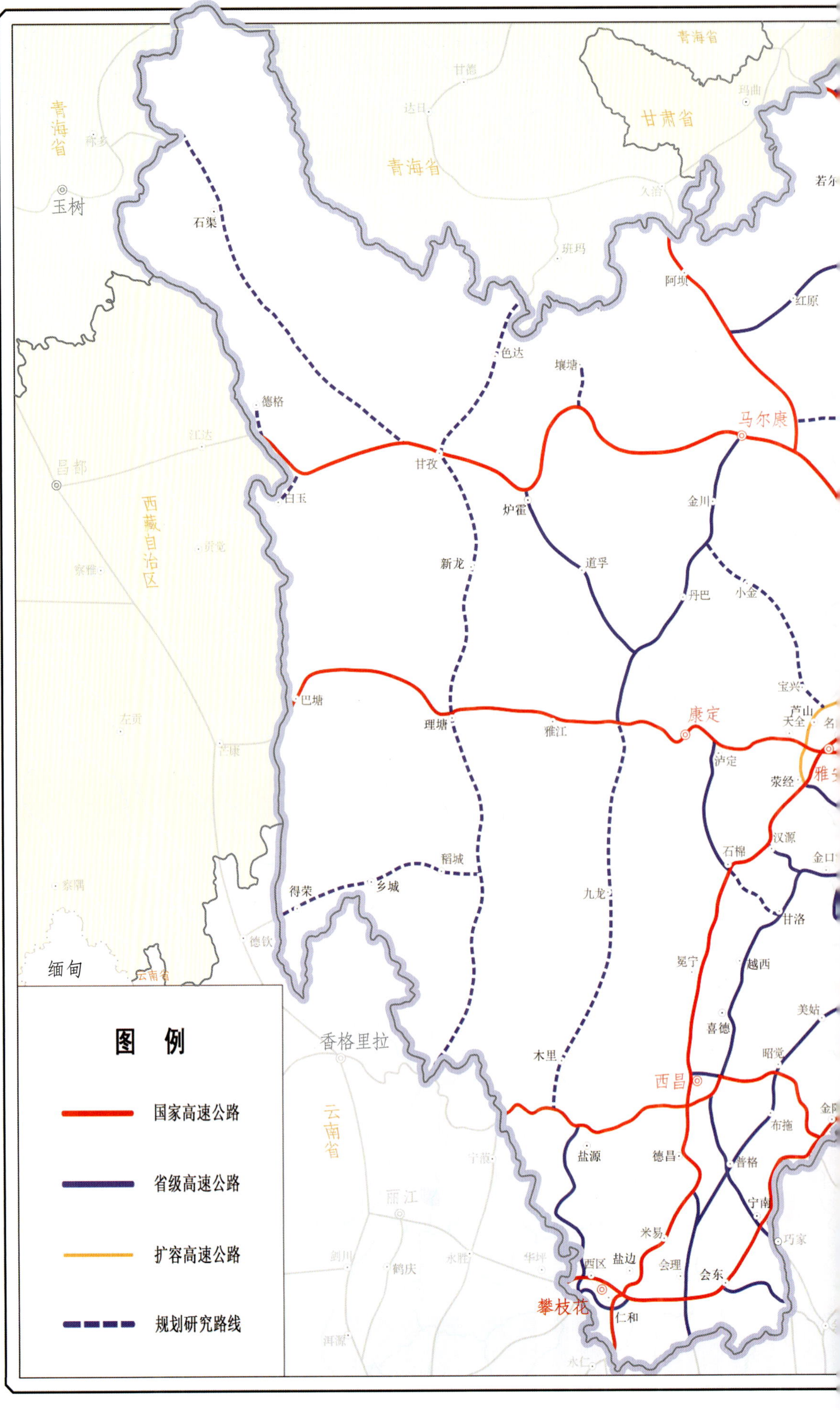

青海省
玉树
石渠
青海省
甘德
达日
甘肃省
玛曲
若尔
久治
班玛
阿坝
红原
色达
壤塘
德格
江达
昌都
马尔康
甘孜
白玉
炉霍
金川
西藏自治区
贡觉
察雅
新龙
道孚
丹巴
小金
巴塘
理塘
雅江
康定
宝兴
芦山
天全
泸定
荥经
雅安
左贡
芒康
汉源
石棉
金口
得荣
乡城
稻城
九龙
甘洛
察隅
德钦
缅甸
云南省
冕宁
越西
美姑
喜德
昭觉
香格里拉
木里
西昌
云南省
盐源
德昌
布拖
普格
宁蒗
丽江
宁南
巧家
剑川
鹤庆
永胜
华坪
米易
西区
盐边
会理
会东
攀枝花
仁和
洱源
永仁
图 例
国家高速公路
省级高速公路
扩容高速公路
规划研究路线

四川省高速公路网规划示意图

『十三五』结转项目
8个高等级航道项目
1 嘉陵江航运配套工程完善工程
2 嘉陵江利泽枢纽
3 岷江龙溪口航电枢纽工程
4 岷江龙溪口至宜宾段航运整治工程一期工程
5 岷江虎渡溪航电枢纽工程
6 岷江汤坝航电枢纽工程
7 岷江尖子山航电枢纽工程
8 岷江汉阳航电枢纽工程
2个港口码头项目
9 广元港张家坝作业区（一区）一期工程
10 泸州港纳溪港区石龙岩作业区一区工程
『十四五』新增项目
13个高等级航道项目
11 岷江老木孔航电枢纽工程
12 岷江东风岩航电枢纽工程
13 渠江风洞子航运枢纽工程
14 岷江龙溪口至宜宾段整治工程二期工程
15 金沙江向家坝库区航道建设工程（四川凉山段）
16 金沙江向家坝库区航道建设工程（四川宜宾段）
17 渠江达州—广安航运建设工程（达州段）
18 涪江三星船闸工程
19 金沙江乌东德库区库尾航道整治工程
20 嘉陵江水东坝航电枢纽
21 嘉陵江亭子口升船机改造工程
22 岷江张坎航电枢纽工程
23 岷江板桥航电枢纽工程
3个其他航道建设
24 资阳市雁江区沱江及其他支流旅游航道建设
25 龙溪口库区沐溪河旅游航道建设
26 岷江乐山大佛旅游航道建设工程
5个港口码头项目
27 宜宾港二龙口作业区改扩建工程
28 遂宁港大沙坝作业区一期工程
29 泸州市船用LNG加注码头
30 泸州市水上洗舱站码头
31 乐山港老江坝作业区大件码头
2个公共锚地
32 宜宾金沙江向家坝库区公共锚地
33 长江泸州金鸡渡公共锚地
青海省
西藏自治区
昌都市
香格里拉市
青海省
黄河
玛曲
久治
阿坝
红原
班玛
壤塘
马尔康市
金川
炉霍
道孚
小金
丹巴
康定市
雅江
泸定
雅安
大渡河
雅砻江
汉源
石棉
九龙
甘洛
冕宁
越西
喜德
木里
西昌市
盐源
德昌
普格
宁蒗
宁南
米易
会理
会东
盐边
华坪
攀枝花市
仁和
永仁
云南省
19乌东德库尾航道整治工程
26岷江乐山大佛旅游航道
31乐山老江坝作业区

四川省水运“十四五”重大项目示意图

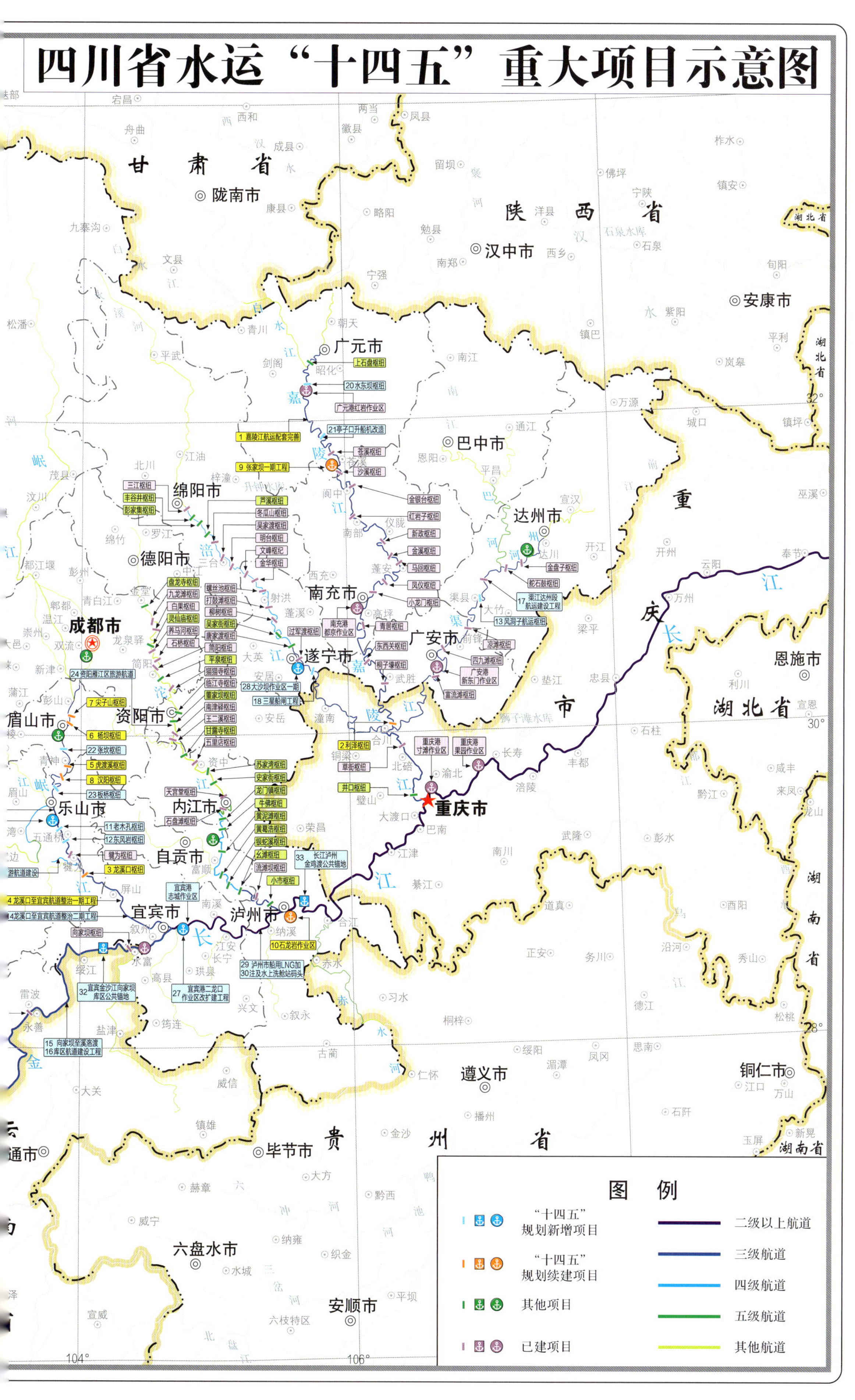

四川交通年鉴
2023
SICHUAN
TRANSPORT YEARBOOK

四川交通年鉴

SICHUAN TRANSPORT YEARBOOK 2023

四川省交通运输厅交通史志总编室　编

成都地图出版社

图书在版编目（CIP）数据

四川交通年鉴. 2023 / 四川省交通运输厅交通史志总编室编. -- 成都：成都地图出版社有限公司，2023.12

ISBN 978-7-5557-2374-5

Ⅰ. ①四… Ⅱ. ①四… Ⅲ. ①交通运输业－四川－2023－年鉴 Ⅳ. ①F512.771-54

中国国家版本馆CIP数据核字（2023）第244840号

四川交通年鉴2023

SICHUAN JIAOTONG NIANJIAN 2023

编　　者	四川省交通运输厅交通史志总编室
责任编辑	吴朝香
装帧设计	四川胜翔数码印务设计有限公司
出版发行	成都地图出版社
电　　话	028-8488 4827（编辑部）
	028-8488 4826（营销部）
印　　刷	成都市金雅迪彩色印刷有限公司
开　　本	889mm × 1194mm 1/16
印　　张	30.5
字　　数	940千
版　　次	2023年12月第1版
印　　次	2023年12月第1次印刷
书　　号	ISBN 978-7-5557-2374-5
审 图 号	川S【2023】00081号
定　　价	280.00元

《四川交通年鉴》编委会

年

鉴

《四川交通年鉴》编辑部

《四川交通年鉴·2023》分部主任、特约撰稿人

分部主任

李俊韬　厅公路局

刘　松　厅运管局

万　军　省航务海事中心

邓　洪　省交通执法总队（厅高管局）

特约撰稿人

陈超超　厅办公室

雷　越　厅办公室

李德刚　厅法规处

张韵仪　厅规划处

邓胜男　厅财务处

周　亮　厅人教处

江　凌　厅建管处

文　雪　厅公路处

李浩航　厅审批处

王立原　厅运输处

聂　训　厅安监处

罗雪飞　厅航务处

夏　历　厅审计处

钟映梅　厅科信处

王英华　厅外经处

陈飞舟　驻厅纪检监察组

马婧然　厅信访处

单　贝　厅离退休处

廖迎春　厅机关党委

王显智　厅机关党委

王　廷　省交战办

唐开川　省交通工会

陈亮吉　省交通工会

刘友春　厅公路局

郝苑苑　厅公路局

杨钱梅　省航务海事中心

刘　松　厅运管局

蒋智力　厅运管局

李济杉　省交通执法总队（厅高管局）
王　涛　四川交职学院
鲜晓丽　省交通质监站
陈　辉　省交科院
匡成刚　省公路设计院公司
尹莉莲　省交通设计院公司
杨　晗　运调中心
袁俊周　智能公司
魏　嘉　厅造价站
杨一苓　咨询监理公司
杜婉莹　省交通物流发展中心
胡　宇　交通宣传中心
郑　娜　厅信息中心
李　林　物资储备中心
杨榆彬　省港投集团
朱子林　川高公司
谢昕晨　成渝公司
李　杨　成渝分公司
马　睿　藏高公司
高建铭　成雅分公司
罗　珊　成仁分公司
田明静　成乐运营分公司
文凤玲　遂广遂西公司
胡庆晓　川西公司
雷　蕾　成南公司
罗林章　川北公司
黄　陶　川东公司
黄进舟　川南公司
郭高州　攀西公司
秦　璐　成绵公司

蔡昆良　雅西公司
王　杰　雅康公司
吴　佳　泸石公司
刘　珂　汶马公司
张晓洁　雅眉乐公司
吴　茜　成德南公司
杨　洋　成都市交通运输局
林东升　成都市交通运输局
杨忠豪　自贡市交通运输局
焦　通　攀枝花市交通运输局
胡军艳　泸州市交通运输局
朱　雨　德阳市交通运输局
肖思柯　绵阳市交通运输局
向文华　广元市交通运输局
鲁丕华　广元市交通运输局
刘　亮　遂宁市交通运输局
彭高华　内江市交通运输局
彭　钢　乐山市交通运输局
蒋浩宇　南充市交通运输局
顾　超　宜宾市交通运输局
黄婷婷　达州市交通运输局
曹　磊　广安市交通运输局
周滋淞　广安市交通运输局
李艳梅　巴中市交通运输局
张　鑫　雅安市交通运输局
魏　平　眉山市交通运输局
孙正良　资阳市交通运输局
明　媚　阿坝州交通运输局
辜英玲　甘孜州交通运输局
孟　松　凉山州交通运输局

SICHUAN
TRANSPORT YEARBOOK

2023 四川交通年鉴

编辑说明

一、《四川交通年鉴》是反映四川交通各方面发展情况的大型专业年鉴，是逐年编纂连续出版的资料性工具书。2023卷是继1987年创刊以来的第37部。全书近100万字、300余幅图片，反映2022年四川交通的基本面貌、发展状况和取得的新成就、新经验以及出现的新问题。由成都地图出版社出版，国内外公开发行。

二、本年鉴框架结构一般分三个层次：类目、分目、条目。全书设《特载》《概况》《大事记》《交通基础设施建设》《交通运输》《交通管理》《交通行政机关》《交通科技教育文化》《市州交通》《荣誉榜》《附录》11个类目。由于内容特点，《特载》《大事记》只设两个层次。条目为全书的主要表现形式。

三、本年鉴基本内容分为综合情况、动态信息和辅助资料三部分。主要记述上一年度信息资料，特殊资料、背景资料等适当上溯下延。全书注重体现专业特点、年度特色和时代特征，力求在充分反映成绩和经验的同时，如实反映存在的问题和不足。

四、本年鉴注重收录图片资料，分彩插和内文配图两种形式编录，力求全书图文并茂。彩插以专题化、系列化的形式，重点反映四川交通运输大事、要事和主要建设成就，为了突出年度特色，在卷首专题图片部分特设《四川交通运输要闻》《数字交通》《成渝地区双城经济圈建设》《暖心之家建设》《乡村振兴》《学习贯彻党的二十大精神》《清廉交通》等板块；内文配图以文系图，形象直观补充反映相关内容。

五、本年鉴稿件和资料由四川省交通运输厅机关各处（室）、厅直有关单位和各市（州）交通运输局及省港投集团、省交投集团所属有关单位提供，并经各单位（部门）领导审核和保密审查。主要统计数据以省交通运输厅业务主管部门提供的统计资料为准。

六、本年鉴注重提高实用性，刊载有四川省公路交通图、四川省“四向八廊”综合运输通道空间格局示意图、四川省高速公路网规划示意图、四川省水运“十四五”重大项目示意图。

七、为行文简洁，在目录前特制《有关机构（单位）全称简称对照表》和《四川省高速公路全称简称对照表》，在《附录》类目刊载《常用缩略语注释》。

八、本年鉴具有双重检索功能，书前列有中英文目录，书后配有索引。

九、本年鉴网络版地址：https://scjtnj.org.cn，读者亦可通过“四川交通掌上年鉴”微信小程序查阅。

有关机构（单位）全称简称对照表

全　称	简　称	全　称	简　称
中华人民共和国国家发展和改革委员会	国家发展改革委	四川交通职业技术学院	四川交职学院
中华人民共和国交通运输部	交通运输部	四川省交通工程质量监督站	省交通质监站
中央纪律检查委员会	中纪委	四川省交通运输发展战略和规划科学研究院	省交科院
国务院国有资产监督管理委员会	国资委	四川省交通厅公路规划勘察设计研究院公司	省公路设计院公司
中国共产党四川省委员会	中共四川省委	四川省交通运输厅交通勘察设计研究院公司	省交通设计院公司
四川省（市、县）人民政府	省（市、县）政府	四川省交通运输运行调度中心	运调中心
四川省人民代表大会常务委员会	省人大常委会	四川智能交通系统管理有限责任公司	智能公司
中国人民政治协商会议四川省委员会	省政协	四川省交通运输厅交通建设工程造价管理站	厅造价站
中共四川省委直属机关工作委员会	省直机关工委	四川公路工程咨询监理有限公司	咨询监理公司
四川省市场监督管理局	省市场监管局	四川省交通物流发展中心	省交通物流发展中心
亚洲开发银行	亚行	四川省交通宣传中心	交通宣传中心
国家开发银行	国开行	四川省交通运输厅信息中心	厅信息中心
中国工商银行	工行	四川省交通运输厅交通史志总编室	厅史志总编室
四川省财政厅	省财政厅	四川兴蜀公路建设发展有限责任公司	兴蜀公司
四川省人力资源和社会保障厅	省人力资源社会保障厅	四川省交通运输厅办公室（精神文明建设办公室）	厅办公室（文明办）
四川省住房和城乡建设厅	省住房城乡建设厅	四川省交通运输厅政策法规处	厅法规处
四川省交通运输厅	省交通运输厅	四川省交通运输厅综合规划处	厅规划处
四川省交通运输工会委员会	省交通工会	四川省交通运输厅财务处	厅财务处
四川省交通运输厅公路局	厅公路局	四川省交通运输厅人事教育处	厅人教处
四川省航务海事管理事务中心	省航务海事中心	四川省交通运输厅建设管理处	厅建管处
四川省交通运输厅道路运输管理局	厅运管局	四川省交通运输厅公路管理处	厅公路处
四川省交通运输综合行政执法总队（四川省交通运输厅高速公路管理局）	省交通执法总队（厅高管局）	四川省交通运输厅行政审批处	厅审批处

全　称	简　称
四川省交通运输厅运输管理处	厅运输处
四川省交通运输厅安全监督处（应急办公室）	厅安监处（应急办）
四川省交通运输厅审计处	厅审计处
四川省交通运输厅科技和信息化处	厅科信处
四川省交通运输厅外经外事处	厅外经处
四川省纪委监委驻交通运输厅纪检监察组	驻厅纪检监察组
四川省交通运输厅航务海事处	厅航务处
四川省交通运输厅信访处	厅信访处
四川省交通运输厅离退休人员工作处	厅离退休处
中共四川省交通运输厅直属机关委员会	厅机关党委
四川省交通战备办公室	省交战办
蜀道投资集团有限责任公司	蜀道集团
四川省交通投资集团有限责任公司	省交投集团
四川省铁路产业投资集团有限责任公司	省铁投集团
四川高速公路建设开发总公司	川高公司
四川成渝高速公路股份有限公司	成渝公司
四川成渝高速公路股份有限公司成渝分公司	成渝分公司
四川成渝高速公路股份有限公司成雅分公司	成雅分公司
四川成渝高速公路股份有限公司成仁分公司	成仁分公司
四川成渝高速公路股份有限公司成乐公司	成乐公司
四川遂广遂西高速公路有限责任公司	遂广遂西公司
四川省港航投资集团有限责任公司	省港投集团
四川嘉陵江凤仪航电开发有限公司	凤仪公司

全　称	简　称
四川岷江港航电开发有限公司	岷江公司
四川港航嘉陵江金沙航电开发有限公司沙溪分公司	沙溪公司
四川港航嘉陵江金沙航电开发有限公司	金沙公司
四川泸州港务有限公司	泸州港务公司
四川广安承平港务有限公司	承平港务公司
四川长江水运有限公司	长运公司
四川南充都京港务有限公司	都京公司
四川汶马高速公路有限责任公司	汶马公司
四川雅康高速公路有限责任公司	雅康公司
四川川西高速公路有限责任公司	川西公司
四川成南高速公路有限责任公司	成南公司
四川省川北高速公路股份有限公司	川北公司
四川川东高速公路有限责任公司	川东公司
四川攀西高速公路开发股份有限公司	攀西公司
四川成绵高速公路有限公司	成绵公司
四川省川南高等级公路开发股份有限公司	川南公司
四川雅西高速公路有限责任公司	雅西公司
四川成德南高速公路有限责任公司	成德南公司
四川雅眉乐高速公路有限责任公司	雅眉乐公司
阿坝藏族羌族自治州交通运输局	阿坝州交通运输局
甘孜藏族自治州交通运输局	甘孜州交通运输局
凉山彝族自治州交通运输局	凉山州交通运输局

四川省已成、在建、规划高速公路全称简称对照表

全 称	简 称	全 称	简 称
成都至重庆高速公路	成渝高速公路	邻水至垫江高速公路	邻垫高速公路
成都至绵阳高速公路	成绵高速公路	攀枝花至田房高速公路	攀田高速公路
成都至乐山高速公路	成乐高速公路	都江堰至映秀高速公路	都映高速公路
内江至宜宾高速公路	内宜高速公路	广元至巴中高速公路	广巴高速公路
成都至雅安高速公路	成雅高速公路	邛崃至名山高速公路	邛名高速公路
隆昌至纳溪高速公路	隆纳高速公路	乐山至宜宾高速公路	乐宜高速公路
泸沽至黄联关高速公路	泸黄高速公路	绵阳至遂宁高速公路	绵遂高速公路
西昌卫星基地高速公路	西昌卫星基地高速公路	雅安至西昌高速公路	雅西高速公路
广安至邻水高速公路	广邻高速公路	广元至陕西高速公路	广陕高速公路
达州至重庆高速公路	达渝高速公路	达州至陕西高速公路	达陕高速公路
成都至都江堰高速公路	成灌高速公路	成都至绵阳高速公路复线	成绵高速公路复线
广元至南充高速公路	广南高速公路	内江至遂宁高速公路	内遂高速公路
遂宁至回马高速公路	遂回高速公路	成都至自贡至泸州至赤水高速公路	成自泸赤高速公路
成都至南充高速公路	成南高速公路	映秀至汶川高速公路	映汶高速公路
绵阳至广元高速公路	绵广高速公路	纳溪至贵州高速公路	纳黔高速公路
南充至广安高速公路	南广高速公路	达州至万州高速公路	达万高速公路
成都至温江至邛崃高速公路	成温邛高速公路	广元至甘肃高速公路	广甘高速公路
成都至彭州高速公路	成彭高速公路	乐山至雅安高速公路	乐雅高速公路
宜宾至水富高速公路	宜水高速公路	巴中至南充高速公路	巴南高速公路
遂宁至重庆高速公路	遂渝高速公路	成都至德阳至南部高速公路	成德南高速公路
西昌至攀枝花高速公路	西攀高速公路	宜宾至重庆高速公路	宜渝高速公路
南充至重庆高速公路	南渝高速公路	乐山至自贡高速公路	乐自高速公路

全　称	简　称	全　称	简　称
巴中至达州高速公路	巴达高速公路	南充至潼南高速公路	南潼高速公路
遂宁至资阳至眉山高速公路	遂资眉高速公路	乐山至汉源高速公路	乐汉高速公路
南充至大竹至梁平高速公路	南大梁高速公路	石棉至泸定高速公路	石泸高速公路
巴中至陕西高速公路	巴陕高速公路	宜宾至攀枝花高速公路	宜攀高速公路
丽江至攀枝花高速公路	丽攀高速公路	西昌至昭通高速公路	西昭高速公路
绵阳绕城高速公路	绵阳绕城高速公路	西昌至香格里拉高速公路	西香高速公路
成都第二绕城高速公路	成都二绕高速公路	永郎至会理高速公路	永会高速公路
遂宁至西充高速公路	遂西高速公路	华坪至丽江高速公路	华丽高速公路
遂宁至广安高速公路	遂广高速公路	银川至昆明高速公路	银昆高速公路
自贡至隆昌高速公路	自隆高速公路	绵阳至九寨沟高速公路	绵九高速公路
内江至威远至荣县高速公路	内威荣高速公路	北京至昆明高速公路	京昆高速公路
宜宾至叙永高速公路	宜叙高速公路	四川南充至重庆潼南高速公路	南潼高速公路
巴中至广安至重庆高速公路	巴广渝高速公路	巴中至万源高速公路	巴万高速公路
成都至安岳至重庆高速公路	成安渝高速公路	重庆至广安高速公路	渝广高速公路
叙永至古蔺高速公路	叙古高速公路	四川马尔康县至青海久治县高速公路	川青高速公路
仁寿至沐川至新市镇高速公路	仁沐新高速公路	四川西昌至云南昭通高速公路	西昭高速公路
雅安至康定高速公路	雅康高速公路	德昌永郎至会理高速公路	永会高速公路
汶川至马尔康高速公路	汶马高速公路	宜宾至叙永高速公路	宜叙高速公路
宜宾至彝良高速公路	宜彝高速公路	攀枝花至宁南段高速公路	攀宁高速公路
宜宾绕城高速公路	宜宾绕城高速公路	攀枝花至盐源高速公路	攀盐高速公路
绵阳至西充高速公路	绵西高速公路	宜宾至威信高速公路	宜威高速公路
成都第三绕城高速公路	成都三绕高速公路	宜宾至新市高速公路	宜新高速公路
攀枝花至大理高速公路	攀大高速公路	泸州至古蔺至金沙高速公路	泸古金高速公路
营山至达州高速公路	营达高速公路	遂宁至德阳高速公路	遂德高速公路
苍溪至巴中高速公路	苍巴高速公路	康定至新都桥高速公路	康新高速公路
镇巴至广安高速公路	镇广高速公路	德昌至会理高速公路	德会高速公路
泸州至重庆高速公路	泸渝高速公路	简阳至蒲江高速公路	简蒲高速公路
泸州至永川高速公路	泸永高速公路	广元至平武高速公路	广平高速公路
峨眉至汉源高速公路	峨汉高速公路	德阳至都江堰高速公路	德都高速公路

Contents 目 录

特载

概况

大事记

交通基础设施建设

交通运输

交通管理

交通科技教育文化

荣誉榜

附录

Main Contents

3月5日上午 第十三届全国人民代表大会第五次会议在北京人民大会堂开幕。全国人大代表，四川省交通运输厅党组书记、厅长罗佳明在接受《人民日报》采访时表示，非常关注政府工作报告中有关交通运输领域的发展任务，希望充分发挥交通建设促投资、稳增长、惠民生作用，为推进交通强国建设作出新贡献。

2022年全国“两会”期间，省交通运输厅党组书记、厅长罗佳明接受媒体采访介绍四川交通“暖心之家”建设　　欧阳杰　摄

2022年“两会”期间，省交通运输厅党组书记、厅长罗佳明接受媒体采访时介绍四川农村公路铁索桥改公路桥项目　欧阳杰　摄

6月9日　四川省十三届人大常委会第三十五次会议表决并高票通过关于修正《四川省高速公路条例》（简称《条例》）的决定。《条例》修正将进一步强化“以人民为中心”的理念，在坚守安全底线基础上完善和优化行业监管举措，补充完善智慧高速、信用监管、高速公路底层架空空间规范管理、差异化收费等制度，盘活高速公路存量资源，监督和激励高速公路经营者提升服务质量，为社会公众提供便捷舒适、经济高效的高速公路出行体验，提升人民群众满意度和获得感。

2022年，成雅快速通道（雅安段）贯通　　交通宣传中心　供图

2022年，久马高速公路建设现场开展防汛工作演练　　交通宣传中心　供图

8月4日　中央电视台综合频道《新闻联播》节目《国内联播快讯》中以“川渝携手共建长江上游航运中心”为主题对《方案》进行报道，取得良好舆论效果。此外，《中国交通报》《四川卫视》《四川日报》等媒体从建设方向、投资情况、预定目标等方面聚焦，对长江上游航运中心成为“一带一路”、长江经济带、西部陆海新通道联动发展的战略性枢纽进行专版访谈及报道。

2022年，广元至重庆的货船正在通过南充境内的小龙门航电枢纽船闸　　交通宣传中心　供图

长江三峡航道　　　　省航务海事中心　供图

9月5日　甘孜州泸定县（北纬29.59度，东经102.08度）发生6.8级地震。按照省委省政府部署，省交通运输厅第一时间启动地震应急二级响应，立即组织开展道路抢通和灾损排查工作。省交通运输厅党组书记罗佳明率交通运输厅党组成员、总工程师王茂奎，副厅长许磊等交通运输前线指挥部成员，带领省公路设计院公司、省交通设计院公司的地质、桥梁、隧道等方面专家第一时间赶赴一线，指挥抢通保通。

2022年，物资储备中心出动动力舟桥运送抢通机械　　　　交通宣传中心　供图

9月26日 四川省2022年第三季度重大项目现场推进活动在成都隆重举行。其中，高速公路开工项目10个、总里程935公里、总投资2198.7亿元，集中开工高速公路项目数量、投资额度创四川交通历次集中开工之最。

10月10日 交通运输部、国家邮政局联合印发通知，发布第三批农村物流服务品牌，共40个项目入选，覆盖20个省份。四川省江安县“金通畅行”、合江县“交邮商融合，助力乡村振兴”、崇州市“党建+客货邮共融”、达州市达川区“城乡物流共配+多站多网合一”4个项目成功入选。

1
2

1 省道19线阆中至营山高速公路项目嘉陵江特大桥效果图

交通宣传中心 供图

2 江安县快递物流仓配中心

交通宣传中心 供图

10月16日 中国共产党第二十次全国代表大会在北京隆重召开。四川省交通运输系统各级干部职工（含离退休）开展各类主题活动喜迎二十大，践行新征程。

1 2

1 2022年10月13日，由厅机关党委主办、厅公路局承办的“喜迎二十大，迈步新征程”2022年“蜀道杯”四川省交通运输行业职工运动会厅直系统欢乐马拉松交流选拔赛在天府公园举行

交通宣传中心 供图

2 2022年11月9日至10日，省交通运输厅离退休老同志开展党的二十大主题学习活动

交通宣传中心 供图

11月10日 四川省首条红色乡村示范路——广元市苍溪县黄猫垭镇高台村红色美丽村庄道路正式通车。该项目通车后将衔接广巴高速公路，形成一条缅怀革命先烈的红色精品旅游环线，同时串联4个现代农业示范产业园，助推当地乡村振兴。

2022年11月20日，建成后的四川首条红色乡村示范路苍溪县黄猫垭镇高台村红色公路 苍溪县交通运输局 供图

12月12日 四川低碳交通研究中心正式挂牌入驻天府永兴实验室。这是全国第一家政府主导、企业联盟的专门致力于交通运输领域碳中和技术研发的研究中心。交通运输部综合规划司副司长苏杰、科技司副司长林强在线致辞。省交通运输厅党组书记罗佳明和成都市政府副市长、天府新区党工委书记刘任远共同为四川低碳交通研究中心揭牌。

12月12日，省交通运输厅党组书记罗佳明（左）和成都市政府副市长、天府新区党工委书记刘任远（右）共同为四川低碳交通研究中心揭牌 陈 龙 摄

12月30日10时　德昌至会理高速公路、沿江高速公路会理至会东段通车活动在德昌至会理高速公路会理北收费站举行。省交通运输厅党组书记罗佳明出席通车活动并宣布通车。凉山州委书记段毅君致辞，凉山州委副书记、州长阿石拉比主持活动。德昌至会理、沿江高速会理至会东段2个项目（路段）于12月30日12时正式并网运营，标志着四川高速公路通车运营里程有了新突破。

1 德会高速公路锦川枢纽　交通宣传中心　供图

2 沿江高速公路官村河特大桥　交通宣传中心　供图

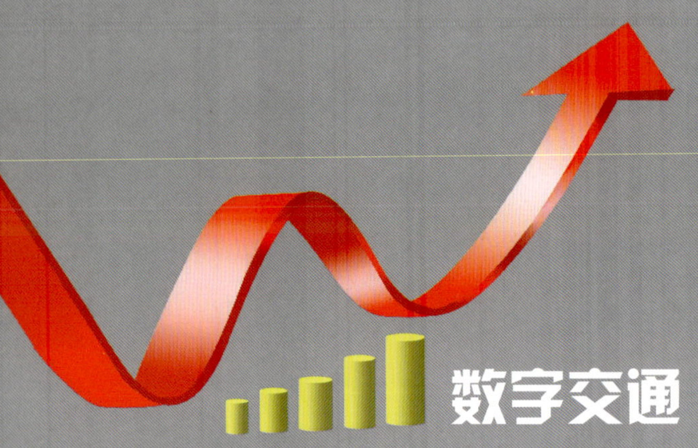

数字交通

2022年四川农村公路建设情况

新改建农村公路：**2.4**万公里

建设完成投资：**375.7**亿元

通车总里程：**35.7**万公里

2022年四川普通国省干线公路建设情况

新改建普通国省干线公路：**2232.6**公里

建设完成投资：**657.6**亿元

通车总里程：**3.9**万公里

2022年四川高速公路建设情况

高速公路建设完成投资：**1266.9**亿元

通车总里程：**9179**公里

2022年四川公路里程年底到达数

公路总里程：**405390.2**公里

国道：**22859.7**公里　　省道：**25398.5**公里　　县道：**62373**公里

乡道：**103831**公里　　村道：**190928**公里

2022年四川交通建设完成投资

2622.8亿元

养护、智慧交通及其他专项建设完成投资：**171.5**亿元

运营高速及厅直单位投资：**30.4**亿元

2022年四川水路客货运输量

旅客运输量：726万人　　旅客周转量：8716万人公里

货物运输量：6049万吨　　货物周转量：275.6亿吨公里

2022年四川公路客货运输量

旅客运输量：29816万人　　旅客周转量：1685878万人公里

货物运输量：172329万吨　　货物周转量：1858亿吨公里

2022年四川内河航运建设情况

内河航运完成投资：66.1亿元

通航总里程：10881公里

2022年四川客货站场建设情况

客货站场建设完成投资：54.6亿元

客运站总数：47778个　　其中三级以上客运站：300个

便捷式车站：2305个　　招呼站45173个

货运站总数：13个

2021年发布的《国家综合立体交通网规划纲要》，将成渝地区列为全国交通“四极”之一，开启四川由西部综合交通枢纽向国际性综合交通枢纽集群跨越的新篇章。全省交通运输系统抢抓战略机遇，奋力推进交通强省建设。截至2022年，川渝间建成及在建高速公路通道达18条；泸永高速公路通车运营，成为成渝地区双城经济圈战略实施以来首条建成投用的“川渝大通道”。稳定运行川渝省际公交线路，新开通省际公交线路5条，累计开通省际公交线路20条。推动泸州、宜宾港至重庆“水水中转”班轮常态化运行，新增广安至重庆、南充至重庆、广元至南充集装箱班轮航线，打造巴蜀文化岷江旅游走廊精品航线。

2022年，建设中的开梁高速公路 交通宣传中心 供图

2022年，泸永高速公路建成通车。图为滩子口大桥 厅建管处 供图

1
2
3
4 5

1 2022年，建设中的内大高速公路内江联合水库大桥 邓 波 摄

2 2022年，建设中的资铜高速公路 朱美莲 摄

3 2022年6月29日，新开通的广安到重庆“川渝20路”公交线路正式运行 广安市交通运输局 供图

4 2022年，打造巴蜀文化岷江旅游走廊精品航线 省航务海事中心 供图

5 2022年，广元至重庆“水上穿梭巴士” 省航务海事中心 供图

四川聚力建设“暖心之家”服务货车司机

为深入贯彻落实习近平总书记关于维护好货车司机合法权益的重要指示精神，进一步改善货车司机在服务区的停车休息环境和条件，四川省交通运输行业聚焦货车司机“急难愁盼”，把维护货车司机合法权益作为践行人民交通为人民理念，开展“我为群众办实事”主题实践活动的重要内容，满足货车司机在旅途中能“喝口热水、吃口热饭、洗个热水澡、睡个安稳觉”的现实需求，在全国率先提出并打造“司机之家”升级版——“暖心之家”。

坚持节约、实用、高效的原则，根据货车流量数据和货物运输规律，结合货车司机行为习惯，兼顾地理位置等要素，依托高速公路、普通国省干道、物流场站、内河港口等现有设施，研究出台货车司机“暖心之家”布局方案，明确2022年底建成“暖心之家”20个，2025年底前建成37个，基本实现主要货运通道和物流枢纽全覆盖。

成德南高速公路金堂服务区率先建成“暖心之家”试点　　交通宣传中心　供图

通过采取面对面访谈、发放调查问卷、实地查看等形式开展“田野调查”，深入了解货车司机工作时间、驾驶线路、用餐、休息及运输市场、从业环境等情况，掌握货车司机所思所想所盼。按照实用实惠的原则，制定了高速公路“暖心之家”党群服务、停车、休息、餐饮、沐浴、洗衣等9大实用功能。

针对“餐饮贵”“住宿难”“偷盗油”等货车司机反映的突出问题，系统推出了“1荤2素1汤”10元套餐和“自带被褥1元住宿”“车货无忧”保险等7项实惠服务。搭建线上“暖心之家”，货车司机只需“亮证+扫码”两步完成验证，就可以在手机上实时查询“暖心之家”分布点位地图，享受平价餐饮、共享厨房、休息沐浴、自助洗衣等服务，并进行服务评价。

成都市青白江区“蓉欧驿·暖心之家”达海党群服务站　　厅运管局　供图

自隆高速公路沿滩服务区“暖心之家”
交通宣传中心　供图

成自泸高速公路汪洋服务区“暖心之家”VR驾驶体验区 交通宣传中心 供图

成德南高速公路金堂服务区“暖心之家”洗衣房 交通宣传中心 供图

1
2
3

1 成宜高速公路谢安服务区“暖心之家”休息区

交通宣传中心　供图

2 成巴高速公路下八庙服务区“暖心之家”共享厨房

交通宣传中心　供图

3 乐自高速公路井研服务区“暖心之家”住宿休息区

交通宣传中心　供图

深入实践“支部建在车轮上”，引导货车司机听党话、感党恩、跟党走

2022年，全省交通运输部门坚决贯彻习近平总书记关于维护货车司机等群体合法权益的重要指示精神，在省委组织部的指导下，会同省直机关工委、省总工会等积极深化货车司机群体党建试点，锁定“有形有效”工作要求，三级“一把手”抓、部门一体化推、各地一条心干，在全域深化“支部建在车轮上”的四川实践，积极引导货车司机听党话、感党恩、跟党走。

2022年6月17日，交通运输部召开深化货车司机群体党建试点工作视频推进会，省交通运输厅党组书记罗佳明在四川分会场作汇报发言

吴妍妍　摄

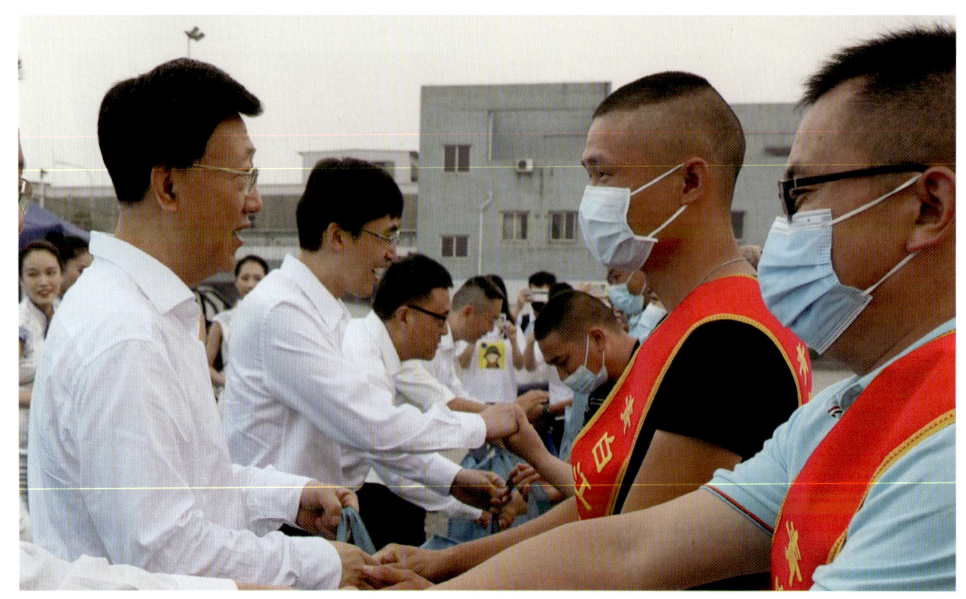

2022年6月8日，四川省交通运输厅、省委“两新”工委、省直机关工委、省总工会联合在青白江区达海工业科技综合产业园货车司机“暖心之家”举行四川省市县三级联动开展“亮身份、送清凉”走访慰问货车司机活动启动仪式。省交通运输厅党组书记罗佳明为货车司机送上慰问品。

吴妍妍　摄

1
2
3

1 普照社区货车司机流动党员党支部 周 琪 摄

2 四川货车司机流动党员雅西线路党支部书记周人连（中）与货车司机交流 陈 龙 摄

3 成德南高速公路金堂服务区“暖心之家”党群服务中心 周 琪 摄

1 2
3

1 乐自高速公路井研服务区“暖心之家”党群服务中心
交通宣传中心 供图

2 乐自高速公路井研服务区“暖心之家”红色文化展厅
交通宣传中心 供图

3 雅西高速公路荥经服务区“暖心之家”党群服务中心
交通宣传中心 供图

2020年3月，四川在全国率先实施建设人民满意乡村运输“金通工程”；2021年12月，四川乡村运输“金通工程”正式获交通运输部批复，纳入交通强国建设试点项目。厅公路局印发《“十四五”期全省“四好农村路”高质量发展专项行动方案》，以实施拓直连、促融合、保安全、强管理、提养护、优服务、扩示范“七大工程”为重点，全面推动“四好农村路”高质量发展，进一步巩固拓展脱贫攻坚成果，更好支撑乡村振兴。

截至2022年底，全省通过推进“金通工程”，乡村运输收入增加40%左右，事故下降30%左右。全省发展交邮合作线路587条，“小黄车”代运代投邮件超过390万件。四川还整合村级电商站点、村邮站、邮政综合便民服务站、邮快驿站、邮乐购站、便利商超等资源，共建统一标准的寄递物流综合服务站“金通·电商邮快驿站”，打开农产品外销的通道。

2022年，四川最美农村公路——德阳市旌阳区龙高路　　交通宣传中心　供图

2022年，四川最美农村公路——雅安市名山区红岩村前进镇公路　　交通宣传中心　供图

2022年，四川省最美农村公路——成都市都江堰市蒲虹公路　　交通宣传中心　供图

1
2
3

1 “金通工程”送药下乡 交通宣传中心 供图

2 “金通工程”小黄车接送学生
交通宣传中心 供图

3 小金县农村客运车辆规范运行
交通宣传中心 供图

1 通江县三清店村村民在田间收到“小黄车”送来的快递　　交通宣传中心　供图

2 巴塘县“金通工程”　　交通宣传中心　供图

3 农村电商“金乡运”　　交通宣传中心　供图

4 资阳市交邮合作　　交通宣传中心　供图

2022年10月18日，省直机关工委、省文联对“喜迎二十大·奋进新征程”——四川省机关干部职工主题书法绘画摄影作品展中涌现的优秀作品与优秀组织进行了通报表彰。省交通运输厅积极踊跃参与作品制作、征集与报送，获“组织奖”，推荐的摄影类作品《“金通+”助力乡村振兴》获评在职干部职工组“优秀作品”　　交通宣传中心　供图

四川日报

党的二十大特别报道

要闻 06

川渝代表热议成渝地区双城经济圈建设

跑出“加速度” 改革“下深水”

党旗耿动

党代表连线党支部

师生话“奋进” 逐梦正当时

读报告·话四川

发挥好党员的先锋模范作用

在传承中走向未来

让四川文化“宝藏”更闪亮

参会笔记

做乡村振兴的参与者推动者践行者

1 2
3

1　2022年10月20日，厅党组书记罗佳明接受《四川日报》专访表示，川渝两省市全面深化交通运输合作，川渝省际高速公路通道规划布局新增11条、达36条，建成及在建省际高速公路达18条，成达万高铁等铁路大动脉相继开工。下一步，将全力抓好交通基础设施“硬联通”和服务管理“软联通”，合力打造国家综合立体交通极　交通宣传中心　供图

2　2022年11月27日，“学习党的二十大精神致敬先进典型罗从兵同志先进事迹学习宣传暨长篇报告文学《行走的光芒》发布活动”举行，该书以22万字的篇幅再现了罗从兵作为年轻党员干部讲政治、顾大局、显担当的时代先锋形象，作为基层一线干部一心为民、勇于担当、善于作为的先进典型形象，作为民族地区干部践行“四个特别”要求的杰出代表形象，作为交通系统干部传承“两路”精神、建设“四好农村路”的优秀榜样形象
交通宣传中心　供图

3　2022年10月22日，党的二十大代表、省交通运输厅党组书记罗佳明在接受四川广播电视台专访时表示，这是一次高举旗帜、凝聚力量、团结奋斗的大会，团结才能胜利，奋斗就会成功　交通宣传中心　供图

2022年11月10日，学习贯彻党的二十大精神省委宣讲团内江报告会举行，省委宣讲团第四分团副团长、党的二十大代表、厅党组书记罗佳明作宣讲报告　　交通宣传中心　供图

2022年11月

1
2
3

1 2　2022年11月11日，学习贯彻党的二十大精神省委宣讲团眉山报告会举行，省委宣讲团第四分团副团长、党的二十大代表、厅党组书记罗佳明作宣讲报告

交通宣传中心　供图

3　2022年12月9日，四川省交通运输厅开展四季讲坛·冬活动，学习贯彻党的二十大精神和省委十二届二次全会精神宣讲会

徐鸿松　摄

2022年，是“清廉交通”建设的深化之年。全省交通运输行业坚持以习近平新时代中国特色社会主义思想为指导，深入贯彻落实党的二十大和省第十二次党代会精神，聚焦“清廉交通”建设10个方面79项具体任务，坚持思想引领、系统联动，坚持问题导向、惩防并举，持续深入开展交通运输执法领域突出问题、招投标领域突出问题、道路运输驾培市场监管突出问题等专项整治，厅级干部结合联系指导市州工作，实行随机督导、年度检查，确保各项任务落地落实。驻厅纪检监察组继2021年实现积存问题线索“清零”后，全面推进案件查办工作标准化、规范化、法治化，实现问题线索“动态清零”，给予党纪处分5人，政务处分3人，诫勉1人，批评教育和谈话提醒4人。扎实抓好案件查办“后半篇文章”，健全完善各类制度800余项，真正把权力关进制度的笼子。

2022年7月5日，省纪委副书记、省监委副主任赵正文（前右二）一行调研督导“清廉交通”建设情况　　驻厅纪检监察组　供图

2022年11月，省纪委监委第四纪检监察室调研督导“清廉交通”建设和灾后恢复重建情况　　驻厅纪检监察组　供图

2022年10月25日，驻厅纪检监察组调研督导省物流发展中心“清廉交通”建设及党风廉政建设情况　　驻厅纪检监察组　供图

2022年4月22日，省交通运输厅召开全省交通运输行业“清廉交通”建设推进电视电话会议　　驻厅纪检监察组　供图

2022年11月，省交通运输厅调研督导遂宁市“清廉交通”建设推进情况　　驻厅纪检监察组　供图

2022年11月28日，在兴蜀公司召开"清廉交通"建设暨以案促改警示教育大会　　驻厅纪检监察组　供图

2022年6月16日，省交通运输综合行政执法总队开展"清廉交通"建设主题党日活动　　驻厅纪检监察组　供图

特载

TE ZAI

部省领导对四川交通运输重要批示

2022年4月29日，中共四川省委书记王晓晖在省物流保通保畅机制办公室《关于贯彻落实国务院物流保通保畅工作部署有关情况的报告》上批示：精准管控，确保物流畅通。

2022年5月8日，中共四川省委书记王晓晖在省交通运输厅《四川省交通运输工作汇报》上批示：落实好“外防输入”责任，严格实施“入川即检”，努力做到“管得住、行得畅”。

2022年5月9日，中共四川省委书记王晓晖在《突发事件零报告（2022年5月7日情况综述）》上批示：请陈炜同志阅，要始终高度重视公路交通安全问题。

2022年6月12日，中共四川省委书记王晓晖在省交通运输厅《关于货车司机群体党建试点工作有关情况的报告》上批示：此项试点很有意义，要更多在建立组织体系和真正发挥作用上下功夫，做到有形有态有效。

2022年7月8日，中共四川省委书记王晓晖在《李克强总理在交通运输部考察并主持召开座谈会时的讲话》上批示：请交通厅抓好贯彻落实。

2022年7月19日，中国四川省委书记王晓晖在省交通运输厅《关于赴交通运输部汇报工作有关情况的报告》上批示：感谢小鹏部长和交通运输部的大力支持。

2022年7月21日，中共四川省委书记王晓晖在省决咨委《关于报送〈重点突破高质量推进四川交通强省建设的几点建议〉的报告》上批示：请交通厅研究。

2022年10月3日，中共四川省委书记王晓晖在省交通运输厅《关于呈阅〈“决战四季度 大干一百天”攻坚行动实施方案〉的报告》上批示：很好，确保工程进度和质量。

2022年1月15日，四川省人民政府省长黄强在省交通运输厅《关于2021年高速公路建成通车情况的报告》上批示：很好！

2022年2月9日，四川省人民政府省长黄强在省交通运输厅《关于2022年春节假期交通运输安全生产工作情况的报告》上批示：很好！

2022年4月27日、5月27日，四川省人民政府省长黄强在省交通运输厅《关于国道351线夹金山隧道工程建设情况的报告》上批示：很好！

2022年5月13日，四川省人民政府省长黄强在省交通运输厅《关于进一步做好交通运输安全工作的报告》上批示：请陈炜、寒冰副省长阅示。省交通厅认识到位，分析深刻，要狠抓落实，常抓不懈。

2022年6月28日，四川省人民政府省长黄强在省交通运输厅《关于国道351线夹金山隧道工程建设情况的报告》上批示：请研究地震后的影响和方案的完善。

2022年7月19日，四川省人民政府省长黄强在省交通运输厅《关于赴交通运输部汇报工作有关情况的报告》上批示：很好！

2022年7月28日，四川省人民政府省长黄强在省交通运输厅《关于国道351线夹金山隧道工程建设情况的报告》上批示：安全第一。

2022年7月29日，四川省人民政府省长黄强在省交通运输厅《关于〈国家公路网规划〉有关情况的报告》上批示：请云泽、庆盈同志阅。省交通厅工作积极主动，很有成效。

2022年10月4日，四川省人民政府省长黄强在《四川省交通运输厅关于黄河干流若尔盖段生态修复治理项目完工情况的报告》上批示：交通运输厅保质按时完成了任务，充分肯定，提出表扬。

2022年12月28日，四川省人民政府省长黄强在省交通运输厅《关于国道351夹金山隧道建设有关情况的报告》上批示：感谢小鹏部长和国家交通部对四川的大力支持！请各位省领导阅。

2022年6月13日，四川省人民政府省长黄强在《关于货车司机群体党建试点工作有关情况的报告》上批示：请易林同志阅，认真落实晓晖书记的批示，在已取得成绩的基础上，会同交通厅党组继续做深做细。

2022年8月28日，中共四川省委组织部部长于立军在省交通运输厅《关于"暖心之家"建设运营情况的报告》上批示：注意党建引领。

2022年7月5日，四川省人民政府副省长李云泽对汶马高速公路通化一号隧道洞口发生滑坡致道路中断作出批示：请交通运输厅指导属地及时组织疏解分流，会同自然资源部门加强滑坡研判，集结抢通力量，在确保安全的前提下尽早抢通道路。

2022年10月4日，四川省人民政府副省长李云泽在省交通运输厅《关于呈阅〈"决战四季度　大干一百天"攻坚行动实施方案〉的报告》上的批示：感谢交通厅主动担当作为！亦请发改、财政予以积极支持。

2022年12月2日，四川省人民政府副省长李云泽在省交通运输厅《关于2022年交通运输抗震救灾工作灾后复盘总结有关情况的报告》上批示：感谢交通厅主动作为。

2022年5月10日，中共四川省委常委、四川省军区常委田晓蔚在省交通运输厅《关于2022年度全省民用运力无预先号令环川藏南北公路综合演练有关情况的报告》上批示：省交通厅聚焦动员备战，实兵实装实地拉动演练，做法值得肯定。

2022年2月1日，中共四川省委秘书长陈炜在省交通运输厅《关于交通运输领域生态环境保护工作有关情况的报告》上批示：感谢交通运输厅对生态环境工作的重视和落实。请生态环境厅支持相关工作的推动，注重总结、运用和推广交通运输领域一系列生态环保、绿色发展的实践和经验，确保各项工作走深走实。

2022年2月11日，中共四川省委秘书长陈炜在省公安厅、省交通运输厅《关于落实省委省政府主要领导批示精神进一步加强道路交通安全管理工作情况的报告》上批示：请交通运输厅认真落实好清华书记重要批示，确保全行业各项工作部署不落实到最小工作单元不放过，生命安全保障的重大隐患不及时及早解决不放过，长期常态化确保道路交通运输安全的制度、机制和管理体系不及时及早建立不放过。

2022年2月16日，中共四川省委秘书长陈炜对凉山州美姑县发生一起交通事故作出批示：请交通运输厅按照黄强省长重要批示，指导凉山州做好交通事故的后续处置工作，并会同省级相关部门系统排查全省公路临悬崖边安全护栏等风险隐患，加快补齐短板弱项。

2022年4月2日，中共四川省委秘书长陈炜在省交通运输厅《关于全国交通运输安全生产视频会议暨部安委会2022年第二次全体会议有关情况的报告》上批示：请交通运输厅按小鹏部长的重要讲话精神，和4月2日省安委会的部署要求，严细慎实地全面抓好我省交通运输领域的安全生产工作，严防重特大事故的发生。

2022年5月24日，中共四川省委常委、秘书长陈炜在省交通运输厅《智慧交通提升高速公路安全水平专题会会议纪要》上批示：应按总书记的要求，在加强智能道路、智能电源、智能公交等智慧基础设施建设上，统筹研究，全面发力，切实提升我省的道路交通管理及安全水平。

（雷　越）

团结进取　奋勇争先
开创交通强省建设新局面

◎ 四川省交通运输厅党组书记、厅长　李永亮

一、2022年交通运输工作和新时代10年交通运输的历史性变革

2022年是党和国家历史上极为重要的一年，也是交通运输事业发展进程中极为重要的一年。在省委省政府的坚强领导下，全省交通运输系统紧紧围绕“疫情要防住、经济要稳住、发展要安全”的要求，认真落实“讲政治、抓发展、惠民生、保安全”工作总思路，全力以赴拼经济、搞建设，众志成城防大疫、抗大灾，高效统筹疫情防控、抗震救灾和交通建设发展各项工作，圆满完成各项目标任务。

一是公路水路完成投资再创历史新高。全年公路水路完成投资首次突破2500亿元、时隔7年再夺全国第一，获得全国交通建设领域真抓实干5000万元激励表彰；集中开工西昌至香格里拉、汉中至广元扩容等10个高速公路项目、935公里，一次性开工数量、投资额度创四川交通集中开工之最。成功招商成渝扩容等6个高速公路项目、总投资1213亿元，实现连续四年招商规模超千亿元，争取到位中央补助资金328亿元，为历年最高水平。成功申报10个项目、177亿元纳入国家政策性开发性金融工具支持范围，占全省总额四分之一。

二是重点项目建设取得显著成效。建成通车德昌至会理、宜宾至彝良等高速公路571公里，高速公路通车里程突破9000公里，彻底结束会理市、会东县、阿坝县、乐山市金口河区不通高速公路的历史。泸永高速公路通车运营，成为成渝地区双城经济圈战略实施以来首条建成投用的“川渝大通道”。新改建国省干线2233公里，川藏铁路配套公路所有项目如期开工，国道351线夹金山隧道超额完成掘进任务，绵茂公路历经13年建成通车，黄河干流若尔盖段生态修复治理项目按期保质完成。新改建农村公路2.36万公里，成功打造苍溪县高台村红色公路等一批示范项目，新创建“四好农村路”国家级示范县16个，新评定“四好农村路”省级示范县27个、示范市5个。新增高等级航道144公里，提前三年完成“十四五”规划任务，岷江犍为航电枢纽全面建成，犍为、龙溪口、老木孔、东风岩等重点航电枢纽全部开工，东风岩枢纽工程具备开工条件。建成2个综合货运枢纽、5个综合客运枢纽、7个县级客

运站、254个乡镇综合运输服务站，枢纽场站布局显著优化。

三是高效统筹疫情防控和物流保通保畅。会同公安、卫健等部门创新实施“入川即检”，在全省设置801个公路查验点，尽锐出战、重兵合围，守住了疫情严控时期“外防输入”第一道防线。组建由省委书记王晓晖和省长黄强任总负责人的工作机制，制定维护产业链供应链稳定八条措施，建立重点物资通行证和保供企业“白名单”制度，“秒批秒办”通行证43.46万张，“一企一策”靠前服务1265家国家和省重点“白名单”企业，对入川货车实施“一检通认”“即采即走即追”闭环管理，推动全省货运物流有序运行、持续向好。全面落实助企纾困政策，累计发放贷款18.48亿元、减免交通运输服务增值税约2.66亿元。持续推广差异化收费政策，累计减免各类通行费超62亿元。

四是运输服务水平持续提升。全年完成公路运输总周转量1888亿吨公里，同比增长3.1%，高于全国平均3.6个百分点，超额完成省政府下达目标任务。稳定开行11条铁水联运班列，全省港口吞吐量同比增长28%、水路货运量增长10%、铁水联运量增长15%。成都联合重庆成功申报国家综合货运枢纽补链强链城市群。成功申报2个全国第四批多式联运示范项目。评定首批27个乡村运输金通工程样板县和10个“交商邮”融合发展试点县，江安县“金通畅行”等4个项目成功创建全国农村物流服务品牌，“金通工程”新增纳入交通强国建设试点。犍为县通过第一批全国城乡交通运输一体化示范创建县延续创建验收。打造7条“三优一创”高速公路示范路，培育天府机场东服务区、安德服务区等一批主题服务区品牌。圆满完成春节、“五一”、国庆等节假日缓堵保畅工作。

五是创新驱动和绿色发展成效显著。建成全国首个政府主导、企业联盟的交通运输领域“双碳”技术创新平台四川低碳交通研究中心，并纳入天府永兴实验室。重点物资运输车辆通行证应用荣获第三届数字四川创新大赛数字政府“十佳案例”。高质量完成第二轮中央生态环境保护督察问题整改。编制《四川省高速公路“绿电自给”工程专项规划》，首个“绿电自给”示范试点项目攀大高速公路建成投运。全省35个县（市、区）完成全域公交改造，成都、自贡、泸州成功创建国家级“公交都市”。成都、泸州、遂宁、彭州、蒲江、武胜成功创建全国“绿色出行城市”。宜宾、德阳、遂宁成功入选全国第三批“绿色货运”城市示范工程。

六是行业治理体系更加健全。深入推进“一网通办”前提下的“最多跑一次”改革，全省53个交通运输行政许可、311个办理事项省市县三级“一张网”全覆盖办理，道路运输高频服务事项实现“跨省办”“掌上办”。修订《四川省高速公路条例》。做深做实综合行政执法改革“后半篇”文章，21个市（州）全部建立交通综合执法协作制度，持续开展执法队伍素质能力提升三年行动，首次组织开展全省交通运输综合行政执法“大练兵大比武”决赛暨执法人员技能大赛。改造升级全省交通运输投资计划管理系统，首次对使用中省补助资金的公路水路计划项目开展全方位绩效考评。统计工作全国排名由第21跃升至第8。31家单位通过公路养护作业资质审查。对53家资质升级申报业绩弄虚作假失信企业实施信用处理。

七是交通安全生产形势持续向好。争取省政府印发《关于进一步加强公路水路交通运输领域安全生产工作的意见》，完善了行业安全生产顶层设计。集中开展道路安全、船舶安全系列整治行动，事故起数、死亡人数同比下降18%、21%。新建村道安防工程1.5万公里，整治四五类危桥172座，建成铁索桥改公路桥100座。新增1.3万辆农村客运车辆安装主防系统。全省营运高速公路479座独柱墩桥梁全部完成提质升级。建成平安渡口80个，撤渡66个。建成船舶集中停泊区285个、防洪系揽桩4405个，历史性实现汛期“零事故、零死亡、零跑船”。加快推进“5+8+N”公路水路交通运输应急物资储备体系建设，常态化开展交通地震联合应急演练，高效应对泸定、芦山、马尔康地震等突发灾害。

八是党的建设和精神文明建设全面加强。扎实开展党的二十大精神学习宣贯。积极推进货车司机党建试点，全覆盖建立省市县三级交通运输行业党委。深化“清廉交通”建设，建立项目审批、招投标、信用管理等444项制度，积极打造国道351线夹金山隧道建设项目“清廉交通”示范工程。深入开展部省补助交通建设资金、领导干部经济责任等专项审计。制订2022—2027年厅党组五年巡察规划，完成9个厅直单位巡察工作。严格落实省直机关工委“三级五岗”要求，梳理制定“四级八岗”职责清单。启动实施厅直系统青年干部能力提升三年计划。承办第十三届全国交通运输行业职业技能大赛全国总决赛。认真落实意识形态责任制，四川交通240余次登上《新闻联播》《人民日报》等主流媒体，川藏公路博物馆成为全省首批“国字号”交通运输科普基地。一批先进集体和先进个人获部省以上表彰。

同时，离退休、信访、交通战备、后勤服务等工作都取得显著成效，交职学院职教基地、交通医院新院区加快推进。

同志们，党的十八大以来的10年，是四川交通发展史上投资规模最大、发展速度最快、发展成效最明显的10年。10年来，四川交通深入贯彻落实习近平总书记关于交通运输工作的重要指示精神，努力克服重大自然灾害、宏观经济下行、复杂外部环境等多重考验，抢抓“一带一路”建设、长江经济带发展、成渝地区双城经济圈建设、西部陆海新通道建设等重大机遇，加快构建“大枢纽”、打通“大动脉”、畅通“微循环”，推动四川交通网络不断完善，实现了从“蜀道难”到“蜀道通”的历史性转变，总体进入建设交通强省、打造全国“交通极”的新阶段。

我们始终把补齐路网短板作为重中之重，抢抓机遇全力加快建设，建成全国规模最大的公路水路网络。公路水路建设投资从2012年的1195亿元跃升至2022年的2510亿元，10年累计完成近1.8万亿元，总规模居全国第一，为稳住经济大盘提供了有力支撑。10年累计新改建高速公路6172公里、普通国省干线2.34万公里、农村公路25.3万公里，全省公路总里程突破40万公里、稳居全国第一，高速公路覆盖全省21个市（州）政府所在地、143个县（区、市），二级（三州三级）及以上普通国省道实现所有县级节点全覆盖。嘉陵江川境段全线复航，四级及以上高等级航道达1892公里。全省公路水路进出川大通道增至31条，川渝间建成及在建高速公路通道达18条，与京津冀、长三角、粤港澳大湾区、北部湾等重要经济区实现互联互通，“四向八廊”战略性综合交通走廊加速形成。

我们始终把脱贫攻坚作为“头等大事”，以超常举措聚力攻坚，打赢了全国规模最大的交通脱贫攻坚战。连续实施两轮甘孜、凉山交通大会战，88个贫困县全面实现乡镇和建制村通硬化路，乡村运输“金通工程”覆盖所有县，3870万农村群众实现“出门水泥路，抬脚上客车”，推动全省贫困地区交通面貌发生根本性改变，为实现全面小康奠定坚实基础。新建渡改桥450座、溜索改桥77座，彻底结束“溜索时代”。办好巩固脱贫攻坚成果和无缝衔接乡村振兴两件大事，大力实施撤并建制村畅通工程、乡村振兴产业路旅游路工程，推动交通建设项目更多进村入户，撤并建制村与村民委员会断头路全部打通。累计创建“四好农村路”省级示范县122个；全国示范县20个，居全国第一。

我们始终把交通运输作为先导性、战略性工程，着力提升综合运输服务品质效率，为畅通经济循环和群众满意出行提供了有力支撑。网络货运、多式联运、甩挂运输、无车承运等运输模式蓬勃发展，货运车型标准化、经营方式集约化、运输装备低碳化深入推进，“一单制”运输全国推广，水路货物周转量在综合运输中的占比由2012年的4.6%大幅提升至2022年的9.0%，全社会物流总费用占GDP比重较“十二五”下降4.4个百分点。成功打造“天府交邮通”品牌，县乡村三级物流节点体系成型，农村物流体系建设取得重大突破。定制客运从有到无，城市公共交通覆盖率达99%，出租汽车覆盖所有县（区），网约车规模居全国前列，“春风行动”成为四川响亮名片。全面取消高速公路省界收费站，高速公路电走廊、氢走廊加快建设，ETC用户总量突破1100万，系统运行及客服主要指标进入全国第一方阵。

我们始终坚持创新驱动绿色发展，着力推进科技攻关和绿色转型，四川交通发展底色更绿、质量更高。建成行业研发中心4个、省级科研平台9个，100余人次获得“国家万人计划领军人才”等称号，荣获国家科技进步奖3项、部省级科技进步奖41项、国际大奖3项。钢管混凝土桥梁建造等技术达到国际领先水平，高寒高海拔超长隧道建设运营关键技术获评“交通运输行业十大技术突破”之一，建成雅康高速公路泸定大渡河特大桥、雀儿山隧道、新川九路等一批享誉国内外的超级工程和示范工程。率先在全国提出汽车用能“油转电”、交通运行“堵转畅”、工程建设“旧转新”、货运方式“公转铁（水）”、个体出行“私转公”等“五转”举措，统筹推进交通运输污染防治，交出了一份交通运输绿色发展的满意答卷。

我们始终坚持依法治理深化改革，深入推进法治政府部门建设，行业治理能力和治理体系现代化水平不断提升。出台《四川省交通运输综合行政执法条例》《四川省高速公路条例》等10部地方性法规规章和150余项规范性文件，基本形成以地方性法规、政府规章为主体，以行政规范性文件为补充的地方交通运输法规制度体系。综合执法改革、信用交通建设初见成效，放管服改革、投融资改革深入推进，公路建设、养护营运、道路运输、信息化建设等改革加快实施，市场化、法治化营商环境持续优化，创造了一大批四川经验、四川模式。

我们始终坚持人民至上、生命至上，更好统筹交通发展和安全，行业安全生产形势实现根本性好转。以系统思维统筹实施“冬安”“夏安”行动，齐抓共管的安全监管新格局逐步形成，交通安全生产责任体系全面构建，交通运输本质安全水平显著提升，全省交通运输领域死亡人数和事故起数较2012年分别下降59%、66%，连续6年实现事故起数和死亡人数持续双位数下降，近7年重大及以上事故“零发生”，安全生产形势持续稳定向好。在全国率先出台《应急储备运行管理办法》，国家区域性公路交通应急装备物资储备中心（彭山）、省交通运输运行调度中心投入运行，建成500人规模的省级专业应急救援队伍，应急救援能力建设取得突破性进展，有效应对各类重大自然灾害。

十年砥砺前行，十年沧桑巨变。这些成绩的取得，是省委省政府正确领导的结果，是各级各界大力支持的结果，是全省交通运输系统广大干部群众艰苦创业、奋发图强的结果，凝聚着各级领导的支持帮助，倾注着社会各界的真情付出，浸透着广大交通人的辛勤汗水。在此，我代表省交通运输厅，向关心支持四川交通运输事业的各有关方面表示衷心的感谢，向为四川交通建设付出辛勤汗水的全体交通人致以崇高的敬意！

二、准确把握四川交通发展形势与机遇

当前，百年变局加速演进，外部环境更趋复杂严峻和不确定，中国经济发展仍面临需求收缩、供给冲击、预期转弱三重压力，困难和挑战明显增多，经济发展环境的复杂性、严峻性和不确定性上升，面临更多逆风逆水的艰巨考验。但党中央、省委省政府对交通运输高度重视，重大战略机遇在川叠加，可以说交通强省建设机遇挑战并存。

从中央、省重视程度看，2021年10月，习近平总书记出席第二届联合国全球可持续交通大会，强调交通运输要当好现代化开路先锋。开路先锋是党中央着眼未来、着眼高质量发展，对交通运输作出的新定位、提出的新要求；总书记开路先锋的重要指示，定义升华了交通运输发展的内涵使命，更为西部地区交通发展补短板注入了强心剂。党的二十大再次提出加快建设交通强国，这是统筹推进交通强国建设的战略升级，更为今后交通运输事业发展提供了根本遵循。同时，中央、省委将扩大内需作为经济工作的首要任务，强调“持续实施扩大内需战略”，从宏观层面透露了交通作为形成完整内需体系的坚实支撑，将在稳投资发挥关键作用，释放了进一步加大基础设施建设的信号。去年印发的《国家公路网规划》，在我省新增布局国家高速公路1500公里、总规模达到10000公里，新增布局普通国道1700公里、总规模达到20000公里，新增规模和总规模均居全国前列，为四川交通强省建设提供了政策支持和规划保障。不久前刚刚召开的全国交通运输工作会议，对全面贯彻党的二十大精神，奋力加快建设交通强国作出重要部署，对做好2023年各项工作作出安排，也为四川加快建设交通强省提供有效路径。省委省政府高度重视交通运输工作，去年省第十二次党代会、省委十二届二次全会都对交通运输发展作出重大部署，要求坚持以交通强省建设为引领，坚持“铁公水空”全面发力，打造国家综合立体交通极，将交通的战略位势提高到前所未有的高度。

从重大机遇看，“一带一路”建设、长江经济带发展、新时代西部大开发、黄河流域生态保护和高质量发展、成渝地区双城经济圈建设等国家重大战略在川叠加，为四川交通带来了政策红利、增加了发展动能。中央将成渝地区上升为全国综合立体交通网“四极”之一，显著提升了成渝双圈的战略位势和辐射带动力。但与京津冀、长三角和粤港澳大湾区其他“三极”相比，在基础设施、服务水平、治理能力等方面都还有很大差距，离“综合”“立体”的要求还有较大差距，还有很长的路要走，还有很多短板要补，这也是我省交通发展的巨大潜力空间。

从投资形势看，交通固定资产投资依然很大，但财政资金保障不足、资源要素供给不足、财务风险隐患不容忽视。工程造价大幅上涨等问题突出，一定程度上抑制了投资需求释放，特别是国省干线、农村公路等公益性基础设施在建设规模和投资后劲明显不足，交通固定资产投资维持高位运行压力加大，对高质量发展的需求更加迫切。

从行业发展看，供需局部失衡问题突出，呈现需求结构分化、供给受到冲击、运行成本高企、市场预期不稳、风险隐患增多等特点。具体来看，一是综合交通运输网络布局不够均衡，结构不尽合理，韧性有待加强。公路网络的通达深度、覆盖广度、通畅程度有待提升，川青、川藏高速公路通道尚未打通，全省还有40个县不通高速，老旧基础设施养护维修任务快速增长。内河航道的等级短板、碍航瓶颈亟待消除，四级以上高等级航道占比低。出行服务质量不高、高效率货运供给不足等问题依然明显。二是运输服务能力和水平有待提升。货物多式联运、旅客联程联运比例偏低，物流运输总体效率不高，定制化、个性化、专业化运输服务产品供给跟不上需求变化。三是改革创新有待进一步深化。部分关键核心产品和技术自主创新能力不强，实现碳达峰碳中和交通运输行业工作任重道远，综合交通运输管理体制机制有待完善，综合行政执法等重点改革有待深化。四是安全压力增大。行业安全稳定形势严峻复杂，较大事故仍时有发生，重大风险隐患仍未有效消除，安全生产基础还不稳固，抗灾保通抢险专业能力有待提升。特别是三年疫情影响，企业收益普遍下降，安全投入保障不足，原本隐藏的各类风险隐患尚未水落石出，保安全、保稳定工作任重道远。

我们既要把握重大战略机遇，切实增强机遇意识和进取精神，也要清醒认识面临的风险挑战，充分把握前进中的有利条件，坚定信心、保持定力，勇于面对、化危为机，在风险挑战中寻找潜力，主动抢占先机，奋力开拓新局，切实当好现代化四川建设开路先锋。

三、2023年重点工作打算

今年是全面贯彻党的二十大精神开局之年，是实施“十四五”规划承上启下的关键一年。做好2023年全省交通运输工作的总体思路是：坚定以习近平新时代中国特色社会主义思想为指导，全面贯彻党的二十大精神、中央经济工作会议精神和习近平总书记对四川工作系列重要指示精神，全面落实党中央国务院和省委省政府、交通运输部决策部署，按照省委全面建设社会主义现代化四川“总牵引”“总抓手”“总思路”，突出保畅通、扩投资、稳市场、调结构、保安全，更好统筹疫情防控和经济社会发展交通运输工作，更好统筹发展和安全，加快完善现代综合交通运输体系，奋力加快建设交通强省、打造全国综合立体交通极，为新时代新征程四川现代化建设开好局起好步作出新的更大贡献。

努力实现四大目标：

一是确保投资高位运行。统筹加快推进高速公路、普通公路、内河水运等建设，全年公路水路投资工作按3000亿元安排。其中，高速公路1650亿元，普通国省干线750亿元，农村公路335亿元，内河水运65亿元，运输场站50亿元，养护及其他专项工程150亿元。

二是交通建设持续加快。高速公路确保建成600公里、新开工600公里、成功招商600公里，通车总里程突破8600公里，力争新开工1200公里、建成837公里，通车总里程突破10000公里。新改建国省干线公路1400公里、农村公路1.5万公里。建成综合客运枢纽3个、货运枢纽2个。新增高等级航道30公里。

三是管理服务提质增效。行业法规制度和综合行政执法完善加强，公路管养、投融资、“放管服”等重点领域改革深入推进，安全应急管理水平显著提升，行业治理体系和治理能力现代化建设迈上新台阶。

四是科技赋能创新突破。行业科技创新实力明显增强，科研平台建设、科技人才培养、重大科研成果实现突破，对行业高质量发展的支撑作用显著提升。加快交通“新基建”建设，引领智慧交通发展迈上新台阶。

重点做好以下10个方面工作：

（一）从严从实抓好主题教育

开展习近平新时代中国特色社会主义思想主题教育，是党中央为全面贯彻党的二十大精神、动员全党同志为完成党的中心任务而团结奋斗所做的重大部署。要进一步提高政治站位，深入学习领会总书记重要讲话精神，深刻认识主题教育的重大意义，迅速把思想和行动统一到党中央决策部署上来。要引导党员干部全面系统掌握总书记思想的基本观点、科学体系，把握好其世界观、方法论，坚持好运用好贯穿其中的立场观点方法，面对交通运输改革发展中的重点、难点、痛点问题，坚持干什么重点学什么、缺什么重点补什么，充分汲取奋发进取的力量，不断提高推动交通运输改革发展的能力水平。要扎实开展“治蜀兴川作表率”活动，聚焦以中国式现代化引领四川现代化建设，把“总牵引”“总抓手”“总思路”落实到交通运输全过程，全力推动党中央大政方针和省委决策部署在交通运输系统落地落实，努力为四川现代化建设贡献交通力量。

（二）全面落实加快建设交通强国五年行动计划

对照部《加快建设交通强国五年行动计划（2023—2027年）》，对标“四个一流”行动目标和十个方面的行动计划，加快研究制定我省实施方案。深化交通强国建设试点。做好交通强国试点典型经验和先进成果总结提炼，用好交通强国建设试点厅内工作机制，加快推进试点工作，力争2023年完成1~2项试点验收评估；同步再评选一批交通强市、交通强县试点。推进“十四五”规划中期调整。紧密跟踪部“十四五”规划中期调整，加大汇报力度，争取更多国家高速公路、国道省际瓶颈路、灾后恢复重建项目进入国家“十四五”规划盘子。认真贯彻省委“四化同步、城乡融合、五区共兴”战略部署，按照“突出重点、有进有出、总体平衡”原则，系统梳理全省“十四五”综合交通运输发展规划执行情况，做好省级规划中调，确保各项规划任务顺利完成。

（三）着力扩大交通有效投资

加大重大项目协调推进力度。坚持用好省级部门常态化对接、按月看板管理、按季“红黑榜”通报、分级分类调度、两书一函督促等工作机制，解决好用地提交、征地拆迁、组卷报批等突出问题，严格按计划打表推进项目建设。特别是针对18个有建成通车任务的项目（路段），抓早解决好杆管线迁改、用地提交等外部制约问题，创造条件在11月底前具备通车条件。认真落实中省耕地保护有关要求，积极开展违法违规用地问题集中整治，全力消除存量，坚决遏制增量，力争年内基本清零违法用地存量。强化建设资金保障。积极争取车购税、预算内资金和省级财政支持，加大一般债券和专项债券争取力度，力争中省补助资金到位规模继续位居全国前列。推动资产证券化（ABS）、基础设施领域不动产投资信托基金（REITs）等方式，盘活高速公路优质存量资产。完善地方配套资源效益测算标准，激发社会投资活力。推进四川交通投资基金应用。加大招商引资力度。落实《支持高速公路加快建设若干政策》，探索开展延长特许经营期、高原山区小交通量高速公路建设标准等试点工作，创新招商机制，推动更多项目落地建设。完善招商优惠政策落实跟踪督办机制，打造一流营商环境。建立投资人绩效评价机制，完善特许经营管理政策机制。统筹推进项目前期工作。在做好2023年计划开工项目前期工作基础上，力争“十四五”计划开工类项目工可报告2023年全部编制完成，加快前期类项目工可报告基本编制完成，形成项目储备良性循环，为“十四五”期尽可能多的开工项目创造条件。提升计划管理水平。落实《四川省公路水路投资计划项目综合管理绩效评价办法》，依托四川省公路水路投资计划管理（决策支撑）信息系统，建立健全投资计划项目综合管理绩效评价工作机制，推动项目高效落地，提高资金使用效益。

（四）全力服务支撑区域协调发展

推进成渝地区双城经济圈交通一体化发展。力争渝叙筠泸州段等项目开工建设，川渝建成和在建高速公路通道达到23条。优化嘉陵江通航建筑物联合调度，力争将嘉陵江全线通航时间压缩到5天；推动组建长江上游港口联盟，打造要素聚集、功能完善的港航服务体系，加快共建长江上游航运中心。稳定运行川渝省际公交线路，新开通省际公交线路5条。推动汽车电子客票联网互售，积极拓展道路运输电子证照应用场景。推进交旅融合发展。全面启动“大峨眉”、稻城亚丁交旅融合示范建设，加快新津至峨眉等项目前期工作，力争国道664线俄初山隧道启动建设；推动“大香格里拉”“大九寨”交旅融合建设方案印发实施。服务灾后恢复重建。加快“6·1”芦山地震交通重建项目建设，确保“6·10”马尔康地震交通重建项目全面开工。全力推进“9·5”泸定地震交通设施重建，推动国道662线等国省干线重建项目全面开工，力争年底前建成海螺沟景区公路。支撑乡村振兴发展。评定首批乡村振兴交通先行样板县，再评定一批“四好农村路”省级示范县、示范市，积极争创全国示范。持续深化乡村运输“金通工程”建设，继续扎实开展样板县创建，做实客运网、邮快网、物流网、旅游网等“四张网络”，全面形成可复制、可推广模式和经验，推广“金通工程”全国品牌。

（五）持续提升运输服务水平

提升出行服务质量。持续推进客运结构优化升级，全力发展定制客运，探索旅客联程运输“一票制”。探索“客运站+邮政快递、公交配套、城市配送、充电配套”等服务，推动客运站转型破题。制定出台省际道路客运班线安全风险评估指南，优化中长距离客运班线供给结构。推动行业适老化改造，推广应用低地板公交车、无障碍出租车，提升老年人城市交通出行便利化水平。深入实施“服务区+”战略，加快推进服务区提档升级，逐步打造一批功能全、服务好、川味浓郁的示范服务区。提升物流服务效率。加强运输调度，确保完成省政府下达的公路运输总周转量目标任务。深入发展“互联网+货运”，大力培育网络货运平台和骨干企业建立省级智能化货运平台。精准实施高速公路差异化收费政策，有效降低物流成本。持续推进纾困解难政策落地落实，切实让货车司机、物流企业享受政策红利。做好优先过闸协调保障服务，保障大件运输畅通。持续推进“暖心之家”建设，保持良好运营状态，打造四川高速公路服务靓丽品牌。提升交通运输新业态发展水平。强化网约车事前事中事后全链条合规化联合监管，继续开展交通运输新业态平台企业抽成“阳光行动”；持续深化巡游出租汽车转型升级，促进新老业态融合发展。

（六）全面提升行业治理能力

深化“放管服”改革。深化“一网通办”能力巩固提升专项工作，保持领先地位。推动高频服务事项基本实现“一件事一次办”和“跨省通办”。推进22类电子证照全部实现亮证应用实时调用，拓展电子证照应用场景，持续推进“证照分离”。推动依申请办理的行政权力事项和公共服务事项全面标准化，实现行政许可事项清单管理。创新完善监管方式，建立重点监管清单制度，推进“双随机一公开”监管、信用监管、“互联网+监管”、跨部门联合监管。深化法治交通建设。推动修订《四川省道路运输条例》，开展《四川省〈中华人民共和国公路法〉实施办法》立法后评估，协同重庆交通局开展《四川省水路交通管理条例》立法调研。巩固深化综合执法改革，深化执法多方联动，建立全省交通运输综合行政执法力量指挥调度工作机制，构建全省交通运输联合执法“一张网”新格局。大力推动“四基四化”建设，持续实施执法队伍素质能力提升三年行动，加强执法队伍“准军事化”管理，提升综合执法能力和执法队伍形象。全面应用执法综合管理信息系统，推进非现场执法。深化信用体系建设。出台安全生产、道路运输等领域信用管理办法，继续完善信用承诺、信用纠错和信用修复等制度，加快推进“信用交通”平台二期建设，强化信用评价和成果应用，推动创建“信用交通省”。

（七）推进交通运输创新驱动发展

加强科技创新。推动四川低碳交通研究中心规范运行，加强与跨行业、跨部门科研平台的合作。加强优势创新平台培育，指导13个厅级科研平台按期完成建设任务，及时开展验收及绩效评估。聚焦桥梁与结构、长大隧道、公路抗灾等重点领域，积极争创省部级创新平台。加强高原山区公路、绿色交通、智慧交通、内河水运等重点领域科技攻关，促进优秀科技成果转化应用。强化标准实施应用。组建四川省交通运输标准化管理委员会，加强对行业标准化工作的指导和统筹管理。配合部交科院开展《成渝地区市场经济圈标准发展研究》工作。加强基础设施、运输服务、安全应急、智慧交通、绿色交通等重点领域标准制定。积极推进首批交通运输行业产品质量监督抽查部省联动试点工作。提升整体信息化水平。加快建设四川省综合交通运输信息平台，推进四川省交通运输“互联网+政务服务”及“互联网+监管”能力提升工程前期工作，推进交通运行监测与应急指挥、行政执法、公路治超、交通流量调查等系统的省市县三级应用。印发《四川省普通干线公路和航道智能运行网建设方案》，开展普通公路不停车称重检测点、交通量调查站点、重点路段视频监控点建设，提高路网智能化运行管理水平。依托二级以上公铁型客运枢纽站开展智慧客运枢纽建设。建成泸州港、宜宾港两个智慧港口。

（八）推进交通运输绿色低碳转型

优化运输结构。加快推进5个国家级多式联运示范工程建设，指导支持相关企业开展公铁水联运试点，引导推行“一票式”联运服务，提供“门到门”物流配送服务。推动低碳转型。持续推广应用新能源及清洁能源车辆，加快推进服务区新能源充电桩建设全覆盖。开展换电重卡试点，打造成渝、成攀电走廊。探索开展省级多式联运示范项目、城际绿色货运干线示范，试点运行2至3条新能源货运班线。坚持优先发展城市公共交通，推动绿色出行城市创建。深化污染防治。认真做好交通运输领域生态环境突出问题整改，推进生态环境问题暗访暗查及问题整改常态化。深入推进“绿水绿航绿色发展行动”，确保船舶和港口污染物转运处置率在95%及以上，创建一批绿色航道和港口码头。认真履行做好琼江省级河长联络员工作。扎实开展高速公路桥下空间治理。

（九）坚决筑牢交通运输安全底线

严格安全监管。以贯彻落实《关于进一步加强公路水路交通运输领域安全生产工作的意见》为主线，认真执行“两书一函”制度，压紧压实各方安全生产责任。认真组织开展公路水路行业安全生产“迎大运·保安全”集中整治专项行动，切实整治重大安全隐患、严格查处安全生产违法行为、依法处理安全风险大的企业，始终保持高压态势。提升本质安全。开展高速公路交安设施和路况水平大提升行动，集中治理“中次差”路段和明显跳车路段，确保PQI优等路率保持在88%以上；完成1000公里平安智慧高速公路建设。实施普通公路生命安全守护攻坚工程，建设农村公路安防设施0.9万公里，基本实现全省村道危险路段安防工程全覆盖；完成190座普通公路危桥改造，全面完成剩余70座铁索桥改公路桥建设任务。升级改造船舶集中停泊区和高中水位防洪桩，建设平安渡运项目50个，撤并渡口60个。健全应急体系。健全突发事件应急预案体系，不断优化地震、汛期洪涝、冬季雨雪冰冻等各类灾害专项预案响应程序和处置流程，适时组织开展桌面推演和省市联合应急演练，加强省级公路水路常备应急抢险队伍技能培训。推动应急物资储备体系建设，着力解决前线保障、通讯联络等突出问题。研究制定内河搜救应急奖励和补偿激励相关政策，强化水上应急响应能力建设。维护行业稳定。强化新形势下城市公交、网约车、货车司机等行业重点领域突出矛盾纠纷排查化解，畅通诉求表达渠道，做好涉稳风险防控。常态化开展扫黑除恶斗争，深化行业突出问题专项整治，健全行业社会稳定风险评估机制，切实维护行业安全稳定。

（十）坚定不移全面从严治党

加强政治建设。把学习宣传贯彻党的二十大精神作为首要政治任务，分层组织开展全覆盖学习培训，在全面学习、全面把握、全面落实上下功夫，把对“两个确立”决定性意义的深刻领悟转化为做到“两个维护”的高度自觉和实际行动。夯实基层基础。加强交通运输行业党委建设，推动省市县三级行业党委实体化规范化运行，重点抓好货车司机、网约车司机、“金通工程”司机等群体党建工作。抓好党建特色示范点建设，深化“五好党支部”创建，以点带面带动厅直系统党建工作整体提升。强力正风肃纪。不断完善行业廉政风险防控体系。深入开展纪检干部队伍教育整顿。自觉接受派驻监督，强化财会、审计监督。强化政治监督，启动厅直系统新一轮巡察工作。抓好夹金山隧道和交通医院整体迁建两个“清廉交通”示范创建项目，开展新时代“清廉交通·执法先锋”廉洁文化品牌创建工作，打造清廉交通品牌。加强人才队伍建设。修订完善厅党组推进领导干部能上能下实施办法。落实省委《红色薪火工程实施意见》，大力发现培养使用优秀年轻干部。大力选拔培养忠诚干净担当的高素质专业化干部队伍，选优配强厅机关处室和厅直单位一把手。加大招才引智力度，出台《加强人才培养的十条措施》。对标高职院校办学条件达标标准，加快邛崃产教园新校区建设，力争今年实现开工。加强宣传引导。持续狠抓意识形态工作责任制，加强网络舆情正面引导。传承弘扬“两路”精神，推进川藏公路博物馆“1+6+N”建设。同时，持续加强和改进离退休、群团、信访、交通战备、机关后勤等各项工作。

同志们，宏图伟业激励我们，光荣使命感召我们。让我们紧密团结在以习近平同志为核心的党中央周围，在省委省政府的坚强领导下，众志成城，励精图治，艰苦创业，开拓奋进，凝心聚力加快建设交通强省，为全面建设社会主义现代化四川而努力奋斗！

概况

GAI KUANG

四川概况
SICHUAN GAIKUANG

区 位 地理区位 四川古称巴蜀，简称蜀。地理位置东经97° 21 ' ~108° 31 '，北纬26° 03 ' ~34° 19 '，东西长1 075公里，南北宽921公里，东邻重庆，南连贵州、云南，西靠西藏，北接陕西、青海、甘肃。辖区面积48.6万平方公里，占全国土地总面积的5.05%，居新疆、西藏、青海、内蒙古之后，列全国第五位。四川以其独特的地理环境、丰富的自然资源以及开发较早的农耕经济而享有“天府之国”的美誉。

经济区位 四川四面环山，气候多样，资源和物产富足，历来是中国西部地区具有重要经济地位的省份。四川虽然存在不沿边、不靠海的先天不足，但亦有其独特条件和巨大潜力：从地理位置来看，四川作为西部10个省（自治区、直辖市）之一，与除新疆、宁夏外的其他7个省（自治区、直辖市）接壤，是中国西部地区人流、物流、信息流的重要通衢，是云、贵、藏、青、甘等省（自治区）经济发展的重要依托，是西南、西北和中部地区的重要连接点；从区域市场来看，四川是西部特别是西南地区各种经济要素和商品的重要集散地；从交通条件来看，四川是承接华南、华中，连接西南、西北，沟通中亚、东南亚的重要交通交会点和交通走廊。四川特有的区位优势，使四川有条件成为辐射国内市场和“一带一路”国际经济格局的西部经济高地。

地貌特征 四川境内有青藏高原、云贵高原、横断山脉、秦巴山地和四川盆地五大地貌单元，地势西高东低，高差悬殊。以龙门山、邛崃山和大凉山主脊线为界，四川地貌可分为两大区域：东部是盆地，西部是大幅隆起的高原和山地。东部盆地周边山地海拔1000~3000米，盆底海拔200~750米，属中国地势划分的第二阶梯上相对凹陷部分；西部山地海拔多在4000米以上，属中国地势划分的第一阶梯。四川山脉连绵，江河纵横。其盆地东南缘，长江两岸海拔在250米左右。

地貌类型复杂多样是四川地貌的另一大特征。平原、丘陵、山地和高原4种内陆地貌类型齐全。平原分布于盆地西部及河流两岸；丘陵分布于盆地中部及盆东平行岭谷底部；山地主要分布于凉山州、甘孜州、阿坝州的东南部，高原分布于川西北的甘孜州和阿坝州境内。

甘孜州高原草场　　厅史志总编室　供图

气候特征 四川地处亚热带地区，东、西部地貌差异显著，气候复杂多样，尤以气候垂直特征明显，为中国气候带最多的省区之一。其中，川西高山峡谷地区以亚热带气候为基带，从下至上依次呈现暖温带、温带、寒温带和永冻带气候特征。这种复杂多样的气候为四川农业的发展提供了得天独厚的优越条件。

四川气温差异显著。根据热量、降水、日照的差异，大致可分为东部盆地、川西高原和川西南山地三大区域。东部盆地年平均气温在14℃～19℃之间，春季气温回暖早，夏季长但少酷热，秋季低温来得早，冬季温暖而少霜雪；川西高原地区年平均气温低于8℃，气候垂直变化明显，气温低，多霜雪，雨量小，日照丰富；川西南山地谷地年平均气温在15℃～20℃之间，山地年平均气温在5℃～15℃之间，冬暖夏凉，四季不分明。

资 源 土地资源 四川辖区面积48.6万平方公里。四川土壤类型丰富，垂直分布特征明显。平原、丘陵主要为水稻土、冲积土、紫色土等，是农作物的主要产区。高原、山地依海拔高度分别分布不同土壤，其中多数有利于多种作物的生长。占比重较大的紫色土富含钾、磷、钙、镁、铁、锰等元素，土质风化度低、土壤发育浅、肥力高，极利于农业生产。四川湿地资源极其丰富，主要类型有河流湿地、湖泊湿地、沼泽和沼泽化草甸湿地及库塘湿地四大类。九寨沟高山湖泊群湿地、若尔盖高原泥炭湿地、黄龙钙化湿地群、泸沽湖湿地等湿地景观闻名全球。

水资源 四川大部分地区位于亚热带季风气候区，雨量充沛，河流水系发育良好，地表水、地下水和重复水储量巨大，其中以河川径流量最为丰富。境内流域面积50平方公里及以上河流共有2816条，号称“千河之省”。水资源总量约2616亿立方米（其中地下水资源量616亿立方米），为长江径流三大补给区之一。其中，岷江年径流量900亿立方米，为长江各大支流之冠。四川充足的水资源所蕴藏的水能，占全国四分之一。

生物资源 四川复杂的地形结构、气候类型和充裕的雨水为多种生物的生长繁衍提供了良好的自然条件，成为连缀华中、西南和青藏高原三大动植物区的走廊地带，古今动植物同存，数量种类繁多，素有“中国植物缩影”和“物种富乡”之誉，为全球25个生物多样性热点地区之一。仅高级植物就有1万余种，占中国植物总类的三分之一，居全国第二位，其中国家重点保护植物达63种。四川还是药用植物的主要产地和油料植物的生产基地，经济林木的栽培历史悠久。四川境内的野生动物种类占全国的46.4%，居全国第二位。其中有脊椎动物近1300种，占全国的45%以上。全省有国家一级保护动物32种，二级保护动物113种，分别占全国的34.3%和40.1%。举世闻名、被誉为“国宝”的大熊猫就主要生活在四川。四川毛皮用动物和药用动物种类繁多。全省雉类资源亦极为丰富，雉科鸟类达20种，占全国雉科总数的40%，其中有许多珍稀濒危雉类，如雉鹑、四川山鹧鸪、绿尾虹雉等。

矿产资源 四川地质构造复杂，地层发育完整，成矿条件有利，是中国少数矿藏资源极为丰富的省份之一。全省矿产种类齐全，储量丰富，已查明资源储量的矿种、矿区分别为101种和1906处，其中有43种矿产的保有资源储量位居全国前五位。全省矿产资源分布相对集中，区域特征明显，地域组合较好，伴生矿种多，易于开采冶炼，为西部乃至全国的矿物原材料生产和加工大省。

旅游资源 四川拥有秀美的山川和独特的人文景观，是中国旅游资源种类繁多、门类齐全的省区之一。有世界自然与文化遗产5处。其中，自然遗产3处（九寨沟、黄龙、四川大熊猫栖息地），自然和文化双重遗产1处（峨眉山—乐山大佛），文化遗产1处（青城山—都江堰）。列入联合国“世界生物圈保护区”的4处（九寨沟、卧龙、黄龙、稻城亚丁）。国家级风景名胜区15处，省级风景名胜区79处，国家5A级旅游景区12个，中国优

峨眉山云海 厅史志总编室 供图

秀旅游城市21座，国家历史文化名城8座，自然保护区166个，其中，国家级自然保护区31个。卧龙、蜂桶寨、喇叭河、草坡、鞍子河、黑水河6个大熊猫自然保护区作为大熊猫世界自然遗产地最精华区域进入《世界自然遗产名录》。森林公园137处，其中，国家级森林公园44处。已发现地质遗迹220余处，有世界级地质公园3处，国家级地质公园18处，其数量居全国前列。

人口民族宗教 四川是中国人口大省。2022年全省常住人口共8374万人，比上年增加2万人，其中城镇人口4886.2万人，乡村人口3487.8万人。常住人口城镇化率58.35%，比上年提高0.53%。年末全省户籍人口9067.5万人，比上年末减少27万人。依经济发展水平和自然条件差异，人口分布呈东多西少特征。

四川民族众多。除汉族外，还有55个少数民族，其中世居少数民族有彝族、藏族、羌族、苗族、回族、土家族、纳西族等14个。四川拥有中国最大的彝族聚居区、第二大藏族聚居区、唯一的羌族聚居区，为全国第五大少数民族聚居的省份。

四川有佛教、道教、伊斯兰教、天主教、基督教5种宗教。佛教、道教分布较广；川西高原上的甘孜州、阿坝州和凉山州木里县是藏族聚居地，居民信仰藏传佛教；信仰伊斯兰教的回族群众主要分布在川西北和川西南的阿坝州、凉山州等地区；天主教、基督教的信众多分布在长江沿线的大中城市及农村。

历史沿革 四川是中国古人类文化发祥地之一，也是中国经济开发较早的地区之一。旧石器时代晚期，中国境内最早原始人类之一的资阳人就生活在四川，并使用旧石器从事生产。古史传说的“蚕丛时代”即指四川古人类以养蚕著称的时代，“蜀”之得名亦与之有关。从新石器时代晚期到青铜器时代，两个较大的奴隶制国家——巴国和蜀国的人民就在今四川盆地东部和西部辛勤垦殖，创造了灿烂的“巴蜀文化”。20世纪80年代后期，广汉三星堆、新津宝墩、都江堰芒城、郫县古城、温江鱼凫城、成都金沙等一系列考古发掘证实，早在距今4800~4000年左右的成都平原，已逐渐形成分布密集、规模庞大的古城群。

公元前316年，秦并巴、蜀，分置巴郡和蜀郡。战国秦昭王时，蜀守李冰父子兴建都江堰，灌溉成都平原，农业迅速发展，四川至今仍受其惠。秦末，刘邦以巴蜀为战略后方，出兵关中，建立汉朝。汉武帝元封五年（公元前106年），以今四川地域为中心，置益州，故四川又有“益州”之称。两汉时期，四川经济进一步发展，文翁兴学，开创西汉一代官学制度；牛耕、铁农具普遍使用，蜀酒已有特色；工矿业、手工业、商业相当发达。成都与洛阳、邯郸、临淄、宛城同为五都之一，世称“西都”。221年，刘备建立蜀汉政权，定都成都。263年，蜀汉为魏所灭。两晋南北朝期间，四川多次卷入战祸，经济一度衰落，但战乱较北方为轻，其间先后出现较为安定的时期，故时有“天下多乱，惟蜀得免”之说，不断有人入蜀避乱，并带来技术和资财，为四川经济的再次发展提供有利条件。隋炀帝大业三年（607年），废州置郡，实行郡县二级制，设蜀、巴等24郡。唐太宗贞观元年（627年），分全国为十道，巴蜀地区属剑南道、山南道和江南道。其时四川经济再次进入发展的高潮，成都平原成为全国最发达的地区之一，时称“扬一益二”。907年，王建建立前蜀；934年，孟知祥建立后蜀。965年，北宋平蜀。宋真宗咸平四年（1001年），改川峡路为益州路（后改为成都府路）、梓州路（后改为潼川府路）、利州路和夔州路，合称“川峡四路”，“四川”之名即由此而得。宋代是四川经济文化又一个大发展时期，确立都江堰岁修制度并沿袭至今，设置“茶马司”以茶易马，其蜀锦、麻纸、印刷和刻书均居当时先进行列，深井钻凿技术更是领先世界，交通运输和商业也较发达，世界上最早的纸币——交子始现成都，成都地位仅次于汴京和临安，被誉为“名都乐园”。元朝在各地置行中书省。至元二十三年（1286年），合并川峡四路置“四川等处行中书省”，简称“四川行省”，此为四川建省之始。1363年，红巾军将领明玉珍在重庆称帝，国号大夏。1371年，明军灭大夏，统一四川。1644年，明末农民起义军首领张献忠由湖广溯江而上，在成都建立大西政权。1646年，大西政权灭亡。清朝对四川采取一系列休生养民政策，使四川经济得以迅速恢复并发展，其中“湖广填四川”和“改土归流”政策影响尤为深远。其时红苕、玉米等新型粮食作物普遍种植，烟叶、蚕丝业继续发展，糖、酒业逐步兴盛，特别是以自贡为中心的盐场具有相当规模。

民国初年，四川出现长达近20年的军阀混战局面。第二次国内革命战争期间，中共四川省委先后组织领导20次武装起义。1932年，红四方面军主力入川，建立川陕革命根据地。抗日战争时期，四川成为抗日大后方和中国抗日的兵源、财源、粮食和物资基地。1949年12月，四川解放。1950年，四川划分为川西、川东、川北、川南4个行署区重庆直辖市。1952年，四川恢复省制，重庆由直辖市改为省辖市。1955年，西康省撤销，金沙江以东各县并入四川。1997年，重庆又改设为直辖市。至2022年，四川省共有地级行政区划21个，其中副省级市1个、地级市17个、民族自治州3个；有县级行政区划183个，其中市辖区55个、县级市19个、县105个、民族自治县4个。

经济建设 四川经济开发较早，历史上就以畜牧农耕、凿井煮盐、养蚕织锦著称。近年来，四川遭受"5·12"汶川特大地震、"4·20"芦山强烈地震、"8·8"九寨沟强烈地震、"6·17"长宁地震、特大山洪泥石流以及暴雨洪涝灾害等重大自然灾害，又经历国际金融危机和国内经济下行，面对复杂经济形势、多重矛盾交织、自然灾害频发的严峻考验，以及新冠疫情的严重冲击，中共四川省委、省政府带领全省人民坚定以习近平新时代中国特色社会主义思想为指导，全面贯彻落实习近平总书记对四川工作系列重要指示精神和党中央、国务院决策部署，完整、准确、全面贯彻新发展理念，主动服务和融入新发展格局，坚持高质量发展，统筹新冠疫情防控和经济社会发展，统筹发展和安全，实现"十三五"圆满收官、"十四五"良好开局，新时代四川发展取得重大成就。2022年，全省实现地区生产总值5.67万亿元，比上年增长2.9%。全年地方一般公共预算收入4882.2亿元，比上年增长7.5%，其中税收收入3151.1亿元，增长4.3%。一般公共预算支出11914.7亿元，增长8.2%。全年全社会固定资产投资比上年增长8.4%。社会消费品零售总额24104.6亿元，比上年下降0.1%。城镇居民人均可支配收入43233元，比上年增加1789元，比上年增长4.3%。农村居民人均可支配收入18672元，比上年增加1097元，比上年增长6.2%。居民消费价格比上年上涨2.0%。

四川工业门类齐全，发电量、天然气等产品产量均居西部各省（直辖市、自治区）第一位，机械、电子等行业在全国占有重要地位。2022年，全省工业增加值16412.2亿元，比上年增长3.3%，对经济增长的贡献率为31.2%。年末规模以上工业企业16796户，全年规模以上工业增加值增长3.8%。在规模以上工业中，分轻重工业看，轻工业增加值比上年下降0.8%，重工业增加值增长6.1%，轻重工业增加值之比为32∶68。分经济类型看，国有企业增长4.5%，股份制企业增长4.4%，外商及港澳台商投资企业增长2.3%。分行业看，规模以上工业41个行业大类中有19个行业增加值增长。其中，电气机械和器材制造业增加值比上年增长41.1%，石油和天然气开采业增长15.6%，电力、热力生产和供应业增长13.0%，化学原料和化学制品制造业增长12.0%，计算机、通信和其他电子设备制造业增长11.3%，黑色金属冶炼和压延加工业增长5.0%，酒、饮料和精制茶制造业增长3.4%，非金属矿物制品业增长1.8%。高技术制造业增加值增长11.4%，占规模以上工业增加值的比重为14.7%；六大高耗能行业增加值增长7.1%。全年规模以上工业企业实现营业收入54932.4亿元，比上年增长3.6%，盈亏相抵后实现利润总额4836.3亿元，增长10.7%。其中，国有控股企业实现利润1410.6亿元，下降0.8%；股份制企业4320.5亿元，增长10.0%；外商及港澳台商投资企业408.2亿元，增长7.1%。

成都绕城高速公路天府立交桥夜景 厅史志总编室 供图

四川现代农业体系初步形成。2022年，"天府粮仓"建设行动起步扎实，粮食饭碗牢牢端稳，生猪养殖第一大省地位持续夯实，"川字号"优势特色产业高质量发展，现代农业园区、种业振兴、农业科技创新、农业农村改革、新型农村集体经济、宜居宜业和美乡村建设、依法治农、农业农村生态环保、农业安全生产取得新进展。全年粮食作物播种面积646.4万公顷，比上年增长1.7%；油料作物播种面积168.9万公顷，增长2.2%；中草药材播种面积15.9万公顷，增长6.0%；蔬菜及食用菌播种面积154.2万公顷，增长4.2%。全年粮食产量3510.5万吨，比上年减少2.0%，其中，夏粮产量增长1.7%，秋粮产量减少2.5%。经济作物中，油料产量434.1万吨，增长4.2%；蔬菜及食用菌产量5198.7万吨，增长3.2%；茶叶产量39.3万吨，增长4.8%；园林水果产量1238.4万吨，增长7.4%。全年生猪出栏6548.4万头，比上年增长3.7%；牛出栏306.0万头，增长4.4%；羊出栏1792.7万只，增长1.5%；家禽出栏78087.1万只，增长0.8%。猪肉产量增长3.8%，牛肉产量增长4.7%，羊肉产量增长1.3%，禽蛋产量增长3.7%，牛奶产量增长3.6%。全年水产养殖面积19.0万公顷，减少0.2%；水产品产量172.1万吨，增长3.4%。全年新增有效灌溉面积1.4万公顷，年末有效灌溉面积297.2万公顷。全年新增综合治理水土流失面积52.7万公顷，累计1199.4万公顷。年末农业机械总动力4917.7万千瓦，比上年增长1.7%。全年农村用电量321.9亿千瓦时，增长17.8%。

四川是西部最大的市场和物资集散中心，商业机构门类齐、网点覆盖面广，为全国贸易大省。2022年，全省社会消费品零售总额24104.6亿元，比上年下降0.1%。按经营地分，城镇消费品零售额20122.5亿元，比上年增长0.9%；乡村消费品零售额3982.1亿元，下降5.1%。按消费类型分，商品零售额21093.1亿元，增长1.5%；餐饮收入3011.5亿元，下降10.1%。全年通过互联网实现的实物商品零售额3419.0亿元，占社会消费品零售总额的比重为14.2%，比上年增长5.5%。从限额以上企业（单位）主要商品零售额看，中西药品类比上年增长15.4%，石油及制品类增长12.9%，通讯器材类增长12.6%，文化办公用品类增长8.8%，书报杂志类增长8.2%，粮油、食品、饮料、烟酒类增长8.1%，建筑及装潢材料类增长6.6%，日用品类增长3.3%。

四川招商引资和经贸合作取得重大成果。2022年，全省新设外商投资企业（机构）755家；外商直接投资35.3亿美元，增长5.2%。截至2022年，在川落户世界500强达到377家。其中，境外世界500强累计达到256家。已获批准在川设立领事机构的国家达23个。全年对外承包工程新签合同金额73.0亿美元，完成营业额65.8亿美元，增长1.7%。新增境外投资企业80家，现有备案境外投资企业共782家。全年实际到位国内省外资金7879.5亿元。全年进出口总额10076.7亿元，比上年增长6.1%。其中，出口额6215.2亿元，增长9.2%；进口额3861.6亿元，增长1.3%。全年以加工贸易方式进出口4906.5亿元，比上年下降3.9%，占全省进出口总额的48.7%；以一般贸易方式进出口3247.4亿元，增长37.3%，占全省进出口总额的32.2%。

四川立足省情，推动旅游业持续复苏，旅游强省建设取得新进展，文旅融合发展深入推进。2022年，四川

泸永高速公路濑溪河大桥　　厅建管处　供图

省新命名一批天府旅游名县、天府旅游名牌，长征国家文化公园（四川段）、黄河国家文化公园（四川段）、长江国家文化公园（四川段）建设不断推进，巴蜀文化旅游走廊建设成势见效，浙川文旅合作深入实施，文旅消费季和“冬游四川”等活动助力拼经济、搞建设。海螺沟、王岗坪等景区灾后恢复重建加快推进。

国家综合立体交通网规划纲要将成渝地区列为全国交通“四极”之一，开启四川由西部综合交通枢纽向国际性综合交通枢纽集群跨越的新篇章。成达万高铁等27个川渝共同实施的重大项目开工建设，成渝高铁实现1小时直达；泸永高速公路通车运营，成为成渝地区双城经济圈战略实施以来首条建成投用的“川渝大通道”。2022年，通过公路、铁路、民航和水路等运输方式完成货物周转量3052.2亿吨公里，比上年增长3.8%；完成旅客周转量848.1亿人公里，下降34.9%。高速公路建成里程9179公里；内河港口年集装箱吞吐能力250万标箱。

四川形成以微波、光纤、卫星、图文传真等组成的现代通信体系。2022年，邮政业务总量403.0亿元（按2020年不变价），增长7.7%；电信业务总量950.2亿元（按上年不变价），增长20.2%。年末固定电话用户1954.3万户，移动电话用户9623.2万户。固定电话普及率23.3部/百人，移动电话普及率114.9部/百人。固定互联网用户3566.1万户，移动互联网用户8400.4万户，长途光缆线路长度6.4万公里，本地网中继光缆线路长度213.8万公里。

科技文化教育 2022年，全省高新技术产业实现营业收入2.7万亿元，比上年增长12.8%。年末省级工程技术研究中心407个。PCT专利申请718件；专利授权135507件，其中发明专利授权25458件；拥有有效发明专利108672件，商标申请289996件，商标注册230862件；行政机关立案处理专利案件5464件，审理结案5412件，结案率99.0%；专利新增实施项目12420项，新增产值2813.5亿元；专利质押融资金额52.7亿元。有高新技术企业14582家，科技型中小企业18693家；国家级高新技术产业开发区8个，省级高新技术产业园区20个；国家级农业科技园区11个；国家级科技企业孵化器45个，省级科技企业孵化器135个；国家级大学科技园7个，省级大学科技园13个；国家级众创空间84个（其中专业化示范众创空间2个），省级众创空间174个；国家级星创天地83个；国家级国际科技合作基地22个，省级国际科技合作基地68个。全年登记技术合同23620项，技术合同认定登记额1649.8亿元。完成省级科技成果登记2754项。

悠久的历史赋予四川兼容并蓄、追求和谐的文化传统，灿烂夺目的古蜀文明为四川先进文化建设积淀了丰厚底蕴。2022年，全省文化系统内艺术表演团体50个，艺术表演场所35个，公共图书馆209个，文化馆206个，美术馆62个，综合文化站4083个。国家级文化产业示范（试验）园区1个，国家级文化和科技融合示范基地2个，国家文化消费试点城市5个，国家级动漫游戏基地1个，国家级文化产业示范基地15个，省级文化产业示范园区11个，省级文化产业试验园区5个，省级文化产业示范基地59个。有博物馆316个，文物保护管理机构173个，全国重点文物保护单位262处，省级文物保护单位1215处；世界文化遗产1处，世界文化和自然遗产1处，列入中国传统村落名录的传统村落333个，公布的省级传统村落1046个。国家级非物质文化遗产名录153项，省级非物质文化遗产名录611项。有广播电视台171座，中短波转播发射台42座，广播综合人口覆盖率99.4%，电视综合人口覆盖率99.7%，有线广播电视实际用户929.4万户。全年出版地方报纸70种，出版量97529.1万份；出版期刊354种，出版量5070.3万册；出版图书12941种，出版量41025.5万册；录像制品41种，电子出版物291种。

四川已形成初等教育、中等教育、高等教育相互衔接，普通教育、职业教育、特殊教育协调发展的教育体系。2022年，全省有普通高校134所。全年普通本（专）科招生67.4万人，增长11.7%；在校生205.2万人，增长6.8%；毕业生51.0万人，增长13.0%。研究生培养单位36个，招收研究生5.3万人，在校生15.9万人，毕业生3.9万人。成人高等学校12所，成人本（专）科在校生40.7万人；参加学历教育自学考试33.3万人次。有普通小学5213所，招生88.4万人，在校生545.0万人。普通初中3353所，招生92.3万人，在校生277.5万人。普通高中809所，招生50.3万人，在校生146.5万人。特殊教育学校137所，招生0.4万人，在校生（含附设特教班）1.8万人。中等职业教育学校（含技工学校）463所，招生41.3万人，在校生108.3万人。职业技术培训机构2332个，职业技术培训注册学员96.8万人次。

（本栏目撰稿人：王　谦）

（本栏目资料和数据主要参考《2022年四川省国民经济和社会发展统计公报》及相关部门官方网站）

四川交通历史与现状

SICHUAN JIAOTONG LISHI YU XIANZHUANG

古代交通 陆路交通 商周时期，巴蜀地区陆路交通就有所开拓。“武王伐纣，蜀亦从行”（《华阳国志·序志》），“武王伐纣，实得巴蜀之师”（《华阳国志·巴志》）。在广汉三星堆和成都金沙遗址，出土了与中原地区玉器形制完全相同的玉璧、玉璋、玉琮等。证明四川盆地与外界已有密切的联系。在《蜀王本纪》和《华阳国志·蜀志》中保存的五丁开山、石牛开道、武都担土、山分五岭等神话传说，正是巴蜀先民辟山开道的有力说明。

古代巴蜀与中原地区的联系要翻越秦岭和大巴山，故交通道路的开辟多选择在河谷，并修栈道以克服艰险。穿越秦岭的古道有4条：陈仓道、褒斜道、傥骆道、子午道；穿越大巴山的古道有3条：剑阁道、米仓道、洋巴道；从渭水上游翻越秦岭西段和岷山的通道有2条：仇池道和阴平道。

秦汉三国时期，是古代巴蜀交通大发展并形成基本格局的时期。陆路交通最大的变化是，相当一部分道路，由过去只能供人、畜行走的窄道，转为可通马车的大道。两汉时期，蜀中较为重视修治道路。官府或征调民力大规模治路，或私人捐款修路建桥，并勒碑石记其事，一时蔚为风气。

巴蜀地区的交通，在前代奠定的基础上，经过南北朝和隋唐时期的发展，有了较大改善。州县之间，道路相通，往来便捷，北经关中，可以直入长安，达于中原。

宋代，成都到长安的川陕干道，仍是四川主要的陆路交通干线。该路经汉州（今四川广汉）、绵州（今四川绵阳）、剑州（今四川剑阁）、过剑门关而达利州（今四川广元），再经金牛道而达兴元府（今陕西汉中）。此外，由阆州、巴州而到汉中的米仓道，是四川通往陕西的另一条重要陆路干线。

元朝十分重视交通建设，在全国广阔的领域建立“站赤”制度，首次在西南边疆省区设置站赤。“元制站赤者，驿传之译名也。”（《元史·兵志》）陆站以成都辐射全川，有的达于外省，历史形成的几条主要交通干线基本沿用，个别有所调整。明代四川陆路交通在元代基础上进一步改善和发展，特别是藏族地区的交通发展，从此改变历史上由甘肃、青海入藏为主要通道的格局。

翠云廊　　厅史志总编室　供图

清代四川驿站，沿袭明制。驿站分东南西北四路，驿站管理以驿丞专司和地方州县管理两种形式进行。清代四川交通的一项突出成就，是康熙四十五年（1706年）建成川藏交通的大渡河上第一桥——泸定铁索桥。

在技术方面，巴蜀先民最突出的创造，就是在高山峡谷地带发明栈道建设技术。栈道有石栈和木栈两种，《四川通志》载："考此特殊工程，有木栈与石栈之分。木栈施于森林茂盛山地，系斩伐原始森林，铺木为路，或杂以土石。石栈则施于悬崖绝壁，无径可通之处，或缘岩凿孔，插木为桥。"蜀人在交通技术方面的另一贡献就是发明索桥。川西山区河流湍急、峡谷深陷，建桥相当困难，当地人民因地制宜发明索桥，其制虽艰，但往来迅速，行旅方便。由于四川古代造索桥系用竹索，所以也称笮桥，其后演进，有溜筒等形制。

四川古道交通的嬗变与演进，绵延3000余年。至20世纪初，引进欧美汽车和筑路新技术为标志的公路交通出现，始有质的变化。古代道路交通与近代公路交通，是历史发展过程中的两个不同阶段，四川古道交通，对促进区域内外经济和文化交流，社会发展作出巨大贡献，也为近现代四川公路、铁路交通建设，提供有益的借鉴。

水路交通　四川内河航运历史悠久。据《尚书·禹贡》记载，蜀国运往夏王朝的贡品，即沿嘉陵江转汉水、渭水、黄河而达夏都。战国时期，长江逐步发展成为进出川的重要交通路线。《史记·张仪列传》记载："秦西有巴蜀，方船积粟，起于汶山，浮江已下，至楚三千余里。"西汉以来，巴蜀造船技术发展迅速。唐宋时期，商品运输繁盛，万斛之舟来往于成都、维扬（今扬州）之间。清代，四川航运又有发展。重庆开埠以后，西方列强带来轮船和治河技术，四川内河航运开始变革，轮船运输业兴起。总体而言，四川内河航运仍依赖自然河道通航，天然港口靠船，航道缺乏整治，港口疏于建设，船舶修造工业薄弱，四川内河航运业仍十分落后。

现代交通　**公路交通**　四川公路交通始于1913年，川督兼民政长胡景伊倡修成都至灌县（今都江堰市）马路，至1925年冬建成，长55公里，次年开行汽车。1925—1949年，为四川公路交通初创阶段。20余年间，川、康两省建成公路8742公里，但不少公路晴通雨阻。全省仅有汽车4000余辆，由于公路和汽车数量少，全省陆路交通大部分地区仍依靠人力和畜力运输。

20世纪50年代，四川集中力量修建成阿、沐石、宜西、东巴、川藏等干线公路，少数民族地区交通状况大为改观。1958—1965年，国家对公路建设实行"依靠地方、依靠群众、普及为主"的方针，四川出现全民修路的热潮。各地新（改）建一批国防、经济干线，修通一批支农和调运"死角粮"的公路，新（改）建一批支援"三线"建设的重点公路和林业专用公路，公路数量大幅度增长。全省新建公路17900公里，是"一五"时期总和的3倍还多；新增通汽车的县城40个；新建大中型桥梁34座，改渡为桥28处，基本形成以国省干线公路为骨架，以县乡公路、机耕道、架车路、驮运路为纵横经络的道路网。

阿坝州黑水县维古乡俄口村农村公路　　厅史志总编室　供图

1966—1976年，四川除白玉、得荣两县外，各县均通汽车。通车的人民公社达全省人民公社总数的75.5%；全省新建各种大桥295座44072米，并建成第一座混凝土斜拉桥和主孔跨径116米的九溪沟石拱桥。

20世纪80年代，中共四川省委、省政府提出要像抓农业那样抓交通，并要求"全省动员、各方出力、艰苦奋斗，支援交通建设"。由眉山倡导并推广到全省的公路加宽改造，拉开公路技术改造的序幕，四川公路建设开始从“数量型”到“质量型”的转变。这一时期，四川公路建设的特点是既重视公路建设的数量，又强调公路的质量，尤其重视高等级公路的发展。通过多渠道筹集建设资金，在加宽干线公路，改造大中城市进出口公路，兴建高等级公路，修建大型公路桥梁，加快老、边、少地区的公路建设，加强已成公路的养护，建设“标美路”等方面做出显著成绩。1988年，全省实现县县通公路。

至1990年底，全省公路总里程达9.7万公里，居全国第一位，其中建成二级以上高等级公路717公里。5年新建和改造山区公路1万公里，新建桥梁1820座6.9万米。重点整治干线油路700公里，建成标美路1700公里、整形路4100公里，公路好路率由1985年的37%提高到56.8%。公路运输站点进一步向农村延伸，全省1万多个公路运输站点的85%均分布在县城和县以下广大农村。

“八五”期间，通过采取“以工代赈”“公路建设大包干”和开展“交通发展年”等活动，全省新（改）建公路10458公里，公路总里程达100724公里。其中，等级路59707公里、二级以上高等级公路2876公里。公路好路率从“七五”期末的56.8%提高到74.2%。全省新（改）建县级以上汽车站111个。“八五”期间四川公路建设最突出的成果，是1995年9月建成通车的全长340.2公里的成渝高速公路。该路的建成结束四川没有高速公路的历史，对四川及整个西南地区经济社会的发展具有重大意义。内宜高速公路、二郎山隧道、万县长江大桥、涪陵长江大桥等重点建设项目的相继开工，成绵高速公路的部分通车，都是“八五”期间公路建设取得的重大成就。

“九五”期间，四川交通抓住国家实施西部大开发战略的契机，以空前的建设规模和超常规的发展速度，取得瞩目成就。全省以高速公路为主骨架的三级路网建设取得突破性进展，除建成成绵、成都城北出口、成都机场、内宜、成乐、成灌、国道108线西昌泸沽至黄联关段、隆纳、成雅、达渝罗江至大竹段、广邻等11条高速公路外，还有在建高速公路500公里。至2000年底，行政区划调整后的四川，公路总里程达108529公里，居全国第二位，其中高速公路通车里程1000公里，居西部第一、全国第六；二级以上公路9000公里，比1995年净增6617公里；高级、次高级路面铺装率33%，比1995年提高14%。全省99%的乡和86%的村通公路，基本形成以成都为中心、以国省干线公路为骨架，连接城乡、沟通山区、贯通相邻省（自治区、直辖市）的公路交通网络。

“十五”期间，四川交通发展任务重，投资规模大，增长速度快，建设质量好。主要表现为：全省交通基础设施建设完成投资751.6亿元，比“九五”期间增长59%，超过新中国成立至“九五”期末完成投资的总和；建成成南、绵广、南广、达渝、成都绕城、成彭、成温邛等759公里高速公路，高速公路通达17个市（州）；全面完成47个项目、4276公里三州通县油路建设任务，使三州州府所在地与各县城间全部以油路相连，行车时速平均提高1倍以上，实现三州交通事业一步跨越20年。至2005年底，全省公路总里程达11.5万公里，比“九五”期末增加2.4万公里。其中，高速公路通车里程1759公里，新增759公里；二级以上公路1.3万公里，新增4000公里；公路密度为每百平方公里23.5公里，增加5公里；高级、次高级路面铺装率42%，提高7.6个百分点。

“十一五”期间，按照中共四川省委九届四次全会确定的建设西部经济发展高地的战略定位和构建西部综合交通枢纽的战略部署，四川交通发展的主要任务是构建枢纽、打开通道、完善路网、支撑高地，变“蜀道难”为“蜀道通”。其具体目标：一是确保到2012年全省高速公路通车里程达到3500公里，力争超过3800公里；建成12条出川高速公路通道，初步形成贯通南北、连接东西、通江达海的西部公路交通枢纽，实现成都与周边多数省市中心城市朝发夕至，形成北抵环渤海、东达长三角、南至珠三角和北部湾等经济区及出海港口的22小时公路交通圈。二是到2012年基本完成7个干线公路出川通道和九寨、川东北、川南、川中、川西5条经济环线的改建任务，并改造国省干线公路8348公里，力争实现全省国省干线公路中二级以上公路达到1.6万公里，占国省干线公路总里程的80%。三是加快实施“十一五”农村公路规划内剩余5万公里的农村公路建设任务，并到2011年改建农村断头公路17355.8公里，使内江、眉山、攀枝花、遂宁、资阳、自贡、宜宾、广安等8个市提前实现“油路到乡、公路到村”，眉山、自贡、遂宁、内江等平原微丘地区实现60%的村通水泥（油）路。四是加快实施国家公路运输枢纽总体规划和市县两级公路运输站场布局规划，力争超额完成建成1700个农村客运站的“十一五”规划目标。

“十二五”时期，全省交通运输系统紧紧围绕构建畅通安全高效的现代综合交通运输体系总体目标，努力克服重大自然灾害和宏观经济下行等多重考验，开拓创新，砥砺奋进，迎来历史上发展速度最快、发展质量最好、发展成效最佳的时期，实现基础设施由“补欠账”到“促发展”，服务水平由“保基本”到“上档次”的重大转变，取得投资总量（6081亿元）、BOT招商融资总量（1774亿元）、高速公路新增通车里程（3335公里）、公路网总里程（31.5万公里）、农村公路总里程（26.8万公里）和新（改）建里程（11.6万公里）、安保工程建设规模（2.44万公里）、争取交通运输部补助资金（949亿元）等多项指标在全国领先的优异成绩，为全省实施“三大发展战略”、实现“两个跨越”提供有力保障。

2015年是“十二五”规划收官之年，全省交通运输系统认真贯彻中共四川省委、省政府的决策部署，圆满完成各项任务。一是完成投资再创新高。全年完成投资1305亿元，超过上年水平，继续位居全国第一。二是脱贫攻坚开局良好。研究制订总投资2450亿元的精准扶贫专项方案和《大小凉山地区交通建设推进方案》等3个攻坚方案，为打好交通脱贫攻坚战奠定了良好基础。三是重大项目有力推进。绵西、营达等4条高速公路、长江宜宾至重庆航道“三升二”单滩整治、岷江港航电综合开发犍为枢纽等项目开工建设，成都二绕东段等9个高速公路项目506公里建成通车，全省高速公路通车里程突破6000公里。四是普通公路加快发展。新（改）建国省干线公路2400公里、农村公路2.6万公里，全面超额完成中共四川省委、省政府确定的民生工程目标任务。国省干线公路路况和管理养护水平不断提升，路面使用性能指数（PQI）提升到87.5，迎接交通运输部检查工作实现排名升位。五是灾后重建快速推进。国道108线雅安至荥经段、国道318线雅安至二郎山段和3条经济干线公路基本完成重建，国道351线多功至芦山县城段建成通车，农村公路累计建成1390公里，为规划目标的96%，汽车客运站和水运项目全部完工。国道213线映秀至汶川段全面开工建设，省道303线巴朗山隧道全线贯通，绵茂路汉旺至清平段基本建成。六是服务能力明显提高。高速公路ETC用户突破110万，日均通行超过26万辆次。改造高速公路收费站26处，4对高速公路服务区被评为全国百佳示范服务区，19对服务区被评为全国优秀服务区。泸州市入选交通运输部综合运输服务示范城市建设。港口集装箱吞吐能力较上年新增33万标箱，完成集装箱吞吐量62万标箱，比上年增长40%，其中铁水联运集装箱吞吐量2.5万标箱，比上年增长125%。七是安全形势稳中向好。大力开展道路交通安全综合整治深化巩固年行动，超限5吨以上货车违规进入高速公路数量大幅下降，普通公路超限率控制在4%以下，行业重大以上生产安全事故“零发生”。八是改革创新不断深化。积极推进9个方面30项改革工作，通过政府购买服务方式筹措交通建设资金，交通运输部PPP试点项目国道0511线德阳至都江堰段已签订投资协议及特许权协议。九是依法行政持续推进。推动出台《四川省高速公路条例》和《四川省港口管理条例实施办法》，研究完善7个方面32项管理制度。清理公布部门权力事项，启动行政审批网上服务平台建设。

2016年，省市合力推进138个交通重点项目建设，雅康、汶马等高速公路项目进展顺利，成安渝高速公路重启建设并实现二绕至省界段建成通车，全年建成高速公路项目6个、503公里，高速公路通车总里程达到6519公里，提升三个位次跃居全国第二；绵九、峨汉等群众期盼已久的11个高速公路项目开工建设，新开工里程1013公里、总投资1490亿元，成功招商项目9个、1055公里、引进社会投资1500亿元，均超过2012年来4年总和；全省高速公路建成和在建里程超过8600公里。加快推进普通国省道提档升级和大中修工程，完成新（改）建2200公里、大中修2000公里，全省普通国道二级及以上比重达到57%。汶川地震灾后发展振兴重点项目映秀至卧龙公路、巴朗山隧道及绵茂路汉旺至黑滩隧道段建成通车，雅安乐英至夹金山等芦山地震灾后重建“3+5”干线公路项目全部建成通车。

2017年，全省高速公路实现市（州）全通达。雅康高速公路雅泸段等7个项目（路段）、301公里建成通车，全省高速公路通车总里程达6820公里，甘孜涉藏地区结束不通高速的历史。成都至宜宾等12个项目、1396公里开工建设，总投资2391亿元，年度新开工项目里程和投资规模均创历史之最。宜攀高速公路单体投资（886亿元）创全国之最。全省高速公路建成和在建总里程达到9785公里。普通国省干线公路建设成就超级工程。世界海拔最高的特长公路隧道国道317线雀儿山隧道建成通车，打通川藏北线的最大瓶颈，央视以“超级工程”向世界展示。新（改）建普通国省干线公路1996公里，实施大中修工程1537公里。国省干线公路服务保障水平持续提升。

2018年，全省建成雅康、汶马（部分路段）、巴陕、绵西、成彭扩容等高速公路436公里，高速公路建成总里程达7238公里，实现所有市（州）政府所在地通高速公路，新增3个贫困县通高速公路，全省134个县（市、区）通高速公路，出川高速通道达到19条。新开工成南扩容、德昌至会理等高速公路，全省高速公路建成和在建总里程超过1万公里。建成全国第二长高速公路隧道米仓山隧道和雅康高速公路泸定大渡河大桥等一批超级工程。国省干线公路新（改）建2112公里，实施养护工程1713公里，基本实现市（州）至县通二级（三州三级）及以上公路目标。川九路灾后恢复重建新示范工程、成雅和成资快速通道等一批重点项目启动建设。

2019年，全省高速公路建成总里程突破7500公里，新增出川通道2个、达到21个。新开工马久等9个项目、1066公里，高速公路建成和在建总里程突破1.1万公里。完成国省干线公路提档升级1868公里，九寨沟地震、白格堰塞湖等交通恢复重建全面推进；普通国道PQI达到88.6，路况水平总体良好。

2020年，是“十三五”规划收官之年。全省高速公路建成总里程8140公里。建成通车成资渝、广安绕城高速，新开工开江至梁平等4条高速，川渝间建成及在建高速公路通道达17条。国省干线新改建2355公里，实施大中修工程1824公里，路面使用性能指数接近90，达到历史最高水平。全年新（改）建农村公路1.68万公里，新建农村公路生命安全防护工程8433公里，完成渡改桥31座、危桥改造188座。全国最后一个通公路的村阿布洛哈村开通乡村客运。“9·20”雅西高速公路姚河坝特大桥高位塌方抢通保通和恢复重建工作完成。

2021年，新建成高速公路521公里（含原路扩容53公里），全省高速公路通车里程达8608公里，高速公路出川大通道达26条，通高速公路的县达139个。德都高速公路建成通车，成都都市圈环线高速公路闭环成网，为成都都市圈发展打下坚实基础。仅用15个月建成全国首条红色主题高速公路王坪至通江项目，创造了山区高速公路建设新纪录。新（改）建普通国省道2419公里，灾后重建和交旅融合的示范标杆工程新川九路顺利建成。实施大中修1640公里，国道PQI（路面使用性能指数）位居全国第一，“十三五”干线公路管理养护国检综合排名升至全国第10位。普通国省道新（改）建里程2419公里；国道351线夹金山隧道6个月完成前期工作实现开工，创造了交通重点项目建设“超常规不超程序”新经验。农村公路新（改）建里程1.7万公里；新创建“四好农村路”国家级示范市1个、示范县10个，省级示范市2个、示范县25个。平昌县板青路、布拖县阿布洛哈村通村公路等获评全国“十大最美农村路”。普通国道路况水平总体良好，国道PQI位居全国前列。

2022年，建成通车德昌至会理、宜宾至彝良等高速公路571公里，高速公路通车里程突破9000公里，彻底结束会理市、会东县、阿坝县、乐山市金口河区不通高速公路的历史。泸永高速公路通车运营，成为成渝地区双城经济圈战略实施以来首条建成投用的“川渝大通道”。新改建国省干线2233公里，川藏铁路配套公路所有项目如期开工，国道351线夹金山隧道超额完成掘进任务，绵茂公路历经13年建成通车，黄河干流若尔盖段生态修复治理项目按期保质完成。新改建农村公路2.36万公里，成功打造苍溪县高台村红色公路等一批示范项目，新创建“四好农村路”国家级示范县16个，新评定“四好农村路”省级示范县27个、示范市5个。

公路运输 20世纪50年代，全省60%的县不通汽车，大部分地区依靠人力和畜力运输。全省仅有4000余辆汽车，且大多是拼凑起来的“万国牌”，车辆性能差，运效低。

20世纪50年代后期，四川公路客货运输迅速发展。1960年，全省民用汽车拥有量达1.52万辆，完成社会客、货运量分别为1503万人次和1644万吨，比1949年分别增长2.1倍、77.3倍和42.8倍。

20世纪70年代，全省公路运输业有了更快的发展。1970年，全省民用机动车已达2.65万辆。其中，汽车2.59万辆，完成社会客、货运量2283万人次和2466万吨。到1978年，民用机动车发展到12.8万辆，其中汽车拥有量6.05万辆，比1949年分别增长25倍和11.3倍，社会客、货运量分别为7185万人次和4824万吨。

1997年初，全省民用机动车拥有量122.1万辆，其中汽车54.2万辆，比1978年分别增长8.5倍和8倍；完成社会客货运量11.83亿人次和4.3亿吨，比1978年分别增长15.4倍和8倍；全行业拥有经营业户31.3万户，从业人员达88.2万人。公路运输在全省综合运输体系中居主导地位，客运、货运、维修、搬运装卸、运输服务五大市场突飞猛进地发展，1996年驾驶员培训也纳入交通行业管理。

“八五”期间，四川实施“一长一短一点”（超长客运、出租汽车客运、汽车站点建设）发展战略，取得显著成效。“九五”期间，为进一步培育、发展、规范客运市场，又提出并实施“三大系统”（跨省超长客运系统、直达快速客运系统、农村客运系统）发展战略。“南下、北上、东进、西出”，建立以民工疏运为主的跨省超长客运系统。1993—1997年，跨省超长客运创营业收入10亿余元，其中，企业纯利润1亿元以上。截至1998年底，全省已开通20个省（自治区、直辖市）的跨省客运班车，省际客运班线发展到297条、1584班，最长的班线成都—伊宁单程达3445公里，全省民工年疏运量近200万人次。1998年以后发展以高速公路为龙头的直达快速客运系统。直达快速客运以成都—重庆、成都—绵阳、内江—自贡高速公路为载体，实行高速公路客运经营权有偿使用和客运线路专营，并将一流的车辆、一流的服务、一流的管理以及“航空式”优质文明服务引入公路运输。拓展以县城为中心，乡镇为结点，站场为依托，干支相连，乡村相通的农村客运系统。

2000年，四川道路运输能力明显增长，全省道路客运量增长逾20倍，旅客周转量增长近22倍，道路货运量增长逾15倍，货物周转量增长逾36倍。道路运输在四川综合运输体系中独占鳌头，承担社会新增客、货运量中的95%和55%。

2005年，迎来道路运输业发展的新时期，客运市场的内涵不断丰富，以高速公路为依托的全省快速客运网络辐射到18个市（州）；以旅游包车为主、旅游班车为辅的旅游客运网络形成，旅游客运车辆发展到2563辆；跨省超长客运线路延伸到全国24个省（自治区、直辖市）；出租汽车发展到21个市（州）政府所在地和142个县级城市，车辆达3.18万辆；农村客运车辆发展到2.62万辆，乡村客车通达率分别达99%和88%。

2013年，全省客运车辆达5.2万辆，城市公交车、出租汽车发展到2.69万辆和4.29万辆。发展省际市际客运班线118条，新开通32条高速直达客运班线。通公路的乡（镇）、建制村客车通达率分别达到95%和77%，比上年分别提高2.5%和1%。全省营运货车58.5万辆，总吨位262万吨、比上年增长4.7%。集装箱车辆达到1535辆，比上年增长5.2%。全省公路客、货运量分别完成27.69亿人次和17.33亿吨，比上年分别增长4%和9.4%。

2014年，全省公路客运量、货运量分别完成12.6亿人次和14.2亿吨，分别比上年增长2.1%和下降6.3%，旅客周转量、货物周转量分别完成630亿人公里和1510.5亿吨公里，分别比上年增长5.2%和18.6%；道路货运加快转型升级，发展城际货运专线班车、集装箱等专业运输，推进甩挂运输试点。全省新增集装箱车辆111辆，总数达1651辆。

2015年，四川道路运输客运量、旅客周转量、货运量、货物周转量、高速公路货运量分别完成12.34亿人次、632.82亿人公里、15.04亿吨、1693.26亿吨公里、11.22亿吨，比上年分别增长-2.6%、0.4%、5.8%、12.1%、7.2%。

2016年，四川道路运输客运量、旅客周转量、货运量、货物周转量、高速公路货运量分别完成10.97亿人次、597.84亿人公里、14.60亿吨、1565.31亿吨公里、12.25亿吨，比上年分别增长-11.53%、-10.99%、5.36%、5.72%、9.1%。

2017年，综合客运枢纽建成和在建项目达到39个，覆盖90%的高铁站。纳入部规划的9个货运枢纽（物流园区）已建成3个，其余6个全部开工建设。

2018年，货运结构不断优化。制订运输结构调整三年行动计划实施方案。成立以网络节点为支撑、以业务合作为纽带的区域甩挂运输联盟。扎实推进无车承运人试点，单车运输成本降低10%。成功入选国家多式联运示范工程3个。推动泸州、宜宾港开通至广州港、钦州港铁水联运班列。全年运输200吨以上特殊大件货物223件，有力支持全省重装产业发展。累计完成公路货运量17.3亿吨、货物周转量1813亿吨公里，分别比上年增长9.5%、8.1%。客运服务提档升级。大力推动预约、定制、响应式等个性化客运服务，在16条市际县际班线开展定制客运试点，涌现出顺庆区“全域公交”，犍为县、江安县“便民小客车”等农村客运服务新模式。成都、眉山、泸州、自贡等四个国家级“公交都市”创建取得积极进展。2018年全国绿色出行宣传月暨公交出行宣传周启动仪式在成都举行。开通全省第一条跨市城际公交线路天府新区视高至兴隆湖公交。开通西南地区第一条有轨电车线路蓉2号线。有序推进网约车新政落地实施，网约车与传统出租汽车加快融合发展。广安市创新建设特色集镇"综合运输服务中心"。

2019年，成功举办全国取消高速公路省界收费站工作推进会，全面取消剩余9个省界收费站，圆满完成车道改造、门架系统和入口治超安装联调。全省ETC用户数达930万，安装率80%、居全国第三。完成货车收费政策调整，清理规范地方性通行费减免政策，全年优惠减免通行费53亿元。省政府印发《四川省推进运输结构调整三年行动计划实施方案》，厅与中国铁路成都局公司签订《共同推进多式联运、联程运输发展合作协议》，推动大宗货物运输"公转铁、公转水"。全年完成铁路货运量7410万吨、比上年增长7%，集装箱铁水联运量4万标箱、比上年增长14%，水路货物周转量305亿吨公里、同比增长13.3%。成都国际铁路港集装箱铁公水多式联运示范工程上升到国家示范。公路货运枢纽（物流园区）覆盖70%以上市（州），综合客运枢纽覆盖95%的高铁站。规范推进新业态发展，新增定制客运试点线路72条，整合网络货运车辆8.6万辆。成德眉资毗邻城市间客运班线公交化进程加快。新（改）建交通厕所336座。建成"司机之家"3个、"五好高速公路"15条。

2020年，建成攀枝花客运南站等4个综合客运枢纽，全省建成和在建综合客运枢纽达52个，覆盖95%的高铁站。建成宜宾传化公路港等3个公路货运枢纽，实现70%以上市（州）均建有公路货运枢纽（物流园区）。实现成渝公交、轨道"一码"通乘，开通8条省际公交线路。实施建设人民满意乡村客运"金通工程"，推动农村客运站（牌）、车身标识、驾驶员着装、监管系统"四统一"，推进农村客运与乡村旅游、电商物流、邮政快递等融合发展。县级以上城市定制客运实现全覆盖。全省城市公共交通覆盖率达99%，绵阳市涪城区通过全国城乡交通运输一体化示范创建验收。试点建设"司机之家"6个。新（改）建行业厕所1155座，圆满完成"厕所革命"三年行动任务。全省70%的营运高速成功创建"五好高速公路"。颁发首张网络平台道路货运经营许可证。深化"交邮合作"，全省乡镇和建制村邮政网点覆盖率均达100%。攀枝花盐边"聚优购"、成都金堂"金乡运"成功创建全国首批农村物流服务品牌。

2021年，全省定制客运线路发展到396条，车辆3728辆，分别较2020年翻一番。192个二级以上汽车客运站实现电子客票应用。完成15座高速公路服务区"厕所革命"提升工作，新建高速公路服务区充电桩38处。建成7个主题服务区，雅康高速天全服务区打造成为全国首个熊猫主题文化服务区。"12328"热线电话全年共受理业务28万余件，即时答复满意率99.97%，限时办结率为98.22%。货运服务降本增效，完成公路运输总周转量1816.8亿吨公里，比上年增长10.3%。道路运输车辆"三检合一"、普货车辆异地年审等改革措施全面落实。新发展网络平台道路货物运输经营者9家，累计达17家。成都西部汽车城等多式联运示范工程项目加快推进。路网运行畅通有序，建立综合交通运输运行监测调度机制，开展出行大数据分析，实施"一路三方"联合指挥调度，全力做好节假日等重点时段缓堵保畅工作，国庆假期成都绕城高速公路通行效率提升30%。开展限高限宽设施和检查卡点、高速公路沿线广告牌、标识和路域环境等专项提升整治，改造加强中央活动护栏3135处，规范调整交通标志1636处，全面提升路网效率和服务水平。出台大件运输监督管理、问题处置等系列制度文件，实现大件运输许可全过程受控、规范化运行，保障5件500吨以上"国之重器"顺利运输。

2022年，高效统筹疫情防控和物流保通保畅，在全省设置801个公路查验点，守住疫情严控时期"外防输入"第一道防线。完成公路运输总周转量1888亿吨公里、比上年增长3.1%，高于全国平均3.6个百分点。成都联合重庆成功申报国家综合货运枢纽补链强链城市群。申报2个全国第四批多式联运示范项目。评定首批27个乡村运输金通工程样板县和10个"交商邮"融合发展试点县，江安县"金通畅行"等4个项目成功创建全国农村物流服务品牌，"金通工程"新增纳入交通强国建设试点。犍为县通过第一批全国城乡交通运输一体化示范创建县延续创建验收。打造7条"三优一创"高速公路示范路，培育天府机场东服务区、安德服务区等一批主题服务区品牌。35个县（市、区）完成全域公交改造，成都、自贡、泸州成功创建国家级"公交都市"。成都、泸州、遂宁、彭州、蒲江、武胜成功创建全国"绿色出行城市”。宜宾、德阳、遂宁成功入选全国第三批“绿色货运”城市示范工程。

内河航运　1950年，四川初建重庆港九龙坡码头。从1953年起，交通部和各级政府先后组织对长江干流和运输任务重的中小河流进行重点建设。由交通部投资整治长江“日航困难，夜航危险”的航段，配置“锁链”式航标，重庆至宜昌的轮船实现分段夜航，适应每年100多万吨粮食外调和大批工业品进川运输的需要；由省投资将金沙江屏山至新市镇、乌江涪陵至彭水、岷江乐山至宜宾开辟为轮船航道，同时大力开辟和整治小河支流，使其与干流衔接。从1952年至1957年，全省开辟与整治26条小河共计1385公里。

1958—1960年，交通部长江航务局和四川省交通厅先后对长江干流航道进行大规模整治，并增加绞滩、航标、信号台等助航设施，同时还分别整治嘉陵江南充至重庆航段及渠江航道、乌江航道，并试点开辟金沙江航道，使重庆至宜宾段航标实现电气化、乌江绞滩实现机械化。1961年，四川航道里程17181公里，比1957年净增5073公里。此期，四川加快长江宜宾港、重庆港、涪陵港和万县港四大港口建设。扩大港口规模，增设泊位和锚地，增加缆车、浮吊、岸吊等设备，使其码头装卸条件大大改善，基本能适应运输需要。

1966—1976年，四川对长江大渡口至江津蓝家沱航道进行全面整治，将嘉陵江南充至广元木船航道开辟为轮船航道。交通部长江航务局在重庆蓝家沱、猫儿沱新建两个大型装卸作业区，四川省投资建成乐山王浩儿大件码头、四川维尼纶厂黄礤中转站码头、泸州天然气化工厂尿素码头。同时，各地集体航运企业自力更生发展机动船舶，全省70%的木船实现机械化，由此带动水运制造业的迅速发展。20世纪80年代，四川逐步建成由60多家大、中、小企业组成的协作配套的水运制造业体系，实现船舶的自造自修。

20世纪80年代，随着改革开放的深入，四川内河航运发展迅速。至1996年，四川内河航运的发展变化主要表现为：轮船通航里程大幅度增加。1950年，全省仅有长江干流和嘉陵江等约10%的航道能通行轮船。通过不断整治和渠化航道，到1996年全省轮船通航里程达4724公里，比1950年增长近3倍。长江航道经过综合治理后，1500吨～3000吨级的大型船队可由上海直达重庆，长江川境段全面实现夜航。部分港口装卸实现机械化。机械化的装卸码头分别与铁路、公路相衔接，实行水陆联运。运输实现机动化。20世纪50年代初期，四川省地方航运部门仅有小轮船6艘（172吨、853客座、4865千瓦），省内水路运输主要靠木船。1956年开始木船机动化改造，1996年，全省地方航运部门共有各种机动船1127艘（24515吨、109654客座、221035千瓦），运输驳船2102艘（546962吨），当年完成客运量和旅客周转量分别比1950年增长31.58倍和669倍，货运量和货物周转量分别比1950年增长14.72倍和33.07倍。客货轮加快更新换代。20世纪80年代船舶更新换代更为迅速。客轮船型愈加美观，机型愈发先进，设施日趋齐全；货轮全部使用大功率内燃机，拖带能力成倍提高。川江船舶动力装置实现内燃机化，机型实现系列化，船体实现钢质化，蒸汽机、杂牌柴油机和木质轮船被淘汰，高速气垫船、水翼船发展迅速。水上旅游运输兴起。20世纪70年代末，长江水上旅游运输逐步兴起。其后大宁河、岷江、嘉陵江和乌江水上旅游运输发展迅速。至20世纪90年代中期，全省仅进出川旅游客运企业就发展到27家，旅游客船发展到122艘、5.24万客座。1996年，全省水上客运量达5310万人次、旅客周转量达35.9亿人公里。水运制造业有长足发展。全省有大中小型造船厂60多个，既能建造适合在中

宜宾港　　厅史志总编室　供图

小河流行驶的拖轮、客轮、驳船，又能建造在长江等大河行驶的大型客货轮、高档豪华旅游船舶和高速气垫船舶，实现船舶建造不出省。采用的“双尾”和“平头涡尾”新船型，船舶时速由27公里提高到32公里，达到国内先进水平。

1997年，重庆市划归中央直辖，四川及时调整水运展规划，一方面实施“以陆补水”政策，一方面加快运基础设施建设，并积极探索水资源综合利用，走出条“以电养航、滚动开发”“水陆并举、以副补航”的路子。

“九五”期间，全省建成航电枢纽工程2个，渠化航道108公里，整治航道491公里、险滩73个，使全省3～7级航道达2383公里，占航道总里程6089公里的39.14%。2000年6月竣工的乐山大件码头，码头岸线长115米，设计750吨泊位1个。其直立式桥吊跨度39米、高28.5米，起重最大单件550吨，是当时国内内河起重和跨度最大的桥吊，被誉为“岷江大力神”。

“十五”期间，四川内河航运基础设施建设的重点是嘉陵江航道梯级开发，渠江渠化，二滩库区港口、南充港和宜宾菜园沱码头建设，并充分借用长江“黄金大通道”建成与高速公路衔接的水运主通道，以形成港航配套、干支相通、通江达海的水陆联运网络。2005年底，嘉陵江渠化开发初见成效，规划建设的13个航电枢纽已建成4个、在建7个，渠化四级航道112公里；建成渠江金盘子航电枢纽；完成岷江大件航道续建工程和岷江成都至乐山段航道整治工程，整治航道348公里；建成泸州集装箱码头、二滩库区港口、广安港、南充港一期工程等重点项目，新增港口泊位19个，全年港口新增吞吐能力318万吨、200万人次、集装箱2.5万标箱。建成农村渡口1307个。

2008年，泸州港多用途码头二期工程进展顺利，泸州港二期续建工程及进港铁路、宜宾港志城作业区一期工程实现开工。长江干线宜宾以下全线实现千吨级船舶昼夜通航。嘉陵江航道渠化整治工程进展顺利，渠化四级航道216公里，建成新政等航电枢纽。

2009年，根据《泸州—宜宾—乐山港口群布局规划》《宜宾港总体规划》《乐山港总体规划》等规划，加快推进泸州港二期续建工程和宜宾港志城作业区一期工程建设，泸州港多用途码头二期工程形成生产能力，全省港口集装箱吞吐能力从2007年的5万标箱提升到50万标箱；长江宜宾至泸州段整治工程完工，宜宾以下实现千吨级船舶昼夜通航；嘉陵江川境段13级航电枢纽已建成8级、在建5级；《岷江（乐山—宜宾段）航电开发规划》经省政府批准实施，岷江航电综合开发和作为成都经济区水运口岸的乐山港项目前期工作全面启动。

2010年，水运港口建设迈上新台阶。宜宾港用两年时间建成并开港试运营，全省港口集装箱吞吐能力由3年前的5万标箱提升到100万标箱。广安港及渠江广安段航运工程实现当年制订规划和提出项目、当年开工建设，提前2年实现全省港口集装箱吞吐能力建成和在建规模达到200万标箱的目标。岷江航电和港口综合开发确定建设、养护、运营一体化模式和业主组建原则，前期工作加快推进。嘉陵江沙溪、凤仪场枢纽实现设计蓄水，嘉陵江川境段规划的13级航电枢纽累计建成11级，在建2级。

2011年，“四江六港”（详见《附录》）水运主通道和重要港口建设加快推进。全年完成投资25亿元。岷江港航电综合开发前期工作全面加快。宜宾港后方陆域及港区配套设施工程完工。泸州港进港铁路建成投运。泸州港二期续建工程、广安港一期工程加快建设。南充港、广元港开工建设，全省港口集装箱吞吐能力建成和在建规模达到233万标箱。嘉陵江渠化工程和渠江广安段航运工程等水运主通道加快建设。积极推进长江川境段航道等级提升工程，水富至宜宾段三级航道整治工程完成工程可行性研究编制。组织开展岷江（成都—乐山段）、渠江（达州—广安段）、沱江、涪江、金沙江等5条重要河流水运资源调查工作。

2012年，省政府出台《关于加快长江等内河水运发展的实施意见》，泸州港建成全省首个百万标箱大港，嘉陵江渠化工程、渠江广安段航运工程、南充港、广元港等水运重点项目加快推进，岷江港航电综合开发前期工作取得实质性进展。

2013年，广安港新东门作业区、南充港都京作业区一期工程投入试运营，全省港口集装箱年吞吐能力达193万标箱。嘉陵江苍溪航电枢纽工程全面建成。岷江港航电综合开发前期工作积极推进。渠江广安段航道整治工程加快推进。

2014年，内河水运建设加快推进。广元港红岩作业区一期工程、宜宾港志城作业区重件泊位、南充港化工园区专用码头建成投运。渠江四九滩至丹溪口航道整治工程基本完成。眉山市岷江汉阳航电枢纽建成投运。积极推进岷江港航电综合开发和嘉陵江川境段航运配套工程建设。全省新增三级高等级航道里程71公里，四级及以上高等级航道里程达到1015公里；新增港口集装箱吞吐能力25万标箱，港口集装箱年吞吐能力达218万标箱。

2015年，南充港都京作业区一期工程总投资完成投资2.5亿元，为年度计划的100%。广元港红岩作业区一期工程主体全部完成，港务大楼装修、智能生产设备安装、控制系统施工处于收尾工作。广安港新东门作业区一期工程完成投资0.58亿元。南充港河西作业区化工园区专用码头工程完成投资4亿元，为年度计划的100%，12月30日开港试运行。

2016年，全省新增四级航道190公里，四级及以上高等级航道超过1500公里；岷江犍为枢纽加快推进，嘉陵江航运配套二期工程等4个项目开工建设。

2017年，岷江港航电犍为枢纽实现右岸截流，龙溪口等4个航电枢纽开工建设。嘉陵江亭子口枢纽以下达到四级航道标准。

2018年，岷江龙溪口航电枢纽开工建设。岷江犍为航电枢纽、长江川境段航道整治等项目加快推进。嘉陵江航道川境段实现全江畅通，利泽枢纽初步设计取得批复。泸州、宜宾、乐山三港整合启动实施。

2019年，岷江港航电综合开发工程有序推进，犍为航电枢纽船闸试运行，尖子山航电枢纽开工建设；嘉陵江川境段全线通航。

2020年，内河水运新增高等级航道116公里，四级以上高等级航道达到1648公里。岷江犍为枢纽完成一期蓄水并网发电，龙溪口枢纽等项目加快建设，老木孔和渠江风洞子枢纽开工建设。泸州、宜宾港至重庆“水水中转”班轮实现常态化运行，嘉陵江广元—重庆集装箱班轮成功首航，集装箱班轮航线达到12条。

2021年，全省新增高等级航道100公里，四级以上高等级航道达1748公里。岷江犍为枢纽通航发电，渠江风洞子航运枢纽工程、岷江老木孔航电枢纽工程2个项目实现开工。新增广安至重庆、南充至重庆集装箱班轮航线。发展多式联运，全年完成铁水联运集装箱量3.73万标箱。全省完成水路货运量5400万吨、货物周转量264亿吨公里、港口货物吞吐量2044万吨、客运量864万人次、旅客周转量0.98亿人公里。

2022年，新增高等级航道144公里，提前三年完成“十四五”规划任务，岷江犍为航电枢纽全面建成，犍为、龙溪口、老木孔、东风岩等重点航电枢纽全部开工，东风岩枢纽工程具备开工条件。稳定开行11条铁水联运班列，全省港口吞吐量同比增长28%、水路货运量增长10%、铁水联运量增长15%。建成平安渡口80个，撤渡66个。建成船舶集中停泊区285个、防洪系揽桩4405个，历史性实现汛期“零事故、零死亡、零跑船”。

铁路交通 四川修建铁路酝酿于清光绪二十九年（1903年）。时任四川总督的锡良奏准由四川自行集资修建成都经重庆至宜昌达汉口的川汉铁路，并于1904年1月在成都设立川汉铁路公司。1911年，辛亥革命爆发，川汉铁路停建。抗日战争时期，动工修建成渝铁路，但因财力、物力困难未能铺设轨道。至1949年底，四川仅有一条全长67公里的准轨铁路——綦江铁路，专门为重庆钢铁厂运输煤焦和铁矿石，附带承担少量旅客和其他民用物资运输业务。

1952年7月，新中国第一条铁路成渝铁路全线建成通车，实现四川人民40年的愿望。1958年11月，第一条出川铁路宝成铁路建成通车。1959年11月，内昆铁路内江至安边段建成通车。1964年，中共中央制订加快西南“大三线”（战略后方基地）建设的重大决策，国务院把成昆、川黔、贵昆和襄渝铁路作为西南“大三线”建设的重点工程，组建西南铁路建设指挥部，调集铁道兵和铁路职工31万人参建。1965年7月，川黔铁路建成通车；1970年7月，成昆铁路建成通车；1973年10月，经陕西通往湖北的襄渝铁路全线通车。同时，配套建成一批

西部规模最大的交通枢纽——成都东客站 厅史志总编室 供图

铁路支线和专用线。

1975—1990年，四川铁路建设的重点为干线电气化改造。1975年7月，中国第一条电气化铁路宝成铁路实现全线电气化，襄渝铁路（达县以北）和成渝铁路也先后完成电气化改造。1990年，四川准轨铁路营运里程2795公里，比中华人民共和国成立初期增长40倍，初步构成全省的铁路骨架，其中有4条干线出川，从东、南、北3个方向与全国铁路网连通。省内各类型牵引机车597辆，其中内燃、电力机车比重达73%，宝成、成渝、成昆、川黔线（四川境内段）的牵引动力全部实现电气化或内燃化。在成都铁路局所属的川铁路线中，50千克以上的重型钢轨占正线的90.4%；各类旅客列车1349辆，品类齐全，乘坐舒适，部分卧车还装有空调设备；四川开行直达北京、上海、广州、合肥、浦口、西安、太原、郑州、武汉、兰州、乌鲁木齐、贵阳、昆明等大城市和省内沿线市县之间的特快、直快或其他旅客列车。1990年与1953年相比，客运量由359万人次增加到4094万人次，增长10.4倍；货运量由240.7万吨增加到6022万吨，增长24倍。1990年，铁路运输所承担的客、货周转量分别占四川综合运输体系客、货周转量的31.9%和75.2%。

1991年12月，川黔铁路实现全线电气化；1992年6月，达成铁路开工建设；1992年12月，宝成铁路（四川境内）复线开工建设；1993年，成昆铁路（四川境内）电气化改造开工；1997年，达万铁路（四川境内72公里）开工建设；1998年，内昆铁路新建水富至梅花山段（川境内25公里）开工建设；1999年，内宜铁路电气化建设开工。

至2001年底，达成铁路和成昆铁路电气化改造工程、宝成铁路复线工程、成都铁路枢纽工程相继竣工投入营运，内昆铁路、达万铁路、筠连铁路和泸叙铁路正加紧建设，全省铁路营运里程达4000多公里。2002年，四川境内的宝成、成渝、内昆、襄渝等干线铁路全部实现电气化；总投资5亿元，历时近8年的成都铁路西环线通过验收投入试运营，成都成为中国率先拥有中心城市铁路环线的省会城市。渝怀、遂渝、万宜3条新线开工。

2012年，四川铁路客运量、旅客周转量分别为7997万人次、303亿人公里，货运量、货物周转量分别为8867万吨、818亿吨公里。

2013年，四川加快成绵乐城际铁路、兰渝铁路等在建铁路项目。西成客专于3月实现开工建设；成蒲铁路于8月底完成招标实现开工建设；成兰铁路取得环保部变更环评批复，于9月份恢复施工，全面开工建设；成贵铁路、成昆铁路扩能改造成峨段和米攀段3个项目于12月底实现开工建设。川藏铁路成都（朝阳湖）至雅安段可行性研究报告审批前置要件齐备，初步设计完成审查；川藏铁路雅安至康定（新都桥）段及成都枢纽接轨方案的可行性研究报告完成初审，国土、环保等要件编制工作加快推进；成昆铁路扩能改造峨眉至米易段项目建设书获批复。

2014年，四川铁路客运量、旅客周转量分别为8778万人次、272亿人公里，货运量、货物周转量分别为7192万吨、690亿吨公里。

2015年，四川铁路客运量、旅客周转量分别为9078万人次、272亿人公里，货运量、货物周转量分别为5893万吨、614亿吨公里。

2016年，四川铁路客运量、旅客周转量分别为11321万人次、302亿人公里，货运量、货物周转量分别为5452万吨、605亿吨公里。

2017年，四川铁路客运量、旅客周转量分别为12499万人次、318亿人公里，货运量、货物周转量分别为5397万吨、637亿吨公里。

2018年，四川铁路客运量、旅客周转量分别为14982万人次、380亿人公里，货运量、货物周转量分别为5223万吨、721亿吨公里。

2019年，成贵高铁建成投运，成自宜高铁、渝昆高铁、汉巴南铁路南巴段开工建设，川藏铁路雅林段、成南达万高铁、西成铁路、西渝高铁前期工作取得重大进展。全省铁路运营里程超过5200公里，其中高速铁路1250公里。

2020年，四川铁路完成旅客发送量1.1亿人，旅客周转量254.3亿人公里，完成货物总发送量0.6亿吨，货物总周转量811.1亿吨公里。成兰铁路松潘隧道顺利贯通。全省铁路营业里程5312公里，高速铁路运营里程1261公里。

2021年，中国铁路成都局集团公司四川省铁路营业里程5120公里，其中国有铁路营业里程2430公里，合资铁路营业里程2690公里。旅客发送13890.32万人，旅客到达13884.75万人；开行客车554.5对，其中动车开行464.5对、占比83.8%，长途动车覆盖北京、上海、广东、安徽、福建、广西、河北、河南、湖北、湖南等26个省

（市）。6月28日，绵泸高铁内自泸段开通运营，新增开行泸州、自贡至广州、西安、成都、贵阳等地动车13对（图定11对、高峰线2对）。新增上海虹桥、深圳北、广州南、南宁东、桂林北、铜仁、银川等直通动车产品11对；新增雅安、邛崃至重庆北管内跨线产品2对；增开成渝城际动车10.5对。峨广线冕米段开通后新增西昌西至西双版纳、昆明直通动车。

2022年，全省铁路旅客发送量9453万人，比上年减少4437万人，下降31.9%。省内开行客车460对，其中动车开行406对，占比88.2%。利用峨广线开通契机，新增开行成都南至昆明、成都南至西双版纳、成都南至攀枝花南等地动车18对。长途动车覆盖北京、上海、广东、安徽、福建、广西、河北、河南、湖北、湖南等23个省（市）。省内铁路货物发送6034万吨、到达15310.9万吨，分别增加458万吨、695.7万吨；日均装车3165车、卸车8235车，分别增长7.6%、4.6%。

航空交通 1931年8月，中国航空公司重庆办事处成立，为四川最早的民用航空机构。同年10月21日，沪蓉航线汉口至重庆航段通航。1933年6月4日，重庆至成都航段通航，全长1981公里的沪蓉航线贯通。1935年，中国航空公司先后开辟重庆至贵阳、重庆至昆明航线；欧亚航空公司开辟西安至成都航线。同时，中国航空公司在重庆珊瑚坝建设机场。成都、南充、内江等地修建简易机场。1938年10月，四川航线由战前的8条增至17条。抗战胜利后，四川开通飞往越南河内、缅甸仰光等国际航线。1946年7月，四川有简易机场28个。

1949年底，中国人民革命军事委员会民航局驻渝办事处在重庆成立。1950年8月1日，开通天津经北京、汉口到重庆的航线。陆续开通重庆至成都、昆明、贵阳等地的航线。至1954年，四川先后开通12条国内航线，分别以重庆或成都为起点，通达北京、天津、上海等12个大中城市。

1956年，民航重庆管理处迁至成都，1957年1月，更名为民航成都管理处。至1978年，四川拥有各型民航飞机31架。同时，四川从1955年开始组建民航飞行队伍，到1978年共有各类空勤人员469名。1959年、1966年，成都双流机场和重庆白市驿机场先后改（扩）建，“三线”建设时期又新建西昌青山机场。1955—1978年，四川开辟新航线72条，分别通往省外各主要大中城市和省内的成都、重庆、西昌、南充、达县、泸州等；共飞行86242个班次，完成运输总周转量20399.11万吨公里、旅客运输量198.1万人次、货邮运输量111785.6吨。1956年5月29日，四川使用CV-240型飞机飞越号称“世界屋脊”的喜马拉雅山脉，试航北京经成都至拉萨航线成功；1965年3月1日，四川使用伊尔-18型飞机正式开航该航线。成都双流国际机场1978年发运旅客第一次突破10万大关，达112655人次。

1979—1998年，民航管理体制由军队领导为主的政企合一体制逐步改为企业体制。1986年9月19日，四川省航空公司（1992年更名为四川航空公司）成立。1987年10月15日，成都双流机场进行体制改革，独立经营核算。1998年，四川拥有波音、图-154、运-7、空客A321等各型运输和通用航空飞机59架。空勤人员总数增多，人员结构发生变化，飞行领航员、机械员、通信员较1978年前大为减少。1998年与1978年相比，空勤人员总数增加3.3倍，其中驾驶员增加2.6倍、乘务员增加15.2倍。同时，新建和改（扩）建一大批机场。成都双流国际机场改（扩）建后，3600米的主跑道可供波音747-400型飞机起降；西昌青山机场改造后，成为可适应各类大型飞机起降的国家一级机场。此外，南充都尉坝、达川、宜宾、泸州机场均进行扩建；绵阳、广元和阆中机场新建工程进展顺利。四川共开辟新航线323条，其中国内干线303条、地方航线13条、国际和地区航线7条，

2022年1月19日，开通泸州—博鳌航线　泸州市交通运输局 供图

还开通成都至新加坡、泰国曼谷等国际航线以及成都至日本广岛、马来西亚吉隆坡等国际客货包机航线。1998年，四川经营飞行的航线达200余条，通达国内外70余个大中城市，仅成都飞往各地的航线就有53条。

1999年，泰国安琪尔航空公司开通曼谷至成都定期航线，成都双流国际机场首次接纳外航定期航班。2000年，中国西南航空公司引进波音737-800客机2架，新开辟成都—武汉—温州、成都—泰国普吉等国内、国际航线8条，至当年底，该公司已拥有以波音、空中客车为主体的飞机40架，开通飞行国际、地区和国内航线190多条，通航城市60余个，其航线总里程达21万公里，实现安全飞行10余万小时，并创造成都—拉萨航线安全飞行35年的纪录。2000年，四川航空公司在国内率先引进5架国产“新舟60”和5架巴西EMB-145飞机，投入以中国西部地区为重点的支线航空运输，当年，该公司开通飞行国内航线130多条，形成以成都、重庆为基地，辐射全国各主要城市的干支线航空运输网络。此期，四川机场建设取得突破性进展。新建广元机场、绵阳机场、攀枝花机场、九寨黄龙机场、南充机场；成都双流国际机场扩建工程完工，成为中国五大航空港之一。2007年，四川民用航空完成的全社会客运量、货运量分别达1713万人次、32万吨。2008年，20个国内航空公司和外国的航空公司开通飞行四川地区的航线，基本形成以成都双流机场为枢纽、涵盖省内和西藏的轮辐式航线网络。2009年，四川民用航空完成全社会客运量、货运量分别达1947万人次、32万吨。2010年6月30日，四川与中国民用航空局在成都签订《关于加快推进四川民航发展的会谈纪要》。民航局与四川省政府承诺在四川省民用机场体系的完善、成都双流国际机场航空枢纽建设、支线机场建设和运营、基地航空公司发展、通用航空业务发展等方面，加大政策、资金的支持力度，共同协调解决四川民航建设、改革与发展等重大问题，积极推进四川省民航重大项目建设与发展。

2013年，民航方面围绕建设“一个枢纽，三个网络”的工作目标，进一步巩固和强化现有双流机场区域性枢纽机场优势地位，积极推进成都国家级国际航空枢纽和西部地区门户枢纽建设，加快成都新机场前期工作，推进支线机场项目建设。

南充机场扩建工程、阿坝红原机场、稻城亚丁机场建设推进顺利，其中稻城亚丁机场9月16日正式通航，阿坝红原机场于9月进行校飞，南充机场民航扩建工程完工。开展成都新机场前期工作，项目选址报告已获得中国民航局批复，项目预可行性研究报告、立项申报相关要件专题报告已编制完成，并经过中咨公司预评审，立项请示于12月底报国务院、中央军委审批。巴中机场、乐山机场、甘孜机场、达州机场迁建选址报告已获中国民航局选址批复，并已编制完成预可行性研究报告，其中巴中、甘孜机场预可行性研究报告已报国务院、中央军委。

2014—2018年，四川民用航空完成全社会客运量、货运量分别为3752万人、45万吨；4204万人、67万吨；4609万人、60万吨；4976万人、61万吨；5484万人、64万吨。

2019年，成都国际航空枢纽加快建设，双流国际机场年旅客吞吐量达5585万人次，国际（地区）通航航线达126条、居中西部第一。巴中恩阳、甘孜格萨尔、宜宾五粮液机场建成通航，全省民用运输机场达15个。

2020年，四川民航完成旅客运输量0.4亿人，旅客周转量657.8亿人公里；完成货物运量52.9万吨，货物周转量12.8亿吨公里。民航运输机场完成旅客吞吐量0.5亿人，完成货物吞吐量64.6万吨。成都持续保障10条国际全货机“不停航”稳定运行，完善“全货机+客机腹舱”等多元化航空物流综合解决方案，开通34条通达五大洲的“客改货”航线，新开通雅加达等6条国际定期直飞客货运航线。成都双流国际机场全年旅客吞吐量达4074万人次，位居全国第二。

2021年，四川省内民航运输机场共保障运输航班73.73万架次，比2019年增长6.83%；完成旅客吞吐量5578.73万人次，恢复至2019年的83.10%；完成货邮吞吐量68.02万吨，恢复至2019年的97.35%。双流机场全年旅客吞吐量位居全国第二，宜宾和西昌机场旅客吞吐量增速在全国百万级机场中名列前茅。

2022年，受新冠疫情影响，四川民航运输飞行46.46万小时；飞行学院训练飞行32.60万小时，比2019年增加7.52%。省内运输机场共保障运输航班36.01万架次，恢复至2019年的71.03%；完成旅客吞吐量3831.9万人次，恢复至2019年的57.08%；完成货邮吞吐63.04万吨，恢复至2019年的90.22%。

（本栏目撰稿人：王　谦）

大事记

DA SHI JI

2023

四川交通年鉴

2022年四川交通运输大事记

1日　省交通运输厅党组书记、厅长罗佳明带班值守，并到厅值班室看望慰问值班人员，询问各单位应急值守人员的工作生活情况，详细了解节日期间值班安排和人员到岗情况。

同日　由省交通执法总队（省交通运输厅高管局）、交通宣传中心联合主办，四川交通广播承建运营的高速公路融媒体直播间正式启用。

3日　首列中缅印度洋新通道（缅甸—临沧—德阳）国际公铁联运上行测试班列顺利到达德阳国际铁路物流港。

6日　由蜀道集团投资、中铁二局承建的汉巴南铁路（四川境）控制性工程——恩阳河特大桥主桥连续刚构顺利合龙，这是汉巴南铁路全线第一联合龙的连续梁。

同日　四川省交通运输厅编纂的《四川交通志·公路志》由四川科技出版社出版。

10日　岷江龙溪口航电枢纽工程4号、5号、6号三台发电机组尾水管完成交面，标志着左岸发电厂房9台机组全部进入尾水管安装阶段。

11日　省交通运输厅党组成员、副厅长宁坚主持召开省交通运输厅与四川省现代物流协会交流座谈会。

12日　省交通执法总队（省交通运输厅高管局）、省公安厅交警总队联合启动四川省高速公路沿线道路非法营运专项整治。

同日　中国土木工程学会公布第十九届中国土木工程詹天佑奖获奖名单，四川省公路设计院公司设计的广西柳州市官塘大桥等42项杰出代表性工程获奖。

13日　四川省交通运输厅与瑞士驻成都总领馆总领事高凯琳一行举行会谈，就进一步深化四川交通与瑞士交流合作进行沟通。

同日　省政府办公厅发布《关于表扬2021年度全省深化“放管服”改革优化营商环境等工作先进集体的通报》，对省交通运输厅等31个四川省深化“放管服”改革优化营商环境工作先进集体予以通报表扬。

14日　四川省交通运输厅召开交通运输帮扶挂职干部慰问座谈会，集中慰问交通运输部、四川省交通运输厅帮扶挂职干部，倾听他们的心声和意见。

同日　四川省公路设计院公司“雅安至康定高速公路二郎山隧道”“国家85线高速公路米仓山隧道”“国道350线（原省道303线）映秀至卧龙公路恢复重建工程”“国道318线东俄洛至海子山段公路改建工程”等4项成果获四川土木工程李冰奖。

同日　中共四川省交通运输厅党组召开党史学习教育专题民主生活会。会议对标对表省委常委班子民主生活会，紧扣本次专题民主生活会主题，联系工作实际，深入查摆存在问题，坦诚交流思想，深挖问题根源，严肃开展批评和自我批评。省交通运输厅党组书记、厅长罗佳明主持会议并讲话。省纪委机关、省委党史学习教育第12巡回指导组有关人员到会指导。

15日　由省交通运输厅主办，省公路学会桥专委员会、省公路设计院公司承办，省桥梁与结构工程实验室、四川交职院等单位协办的四川省交通运输科技成果讲堂（川交科成果—012）公益直播专题系列讲座成功举办。

同日　由四川省交通设计院公司设计、北新路桥集团承建的广平高速公路项目青溪隧道右幅顺利贯通，至此，广平高速项公路目最长隧道实现双幅贯通。

17日（春运首日）　四川交通广播驻省交通运输厅运调中心融媒体直播间正式启用。

同日　省交通运输厅召开绵阳江油市“1・2”较大道路交通安全事故反思会，深刻汲取事故教训，认真剖析行业安全生产工作存在的问题和短板，研究部署改进措施，厅安全总监王波出席会议并讲话。

18日　四川省交通运输系统党史知识竞赛决赛暨党史学习教育成果考核大比武活动在交职院举行。

同日　全国首条红色主题高速公路——镇广高速公路王坪至通江段通车慰问活动举行。省交通运输厅党组成员、总工程师王茂奎出席活动并宣布通车，巴中市委副书记喻在岗、蜀道集团副总经理李永林出席活动并致辞。

同日　省交通运输厅运管局印发《四川省交通运输厅道路运输管理局关于进一步做好驾驶培训有关工作的通知》。

20日　省委两新工委专职副书记尹显耀和省交通运输厅党组成员、副厅长宁坚前往龙泉巴蜀危险品运输有限公司开展关心关爱货车司机慰问活动。

同日　省交通运输厅印发《关于进一步加强“四好农村路”示范县创建工作的通知》，规范和强化“四好农村路”示范县创建工作。

21日　省交通执法总队（省交通运输厅高管局）、省公安厅交警总队联合印发《2022年春节高速公路重点路段缓堵保畅实施方案》，梳理春节假期16条易拥堵高速公路路段。

22日　乐山到西昌昭觉高速公路的大凉山1号隧道平导洞与斜井提前77天实现连接贯通。

同日　《四川交通年鉴・2022》由成都地图出版社出版发行。《四川交通年鉴》是反映四川交通各方面发展情况的大型专业年鉴，是逐年编纂、连续出版的资料性工具书。2022卷是继1987年创刊以来的第35部。全书90余万字、350余幅图片，反映2021年四川交通的基本面貌、发展状况和取得的新成就、新经验及出现的新问题和新探索。

25日　一列装载50个40尺集装箱货物的铁路班列驶出泸州港，标志着中欧班列（泸州号）首发成功。

同月　省交通运输厅办公室副主任、厅史志总编室总编辑丁杨被交通运输部新闻办评为“2021年度交通重大工程新闻宣传十佳工作者”。

1日　由四川省公路设计院公司四川省交通工程检测设备计量检定站起草的四川省地方计量校准规范《弹性波超前地质预报仪校准规范》通过四川省市场监督管理局批准发布，3月1日正式实施。

8日　推动成渝地区双城经济圈建设联合办公室印发《关于做好共建成渝地区双城经济圈2022年重大项目实施有关工作的通知》，明确2022年川渝共建重大项目达160个，估算总投资额20367亿元。在具体领域上，则分属合力建设现代基础设施网络项目、协同建设现代产业体系项目、共建科技创新中心项目、共建巴蜀文化旅游走廊项目、生态屏障项目、公共服务项目等领域。

同日　副省长陈炜前往省交通运输厅调研慰问，省政府副秘书长、省铁路机场办主任代永波参加调研。省交通运输厅党组书记、厅长罗佳明汇报四川交通运输工作情况。

9日　四川省和重庆市联合发布《川渝电子证照互认共享清单（第一批）》，道路运输证和道路运输从业资格证纳入第一批川渝电子证照互认共享清单。

10日上午　四川省级领导干部和市厅级主要负责人读书班开班仪式在成都举行。省交通运输厅党组书记、厅长罗佳明接受四川广播电视台《四川观察》专访，他表示，要始终坚持维护党的核心、党中央的权威，自觉地增强“四个意识”、坚定“四个自信”、做到“两个维护”，为社会主义现代化四川建设当好开路先锋。

12日　由省交通运输厅主办，四川省公路学会指导，四川省公路设计院公司与省公路学会桥专会共同承办的四川省交通运输科技成果讲堂公益直播专题系列讲座成功举办。

14日　《中国交通报》以《“月城凉山号”快速掘

进》深度报道四川省公路设计院公司设计的乐西高速大凉山1号隧道，介绍公司采取重大技术创新，在中国高速公路隧道建设领域采用TBM施工工法的首次尝试。

同日　省交通运输厅召开2022年第5次党组会议，原则通过《四川省普通公路建设项目代建管理实施办法》，并于近日印发实施。

15日，16时　成资大道天府国际机场南线东段和简阳段通车，标志着成资大道正式开通。

16日　四川省勘察设计协会发布《关于公布第七批四川省工程勘察设计大师名单的通告》，四川省公路设计院公司向波、杨昌凤获评四川省工程勘察设计大师，公司在职的四川省工程勘察设计大师增至10名。

17日　省交通运输厅召开雅西高速公路保通保畅方案研究专题会。会议贯彻落实四川省委研究推动安宁河流域高质量发展专题会议精神，专题研究完善路网结构、深化“一路四方”机制等问题，提升雅西通道保通保畅水平，更好服务安宁河流域高质量发展。省交通运输厅党组书记、厅长罗佳明主持会议并讲话。

18日　广安同城融圈交通三年大会战启动暨全市交通重大项目集中开工活动举行，省交通运输厅党组书记、厅长罗佳明出席开工仪式，广安市委书记张彤出席并致辞，广安市委副书记、市长赵波主持开工仪式。此次同城融圈交通三年大会战，将以突破广安交通边缘化为目标，计划实施项目53个、完成建设投资400亿元。

21日　省委应对新冠疫情工作领导小组组长、省委书记彭清华主持召开领导小组会议。会议听取省应对新冠疫情应急指挥部、成都市、泸州市疫情防控工作汇报，研究部署下一步工作。会后，省交通运输厅党组书记、厅长，省应对新冠疫情应急指挥部交通运输组组长罗佳明赓即对交通运输领域疫情防控工作进行再次安排部署。

22日　省交通运输厅召开深化船舶安全突出问题专项整治行动推进电视电话会。省交通运输厅党组书记、厅长罗佳明出席会议并强调，要始终把安全生产工作摆到最突出、最紧迫、最关键的位置，以整治行动为抓手，以更大的力度、更严的措施，全力保障水上交通安全，推动航运安全健康发展，以优异成绩迎接党的二十大和省第十二次党代会胜利召开。

同日　省交通运输厅以省应急指挥部交通运输组的名义印发《关于进一步做好交通运输疫情防控工作的通知》。

同日　德昌至会理高速公路石家坝隧道实现双幅贯通，为德会高速公路冲刺年底全线贯通目标奠定坚实基础。

23日　《中国交通报》公布2021年度中国交通报重大选题优秀奖和组织策划奖评选结果，四川省交通运输厅宣传中心（四川记者站）获得2021年度中国交通报重大选题组织策划奖。

同日　省交通运输厅联合省财政厅、省农业农村厅和省乡村振兴局印发《四川省“四好农村路”示范县复核工作方案》。

24日　省交通运输厅与省广播电视局座谈交流“时代光影，百部川扬”网络视听作品征集传播活动，双方围绕展示交通运输工作在建设美丽繁荣和谐四川中的新作为，制作一批网络视听作品进行深入交流。

25日　蜀道集团四川交建“油改电”试点项目在沿江高速公路锦屏隧道正式启动。

同日　省交通运输厅被省直机关工委评为“2021年度省直部门（单位）机关党建宣传信息工作先进单位”。

3日　2022年省交通运输科技暨信息化工作视频会召开。会议全面总结2021年全省交通运输科技和信息化工作成效，研究部署2022年重点工作。

4日　2022年全国两会召开之际，《中国交通报》在头版头条刊登《聚焦群众关心关切，建设人民满意交通》，邀请全国人大代表、政协委员建言献策交通运输高质量发展。全国人大代表，四川省交通运输厅党组书记、厅长罗佳明在专访中表示，乡村运输一直是他关注的重点，两年来四川省乡村运输“金通工程”发展成效明显，“一辆小黄车，串起大乡村”。罗佳明指出，2020年3月，四川省在全国率先实施乡村运输“金通工程”，着力解决非法营运“顽疾”和群众安全出行问题。2021年，四川省乡村客运安全事故比上年下降

33%，大部分乡村客运线路经营收入增加20%以上。

同日　省交通运输系统唐妙妙被省妇女联合会、省人社厅评为“四川省三八红旗手”。

5日—11日　全国人大代表，四川省交通运输厅党组书记、厅长罗佳明在北京参加第十三届全国人民代表大会第五次会议。

5日上午　第十三届全国人民代表大会第五次会议在北京人民大会堂开幕。全国人大代表，四川省交通运输厅党组书记、厅长罗佳明在接受《人民日报》采访时表示，非常关注政府工作报告中有关交通运输领域的发展任务，希望充分发挥交通建设促投资、稳增长、惠民生作用，为推进交通强国建设作出新贡献。

同日　全国人大代表，四川省交通运输厅党组书记、厅长罗佳明接受中国网《中国访谈》专访时，畅谈四川交通运输绿色低碳发展工作成果以及实现交通运输绿色低碳转型的“四川方案”。

7日　全国人大代表，四川省交通运输厅党组书记、厅长罗佳明在接受《央视新闻》专访时表示，四川省启动实施的农村铁索桥改造，对于保障群众安全便捷出行具有重要意义，建议加大农村铁索桥改造及养护支持力度。

同日　全国人大代表，四川省交通运输厅党组书记、厅长罗佳明在接受中国网《中国访谈》专访时，畅谈四川交通运输绿色低碳发展工作成果以及实现交通运输绿色低碳转型的“四川方案”。

同日　十三届全国人大五次会议四川代表团在驻地举行小组会议。会上，全国人大代表，四川省交通运输厅党组书记、厅长罗佳明作发言。四川广播电视台新媒体《四川观察》以《设标准给政策建好“司机之家”》为题进行重点报道。

8日　由四川省交通质监站修订的《四川省公路水运工程工地试验室和现场检测项目管理办法》正式印发，该办法将于2022年5月1日起正式实施。

同日　《中国交通报》在头版显著位置刊登全国人大代表，四川省交通运输厅党组书记、厅长罗佳明专访文章，并对其进行专访。他表示，四川省交通运输部门坚定贯彻落实习近平总书记关于“交通建设项目要尽量向进村入户倾斜”的重要指示精神，牢固树立“人民至上、生命至上”理念，启动实施农村铁索桥改公路桥专项工程，为方便盆周山区临河地区村组间群众出行提供安全保障，为群众致富增收和地方经济发展创造有利条件。

同日　省交通运输厅会同省委网信办、省公安厅、省人社厅、省市场监管局等以党建引领道路运输高质量发展厅际联席会议成员单位，对满帮、货拉拉、滴滴出行等10家交通运输新业态头部平台企业进行联合约谈提醒。

同日　全国人大代表，四川省交通运输厅党组书记、厅长罗佳明接受《四川日报》新媒体《川观新闻》专访时表示，要充分发挥交通建设促投资、稳增长、惠民生作用，为推进交通强国建设贡献新的“四川经验”。

同日　省交通运输厅、省发展改革委联合印发《四川省普通省道网布局规划（2022—2035年）》。

9日　全国人大代表，四川省交通运输厅党组书记、厅长罗佳明在接受四川省政府新闻办《四川发布》专访时表示，“金通工程”聚焦点已经从“面子”转到“里子”，从外表的标准化转向服务功能的全面拓展，真正实现“一辆小黄车，串起大乡村”。

10日　全国人大代表、四川省交通运输厅党组书记、厅长罗佳明接受新华社和中国新闻社专访时表示，货车司机为畅通经济社会循环、保障和改善民生作出积极贡献。四川省交通运输行业把维护货车司机合法权益作为践行人民交通为人民理念，开展“我为群众办实事”主题实践活动的重要内容，聚焦货车司机“急难愁盼”，在全国率先提出并打造“司机之家”升级版——“暖心之家”。

同日　全国人大代表，四川省交通运输厅党组书记、厅长罗佳明在接受《南方都市报》专访时表示，将全力抓好交通基础设施“硬联通”和服务管理“软联通”，进一步推进成渝地区双城经济圈建设，并加快农村铁索桥改公路桥工程进度，保障山区群众安全通行，持续推动四川交通运输行业高质量发展。

同日　省交通运输厅被省直机关工委评为“2021年度省直机关理论学习中心组学习先进单位”。

11日　四川、云南省交通运输厅经审议后联合印发《金沙江向家坝枢纽河段通航管理办法》，将于2022年4月8日起施行。

同日　《中国交通报》头版刊登全国人大代表、四川省交通运输厅党组书记、厅长罗佳明专访文章。罗佳明在接受专访时表示，四川交通运输部门把维护货车司机合法权益作为践行人民交通为人民及开展“我为群众办实事”实践活动的重要内容，在全国率先提出并打造“司机之家”升级版——“暖心之家”。

同日　全国人大代表，四川省交通运输厅党组书记、厅长罗佳明在接受四川新闻网专访时讲述了三句在基层走访中老乡对他说的话，以及这背后的三个“蜀道通、出行畅”暖心故事。

13日　人民网以《四川：“金通工程”畅通“致富路”奏响乡村振兴“协奏曲”》为题报道四川省“金通工程”由“一纸建议”落地开花的故事。

14日　省交通运输厅党组副书记、副厅长、一级巡视员张琪与省生态环境厅党组成员、副厅长高洁进行工作座谈。双方就协调推进交通规划和交通重点项目环评报批、争取国家部委支持和进一步完善工作对接机制等方面进行深入交流座谈。

16日　四川省27个县（市、区）获评“四川省乡村运输金通工程样板县”。

17日　省交通运输厅党组成员、总工程师王茂奎与省自然资源厅总工程师罗旭刚会商交通建设用地保障工作。

18日　阆中至营山高速公路控制性工程白玉枢纽互通清溪河大桥进场施工，标志着阆中至营山高速正式开工建设。省交通运输厅党组书记、厅长罗佳明出席开工仪式，听取项目投资建设情况汇报并宣布项目开工。南充市委书记刘强致辞。

同日　省交通运输厅党组书记、厅长罗佳明与南充市委、市政府在南充会商研究交通运输有关工作。

23日　四川省交通物流发展中心、四川蜀道物流集团有限公司、四川交通职业技术学院战略合作框架协议签署仪式在四川省交通运输厅举行。省交通运输厅党组书记、厅长罗佳明出席并讲话。蜀道集团党委副书记、副董事长、总经理张胜出席。

25日　四川省科学技术奖励大会召开，四川省公路设计院公司牵头完成的“复杂山区高速公路三维数字化测绘关键技术及应用”“四川山区高速公路运营期边坡安全防控关键技术及应用”分别获得科技进步二等奖、三等奖。

28日　四川省项目投资工作暨“十四五”规划重大工程项目建设推进现场会举行。省交通运输厅党组书记、厅长罗佳明在接受四川广播电视台新媒体《四川观察》专访时表示：“两年前，四川省也举行抓项目促投资的现场会，两年以后再次参会，感觉看到的项目更大、更新、科技含量更高。”

同日　全国首个山地轨道交通扶贫项目——都江堰至四姑娘山山地轨道交通扶贫项目“蜀新号”盾构机在都江堰永丰站顺利始发。

同日　省交通运输厅联合省公安厅、省财政厅印发《四川省普通公路畅安工程实施方案（2022—2023年）》，将利用2年时间完成884处交通事故易发多发路段整治工程、1.78万公里村道安全生命防护工程、140座五类危桥整治改造工程和41处普通国省道重大灾害路段治理工程。

30日　中国交通报在头版报眼位置刊登《四川计划打造300个平安渡口》。

31日　交通运输部公布第二届“最美搜救人”名单。乐山市港航中心等10名个人（团队）获得第二届“最美搜救人”荣誉称号。

1日　四川省十三届人大常委会第三十四次会议表决通过四川省人民政府省长黄强向四川省人大常委会提出的任免案，决定免去罗佳明的四川省交通运输厅厅长职务，决定任命陈书平为四川省交通运输厅厅长。

2日　交通运输部部长李小鹏主持召开视频调度会议，听取清明节假期交通运输安全生产、疫情防控、保通保畅、公路水路运行、水上交通安全、值班值守等情况汇报。省交通运输厅党组副书记、厅长陈书平在四川分会场作汇报发言。

同日　省交通运输厅召开四川省交通运输安全生产视频会议暨2022年四川省交通运输厅安委会第二次全体成员（扩大）会议。会议深入学习贯彻落实习近平总书记重要指示、李克强总理批示和近期国务院、四川省政府、交通运输部安全工作会议精神，分析研判当前行业安全生产形势，安排部署近期重点工作。省交通运输厅党组书记罗佳明传达习近平总书记重要指示和李克强总理批示精神，并作讲话。省交通运输厅党组副书记、厅长陈书平作工作部署。

7日　深化货车司机群体党建试点工作动员部署视频会议在交通运输部召开。部长、部党组副书记李小鹏出席会议并讲话。省交通运输厅党组书记罗佳明在四川分会场参加会议。

同日　深化货车司机群体党建试点工作动员部署暨省交通运输行业党建工作视频会在省交通运输厅召开。省委“两新”工委专职副书记尹显耀，省交通运输厅党组书记罗佳明出席会议并讲话。省交通运输厅党组副书记、厅长陈书平主持会议。

8日　统一品牌、协同联动的“四川西部陆海新通道班列”首次同时从成都（双流）、自贡、广元、遂宁四地齐发。

同日　省交通运输厅与达州市会商研究交通运输工作并召开座谈会，会议听取达州交通运输建设情况汇报，研究讨论有关事项。省交通运输厅党组书记罗佳明、达州市委书记邵革军出席，省交通运输厅党组副书记、厅长陈书平主持座谈会。

11日　省交通运输厅印发《推动“四好农村路”高质量发展促进乡村全面振兴2022年工作要点》。

12日　省交通运输厅召开研究货运物流保通保畅暨货车司机服务保障工作专题会。

同日　《中国交通报》头版转2版，以《尽最大努力为他们排忧解难——社会各界积极支持关爱在途货车司机综述》为题，聚焦疫情之下全国各地各部门对货车司机的支持关爱。其中，成都市青白江区推出的货车司机核酸检测“绿色通道”，抗原、核酸“双检模式”，以及彭州市的“同心抗疫·暖心关爱”活动被重点报道。

13日　省交通运输厅党组书记罗佳明，省交通运输厅党组副书记、厅长陈书平带队前往成南高速公路成都收费站、成安渝高速公路成都收费站、成都绕城高速公路锦城湖收费站、成雅高速公路双流南收费站，听取一线防疫人员汇报，现场研究高速公路“入川即检”工作。

同日　四川省电子政务外网管理中心召开全省电子政务外网视频工作会，省交通运输厅作为唯一一家省直单位，受邀就行业专网整合迁移至电子政务外网作经验交流发言。

同日　省交通运输厅制定印发《四川省农村公路养护管理办法》，自2022年5月1日起施行。办法共五章四十二条，包括总则、养护资金、养护管理、法律责任和附则，进一步明确各级农村公路管理养护责任和省、市、县养护资金投入具体要求。

14日　省交通运输厅印发《四川省农村公路建设管理办法》，进一步规范四川省农村公路建设管理，推动“四好农村路”高质量发展，更好服务乡村振兴战略实施。

同日　交通运输部办公厅通报2021年交通运输行业政府网站绩效评估结果。交通运输部从网站政府信息公开、解读回应、便民服务、互动交流、功能设计、加分指标和季度检查等方面对全国交通运输行业政府网站建设和管理情况进行评估，四川省交通运输厅政府网站得分位列地方交通运输主管部门第二名，已连续三年获此成绩。

15日上午　省委书记彭清华前往机场、火车站、高速公路收费站等交通站点场所调研指导疫情防控工作。

18日　省委常委、组织部部长于立军赴成巴高速公路金堂服务区调研“暖心之家”建设运营管理工作。

20日　凉山州交通重点项目建设推进会在西昌举行。省交通运输厅党组书记罗佳明，凉山州委书记段毅君，中铁城投集团党委副书记、总经理杨林浩出席并讲话。

21日　省交通运输厅党组书记罗佳明率队调研凉山州交通重点项目建设，听取项目推进情况汇报，现场解决项目建设面临的困难和问题。

22日　省道401线丹蒲快速通道暨丹蒲城际公交通车仪式举行。

26日　由蜀道集团投资建设的四川省首个县域综合物流园区——渠县智慧公路物流港项目主体工程完工，预计6月底投入运营使用。

27日　省交通运输厅召开2022年干部人才暨离退休工作会。省交通运输厅党组书记罗佳明出席会议并讲话。

29日　《“四川水运发展突破年”实施方案》印发。该方案以交通强国建设为统领，践行国家重点战略，对标先进内河省份，坚持稳增长、促消费、扩开放、绿色发展，确定“规划引领，服务战略”“整体推进，重点突破”“政府引导，市场机制”“绿色低碳，安全智慧”四项基本原则，明确“十四五”水运工作目标，围绕建设、运输、安全、环保四个方向部署下一步工作重点。

同日 省物流保通保畅工作机制举行第一次全体会议。会议贯彻落实党中央、国务院关于保障物流畅通促进产业链供应链稳定的决策部署和四川省委省政府工作安排，研究推进四川省相关工作。省委常委、常务副省长、省物流保通保畅工作机制指挥长罗文出席会议并讲话。副省长、副指挥长杨兴平主持会议。

同日 省交通运输厅党组书记罗佳明，省交通运输厅党组副书记、厅长陈书平与华为公司高级副总裁杨瑞凯在省交通运输厅举行工作座谈。

同日 省交通运输厅党组书记罗佳明与腾讯集团副总裁、腾讯智慧交通与出行总裁钟翔平在省交通运输厅举行工作座谈。

同日 省交通运输厅党组书记罗佳明，省交通运输厅党组副书记、厅长陈书平带队前往四川省公路设计院公司温江院区调研科技创新工作。

30日 省交通运输厅党组书记罗佳明，省交通运输厅党组副书记、厅长陈书平来到省交通运输运行调度中心。检查组现场检查“五一”期间疫情防控和保通保畅工作。

同月 省交通运输厅法规处李鑫获得“四川省优秀共青团干部”称号。

6日 《中国交通报》头版报道四川省公路水路一季度投资历史性突破400亿元。

8日 “四川省重点物资运输车辆通行证”实现网上“秒批秒办”。同时，四川省物流服务保障组还编发《通行证办理“七问七答”》，就通行证办理流程、使用期限、使用要求等问题进行解答。

9日 省交通运输厅制定印发《加强普通国省干线公路前期工作十条措施》，做深做实项目前期工作，加快推动四川省普通国省干线公路建设。

10日 省交通运输厅和省公安厅联合印发《雅西高速冰雪天气高效安全通行提升方案》。

11日 泸石高速公路TJ5标得妥隧道进口双洞均突破1000米，TJ10标石棉隧道累计掘进突破4000米，全线隧道掘进突破50000米大关，泸石高速公路工程建设速度持续加快。

同日 省交通运输厅党组召开巡察工作领导小组会议。会议听取厅党组第四轮巡察情况汇报，安排部署当前和今后一个时期工作。省交通运输厅党组书记、巡察工作领导小组组长罗佳明出席会议并讲话，省交通运输厅党组副书记、厅长、巡察工作领导小组副组长陈书平主持会议。

10日—12日 省交通运输厅港口史调研组赴广元、南充、乐山等市调研《中国港口史》四川卷编纂工作。

13日 “蜀道杯”四川省交通运输行业首届职工运动会在成都开幕。省交通运输厅党组书记罗佳明出席致辞并宣布开幕。

16日 省交通运输厅召开四川省交通医院整体迁建项目推进第一次联席会。省交通运输厅党组书记罗佳明出席会议并讲话，省交通运输厅党组副书记、厅长陈书平主持会议。

同日 金川县交通运输局局长罗从兵在率队检查指导“四好农村路”建设工作中，突发疾病，经抢救无效，因公殉职，年仅39岁。罗从兵工作勤勉，任劳任怨，甘于奉献，先后荣获“优秀乡镇党委书记”“抢险救灾先进个人”等荣誉。

17日 四川省机制办印发《关于做好物流畅通促进产业链供应链稳定保障服务工作的通知》。

18日凌晨 接四川省防疫指挥部紧急指令，需安排应急运输车辆护送医护人员赶往广安市邻水县方舱医院开展医疗工作。省交通运输厅党组书记罗佳明，省交通运输厅党组副书记、厅长陈书平迅即安排部署，紧急调用都江堰市、南充市运力资源援助广安市邻水县，确保医护人员第一时间到达指定位置开展工作。

同日 “交通使命—2022”地震应急联合演练在眉山市彭山区举行。活动现场传达副省长陈炜有关批示。省交通运输厅党组书记罗佳明，省交通运输厅党组副书记、厅长陈书平，眉山市委副书记、市长黄河出席并观摩演练。

19日 省交通运输厅党组书记罗佳明前往四川省交通管理学校为四川省交通运输厅青年干部能力提升培训班全体学员授课。

20日 由省交通运输厅交通史志总编室代四川省交

通运输厅选送的摄影作品——成都市邛崃市平临夹路，在第九届“大美·中国交通”摄影大赛中荣获铜奖。

23日　省交通运输厅党组书记罗佳明主持召开2022年第6次领导例会。

24日　省交通运输厅、省公安厅、省财政厅等10部门联合印发《关于深入实施“金通工程”推进乡村运输可持续发展的实施意见》。

26日　四川省2022年“5·26”爱路日主题活动启动仪式在眉山市洪雅县大峨眉国际旅游西环线天宫驿站举行。

27日—30日　省交通运输厅党组书记罗佳明，省交通运输厅党组副书记、厅长陈书平在成都参加中国共产党四川省第十二次代表大会。

27日　中国共产党四川省第十二次代表大会在成都隆重开幕。四川省交通运输厅领导宁坚、张勇、寇小兵、张贤翠、刘洁梅、邓良权、但伦、陈亚莉、冯书明，以及2800余名四川省交通运输厅机关和厅直各单位干部职工，在128个分会场实时观看大会直播盛况。

28日　中央广播电视总台《新闻联播》和特别节目《走进老区看新貌》集中报道四川革命老区交通运输工作成效。

1日17小时00分　四川雅安市芦山县发生6.1级地震。18时，受省交通运输厅党组书记罗佳明委托，省交通运输厅党组成员、总工程师王茂奎率省交通运输厅抗震救灾前线指挥部58人第一时间赶赴芦山县地震灾区，指导交通运输抗震救灾工作。

同日　省交通运输厅召开会议专题研究大峨眉交旅融合交通建设推进工作。省交通运输厅党组书记罗佳明，省交通运输厅党组副书记、厅长陈书平出席会议并讲话。

同日　省交通运输厅公路局团委被共青团省直机关工委评为省直机关“五四红旗团委”，省公路设计研究院有限公司BIM中心团支部被评为省直机关“五四红旗团支部”，四川交职院学生李美仪被评为省直机关优秀共青团员，四川交职院团委副书记王博、省交通设计研究院第三团支部书记何其桧被评为省直机关优秀共青团干部。

2日　交通运输部派出的专家团队抵达芦山地震灾区现场。省交通运输厅按照四川省前线指挥部的统一部署，组织雅安市及周边地区交通运输部门全力以赴开展抢险工作。

6日　省交通运输厅印发实施《岷江成都至乐山段航运发展规划》。

7日　省交通运输厅召开稳住经济大盘交通运输重点工作推进会。省交通运输厅党组书记罗佳明出席会议并讲话。

同日　省道66线隆汉高速公路乐自段井研服务区“暖心之家”建成投运。

8日　四川省首艘LNG（液化天然气）——柴油双燃料散货船在泸州江运船厂下水。

同日　四川省省市县三级联动开展“亮身份、送清凉”。省交通运输厅党组书记、省交通运输行业党委书记罗佳明出席活动并讲话。

9日　四川省十三届人大常委会第三十五次会议表决并高票通过关于修正《四川省高速公路条例》（简称《条例》）的决定。《条例》修正将进一步强化“以人民为中心”的理念，在坚守安全底线基础上完善和优化行业监管举措，补充完善智慧高速、信用监管、高速公路底层架空空间规范管理、差异化收费等制度，盘活高速公路存量资源，监督和激励高速公路经营者提升服务质量，为社会公众提供便捷舒适、经济高效的高速公路出行体验，提升人民群众满意度和获得感。

同日　四川省交通运输厅与甘肃省交通运输厅共商川甘省际通道规划建设工作。甘肃省交通运输厅党组书记、厅长刘建勋一行赴四川省交通运输厅，与四川省交通运输厅党组书记罗佳明，四川省交通运输厅党组副书记、厅长陈书平就川甘省际通道规划建设工作进行座谈交流。

同日　成都传化物流港、南充传化物流港、宜宾传化物流港、遂宁西部国际物流港等4个物流园区“暖心之家”按期完成建设并投入运行。

12日　省委书记王晓晖在省交通运输厅《关于货车司机群体党建试点工作有关情况的报告》上批示：此项试点很有意义，要更多在建立组织体系和真正发挥作用上下功夫，做到有形有态有效。

13日　省交通运输厅召开交通医院迁建项目推进例会。会议听取项目建设推进办各组工作进展情况汇报，研究部署下一步工作。省交通运输厅党组书记罗佳明，省交通运输厅党组副书记、厅长陈书平出席会议并讲话。

14日　省交通运输厅党组书记罗佳明，省交通运输厅党组副书记、厅长陈书平与雅安市委书记李酌一行在省交通运输厅会商研究“6·1”芦山地震交通抗震救灾工作。

15日　蜀道集团联合交通运输部公路科学研究院以及比亚迪、弗迪电池、徐工机械等单位在成都召开标准发布会。会议发布中国首个《交通基础设施施工设备充换电技术标准》。交通运输部科技司副司长林强出席并致辞。蜀道集团党委副书记、副董事长、总经理张胜主持活动。

同日　《四川交通年鉴》1985—2004卷内容入库，年鉴数据库“最后一块拼图”到位，《四川交通年鉴》全库建成。该库图文资源超3100万字，实现创刊以来的35卷“大部头”年鉴走出书架，为读者查阅、利用年鉴提供服务。

同日　省交通运输厅党组书记罗佳明，省交通运输厅党组副书记、厅长陈书平与广安市委书记张彤，市委副书记、市长赵波一行在省交通运输厅会商研究交通运输工作。

17日　交通运输部召开深化货车司机群体党建试点工作视频推进会。省交通运输厅党组书记罗佳明汇报工作推进情况。

21日　省交通运输厅党组书记罗佳明，省交通运输厅党组副书记、厅长陈书平带队前往省交通执法总队（省交通运输厅高管局）调研交通运输综合行政执法和高速公路管理工作。

23日　交通运输部长航局到四川调研交流座谈会召开。交通运输部长航局局长付绪银率调研组一行来川，与四川省交通运输厅及泸州、宜宾两市开展座谈交流。部长航局局长付绪银、省交通运输厅党组书记罗佳明分别作重要讲话，省交通运输厅党组副书记、厅长陈书平出席。

同日　泸州市政府与省港投集团签署战略合作协议。

24日　省交通运输厅发布交通物流行业“助企纾困明白卡”。按照政策内容、申报流程、办理单位、办理时限、咨询方式等方面进行全面梳理，形成22条涉及交通物流企业的纾困解难优惠政策。

同日　中国工程院院士、南京水利科学研究院总工程师胡亚安一行到四川，与省交通运输厅开展座谈交流，省交通运输厅党组副书记、厅长陈书平出席。

同日　省交通运输厅党组书记罗佳明，省交通运输厅党组副书记、厅长陈书平率队赴绵阳调研交通运输工作。

27日—28日　省交通运输厅党组书记罗佳明率队赴泸州调研交通运输工作。

1至6月　四川省水路交通完成投资29.06亿元，创近五年历史新高，完成四川省政府下达的年度目标任务44亿元的66.05%，完成四川省交通运输厅下达年度目标任务50亿元的58.12%，同比增长22.82%，超时序完成半年投资目标任务。

30日　由四川省公路设计院公司设计、蜀道集团四川路桥建设的金阳县金阳河三峡连心桥建成通车。

同日　省交通运输厅举行庆祝中国共产党成立101周年暨五好党支部表彰大会。省交通运输厅党组书记罗佳明出席会议。省交通运输厅党组副书记、厅长陈书平主持会议。

同日　省交通运输厅“十四五”重点项目——乐山肖坝旅游车站（码头）配套项目建设开工活动举行。省交通运输厅党组书记罗佳明出席活动。

同日　省交通运输厅与交通运输部挂职干部举行工作座谈。会议听取挂职干部工作学习的感想和收获，研究下一步工作。省交通运输厅党组书记罗佳明，省交通运输厅党组副书记、厅长陈书平，部挂职干部徐春、张志军参加。

1日　由智能公司组织研发的四川省首个“云收费站”在成南高速成都收费站对社会车辆开放试运行。

同日　省交通运输厅完成《中国交通年鉴》2022卷四川篇组稿工作。

4日　省交通运输厅党组书记罗佳明，省交通运输厅党组副书记、厅长陈书平与凉山州委副书记、州长阿石拉比一行在厅举行工作座谈。

5日　省纪委副书记、省监委副主任赵正文一行赴省交通运输厅调研交通运输行业党风廉政建设和反腐败工作。赵正文一行参观川藏公路博物馆，在交通运输应急指挥中心现场观摩四川省公路、水路、高速公路运行调度指挥工作。在随后的座谈会上，听取省交通运输厅党组和驻厅纪检监察组履行全面从严治党“两个责任”情况的汇报。

5日—6日　交通运输部科学研究院会同部长航局来川调研水上服务区及“暖心之家”建设运营情况。调研组一行现场调研泸州黄蚁水上服务区和泸州港集装箱码头“暖心之家”建设、运营情况，并召开调研座谈会。

14日　省交通运输厅召开严肃财经纪律推进巡察审计检查问题整改工作会。会议贯彻落实党中央、国务院和省委、省政府关于源头治腐，防范化解重大风险部署，进一步严肃财经纪律，推动巡察审计检查发现相关问题整改，压实各单位主体责任，提高财务管理水平，防范遏制违法违规问题发生。省交通运输厅党组书记罗佳明出席会议并讲话，省交通运输厅党组副书记、厅长陈书平主持会议。

17日　四川省政府办公厅、重庆市政府办公厅联合印发《共建长江上游航运中心建设实施方案》。

20日　叙毕铁路（川滇段）全线最高墩、最大跨冯家寨特大桥顺利合龙。

同日　琼江流域河长制工作视频会议召开。成都设主会场，遂宁、资阳设分会场。省政协副主席、琼江省级河长杜和平在主会场参加会议，听取相关情况汇报并讲话。省交通运输厅党组书记罗佳明主持会议。

22日　省交通运输厅党组副书记、副厅长、一级巡视员张琪带队赴省财政厅，与省财政厅副厅长黎家远就加大财政资金投入，推动四川交通运输高质量发展进行交流座谈。

25日　省政府党组成员田庆盈赴省交通运输厅开展调研慰问活动。田庆盈强调，要切实扛起稳定经济增长的重大责任，用“拼”的精神，千方百计确保疫情要防住、经济要稳住、发展要安全，以实际行动和好的成效迎接党的二十大胜利召开。省政府副秘书长、省铁路机场办主任代永波参加调研。省交通运输厅党组书记罗佳明参加。

26日　汉巴南铁路南充境桂花隧道、高板桥隧道同时贯通。此次贯通标志着由蜀道集团投资建设的汉巴南铁路南充境内所有隧道全部贯通，打通南充境内架梁通道阻点，为后续架梁、铺轨作业创造良好条件。

28日—30日　交通运输部党组成员、副部长戴东昌在四川调研交通运输安全生产工作。戴东昌先后前往甘孜州、雅安市各重点交通建设项目现场，了解交通运输领域安全生产措施落实情况。

29日　省交通运输厅党组书记罗佳明与资阳市委副书记、市长王善平一行在省交通运输厅举行工作座谈，共同商讨加快交通运输发展有关事宜。

31日　交通运输部召开全国交通运输2022年半年工作视频会。会议总结上半年工作，分析形势，部署安排下半年重点工作。部长李小鹏出席会议并讲话。视频会后，省交通运输厅党组书记罗佳明赓即召开视频会。会议总结上半年工作，安排部署下半年重点交通工作。强调要努力为四川省经济发展贡献更多交通力量，以实际行动和好的成效迎接党的二十大胜利召开。

同月　省交通运输厅离退休处被四川省委组织部、省老干部局、省人社厅评为“全省老干部工作先进集体”。

8月

1日　随着最后一片重达24吨的钢箱梁平稳落定，由蜀道集团投资建设的泸石高速公路水井湾大桥实现成功合龙，这是泸石高速公路全线首座合龙的桥梁。

3日—5日　新华社四川分社分党组成员、副社长任硌带队，分组赴国道348线沙湾区太平服务区、宜宾传化物流港、泸州港服务区、成德南高速金堂服务区等地调研四川货车司机“暖心之家”建设运营工作。

4日　中央电视台综合频道《新闻联播》节目国内联播快讯中以“川渝携手共建长江上游航运中心”为主题对《共建长江上游航运中心实施方案》进行报道。此外，《中国交通报》《四川卫视》《四川日报》等媒体从建设方向、投资情况、预定目标等方面聚焦，对长江上游航运中心成为“一带一路”、长江经济带、西部陆海新通道联动发展的战略性枢纽进行专题访谈及报道。

7日　由蜀道集团旗下四川路桥投资建设的攀大高速（四川境内）“绿色交通、低碳高速”分布式光储项目全线成功并网运行。

同日　泸永高速公路全线唯一控制性工程濑溪河大桥顺利完成合龙，为泸永高速公路早日建成通车奠定坚实基础。

8日　省交通运输厅机关党委书记、党组成员张贤翠和中央广播电视总台四川总站党委副书记朱兴建在四川省交通运输厅座谈交流“暖心之家”宣传工作。

同日　省交通运输厅联合省发展改革委印发《四川省交通物流领域涉企违规收费自查自纠实施方案》。

11日　国道5线京昆高速公路雅西段荥经服务区“暖心之家”正式开通试运行。

15日　蜀道集团成渝电走廊暨换电重卡项目在成渝高速公路资中停车区正式启动。

同日　四川首艘LNG—柴油双燃料干货船在泸州首航。

17日　省交通运输厅党组书记罗佳明与雅安市委副书记、市长彭映梅一行在省交通运输厅会商研究交通运输发展工作。

18日　为检验厅直系统青年干部综合能力提升计划培训成果，省交通运输厅机关党委组织厅直系统140名青年干部在交通管理学校参加厅青年干部公文写作能力考核大比武活动。厅青年干部公文写作能力考核大比武圆满结束。

22日　大峨眉交旅融合先行示范区建设座谈会在四川省交通运输厅召开。会议依托大峨眉区域文旅资源和交通区位优势，围绕交通强国建设试点、交通强省和文化旅游强省建设目标，研究大峨眉交旅融合先行示范区建设方案，部署下一步有关工作。省交通运输厅党组书记罗佳明主持会议，省委宣传部副部长，省文化和旅游厅党组书记、厅长戴允康，乐山市委书记马波，市委副书记、市长陈光浩，雅安市委书记李酌，眉山市委书记胡元坤出席会议。

23日　省交通运输厅党组书记罗佳明与广西北部湾投资集团党委书记、董事长朱坚和在四川省交通运输厅举行工作座谈。

26日　凉山州交通发展大会在西昌举行。省交通运输厅党组书记罗佳明，凉山州委书记段毅君出席并讲话。凉山州委副书记、州长阿石拉比主持。凉山州人大常委会主任龙伟、州政协主席杨文泉出席。会上，省交通运输厅和凉山州签署战略合作框架协议。会议解读《凉山州交通强州建设“五年行动计划”实施意见（2022—2026年）》及配套政策。

29日　省交通运输厅召开专题会议。会议传达学习全国深化“放管服”改革优化营商环境电视电话会议精神，通报近期争取国家政策性开发性金融工具支持情况，安排部署下一步工作。省交通运输厅党组书记罗佳明主持会议。

30日　交通运输部、科学技术部联合公布第二批国家交通运输科普基地名单，四川省交通运输厅和四川省科技厅联合推荐的“川藏公路博物馆”成功入选。

同月　四川交职学院沈洋被中共四川省委教育工作委员会、四川省教育厅授予“四川省‘四有’好老师”称号。

1日18时　为贯彻落实成都市防疫有关要求，四川省政务中心交通窗口暂停现场业务办理，办事群众可通过四川省政务服务网线上提交申请，工作人员“不见面”作出行政许可。

2日　省委书记王晓晖在成都检查督导疫情防控工作，看望慰问防疫一线的干部职工。前往省交通运输运行调度中心，检查了解全省重要交通口岸疫情防控查验情况，通过视频连线实时调度广元、泸州、甘孜等地交通场站“入川即检”工作落实情况。

4日　省交通运输厅再次发出《关于坚持党建引领组织动员全省交通运输行业力量积极参与疫情防控工作的紧急通知》，要求进一步组织动员交通运输行业力量做好疫情防控政策宣传、重点物资运输保障、货车司机诉求解决等疫情防控工作。

5日12时52分　甘孜州泸定县（北纬29.59度，东经102.08度）发生6.8级地震。按照省委省政府部署，省交通运输厅第一时间启动地震应急二级响应，立即组织开展道路抢通和灾损排查工作。省交通运输厅党组书记罗佳明率省交通运输厅党组成员、总工程师王茂奎，副厅长许磊等交通运输前线指挥部成员，带领省公路设计院公司、交通设计院公司的地质、桥梁、隧道等方面专家第一时间赶赴一线，指挥抢通保通。

同日　泸定县6.8级地震发生后，省“9·5”泸定地震抗震救灾省市（州）县前线联合指挥部成员、交通保障组组长，省交通运输厅党组书记罗佳明第一时间率队赶赴震中磨西镇，指导交通运输抗震救灾工作，并于9月6日凌晨在泸定主持召开前线指挥部会议，部署抢通保通工作。

6日　省“9·5”泸定地震抗震救灾省市（州）县前线联合指挥部成员、交通保障组组长，省交通运输厅党组书记罗佳明率工作组，深入受灾严重的省道217线石棉至泸定段，现场指导抢通保通工作。

同日　15时30分，省道434线金光至磨西段10公里断道成功抢通，从泸定县城到震中磨西镇的生命通道已全线抢通。

同日　深夜，在参加省委书记王晓晖调研指导雅安市石棉县抗震救灾工作和专题会后，省“9·5”泸定地震抗震救灾省市（州）县前线联合指挥部成员、交通保障组组长，省交通运输厅党组书记罗佳明在雅安市主持召开会议，安排部署交通运输抢险救灾各项工作。省交通运输厅党组成员、总工程师王茂奎，蜀道集团党委副书记、副董事长、总经理张胜，蜀道集团副总经理李永林出席会议，省交通运输厅前线指挥部成员单位负责人参加会议。

7日　省“9·5”泸定地震抗震救灾省市（州）县前线联合指挥部成员、交通保障组组长，省交通运输厅党组书记罗佳明率工作组，深入甘孜州泸定县联合村隧道大规模垮塌现场指导抢通工作，听取最新情况汇报，安排部署下一阶段抢通工作。省交通运输厅副厅长许磊，蜀道集团党委副书记、副董事长、总经理张胜，蜀道集团副总经理李永林，省交通运输厅前线指挥部成员单位负责人参加调研。

同日　中国纪检监察报刊登《守望相助，奋战抗震抢险最前线》。甘孜州泸定县6.8级地震发生后，省交通运输厅第一时间开通高速公路“绿色通道”708条，让抗震救灾应急救援车辆免费快通，派出19支抢险队、169台班挖掘机等设备抢通保通，调集应急客车560辆、应急货车466辆，运送群众800余人次、物资近200吨。

8日　省“9·5”泸定地震抗震救灾省市（州）县前线联合指挥部成员、交通保障组组长，省交通运输厅党组书记罗佳明率工作组，乘坐海巡艇深入石棉县省道217线王岗坪坍塌点，实地指挥交通抢通保通工作。省交通运输厅党组成员、总工程师王茂奎，厅前线指挥部成员单位负责人参加调研。

同日　在参加省委副书记、省长黄强指导雅安市石棉县抗震救灾工作和省市（州）县前线联合指挥部会议后，省“9·5”泸定地震抗震救灾省市（州）县前线联合指挥部成员、交通保障组组长，省交通运输厅党组书记罗佳明赓即在雅安市主持召开会议，第一时间传达学习省长黄强关于抗震救灾工作指示精神，安排部署抢通保通各项工作。省交通运输厅安全总监王波在厅后方指挥部参加会议。省交通运输厅党组成员、总工程师王茂奎，副厅长许磊，厅前线指挥部成员单位负责人在雅安参会。

同日　省交通运输厅运管局联合省公安厅交警总队联合制定印发《迎接党的二十大道路交通安全专项整治冲刺工作方案》。

11日　随着乌斯河特大桥主桥右幅中跨合龙段完成浇筑，大桥主线顺利合龙，标志着由蜀道集团投资建设的峨汉高速公路控制性工程——乌斯河特大桥全线贯通。

13日　省交通运输厅党组书记罗佳明主持召开研究“9·5”泸定6.8级地震灾后恢复重建工作专题会议。

14日　《中国交通报》和《中国水运报》头版关注报道四川水路交通抗震救灾工作。《中国交通报》头版以图片新闻形式报道绵阳、雅安水路交通救援力量成功转运彝族双胞胎婴儿及家人的事迹。《中国水运报》头版以《三代人，一条心，抗震救灾显担当》为题，宣传报道乐山水上应急救援队伍“老中青”三代救援人员齐上阵，守护人民群众生命和财产安全的事迹。

同日　省交通设计院公司设计的四川首座八车道高速公路隧道——国道5线京昆高速公路绵阳至成都段扩容马鞍山隧道右洞顺利贯通。

15日　2022年全国推动“四好农村路”高质量发展会议以视频形式召开，会议代表通过“云参观”方式考察福建省宁德市“四好农村路”发展情况。省交通运输厅党组书记罗佳明在四川分会场参会并作书面交流发言。

19日　省交通运输厅召开新冠疫情防控转运隔离交通安全会商会，传达学习近期省领导对安全工作的重要批示精神，分析研判当前形势，安排部署下一阶段工作。省交通运输厅党组书记罗佳明主持会议。

20日　省公路设计院杨枫被共青团中央、人力资源和社会保障部评为“全国青年岗位能手”。

同日　省交通运输厅召开生态环境保护工作领导小组专题会，传达学习近期省环境保护相关文件精神，审议中央环保督察问题整改情况、交通运输领域生态环境问题暗查暗访工作情况和“双碳”工作推进情况，安排部署下一步重点工作。省交通运输厅党组书记罗佳明主持会议并讲话。

23日　广元至平武高速公路青川段63公里通车仪式在广元市青川县举行。广元市委副书记、市长董里出席仪式并宣布通车。

26日　四川省2022年第三季度重大项目现场推进活动在成都隆重举行。其中，高速公路开工项目10个、935公里、总投资2198.7亿元，集中开工高速公路项目数量、投资额度创四川交通历次集中开工之最。

27日　成宜高速公路谢安服务区“暖心之家”建成投运，成为四川第20个货车司机（船员）“暖心之家”。

同日　交通运输部召开2022年部安委会第四次全体会议暨交通运输安全生产视频会，传达学习习近平总书记关于安全生产重要指示批示精神和全国安全生产电视电话会议精神，总结当年前三季度安全生产工作情况，部署做好下阶段行业安全生产重点工作。交通运输部部长、部安委会主任李小鹏出席会议并作重要讲话。省交通运输厅党组书记罗佳明在四川分会场作交流发言。

28日　在省交通运输厅组织下，蜀道集团四川路桥抢险突击队顺利抢通省道217线郑家坪至联合村隧道段应急通道。同时，联合村隧道至湾东村、王岗坪乡至发旺村生产生活通道全部打通，标志着本次受地震影响阻断的所有国省干道、县乡公路应急通道全部抢通，历时24天。

同日　省交通运输厅党组书记、省应对新冠疫情应急指挥部交通运输组组长罗佳明率队前往成都市、泸州市，调研指导综合交通“入川即检”工作。

29日　落实成渝双圈战略的首条省际高速通道——泸州至永川高速公路建成。省交通运输厅党组书记罗佳明出席通车慰问活动，听取项目建设情况介绍，看望参建人员。

同日　省交通运输厅党组书记、省安委会安全生产第四督导检查组组长罗佳明率队在泸州市督导检查安全生产工作。

同日　省交通运输厅党组书记罗佳明在厅主持召开研究阶段性减免收费公路货车通行费政策专题会议，听取厅公路处、智能公司有关情况汇报，研究部署相关工作。

同日　省交通运输厅财务处副处长丁敏、省交科院智慧交通研究所副所长代聪被省直机关工委评为“省直机关青年学习标兵”，厅公路局青年理论学习第二小组被评为“省直机关青年学习标兵集体”。

10日　交通运输部、国家邮政局联合印发通知，发布第三批农村物流服务品牌，共40个项目入选，覆盖20个省份。四川省江安县“金通畅行”、合江县“邮政商融合，助力乡村振兴”、崇州市“党建+客货邮共融”、达州市达川区“城乡物流共配+多站多网合一”4个项目成功入选。

12日　交通运输部印发《关于公布打造国内水路旅游客运精品航线试点单位及试点内容的通知》，四川嘉陵江南充游、成渝双城经济圈巴蜀文化岷江旅游走廊精品航线、阆中水城游3条旅游航线申报成功，被交通运输部确定为国内水路旅游客运精品航线试点。

13日　党的二十大代表、省交通运输厅党组书记罗佳明随四川省代表团启程赴京，出席中国共产党第二十次全国代表大会。

16日　中国共产党第二十次全国代表大会在北京召开。四川省交通运输系统通过集中收听收看和自行收听收看相结合的方式，认真组织党员干部收听收看习近平总书记在中国共产党第二十次全国代表大会上的报告。省交通运输厅在厅领导张琪、宁坚、张勇、寇小兵、张贤翠、许磊、陈亚莉等和来自厅直各单位、厅机关各处室的50余名党员干部职工代表在厅机关集中收看报告。各单位结合疫情防控形势和防控要求，组织党员干部通过电视直播、人民网、新华网、央视客户端、“学习强国”学习平台等收听收看报告。

同日　党的二十大代表、省交通运输厅党组书记罗佳明接受《四川日报》新媒体《川观新闻》专访，结合报告谈认识、谈体会、谈打算。

17日　党的二十大代表、省交通运输厅党组书记罗佳明接受四川广播电视台专访，就中国“第四极”如何发力分享自己的思考。

同日　党的二十大代表、省交通运输厅党组书记罗佳明接受《四川日报》新媒体《川观新闻》专访，在《“小观”提问党代表》栏目中介绍过去十年四川交通运输体系发生的重要变化。

同日　党的二十大代表、省交通运输厅党组书记罗佳明在接受《四川日报》新媒体《川观新闻》专访时表示，从一条路看“高质量”通道，就是要继续打通“大动脉”，连通“大市场”，服务国家开放战略、推动高质量发展。

18日　党的二十大代表、省交通运输厅党组书记罗佳明在接受《四川日报》等媒体联合专访时表示，四川将通过强化跨省协作，不断扩大交通“四极”的“朋友圈”，为区域经济协同发展提供支撑和保障。

20日　省政府副秘书长、办公厅主任降初率队赴省交通运输厅调研并主持召开座谈会。省交通运输厅党组副书记、副厅长、一级巡视员张琪，厅总规划师寇小兵出席会议。省交通运输厅副厅长许磊汇报关于稻城亚丁交旅融合有关工作推进情况。降初一行现场查看电子政务有关系统，与四川省交通运输厅参会人员进行深入交流。

同日　党的二十大代表、省交通运输厅党组书记罗佳明接受《四川日报》专访。罗佳明表示，近年来，川渝两省市全面深化交通运输合作，川渝省际高速公路通道规划布局新增11条、达36条，建成及在建省际高速公路达18条，成达万高铁等铁路大动脉相继开工。

21日　党的二十大代表、省交通运输厅党组书记罗佳明接受《重庆日报》与《四川日报》联合专访时表示，国家层面已经将成渝地区上升为全国交通枢纽最高层次的交通极，四川交通将深入学习贯彻党的二十大精神，坚持“铁公水空”全面发力，加快建设国家综合立体交通极。

22日　13时17分，甘孜州泸定县发生5.0级地震。震后，省交通运输厅党组书记罗佳明立即赶赴灾区，省交通运输厅党组成员、总工程师王茂奎，副厅长许磊随行。省交通运输厅党组副书记、副厅长、一级巡视员张琪，厅安全总监王波，厅二级巡视员陈亚莉赓即到厅应急值班室值班，厅应急办迅速组织厅直有关单位、甘孜州及周边市州交通运输部门开展灾损排查。晚上召开调度工作会。

25日　四川省“十四五”现代运输物流发展培训班在西南交通大学开班，省交通运输厅党组成员、副厅长宁坚出席开班仪式并作开班动员讲话。

同日　由四川省公路学会和省职业技能鉴定指导中心联合主办、四川交职院承办的四川技能大赛——土木工程无损检测技术大赛（蜀道杯）开幕，共150余人参加。

26日　省交通运输厅会同省财政厅修订印发《四川省乡村运输“金通工程”样板县评定实施细则》，对客运服务、农村物流、安全监管等与农村经济发展紧密关联的部分内容指标进行修订完善。

26日—27日　新华社四川分社副社长任硌率队到乐山调研四川水运“绿水绿航绿色发展”工作。

27日　2022年全省交通运输综合行政执法“大练兵大比武”决赛暨执法人员技能大赛闭幕式在四川交职院举行。副省长田庆盈出席活动并检阅指导“大练兵大比武”。省政府副秘书长代永波出席活动。省交通运输厅党组书记罗佳明出席活动并讲话。

29日　2022年川渝地区道路货运汽车驾驶员职业技能大赛结束。

31日　省交通运输厅党组书记罗佳明与内江市委书记邹自景在省交通运输厅会商研究交通运输有关工作。

同月　四川交职学院李胜、赵艺程，省公路设计院公司邬凯被交通运输部评为“交通运输青年科技英才”。

2日　云南省交通运输厅党组书记、厅长马文亮一行到四川省交通运输厅，与四川省交通运输厅党组书记罗佳明就川滇省际通道规划建设有关事宜举行工作座谈。

同日　中国交通报举行“传承交通精神，勇当开路先锋”全国交通运输优秀文博馆推选展示活动初选评审会，川藏公路博物馆成功入围全国交通运输优秀文博馆30强名单。

同日　省交通运输厅公布2022年度全省最美农村路、最美路长、最美护路员名单。成都市金堂县赵家—

三溪—隆盛公路等10条农村公路获评四川省最美农村路，巴中市恩阳区龚海军等10人获评四川省最美路长，雅安市名山区王齐宣等20人获评省最美护路员。

同日　四川省交通设计院公司参与的“高位崩塌落石灾害防护理论与关键技术”荣获中国岩石力学与工程学会科学技术进步奖一等奖。

3日　省交通运输厅党组书记罗佳明与自贡市委书记何礼在厅会商研究交通运输有关工作。

4日　全省物流保通保畅暨“入川即检”工作调度会召开。会议深入学习宣传贯彻党的二十大精神，认真落实党中央、国务院和省委、省政府、交通运输部重要部署要求，分析当前疫情防控形势，研究统筹做好物流保通保畅和“入川即检”工作。省交通运输厅党组书记罗佳明主持会议并讲话。

同日　省交通运输厅召开四川省交通强国建设试点任务推进专题会议，总结试点任务推进情况，分析存在的问题，研究部署下一步工作。省交通运输厅党组书记罗佳明出席会议并讲话。

10日　四川省首条红色乡村示范路——广元市苍溪县黄猫垭镇高台村红色美丽村庄道路正式通车。该项目通车后将衔接广巴高速，形成一条缅怀革命先烈的红色精品旅游环线，同时串联4个现代农业示范产业园，助推当地乡村振兴。

同日　按照省委统一安排，学习贯彻党的二十大精神省委宣讲团内江报告会举行。省委宣讲团第四分团副团长、党的二十大代表、省交通运输厅党组书记罗佳明作宣讲报告。内江市委书记邹自景主持报告会。内江市委副书记、市长李丹，市人大常委会主任戴震，市政协主席康俊出席。

11日　学习贯彻党的二十大精神省委宣讲团眉山报告会举行。省委宣讲团第四分团副团长、党的二十大代表、省交通运输厅党组书记罗佳明作宣讲报告。眉山市委书记胡元坤主持报告会。眉山市委副书记、市长黄河，市人大常委会主任杜紫平，市政协主席黄剑东出席。

同日　省交通运输厅党组书记罗佳明与眉山市委书记胡元坤，市委副书记、市长黄河在眉山会商研究交通运输有关工作。

15日　在首届全国公路交通低碳发展论坛大会上，四川省公路设计院公司申报的规划设计创意类项目“雅安至康定高速公路二郎山隧道”获2022年度中国公路学会隧道与地下空间工程创新奖特等奖。

同日　省交通运输厅党组书记罗佳明主持召开稻城亚丁快进慢游交旅融合方案专题会议，听取稻城亚丁快进慢游交旅融合建设相关情况汇报，进一步研究方案内容。

16日　省交通运输厅印发《四川省内河高等级航道养护工程管理办法》。

同日　中国科技新闻学会发布“2022中国新时代100大建筑”，省公路设计院公司设计的雀儿山隧道、新二郎山隧道入选。

21日—30日　新华社、四川省交通运输厅、中国三峡集团联合开展“千里走金沙”行进式调研活动。新华社四川分社党组成员、副社长任硌率调研组一行从宜宾港出发，沿“黄金水道”——金沙江逆水上行，先后调研金沙江航运、沿江高速工地以及向家坝、溪洛渡、白鹤滩、乌东德四个大型水电站。

22日　四川省交通医院整体迁建项目经四川省人民政府第115次常务会议审议通过。

同日　省交通运输厅印发《四川省高速公路项目投资建议方案编制大纲》。

同日　兴蜀公司代建管理的国道351线夹金山隧道项目再传捷报，“夹金山号”TBM掘进突破2000米大关，提前40天完成平导洞年度目标任务。

同日　省交通运输厅召开专题会议，对全省交通运输行业疫情防控工作进行安排部署。省交通运输厅党组书记罗佳明出席会议并讲话。

同日　省交通运输厅召开全省交通运输行业统计重点工作推进会。省交通运输厅党组书记罗佳明主持会议并讲话。

23日　四川省交通医院整体迁建项目可行性研究报告取得省发展改革委批复。

24日　2022年全省推动“四好农村路”和乡村运输“金通工程”高质量发展现场会在泸州举行。会议全面总结新时代十年四川农村交通运输工作，交流经验做法，分析研判形势，提出要加快完善现代化农村交通运输体系。副省长田庆盈出席会议并讲话。

25日　省交通运输厅出台《货车司机“暖心之家”

政务服务标准化规范化建设指南》。

27日　在省委宣传部指导下，“学习党的二十大精神，致敬先进典型——罗从兵同志先进事迹学习宣传暨长篇报告文学《行走的光芒》发布活动”举行。

28日—29日　省交通运输厅党组书记罗佳明参加中国共产党四川省第十二届委员会第二次全体会议。

29日　由四川省人民政府口岸与物流办公室、四川省经济合作局主办，西部陆海新通道物流产业发展联盟、四川省港航投资集团有限责任公司、四川省现代物流发展促进会承办的2022中国西部国际口岸物流开放发展大会暨西部陆海新通道高质量发展论坛在成都召开。

同日　省交通运输厅组织召开康定新都桥至炉霍高速公路专家咨询评估会。省交通运输厅党组书记罗佳明，甘孜州委副书记、州长冯发贵出席并讲话。省交通运输厅党组副书记、副厅长、一级巡视员张琪主持会议。会议听取项目工可研究成果汇报，特邀专家及参会代表进行认真讨论和评议，形成工可报告专家评审意见。

30日　省交通运输厅与省地质矿产勘查开发局在成都举行工作座谈，并签署战略合作协议。省交通运输厅党组书记罗佳明，省地质局党委书记王建明出席并致辞，省地质局党委副书记、局长伍定主持会议。

1日　四川省正式启用国内水路运输电子证照。

6日　《人民日报》社会版以《四川彭州建设多功能站点——为货车司机提供便利服务》为题，关注四川“暖心之家”建设。

同日　10时，党中央、全国人大常委会、国务院、全国政协、中央军委在北京人民大会堂隆重举行江泽民同志追悼大会。四川省交通运输系统及时组织党员、干部、群众进行收看。省交通运输厅党组书记罗佳明等在家厅领导，厅机关全体党员干部和交通运输行业协会有关负责人在厅机关集中收看，厅直各单位分别组织集中收看。

7日　省交通运输部公示2022年度交通运输行业重点科技项目清单，四川“夹金山隧道建设与运营关键技术研究”“超大跨强劲骨架钢筋混凝土拱桥设计关键技术研究”“山区河流船舶锚泊区拦截设施技术研究”“面向西部陆海新通道的冷链物流体系建设及运输组织关键技术研究”等6个项目入选重点科技项目清单。

同日　“入川即检”工作完成。根据国务院联防联控机制优化落实新冠疫情防控措施的精神，按照省应急指挥部统一部署，“入川即检”工作自12月7日起不再实施。

8日　中国交通报公布“交通强国，品牌力量”第四届交通运输优秀文化品牌推选活动获奖名单。川藏公路博物馆在众多品牌中脱颖而出，获“传播力文化品牌”称号。

同日　应泰国驻成都总领事馆万兰梦代总领事邀请，省交通运输厅党组书记罗佳明在成都参加泰国驻成都总领事馆举办的泰国国庆招待酒会。招待会由万兰梦主持。

9日　蜀道集团所属四川路桥承建的眉山市彭山区岷江大桥建成通车。

12日　四川低碳交通研究中心正式挂牌入驻天府永兴实验室。这是全国第一家政府主导、企业联盟的专门致力于交通运输领域碳中和技术研发的研究中心。中国工程院院士郑健龙、李克强、胡亚安以视频形式致贺并充分肯定四川交通运输行业低碳减排工作。交通运输部规划司副司长苏杰、部科技司副司长林强在线致辞。省交通运输厅党组书记罗佳明和成都市政府副市长、天府新区党工委书记刘任远共同为四川低碳交通研究中心揭牌。

同日　《中国交通报》头版以《四川金通工程促振兴，智慧高速更宜行》为题，聚焦四川乡村运输“金通工程”和车路协同技术发展两项交通强国建设试点任务。

15日　《中国交通报》头版头条《交通强国建设试点进行时》栏目中刊登《公交到乡　班线到村、专线到点，“金通工程”探路乡村运输发展四川经验》。

16日　为庆祝建校70周年，四川交通职业技术学院举行校史馆开馆仪式。

17日　庆祝四川交通职业技术学院建校70周年大

会隆重举行。大会采取“线下+云端”相结合的方式进行，宣读省领导对学院工作作出的重要批示。省交通运输厅党组书记罗佳明发表视频讲话。

19日　新华社《瞭望》新闻周刊以《千河之省重塑水运新风貌》为题，以图文并茂的形式展现四川省在水运基础设施建设、运输装备、运输组织、环保应急等方面的新面貌，重点宣传报道自2021年6月全省开展绿水绿航绿色发展五年行动以来，在新能源船舶、岸电系统和生态航道等绿色发展的新成就。

20日　即日起，全省正式启用四川省汽车维修电子健康档案系统中“机动车维修费用结算清单”和“汽车维修企业信用资料上传”两项服务功能。

21日　泸州市3条国省道项目以及3座渡改桥项目建成通车。

22日　《人民日报》（海外版），以《四川省泸州市：建设交通枢纽，撑起经济腾飞》为题，聚焦泸州“铁水公空邮”综合立体交通运输体系建设。

23日　省总工会党组书记、副主席宋开慧一行先后来到成德南高速金堂服务区“暖心之家”和彭州市“暖心之家”蔬心驿站，调研“暖心之家”建设运营工作，省交通运输厅机关党委书记、党组成员张贤翠陪同调研。

同日　自贡市交通高质量发展三年攻坚行动动员大会举行。省交通运输厅党组书记罗佳明、自贡市委书记何礼出席会议并讲话。自贡市委副书记、市长曾洪扬主持。自贡市人大常委会主任谭豹、市政协主席王猛出席。

26日　8时5分，随着鸣笛声响起，C57次复兴号动车组从成都南站发车，标志着全长915公里的新成昆铁路正式实现全线贯通运营。

27日　历时13年建成的绵茂公路迎来试通车时刻。这条承载着厚重期望和幸福发展的绵茂公路终于穿越“龙门”天险，从大山腹地贯穿而出，以崭新的姿态连接起相邻不相通的绵竹与茂县，让几代人的夙愿今朝得以实现。

28日　由中共四川省委网信办、省政府新闻办、省大数据中心、省政府信息公开办指导，四川新闻网传媒集团、四川发布主办的“微政四川——2022四川政务新媒体融合发展大会”在成都召开。会议揭晓2022年全省优秀政务新媒体。省交通运输厅政务新媒体“@四川交通/四川省交通运输厅”在2022年度推进政务公开、便民服务、宣传四川新形象工作中表现优异，被评为“2022年度十佳省直部门政务新媒体”。同时，省交通运输厅政务新媒体被评为“2022年度优秀矩阵联动政务新媒体”。

29日　达州市交通建设三年大会战推进大会举行。省交通运输厅党组书记罗佳明，达州市委书记邵革军出席并讲话。达州市委副书记、市长严卫东主持会议。达州市人大常委会主任邓瑜华，市政协主席胡杰出席。

12月30日　10时，德昌至会理高速公路、沿江高速公路会理至会东段通车活动在德昌至会理高速公路会理北收费站举行。省交通运输厅党组书记罗佳明出席通车活动并宣布通车。凉山州委书记段毅君致辞，凉山州委副书记、州长阿石拉比主持活动。德昌至会理、沿江高速会理至会东段2个项目（路段）于12月30日12时正式并网运营，标志着四川高速公路通车运营里程突破9000公里。

同日　省交通运输厅交通史志总编室编纂的《四川交通年鉴·2022》正式出版。

同日　省交通运输厅党组书记罗佳明前往国道5线京昆高速公路德昌收费站省交通执法总队第六支队二大队驻地，看望慰问高速公路交通执法一线人员，并通过他们向坚守岗位的交通一线执法人员表示亲切慰问，代表省交通运输厅党组向全省交通运输系统广大干部职工及家人致以节日的问候。

同月　省交通运输厅办公室王天舒被省人民政府办公厅评为“2022年度全省政府系统办公室工作先进个人”。

同月　四川交职学院刘新江、方文被中共四川省委人才工作领导小组办公室授予“天府青城计划”天府名师称号。

同月　省交通设计院公司郝岭被中共四川省委人才工作领导小组办公室评为“天府青城计划”天府卓越工程师。

同月　省公路设计院公司马洪生被中共四川省委人才工作领导小组办公室评为“天府青城计划”天府卓越工程师。

（雷　越）

交通基础设施建设

JIAOTONG JICHU SHESHI JIANSHE

2023

四川交通年鉴

综　述　2022年，全省公路水运交通建设完成投资2510亿元，位居全国第一，连续12年超千亿元。其中，高速公路完成1246.23亿元，国省干线完成657.59亿元，农村公路完成375.70亿元，站点建设完成54.56亿元，水运建设完成66.08亿元，智慧交通及其他专项工程完成79.70亿元，运营高速公路公司及厅直单位完成30.41亿元。

德会高速公路　　厅建管处　供图

高速公路建设　新建成峨眉至汉源高速公路（57公里）、宜宾至彝良高速公路（100公里）、宜宾至威信高速公路（30公里）、广元至平武高速公路（85公里）、国道8513线九寨沟（川甘界）至绵阳段高速公路（66公里）、泸州至永川（川渝界）高速公路（42公里）、国道4126线宁南至攀枝花段高速公路（30公里）、德阳中江至遂宁高速公路（83公里）、德昌至会理高速公路（78公里），新增通车里程571公里，全省高速公路通车总里程达9179公里，通车总里程继续排名全国第三位，新增出川大通道1条（总数27条），新增平武、会理、会东、金口河4个县（区）通高速公路（全省通高速公路县143个）。

国省干线及农村公路建设　普通国省道新（改）建里程2232.6公里；遵照“把夹金山隧道建成安全、绿色的精品工程、示范工程”等重要指示，恪守“五个零”要求（工程质量零缺陷、工作衔接零延误、重大安全零事故、生态环境零破坏和违纪违法零案件），推动夹金山隧道工程建设，隧道全年主洞和平导洞共掘进4683 米，超额完成目标任务。农村公路新（改）建里程2.4万公里；新创建“四好农村路”省级示范市5个、示范县27个。雅安市荥经县龙苍沟熊猫翠竹长廊获评全国“我家门口那条路——最具人气的路”。普通国道路况水平总体良好，国道路面质量指（PQI）位居全国前列。

内河水运建设　全年完成新增高等级航道144公里，其中金沙江白鹤滩电站库区新增高等级航道81公里、金沙江乌东德库区新增高等级航道63公里。完成川境段13个通航建筑物运行方案审查；岷江犍为航电枢纽工程建设Ⅲ级船闸1座；岷江龙溪口航电枢纽工程项目建设Ⅲ级船闸1座；岷江汤坝航电枢纽工程项目建设Ⅳ级船闸1座；虎渡溪航电枢纽工程建设防洪堤、非溢流重力坝、河床式电站、冲沙闸、航运建筑物等；岷江（龙溪口枢纽至宜宾合江门）航道整治一期工程建设岷江干流龙溪口枢纽至屏山岷江大桥段47公里；岷江尖子山航电枢纽工程建设挡泄水工程、发电厂房、渠化防渗工程、坝顶公路桥、四级航道船闸1座；岷江老木孔航电枢纽工程建设三级船闸1座，渠化航道18公里；渠江风洞子航运枢纽工程渠化航道57公里，建设三级船闸1座。

枢纽站场建设　建成渠县枢纽站、成都国际铁路港多式联运项目、松潘黄胜关枢纽站、内江川南城际铁路白马西站4个综合客货运枢纽。新开工成渝高铁资阳北综合交通枢纽、自贡南铁路物流基地等10个客货运枢纽。打造“金通工程·天府交邮通”品牌，深化交商邮融合发展，建成8128个“金通·邮快驿站”。

（本栏目供稿单位：厅建管处）

高速公路建设

GAOSU GONGLU JIANSHE

宜宾至彝良高速公路通车 2022年1月1日，宜宾至彝良高速公路主线段100公里建成通车。路线起于宜宾绕城高速西段赵场枢纽互通，经高县、筠连县，止于川滇交界尖子山。路线全长129公里，由主线段和宜叙连接线（宜叙连接线29公里于2021年建成通车）组成，采用双向四车道高速公路标准建设，设计时速80公里，路基宽度24.5米。项目总投资157亿元。

（厅建管处）

宜彝高速公路赵场互通　　罗　潇　摄

广元至平武高速公路通车 2022年9月23日，广元至平武高速公路青川段62公里建成通车；12月30日，平武段23公里建成通车。路线起于广元市青川县，与国道75线兰州至海口高速公路川甘界至广元段相交，止于绵阳市平武县母家山，接在建的国道8513线九寨沟至绵阳段高速公路。路线全长90公里，采用双向四车道高速公路标准建设，设计时速80公里，路基宽度24.5米。项目总投资141亿元。

（厅建管处）

泸州至永川（川渝界）高速公路通车 2022年10月1日，泸州至永川（川渝界）高速公路42公里建成通车。路线起于泸州市泸县，接国道76线厦蓉高速公路隆纳段，止于毗卢镇川渝交界处，接重庆市永泸高速公路终点。路线全长42公里，采用双向四车道高速公路标准建设，设计时速100公里，路基宽度26米。项目总投资52亿元。

（厅建管处）

峨汉高速公路峨眉至峨边段通车 2022年12月30日，峨眉至汉源高速公路峨眉到金口河（21公里）和汉源段（36公里）共计57公里建成通车。路线起于峨眉山市南侧，与乐雅高速公路乐峨连接线相接，经峨眉山市、峨边彝族自治县、金口河区、凉山州、甘洛县，止于雅安市汉源县北侧，接国道5线京昆高速公路。路线全长123公里，采用双向四车道高速公路标准建设，设计时速80公里，路基宽度24.5米。项目总投资205亿元。

（厅建管处）

峨汉高速公路　　厅建管处　供图

德昌至会理高速公路通车 2022年12月30日，德昌至会理高速公路78公里建成通车。项目路线起于德昌县锦川乡，接国道5线京昆高速公路西昌至攀枝花段，经德昌县老碾乡，止于会理市区东侧，接宁南至攀枝花高速公路。路线全长78公里，采用双向四车道高速公路标准建设，设计时速80公里。项目总投资123亿元。

德会高速公路　　厅建管处　供图

（厅建管处）

九寨沟（川甘界）至绵阳段高速公路通车 2022年12月30日，国道8513线九寨沟（川甘界）至绵阳段高速公路平武县城至白马乡段66公里建成通车。路线起于九寨沟川甘界，接甘肃省两水至青龙桥高速公路，经平武县、江油市，止于绵阳游仙区，接绵阳至遂宁高速公路。路线全长242公里，采用双向四车道高速公路标准建设，设计时速80公里，路基宽度24.5米，总投资410亿元。

（厅建管处）

德阳中江至遂宁高速公路通车 2022年9月29日，德阳中江至遂宁高速公路83公里建成通车。路线起于德阳市中江县，接成都都市圈高速公路德阳至简阳段，经绵阳市三台县、射洪市，止于遂宁市大英县，接省道53线茂遂高速公路。路线全长83公里，采用双向四车道高速公路标准建设，设计时速100公里，路基宽度25.5米。项目总投资95亿元。

（厅建管处）

宜宾至威信高速公路通车 2022年12月30日，宜宾至威信高速公路珙县连接线段30公里建成通车。路线起于宜宾至彝良高速公路来复枢纽互通，经长宁县，止于珙县洛亥镇斑竹湾（川滇界），接云南威信至镇雄高速公路。路线全长87公里，采用四车道高速公路标准建设，设计时速80公里，路基宽度24.5米。项目总投资130亿元。

（厅建管处）

宁南至攀枝花段高速公路通车 2022年12月30日，国道4126线宁南至攀枝花段高速公路会东至会理段30公里建成通车。路线起于凉山州宁南县城，接金阳至宁南高速公路，经会东县、会理市、盐边县，止于攀枝花市仁和区，接国道5线京昆高速公路和攀枝花至大理高速公路。路线全长167公里，采用双向四车道高速公路标准建设，设计时速80公里，路基宽度25.5米。项目总投资298亿元。

（厅建管处）

泸石高速公路建设 泸定至石棉高速公路是《四川省高速公路网布局规划（2022—2035年）》规划的重要高速公路，路线与红军长征路线高度吻合，是藏彝大走廊的重要组成部分，平行于多条区域性断裂带展线，是衔接雅西、雅康高速公路的联络通道。路线起于泸定县伞岗坪，接雅康高速公路，经泸定南、杵坭、冷碛、德威、海螺沟景区东、得妥、挖角乡、安顺、石棉西，止于石棉大杉树，接雅西高速公路；全长96.511公里，设桥梁35座16829.71米，隧道18座66637.5米，桥隧比约86.5%（隧道占比约69%）；设互通式立交7处（伞岗坪综合体、泸定南互通、冷碛互通、海螺沟互通、王岗坪互通、安顺互通、大杉树枢纽互通），其中枢纽互通2处、服务区3处，概算总投资174.08亿元，2019年开工，工

德遂高速公路玉兴互通　　郑旭光　摄

期4年。泸石高速公路石棉段起于大岗山隧道中心位置，途径王岗坪乡、安顺场镇、新棉街道，终点接雅西高速公路，全长约35.8公里，采用双向四车道高速公路标准建设，设计时速80公里，路基宽度25.5米。桥隧比94.2%，其中桥梁10座6511米，隧道9座27213米，互通3处，服务区1处。

泸石高速公路　　泸石公司　供图

项目具有地形条件极其复杂，地质条件极其复杂，安全保障极其艰巨，生态环境极其脆弱，工程建设极其困难五个极其的特点。项目重难点一是全线隧道占比约69%，其中，得妥隧道6.9公里，大岗山隧道7.3公里；30公里连续隧道群施工挑战大，工期控制难，建设及后期营运安全风险高；二是分别连接雅康、雅西高速公路的伞岗坪、大杉树枢纽互通工程，桥梁工程规模大，施工组织难，保通压力大；三是摩岗岭1号特大桥（主跨160米，连续刚构）、摩岗岭2号大桥（主跨70米，简支钢箱梁）、得妥特大桥（主跨72米，钢箱组合梁）、安顺大渡河特大桥（主跨40米，简支T梁+简支钢箱梁）4次跨大渡河，涉水桥墩施工难度大，环水保管控要求高，上部结构架设困难，胜利坪1号特大桥（主跨160米，连续刚构）、2号大桥（主跨120米，连续刚构），80~100米高桥墩位于陡坡，防护难度大，独立基础规模大，施工难度高。其中，石棉段重难点工程为大岗山隧道和大杉树枢纽互通。

项目以管理创新，质量通病防控，技术创新，品质提升为主攻方向，实现“红色文化引领、科学管理支撑、科技智慧助力、生态环保示范、质量安全可靠、成本造价可控”，重点打造两隧一桥（胜利坪1号特大桥、得妥特大桥、大岗山隧道）示范性关键结构物，打造交通运输部第一批平安百年品质工程和四川省交通强国高原山区公路建设创新“双示范”工程。

2022年完成投资42.01亿元，为投资目标42亿元的100.02%。自开工累计完成投资96.14亿元，占项目概算总投资目标的55.22%。截至年底，全线自开工累计完成路基工程51.0%，桥涵工程46.0%，隧道工程60.3%。

（泸石公司）

国省干线重点公路建设

GUO SHENG GANXIAN ZHONGDIAN GONGLU JIANSHE

概　况　2022年，厅公路局围绕“拼经济、搞建设、促投资、稳增长”目标任务，扭住“消除国省干线和城际快速路瓶颈”和“实施平安百年品质工程”两个重点，落实“重点专项推进、项目建设储备、行业治理提升”三大举措，狠抓“加快项目进度、保障工程质量、提升工程品质、强化市场管理”四项工作，克服新冠疫情反复、高温异常天气、汛期持续时间长和经济下行压力大等不利影响，全年完成新改建普通国省干线公路里程2232.6公里，为年度力争目标任务1700公里的134.1%；全年完成投资657.8亿元，占年度力争目标任务470亿元的140.0%，提前一个季度完成年度目标任务，为稳住全省经济大盘贡献普通国省干线公路力量。

公路建设管理　2022年，厅公路局抢抓成渝地区双城经济圈发展战略机遇，围绕交通强国（省）决策部署，按照巩固、增强、提升、畅通“八字方针”，聚焦补短板、提品质、强管养、创示范、优服务、促发展“六个重点”，围绕省年度重点项目，持续推进品质工程、绿色公路建设，推动全省普通国省干线公路高质量发展。一是管理效能有力提升。推行项目“台账制”“清单制”管理，加强项目督导调度和绩效考核，实现在建普通国省干线公路项目精细化、信息化管理。利用信息管理平台电脑端和蜀路通手机应用程序，全面管理项目基础数据，细化“三张清单”，指定专人负责，建立“月分析、季通报、年总结”工作机制，确保项目有序推进。每季度收集汇总分析全省农民工工资支付保障情况，开展根治欠薪夏季、冬季行动，保障农民工合法权益。二是要素保障积极有力。充分挖掘处室内部力量，每个重点项目组建一个工作专班，健全完善项目管理台账，实施全流程、全环节跟踪监测。及时宣贯传达上级政策文件精神，指导地方创新投融资模式，通过发展路衍经济、发行债券、利用社会资本等多渠道落实资金保障；强化建材用地要素保障，压紧压实主体责任，拿出超常举措，协调做好征地拆迁、用水用电、建材运输等协调工作，避免出现停工、窝工等现象；督促施工单位加大机具设备投入，加强组织管理，增加施工作业面，扩大实物工作量。三是交旅融合再上台阶。贯彻绿色发展理念，围绕“公路与自然和谐、交通与旅游融合”建设思路，提升国省干线公路发展品质，启动“大峨眉”“大九寨”“大香格里拉”等专项前期工作，学习借鉴新川九路“安全畅通、绿色生态、智慧协调、融合发展”建设理念，推动旅游资源跨区整合、成片发展，构建复合型旅游景区。加快推进国道664线稻城县香格里拉至各卡（川滇界）段改建工程、省道428线雨城区周公山至晏场（洪雅界）段改建工程等项目前期工作。长征干部学院交通专项工程、川陕革命根据地红军烈士陵园专项工程等一批红色旅游公路加快建设，为提高沿线经典红色旅游景区交通基础条件提供公路交通保障。四是山区路网持续改善。同步加快绵广山区公路、“8·10”水毁恢复重建项目建设，“6·1”芦山、“9·5”泸定地震灾后恢复重建工程。国道545线德阳绵竹至阿坝茂县段改建工程克服各种不利建设条件，历时13年全线建成通车；绵广山区、王坪红军烈士陵园专项工程即将收官，39个乡镇依托普通国省干线公路建设实现通三级公路目标。

重大项目专项推进 2022年，全省重大项目配套公路项目66个，建设里程564.8公里，计划总投资69.12亿元。年底所有项目全面开工，总体推进正常，累计完成投资53.28亿元。其中，国省干线公路项目7个308.1公里，计划总投资51.14亿元，实际完成投资41.63亿元；农村公路项目59个256.7公里，计划总投资17.98亿元，实际完成投资11.65亿元。国道318线提质改造工程18个项目（含5个配套公路项目），建设里程123.3公里，计划总投资70.71亿元。5个国省干线公路项目中王岗坪景区道路加快开展前期工作。其余13个项目中，1个项目完工，12个项目进行建设，累计完成投资25.52亿元。夹金山隧道工程全长10.07公里，其中夹金山隧道长度9.35公里，辅助主洞开挖的平导洞长9.36 公里，计划总投资17.73亿元。至2022年12月底，累计完成投资3.46亿元，隧道共掘进4683米。其中，宝兴端主洞掘进715米，平导洞掘进793米，小金端主洞掘进695米，平导洞掘进2480米。“9·5”泸定地震灾后恢复重建项目，至年底，海螺沟景区道路4座控制性隧道全部进洞，9个工作面同步施工，累计开挖完成213米，2座桥梁桩基完成90%，K14高路堤工程开始作业。

创新项目前期管理 2022年，厅公路局抢抓用地、环保政策的“机遇期”“窗口期”，加快推进项目前期工作。全年完成48个项目工可行业审查意见报厅，51个项目一阶段施工图设计、两阶段初步设计及重大设计变更批复，促进80个项目实现开工。一是强化业务指导。持续完善前期工作要件办理程序，开展前期政策宣传贯彻，解答地方困惑，让经办人员明确前期工作要件及其办理流程，缩短办件周期。按照“县级一项目一专班、市级分管领导牵头、省级相关部门片区负责”模式，建立形成“县级联合办公、市级横向联络、省级协调对接”工作机制，对项目前期工作实施“管家式”服务，全环节参与、全过程跟踪。二是强化设计质量。创新前期工作机制，提前开展环评预审和行业预审，及时绕避生态红线、基本农田等重要环境敏感区。研究制订《四川省普通公路建设项目代建管理实施办法》《加强普通国省干线公路前期工作十条措施》《关于进一步加强普通国省干线公路前期工作的指导意见》，指导地方把握新形势新要求，按照“超常规不超程序、超常规不超政策，提高效率不降低标准，交叉并行推进”原则，推动前期工作。三是强化审批时效。对技术方案稳定、设计质量满足相关要求且建设用地上报省“三区三线”矢量数据库的项目，工可阶段极速受理、现场踏勘极速开展、方案评审极速组织、审查意见极速出具，办理周期控制在半个月以内；在两阶段初步设计或一阶段施工图设计阶段开展容缺审查，在地方政府出具承诺函的基础上，可以在项目工可批复前开展设计预审查，办理周期控制在1个月以内。

公路质量和安全管理 2022年，厅公路局始终抓住安全运营品质，制定行业安全生产管理标准，健全完善安全生产责任体系。一是强化质量管理。围绕平安百年品质工程建设，开展“坚守公路水运工程质量安全红线”专项行动，落实工程分级监管制度，通过综合检查、日常巡查、专项督查、交叉检查等方式，加大在建普通公路项目质量监督检查力度。坚持技术创新引领，强化科研与设计、施工联动，开展集中攻关和“微创新”，加强“智慧工地”试点建设，推动大数据、互联网、人工智能等技术与普通国省干线公路建设行业质量监管深度融合，实现施工质量全过程可视、可控，施工程序可溯源、可倒查，全过程、全寿命的工程质量管控体系，推动“机械化换人、自动化减人”取得成效。推动项目施工由粗放型向精细化转变，积极推进桩基旋挖工艺、TBM掘进机等“四新”技术应用，在特长隧道和高风险隧道中推广安全施工先进装备技术，淘汰或限制使用35项落后工艺、设备、材料。二是提升本质安全。按照《关于在普通国省干线公路工程可行性研究和勘察设计阶段进一步加强地质灾害防治工作的指导意见》，加强普通公路工可和勘察设计阶段地质灾害防治，科学确定防灾减灾技术指标；深入开展隧道提质升级、桥梁防护设施和长陡下坡路段隐患排查及评估整治等专项行动，实行“清单+责任”制管理；落实交通主管部门行业安全监管责任，建立安全生产明察暗访常态化工作机制，制定普通公路安全生产检查工作手册，建立安全风险隐患问题台账，完善结果运用制度和问题整改督办制度，确保普通公路安全监管全覆盖。三是打造“平安工地”。始终把建设安全放在首位，贯彻落实党中央、国务院和部省安全生产决策部署，树牢安全生产发展理念，提升项目本质安全。压紧压实各级责任，督促各市（州）各项目严格落实安全生产管理各项制度，落实安全主体责任、监管责任，不定期开展明察暗访和安全专项检查。坚持安全源头管控，严格执行“三同时”要求，落实独立桥梁、隧道工程和二级及以上干线公路工程等安全性评价和安全风险评估制度，提升国省干线公路防灾抗灾能力。坚持问题导向，立足“夏秋防汛、冬春防火、四季防地灾、全年防地震”独特省情，开展红线行动、瓦斯隧道安全生产专项整治行动，构建安全风险分级防控和隐患排查治理双重预防工作体系。落实汛期地质灾害防范“十条措施”和强化施工驻地安全“六条措施”，持续做好10人以上施工驻地安全工作，利用信息平台上传在建项目施工驻地照片和视频信息，分片区进行核对，推动参建单位汛期安全工作落实。全年全省国省干线公路建设项目未发生较大以上安全生产事故。四是迅速启动抗震救援响应。全年四川先后发生芦山“6·1”级、马尔康“6·0”级、泸定“6·8”级地震，厅公路局积极参与指导普通公路抢通保通工作。落实审查审批工作职责，开辟“绿色通道”，做好灾区道路恢复重建服务保障与技术把关工作。

（本栏目供稿单位：厅公路局）

农村公路建设

NONGCUN GONGLU JIANSHE

概　况 2022年，四川省新（改）建农村公路2.36万公里，完成投资376亿元，完成投资比上年增加近120亿元，增长46%，居全国第一。其中，建成撤并建制村畅通工程1.07万公里、乡村振兴产业路旅游路1888公里、通组路7845公里，超额完成年度目标任务。农村路网进一步优化完善，服务农业产业发展能力持续提升。建成农村公路安防工程2.27万公里、农村铁索桥改公路桥100座，完成农村公路危桥改造267座、农村公路交通事故易发多发路段122处，夯实农村公路安全保障基础。

农村公路管理养护　2022年，厅公路局持续规范农路公路管理养护。一是开展管养试点。印发《关于进一步深化农村公路管理养护体制改革试点工作的通知》，选定成都市温江区、彭州市、邛崃市，攀枝花市米易县，泸州市江阳区、泸县，广元市朝天区，射洪市，宜宾市高县，巴中市恩阳区，巴中市南江县，眉山市彭山区，阿坝藏族羌族自治州九寨沟县，甘孜藏族自治州石渠县，凉山彝族自治州会东县等15个县（市、区）围绕路长制、信息化、确权等主题，开展省级管养试点工作。在全国率先成立省“四好农村路”数字化发展技术研发中心，组织开展农村公路重点桥梁简易安全监测、轻量化路况评定、“金通工程”车载视频道路资产监测等3项技术研究，搭建全省信息化管理平台，提升农村公路管理效能。二是开展管养绩效考核。会同省财政厅完成2021年度各市（州）农村公路管理养护绩效考核，并联合印发通报，将考核结果与省级日常养护资金分配、“以奖代补”考核等挂钩，督促地方履行管养责任、落实养护资金。搭建形成全省农村公路管养绩效考核信息平台，通过信息化手段提高考核工作实效。

农村公路品牌文化建设　2022年，厅公路局印发《关于“十四五”期推进农村公路品牌文化建设的意见》，通过推行视觉形象标识、加强主题设施建设、开展系列特色活动和宣传培训，推进“个十百千”工程，打造四川农村公路品牌。组织开展全省最美农村路、最美路长、最美护路员评选活动，全省推选出10条最美农村路、10名最美路长、20名最美护路员。成都市蒲江县青山铁牛环线获评2021年度全国“十大最美农村路”。在洪雅县举行全省“5·26”爱路日主题活动，推动全省各地通过爱路护路进校园、政策宣传、公益表演等多种方式，开展相关宣传活动，举办农村公路LOGO征集活动，营造全民爱路护路良好氛围。眉山市纵深推进路产、路旅、路邮“三大融合”，建成洪雅县大峨眉国际旅游西环线、丹棱县十里桃花红环线等一批网红打卡路，有效吸纳当地群众就近就业。

“四好农村路”示范创建　2022年，四川省累计创建“四好农村路”省级示范市8个、示范县122个，全国市域突出单位1个、全国示范县20个，“四好农村路”全国示范县数量居全国第一。成功创建第六批省级示范县27个（平原地区2个：眉山市东坡区、乐山市市中区；丘陵地区13个：成都市龙泉驿区，自贡市贡井区、自流井区，绵阳市盐亭县，内江市东兴区，南充市仪陇县，乐山市夹江县，宜宾市南溪区、叙州区，达州市渠县，眉山市仁寿县，资阳市雁江区，广安市前锋区；盆周山区8个：攀枝花市盐边县，泸州市合江县、叙永县，广元市青川县、旺苍县，雅安市雨城区、芦山县，眉山市洪雅县；民族地区4个：阿坝州黑水县、汶川县、金川县，甘孜州泸定县），成功创建第三批省级示范市5个（泸州市、达州市、宜宾市、眉山市和巴中市）。成都市新都区、彭州市、邛崃市，绵阳市安州区，广元市朝天区，遂宁市蓬溪县，内江市威远县，乐山市井研县，南充市营山县，眉山市丹棱县，广安市武胜县，达州市通川区，雅安市名山区，巴中市恩阳区，阿坝藏族羌族自治州壤塘县，甘孜藏族自治州色达县等16个县（市、区）入选2022年度“四好农村路”全国示范县创建单位名单。

“四好农村路”和乡村运输“金通工程”高质量发展现场会　2022年11月24日，四川省政府在泸州市江阳区召开全省推动“四好农村路”和乡村运输“金通工程”高质量发展现场会。省人民政府副省长田庆盈出席会议并讲话，省政府副秘书长、省铁路机场办主任代永波主持会议，省交通运输厅党组书记罗佳明安排乡村运输“金通工程”有关工作。会议宣布第六批“四好农村路”省级示范县、首批乡村运输“金通工程”样板县和第三批“四好农村路”省级示范市名单并颁发奖牌，泸州市江阳区、中国邮政四川省分公司作现场交流发言。会议指出：农村交通运输直接服务于农村，是打通经济社会发展的毛细血管，是服务全面乡村振兴的重要基础保障。

（本栏目供稿单位：厅公路局）

汽车站场建设

QICHE ZHANCHANG JIANSHE

概　况　2022年，全省汽车站场建设完成投资54.6亿元，完成年度目标的176.1%。全年开工建设渠县枢纽站、绵竹市成兰铁路客运枢纽站、什邡成兰铁路客运枢纽站、川南城际铁路内江白马西站配套工程项目、松潘黄胜关枢纽站5个综合客运枢纽，成都国际铁路港多式联运项目、德阳国际铁路物流港、宜宾传化物流园（三期）等3个货运枢纽（物流园区），7个县级客运站和256个乡镇运输服务站。

苍溪县客运中心站　苍溪县客运中心站功能拓展改造项目于2022年4月开工建设，2022年6月工程完工。该项目按照二级客运站建设标准规划、设计和建设，项目总投资822万元。建设规模为二级客运站，占地面积13375平方米，建筑面积6997.95平方米。主要建设售票厅、特色农产品展示及交易大厅、停车场和配套公交、出租车、社会车辆等换乘等功能设施，打造集交通换乘、旅游集散、小件物流、商业服务等功能于一体的综合性交通纽枢中心。主要设施设备按二级客运站标准改造实施建设，满足客运站场人车分流；满足信息化建设，基本实现自动化、网络化、智能化；满足交通运输和邮政快递兼顾发展；满足特色农产品展示及电商销售等功能。改造主要包括站房外立面装饰改造、进站门头装饰、站房室内装修、候车室航空座椅安装，屋顶治漏约1100平方米，室外进出站口装修，站台及办公楼4350平方米外墙翻新，驾驶员休息区、食堂、维修车间维修加固及屋面更换树脂瓦850平方米，厨房、厕所地面及墙面装修改造等；新建邮政服务用房55平方米；站房内部及总平灯箱广告；安装LED全彩屏47.56平方米，安装充电桩6组等；车站票务系统、停车管理系统、售票系统改造升级等。主要特点：1.苍溪县客运中心站功能拓展改造项目建设，带动了苍溪县的发展，提升了城市活力，强化了办公、商业、商务、居住、休闲、会展等功能；利用交通优势，综合发展旅游服务、商务办公、休闲娱乐等城市功能。2.苍溪县客运中心站建成集客运、货运物流、快递电商、旅游服务为一体的县级综合运输客运站，实现“一站多能、一网多用、资源共享、多站合一、功能集约、便捷高效”新理念。3.苍溪县客运中心站功能拓展改造，全面推行联网售票、自助检票、智能调度、联网快运，实现客运车、公交线、客流量、停车位等全时段监测和实时信息发布；全面应用绿色节能建材、高效低能耗设备。

川南城际铁路内江白马西站　川南城际铁路内江白马西站配套工程客运站项目于2021年2月1日开工建设，2022年12月主体工程完工。该项目按照二级客运站建设标准规划、设计和建设，项目占地面积23164平方米，建筑面积18800平方米，总投资1.74亿元。主要建设客运中心、公交及出租车运营中心、站前广场、配套用房、地下停车场等功能设施，该站是集高铁、公路客运、城市公交（出租车）等多种运输方式为一体并配套商业、物流等功能的综合客运枢纽站。该项目建设将提升内江市对外交通枢纽能力，增强内江市的成渝发展主轴中心城市地位，提高内江市在西部陆海新通道、泛亚铁路通道上的重点节点优势。主要特色：1.以TOD理念构建立体化交通体系，实现交通枢纽与城市网络的快速接驳，提升项目聚散客流效率，扩大项目辐射范围，带动内江市区域经济社会全面发展。2.根据枢纽类项目特性，将交通规划设计工作分为两大层次，即片区层面与枢纽层面。其中，片区层面着重梳理枢纽及片区到发通道，在规划方案基础上，优化路网系统；枢纽层面以需求预测结果为依据，确定合理规模；基于白马西站进出站模式，并结合连续行人空间的构建，实现“到发分离”“人车分离”。配套设施分别布设广场两侧公交（出租）、长途车站和地下车库，合理控制换乘距离，实现“零换乘”。3.构建“快进快出”集散通廊；立体化设施布局，确保多模式间无缝换乘；以科学需求预测为根本，优选设施体量，实现供需平衡；引入国内外先进一体化整合设计理念，打造集高铁、长途、旅游、公交、出租、社会车辆等多种模式与开发相结合的综合交通枢纽。

广元市汽车客运站 广元市汽车客运站位于广元市城区中心位置，建成于1991年，2022年12月完成提升改造工程。广元市汽车客运站地处川陕甘三省交界处，具有三省中转疏运职能，是交通运输部最早核定的一级汽车客运站，是广元地区唯一具有道路旅客超长运输、旅游运输，高速经营资格的专业运输企业。广元市汽车客运站提升改造工程按照一级客运站建设标准规划、设计和建设，项目总投资1401.16万元。主要建设内容和规模：室外站场改造、室内功能布局改造、装修改造、导视系统改造、完善信息化系统等。主要设施设备：广元市汽车客运站设立到站下客区、候车厅、售票厅、停车场、例检等功能设施。具有微机售票、X光行包检查、检票激光扫描、IC卡报班、GPS卫星监控、自助洗车场等软硬件系统。主要特点：1.车站占地面积19998平方米，建筑面积9800平方米，拥有售票窗口13个，发车站台20个,参营车辆330余台，营运班线70余条，年输送旅客100余万人次，营运范围辐射泸州、自贡、都江堰、成都及广元四县三区等地。2.车站增设母婴室、无障碍卫生间等设施，并开展“困难旅客无偿救助”、残疾人服务队、“温情雨伞”、党员志愿服务等特色服务，曾获“全国巾帼文明示范岗”“四川省交通厅文明车站”“市级模范之家”等称号。3.车站提升改造工程完成后，为全市老百姓提供一个文明、整洁、舒适的出行环境，发挥广元市在川东北城市群综合交通网络中的功能和作用。

2022年，苍溪县客运中心站外观　　厅运管局　供图

渠县枢纽站（土溪火车站客运站） 渠县枢纽站（土溪火车站客运站）项目位于渠县土溪镇，紧邻达成铁路土溪站，占地面积31997平方米，总投资约5500万元。2017年经渠县政府批复立项，由渠县铁路建设领导小组办公室作为项目业主承建，2022年12月提升改造完工。该站是集公路客运、城市公交等多种运输方式为一体的综合客运枢纽站，按二级客运站标准建设，总建筑面积2420.26平方米（其中客运站主站房建筑面积2037.18平方米、辅助用房建筑面积80平方米、地下室303.08平方米）。容积率0.08，建筑密度4.43%，绿地率24.19%。周边公路和市政道路较发达，交通方便。总规划用地面积36463.03平方米。车站设施设备：建筑部分包含客运站及进站检查室、出站检查室。客运站建筑层数为3层，建筑高度15.15米；进站检查室和出站检查室建筑层数为1层，建筑高度3.15米。主要为候车厅、售票用房、调度及办公室等。其中：售票大厅面积约2300平方米，售票窗口5个，自助售票机4台，行包安检X光机1台，自助报班机2台，并配备母婴候车室、饮水处、残疾人专用通道等设施，实现智慧客运综合信息化管理。主要特点：1.构筑渠县枢纽站，以渠县土溪火车站为依托和土溪客运站为中心，辐射周边乡镇，与渠汇路构成交通枢纽，打造铁运与陆运对接，初步建成渠县交通枢纽中心。2.解决多种换乘关系，推行联网售票、联网快运，实现铁路交通、班线客运、公交线、客流量、停车位等全时段监测和实时信息发布，实现“零距离换乘”“人车分流”综合客运枢纽。3.满足城市发展要求，促进城乡交通一体化系统建设。融合火车、班线、公交、出租“四种交通出行方式”“四条交通流线”，实现乘客无缝换乘、车辆无缝衔接，促进城乡交通一体化系统的建设。

2022年，渠县枢纽站外观　　厅运管局　供图

（本栏目撰稿人：张晓川）

公路养护

GONGLU YANGHU

概　况　2022年，厅公路局围绕省委省政府、省交通运输厅相关工作安排部署，系统谋划、创新举措，在重点专项、制度建设、防汛抗灾、服务提质等方面持续发力，推动年度重点目标任务全面完成，黄河干流生态治理、“暖心之家”建设工作完成。

管养制度标准体系完善　2022年，厅公路局健全养护管理绩效考评体系，编制《普通国省道养护绩效管理办法》初稿，研究制定养护绩效考评指标。开展《普通国省道桥梁（隧道）养护管理办法》修订，通过专题座谈、书面征求意见等方式进行修编完善，形成送审稿；推进服务设施标准体系建设，初步形成“十四五”普通国省道服务设施建设方案、建设指南、运营管理导则、标识形象设计等研究成果，完成意见征求和修改完善工作。强化防灾减灾技术体系，组织开展提升高原山区国省道防灾减灾能力课题研究，形成水毁灾害典型案例分析及治理方案、水毁恢复重建工程勘察设计指南2项初步成果。

桥（隧）管理水平提升　2022年，厅公路局狠抓桥梁基础数据管理，开展桥梁数据质量评价工作，分年度对普通国省道在役桥梁技术状况等基础数据进行抽检复核，积极改进、完善桥梁数据，补齐桥梁数据管理短板；指导各地创新开展普通国省道桥（隧）养护示范项目创建活动，按照“1市1桥（隧）”方式推进，引导、鼓励各地通过示范创建，典型带动桥（隧）养护管理规范化、精细化水平提升。

重点专项工程推进　2022年，全省公路重点专项工程推进有序。川藏铁路配套公路养护专项工程基本完成；全省313座桥梁检测加固改造项目全部完成交工验收，项目完工率100%；4个停车区建设项目基本建成，除折多山停车区外，其余3个项目年内完成交工验收。畅安工程加速推进。厅公路局指导地方采取片区集中打捆招标等方式全力加速项目推进，明确项目组织实施方式，建立“三项工程”审查审批机制，全年完成五类危桥整治6个，提前并超额完成年度目标；整治交通事故易发多发路段209处；普通国省道重大灾害路段治理完工9个，在建12个。

危桥安全风险防控　2022年，厅公路局开展危桥安全风险防控提级管理。一是强化项目库管理。构建危桥基础项目库，制定危桥基础项目库管理规则，加强危桥基础数据审核，动态监管危桥进出库。二是强化目标考核。继续推动年度危桥整治完成率指标纳入省政府政务目标考核内容，压实地方工作责任，加快推进危桥整治销号。

黄河干流生态修复保质完成　2022年，厅公路局组建工作专班，专人负责黄河干流生态修复治理项目，现场蹲点督导，确保项目高质量、高标准、高效率完成。在前期工作阶段，主动对接州、县级水利部门，指导设计，为精准施工奠定基础；项目实施过程中，强化督导帮扶，开展现场技术指导，及时协调和技术帮扶，累计开展现场督导12次、报送周动态14期。项目于9月29日完成，实现省委省政府提出的生态修复治理目标。

“暖心之家”建设　2022年，厅公路局成立普通国省道“暖心之家”建设工作专班，建立周总结、月调度机制，累计开展现场督导9次，推进项目提前建成投运。国道348线太平和国道210线双河2个“暖心之家”自建成投运以来，累计服务货车司机1100余人次，获货车司机广泛点赞。2个站点均建立交通运输行业党支部和货车司机流动党支部，丰富普通国省干线公路管理设施服务内涵，提升货车司机特殊群体对交通运输工作认可度。

（本栏目供稿单位：厅公路局）

航道建设

HANGDAO JIANSHE

概　况　2022年，四川省有通航河流176条，通航水库湖泊147个，通航里程10881公里。七级以上等级航道4028公里，占37%，四级以上高等级航道1892公里，占17%。形成以长江为干流，以岷江、嘉陵江、金沙江、渠江为主要骨干，以沱江、涪江为重要补充的航道体系，构建通达通畅的“5+2”航道体系。全年，全省航道养护机构履职尽责，贯彻落实《中华人民共和国航道法》《中华人民共和国航道管理条例》《四川省航道条例》等法律法规和《航道养护管理规定》等行业规章，依法依规开展例行养护、专项养护，通航建筑物管理和航道通航条件影响评价等工作，保障航道畅通，提高航道养护工作质量和服务水平。

2022年5月20日，厅召开全省重点水运项目建设推进会　　省航务海事中心　供图

（省航务海事中心）

国务院督查组赴岷江龙溪口航电枢纽工程开展项目督查　2022年5月29日，国务院稳增长稳市场主体保就业专项督查组赴岷江龙溪口航电枢纽工程检查项目建设情况。督查组一行实地查看龙溪口枢纽建设现场，听取项目施工进度、建设投资、疫情防控及安全环保管理等工作汇报，详细了解项目智能化管理、运行调度及运营管理等情况，督查组对龙溪口枢纽项目建设给予了高度肯定。

（省港投集团）

山区河流复杂滩险生态航道建设关键技术研究项目成功立项　2022年6月20日，“山区河流复杂滩险生态航道建设关键技术研究项目”被列入2022年度四川省科技计划重点研发项目，获四川省财政科技专项资金补助。项目由岷江公司联合四川省交通勘察设计研究院有限公司共同申报，项目主要研究山区河流航道整治工程生态监测方法、鱼类栖息地演化、生态航道整治工程布局、新型整治建筑物结构、船舶噪声水下时空传播机制等内容，拟提出山区河流航道整治工程中生态保护与修复成套技术，支持长江、岷江、金沙江等省内外国家重点水生态保护区的航道工程生态化建设。

（省港投集团）

长运公司助力嘉陵江航道建设等项目　2022年，长运公司中标嘉陵江川境段航运配套工程航道管理及维护设备制造工程项目、中江县平安渡运新能源客船采购项目。年内，长运公司进行筹备建造工作，以项目化思维来推进有关任务落实，为改善嘉陵江水运运输条件，提升运输效能，提高全省水运货运量在综合交通货运量中的占比贡献力量。

（省港投集团）

嘉陵江利泽航运枢纽建设　2022年，利泽航运工程全年累计完成投资6.1亿元，占年度投资计划101.6%；工

2022年，嘉陵江利泽航运枢纽全景　　省港投集团　供图

程累计完成投资21亿元，占项目概算投资53%。截至年底，嘉陵江利泽航运枢纽一期工程建设任务基本完成，二期工程厂房上下游土石围堰填筑和纵向混凝土围堰浇筑全部完成、电站厂房及鱼道土石方明挖全部完成、7.5孔泄洪冲沙闸工程实现目标、电站厂房机组段完成3台机组尾水管吊装及安装任务。工程建设安全质量在交通运输部督查检查中获肯定，工程质量一次性抽检合格率96%，全年无质量事故发生。

（省港投集团）

嘉陵江川境段航运配套工程剩余部分建设　2022年，嘉陵江川境段航运配套工程剩余部分建设加快推进。其中，马回船闸改建工程方面，船闸左右边坡喷护、上闸首左机房拆除与新建等断航前施工部分全面完成；支持保障系统建设方面，完成江口站房、南部站房、苍溪停靠点、杨家河码头、土门接岸设施等9处码头站房施工或主体施工；维护船艇制造工作完成相关合同签订、图纸报审、材料备货等开工前准备工作。截至年底，全面建成嘉陵江534公里国家四级航道及数字航道系统，剩余部分建设进入收尾阶段，整个工程预计在2023年底前全部完成，嘉陵江高等级航道的航运潜力得到发挥。

（省港投集团）

航道整治一期工程第一批次整治建筑物施工　2022年2月14日，航道整治一期工程第一批次的干龙子滩、龙溪口滩、老君碛滩、白甲滩均完成整治建筑物施工。其中，干龙子滩在左岸修复1座顺坝，坝长1724米，在右岸修复1座锁坝，坝长629米；龙溪口滩在右岸修复1座顺坝，坝长375米；老君碛滩在左岸新建2座丁坝，1号丁坝长120米，3号丁坝长170米，在右岸修复加长1座顺坝，坝长1065米；白甲滩在左岸修复加长1座顺坝，坝长1282米。筑坝整治建筑物施工主要包括：坝体采用抛石筑坝，坝顶采用预制混凝土实心块体压载，坝体两侧铺设大块石护底并吊装扭王字块护面，坝体背水面安放鱼巢砖形成水生生境。

（省港投集团）

航道整治一期工程第二批次整治建筑物施工　2022年12月25日，航道整治一期工程第二批次的新开河滩、令牌石滩完成整治建筑物施工。其中，新开河滩在右岸原址复建1座顺坝，坝长1134米，在左岸弯道凹岸处新建1处护滩，长645米；令牌石滩在右岸原址复建1座顺坝，坝长659米，在左岸防护堤处新建1处护滩，长674米。护滩整治建筑物施工主要包括：岸坡开挖、岸坡回填、夯实及平整边坡，抛石护脚，铺设土工布形成反滤层，利用钢丝网箱装填块石铺设护面。

（省港投集团）

岷江龙溪口航电枢纽工程发电机组尾水管安装完成　2022年1月10日，岷江龙溪口航电枢纽工程4号、5号、6号三台发电机组尾水管完成交面，标志着左岸发电厂房9台机组全部进入尾水管安装阶段。2022年3月16日，岷江龙溪口航电枢纽工程左岸发电厂房9台机组尾水管安装全部完成，为早日实现投产发电目标打下基础。自龙溪口枢纽首节尾水管吊装完成以来，岷江公司组织参建单位，按照审核安装方案，严格管控各个环节，克服设备体积大、工期紧等困难，完成所有尾水管安装工作。

（省港投集团）

岷江龙溪口航电枢纽工程右岸泄洪闸首榀预制梁成功安装　2022年4月28日，岷江龙溪口航电枢纽工程右岸泄洪闸首榀预制梁成功吊装，向坝顶启闭机排架施工迈进一步。龙溪口航电枢纽工程右岸泄洪闸预制梁共计275片，闸墩每跨布置25片，单片最重预应力门机轨道梁70吨。为确保预制梁吊装施工顺利进行，岷江公司优化施工方案，制定科学合理的吊装方案和安全质量保证措施，督促施工单位按照吊装操作规程，安全规范作业。

（省港投集团）

岷江龙溪口航电枢纽工程右岸11孔泄洪闸排架顺利浇筑至启闭机安装高程　2022年9月20日，岷江龙溪口航电枢纽工程右岸11孔泄洪闸启闭机排架顺利浇筑至启闭机高程，标志着龙溪口项目全面进入泄洪闸启闭机及闸门安装阶段。右岸11孔泄洪闸启闭机排架主要由排架柱、梁、板等组成，为“框架式”主体结构，垂直高度净高24.5米，单孔排架跨度16.6米。自该项工程实施以来，龙溪口分公司科学筹划，精心组织，积极同施工、监理、设计等单位沟通，通过优化工艺、调整工序、“错峰”施工等多种措施，在工期紧、任务重及难度大等多重考验下，抓好进度、质量、安全管理，如期完成节点目标，向后续右岸船闸通航及首台机组发电等重要节点实现提供保障。

（省港投集团）

岷江龙溪口航电枢纽工程船闸307通航水位实船试航顺利完成 2022年11月8日，岷江龙溪口航电枢纽工程船闸307通航水位实船试航顺利完成。自船闸307首仓混凝土浇筑以来，岷江公司科学谋划，精心组织参建各方抢抓工期，克服犍为疫情、2022年5月超标洪水等困难，完成船闸土建及金属结构安装施工、三期围堰截流、右岸11孔泄洪闸闸门安装等任务，确保下闸蓄水至坝前通航水位，船闸上、下行实船试航顺利完成。

（省港投集团）

2022年11月8日，岷江龙溪口航电枢纽工程船闸307通航水位实船试航顺利完成

省港投集团　供图

岷江龙溪口航电枢纽工程“三期一枯”泄洪闸首仓混凝土浇筑 2022年11月24日，岷江龙溪口航电枢纽工程“三期一枯”左岸13孔泄洪闸首仓混凝土开仓浇筑，12号闸墩底板由296高程浇筑至298高程，拉开“三期一枯”建设序幕，为实现左岸13孔泄洪闸具备挡水条件计划目标奠定基础。

（省港投集团）

岷江龙溪口航电枢纽右岸11孔泄洪闸工程310米以下通过过流验收 2022年5月26日，岷江龙溪口航电枢纽右岸11孔泄洪闸工程310米以下通过过流验收，为右岸“二期二枯”围堰逐步拆除，为保障工程安全度汛打下基础。此次验收依据《水利水电建设工程验收规程》，分为内业资料和观感质量两部分开展。验收组一行对龙溪口枢纽右岸11孔泄洪闸工程310米以下所有混凝土及金属结构工程进行实地勘验，检查工程完成情况、外观质量及缺陷处理情况，重点查阅工程档案资料及验收资料，对工程形象、质量给予肯定，认为总体满足2022年过流要求，同意验收通过。

（省港投集团）

航道养护 2022年，省航务海事中心修订《四川省内河高等级航道养护项目管理办法》，制定《2022年高等级航道养护工作推进方案》。全省完成新增高等级航道144公里，其中金沙江白鹤滩电站库区新增高等级航道81公里、金沙江乌东德库区新增高等级航道63公里。完成广元、乐山、宜宾、广安、达州“十三五”以来高等级航道专项养护项目实施情况现场核查，督促相关市（州）加快推进项目实施。全省下达高等级航道专项养护工程项目97个，其中“十三五”期下达计划79个，完工66个，在建12个，除1个项目明确不再实施外，“十三五”期尾留项目全部开工。

（省航务海事中心）

嘉陵江多梯级通航建筑物联合调度 嘉陵江多梯级通航建筑物联合调度是川渝合作推进成渝地区双城经济圈建设，共建长江上游航运中心的一项重要内容，交通运输部将其列为部党组“为民办实事”事项。2022年，省航务海事中心组织各责任单位对嘉陵江各通航建筑物进行集中检修，并结合4月复航，组织航道养护机构对枯水期滩险进行临时性疏浚。完成川境段13个通航建筑物运行方案审查，嘉陵江通航建筑联合调度正常运行，广元到重庆正常航行时间7天。

（省航务海事中心）

岷江龙溪口航电枢纽建设 2022年，岷江龙溪口航电枢纽工程项目建设三级船闸一座，船闸尺度为220×34×4.5米，渠化三级航道31.8公里，电站装机容量48万千瓦，概算总投资155.3亿元。全年完成投资20.46亿元，占年计划投资的127.9%。截至年底，项目右岸通航建筑物完成，施工期船闸通航验收完成，右岸11孔泄洪闸建设基本完成；开展厂房主体工程、库区防护工程建设。

（省航务海事中心）

岷江犍为航电枢纽工程完工 2022年，岷江犍为航电枢纽工程建设三级船闸一座，船闸尺度为220×34×4.5米，渠化三级航道20.2公里，建设标准为2.4×60×500米，电站装机容量50万千瓦，概算总投资104亿元。全年完成投资2.23亿元，为年计划投资的111%。截至年底，项目船闸实现通航，完成二期蓄水9台机组全部投产发电，项目基本完工。

2022年，岷江犍为航电枢纽工程全景　　邓　波　供图

（省航务海事中心）

岷江尖子山航电枢纽工程 2022年，岷江尖子山航电枢纽工程建设挡泄水工程、发电厂房、渠化防渗工程、坝顶公路桥、四级航道船闸1座，概算投资16.89亿元。全年完成投资1亿元，为年计划投资的100%。截至年底，项目基本完成电站工程土石方开挖、钢筋加工场和拌合站建设，持续推进船闸工程开挖及混凝土浇筑。

（省航务海事中心）

岷江虎渡溪航电枢纽工程 2022年，岷江虎渡溪航电枢纽工程建设防洪堤、非溢流重力坝、河床式电站、冲沙闸、航运建筑物等，装机容量6.3万千瓦，概算投资14.55亿元。全年完成投资3亿元，占年计划投资的100%。截至年底，项目完成左岸瓮家坝堤防、厂房小基坑围堰、二枯主体工程围堰、220千伏输出线路施工，1号、2号机组具备发电能力，继续开展3号机组机电安装工作。

（省航务海事中心）

岷江老木孔航电枢纽工程 2022年，岷江老木孔航电枢纽工程建设三级船闸一座，渠化航道18公里，装机容量40.54万千瓦，概算投资143.5亿元。全年完成投资6.18亿元，为年计划投资的123.5%。截至年底，项目基本完成金沙线迁改工程，开展施工期场外供电线路、3号公路和4号公路路基施工、左岸下游护岸工程施工。

（省航务海事中心）

渠江风洞子航运枢纽工程 2022年，渠江风洞子航运枢纽工程渠化航道57公里，建设三级船闸一座，装机容量7.5万千瓦，概算投资39.2亿元。全年完成投资4.07亿元，为年计划投资的135.8%。截至年底，项目开展全年土石围堰填筑、纵向混凝土围堰施工、二期枯期纵向围堰施工。

（省航务海事中心）

航运枢纽大坝除险加固专项行动 2022年，省航务海事中心积极推进全省航运枢纽大坝除险加固专项行动，将航运枢纽大坝除险加固专项行动纳入全省交通运输安全生产专项整治三年行动，压紧压实13座航运枢纽大坝涉及的4市交通运输主管部门行业主体责任，以及航运枢纽大坝运行管理单位安全生产主体责任，形成“省厅指导、政府协调、部门落实”工作模式，截至年底，13座航运枢纽大坝除险加固及维修整治全部开工，7座基本完工。

（省航务海事中心）

岷江汤坝航电枢纽主体工程基本完工 2022年，岷江汤坝航电枢纽工程项目建设四级船闸一座，渠化四级航道13.8公里，装机容量6.9万千瓦，概算投资21.06亿元。全年完成投资16亿元，为年计划投资的100%。截至年底，项目基本完成建设任务。

（省航务海事中心）

2022年，岷江汤坝航电枢纽工程全景　　省航务海事中心　供图

航道整治工程建设 2022年，岷江（龙溪口枢纽至宜宾合江门）航道整治一期工程建设范围为岷江干流龙溪口枢纽至屏山岷江大桥段47公里，按内河三级航道标准建设，航道尺度为2.4×60×500米；全段航标按照一类航标配布，概算投资9.3亿元。全年完成投资2.01亿元，为年计划投资的100.5%。截至年底，项目基本完成横梁子滩、新开河滩、背时滩、令牌石滩建设，开展大浩口滩筑坝和疏浚工作。

（省航务海事中心）

2022年，岷江（龙溪口枢纽至宜宾合江门）航道整治一期施工作业

省航务海事中心 供图

港口建设

GANGKOU JIANSHE

概　况 2022年，全省有港口18个（规模以上港口5个），码头泊位403个（千吨级泊位44个），港口货物吞吐能力10391万吨，集装箱吞吐能力250万标箱，其中，泸州港和宜宾港集装箱吞吐量分别是19.03万标箱和9.61万标箱。初步构建起以泸州、宜宾、乐山—广元、南充、广安两大港口群为主，其他一般港口为辅的“6+6”枢纽互通港口体系。

（省航务海事中心）

四川宜宾港5G智慧港口工程 2022年，四川宜宾港5G智慧港口工程立足于宜宾港作业生产的实际需求，通过物联网、5G通讯、可视化等先进信息技术，以增强港口监管水平、提升港口生产效率、保障码头作业安全、改善对外服务水平为四大建设目标，努力将宜宾港打造成为现代化智慧型内河大港口。该项目一标段建设于2021年8月完工，二标段于2022年8月开工建设，计划2023年3月完工。项目主要建设港口作业生产智能化应用系统、覆盖全港区的5G通讯网络、港口业务大数据可视化系统、远程场桥及视频监控等，实现优化工作流程，大幅降低人工成本，全面提升港口智慧化、信息化作业水平。

（省港投集团）

2022年，四川宜宾港5G智慧港口可视化平台　　交通宣传中心 供图

川南临港循环物流产业园建设 2022年8月31日，川南临港循环物流产业园一期报废机动车回收拆解中心项目举行线上开工仪式。一期报废机动车回收拆解中心项目，主要开展报废机动车回收、报废机动车拆解、再生资源回收加工销售、汽车零配件批发零售等。工程投资近3000万元，建成占地23855.58平方米，拆解车间6214.17平方米，堆场5213平方米，库房及暂存间879.11平方米。预计项目投产后，可实现年销售收入2亿元，年入库税收700万元，提供约

2022年，川南临港循环物流产业园　　省港投集团　供图

80个就业岗位。

川南临港循环物流产业园是川南地区唯一、最大的集报废机动车回收拆解、废钢和废塑料加工利用于一体的临港产业项目，将贯通回收、加工、配送、贸易等上下游产业链、供应链，提升园区发展质量和园区服务地方经济能级，整合行业资源，延伸上下游产业链，用绿色低碳循环铺就高质量发展新路，打造省内乃至西南地区循环产业园区建设的一流示范性企业。

（省港投集团）

泸州港多用途码头二期续建工程Ⅲ标段正式开工建设　2022年7月20日，泸州港多用途码头二期续建工程Ⅲ标段正式开工建设，包括二期续建工程剩余15.67公顷地的场平工程，主要有陆域形成、3号闸口及道路、建成的2号大门内道路改造等土建工程及大门临时供电、给水、场地排水工程。泸州港3号闸口及道路宽28米、长360米，5车道通行，实行车辆分流三进二出，设全自动智能化服务系统2套。泸州港在原有的1、2号闸口基础上，增加3号闸口及道路，将有效衔接港区前沿码头和后方绕城环线，满足港区范围内货运主通道的功能需求，提高车辆进出港效率，缩短车辆进出港时间，同时使原有2号闸口货运功能与行政功能分离，降低人货混流安全隐患。

（省港投集团）

泸州港船员（货车司机）“暖心之家”建设　2022年，泸州港船员（货车司机）“暖心之家”投入200多万元，建设打造500平方米服务区，具备生活、住宿、运动、健身及党群服务五大功能。2022年6月15日开始试运行，截至年底，累计服务司机5721人次、餐饮5189人次、休息4588人次、住宿1352人次、洗衣2079人次、淋浴1537人次，收集诉求5条、点赞好评5496条、心愿单57张，“蜀道畅”微信小程序注册报到人数排名稳定保持全省前三名。

（省港投集团）

宜宾港船员（货车司机）“暖心之家”建设　宜宾港船员（货车司机）“暖心之家”位于宜宾港志城作业区内，该项目建设规模约80平方米，于2022年8月底投入试运营。宜宾港船员（货车司机）“暖心之家”项目，提供家的暖心、舒心，致力于打造广大船员（司机）们精神食粮的补给站，将党群文化、港口文化、康养文化、安全文化、法治文化融入项目设计布局，营造文化氛围。截至年底，累计服务船员（司机）5700余人次，“蜀道畅”微信小程序好评数位列全省第四名。

2022年，宜宾港船员（货车司机）“暖心之家”　　省港投集团　供图

（省港投集团）

公路水路勘察设计

GONGLU SHUILU KANCHA SHEJI

省公路设计院公司概况 2022年，省公路设计院公司新增合同额超26亿元，营收超23亿元，利润超8亿元，比上年大幅提升，均创历史新高，公司发展水平处于历史高位，整体发展态势良好。

深度服务交通强省建设。高效推进前期工作。积极响应中共四川省委“拼经济、搞建设”决策部署和中共四川省交通运输厅党组“抓项目促投资稳增长”部署要求，决战四季度、决战全年度。重点围绕“7+3+1+2”高速公路项目前期工作，开展130余次技术会审和方案论证，完成成渝扩容、川汶、开梁等2365公里工程可行性报告、1371公里初步设计和938公里施工图设计任务，取得达州绕城等18个重点项目各阶段批复，达历年最多。其中，黄河干流若尔盖段生态修复治理项目按期保质完成，得到省长黄强肯定。全年实现安全生产和产品质量零事故，产品合格率100%，获评交通运输部和省厅AA级勘察设计企业、“四川省高速公路投资人2021年度信用评价”AA级。优质保障后期服务。全年派出设计代表210人次，为乐西、沿江、泸石、久马等45个在建重点项目提供技术支撑。保障国道318线提质改造加快推进、夹金山隧道超额完成掘进任务、首条TBM挖掘隧道——大凉山1号隧道推进、世界第一高墩——金阳河特大桥建成通车，顾客满意度提升至92%。做好省交通运输厅技术支撑。牵头开展高原山区公路建设创新、交通防灾减灾、提高走廊韧性、长大纵坡运营安全研究等交通强国试点任务；实现低碳组合桥梁、高性能混凝土、隧道自然风节能设计、沥青路面再生利用等低碳技术在依托工程中的运用与发展；编制公路行业通用图、标准图，协助完成安全应急、设计文件、交旅融合等多部规范；配合省交通运输厅完成近40万公里公路承灾体普查和省级质量核查，助力打造四川交通运输平安百年品质工程。投入应急抢险，克服近年来最大地震与疫情封控叠加困难，全年派出600余人次，完成1000余公里、800余处点位灾损调查，完成芦山、马尔康和泸定“三灾区”抢险任务，为新华隧道抢通、舟桥运输多点作业等重大决策方案提供技术支撑。其中，“9·5”泸定地震灾后恢复重建项目7天完成工程可行性报告，10天完成初步设计，30天完成施工图设计，刷新“川院速度”。公司被评为“芦山6·1级地震和马尔康6·0震群抗震救灾先进集体”“2022年四川省地质灾害防治工作先进集体”。

高质量发展保持高位运行。业务拓展开创新局面。公路专业获“交通+多产业协同”路衍经济类设计业务；桥梁专业获特殊桥梁加固工程EPC、全过程咨询等业务；隧道专业水电、矿山等跨行业领域新增合同额超50%；咨询专业获厦门跨海大桥等国家超级工程代部审查业务突破；智能监测承揽全省80%桥梁结构安全监测业务；智慧交通占领省内大部分智慧高速相关设计咨询市场；测绘专业实现多源遥感解译业务零的突破；环保专业实现环保管家服务里程超5000公里；市政专业取得首个水处理厂站暨独立市政管网项目和首个城市设计项目；计量检定获发明专利首次突破；监理专业获西香高速公路泸沽湖跨径悬索桥监理业务；网络货运完成合同额1.5亿元。资质建设取得新成果。取得“路基路面养护甲级、桥梁养护甲级、隧道养护甲级以及交通安全设施养护（不分等级）”等养护资质，实现全国最高等级、最全序列的公路养护作业资质全覆盖。水土保持监测单位水平评价星级证书顺利实现“3”升“4”；取得CMMI软件能力成熟度集成模型3级认证和ITSS信息技术服务标准运维成熟度认证；取得“海洋测绘乙级资质”，开启水域测量新业务。

科技研发应用跑出加速度。技术发展再攀高峰。

各专业齐力技术攻坚，取得众多技术成果。桥梁专业山区高烈度地震区1600米级和无塔大跨悬索桥技术取得新进展。隧道专业超特长隧道TBM快速施工技术得到广泛应用。BIM专业三维设计软件研发、数字化研究及应用取得新突破。测绘专业在GIS云平台开发应用提升二三维生产效率上取得新进展，遥感解译辅助总体方案设计取得新突破。环保专业研发的低碳非金属声屏障材料在成安渝项目得到推广应用。全年获科技奖23项、质量奖58项，成果获奖保持高数量、高等级。四川省钢管混凝土桥梁工程技术研究中心获评全省示范工程中心；四川省公路生态环境工程技术研究中心正式揭牌；四川省交通运输标准化技术委员会获批成立。科技成果转化落地见效。高韧性混凝土科技成果转化破冰开局，宏途新材公司成立，推动科技创新设计到科技产品制造的延伸发展。低碳智能技术装配化建造组合桥梁新体系在成乐路上得到突破运用，科研成果转化合同总额1400万元。隧道专业自研发设计软件受到知名设计单位青睐，首次实现省外销售。数智分院自主研发硬件产品和数字化软件取得近1500万元效益，转化成效明显。公司全年自主经营科研项目经费约4000万元，创历史新高。

企业治理能力稳步提升。企业改革不断深化。企业治理方面，完成公司议事规则、二级机构三重一大决策等10余项内控管理制度废（立、改），保障党委、董事会和经理层协调有序运转，逐步完善现代企业法人治理体系。生产经营模式方面，下达合同额、生产额和收费额三重指标，全面建立责任传导机制，形成项目全周期信息化架构，“穿透式”生产管理持续深化。薪酬、绩效考核方面，实行业绩与工资总额强挂钩，解决一次分配问题。内部改革方面，因需调整内设机构，完成车队、出版室改革，整合资源、优化服务，各项费用节省500万元以上，“向管理要效益”成效初显。技术质量管理方面，公司管理体系实现“三升五”，创新BC级项目技术质量管理模式和片区化后期服务模式，提升项目质量及服务。财务管理方面，加强全过程成本管控，推动生产分院由成本中心向利润中心转变，全年新增经济效益近2600万元。人才队伍建设方面，完成5名干部选拔任用及4人职务调整，完成22项38人次专家推荐，9人获省“勘察设计大师”“科技英才”等称号。企业品牌宣传方面，公司登上央视、人民日报5次，省部级媒体100余次，创职工个人故事首上央视新纪录，信息报道创历史新高，完成公司宣传片制作。疫情防控方面，落实疫情管控要求，保生产、保服务、保发展，实现管控放开前公司办公区“零”感染。

党建与廉政建设特色推进。持续夯实党建基层基础。开展党支部工作绩效考核，强化三支党员小分队建设，完成22个党支部换届选举，推动党建工作和中心工作深度融合。制定《公司廉政风险防控手册》。公司党委和规划分院党支部被省交通运输厅确定为党建特色示范点。推进纪检审计与清廉企业建设。以“三造六不五强化”工作法推进清廉交通企业建设。通过参观三苏祠等廉洁教育基地、观看警示片等抓好廉洁文化教育。完成2起线索核查，18个内部审计项目，实现6个下属单位巡查工作全覆盖。深化群团及对口帮扶工作。抓好镇广等项目“夏送清凉”慰问；举办马拉松、球类比赛、职工子女暑期活动；开展建团100周年主题团日，获评“全国青年岗位能手”1名。协助公路局推动金口河瓦山村等各项帮扶工作，举办特色产品线上展销会，持续助力乡村振兴。

（匡成刚）

黄河干流若尔盖生态修复治理完工　2022年，省公路设计院公司按照省交通运输厅统一安排部署，推动水利行业相关单位完成黄河干流若尔盖生态修复治理项目治理设计与现场实施工作。该项目隶属于“黄河干流四川段河道治理工程”，由水利行业立项，旨在解决阿坝州若尔盖县境内黄河河湾摆动带来的岸坡后退、水土流

2022年9月26日，黄河干流若尔盖生态修复治理完工现场　　省公路设计院公司　供图

失、干线牧场损失等问题，是贯彻落实习近平生态文明思想及黄河流域生态保护和高质量发展重大战略具体举措，得到省长黄强多次亲自研究部署和推动。省公路设计院公司结合中共四川省委省政府及交通运输、水利行政主管部门要求，反复论证、多次修改岸坡复绿、观河平台、保存遗址等设计方案，实现项目集防洪、生态、景观为一体治理理念。

（徐鸿彪）

西香高速公路施工图设计 2022年，省公路设计院公司完成国道7611线西昌至香格里拉（四川境）高速公路施工图勘察设计。项目路线全长233公里，采用双向四车道高速公路设计标准，设计时速80公里，路基宽度25.5米。项目主线起于西昌市小庙乡，接在建的国道7611线昭通至西昌高速公路，利用既有京昆高速公路小庙至黄联关段，经西昌市中坝乡及盐源县平川镇、金河乡、果场乡、棉垭乡，止于长柏乡川滇省界处，接规划待建的国道7611线宁蒗至香格里拉高速公路。同时设置西昌、木里、泸沽湖3条高速公路支线。施工图勘察设计划分为5个标段，分别为B3（黄联关至小高山段）、B4（小高山至卧罗河段）、B5（卧罗河至长柏段、泸沽湖支线段）、A1（西昌支线段）、A1（木里支线段）、C2（B3、B4、B5交通工程及沿线设施）。其中，B3标段为全线主体工程和交通工程及沿线设施施工图设计牵头标段；省公路设计院公司承担B3、B5、A1（木里支线）标段施工图勘察设计。项目全段位于凉山州境内，是国高网、省高网重要路段。地处滇西北横断高山峡谷与云贵高原接壤地带，地貌跨度及地形起伏大；新构造运动强烈，断裂带数量多，地震烈度高；短距离内气候立体差异性大；具有"极其复杂的地形、极其复杂的地质、极其复杂的气候、极其复杂的生态、极其复杂艰巨的建设"等条件。针对项目"高山、高原、高烈度地震"特性，对传统测绘、勘察、设计等进行技术创新和数字化赋能，采用机载激光雷达技术，获取重要工点高精度地形图、正射影像、实景三维地模，开展遥感、InSar和Lidar综合解译工作，建立BIM模型，还原地灾、控制性地物等，多维度辅助路线方案比选及优化。

（王　峰）

2022年，西香高速公路雅砻江特大桥效果图　　省公路设计院公司　供图

省道71线西昌至宁南高速公路 2022年，省公路设计院公司完成省道71线西昌至宁南高速公路（西昌至普格段）初步勘察设计。项目路线全长106公里，采用双向四车道高速公路标准建设，起点至普格县城约59公里路段，设计时速80公里，路基宽度25.5米；普格县城至终点约46公里路段，设计时速100公里，路基宽度26.0米。项目起于西昌市大兴乡，设置西昌东枢纽互通，接待建国道7611线西香高速公路西昌支线，经普格县，止于宁南县宁远镇，设置宁南枢纽，接在建国道4216线沿江高速公路宁南至攀枝花段。设置互通式立交8处（2处枢纽互通、6处一般落地互通），服务区2处，停车区1处，控制性工程为大箐特长隧道和荞窝特大桥。其中大箐特长隧道长10068米，荞窝特大桥主桥采用净跨径300米上承式钢管砼拱桥。项目是《四川省高速公路网规划（2019—2035年）》中省道71线乐昆高速公路重要组成部分，也是国道7611线西香高速公路和国道4216线宜攀高速公路联络线。

（黄　勇）

京昆高速公路广元至绵阳段扩容工程施工图设计 2022年，省公路设计院公司完成京昆高速公路广元至绵阳段扩容工程施工图勘察设计。项目路线全长124公里，采用双向六车道高速公路设计标准，设计时速120公里，路基宽度34.5米，是四川省山区高标准六车道高速公路。项目路线起自广元市周家河（兰海国家高速公路黑水塘枢纽互通立交南），接拟建京昆高速公路陕川界至广元段扩容工程和已建兰海高速公路相应路段，经广元市昭化区红岩镇，广元港，剑阁县高观乡、普安镇、柳沟镇、武连镇，绵阳市梓潼县演武乡、徐州镇、游仙区徐家镇，止于绵阳市魏城镇东南侧，接在建京昆高速公路绵阳至成都段扩容工程。

2022年，广绵高速公路扩容嘉陵江特大桥效果图 省公路设计院公司 供图

全线设置桥梁36529.65米/74座，隧道31147米/21座，桥隧比为54.58%；设置周家河枢纽、魏城枢纽2处枢纽互通及10处落地互通；设置服务区3处、停车区2处、养护工区3处、通信监控分中心2处、通信监控站2处、匝道收费站10处。其中嘉陵江特大桥、潼江河特大桥主桥采用（95+180+95）米连续刚构。项目通过新建复线方式扩容。

（张书珩）

国道351线宝兴境新华隧道震后应急抢险及保通 2022年6月1日17时，四川省雅安市芦山县、宝兴县先后发生6.1级、4.5级地震，造成国道351线宝兴境新华隧道小金端洞口上方发生高位滑坡，损毁隧道出口端明洞及路基，淤塞东河形成堰塞湖。地震发生后，省公路设计院公司按照省交通运输厅、雅安市交通运输局统一安排部署，立即启动应急预案，第一时间安排专业技术人员赶赴现场开展震害调查，并在震后48小时内完成应急抢通方案设计提供现场开展应急抢险工作；同步开展灾后重建方案研究及地勘工作，并于6月20日提交灾后保通方案供上级主管部门决策。

（刘自强）

2022年6月1日，芦山地震震后国道351线宝兴境新华隧道出口端高位滑坡 省公路设计院公司 供图

国道5线汉广高速公路扩容初步设计 2022年，省公路设计院公司牵头完成国道5线京昆高速公路汉中至广元段扩容工程初步勘察设计。项目路线全长71.3公里，采用双向六车道高速公路设计标准，设计时速100公里，路基宽度34米。项目起于广元市旺苍县（川陕交界处），接待建国道5线京昆高速公路扩容项目陕西段，经天星镇、燕子乡、利州区荣山镇、龙潭乡，止于周家河乡附近，接国道75线兰海高速公路广元至南充段，对接在建的国道5线京昆高速公路广元至绵阳段扩容项目。全线设桥梁18593米/40座，隧道41529米/17座，桥隧比84.3%；设置枢纽互通2处、落地互通5处、服务区2处，停车区、养护工区、监控分中心各1处。其中松龙坪特大桥、南河1号特大桥、新桥坝特大桥主桥均采用（90+170+90）米连续刚构，南河3号特大桥主桥采用（95+160+95）米连续梁桥型。项目是国家高速公路网中首都放射线国道5线京昆高速公路重要组成部分，也是四川省高速公路网中成都放射线

"成都至广元至陕西"组成部分。

（喻国轩）

邛芦荥高速公路可研和初步设计 2022年，省公路设计院公司完成邛崃经芦山至荥经高速公路工程可行性研究报告和初步设计工作。项目路线全长129公里，由主线和宝兴支线组成，采用双向六/四车道高速公路设计标准，设计时速120/100/80公里，路基宽度34.5/26/25.5米，是芦山和宝兴县境内第一条高速公路。项目主线起于邛崃市孔明街道，与在建天邛高速公路和既有邛名高速公路相接，设置孔明枢纽互通，经芦山、天全县，止于荥经县青龙镇，与既有雅西高速公路和规划乐荥高速公路相接；宝兴支线起于芦山县芦阳街道，经宝兴县灵关镇，止于宝兴县城南侧。项目设置桥梁41128米/99座，隧道50045米/20座，桥隧比70.9%（宝兴支线桥隧比93.4%）；设置枢纽互通5处，一般互通10处；设置服务区2处，停车区1处。项目是《四川省高速公路网布局规划（2022—2035年）》中44条联络线之一"新津—邛崃—荥经"高速公路重要组成部分。项目建设将形成新津经邛崃至荥经成雅新通道，缓解区间交通压力，提高高速公路通行能力和服务水平；同时通过雅康高速公路和规划雅马高速公路形成甘孜、阿坝等涉藏州县至成都经济圈第二通道，对经济社会发展和社会稳定具有重要意义。

2022年，邛芦荥高速公路下坝枢纽互通效果图 省公路设计院公司 供图

（胡 涵）

国道248线马尔康市白湾乡至金川县马奈段改建工程施工图设计 2022年，省公路设计院公司完成国道248线马尔康市白湾乡至金川县马奈段改建工程施工图勘察设计。项目路线全长68.5公里，采用二级公路标准建设，双向两车道，设计时速60公里（局部困难路段40公里），路基宽度8.5米（金川县城段10米），桥梁宽度10米。项目起于马尔康市白湾乡，接国道317线双江口水电站复建公路，完全利用在建金川电站复建公路至金川县庆宁乡新扎沟附近，经咯尔乡、金川县城、河西乡、独松乡、安宁镇、马尔帮乡、马奈镇，止于阿坝州与甘孜州界，顺接国道248线巴底电站淹没复建甘孜段。全线设置桥梁6027.05米/57座，隧道19626米/15座，桥隧比37.5%。项目是《国家公路网规划（2013—2030年）》中普通国道网兰州—马关纵线重要组成部分。

（王育康）

国道318线提质改造工程施工图设计 2022年，省公路设计院公司完成国道318线提质改造工程施工图勘察设计。该项目分为以下5个路段：折多山隧道出口至新都桥段全长29.4公里，其中安良坝附近13.7公里路段增设慢车道，同步建设9处停车点、1处服务区。增设慢车道路段采用二级公路技术标准，慢车道宽度3.5米（安良坝附近2段长1.7公里路段慢车道宽度8.5米），桥梁宽度13.41米。新建桥涵设计汽车荷载等级采用公路I级。全线采用沥青混凝土路面。项目路线起于折多山隧道出口，沿既有道路增设慢车道、停车点、服务区，止于新都桥，顺接国道318线新都桥至雅江段。雅江过境线段全长3.9公里，全线采用二级公路技术标准建设，设计时速40公里，路基宽度8.5米，桥梁宽度10.0米，隧道建筑限界10.0×5.0米。项目路线起于雅江县城东，接国道318线提质改造工程辅助通道帕姆林至雅江县城东段，止于格西沟。全线设置桥梁250.65米/2座，隧道3303.5米/2座，桥隧比91.1%。雅江县城西至剪子湾段全长13.93公里，全线采用三级公路技术标准建设，设计时速40公里，路基宽度8.5米，桥梁宽度10.0米，隧道建筑限界10.0×5.0米。项目起于雅江县西河口镇格西沟，接国道318线雅江县城段，止于麻格宗，接回国道318线。

全线设置桥梁3235.04米/19座，隧道4510米/2座，桥隧比55.6%。理塘过境线段全线采用二级公路技术标准建设，设计时速40公里，路基宽度8.5米（增设爬坡车道加宽段路基宽度12米）。全线采用沥青混凝土路面。项目路线起于国道318线出川方向理塘隧道出口，止于理塘县城西侧，路线长度11.2公里，其中新建段长度6.6公里，路面整治段长度2.5公里，增设爬坡车道加宽段长度2.1公里。灾害影响点整治（四川境）段位于折多山隧道出口至巴塘段63处，其中地质灾害影响点51处、交通灾害影响点5处、冰雪灾害影响点1处、隧道病害整治点6处。项目纳入《中华人民共和国国民经济和社会发展第十四个五年规划和2035年远景目标纲要》和《四川省“十四五”综合交通运输发展规划》。

（匡成刚）

成渝高速公路扩容工程施工图设计 2023年，省公路设计院公司牵头纳总安徽省院完成成渝高速公路扩容工程施工图勘察设计。项目主线起于川渝交界桑家坡附近，接重庆至成都高速公路扩容工程重庆段，新建复线经内江隆昌市、东兴区，利用内江城市过境高速公路改扩建至双才枢纽互通，新建复线经资中县、资阳市雁江区，跨越沱江经成都简阳市，利用既有国道76线高速公路改（扩）建至大石包枢纽互通，新建复线止于成都市高洞，接成都市东西轴线。主线里程长度179.08公里。同步建设隆昌支线，连接主线与国道76线隆纳高速公路，长度10.68公里。项目桥隧比21.7%，其中桥梁38.6公里、隧道2.6公里；设置互通式立交32处（其中枢纽立交11处），分段采用不同技术标准（主线8+6车道、隆昌支线4车道技术标准）。项目是《国家高速公路网规划（2019—2035年）》中国道85线银昆高速公路和国道76线夏蓉高速公路重要组成部分。

（秦思谋）

国道4218线康新高速公路初步设计和施工图设计 2022年，省公路设计院公司完成国道4218线康定榆林至新都桥高速公路初步设计交通运输部审查工作，于2022年9月5日取得交通运输部批复，核定总投资170.27亿元。同年，公司完成项目施工图设计。项目与初设批复界面一致，里程长78.54公里，扣除与国道318线共建折多山隧道折算单线5503米后，全线施工图建设里程73.03公里，采用双向四车道高速公路设计标准，设计时速80公里，路基宽度25.5米，是国道4218联络线雅安至叶城高速公路组成部分，也是全省已建和在建高速公路中平均海拔最高的高速公路（超越久马高速平均海拔约120米）。项目起于康定榆林，接国道4218线康定过境段高速公路，经折多塘（毛家沟）、二台子，设折多山隧道（长8415米，与国道318线共建）越岭，经塘泥坝、水桥、安良坝、麦巴、瓦泽，设隧道绕避新都桥镇规划区，止于新都桥镇东俄洛三村。全线设置桥梁6480.87米/22座，隧道42474.21米/8座，互通4座（二台子互通、塘泥坝互通、瓦泽互通、新都桥枢纽），服务区2座（毛家沟综合体、瓦泽服务区），停车区1座（塘泥坝停车区）。其中国道318线跨线特大桥主桥采用265.5米（净跨240米）上承式钢桁拱桥，为国内地震烈度Ⅸ度区公路桥梁中跨径最大钢桁拱桥；栖林渡大桥采用（30+120+30）下承式钢管砼拱与连续梁组合结构；折多山隧道竖井是全球海拔最高的公路隧道竖井。

（秦思谋）

国际首创密梁式型钢组合梁桥成乐高速公路扩容项目彭山青龙大桥通车 彭山青龙大桥是四川省成都至乐山高速公路扩容项目重要桥梁工程，也是蜀道集团低碳智能建造品质示范工程，项目于2022年7月开工，2022年12月通车。该桥位于成乐高速公路扩容项目青龙场枢纽式互通，为连接乐山至成都方向而设，桥梁全长698米，均采用标准跨径30米密梁式型钢组合梁桥新桥型，该桥型除钢筋混凝土桩基础外，主要受力结构均采用钢-混凝土组合结构：主梁采用横向密设布置型钢组合梁+波折板钢-混组合桥面板组合结构，盖梁采用预应力钢箱混凝土盖梁，桥墩采用钢管混凝土双（多）柱墩，上、下部结构间采用水平变刚度支座传力。应用上述关键技术密梁式型钢组合梁桥为国际首次，具有以下技术

2022年，彭山青龙大桥俯视图　　省公路设计院公司　供图

创新：通过受力合理主梁及桥面板构造设计，取消主梁加劲构造和中横梁结构，同时全桥上、下部钢结构安装节段最大重量不超过15吨，大幅降低主梁加工制造和运输安装难度，提升施工效率40%以上；通过采用钢-混凝土组合结构，以钢管、钢箱、钢板兼做模板浇筑混凝土，实现全桥装配化和无模板化施工，现场作业量小，并节约劳动力资源和施工临时设施；全桥钢结构均采用Q355NH耐候钢，免去常规钢结构涂装作业，降低管养难度，实现低碳、绿色、环保公路交通建设理念。通过以上关键技术创新，彭山青龙大桥历时5个月即完成工程建设并通车运行。

（孙才志）

金阳河特大桥建成通车 2022年6月30日，金阳河特大桥建成通车。项目是国道356线控制性工程。大桥处于攀西高原南侧，为高山峡谷地形，桥址两岸河谷深切，桥面高出金阳河床最高238米，基本地震烈度7.7度。大桥布置孔跨为（19.38+3×22）米连续梁+（106+2×200+115+40）米连续刚构，桥梁全长757.7米，桥梁主跨跨径200米，设计时速40公里。为满足高桥墩抗震需要，主桥桥墩采用钢管混凝土组合结构，其中6号墩高196米，创造世界连续刚构钢管混凝土组合墩新记录。大桥在设计上创造性地开发高墩大跨窄桥高性能抗震连续刚构结构体系。尤其适用于山区超高桥墩、大跨度和窄桥桥梁设计需要。首次采用整体墩梁嵌固连接构造，提高桥墩与主梁的连接强度。桥墩主钢管管径最大190厘米，混凝土输送最大高度超过196米。攻克超高距离泵送工艺技术。主墩施工采用自爬式内提升架（取消外置高塔吊），降低高空施工安全风险和施工费用。

（郑旭峰）

2022年，金阳河特大桥成桥图　　省公路设计院公司　供图

成渝高速公路扩容新龙泉山隧道工程设计 2022年，省公路设计院公司完成国道85线、国道76线重庆（川渝界）至成都高速公路扩容隧道设计。新龙泉山隧道是其控制性工程之一，全长2608米，双向六车道路基同宽标准建设，设计时速100公里，建筑限界16.75米宽×5米高，隧道最大开挖跨度20米，开挖面积220平方米，为超大跨度隧道，计划于2023年开工建设。项目位于龙泉山背斜南东翼，隧道主要穿越侏罗系上统蓬莱镇组（J3p）地层，以粉砂质泥岩为主，V级围岩27%，IV级围岩73%。对隧道影响较大的地质问题主要为天然气瓦斯。隧道洞身上方地表建筑物密集，施工易发生较大变形，造成浅埋段地表沉降及建筑物开裂，影响地表建筑物安全。勘察设计过程中加强地质资料收集，强化监控量测和地质超前预报设计，合理评估不良地质，尤其针对瓦斯地层的施工风险，设计上采取多项技术措施，确保施工安全。成渝高速公路是西南地区第一条高速公路，串联成渝间重要经济节点，于1995年通车。

（张　博）

镇广高速公路川陕界至王坪段施工图设计隧道工程 2022年，省公路设计院公司完成镇巴至广安高速公路川陕界至王坪段施工图勘察设计。项目为镇广高速公路首段，位于四川省通江县境内，项目由川陕界至王坪段主线及长坪至两河口支线共同组成，其中主线起于巴中市通江县铁溪镇川陕界（镇巴县三元镇红星村），与陕西省镇巴至川陕界段公路相接，经铁溪、长坪、泥溪、永安，止于巴中市通江县沙溪镇白石寺村，顺接王坪至通江段起点，施设主线全长46.79公里；项目两河口支线起于长坪镇，止于两河口镇二里坝村，与在建米仓大道（诺水河至光雾山公路）顺接，施设支线全长14.03公里。项目采用四车道高速公路标准，隧道双洞单向行车，主线设计时速100公里，隧道建筑限界10.75米×5米，共设隧道30966.5米×2/12座；支线设计时速80公里，隧道建筑限界10.25米×5米，共设8316.5米×2/8座。项目主线和支线设置隧道39.28公里/20座，占路线长度比例64.6%，其中特长隧道3座，长隧道10座，中隧道7座。项目隧道工程穿越或临近瓦斯地层，均为瓦斯隧道，其中低瓦斯隧道3座，微瓦斯隧道17座；对隧道影响较大地质问题主要有高位崩塌危岩、巨厚堆积体、滑坡、涌突水、瓦斯、采空区等。勘察设计过程中加强地质资料收集，强化地质选线、监控量测和地质超前预报设计，合理评估不良地质，尤其是穿越瓦斯地层、采空区施工风险，特别对穿越采空区隧道进行针对性设计，确保隧道施工和运营安全。项目建成后将与巴万高速公路、巴达高速公路、营达高速公路、南大梁高速公路、广安绕城高速公路连通，项目途经镇巴、通江等革命老区。

（张　博）

2022年，西香高速公路外业测绘　　省公路设计院公司　供图

资中至铜梁（四川境）高速公路磨盘湾隧道设计　2022年，省公路设计院公司完成资中至铜梁（四川境）高速公路磨盘湾隧道勘察设计。磨盘湾隧道是项目控制性工程之一，全长3312米，双向六车道标准建设，设计时速120公里，建筑限界15.25米宽×5米高，于2022年开工建设。磨盘湾隧道位于成都平原东南部，隧道主要穿越中生界侏罗系上统遂宁组（J3s）地层，以粉砂质泥岩为主，V级围岩7%，IV级围岩93%。对隧道影响较大的地质问题主要为天然气瓦斯和进口大型堆积体。在隧道工程勘察设计过程中加强地质资料收集、物探工作及大量钻孔勘察验证，强化隧道洞口早进晚出“零开挖”进洞理念，结合地勘成果合理评估不良地质施工风险，并进行针对性设计，同时加强监控量测和地质超前预报，遵循动态设计动态施工理念，确保隧道施工安全。

（张　博）

国道7611线西昌至香格里拉（四川境）高速公路初步设计隧道工程　2022年，省公路规划勘察设计研究院有限公司完成国道7611线西昌至香格里拉（四川境）高速公路隧道初步设计。全线隧道采用双向四车道标准建设，设计时速80公里，建筑限界10.25米宽×5米高，计划于2023年开工建设。隧道推荐线总长116.76公里×2/23座，其中10公里级隧道有5座，且含一处地下互通，主要控制性工程如下：（1）磨盘山隧道。长9670米，位于西昌市佑君镇及盐源县金河乡，主要穿越上–中元古代花岗闪长岩（γ2）、三叠系白果湾组（T3bg）及侏罗系中–上统（J2–3）地层。围岩以花岗闪长岩、粉砂质泥岩、砂岩为主，V级围岩51%，IV级围岩33%，Ⅲ级围岩16%。主要存在地质问题为瓦斯、断层、岩爆、大变形等。（2）小高山隧道。长14015米，位于西昌市盐源县平川镇、卫城镇及双河乡，主要穿越二叠系上统峨眉山玄武岩（P2β1）、二叠系上统黑泥哨组（P3h）、三叠系下统青天堡组（T1q）、三叠系中统盐塘组（T2y）级三叠系中统白山组（T2b）地层。围岩以玄武岩、砂岩、粉砂质泥岩、灰岩、白云质灰岩为主，V级围岩38%，IV级围岩53%，Ⅲ级围岩9%。隧道主要存在地质问题为瓦斯、断层、大变形、岩溶等。（3）牦牛山隧道。长10570米，位于西昌市盐源县棉桠镇与长柏乡。进口段位于盐源坝子，交通方便，出口段位于卧罗河右侧深沟之上，人迹罕至，交通极为不便。主要穿越三叠系中统盐塘组（T2y）、三叠系中统白山组（T2b）地层。围岩以砂岩、粉砂质泥岩、灰岩、白云质灰岩为主，V级围岩41%，IV级围岩21%，Ⅲ级围岩38%。主要存在地质问题为岩溶、大变形、岩爆、瓦斯等。（4）长柏隧道。长11454米，位于西昌市盐源县棉长柏，主要穿越二叠系峨眉山玄武岩（P3em）、二叠系上统黑泥哨组（P3h）、三叠系下统青天堡组（T1q）、三叠系中统盐塘组（T2y）、三叠系中统白山组（T2b）地层。围岩以玄武岩、砂岩、粉砂质泥岩、灰岩、白云质灰岩为主，V级围岩41%，IV级围岩59%。主要存在的地质问题为岩溶、大变形、岩爆、瓦斯等。（5）下麦地隧道。长11800米，位于盐源县元宝村境内，主要穿越三叠系下统青天堡组（T1q）、三叠系中统盐塘组（T2y）、三叠系中统白山组（T2bs）地层。围岩以砂岩、粉砂质泥岩、灰岩、白云质灰岩为主，V级围岩38%，IV级围岩44%，Ⅲ级围岩18%。主要存在地质问题为岩溶、岩爆等。（6）元宝互通。为川内首次采用全地下互通设计，元宝互通地下隧道群由元宝隧道及4个匝道隧道组成，具有以下六大特点，即场区地震烈度高（Ⅷ度区）、地质条件极其复杂（偏压、浅埋、巨厚覆盖层、围岩大变形）、隧道跨度超大（跨度25米、开挖面积360平方米）、施工转换极其复杂（6种大跨度断面间转换施工）、桥隧施工空间干扰（桥梁超大隧道锚与隧道近接）、隧道空间立体交叉结构（上、下隧道“0净距”交叉）。

（匡成刚　张　博）

泸州至古蔺高速公路工程可行性报告获批　2022年，省公路设计院公司完成“泸州至古蔺高速公路工程可行性报告”，获省发展改革委核准批复。项目路线全长100.2公里，采用双向六车道高速公路技术标准，设计时速100公里。项目起于泸州市纳溪区渠坝附近，接国道76线厦蓉高速公路，经纳溪区天仙镇、打古镇，叙永县向林镇、大石镇，古蔺县黄荆镇、德耀镇，止于永乐街道，接叙永至古蔺高速公路，对接在建古蔺至金沙高速公路。全线设置桥梁29321米/123座，隧道44935米/25座，桥隧比74.14%；设置枢纽互通立交3处，落地互通立交6处；设置服务区2处、停车区1处、匝道收费站6处。项目是《四川省高速公路网布局规划（2022—2035年）》中联络线省道39线。

（李海军）

“重大工程受损生态系统修复技术构建与示范”研究课题通过验收　2022年，省公路设计院公司牵头完成的省科技厅重大专项课题“重大工程受损生态系统修复技术构建与示范”通过验收。课题针对川西高原山区恶劣极端气候与脆弱生境条件下，公路建设受损边坡生态修复面临极其困难的重大技术问题，基于各类受损边坡植被建植，开发适生物种组合与调控技术，提高生态修复稳定性，降低后期管养成本；开发的微孔复合构造材料，解决高原少土裸露高陡边坡生态修复难题；将装配式生态挡墙、三联双网等护坡新技术成功运用于高原山区边坡生态修复，填补高原山区相关设计和施工应用技术空白。课题研究成果总体达到国内领先水平，部分成果达到国际先进，具有显著生态效益和经济效益，为川西高原山区重大工程建设提供技术支撑。

2022年，重大工程受损生态系统修复技术实验点位（装配式生态挡墙）

省公路设计院公司　供图

（谭昌明）

装配式非金属低碳声屏障开展产业化实践　2022年，省公路设计院公司实现生态环保领域产品产业化“零的突破”，在渝蓉高速公路建设两段总长度1090米、高度4米装配式非金属低碳声屏障示范工程。该声屏障是基于四川省科技厅重点研发项目“组合式微孔陶瓷复合分频声屏障的研究与应用”创新理论成果产品之一。声屏障采用全非金属结构，屏体采用预制化微孔陶粒+超高性能混凝土复合吸声板，立柱采用RPC砼预制柱。相对传统金属声屏障具有声学性能更优、造价更低、安装方便、后期免维护、景观可塑性强等诸多优点，碳排放量相较传统金属声屏障降低40%以上。示范工程建设为该新型装配式非金属低碳声屏障未来在四川省高速公路全面推广应用奠定了良好基础。

（陈智寅）

2022年，渝蓉高速公路装配式非金属低碳声屏障实体图

省公路设计院公司　供图

《四川省高速公路项目交通量预测与财务评价指南》印发实施 2022年，按照省交通运输厅相关工作安排，省公路设计院公司牵头研究编制《四川省高速公路项目交通量预测与财务评价指南》。交通量预测和财务评价是高速公路项目可行性研究阶段重要工作内容，是论证项目建设必要性和经济可行性的重要基础。《四川省高速公路项目交通量预测与财务评价指南》是以《公路建设项目可行性研究报告编制办法》《公路建设项目经济评价方法与参数》等编制办法、政策和规范性文件为基础，充分收集四川省运营高速公路项目交通量增长和财务收支情况，结合全省五大片区经济社会发展情况、区域路网分布特点、项目技术标准等进行综合分析，并参考周边省份有关情况，针对交通量预测和财务分析的关键环节和主要参数，提出符合四川省实际情况和特点取值建议。该指南于2022年12月印发实施，为相关设计单位做好交通量预测和财务评价工作奠定基础，也为项目科学决策提供重要支撑。

（张静晶）

“面向公路工程全生命周期的地理信息基础平台研发及应用”项目获奖 2022年，省公路设计院公司科研项目“面向公路工程全生命周期的地理信息基础平台研发及应用”获四川省测绘地理信息学会科技进步奖特等奖。公路工程从前期道路选线、勘察设计、施工建设到后期运营管理，均需要测绘地理信息数据支撑。近年来，测绘地理信息技术发展迅猛，数据采集手段、采集能力发生变化，为公路工程建设各阶段提供大量现势性强、精度高、种类丰富的测绘地理信息数据。项目针对公路工程全生命周期对于测绘地理信息数据需求和应用，进行地理信息系统研发，通过研究多源异构多专业数据集成管理，建立空间数据库并基于此建立地理信息数据服务云进行数据服务发布；研究并建立服务公路工程数字地球应用平台，对各类空间数据进行高效加载和展示；进一步开发公路设计软件地理信息支持工具、研发内外业一张图系统，打通地理信息数据流，整合内外业工作业务流，为测绘地理信息数据在公路工程全生命周期中应用构建数字底座，提升业务信息化、数字化水平。

2022年，公路交通全生命周期工程应用地理信息基础平台

省公路设计院公司 供图

（贾 洋）

成都天府国际机场净空区监测管理一体化信息系统 2022年，省公路设计院公司完成成都天府国际机场净空区监测管理一体化信息系统建设。成都天府国际机场位于中国四川省成都市简阳市芦葭镇，为4F级国际机场，是丝绸之路经济带中等级最高的航空港之一和成渝世界级机场群双核枢纽之一，机场于2016年5月7日正式开工，2021年6月27日正式通航。项目完成包含成都天府国际机场净空保护区范围内1769平方公里海量高精度三维实景建模，并集成地理信息、网络、海量数据存储与管理、云服务、三维可视化、空间分析、微服务等技术，实现机场净空资料高效管理、检索与利用，能够快速判定超高障碍物和预警潜在障碍物危险变化趋势，确定障碍物归属部位，并在三维大场景中可视化，利用多源遥感和GIS技术与净空管理需求相结合，依照“人防和技防相结合”原则，形成一套灵敏、高效、适应性强机场净空综合监测体系，搭建起测绘地理信息服务民航安全管理桥梁。

2022年，成都天府国际机场净空区监测管理一体化信息系统 省公路设计院公司 供图

（蒲慧龙）

2022年，新川九公路川主寺服务区效果图　　省公路设计院公司　供图

新川九路川主寺服务区勘察设计　2022年，省公路设计院公司完成新川九路川主寺服务区勘察设计。项目作为主题性服务区首次在普通国省干道服务设施中亮相，提出“安全、舒适、环保、示范”建设理念。服务区占地16666平方米，总建筑面积2527平方米。川主寺服务区位于四川省阿坝州境内，毗邻尕米寺藏式传统建筑群落，结合当地藏族地域文化特色，设计立意“极简、生态”。建筑形态以极简山体弧线形态融入周围环境，建筑用色采用纯净白色和虚化玻璃幕墙相结合，与当地建筑丰富色彩形成鲜明对比。设计中主体建筑采用生态种植屋面，实现公路建筑与自然景观和人文景观完美结合。

（李青清）

成灌高速公路安德服务区勘察设计　2022年，省公路设计院公司完成成灌高速公路安德服务区勘察设计。安德服务区（一期）建设项目位于成都市郫都区安德镇境内与唐昌镇交界处，即成灌高速公路K22附近、安德收费站往都江堰方向前行2公里处，距离成都绕城西服务区约30公里。项目建设将解决该处交通节点交通瓶颈问题，进而带动区块发展，同时通过一三产业联动，发展乡村振兴项目，树立品牌效应。安德服务区总占地54306平方米，项目基地被高速公路分割为南北两块，南侧地块占地25226平方米，北侧地块占地29080平方米。项目南北两侧地块各设置1栋商业综合楼和相应的配套用房。整体建筑采用现代川西民居为主要风格，立面设计融入川西建筑特点，同时结合林盘建筑形式，突出乡村振兴项目理念。以成灌高速公路为交通资源基础，以生态旅游体验为核心，构建“交通＋旅游”模式高速服务区。

（罗怡然）

成灌高速公路高新西服务区勘察设计　2022年，省公路设计院公司完成成灌高速公路高新西服务区勘察设计。项目位于成灌高速公路入口收费站处，是成灌高

2022年，成灌高速公路安德服务区效果图　　省公路设计院公司　供图

2022年，成灌高速公路高新西服务区效果图　　省公路设计院公司　供图

速公路第1站。成灌高速公路出成都方向最近服务区为在建的安德服务区，距离本项目20公里，其后则是位于绵虒县的绵虒服务区，距离项目有96公里，高新西服务区的设置为服务驾乘人员和出行需求创造了条件。项目为单侧服务区，总体占地29666平方米，建筑面积4548平方米，地点位于成都高新西区工业园区附近，主要包含如厕、商业、餐饮和办公等功能，服务区各项指标均达到"服务区星级评定办法"和"高速公路服务区厕所革命"要求。项目整体采用现代简约风格，与周边建筑风格契合，利用建筑本身利落的线条体现交通服务建筑速度感。整体颜色明快线条清晰，布局大气而高效。建筑整体设计以现代高效科技为设计指导，适当融入文化特色，立面采用大体量玻璃幕墙，突出建筑时代感与科技感，采用现代营造模式，创造快捷舒适服务建筑。

（罗怡然）

京昆高速公路陵江服务区勘察设计 2022年，省公路设计院公司完成京昆高速陵江服务区勘察设计。项目选址国道5线京昆高速公路广陕段K1519+800处，毗邻广元市区，位于广陕高速公路收费站附近，项目位置交通优势突出，经济效益预期较好。项目总占地30200平方米，服务区双侧设置，总建筑面积3400平方米，中间横跨西成高铁，是集综合服务、景观休闲、文化体验、加油停车于一体的拓展型新型服务区。建筑内部通过对商业区、餐饮区、景观区及公共服务区融合打造，创造精品化、年轻化公共服务品牌，整体型优质型品质服务空间。建筑设计构思立足于当地丰富自然文化背景，做到适应环境，生态打造。建筑整体采用川西民居与现代建筑相融风格。服务区综合楼独立设置有入口公共区域，局部底层架空，引入室内景观设计，形成人流汇聚点；同时采用竖向完整玻璃幕墙，保证建筑视线通透性，利用景观视野，增加商业价值；利用原有屋顶出挑形式，设置竖向木质格栅外廊，丰富立面造型的同时，体现原木材质自然肌理。

（罗怡然）

2022年，京昆高速公路陵江服务区效果图 省公路设计院公司 供稿

京昆高速公路中子服务区改（扩）建勘察设计 2022年，省公路设计院公司完成京昆高速公路中子服务区改（扩）建项目勘察设计。项目位于四川省广元市市辖朝天区中子镇中心区域，国道5线京昆高速公路K1471处。中子服务区有土地面积73333平方米，拟新增部分征地，征地后总用地面积约336000平方米，分为两期开发。一期开发确保服务区基本高速服务功能，率先优化服务区交通配套服务功能，进行初步主题化打造。二期开发优先确保区域内产业优化提升，打造区域内优质产业中心。本次设计为一期基本功能打造，为长远规划目标——打造集高速公路基础服务、汽车服务、商贸物流、石材及特色产品展销、农产品交易、旅游集散等于一体的超级服务区创造良好先决条件。

（艾欣雨）

乐西高速公路美姑服务区勘察设计 2022年，省公路设计院公司完成乐西高速公路美姑服务区勘察设计。项目用地面积28666平方米，建筑面积4670平方米，其中地下建筑面积2820平方米，地上建筑面积1510平方米。服务区整体架空于山谷中。项目以"云端服务区"为设计意象，将建筑与风景紧密结合。建筑造型设计结合彝族元素突出建筑形态。屋顶借鉴传统坡屋面体系，采用玻璃幕墙和仿木构件两种材料混合运用。两侧连续外廊空间为游客提供凭栏眺望场所，也是建筑与环境过渡、融合、内外情景交替空间。西侧大广场为下沉式，连通1层与负1层室外空间。广场设小观景平台和儿童娱乐区，供旅客享亲子之乐。东侧小广场设有层叠向上观景平台。

（张雅丹）

蓉遵高速公路九支服务区勘察设计 2022年，省公路设计院公司完成蓉遵高速公路九支服务区勘察设计。九支服务区位于国道4215线蓉遵高速公路成都至赤水方向川黔界，占地面积60580平方米，为单侧服务区，是川南出川门户、川南地区众多著名旅游核心点近城市服务区。该服务区按照“绿色、自然、科技、碳中和”理念打造建设，以四川“顶流网红”大熊猫作为创意基础，辅以新潮着装、自信动作、顽皮神态，作为四川高速公路南大门标志性建筑。独具特色的森林风外墙，营造出绿色环保外部氛围。该服务区除为驾乘人员提供停车休息、加油加气、车辆充电、餐厅超市、简易修车工具等基础服务外，还增设川黔特色美食广场、川南特色水车、观光楼梯、屋顶网红打卡等特色功能区。

（刘旭峰）

2022年，蓉遵高速公路九支服务区效果图　　省公路设计院公司　供图

南潼高速公路高坪服务区勘察设计 2022年，省公路设计院公司完成南潼高速公路高坪服务区勘察设计。南潼高速公路与绵西、广南、南大梁、成南和南广高速公路均有相交，是南充乃至川北地区高速交通网重要组成部分。高坪服务区设计为B类服务区。双侧占地约60000平方米，停车位小车180辆，大车60辆，超长车10辆，总建筑面积6954平方米，其中单侧服务区综合楼面积2927平方米。场区布局遵循合理利用地形、布局紧凑、节约用地原则，服务区综合楼为中置式布局，超长车靠近高速匝道停放，综合楼前后分别布设小车车位和大车车位，实现大小车分流，合理规划车行流线。服务区作为“交旅融合”重要载体，为体现高坪旅游资源丰富特点，建筑物采用传统+现代手法，以川北民居建筑式样为主要元素，打造与周边空间环境有机相融特色服务区。

（王震宇）

2022年，南潼高速公路高坪服务区效果图　　省公路设计院公司　供图

内遂高速公路长河服务区勘察设计 2022年，省公路设计院公司完成内遂高速公路长河服务区勘察设计。长河服务区位于四川省资阳市安岳县境内，当地是省内著名水果大县，有“中国柠檬之都”之称。其所属内遂高速公路是四川省中、南部地区重要干线公路，在运营中提升沿途乡（镇）通达性。长河服务区设计充分结合区域实际需求，在造型活泼明亮主体建筑中考虑对安岳石刻、周礼粉条、通贤柚和安岳柠檬的展示和宣传等功能，走农旅融合道路，促进周边旅游、餐饮、农副产品销售等产业全面发展。

（余　婕）

雅康高速公路康定服务区勘察设计 2022年，省公路设计院公司完成雅康高速公路康定服务区勘察设计。项目位于雅安至康定高速公路，地处康定城区外。服务区为双侧服务区，A区服务区占地面积37420平方米，B区服务区占地面积18466平方米。由于地形受限，服务区两侧场地高差约7～8米，A区服务区与主线顺接，B区服务区通过变异Y字型匝道进入场区。基于地形，在服务区打造中植入“联系

2022年，雅康高速公路康定服务区效果图 省公路设计院公司 供图

与跨越”设计原则。服务综合楼设置于A区供双侧使用，B区驾乘人员通过主线下连接通道通往A区。为缩短服务流线，设计者采用“让场地环境丰富空间，让建筑服务于人”布局理念，在A区设置Z字型横跨式综合楼，使建筑自然分布于人群流线。设计以全新材料和体量结合当地风情打造现代典雅的藏式建筑。对传统藏式建筑底部白色、上部木色两段式体量进行放大，对传统藏式建筑窗户细节、建筑层层叠叠檐口细节以及女儿墙细节进行简化，体现兼具庄严厚重感和现代气息的建筑形象，将现代与其丰富的地方元素相平衡。

（刘晓燕）

雅康高速公路伞岗坪综合体勘察设计 2022年，省公路设计院公司完成雅康高速公路伞岗坪综合体勘察设计。项目位于雅康高速公路和泸石高速公路交会处，包含大国工匠馆和服务区综合楼，主要功能为文化展示以及高速服务等。大国工匠馆设计灵感来源于当地群山连绵环境。方案顺应现有桥梁锚锭，将周边群山抽象提取，形成群山意象；设计一条体验式步道，使公众体验路桥精神。伞岗坪服务区综合楼建筑材料采用和大国工匠馆一致材料，半月形造型与大国工匠馆山形造型刚柔并济，广场铺地形式与建筑形态相协调。游览大国工匠馆之后，可以沿路线行至服务综合楼屋顶，观看桥梁景观以及河流景观。大国工匠馆与服务区综合楼在建筑形态、游览流线上具有连续性，在视觉上达到完整统一。

（宋志英）

荥泸高速公路牛背山服务区勘察设计 2022年，省公路设计院公司完成荥泸高速公路牛背山服务区勘察设计。项目位于泸定县冷碛镇牛背山山脚处，属于荥泸高速公路泸定段改（扩）建工程，项目定位为牛背山

2022年，荥泸高速公路牛背山服务区效果图 省公路设计院公司 供图

旅游形象展示窗口和城市交通转换重要接驳点。方案以雪山为灵感来源，以传统穿斗式建筑檐廊空间为设计原型。结构形式采用钢结构，易于施工建造。大面积玻璃兼具现代性与地域性，玻璃与连续坡屋面形成丰富光影效果。项目合理布置场地内各功能区域，除服务综合楼基本功能外，打造景观旅游式服务中心，打造集停车、休息、售票、购物、休闲为一体的场所。总平规划中对西南侧用地进行二期预留，暂定为预留露营用地。

（宋志英）

“西南岩溶区公路隧道涌突水灾害防控技术研究”项目顺利结题 2022年，省公路设计院公司承担的四川省科技计划重点研发项目“西南岩溶区公路隧道涌突水灾害防控技术研究”顺利结题。岩溶地质问题是工程界世界性难题，岩溶涌水突泥灾害具有突发性，控制因素多，评估预测难，在岩溶地质区建设隧道不确定因素多，施工风险高。项目依托泸古金高速公路朱家山隧道建设工程，开展岩溶区典型特征隧道岩溶发育规律研究，揭示多源性地下水系统渗透规律和岩溶灾害机理，建立地下水涌突量准确预测及涌水突泥灾害风险评估方法，开发岩溶区隧道典型涌水突泥灾害综合防控成套关键技术，有效解决西南岩溶地区隧道建设期涌水突泥灾害预测及防控技术难题，确保隧道施工安全、提高隧道施工质量、加快隧道施工进度，具有良好的经济社会效益。项目研究成果可广泛应用于公路隧道穿越复杂岩溶地质区的隧道施工领域，同时可为铁路、水电等行业岩溶隧道灾害防治技术水平提升及行业标准、规范制定提供技术支撑。

（吴 清）

成绵高速公路扩容全周期数字化应用 成绵高速公路扩容项目是国家交通强国车路协同示范项目、交通运输部平安百年品质工程示范项目、交通运输领域新型基础设施建设示范项目和四川省交通厅全周期全要素数字高速试点项目。2022年，省公路设计院公司在成绵高速公路扩容项目中进行全周期数字化研究与实践，编制4部可应用于公路工程全周期四川省信息模型地方标准《公路工程信息模型规程》，在设计阶段实现数字化模型及信息协同生产，为项目交付更丰富结构信息，局部工点探索并落地桥梁正向设计，施工阶段拓展数字模型在智能制造、微观管理等场景应用，形成以数据为核心全周期协同管理新模式，并构建BIM+GIS数字化基础平台底座，为建设管理平台、养护管理平台提供建设基础，实现对项目全生命周期数字化管理，为建设数字高速提供有力支撑。2022年，成绵高速公路扩容项目基于BIM+GIS全周期数字化应用获中国公路学会主办首届“天工杯”数字交通及智能建造技术应用大赛金奖、第四届“交通BIM工程创新奖”二等奖及中国施工企业协会主办的第三届“工程建设行业BIM大赛”二等奖。

（余 翔）

雅康高速公路“数字雅康”建设 2022年，省公路设计院公司依托自主研发数字化基础平台为雅康公司研发“数字雅康”数字化平台，推动先进信息技术与高速公路基础设施管理深入融合，提升整体养护运营管理效率。雅安至康定高速公路是投入运营的进入涉藏州（县）的重要交通工程，其规模大，桥隧和高边坡等构筑物多，沿线地形、地质及气候条件复杂，基础设施管理工作面临极大挑战。为贯彻落实交通运输部关于推进数字交通发展决策部署，平台围绕公路安环、养护、稽查、营运等主要业务，借助BIM+GIS等先进数字化技术建立基础设施数字化底座，实现数字化基础支撑及基础数据可视化；建立以基础设施结构EBS数据为中心的数字化管理数据链，融合全周期多要素数据，实现雅康高速公路数据全周期一张图管理；以数字化流程为主线，串联起现有各业务系统，使各业务系统作为整体业务线中一个支撑环节，实现全业务数据共享。

（沈国焱）

2022年，成绵高速公路扩容建管平台界面　　省公路设计院公司　供图

涉藏地区高速公路大数据平台建设一期工程（雅康大数据中心）项目 2022年，省公路设计院公司建设完成涉藏地区高速公路大数据平台建设一期工

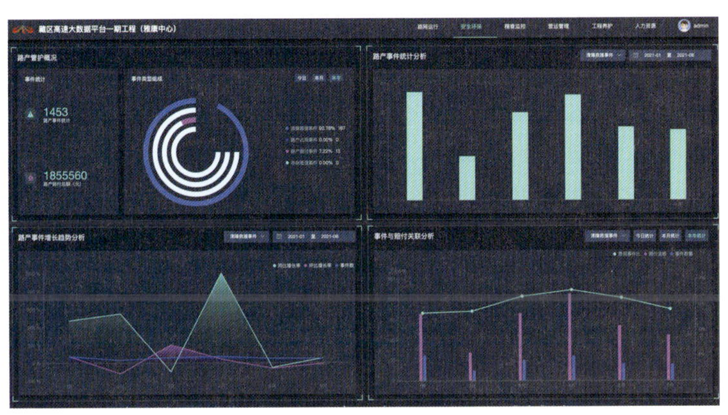

涉藏地区高速公路大数据平台系统界面　　省公路设计院公司　供图

程（雅康大数据中心）项目。雅康高速公路是省内首条通车涉藏地区高速公路，是省交通运输厅平安智慧高速公路建设试点路段之一。该路线具有涉藏地区高速公路典型特点，体现在3个“极其”：极其复杂地形地质条件，高地震烈度、高海拔、长大纵坡、地质灾害频发；极其复杂气候条件，多雨、大雾、冰雹大风、暗冰、融雪等路段；超高桥隧比，薄弱基础支撑条件，导致极其复杂艰巨运营管理。项目通过建设大数据中心基础设施和大数据综合服务平台，提升涉藏地区高速公路管理和服务水平，促进涉藏地区高速公司科学、健康、可持续发展。涉藏地区高速大数据平台建设一期工程（雅康大数据中心）由“1+5+1+1”构成：1个大数据支撑平台、5个大数据服务支撑平台、1套业务辅助决策分析应用、1项数据工程实施。项目通过在大兴分中心同址建设大数据，实现流程标准化、管理专业化、运维精细化、服务便民化和运作市场化，全面提升高速公路管理和服务水平。数据中心，搭建云计算环境，部署大数据平台和分析工具集，形成高速公路云计算和大数据支撑平台；在此基础上，开发和部署业务管理应用软件，形成适合涉藏地区高速公路管理特点的应用服务平台；完成建设管理、运营管理、养护管理、办公管理、公众服务五大应用系统集成。

（余　翔）

《蜀道智慧高速建设总体设计方案及外场设施通用技术要求》编制　2022年，由省公路设计院公司牵头完成《蜀道智慧高速建设总体设计方案及外场设施通用技术要求》编制工作。该技术要求是在《四川省平安智慧高速公路建设指导方案》和《四川省平安智慧高速公路总体设计》基础上，结合蜀道集团智慧高速建设目标与基本要求，对智慧高速总体架构、建设内容与标准、通用性设计等进行详细阐述，具体内容包括：对蜀道投资集团有限公司智慧高速总体架构进行详细阐述；对各建设单位建设内容，及其相应建设标准和原则进行明确；对通用性设计内容做出推荐性设计。该技术要求针对已通车和在建高速公路，提出蜀道智慧高速建设总体方案和推荐通用图设计。明确集团智慧高速主要建设内容（包括外场点位设施、电力通信保障设施、路段分中心设施及数据中心设施），用于统筹指导蜀道集团2022年1000公里智慧高速建设。此外，在总体架构上宏观构建蜀道智慧高速路网级数据处理架构雏形，为提升蜀道高速公路路网级安全管理和公众服务水平打下基础，支撑蜀道高速公路从“路段智慧”迈向“路网智慧”。外场设施通用技术要求主要是用于指导智慧高速外场设施标准化建设，包括交通运行感知设施、车辆数据采集设施、事件数据采集设施、气象和环境数据采集设施等。该技术要求为集团智慧高速公路建设提供指南，在绵广、广陕、泸黄、攀西等智慧高速公路建设中广泛应用。

（李龙景）

蜀道集团营运高速公路长大桥梁结构健康监测项目　2022年，省公路设计院公司完成蜀道集团营运高速公路长大桥梁结构健康监测项目（2022年）。项目涉及

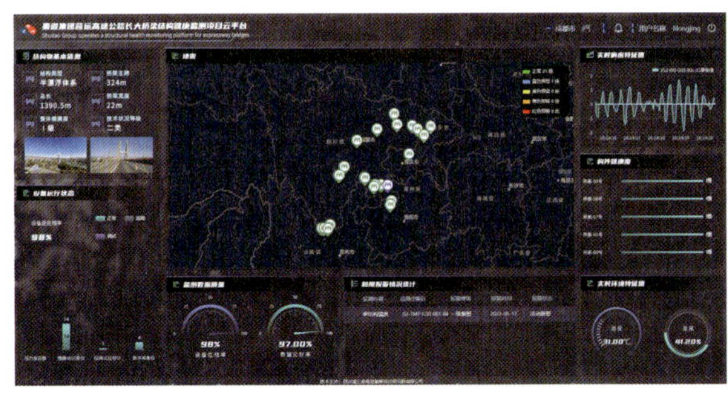

2022年，蜀道集团营运高速公路长大桥梁结构健康监测项目物联网云平台　　省公路设计院公司　供图

桥梁均为四川省长大桥梁结构健康监测2022年实施计划桥梁25座，其中连续刚构桥16座、上承式拱桥2座、中承式拱桥2座、斜拉桥4座、悬索桥1座。涉及9条国家级高速公路，包括蓉昌高速公路、厦蓉高速公路、京昆高速公路等，总投资约11676万元。省公路设计院公司作为项目联合体实施单位，在既有健康监测施工图文件基础上进行深化设计，主要对监测指标、监测手段、测点布设方案等方面进行优化；在满足行业规范基础上，择优选取先进适用监测设备；完成项目现场实施和系统集成工作；开发监测云平台以及数字大屏、电子沙盘、数据分析、数据融合、风险预警等模块。基于物联网传感数据，采用人工智能、大数据分析等技术手段，省公路设计院公司实现对项目所涉及桥梁全天候、自动化远程监测，提升营运高速公路桥梁运营安全和科学养管水平；监测系统施工图深化设计方案科学合理，将监测系统建设总预算由16131万元降低为11676万元；监测系统总体运行状态良好，为长大桥梁健康监测提供技术支持和样板工程。

（李龙景）

智慧交通——攀枝花市普通公路重点桥隧结构健康监测　2022年，省公路设计院公司完成智慧交通——攀枝花市普通公路重点桥隧结构健康监测（一期工程）项目。项目涉及攀枝花市辖区内炳草岗大桥和新密地大桥在内14座桥梁及2座隧道监测系统设计与订制开发（含5年桥隧结构安全监测技术服务）、监测设备采购与安装施工等。其中包括国道3座特大桥和2座大桥，省道1座特大桥和1座大桥，县道2座特大桥和5座大桥以及2座长隧道。桥梁主桥结构包括梁式桥为6座，拱式桥为7座，斜拉-刚构协作体系桥梁1座。项目总投资1498万元，融合现代传感测试技术、物联网信息技术及工程结构安全风险管理技术等，构建攀枝花市普通公路重点桥隧结构健康监测系统。省公路设计院公司作为项目牵头单位，主要承担系统设计、系统软件开发部署和桥隧结构安全预警评估技术服务等工作。项目以“全寿命周期内的监管养护”为目标，通过对桥隧结构构件离散化，建立桥隧全寿命期数字化、信息化档案，实现桥隧精细化养护与管理，保障结构运营安全，是公司继眉山、凉山州地方桥隧集群化监测项目之后又一个重点项目。

（罗飞宇）

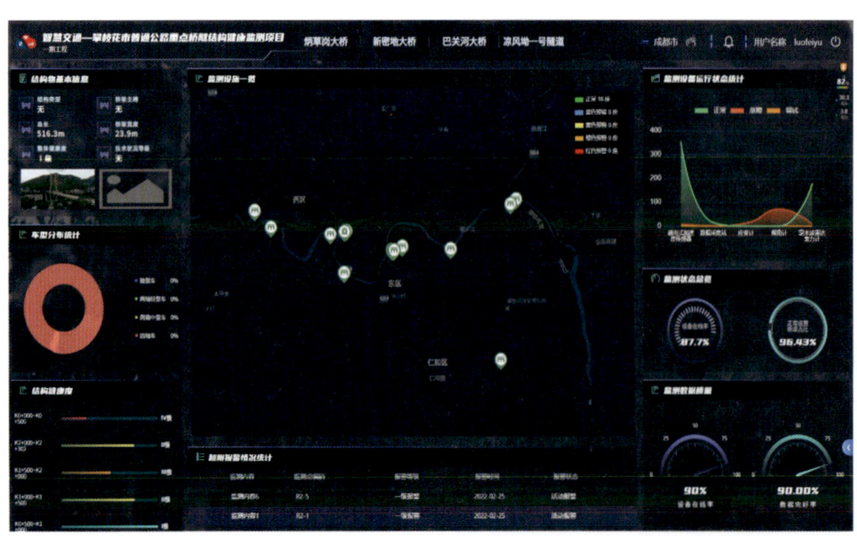

2022年，攀枝花市普通公路重点桥隧结构健康监测物联网云平台　　省公路设计院公司　供图

“峡谷山区特大跨悬索桥锚碇基础及边坡稳定评价与控制关键技术”获2022年度四川省科技进步三等奖　2022年，省公路设计院公司主研“峡谷山区特大跨悬索桥锚碇基础及边坡稳定评价与控制关键技术”项目获四川省科技进步三等奖。深切峡谷区山区特大跨悬索桥锚碇和边坡稳定和变形控制是关系到桥梁工程安全和稳定的重大技术难题。项目针对复杂地质环境下山区特大跨悬索桥锚碇基础和边坡稳定问题，自主研发野外岩土力学试验装置和隧道锚原位模型试验系统，提出复杂地质条件悬索桥锚碇和边坡稳定分析与控制方法，建立低扰动坡面防护与拦挡疏排相结合桥梁边坡防治技术，形成具有自主知识产权的原位试验装置和试验控制标准，实现峡谷山区锚碇和边坡稳定及长期变形控制，提升峡谷山区特大跨悬索桥灾害防控能力，破解峡谷山区复杂地质条件特大跨悬索桥建设中锚碇和边坡稳定技术难题，支撑重大基础工程设施建设。项目成果获国家专利11项，发表学术论文72篇（SCI检索16篇，EI检索21篇），出版专著2本，主编标准1部。研究成果在雅康高速公路泸定大渡河特大桥等十余座桥梁工程中应用，取得逾5.3亿元经济效益。

（姚　刚）

“地下工程柔性防水与韧性支护材料及成套技术”获2022年度河南省科技进步特等奖　2022年，省公路设计院公司参研的“地下工程柔性防水与韧性支护材料及成套技术”项目获河南省科技进步特等奖。项目针对地下工程建造国家重大需求，围绕断层破碎带及沙化地层加固、隧道防水隔震和基坑支护水灾变防控等关键科技难题，开展柔性防水与韧性支护材料与技术研究。取得主要创新成果如下：（1）揭示高聚物分子链段极性/非极性、微相分离结构、软/硬段微区尺寸等对材料渗透性、力学性能影响规律，研制强胶结、高渗透性、高韧性非水反应高聚物材料和具有抗腐蚀、抗裂、可水下粘结及自修复功能非固化防水材料，解决断层破碎带及沙化地层加固和地下工程防水关键工程难题。（2）发明“地层—高聚合物层—衬砌”韧性隧道结构型式，提出应用高聚物层对隧道结构高承压防水和高烈度减隔震技术，研发隧道高聚物防水减隔震层施工工艺和配套装备，突破隧道结构防水与抗震一体化建造技术难题。（3）研发循环保压式高聚物注浆地层加固技术、砒砂岩边坡高聚物微信锚杆支护技术，发明型钢-高聚物复合装配式防水可回收基坑支护结构，开发施工与回收工艺及配套装备，提升地下工程韧性支护和绿色建造技术水平。成果在国内26省（市、自治区）200多项工程得到广泛应用，解决京张铁路新八达岭隧道、川藏高速公路隧道群、国家体育中心、首都博物馆、上海南站、南京奥体中心、北京地铁和河南中牟地下粮库等工程防水难题，产生重大经济、社会效益，推广应用前景广阔。

（姚　刚）

“藏东南高海拔山区斜坡灾害防控关键技术与应用”获2022年度西藏自治区科技二等奖　2022年，省公路设计院公司参研的“藏东南高海拔山区斜坡灾害防控关键技术与应用”项目获西藏自治区科技二等奖。藏东南高海拔山区自然环境恶劣，具有山高谷深地形陡峻、构造发育强震频发、高寒缺氧环境恶劣等特征，冰水堆积物斜坡广泛分布，在强震和频发冻融作用下极易诱发冰水堆积物斜坡失稳、坡面泥石流等具有显著高原特色山区斜坡灾害，区域内道路、铁路等工程建设过程中面临着冰水堆积物斜坡致灾机理不明确、线路工程坡面泥石流风险评价方法不完善、常规加固技术受限等挑战。项目组在国家自然科学基金、省部级重点研发及自主研发项目等支撑下，经过10余年产、学、研联合科技攻关和工程实践，采用理论分析、数值模拟、模型试验、现场监测相结合研究方法，结合拉林公路、川藏公路、拉林铁路、丹巴水电站，系统研究藏东南高海拔山区斜坡失稳、泥石流、崩塌落石等典型斜坡灾变机理、评价方法及新型加固技术，取得以下主要创新成果：（1）查明藏东南地区冰水堆积物分布规律，阐明强震、冻融循环作用下高海拔山区冰水堆积物斜坡灾变失稳破坏模式和运动堆积特征，揭示藏东南高海拔山区冰水堆积物斜坡灾变机理。（2）构建考虑高山融雪与地震共同作用冰水堆积物斜坡稳定性多指标综合评价方法，提出线路工程坡面泥石流风险评估方法及风险管理与防治对策，研发高海拔山区地震滑坡危险源识别及危险性评价系统。（3）研发整套适用于冰水堆积物稳定控制与高陡边坡加固防护新型结构及装置，提出适用于藏东南复杂严酷环境线路工程坡面泥石流防控技术要点及施工方法，形成高海拔山区斜坡灾害防控关键技术。项目授权发明专利5项、实用新型专利20项，软件著作权3项、发表论文50余篇；纳入行业标准3部。成果应用于拉林铁路、拉林公路、川藏公路、丹巴水电站等项目，节约工程投资数亿元，取得显著社会经济效益。

（姚　刚）

“公路瓦斯隧道设计与施工规范”获2022年度中国公路学会科技二等奖　2022年，省公路设计院公司主编的“公路瓦斯隧道设计与施工规范”获2022年度中国公路学会科技二等奖。针对公路瓦斯隧道建设面临瓦斯燃烧和爆炸、煤与瓦斯突出等突出安全问题，作为公路行业首部隧道瓦斯防治的技术标准，该规范系统全面规范瓦斯隧道勘察、设计、施工和运营等建设行为，提出基于微瓦斯类别的公路瓦斯隧道四类分级及指标体系，实现安全性与经济性有机协调；建立瓦斯工区施工全程校核评定机制，创新瓦斯工区动态管理新概念；提出隧道衬砌结构的瓦斯分级防护方法；构建公路瓦斯隧道施工全流程安全规范管理体系。该规范历时5年时间研究与编制，在全国推广运行超过2年，首要确保瓦斯隧道建设安全，解决公路瓦斯隧道设计施工安全与经济协调问题，技术经济效益显著。

（姚　刚）

“大跨径单主缆悬索桥关键技术及工程应用”获2022年度中国公路学会科技二等奖　2022年，省公路设计院公司主研的“大跨径单主缆悬索桥关键技术及工程应用”获2022年度中国公路学会科技二等奖。项目针对城镇化战略发展对桥梁景观需求，以及中小跨度双主缆悬索桥造价偏高情况，首创通过斜直混合吊索和外伸梁协作大跨径单缆地锚式悬索桥结构新体系，可降低工程造价10%～12%，项目成果直接应用于单缆悬索桥中世界第一跨柳州双拥大桥和世界第二跨南宁英华大桥，相关成果并推广应用于其他多座桥梁，取得直接经济效益2.62亿元，社会效益显著，促进行业科技进步。

（姚　刚）

“西部山区环境友好型钢混组合梁桥技术开发与示范”获2022年度中国公路学会科技二等奖 2022年，省公路设计院公司主研的“西部山区环境友好型钢混组合梁桥技术开发与示范”获2022年度中国公路学会科技二等奖。四川省大力推动钢结构在桥梁建设中应用，以促进公路建设转型升级。针对山区钢混组合梁桥结构构造、受力机理、计算方法、施工工艺等面临难题，基于四川省交通运输科研项目“西部山区环境友好型组合钢板梁桥技术开发与示范”研究，项目通过理论分析、试验研究和实桥应用，开发西部山区环境友好型钢混组合梁桥技术，取得4项创新成果。获国家授权专利7项，制定地方规程2部，发表学术论文18篇（其中SCI检索7篇，EI检索3篇，核心期刊3篇），培养工程技术人员30余名。项目研究成果直接应用于成都天府国际机场高速公路、雅康高速公路、国道213线灾毁整治工程、新川九路灾后重建等多座钢结构桥梁工程中，共计用钢量6.08万吨，减少碳排放2.24万吨，根据钢结构可回收利用进行全寿命周期成本测算，节省建设投资费用1.57亿元。具有显著社会经济效益及推广价值。

（姚　刚）

多个团队个人获省部级以上荣誉 2022年，省公路设计院公司高寒、高海拔、高地震烈度公路设计团队入选交通运输部第一届“最美公路人”。向波、杨昌凤获评“四川省工程勘察设计大师”；向波、田志宇、康玲获中国交通运输协会科技英才人物奖与科技创新青年奖；向波获选中国公路学会“最美科技工作者”；赵虎获评“第二届中国公路学会优秀青年岩土工程师”，央视《奋斗者·正青春》对其奋斗故事进行专题深度报道；杨枫获21届“全国青年岗位能手”称号；郇凯入选2022年度交通运输部“交通运输青年科技英才”。

（匡成刚）

获多项高等级工程质量奖、科技奖 2022年，省公路设计院公司获多项高等级工程质量奖、科技奖。质量奖方面，公司设计的柳州市官塘大桥工程获第十九届中国土木工程詹天佑奖，第11次捧起詹天佑小铜人；4项成果获四川土木工程李冰奖；7项成果获公路交通优秀勘察设计奖；40项成果获2022年度四川省优秀工程勘察设计成果奖。科技奖方面，获四川省科学技术奖2项，其中科技进步二等奖1项；获2021年度中国公路学会科学技术奖10项，其中特等奖1项、一等奖4项；获2021年度中国交通运输协会科学技术一等奖2项；获中国岩石力学与工程学会科技一等奖1项；获中国公路建设行业协会科技奖2项，其中特等奖1项。

（张俊锋）

科研平台建设成果丰硕 2022年，四川省钢管混凝土桥梁工程技术研究中心完成省科技厅年度评估，结果为优秀，同时被评为省级工程技术研究示范中心。四川省首个公路生态环境工程技术研究中心揭牌，推进四川省公路建设与生态环境协调发展、公路建设与资源开发利用融合发展，加强省公路设计院公司在交通运输行业内生态环保领域话语权、影响力和知名度。公司博士后创新实践基地完成四川省人力资源和社会保障厅定期评估，评估等级为优秀，并首次获省博士后科研项目特别资助1项。

（匡成刚）

高韧性混凝土预制构件项目快速推进 2022年9月29日，省公路设计院公司成立高韧性混凝土预制构件项目筹备组。11月1日，与雅安市雨城区人民政府签订《建筑新型材料构件生产项目投资协议书》。11月10日，四川省公路院宏途新材料科技有限公司正式注册成立，为2023年初揭牌运营打下基础。这是公司推进科技成果转化重大战略举措，标志着四川省公路院科技成果产业化转化迈出新步伐，开启由“川院设计”到“川院制造”崭新阶段。

（张俊锋）

多项超级工程获社会和媒体关注 2022年，雀儿山隧道、新二郎山隧道入选“2022中国新时代100大建筑”，隧道工程入选9项，含铁路隧道工程2项、公路隧道工程7项。公司勘察设计入选2项，展现省公路设计院公司在贯彻“适用、经济、绿色、美观”等建设理念方面的引领性和影响力。泸定大渡河大桥入选“喜迎党的二十大——大国工程我来建”特别策划，《华西都市报》以头版转08～09两个整版推出《“川藏第一桥”雅康高速公路泸定大渡河大桥：飞越大渡河的千米长龙让天堑变通途》长篇报道；旗下网络媒体进行全平台、多角度、多篇次密集报道。

（匡成刚）

省交通设计院公司概况 2022年，省交通设计院公司开展工作如下。

经营业绩 全年新增合同额17.06亿元，比上年增长51.4%；完成产值10.13亿元，首次突破10亿大关，增长16.4%；营业收入增长14.2%；利润总额增长30.4%，再创历史新高。连续两次被交通运输部评为公路工程设计守信典型企业，连续三次被交通运输部评为水运工程设计守信典型企业；取得交通运输部2021年度公路、水运工程设计、水运工程监理企业全国信用等级AA级，四川交通运输行业2021年度信用评价AA级，四川高速公路投资人2021年度信用评价AA级。

技术服务 天府新区经眉山至乐山等5个项目取得核准批复，提前完成工程可行性阶段项目目标任务。加快推进金口河至西昌等17个高速公路项目勘察设计工作，南充绕城北段等7个项目初步设计获批，绵广高速公路扩容施工图以及天眉乐、资乐高速公路控制性工程施工图均获批，其余项目均推进并取得阶段性成果。做好承担的德昌至会理高速公路等14个项目后期服务工作，派驻设计代表30余人，及时解决技术难题，不断提升后期服务质量，助力项目加快建设，泸永、德会、广平高速公路等项目（路段）建成通车。新华社等9家中央和省级主流媒体对公司设计的德会高速公路进行集中采访报道，引起强烈反响。协助省交通运输厅编制完成《共建长江上游航运中心实施方案》并获川渝两地政府联合印发，《四川省内河水运中长期发展规划（2022—2035年）》报请省政府审批。服务岷江航电开发，老木孔船闸第一批施工图取得批复，龙溪口至宜宾航道整治一期工程全部批次施工图取得批复。服务金沙江航运开发，向家坝、白鹤滩、乌东德库尾航道工程可行性有序推进，各级枢纽翻坝转运设施开展方案研究。新华社在“千里走金沙”专题直播报道介绍公司在金沙江航运开发与沿江高速公路等绿色发展贡献。面对接续而来的“6·1”芦山地震、“6·10”马尔康地震、“9·5”泸定地震，公司调查近300公里、460余个灾害点位，完成省交通运输厅交办的抢险救灾和核灾查灾任务。《人民日报》等主流媒体报道公司在“9·5”泸定地震优秀抗震救灾先进事迹和先进人物。

创新驱动 立项自然科学基金、省科技厅、省交通运输厅等纵向项目8项，中标横向项目7项，自立项目22项。参与各类标准编制修订18项，其中主编部水运局修订行业标准2项、四川省地方标准3项、团体标准6项。获国家知识产权授权131项，其中发明专利36项。出版专著3部，在国际国内期刊发表论文97篇。依托承担的重大项目创建精品工程，开展科技研发和技术攻关，系统总结梳理成果亮点，组织申报各类奖项72项，获授奖51项。其中，获贵州省科技进步一等奖、河南省科技进步二等奖、中国交通运输协会科技奖一等奖、岩石力学与工程学会科技进步一等奖、中国技术市场协会金桥奖突出贡献奖、四川公路学会科技二等奖等科技类奖7项，勘察奖14项、设计奖18项、咨询成果奖5项、标准奖3项、BIM奖4项。

人才队伍 人才培养成效显著，制定并启动“雏鹰行动与卓越工程”实施方案，建立形成“雏鹰人才—雏鹰菁英—专业技术骨干—专业技术领军人—卓越工程师”人才培养体系，组建近300人各层级人才库，形成长效机制。培树一批“天府青城计划卓越工程师”“省公路青年科技奖”“省公路十名优秀工程师”“省公路优秀科技工作者”“芦山‘6·1’级地震和马尔康6.0级震群抗震救灾先进个人”“成都工匠”“中国公路建设行业协会科学技术英才”。新增正高级专业技术人员32人、高级45人、各类注册工程师21人。

党的建设 构建“9+2+N”示范团队体系，成立13个党员示范团队和200余名“党员示范岗”，在科技攻关、项目生产、应急抢险等领域的示范效应持续显现。30个党支部以“五好党支部”为目标，开展“一支部一品牌”建设，3个支部获厅直系统“五好党支部”表彰。“青年+”团青品牌成效突出。桥隧青年科创团队获“四川青年五四奖章集体”称号。

（曾　元）

京昆高速公路汉中至广元段（四川境）扩容工程可行性研究报告 2022年8月，省交通设计院公司编制的国道5线京昆高速公路汉中至广元段（四川境）扩容工程可行性研究报告获省发展改革委批复。汉中至广元段在国家和区域高速公路网中居重要地位。项目采用新建复线方式进行扩容改建，路线起于广元市旺苍县盐河镇友谊村与陕西省汉中市毛坝河镇川陕两省交界处，经四川省广元市旺苍县盐河镇、天星镇、燕子乡，利州区荣山镇、大石镇，止于周家河乡附近，对接在建京昆高速公路广元至绵阳段扩容项目。项目路线全长70.2公里，全线采用高速公路技术标准，设计时速100公里，双向六车道，路基宽度34米，推荐线桥隧占比近90%，全线设7处互通式立交、2处服务区，同步建设5条互通式立交的连接线，项目总投资估算266.77亿元。

（边广波）

京昆高速公路广元至绵阳段扩容工程A2标段两阶段施工图设计 2022年4月29日，由省交通设计院公司和中交第二公路设计院公司组成联合体中标完成的国道5线京昆高速广元至绵阳段扩容工程A2标段两阶段施工图设计取得省交通运输厅批复。成绵广通道在国家和区域高速公路网中地位显著。项目建设将有助于缓解老绵广高速公路通车压力，强化出川通道，形成贯穿川陕骨干公路，实现北东至西南向有效连接。A2标段起于广元市剑阁县凉山乡，顺接A1标段止点，向西南展线，过柳沟镇，经石坝乡、垂泉乡，沿武连镇规划预留通道，跨越国道108线、西河至演武乡进入绵阳界，跨潼江河，经许州镇、宏仁乡，从梓潼县城西北侧过境，跨越规划国道347线，经卧龙镇，于徐家镇下穿国道108线，至终点魏城枢纽顺接京昆高速公路扩容绵阳至成都段。路线全长68.67公里，采用高速公路设计标准，路基宽度34.5米，双向六车道，设计时速120公里。A2标段设置桥梁19745米/48座，隧道13666米/10座，桥隧比48.7%。设置落地互通7处，枢纽互通1处，服务区2处，停车区1处。

（彭 勇）

京昆高速公路汉中至广元段（四川境）扩容工程A1标段两阶段初步设计 2022年9月16日，由省交通设计院公司和中交第二公路设计院公司组成联合体中标完成的“G5京昆高速汉中至广元段（四川境）扩容工程”两阶段初步设计取得交通运输部初步设计批复。汉中至广元高速公路（四川境）是国家高速公路网中首都放射线京昆高速公路重要组成部分，也是四川省高速公路网中成都放射线“成都至广元至陕西”组成部分，在国家和区域高速公路网中居重要地位。项目建设将有助于提高高速公路通行能力和服务水平，缓解京昆高速公路交通压力；有利于打造“四向八廊”综合交通走廊，实施“四向拓展、全域开放”战略；进一步推进西部陆海新通道建设，促进“一带一路”和长江经济带协同发展；加快构建便捷高效“快进”交通网络，推进交通与旅游融合发展。A1标段路线呈东北至西南走向，起于蔡家坪隧道内川陕界接汉广高速公路扩容工程陕西段，在毛坝河镇南侧设蔡家坪隧道进入四川境盐河镇友谊村，随后设置万家隧道和郭家沟隧道，在西陵村东北侧设置米仓山互通连接地方旅游公路、省道303线和规划景区游客集散中心，随后设置张河口1号和2号隧道，在五童湾设置米仓山服务区，路线继续南行进设李家坪隧道至天星镇青峰村，于青峰村设天星互通，之后向西南布线设天星隧道和窝窝山隧道至新农村，在新农村设曾家山互通衔接曾家山旅游片区，随后沿双河河谷通过，在新农村龚家场设停车区，于飞鹰关隧道进口顺接A2标段，路线全长35.098公里。采用高速公路设计标准，路基宽度34米，双向六车道，设计时速100公里。A1标段设置桥梁8248.1米/20座，桥梁比例为23.50%，隧道21179.5米/9座，隧道比例60.34%，桥隧比83.84%；设置互通式立体交叉3处，服务区1处，停车区1处。

（彭 勇）

资中至乐山高速公路工程可行性研究报告 2022年9月，省交通设计院公司牵头编制的资中至乐山高速公路工程可行性研究报告获省发展改革委批复。2020年7月，在四川省交通运输厅高速公路项目招商推介会上，省道48线铜梁至荥经高速公路作为“强化成渝地区双城经济圈省际通道”第一类招商项目进行推广，资中至乐山段是铜梁至荥经高速公路一段重要组成部分。项目路线起于资中县鱼溪镇国道76线老成渝高速公路，经资中县、连界镇、仁寿县、井研县，止于乐山市市中区苏坪村西侧，与待建天府新区经眉山至乐山高速公路设关庙枢纽互通进行交通转换。项目路线全长93.1公里，全线采用高速公路技术标准，设计时速100公里，双向六车道，路基宽度34米，桥隧占比近40%，全线设13处互通式立交，2处服务区，同步建设9条互通式立交的连接线，项目总投资估算198.7亿元。

（边广波）

遂宁至重庆高速公路（四川境）扩容工程 2022年8月29日，省交通设计院公司编制的遂宁至重庆高速公路（四川境）扩容工程可行性研究报告获省发展改革委批复。11月9日，扩容初步设计文件国高网段获交通运输部批复，12月30日，省高网段获省交通运输厅批复。该项目是《四川省高速公路网布局规划（2022—2035年）》中新增扩容路段中一条，是成渝地区双城经济圈4条高速通道之成遂渝通道组成部分。该公路建成通车以来，交通量增长迅速，已不适应沿线经济社会发展和交通增长需求，亟待实施扩容。路线起于遂宁市船山区桂花镇附近，与成南高速公路、茂遂高速公路十字枢纽对接，沿原路加宽改造，经经开区、高新区、安居区，止于安居区磨溪镇书房坝附近（川渝省界处），接遂宁至重庆高速公路重庆段。路线全长46.35公里，采用双向八车道高速公路技术标准扩容，设计时速100公里，路基宽度41米，全线无隧道，桥梁比约9%，总投资约84亿元。

（黄进进）

国道548线色达县色柯至翁达段改建工程可行性研究报告 2022年11月，省交通设计院公司编制的国道548线色达县色柯至翁达段改建工程可行性研究报告获省发展改革委批复。国道548线是《国家公路网规划（2022—2035年）》中规划的由青海省班玛县至四川色达县81条联络线之一，项目是甘孜州“三横三纵”交通主骨架中纵通道（西宁—理塘—瑞丽）重要组成部分。项目是实施“高速化”改造试点项目，项目全线位于甘孜州色达县境内，串联县域主要乡（镇）和人口分布区域，是色达县对外门户通道和经济干线。项目路线全长81.1公里，全线采用二级公路技术标准，项目起点与国道548线年龙至色柯段相接，位于国道548线与省道454线在色柯镇平交口处，控制点主要有色柯镇、洛若镇、霍西乡、旭日乡、杨各乡、翁达镇、霍西水电站，终点顺接既有国道548线与国道317线平交口。项目总投资估算15.4亿元。

（边广波）

国道0615线久治（川青界）至马尔康段高速公路施工图设计 2020年6月19日，省交通设计院公司编制的国道0615线久治（川青界）至马尔康段高速公路施工图设计获省交通运输厅批复。项目为国家发展改革委和交通运输部共同发布的《国家高速公路网规划（2013—2030年）》中德令哈至马尔康高速公路重要组成部分，是规划中首都放射线北京至拉萨高速公路重要联络线；也是四川省高速公路网规划的39条出川通道之一，主要连接青海久治县，阿坝州阿坝县、红原县、马尔康市，并且与汶川至马尔康高速公路、马尔康至川主寺高速公路相接，加强沿线地方之间经济联系；是涉藏地区公路路网规划重要组成部分。标段路线起于红原县龙日坝镇以南约12公里（K155+011.224）顺接A2标段终点，向东穿查针梁子隧道，再折向南沿省道209展线，经中壤口、刷经寺、刷马路口、三家寨，进而沿梭磨河南下，终于马尔康县境内鹧鸪山脚下王家寨附近（K224+906.152），设置枢纽互通连接在建汶马高速公路。标段路线全长69.41公里，设计时速80公里～100公里，路基宽度25.5米～26米，桥隧比42.4%。总投资98.286亿元。

2022年，久马高速公路白石沟大桥　　省交通设计院公司　供图

（黄进进）

德昌至会理高速公路A标段两阶段施工图勘察设计 2022年12月30日，由省交通设计院公司承担全线

勘察设计的德昌至会理高速公路顺利通车，标志着会理市结束不通高速公路历史。德会高速公路起于德昌县锦川镇，设锦川枢纽互通接京昆高速公路西攀段，经老碾镇、六华镇、益门镇、外北乡至会理市，设南阁枢纽接国道4216线成丽高速公路宁攀段。项目采用双向四车道高速公路标准建设，路线实施全长78.174公里，设计时速80公里，路基宽度25.5米，施工图批复造价121.36亿元。德会高速公路是省交通设计院公司完成的第一条从工程可行性、初步勘察设计到施工图勘察设计全过程独立自主完成勘察设计的高速公路。项目通车后，将德昌到会理通行时间由过去两个小时缩短至一个小时内，加强德昌老碾镇农桑种植、会理石榴、烤烟等品牌效应与经济发展。

（黄进进）

彭州市三环路建设项目两阶段施工图设计 2022年6月26日，省交通设计院公司参与设计的彭州市三环路建设项目进入试运行阶段。项目采用一级公路标准，双向主六辅四车道、两个非机动车道，同步配套绿道、市政管网、驿站、港湾式公交站台和智能路灯系统、5G智慧交通设施等。项目全长25.2公里，串联起彭州中心城区和天府中药城等产业功能区，使城市各组团更快捷地与成万高速公路、都市圈环线高速公路、即将启动的成汶高速公路等相连接。

（郑　博）

天府新区经眉山至乐山高速公路 2022年9月，天府新区经眉山至乐山高速公路工程可行性研究报告获省发展改革委核准批复。9月，项目初步设计获省交通运输厅批复。项目是《四川省高速公路网布局规划（2022—2035年）》中成都至会理高速公路一段，属于成都市放射线之一。项目沿岷江两岸布置，起点位于成都市双流区正兴街道（天府新区范围），经过成都双流区，眉山市彭山区、东坡区、仁寿县、青神县，止于乐山市市中区，接乐山绕城高速公路。路线全长94.5公里，按双向六/八车道高速公路标准设计，设计时速120公里，路基宽度分别为34.5米和42米。全线设置桥梁47.7公里/110座，其中包括主跨490米双塔斜拉桥和主跨280米独塔斜拉桥，设置互通式立交15处，其中枢纽互通6处、一般互通9处，设置服务区2处，概算批复投资290.7亿元。

（任　剑）

岷江龙溪口航电枢纽工程船闸工程 岷江龙溪口航电枢纽工程位于犍为县孝姑镇新民社区上游0.8公里

2022年11月，龙溪口船闸基本建成实现施工期通航　　　　省交通设计院公司　供图

处，上距犍为梯级31.8公里，下游与81公里航道整治工程相接，是岷江港航电综合开发项目重要节点性工程。龙溪口航电枢纽渠化Ⅲ级航道31.8公里，航道底宽60米，设计水深2.4米，最小弯曲半径500米，通航净高18米。龙溪口船闸为Ⅲ级船闸，船闸尺度为220×34×4.5米，水级17.94米，单向年通航能力为1357万吨，可通航2×1000吨船队。岷江龙溪口航电枢纽工程是四川省入选首批交通运输部平安百年品质工程创建示范清单唯一水运工程建设项目。龙溪口船闸于2021年2月开工建设，2022年11月基本建成，实现施工期通航，为岷江（乐山—宜宾段）162公里高等级航道全线贯通奠定坚实基础。

（李泳龙）

岷江（龙溪口枢纽至宜宾合江门）航道整治一期工程施工图设计 2022年11月17日，省交通运输厅批复省交通设计院公司编制的岷江（龙溪口枢纽至宜宾合江门）航道整治一期工程三批次施工图，至此，项目施工图全部获批。项目是公司首个航道工程EPC项目，工程河段处于长江上游特有珍稀鱼类保护区试验区，在充分考虑通航—生态融合基础上，对航道整治工程平面布局开展进一步优化，同时采用新研发的生态型航道整治建筑物结构型式及生态型鱼巢，本工程计划在施工过程以及施工完成后同步开展生态相关监测工作，为工程生态效果评价提供数据支撑。

（谢玉杰）

龙溪口库区沐溪河旅游航道建设工程可行性研究报告 2022年11月2日，沐川县发展改革局、犍为县发展改革局联合批复省交通设计院公司编制的龙溪口库区沐溪河旅游航道建设工程可行性研究报告。项目是纳入交通运输部水运“十四五”规划重点旅游航道项目。工程结合龙溪口库区蓄水回水，疏浚整治航道15.5公里，其中，沐溪河河口至王华村段14.5公里航道按照2.4×30×480米四级航道尺度实施；王华村至老炭库乡段1公里航道按照1.2×24×180米七级航道尺度实施。同时根据航道运行需要配套实施护岸、锚地及客运码头工程，估算总投资1.85亿元。

（张国瑞）

金沙江向家坝库区航道建设工程（四川凉山段）可行性研究报告 2022年12月30日，凉山州发展改革委批复省交通设计院公司编制的金沙江向家坝库区航道建设工程（四川凉山段）可行性研究报告。项目是纳入交通运输部水运“十四五”规划重点航道项目。工程上起溪洛渡坝址下游大河湾码头，下至凉山州与宜宾市交界处大岩洞，整治河段全长54公里。其中，大岩洞至团结河河口段31公里采用内河I—（3）级双向航道标准建设；团结河河口段至大河湾码头段23公里采用内河Ⅲ—（3）级双向航道标准建设。整治黄毛坝滩、瓦屋滩、伍家沱滩、大河湾滩4处滩险，3处零星炸礁、护岸工程以及配套设施。项目估算总投资1.90亿元。

（赵　江）

国道318线提质改造工程辅助通道普巴绒至所地村雅砻江特大桥两阶段勘察设计 雅砻江特大桥是国道318线提质改造工程辅助通道普巴绒至所地村段控制性工程。主桥为650米双塔单跨双边箱组合梁悬索桥，主缆分跨为120+650+115米。该桥设2根主缆，主缆采用1860MPa高强镀锌铝合金钢丝预制平行索股结构；全桥布置71对吊索，吊索采用1770MPa高强镀锌钢丝预制平行索股，吊索与索夹、加劲梁采用销接方式连接。主索鞍采用全铸式结构，鞍底设置不锈钢板-聚四氟乙烯板滑动幅；散索鞍采用摆轴式，鞍体采用铸焊结合的结构形式。主缆采用高强钢拉杆锚固系统，两岸均采用隧道锚结构。加劲梁采用双边箱组合梁，由钢格子梁通过剪力钉与预制混凝土桥面板结合而成。桥塔采用钢筋混凝土H形框架结构，两塔柱内倾布置，基础为分离式承台+群桩基础。该桥为川内最大跨径双边箱组合梁悬索桥，主跨650米，桥宽12米，宽跨比1/54.2，为同类桥梁之最，抗风问题等同于千米级悬索桥。

（黄进进）

专 文

省公路设计院公司——公路应急抢通保通超级主力

匡成刚

2022年6月1日17时40分前后，四川省公路规划勘察设计研究院有限公司（简称“省公路设计院公司”）派往雅安芦山地震灾区3车13人分别从成都、乐山、夹金山隧道项目部赶往震中一线，此时距当日17时地震时间不到1小时。人员、物资、车辆、设备全部在20分钟内就位待命。

这样的情景在素有“抢险救灾专业户”之称的省公路设计院公司司空见惯。火速响应出击，出色完成任务，从来不辱使命，他们是当之无愧的应急抢险超级主力。2008年“5·12”汶川地震发生后，他们共派出80多批1200多人次深入一线，总行程3万多公里，徒步行走1000多公里，完成极重灾区“生命线”调查1500多公里，上报书面应急抢通、保通技术方案27份。他们历经千难万险和生死考验，多次创造公路应急抢险、踏勘调查奇迹，创造了一大批感人故事和英雄事迹，为部、省、厅决策部署道路抢险保通方案提供了关键的第一手资料，为抗震救灾物资运输与人员营救争取了极其宝贵的时间，为灾区道路重建奠定了坚实基础，为四川交通夺取抗震救灾胜利作出了突出贡献，荣获“全国交通运输行业抗震救灾先进集体”。此后的“4·20”芦山地震、“11·22”康定地震、“8·8”九寨沟地震，以及白格堰塞湖、青海玉树地震、云南漾濞地震等省内历次、省外多次抢险救灾，他们都一样全力投入，出色表现。这个优秀的应急抢险团队积累了丰富的应急抢险经验，形成了一套成熟可行的管理机制、技术措施和操作规程。

建立完善的应急抢险响应机制

省公路设计院公司成立了第一负责人任组长的“突发事件应急工作领导小组”，制订《抗震救灾指挥部作业手册》，详细规定了工作目标、组织指挥体系、快速响应机制、物资与设备保障、应急值班等，设立前方应急调查组、测绘组，后方技术支持组、物资保障组、宣传调度组，明确人员构成、职责与工作机制，前方组人员每人配备有一个应急物品包，确保可随时出动。特别要求前方组进入灾区后2小时内完成灾区周边区域路网交通图制作，无人机采集结束后1小时提供受灾道路视频资料，4小时提供受灾道路影像快拼图，24小时提供受灾道路灾害影像图。

取得防灾减灾科技创新系列成果

2008年以来，省公路设计院公司以“5·12”汶川地震公路震害为研究对象，先后开展了“汶川地震公路震害评估、机理分析及设防标准评价”“汶川地震公路震害信息系统研究”“震后公路边坡崩塌灾害评估与对策研究”“重大公路灾害遥感监测与评估技术研究”“汶川地震灾后重建公路抗震减灾关键技术研究”“高烈度大高差梯级山区高速公路建设支撑技术”“四川涉藏地区高海拔高烈度条件下公路建设减灾关键技术研究”等多项科研工作，调查检测了汶川地震灾区公路沿线次生地质灾害及路基、桥梁、隧道等震害，建立了具有史料保存价值的公路震害数据库，全面归纳总结了公路路基、桥梁、隧道等构造物震害规律；通过理论分析、数值模拟及模型试验，揭示了路基、桥梁、隧道的典型震害机理，提出了高烈度山区路线、路基、桥梁、隧道等抗震设防对策，多项科研成果应用于高烈度区雅康、汶马等高速公路项目建设中，实现了建设运营安全。2021年，他们梳理应急处置的业务需求和管理逻辑，引入数字化技术，自主研发了基于GIS的灾害调查系统。该系统主要包括人员和权限管理、基础资料管理、现场调查、数据统计和报告导出等功能。系统内嵌全省高清影像和主要路网信息，根据路基、桥梁和隧道特点，制定专业化、标准化的调查内容，便于现场调查人员规范化开展工作。考虑现场应用需求，系统提供离线填报等实用功能。该系统在2022年的泸县地震和今年的芦山地震、马尔康地震中全面应用，通过系统现场采集数据实时传回后方技术支持组，后方人员对现场调查数据进行确认后，快速形成灾害统计数据和调查报告，完成信息报送，实现了内外业协同作业，大大提升了应急处置效率。

出版行业首部《公路应急抢通保通技术手册》

省公路设计院公司依据科研成果，并系统调查了汶川地震所波及的四川、甘肃、陕西三省极重灾区、重灾区内的所有高速公路、国省干线，以及部分具有典型震害特征的县乡道路，系统研究了公路沿线的地质病害、公路结构物病害类型及特征，结合历次应急抢险，针对灾后应急抢险最为关键的公路抢通保通期，以科学、实用、高效为准则，提出了公路应急调查和评估方法、工作流程、抢通保通技术，编制了《公路应急抢通保通技术手册》，2018年由人民交通出版社公开出版发行，是行业内首部指导性工具书。郑颖人院士在为本书所作的《序》中评价说：该手册明确了公路沿线地质灾害和结构物病害的应急调查方法，建立了灾损评估体系，提出了抢通保通的技术方法，具有很强的科学性；针对灾后应急救援期灾情不断、时间紧迫、资源短缺、场地受限等特殊条件，从调查方法、评估体系、抢通保通技术等方面，坚持了“快速、实用、就地取材”的准则，具有较好的实用性、可操作性；抢通保通技术全面覆盖了公路路线、路基、桥梁、隧道等各专业，并提出了安全保障措施，系统性较强；全手册图文并茂，结合工程实例，深入浅出地介绍各类实用技术，具有较好的指导作用。

申报四川省地方标准《公路应急保通技术规范》

近五年，省公路设计院公司在出版《公路应急抢通保通技术手册》的基础上，又承担完成了四川省交通科技项目“高烈度松散体公路边坡快速评估及防治对策研究”“山区公路地质灾害及边坡工程安全风险评估及防范研究”等课题研究，编写了《四川省营运高速公路边坡安全风险监测技术指南》《公路地质灾害及边坡工程安全风险处置指南》，在风险快速识别、初步风险评估、详细风险评估、风险处置四个层面取得了一系列突破性进展和成果。建立了高烈度地震峡谷区公路松散体边坡的稳定性快速分级系统，实现了边坡快速分级系统的界面化、智能化；建立了边坡失稳、崩塌、泥石流及路基水毁等4种典型灾害的两步法风险评估体系，研发了山区公路地质灾害管理专用系统软件，形成了不同灾害类型、不同风险等级的灾害处置指南，为山区公路的防灾减灾和安全运营提供了有力支撑。以上成果已成功应用于汶马高速公路、川主寺至九寨沟公路、国道318线公路汶川理县段、省道205线平武—九寨沟段、省道303线映秀至卧龙公路、茂北公路、叙古高速公路等山区公路运营期安全风险评估及防范，取得显著社会经济效益，并为其他类似地区的灾害风险评估防范积累了宝贵的资料。

60多年山区公路勘察设计经验积累、丰富而扎实的科研攻关成果、大量实体工程验证，为编制《公路应急保通技术规范》提供了有力的技术保障。2023年，省公路设计院公司成功申报了该规范编制，作为四川省地方标准，该规范将针对四川易发地质灾害，提出公路灾害应急调查与快速评估工作方法、内容与流程，明确路线总体、路基、桥梁、隧道等应急抢通保通技术，以及抢通保通期间的安全保障措施等。该规范有利于指导公路应急抢通、保通进一步提升水平和效率。

专 文

智慧赋能构建立体安全全景游交融再塑经典

——新川九路设计团队访谈

匡成刚 张俊锋

2021年9月，灾后恢复重建的川主寺至九寨沟县城段公路经过3年多时间建设，主体工程全部完工。这条连接黄龙、九寨两大世界自然遗产加世界著名风景区的重要景区道路，是交通运输部、四川省联合打造的“新示范”“新标杆”工程。项目建设创造性地应用新理念、新思路、新方法，集成应用多种新技术，成为超高配、超豪华二级公路，备受世人关注。那么，它究竟有哪些“含金量”，有什么特色亮点、看点呢？下面是该项目牵头设计单位——四川省公路规划勘察设计研究院有限公司党委书记、董事长罗玉宏所作的具体分享。同时，还有该项目设计团队的3位专家，他们分别是：新川九路总设计师、省公路设计院勘察设计四分院总工程师刘家顺，新川九路生态修复与交旅融合总设计师、省公路设计院环境与景观工程分院副总工程师孙大远，新川九路数字与智慧工程总设计师、省公路设计院数智工程研究院副总工程师冯光宇。

罗玉宏：主持人好，各位网友大家好!

主持人：一条公路，一座机场，两个世界自然遗产、AAAAA级景区，三个国家公园，数个景区。川九路是一条传奇的路，留给大家的印象就是，这条路风景很美、四季各异，却很少听说这条路修建的故事。可不可以先给我们介绍下历史上的川九路呢?

罗玉宏：川九路始建于1959年，最初为简易林区公路，1984年、1991年两次按等级公路改建，并加铺了沥青表处路面，我院参加了改建设计，与川九路结下不解之缘。由于服务水平低、安全隐患多、植被破坏严重，不能满足九寨沟旅游需求，与沿线环境风景极不协调，与自然遗产地位极不相称，2002年再次启动川主寺至九寨沟口段（94.14公里）改建提升，2003年9月建成通车，现通常称为“老川九路”。承担本次改建设计的，也是我们四川公路设计院。

主持人：2003年完成改建的老川九路发生了什么变化呢?

罗玉宏：这次改建，交通运输部提出了“安全、舒适、环保、示范”建设理念，四川省交通运输厅提出了“保护是核心、创新是灵魂”的要求。我们的勘察设计工作一开始就定位为“设计创作”，抓住难点，突出亮点，大胆创新，精雕细琢，保证了设计思想的贯穿一致和设计质量的优良。工作方法上从传统的封闭式、独家设计转向开放式、动态的信息化设计，重大方案及时与交通运输部专家咨询组、业主、监理、施工单位共同讨论，确保设计理念在建设的全过程中得到贯彻落实，实现了公路建设与自然景观和人文景观的完美结合，并与旅游营运安全性、舒适性、愉悦性的和谐统一，促进了公路建设与生态环境保护的协调发展，成为全国旅游环保示范工程，在全国推广。时任交通运输部部长张春贤评价："川九路已成为一道亮丽的风景线，已显示出示范作用，四川向全国交了一份满意答卷"。我们探索出来的"合理采用技术标准、灵活运用技术指标""最大限度地保护、最小限度地破坏、最大程度地恢复"等设计建设理念，写入了部颁《新理念公路设计指南》，在交通行业内引发了强烈反响，掀起了到川九路学习调研的热潮，引领了全国公路建设发展。

主持人：看来老川九路本身就是精品经典工程，那么地震后的恢复重建面临哪些困难问题，2021年建成的新川九路"新"在哪里呢？

罗玉宏：是的。我们也是首次在一条普通国道上设计智能化等多种功能，我们下足"绣花"功夫，就是要在原有基础上与时俱进，实现新的提升和突破，充分体现项目的"新示范""新标杆"作用。

2017年的"8·8"九寨沟地震，造成川九路严重损毁，震后次生灾害频发，沿线生态满目疮痍，沿线地质灾害及生态损毁量大面广，治理难度加大。灾后重建面临高落差峡谷地形、高风险复杂地质、高敏感脆弱环境、高海拔恶劣气候等现实难题，加之老川九路随着旅游业迅速发展，车流量大幅增加，九寨沟景区段和漳扎镇段交通拥堵、弓杠岭段积雪结冰影响行车安全、整体服务水平不高等不足日益凸显，重建的任务更为迫切艰巨。老川九路以改建修复为主，新川九路则兼顾重建和提升，并以提升为主；老川九路以保障交通出行为主要目标，新川九路更要在高质量发展、服务旅游和智慧交通上谱写新篇章。老川九路建设已经在行业中起到了标杆和示范作用，新川九路必须要传承老川九路，并在新的起点上再创新示范，树立新标杆。四川省委省政府提出"全力打造灾后重建川九路新示范工程，增强生命通道保障能力"。交通运输部提出全面贯彻"综合、智慧、绿色、平安"交通发展新理念，创建"川九路重建高质量发展新标杆"。人民群众迫切期待九寨沟重建更美丽、川九路旅途更安全。这些都对川九重建提出了更高要求。我们传承发扬老川九路建设的先进理念，在抢通保通的同时，超前开展重建理念研究和前期工作，以新目标为导向，新理念为指引，新技术为驱动，高质量、高效率开展勘察设计工作。目前来看，这次重建实现了预期目标，新川九路在安全舒适、防灾减灾、缓堵保畅等方面有显著提升，在生态环保、交旅融合、智能化服务等方面实现创新突破。

主持人：您刚才提到本次重建传承发扬了老川九路改建的理念，可以具体给我们介绍下吗？

罗玉宏：我们认为，传承老川九路改建理念，最为关键的是坚持不破坏就是最大的保护、最大限度地保护环境、最小限度地影响环境、最大程度地恢复环境、注重结构物细节处理。在此基础上，我们根据重建需求，汇集全体参建人员智慧，向全国行业专家咨询，向主管部门汇报，向社会广泛征求意见，不断凝练，形成了"安全舒适、绿色生态、智慧协同、融合发展"设计建设新理念。我们深入分析人、路、景、游四大要素的相互关系，形成"人，以人为本，融合发展；路，安全至上，平安放心；景，自然天成，绿色美丽；游，体验旅历，共享愉悦"四向拓展的重建思路，提出"全寿命整体安全、全路域融入景区、全周期绿色生态、全过程智慧智能、全走廊交旅融合、全通道综合协调"的新方法。我们充分发挥科技攻关优势，通过系列科研课题研发应用了9项关键新技术，融合提升重建的科技含量。更为重要的是，我们结合建设过程中运用的新理念、新方法、新技术，对建设理念再总结、再提高，形成了可复制、可推广的经验，为国内其他类似的景区、环境敏感区公路建设提供参考，使新川九路真正成为新示范、新标杆。

主持人：我留意到"安全舒适"被放在了建设新理念首位，你们在这方面有哪些新举措呢？

罗玉宏：安全是基本前提，舒适是基本需求。我们研发应用"重大灾害智能监测防控关键技术"，着力在灾害严重区域重建安全的新川九路，让出行更安心舒心。这些新技术、新方法的综合应用主要体现在弓杠岭、关门子、九倒拐等典型工点，具体有请新川九路总设计师刘家顺同志介绍一下。

刘家顺：好的。在弓杠岭下山段，我们综合采用交通安全诱导手段，确保行车安全。

这一段是川九路海拔最高、路线指标最低、积雪结冰突出、交通事故频发的路段，最初提出改线新建、增设避险车道等方案，经比选仍坚持利用原路，以最大程度地保护森林公园。

综合采取不同季节限速、加强交通安全设施、阴坡暗冰段抗凝冰路面、智慧交通管控等安全措施，提高行车安全性。

我们创新建立雾天行车诱导、弯道会车预警的安全智能防控系统，科学提升道路感知和管控能力，降低一次事故概率，避免发生二次事故，保障驾乘人员安全。

在关门子路段，我们开展危岩智能监测及路面智能融雪。

针对关门子高位危岩对行车安全的危害，我们创新智能监测与防控预警系统，通过现场多个监测点埋设的传感器，获取危岩崩塌变形加速度和裂缝位移信息；远程传输给管理中心预警平台，进行综合分析，实时评估崩塌的危险性程度，及时对即将通过该段的车辆进行预警和报警，切实保障了行车安全。

在该峡谷地段，路面经常积雪结冰，交通安全事故多发，无法通过改线解决。我们研发应用智能融雪系统和技术，分为3个子系统，一是结冰预警系统采集气象环境数据，预测路面凝冰时间；二是集成控制系统自动控制融雪除冰系统的加热时间；三是融雪除冰系统采用环路热管技术，通过加热环路热管，向路面传递热能，从而消除冰雪的形成条件，实现了路面智能融雪除冰。

在九倒拐段，我们通过新建国道主动绕避地灾群。

"九倒拐"知名段位于地震震中，地质灾害多达18处，影响长度达55%，灾害群链相互作用，传统技术无法彻底处治，是新建绕避或保留利用，这是重建的巨大难题。

我们综合分析灾害规模、群链影响、危害性等级与治理难度，对国道及支线分别采用不同的安全防灾目标。

按照全寿命整体安全防灾目标新建国道，通过方案比选，推荐特长隧道，完全绕避危害性极大的地灾群，量力处治危害性较小的灾害，极大地提高了旅游干线、生命通道的抗灾能力。

按照驾乘者生命财产安全目标，恢复原路作为旅游支线和备用通道，综合采取工程处治、智能监控、加强维护、交通管控等措施，合理处置灾害，科学防范风险，以较小代价确保车辆通行安全，丰富自驾漫游体验。

主持人：会融雪的路段确实让我们耳目一新。我们都知道九寨沟是世界自然遗产，环境敏感，生态保护要求高，你们在设计新川九路的过程中，在生态环保景观方面有什么举措呢？

罗玉宏：正如你所言，绿色生态在整个新川九路的设计中非常重要，我们综合采用"全路域环保修复，景观融入景区；全周期建设、营运、养护绿色生态"的新方法，研发应用"环境保护与生态恢复关键技术"，在生态敏感区域恢复绿色，也让公路更美丽。这方面具体情况请我们新川九路环境与旅游融合工程总设计师孙大远同志介绍一下。

孙大远：大家好。在生态引领与环境保护方面，我们强调"全路域"覆盖，让景观充分融入景区。

首先整体思路上是公路分段、融合景观。我们运用BIM+GIS技术进行环保选线，通过不同的景观设计手法将线路融入"原上风光、林海听涛、人间仙寨、彩色河谷"四个风景段，打造"高原多彩画卷，百里生态长廊"的风景道。

其次整体要求上是生态修缮、无痕成景。我们对边坡生态修复、挡防景观及路景协调开展专项设计，在桥梁、房屋建筑突出结构和材料的本质美，在隧道洞门、特殊地段挡墙采取装饰雕绘，融入藏羌人文元素。项目整体以借景为主，让沿线风景景观更加显露，"露出"好的近景，"通透"好的远景，"诱导"独特风景，"遮封"欠佳之景。

最后在具体方法上着眼"全周期"，建管养绿色生态。一是坚持自然化生态恢复全周期设计。以生态补偿为核心，开展多学科融合设计，对路基边坡及周边病害进行综合治理和生态恢复，使生态恢复与周边环境相互协调，实现路域无边界，看起来自然天成。二是加强弃渣综合全周期利用，实现零弃方与资源集约利用。项目新建3座隧道，出渣量达107万方，位于森林公园严控区，洞渣弃置极其困难，我们的思路是化整为零，创新填方反压综合体；创新填方反压斜坡路堤；将弃方与"交通+旅游"项目融合，填方上设置上四寨露营地与房车营地。三是创新绿色全周期营运养护。建成管理中心、养护中心、养护站；在隧道、管养及旅游设施中综合应用汽车充电桩、LED灯具、智能供电、节能建筑等绿色新技术、新设备。四是坚持科技引领，推进边坡病害治理与生态修复有机融合。通过省科技厅"重大工程受损生态系统修复"与省交通运输厅"川九路灾后恢复重建技术示范"两个重大课题，针对受损边坡病害处治和生态修复难题，提出了高原边坡生态互补、功能稳定的物种组合方法，研发了植物筛选与组合调控技术，提高了生态修复的稳定性，降低了后期管养成本；开发了微孔复合构造材料，解决了少土裸露高陡边坡生态修复难题；注重工程与生态融合，开发具备景观协同性的防护新方法、新结构、新材料，将适应不同生境生态防护材料与手段进行创新组合，实现了所有边坡病害全治理、生态全修复。将装配式生态挡墙、三联双网等护坡新技术首次成功运用于高原山区边坡生态修复，填补了国内高原山区相关设计和施工的应用技术空白。

在代表工点上，我们将洲际天堂边坡群、隧道及立交分别打造成生态修复防护、生态与文化旅游融合方面的典型示范。

生态修复防护以九寨天堂洲际大饭店边坡群为代表，其边坡群整体特征可以概括为：量大、破碎松散、坡高且陡、周边生态环境敏感，坡口不稳定，不断蚕食周边森林植被。这种边坡被誉为"癌症"边坡，传统措施需要采用抗滑桩之类的强防护措施，不利于与环境融合，为了突出项目生态效益，增加景观性，我们创新采取高寒边坡稳定与景观重塑关键技术：坡面强基护面，利用钢花管注浆+水土保持毯+柔性网进行组合稳固，坡口按汇水走向灵活设置生态排水沟，坡脚设置自研的生态百叶窗挡墙进行加固，坡面整体喷团粒基材后穴植课题选育的生态修复植物小苗，既保证了公路安全，又"景"然天成，做到了工程技术与生态艺术的平衡。除此之外，还有自研的三联双网、倒木防护等生态防护新技术，这套技术组合对全国高原山区边坡生态防护具有极强推广价值，可复制，可推广，我们也申请了数项专利。

在生态与文化旅游融合方面。一是突出工程品质美：立交上下部结构均采用清水混凝土工艺。二是突出地域特色：立交桥下以白河改河的卵石废料铺成旱溪，活化呈现“生命白河”；与四川草科院合作，筛选80余种高原适生植物进行组合，打造了1700平米高原花境，微缩了九寨宁静、永恒的画面风景，是目前国内已知海拔最高的花境组合。三是工程景观化：以九寨山水为理念，采用型钢防撞护栏外挂铝合金板的形式，打孔形成山水画，体验车在画中游。四是就地取材：以洞渣石块为饰面材料，将水泥圬工挡墙砌成富有地域文化元素的藏式风格，赋予人文气息。五是采用先进科技手段：隧道景观照明全部采用支持无极调光的高效率LED灯具，引入先进的伴随式景观照明控制系统，实现“车来灯亮、车走灯暗”。我们还开发高原边坡生态防护自动养护系统，做到资源节约，绿色低碳的建设目标。

主持人：新川九路除了安全、生态，据说在智慧交通方面也颇具特色，可以介绍一下吗？

罗玉宏：我们研发应用了“智慧交通协同管控关键技术”，着力在人车流聚集区创建“智慧新川九”，使交通更便利。我们通过全过程数据信息集成，实现智慧管理。具体情况请新川九路数字与智慧工程总设计师冯光宇同志介绍一下。

冯光宇：大家好。我们在智慧交通设计上主要开展了以下几个方面的工作。一是数字勘测更精细。综合应用低空倾斜摄影、激光雷达等手段，快速获取勘测数字数据，建立实景三维模型，重现真实的周边环境和灾害场景，利用地理信息空间技术，集成全线地灾及抢险信息，辅助判断安全隐患。二是高精度BIM辅助设计。应用实景三维模型、数字高程模型等测绘成果，建立高精度BIM，实现在同一BIM上“搭积木”设计和多专业融合设计，提升设计品质和效率。三是打造智慧数字工地。利用融入基础资料及设计成果的BIM，构建“建管养”全周期数字化管理平台，控制建设进度质量；设置完善的施工流程和安全监测设备，建立数字通信通道，实现数据信息实时共享，视频语音高效传输，创建智能化数字工地，提高参建单位协同效率。四是创新智能营运管控。设置种类齐全的外场监测终端，全面采集交通、气象、地灾等数据；采用云平台、大数据技术构建道路管理智慧大脑，引入人工智能算法，通过基于多维历史数据的深度分析，准确预判演变趋势，提前启动应急预案，实现人车路灾一体化运行监测、车路与路网协同。五是健全智慧信息服务。拓宽信息发布渠道，完善信息服务体系，加强信息共享，融合大路网及九寨沟智慧城市等多源数据，筛选整理交通、旅游、加油、天气、灾害等信息，定制化推送，实现人、车、路、游互联互通。

智慧交通以安全、便捷、绿色为目标，运用物联网、大数据、人工智能等技术手段，让传统的“哑设施”数字化、智能化，为新川九路“建管养运”全生命周期提供信息服务，为人和货物的运输提供更安全、更高效的服务体验。具体包括以下三个方面。

一是构建“人、车、路、环境”综合智能感知和信息发布体系。根据实际综合设置视频监控、车辆信息采集、环境监测等传感设施，陡坡急弯、气象恶劣等重点路段加密布设，全面、及时掌握道路的实际情况。针对地质灾害多发的特点，重要桥隧及高危边坡设置健康智能监测系统，实现结构体的在线“体检”，支持安全状态评估。有了这些信息和数据，我们就可以及时发现道路上的异常情况，必要时发布预警信息，启动应急预案。重要路口、服务区、隧道等重要控制点设置可变信息标志，实现动态指令的快速下发，建立后台管控与前端车辆的信息交互渠道。

二是运用新一代信息技术，打造智慧核心大脑。运用云计算技术，构建计算资源、存储资源、网络资源高度融合的智慧管理平台，统一提供高性能、高可靠的计算服务。运用大数据技术，实现运维、养护、监控、旅游等海量数据的深度融合，支撑交通管控策略的智能研判，交旅服务的深度融合和管养业务的高度协同。引入BIM+GIS融合技术，按照“一张图”思路，将沿线路基路面、桥涵隧道、服务区等基础设施数字化，打造数字化支撑底座和三维GIS展示平台，通过静态基础信息和动态监测信息的综合展示，实现了公路资产和交通状况的“所见即所得”“所得即可管”的功能。

三是充分适应管养业务，构建全场景智慧应用。新川九路管理分中心作为全路综合业务核心机构，兼具运行监测、应急处置、公众服务、日常养护等多项功能。新川九路配置了道路运行监测与分析预警系统，智能捕捉交通敏感信息，主动为管理者推送交通运行异常事件；配置了辅助决策系统，为应急事态的准确研判和快速处置提供基础支撑；配置了全渠道服务系统，可以通过网站、广播、短信、服务区智能查询终端、沿线情报板等多维丰富手段，实现“人、车、路”信息交互，为公众提供全过程、伴随式、智慧化出行信息服务；配置了智慧公路资产管理系统，建立数字台账，详细记录设施的运行和维护情况，极大提升了设备智能化运维管理水平。

网友萝卜头：新川九路最鲜明的特点就是它是一条旅游公路。新川九路提升了我们的旅游体验吗？

罗玉宏：这是肯定的。我们秉承“全走廊交旅融合，路景游一体化；全通道综合协调，融合区域发展”设计思路，研发应用“交通+旅游融合关键技术”，让旅游更畅享。建成之初就有自驾游爱好者在游记中写到：“新川九路不仅延续着安全畅通的道路功能，更是它融合景观、漫游、智能为一体的新交通，让我有满满的舒适感、安全感和幸福感。”具体情况请刘家顺同志做介绍。

刘家顺：好的。我们在设计上充分考虑了交旅融合，注重提升旅游体验，具体做了以下几项工作。一是创建景区旅游公路。我们将沿线红色文化、藏羌人文、保护区、公园、自然风景作为景区，深度融合沿线风景+旅游，因地制宜配套漫游服务设施，打造高质量国际精品旅游线路。二是创新慢游服务体系。按需导向，因地制宜，建立深度融合的慢游服务体系，分类设置服务区、停车区、观景台、旅游驿站、骑游道、露营地等设施，丰富多元化漫游体验。三是丰富旅游服务设施。服务区设置完善的停车、服务及配套设施；观景台配置小型停车场区、生态卫生间、观景步游道；露营地提供水电、网络接入、餐饮、帐篷、篝火晚会等服务，全面提升川九路旅游服务品质和内涵。四是实现养护与旅游融合。依托养护设施新建、重建和改造，拓展对外服务功能和设施，方便旅客停车、休憩和观景，深度融合沿线漫游。五是创作旅游标识。以新时代景区旅游公路新标杆为内涵，突出与自然环境和谐交融的旅游观光品牌定位，建立川九路形象标识及信息展示系统，提高项目识别度与知名度。六是创新实用技术。我们研发应用高原公路旅游建筑绿色节能新技术，还充分利用走廊资源，创新全线埋设地下管道，为公路赋予新的信息及电力传输功能，将公路附近架空管线全部入地，让沿线风景更加敞亮，有效提升旅游体验。

网友情有独钟：如果我们到九寨沟旅游，走新川九路会不会堵车？路线怎样选择比较好？

罗玉宏：这个问题请冯光宇同志回答。

冯光宇：我们在设计上大力推进全通道综合协调，实现区域融合发展，有效解决了拥堵、绕行等问题。我们创新景区段交通组织，针对九寨沟景区、漳扎镇段旅游交通拥堵难题，我们创新设计新建国道、恢复旅游支线、设置部分互通及内部掉头车道、增设外部国道掉头环岛等工程，系统建立旅游支线内部单循环、主支线内外交替多循环、外部国道单循环等多路径交通组织及管理预案，下大力气实现了旅游交通缓堵保畅。我们坚持综合交通建设、融合区域发展。为具体线路出行提供多套方案，旅客可以根据自己的需求选择交通工具和路线，在这方面我们也有清晰的指引系统。我们研究川九路旅游融合发展基本原则，建立公路旅游与融合框架体系，形成旅游设施系统，提出川九路旅游服务设施分类方法，将设施分为服务区、停车区、观景台、旅游驿站、特色设施等5类。系统研究川九路旅游标识标牌设计，形成既满足国际标准又代表个性的川九路旅游标识系统，可为旅客提供清晰的指引。

网友开心果：如果我到九寨沟旅游，沿途在新川九路上有哪些特色的景点可供选择？

罗玉宏：我们分类设置1处服务区（待建）、1处停车区、3处观景台、9处养护兼旅游驿站、甘海子骑游道、上四寨露营地（分期修建），深度融合沿线风景，打造高质量国际精品旅游线路。具体的点位由孙大远同志给网友介绍下。

孙大远：在具体点位的打造上，我们团队非常用心。为了九寨东立交桥侧一段140多米藏式风格挡墙饰面，我们花了7天时间深入藏族居住区考察调研；为了漳扎东立交桥下一段1700平方米的“花境”，与四川省草科院合作，通过立地实验选取了75种适宜本地生长的花草；为了九寨沟景区出入口立交桥两侧山水挂板护栏做了10多个比选方案，并对桥梁受力结构进行多次验算；为更好修复全线边坡生态，依托省科技厅重大专项课题建立了5万平方米以上的“重大工程受损生态修复技术实验点”。具体特色景点打造主要有以下几点：

一是公路本身就是最大的线性景点。我们在项目策划时就将川九路定义为旅游目的地，以路为景，将周边旅游资源串珠成链，各路段根据旅游价值灵活确定路宽与设计速度，线路最大程度地顺应自然，并考虑了过境线、乡镇规划发展余地与旅游缓冲空间。二是画龙点睛、因地制宜的观景台。整体原则简单配置、集约打造、或停或观。水晶乡观景台，以钢管桁架形成空中阶梯式观景台，近观岷江清流、高原花海，远观岷山北峰群山绵延、旭日东升。弓杠岭垭口观景台，我们将其兼作森林草原防灭火瞭望台。该处海拔3525米，是全线制高点。在充分利用原有停车位、步游道基础上，结合路侧边坡坡地，增设木结构观景平台、钢结构观景廊桥和生态厕所。东看山间日出，西观山顶日落，南有高原雪山，北瞰林海雪冠，美不胜收。三是慢行系统与爱情海景区融合。甘海子高山湖泊群位于九寨国家森林公园核心区，森林风景丰富多彩，湖泊水体变幻多姿，山水人居交相辉映，藏羌人文历史悠久。新川九路途径甘海子湖西畔，岸线长2.4公里，是观澜美景、体验漫游的绝佳路段。在公路东侧湖畔增设甘海子骑行步游道，既向公路开放甘海子风景，方便乘客路侧停车观景，又与景区游览路线封闭成环，提供景区深度骑游步游，实现道路漫游与爱情海景区的深度融合。四是一站一妆的服务驿站。我们将全线9处公路养护设施兼作为服务驿站，将传统的封闭式养护道班对旅客开放，融入和拓展停车、漫游观景、休憩等功能，对旅客提供标准化的服务，一地多用，一站多能，实现集约节约。比如塔玛驿站在保留原道班主体结构的基础上，重构外立面，以低调亲切的姿态融入森林公园环境。增设便利商店、游客休息区、生态厕所，打造开放式养护旅游一体化驿站，方便游客快进慢游的驾乘需求。

交通运输

JIAOTONG YUNSHU

2023

四川交通年鉴

综　述　2022年，四川省公路运输客运量、旅客周转量、货运量、货物周转量分别完成3.0亿人次、168.6亿人公里、17.2亿吨、1858.0亿吨公里，比上年分别增长-34.3%、-37.6%、0.6%、3.8%。水路运输客运量、旅客周转量、货运量、货物周转量、集装箱吞吐量分别完成726万人次、8716万人公里、6049万吨、275亿吨公里、28.76万标箱，比上年分别增长-16%、-10.9%和12%、4%、9.48%。

年内，四川交通运输状况呈现以下特点：一是道路水路运输基础设施建设成效显著。全省道路运输站场建设完成投资54.6亿元，完成年度目标的176.1%。建成综合客运枢纽5个、货运枢纽（物流园区）3个、县级客运站7个和乡镇运输服务站256个，分别完成年度目标的125%、150%、140%和103%。全年全省水路交通投资完成66.08亿元，占年计划50亿元的132%。全年完成新增高等级航道144公里，超额完成年度新增110公里高等级航道目标任务，提前3年完成部“十四五”期下达的高等级航道新增任务。印发实施《四川省内河高等级航道养护工程管理办法》，进一步规范全省高等级航道养护工程实施程序；嘉陵江通航建筑物联合调度不断完善，广元至重庆正常航行时间稳定在7天以内。二是运输服务能力明显提高。道路客运运力结构进一步优化。2022年高级客车15641辆，占比34.6%，较上年下降10.6个百分点；城市公交车总数发展到3.5万辆，开通20条跨省城际公交；“门到门”服务网络扩大，定制客运线路发展到523条，车辆发展到4023辆；基本出行服务保障增强，农村客运车辆发展到27636辆；超长客运车辆退出74台。全省具备条件的乡镇和建制村100%通客车，完成乡镇和建制村通客车任务。“十四五”期间每年争取落实约4亿元农村道路客运省级补助资金，支持农村道路客运发展。旅游包车信息平台建设加快推进，“交通+旅游”融合发展趋势明显。全省204个三级以上车站实现联网售票，符合条件的192个二级及以上客运站实现电子客票推广应用。城市公共交通一卡通互联互通工程持续推进，21个市（州）实现公交“一卡通”互联互通。全省“12328”电话系统受理业务100余万件；投诉举报限时办结率97.69%，回访满意率99.21%，非投诉举报限时办结率95.31%。三是道路水路货运物流体系建设加快推进。全省营运货车45.1万辆（比上年上升7.9%）、总吨位614.3万吨（比上年增长13.9%），集装箱车辆2659辆（比上年增长5.0%）。货运集约发展突破，发展网络平台道路货物运输经营者17家，现有注册货运司机7.14万人，整合货运车辆7.87万辆，完成货运量1395.01万吨，货运周转量53.51亿吨公里，货运车辆利用率提高约40%，运费交易总额超19亿元。全省水路运输企业从个体经营向公司化运营转变，新增运输企业91家、累计435家，港口企业86家，可为腹地提供各类专业化服务。持续开展老旧船、僵尸船专项清理工作，船舶逐步大型化、专业化、标准化，全省运输船舶数量从4718艘减少到3806艘，过三峡船闸船舶标准化率达到90%以上。水运多式联运发展成效明显，泸宜乐三港整合聚力发展，推动水运多式联运走出上扬线。深化川渝合作，持续推动泸州、宜宾港至重庆“水水中转”班轮常态化运行，新增广安至重庆、南充至重庆、广元至南充集装箱班轮航线。推进运输结构调整，泸州港抢抓发展机遇，拓展货源，完善服务品质，提升服务效率，与成都、昆明、攀枝花等地持续运行铁水联运班列11条，其中，开行“泸州号”中欧班列10条、中亚班列1条。全省完成水路货运量6049万吨，比上年增长12%；完成铁水联运集装箱吞吐量42577标箱，增长14.2%。四是重大运输保障能力不断提升。完成春运、十一“黄金周”运输任务等重大道路运输保障任务。道路客运量5454.1万人次，比2019年下降49.1%。水路客（渡）运量236.9万人次，2019年下降55.3%，比2020年上升3.6%。高速公路车流量8.6亿辆次，比2019年上升14.64%，比2020年上升17.51%。普通国省干线日均断面流量为6570辆，比2020年上升4.6%。2022年，通行大件公路的大件设备6727件次，比2021年通行量增长84%。其中车货总重100吨以下6097件次，占90.63%；100吨～199.9吨493件次，占7.33%；200吨～289.9吨79件次，占1.17%；290吨～499.9吨45件次，占0.68%；500吨以上13件次，占0.19%。车货总长40米～49.99米53件次，50米及以上8件次；车货总宽6米～6.99米341件次，7米～7.99米64件次，8米及以上16件次；车货总高5米～5.99米99件次，6米～6.99米68件次，7米～7.99米23件次，8米及以上17件次。

（本栏目供稿单位：厅运输处）

道路运输

DAOLU YUNSHU

概　况　2022年，四川道路运输行业超额完成经济、投资、建设绩效目标。实现公路运输总周转量比上年增长3.1%，分别高于全国平均水平3.6个百分点、省政府目标2.6个百分点；完成投资54.6亿元，创近十年新高；建成综合客运枢纽5个、货运枢纽3个、县级客运站7个和乡镇运输服务站256个，分别完成年度目标的125%、150%、140%和103%。做到“防控一线在交通”。分区分级动态响应管控，抓好“入川即检”和物流保通保畅，调集1万余辆次车辆完成20万人次和多批次防疫物资转运任务，防控工作多次得到省领导肯定，厅运管局获全省“入川即检”工作先进单位、“重点地区滞留人员疏解返川工作表现突出单位”等称号，开发的重点物资运输车辆通行证应用被评为四川数字政府赛“十佳案例”。“春风行动”深入人心，“适老化”改造让老年群体出行方便，“金通工程”守护乡村群众高质量出行，集约化货运为民降本增效，发展定制客运、乡村客运，农村物流服务品牌数量位居全国第一，创成一批国家级“公交都市”“绿色出行城市”“绿色货运配送示范城市”“多式联运示范项目”，推出“一件事一次办”等政务服务让老百姓“少跑腿”“跨省通办”办结率迈进全国前列方阵，开展货车司机“暖心之家”政务服务建设，货运从业证件申领获企业群众最满意“川渝通办”事项第二名。聚焦聚力行业安全稳定基础，强化交通、公安、教育等多部门联动依法治运，创新开发应用“两客一危”企业数字画像、“数字打非”、驾培监管等系统，按季度发布市场运行监测报告，坚持“一月一报告”“人车户记分管理”等制度，健全道路运输车辆检验检测机构公告程序规定、汽车维修企业信用评价实施细则等政策，办理网络舆情2085条，治理行业风险隐患，稳妥处置50岁女性出租车退休、道路危货运输资质从严审批问题，安全抢运3次较大地震受灾群众和抢险救灾人员40余万人次，全年行业未发生重大涉稳事件和重大及以上安全事故。坚持党建引领赋能道路运输事业高质量发展，执行“第一议题”制度，巩固拓展党史学习教育活动成果，学习贯彻党的二十大、省第十二次党代会等重要精神，守好行业意识形态阵地，推进党支部标准化规范化建设，抓好“清廉交通”建设落地，深挖隐形变异“四风”问题，全覆盖排查筑牢风险防控网，整改巡视、检查、审计、检视发现问题和解决历史遗留难题，建好用好工会、青工委、急难险重任务专班，推动货车司机党建试点任务，创成“暖心之家”四川品牌被中组部、交通运输部充分肯定，开发“蜀道畅”获省“网聚职工正能量，争做四川好网民”优秀案例第一名，组织四川选手参加成渝地区货车司机技能大赛获第一名，厅运管局被授予“四川省五一劳动奖状先进集体”等称号。

（蒋智力）

2022年7月15日，省交通运输厅、省公安厅交警总队、省应急管理厅联合召开全省客货运输突出违法违规行为专项整治视频推进会。省公安厅交警总队李异副总队长、省交通运输厅运管局安全总监周继斌出席会议并讲话　　厅运管局　供图

绩效目标任务完成 2022年，全省交通道路运输行业绩效目标任务超额完成。全年完成公路运输总周转量1883.9亿吨公里，比上年增长3.1%，超额完成省政府下达2022年公路运输总周转量增幅比全国高一个百分点任务。全省运输站场完成投资54.6亿元，为年度投资计划目标的176.1%，建成渠县枢纽站、成都国际铁路港多式联运项目、松潘黄胜关枢纽站、内江川南城际铁路白马西站等综合客货运枢纽。建成遂宁市城南客运站、青川县中心客运站、苍溪县客运中心站、巴山大峡谷旅游客运站等县级客运站和256个乡镇综合运输服务站。投资目标任务超额完成。

（厅运管局）

新冠疫情防控 2022年，四川交通道路运输行业落实“四个100%”常态疫情防控措施，实行动态分区分级，利用主动安防系统、川行通、电子围栏技术，强化科学精准防控。统筹疫情防控与保通保畅。搭建工作专班，出台《进一步加强货车司机管理服务六条措施》，健全三级督办工作机制，落实“即采即走即追”闭环管理，“一事一协调”解决货车司机咨询诉求2431件，杜绝层层加码、“一刀切”等问题。建立重点物资通行证和保供企业“白名单”制度，“秒批秒办”发放通行证33.83万张，对接服务1265家“白名单”企业。四川省重点物资运输车辆通行证应用获评第三届数字四川创新大赛数字政府赛道“十佳案例”。

（厅运管局）

“放管服”改革 2022年，全省交通道路运输行业“放管服”改革推进。年内，所有9类证照电子化，并与交通运输部证照系统联调，实现标准全国统一。新增“我要做客车司机”“我要当网约车驾驶员”2类事项“一件事一次办”。联合公安部门实现客运和危货运输车辆上户联审联办，驾驶员培训与考试双网联动。道路运输4类23项高频事项实现“跨省通办”，全省“跨省通办”申请量2万余件，办结率99.28%，位居全国前列。

（厅运管局）

“金通工程” 2022年，全省乡村客运“金通工程”深度拓展，评定首批27个乡村运输“金通工程”样板县。深化探索交通增收、商贸增效、邮政降本的融合发展之路，全省“交商邮”共建场站6672个，新增“金通·邮快驿站”1410个，累计7021个。“客货兼顾、空间可变”乡村运输新车型广泛应用，发展交、邮合作线路587条，覆盖8128个建制村，累计代运邮件9522万件。一是启动2022年“样板县”创建评定。下发《2022年度乡村运输“金通工程”样板县评定工作通知》，部署创建评定工作，联合省财政厅对56个申报县（市、区）内业资料进行审定。二是持续加强乡村运输“金通工程”交、商、邮合作。持续推动各县试点开展“交商邮”融合发展，实现全省邮政入驻区县客运站20个、乡镇综合运输服务站185个、金通邮快驿站建设8128个，交、邮合作线路587条，邮件量540万件。三是定期开展“通返不通”核查。将乡镇和建制村通客车纳入乡村振兴考核和省政府年度目标绩效考核范畴，完成对21个市（州）、97个县（市、区）年度3次的乡村振兴日常抽查考核、年度综合考核，部署省政府年度绩效目标考核。同时将“通返不通”作为样板县评定一票否决条件予以规范。四是强化政策保障。结合全省农村客运发展实际和样板县创建工作需要，对样板县评定指标进行修订完善，联合省财政厅出台《四川省乡村运输“金通工程”样板县评定实施细则》《四川省乡村运输“金通工程”样板县复核工作实施方案》，优化实化评定指标，巩固样板县创建成果。五是加强资金保障。下拨2020年度农村客运成品油价格补助资金（4.85亿元）、2021年度农村客运省级专项补助资金（4.15亿元）、“金通工程”样板县奖励资金（1.35亿元），代厅拟定农村客运中省补助资金分配管理办法、样板县奖励资金管理使用通知，保障“专款专用”，提升资金使用效益，促进农村客运可持续发展。六是推进农村客运车辆安装主防系统全覆盖。全省省级监控平台乡村客运车辆安装主防系统并接入省级行业监管平台的车辆数为1.3万辆，较2021年（4326辆）增长200%。七是召开2022年全省推动“四好农村路”高质量发展和乡村运输“金通工程”现场会。2022年11月，省政府在泸州市江阳区召开2022年度全省推动“四好农村路”高质量发展和乡村运输“金通工程”现场会，总结交流上阶段工作成效，安排部署下一步农村客运发展工作。

（厅运管局）

2022年，行驶在乡村道路上的“金通工程”小黄车　　厅运管局　供图

客货运输提档升级 2022年，全省客货运输提档升级。客运结构持续优化。高端供给大幅增加，“门到门”服务网络进一步扩大，定制客运业务经营者118户，定制客运平台31家，定制客运线路453条，定制客运车辆3999辆，实现全省三类以上客运班线全覆盖。货运增效推进。技术降本，新增网络平台道路货物运输经营者11家。示范引领，深化多式联运示范工程建设，秦巴无水港“四向通达”公铁多式联运示范工程和成渝（德阳）“一核两支点”新生态泛亚贸易通道公铁海多式联运示范工程成功申报全国第四批示范项目。建设高效农村物流体系，新增江安县“金通畅行”、合江县“交邮商融合助力乡村振兴”等4个项目，并成功创建全国农村物流服务品牌。

（厅运管局）

绿色发展 2022年，全省道路运输行业绿色发展深入践行。推进公交优先发展战略，成都、自贡、泸州市成功创建国家级“公交都市”，全省35个区（市、县）完成全域公交改造。电子客票广泛推广，192个二级以上客运站全面应用，生成3980万张电子客票。深化绿色货运。创建绿色配送示范城市，宜宾、德阳、遂宁入选全国第三批“绿色货运”城市示范工程。深化绿色装备。全年新增及更新的公交车、出租汽车（含网约车）中新能源汽车占比均超80%，全省新能源道路运输车辆超2.5万辆。深化绿色维修。实施I/M制度，印发实施《四川省汽车排放性能维修站（M站）服务规范》，强化尾气治理监管。自贡贡井区建成区域性汽车维修钣喷中心。

（厅运管局）

治理能力提升 2022年，全省道路运输行业治理能力不断提升。做实数字监管。道路运输综合管理与服务信息平台全面应用，实现业务办理与动态监管“两个闭环”。运用“大数据”，对全省993家“两客一危”企业安全生产状况精准数字画像，排名靠后企业纳入重点监管。开展“数字打非”专项行动，推送1741台高度疑似非法营运嫌疑车辆，精准查获非法营运车辆622台。信用监管成型。印发汽车维修企业信用评价实施细则，修订机动车驾驶员培训机构质量信誉建设管理办法，“两客一危”企业、车辆、驾驶员记分管理落实，道路运输领域涵盖“人”“车”“户”信用监管评价体系构建成型，管理质效提升。行业稳定可控。实行行业稳定“零报告”制度，印发《道路运输领域突出风险及应对措施清单》，强化监测分析，提升科学应对风险能力。“清单制”+“责任制”抓网络舆情治理，实行日交办、重点督办和月通报，累计办理网络舆情931条，有效化解矛盾风险。权益保护有效。持续办好维护货车司机权益“9件实事”。开展“阳光行动”，头部网约车平台全部向社会公开计价规则和抽成比例。推动平台为网约车司机购买职业伤害保险，3.7万名司机参保。印发女性出租车驾驶员退休问题处置意见。

（厅运管局）

安全应急保障能力提升 2022年，全省道路运输行业提升安全应急保障能力。贯彻落实国务院安全生产15条措施，制定9大项22小项贯彻落实举措。实施“一月一报告”制度，压实企业主体、属地管理“两个责任”。严格车辆动态监控和驾驶员记分管理，4067名驾驶员纳入重点监控，182名驾驶员列入行业禁入名单。采取安全生产包保、监控平台联合办公、重点车辆分类监管、违法违规极速处理等超常规措施，保障党的二十大期间行业稳定，实现重点时段安全生产零事故。全省道路运输行车事故起数、死亡人数比上年分别下降8.6%和18.3%。全省常态化储备应急运力6300台。完善洪涝巨灾、地震重点危险区、重点时段道路运输应急预案，加强应急演练。快速响应省政府指令，调集运力近千台，跨市（州）完成广安、甘孜、内江等地疫情防控应急运输任务，跨省（市）完成支援海南应急运输任务。2022年以来，在疫情防控和雅安“6·1”、泸定“9·5”抗震救灾等工作中，全省累计抢运群众和工作人员40余万人次，为各项重大工作提供运输保障。

（厅运管局）

货车司机党群服务 2022年，厅运管局将党建与业务深度融合，推进货车司机群体党建，完成各项试点任务。把握货车司机生产生活规律，分门别类建强基层组织，全省17537名货车司机党员入列归队。解决货车司机急难愁盼，创新开发应用“蜀道畅”智慧党建平台，推动高质量建设彭州“蔬心驿站”等8个物流园区“暖心之家”，线上线下搭建货车司机党群服务矩阵，畅通“直通车”渠道，“一事一协调”解决货车司机各类诉求。“蜀道畅”获全省“网聚职工正能量，争做四川好网民”活动小程序优秀案例一等奖。

（蒋智力）

水路运输

SHUILU YUNSHU

概　况　2022年，四川省水路运输围绕加快建设交通强省和共建长江上游航运中心，构建平安、绿色、畅通、智慧、高效的现代化高质量四川内河水运体系，省交通运输厅强市场、优服务、调结构、保通畅，水路运输各指标增势明显，全省水路运输货运量、货物周转量、港口吞吐量、集装箱铁水联运量分别比上年增长12.01%、4.1%、57.34%和14.23%，突破性实现运输结构优化。持续深化川渝合作，推动嘉陵江至长江干支联运航线常态化运行，稳定运行广元至重庆“水上穿梭巴士”散货运输和嘉陵江集装箱航线。支持智慧港口建设，宜宾5G智慧港口项目一期（一标段）工程正式运行，项目一期（二标段）工程开工建设。发展多式联运，全国完成铁水联运集装箱量4.26万标箱。

（省航务海事中心）

水路货物和旅客运输及港口货物吞吐量　2022年，全省完成水路货运量6049万吨，比上年增长12.01%；货物周转量275.59亿吨公里，增长4.1%。全省累计完成水路客运量726万人次、旅客周转量8716万人公里，比上年分别增长-16.06%、-10.91%。全省港口完成货物吞吐量3216万吨，比上年增长57.34%。

（省航务海事中心）

水运企业及运力　2022年12月底，全省有水路运输企业389家，其中省际运输企业68家、省内运输企业321家，货运企业223家、客运企业152家、兼营14家。运力达万吨以上的企业有28家，其中泸州17家、宜宾6家、南充2家、乐山2家、广安1家。全省经营性港口企业88家，其中普货港口72家、危货港口7家、客运港口9家。全省有运输船舶4262艘（含驳船776艘），其中客船1275艘、35498客位，货船2012艘、133.54万载重。省际船舶348艘，总载重87.51万吨。千吨级以上载重货船267艘，总载重82.39万吨，单船最大载重8000吨。

（省航务海事中心）

水路运输市场　2022年，四川省水路运输持续推进川渝水运合作，进一步深化落实《推动成渝地区双城经济圈共建长江上游航运中心合作备忘录》，推动嘉陵江至长江干支联运航线常态化运行，稳定运行广元至重庆“水上穿梭巴士”散货运输和嘉陵江集装箱航线。全年完成集装箱吞吐量28.76万标箱，比上年增长9.48%。2022年二季度，广元港购买10艘货船用于嘉陵江长途运输，新增运力3000吨。广安港累计运行广安至重庆集装箱班轮航线52航次、1184标箱。开通广安港—重庆—钦州—日本外贸集装箱航线。嘉陵江航运全面融入陆海新通道运营体系，嘉陵江全年实现货运量1551.4万吨，比上年增长68.45%，超额实现突破目标。

（省航务海事中心）

多式联运　2022年，省航务海事中心多式联运业务持续发展，“公转水”（公路运输转水路运输）引导成效明显，水路运输货物种类更加丰富多元，煤炭、钢

2022年，泸州港全景　　胡　斐　摄

铁、金属矿石等大宗货物运输比重不断上升，累计实现“公转水”增量156万余吨。泸州、宜宾两港创新“散改集”+“水转水/公水联运”新模式，提升绿色运输效益，稳定运行川渝水中转班轮和长江中下游直航航线，全年运行宜宾—泸州—重庆集装箱水水中转班轮887航次、9.35万标箱。稳定开行11条铁水联运班列，其中“泸州号”蓉欧班列10列、蓉亚班列1列，全年完成铁水联运集装箱量4.26万标箱，比上年增长14.23%。

（省航务海事中心）

水运市场监管　2022年，省航务海事中心继续加强水运市场监督管理，一是梳理权力清单和责任清单，完善四川政务一体化平台政务服务事项、水路运输类电子证照应用场景配置。二是组织开展2022年全省国内水路运输及其辅助业经营者年度核查和水运“双随机、一公开”抽查工作，重点整治违规挂靠、违规颁证、僵尸企业等突出问题。三是加强水路运输航运市场监测与信息引导，开展运政数据与统计名录库数据比对和水运市场分析调研。四是印发实施《四川省水路运输市场信用管理办法》，开展水路运输市场信用管理评价工作。

（省航务海事中心）

水运旅游发展　2022年，省航务海事中心深挖水运旅游资源和文化内涵，积极培育特色突出、品质精良、游客满意的水路旅游客运品牌，“航运+旅游”进程提速，印发《关于打造四川省水上旅游产品的指导意见》。嘉陵江南充游、成渝双城经济圈巴蜀文化岷江旅游走廊精品航线和阆中水城游3条旅游航线被交通运输部确定为国内水路旅游客运精品航线试点。

（省航务海事中心）

长运公司持续推动嘉陵江航运复苏　2022年，长运公司运行广安至重庆集装箱班轮航线52航次，比上年增长477.71%；集装箱箱运量990标箱，增长236.72%。运行泸州至九江集装箱班轮航线93航次，比上年增长5.68%；集装箱箱运量18420标箱，增长19.63%。公司相继淘汰高耗能、低效益船舶“东电号”，四川长运大件以及川集29、30、32、33轮，加强长江干线大型集装箱标准船舶研究，启动新建7000吨361标箱长江干线大型集装箱标准船舶论证，积极推进前期工作。

（省港投集团）

泸州港出口集装箱货物实现首票“抵港直装”　2022年5月15日，泸州港集装箱码头装载卫生陶瓷洁具的集装箱首票通过“抵港直装”到“民夔号”，从泸州港集装箱码头始发直航至上海。实现出口货物快速通关，即通过提前申报、闸口触发运抵、根据指令分流放行和查验货物，使海关放行货物可直接装船离境。

2022年，泸州港在开展进口集装箱货物“船边直提”基础上，将出口集装箱货物纳入“抵港直装”作

2022年5月15日，泸州港出口集装箱货物实现首票“抵港直装”
省港投集团　供图

业，与海关配合，对接企业需求，将订舱、提空装箱、申报放行、抵港直装、离港等手续，与港口装卸安排、车辆调度、机械调配、智能闸口管理等作业标准，实现精准对接和深度融合，搭建起相适配的海关监管和港口作业模式。采取“抵港直装”模式，结合港口铁水联运系统，与企业实现点对点直通，整个过程从原来的1天以上缩短至1小时内，节省通关时间，提高车辆中转效率，为客户节约时间，降低物流成本，支持外贸经济复苏，对港口外贸箱量增长有明显促进作用。

（省港投集团）

泸州港“船边直提”助力通关“加速度” 2022年11月3日，2个装载希腊进口的大理石石板集装箱在泸州海关现场关员监管下，从航洋98/2212W直接卸装至集装箱拖车上，通过“船边直提”监管迅速离场，完成进口货物的车船直取，整个过程耗时3分钟，实现货物从抵港到卸船的“零延时”“零堆存”。“船边直提”以进口货物向海关“提前申报”为基础，利用货物在途运输时间办理报关申报、单证审核、税款缴纳等通关手续，进境船舶抵港后即可办理放行，实现集装箱拖车从船边直接装卸、提货，货物在港时间实行“双压缩”。“船边直提”“抵港直装”等创新作业模式降低了外贸企业物流时间成本，助力跨境贸易“加速度”。

（省港投集团）

中欧班列俄罗斯回程货物抵达泸州港 2022年9月，中欧班列装载有俄罗斯木材、卷纸、氯化钾等回程货物的集装箱陆续抵达泸州港，装船后发往长江中下游，辐射至华东、华南地区。首批发运货物1000标箱，全年预计发运近5000标箱。截至2022年8月，泸州港助力完成发运中欧班列“泸州号”5列，陆续打通至德国、俄罗斯、白俄罗斯的西向陆路国际物流通道，累计完成货物运输500标箱6000余吨。泸州港发挥集疏运体系，实现中欧班列与长江黄金水道的无缝衔接，铁公水多式联运功能凸显。

（省港投集团）

宜宾2022年首单出口茶叶经宜宾港起运非洲 2022年1月26日，宜宾2022年首单出口茶叶在宜宾港顺利装船发往非洲。该批出口茶叶共46吨，经宜彝高速公路到达宜宾港后，通过公转水及江海联运方式发往非洲摩洛哥。宜宾通过整合市、县两级茶叶、企业等资源成立四川省宜宾市茶业进出口有限公司，该公司与宜宾港保持良好战略合作关系，通过宜宾港将当地优质茶叶发往西非、北非和中亚等多个国家，提升宜宾茶叶国际影响力。2022年1月24日，宜宾港再度获批“国家临时开放口岸”，这是自2018年以来，宜宾港第五次获批国家临时开放口岸。

（省港投集团）

2022年11月3日，在泸州海关现场关员的监管下，2个进口的大理石石板集装箱通过“船边直提”监管迅速离场 省港投集团 供图

宜宾港刷新单体货物吊装重量纪录 2022年12月1日，宜宾港顺利吊装重达435吨的变压器，创下宜宾港单体货物吊装重量之最。该变压器由四川天明发电有限公司购置的湖南湘变电工制造有限公司生产，通过四川大件运输有限公司从湖南衡阳水路船运输至宜宾港，再经宜宾港重大件泊位吊装，通过公路运输至绵阳江油，以保障全省能源稳定供应。

年内，宜宾港码头公司成立“435吨主变压器吊装”专项工作小组，提前一个月进行货

2022年12月1日，宜宾港顺利吊装重达435吨的变压器，创下宜宾港单体货物吊装重量之最 省港投集团 供图

物信息采集，联合变压器生产厂家、货物委托单位，共同对货物特点进行分析，研讨、制定吊装方案，确认货物重心、起吊点、防护措施等重要信息，形成安全可行吊装方案。执行此次吊装任务的泊位为长江内河港口单次起重重量最大的重件泊位，单次起吊重量达1000吨，配合大负荷钢丝绳、卸扣以及负荷吊梁共同完成。

（省港投集团）

首批氧化铝经宜宾港发往云南 2022年7月5日，“星宇108号”装载4600吨氧化铝从重庆万州港发出，经水运到宜宾港再发往云南，该项目稳定运行，预计每年将达60万吨～80万吨的发运量，后期随着腹地内的电解铝厂产能全部释放，预计发运量将达到150万吨以上。宜宾港公司坚定践行“港口+物流+贸易”业务发展方向，在做大贸易市场份额的同时，聚焦主责主业，按照“稳存量，扩增量”工作思路，多次深入川、渝、滇三地开展市场调研，并以成渝地区双城经济圈建设为契机，加强川渝港口间合作，共建长江上游航运中心，开启川渝港口合作新篇章。本次氧化铝项目经重庆万州水运到宜宾港转公路发往云南，是宜宾港公司公水联运业务模式取得的又一新突破。

（省港投集团）

南充港再添“川货出川”公水联运新航线 2022年1月3日，“兴川江009号”和“宇峰379号”货船载着712吨硫磺驶入南充港，自2021年12月到港的首趟“晋煤入川”集装箱铁水联运班轮后，为落实港投集团服务“四川对外开放和内陆开放经济高地建设”、服务“川货出川”职责使命开启的又一趟货运班轮。此次班轮是在广元港另一新建作业区——张家坝作业区投入运营后货运班轮到南充港的又一次航班，是南充港打通“能源入川”北向通道以来，首次到港的件杂货班轮，也是“川渝滇”三地公水联运航线的首次尝试。

（省港投集团）

2022年7月5日，首批氧化铝经宜宾港发往云南 省港投集团 供图

广安首批一体化通关外贸保税货物抵港入驻保税仓 2022年6月15日，由韩国优利德（四川）公司从日本进口全新离子膜电解槽设备，从上海港转关后，通过水路运输经过12天抵达广安港，广安实现首批一体化通关外贸集装箱抵港。抵港后，货物将直接转运至广安港公用型保税仓，货物核销将在保税仓全面完成，为企业保税近500万元，有效缓解企业流动资金压力。此次进口设备通过一体化通关，提高通关效率，降低外贸物流运输成本50%左右。

年内，广安港以“四川水运突破年”为契机，持续拓宽水运物流通道，发挥水运物流成本优势，用好广安港公用型保税仓，开展“物流+报关+清关+保税仓储”一体式综合服务，为广安中高端装备制造以及高附加值化工材料等大型企业进出口提供更优质、更便捷服务。

（省港投集团）

广安港试开行广安至日本外贸班轮 2022年9月6日，广安港—重庆港—日本富山新港和东京港的水上外贸（出口）航道首次开行。此批次业务为外贸出口业务，货物为广安生产的精细化工（药肥）产品，由广安港提供全程物流（运输）和货物代理报关服务，采取“江海联运（物流服务）+一体化通关”综合外贸服务模式，在“川货出川”“川货出海”服务体系建设上取得重大突破。

年内，广安港在落实省委省政府“治蜀兴川”战略、“水运突破年”行动和实现省港投集团“一载体四平台”发展战略上大胆创新，以助力“川货出川”“川货出海”为己任，融入成渝双城经济圈建设，持续深耕川东北精细化工市场，在服务地方经济建设上不断突破。

（省港投集团）

2022年6月15日，一艘外贸进口集装箱轮船驶入广安港新东门作业区码头　　省港投集团　供图

交通管理

JIAOTONG GUANLI

2023

四川交通年鉴

交通规划

JIAOTONG GUIHUA

概　况　2022年，厅规划处编制形成《四川省综合立体交通网规划纲要》《四川省高速公路网布局规划（2022—2035年）》《四川省普通省道网布局规划（2022—2035年）》，并经省政府常务会审议通过后印发。会同省航务海事中心编制形成《四川省内河水运发展规划（2023—2035年）》，计划2023年一季度报省政府研究审议。按照全省公路水运“1+12”五年发展规划规划体系，印发实施《四川省公路水路交通运输“十四五”发展规划》和12个专项规划。会同相关厅局，梳理形成《四川省“十四五”综合交通运输发展规划重点项目清单》，经省政府同意后实施。编制完成并印发《四川涉藏地区和彝区交通建设实施方案》《“重走长征路”四川省红色旅游交通运输专项规划》《四川省“十四五”交通运输与文化旅游融合发展实施方案》《黄河流域公路基础设施互联互通实施方案》等专项方案（规划）。会同厅有关单位，梳理形成17个与“十四五”规划匹配的省级项目库，陆续报审和印发实施。

（厅规划处）

交通建设项目前期工作　2022年，厅规划处推进新开工高速公路项目10个、935公里。全年新增获得成渝高速公路扩容、遂渝高速公路扩容等8个、679公里高速公路项目核准批复；汉广高速公路扩容获部资金安排意见；康定至新都桥、西昌至昭觉、西昌至香格里拉等3个国家高速公路项目获得部资金确认函。全年取得高速公路用地预审与选址、环评、水保、通航、地灾、压矿等40余个专题报告批复。累计将39个项目纳入2022年国家重点项目清单、103个项目纳入国家102项重大工程项目清单，累计报送174个项目至省发改委，纳入省105项重大工程项目清单。配合厅建管处，成功为10个项目争取到政策性开发性金融工具。以国道318线提质改造，川藏铁路建设公路配套工程，大峨眉、稻城亚丁交旅融合，泸定、芦山、马尔康地震恢复重建等项目为重点，督促指导地方全面加快“十四五”规划国省道项目前期工作，全年累计出具67个普通国省道项目审查意见。国道318线提质改造和川藏铁路配套公路项目全面启动建设，国道662线泸定至石棉、国道664线稻城俄初山隧道等重点项目前期工作顺利推进。全面加快普通国省道项目前期工作审查。牵头拟定《支持高速公路加快建设若干政策》，配合厅外经处拟订《四川省高速公路投资管理暂行办法》，报请省政府审议并印发实施，破解当前高速公路发展面临难题，规范高速公路决策程序。研究出台《四川省高速公路项目前期工作土地使用及拆迁补偿费测算指南》和《四川省高速公路项目交通量预测与财务评价指南》等2个指南，形成较为完善的高速公路投资决策管理政策体系。联合省财政厅印发《2022年交通建设抓项目促投资稳增长若干激励政策》，安排激励资金约8亿元，推动年度投资目标任务顺利完成。创新政策措施强化工作保障。主动与省发展改革委、省财政厅、省自然资源厅、省卫健委、省财评中心等省直部门和相关单位对接，打表推进省交通医院整体迁建项目前期工作，项目工可报告于11月22日通过省政府常务会审议，并获得批复。累计落实中央和省级预算内补助资金4.4亿元，为项目年内开工建设创造先决条件。同时，加强与省发展改革委相关处室沟通，推进省交职院新校区选址建设前期工作。

（厅规划处）

交通建设计划执行　2022年，四川交通建设计划执行顺利。一是中省补助资金再创新高。全年累计争取到位中省补助资金467.8亿元。中央补助资金到位328.3亿元，其中，中央车购税资金284.3亿元，约占全国总量的9.5%，居全国第三，仅次于云南和新疆；政府还贷二级公路取消收费，中央燃油税返还资金16.24亿元，占全国总量（200亿元）的8.1%，居全国第一；中央预算内资金20亿元；农村客运出租车成品油价格补助资金7.7亿元。省级资金到位139.5亿元。中省补助资金撬动全省公路水路交通建设突破2500亿元，再创历史新高。二是升级完善“四川省公路水路投资计划管理（决策支撑）信息系统”。打通规划、计划、执行、验收等关键环节，规划项目入库、投资计划申报、项目进度跟踪、资金清算等业务全部实现线上办理，实现公路水路项目“全领域、全链条、穿透式、可视化”管理，系统正式投入运行。三是资金计划管理体系不断完善。会同省财政厅联合印发《四川省省级财政交通专项资金管理办法》《“十四五”省级财政交通专项资金分配标准》《“十四五”中省补助资金支持农村公路水运“以奖代补”实施方案》等政策文件，研究出台川藏铁路建设保通保畅、支持农村客运发展“以奖代补”等补助政策，开展乡村运输“金通工程”“以奖代补”扶持内河水运发展的若干政策等标准研究，完善“十四五”投资计划政策体系。

（厅规划处）

交通强国、强省试点工作 2022年，四川省作为交通强国建设试点任务成效初显。进一步完善过程联动、成果管理和任务考核等工作机制。印发试点2022年工作要点及任务清单，细化分解目标任务，明确责任单位和工作时限，推动试点任务落地落实。作为试点单位代表，在部交通强国建设试点工作推进会议上作书面交流发言。7个方面交通强国建设试点任务均在加快推进，省内各大媒体与交通部相关报刊相继进行专题报道。厅规划处牵头的成渝地区双城经济圈和交旅融合两项任务初步形成一批试点成果。成渝地区双城经济圈方面，与重庆联合印发实施《共建长江上游航运中心实施方案》；全国首创嘉陵江梯级通航建筑物跨省联合调度；公共交通实现“一卡通”“一码通”，道路旅客运输驾驶员从业资格证换发等19项高频事项实现“川渝通办”。交旅融合方面，依托项目初步形成“5+2”标准指南体系，建成国道544线新川九路、全国首条“红色主题高速”王坪至通江高速公路、宜宾蜀南竹海竹林风景线等试点项目和全国首个以“两路”精神为主题的川藏公路博物馆。交通强市、强县试点有序推进。按照强市、强县试点方案要求，督促指导第一批5市13县加快推进试点任务实施，组织开展第二批试点申报评选工作，批复绵阳等6个市（州）、蒲江等15个县（区）开展交通强市、强县试点工作。

（省交科院）

交通运输碳达峰工作 2022年，为贯彻党中央国务院和省委省政府关于碳达峰、碳中和的决策部署，厅规划处组织开展碳达峰战略路径系列研究，摸清碳排放基本情况，明确碳达峰目标，找准节能降碳有效途径。创新提出推动“运输装备油转电、运输结构公转水（铁）、公众出行私转公、交通建设旧转新和交通状况堵转畅”的“五转”措施，并在新华社第2544期《国内动态清样》作专题报道。构建四川省交通碳排放预测模型，实现对公路水路、铁路民航、城市公交、私家车、物流运输等多领域能耗及碳排放现状核算及多情景发展趋势预测。同步开展碳交易体系构建与策略、交通能耗和碳排放统计监测、三州高速公路与资源协同开发效益分析、碳达峰目标约束下促进水运市场培育、四川发展氢燃料发动机汽车产业的探索等专项课题。基于研究，对标国家、省政府方案，牵头编制完成《四川省交通运输领域绿色低碳发展实施方案》《四川省公路水路行业绿色低碳发展实施方案》。

（厅规划处）

四川省普通国省道线位规划调整研究 为保障《国家公路网规划》《四川省普通省道网布局规划（2022—2035年）》的实施，利用和合理控制通道线位资源，管理下阶段普通国省道项目实施，2022年，厅规划处组织省交科院开展四川境内普通国省道网线位规划调整研究工作。研究包括普通国道、普通省道的路线走向、细部控制点、省际接线点等，旨在“认定”将哪条、哪段原普通国省道或农村公路路线纳入普通国省道网，为普通国省道项目的管理工作提供重要依据。四川省普通国道网在原有32条的基础上，调整原普通国道布局1条，新增7条联络线，布局形成7条纵线、8条横线、16条联络线。四川省普通国道网总规模由1.8万公里调增为2万公里，其中利用原普通国道18592公里，占3.9%；利用普通省道369公里，占1.9%；利用农村公路66公里，占0.3%；利用库外道路774公里，占3.9%。四川省普通省道网在原有115条的基础上，对原普通省道调整19段、延伸39段，并新增90条，布局形成9条成都放射线、27条南北纵线、17条东西横线和152条联络线。四川省普通省道网总规模由2.3万公里增加为3.3万公里，其中利用原普通国道降级段67公里，占0.2%；利用原普通省道21060公里，占

64.2%；利用农村公路10422公里，占31.7%；利用库外道路1294公里，占3.9%。

（省交科院）

《四川省综合立体交通网规划纲要》 《四川省综合立体交通网规划纲要》（以下简称《规划纲要》）设置“1+6+9”的框架体系，“1”指总体规划纲要，“6”指铁路、公路、水运、民航、邮政、管道6个分方式专项规划研究，“9”指未来经济、人口城镇、交通需求等预测类专题研究，区域协调、布局方案、安全建设等布局类专题研究和国土空间、环境影响、资金保障等要素类专题研究。《规划纲要》围绕成渝地区双城经济圈上升为全国交通重大机遇，全面落实中共中央、省委战略部署，立足新发展阶段，贯彻新发展理念，融入新发展格局，着眼便捷顺畅、经济高效、绿色集约、智能先进、安全可靠五个维度，构建四川省综合立体交通网指标体系，围绕优化网络布局、强化统筹融合、推动转型升级，明确12项重点任务，提出到2035年基本实现“快速网覆盖区县、干线网畅达乡镇、基础网连接村组”，支撑“123出行交通圈”和“123快货物流圈”，展望到2050年，全面建成全省现代化高质量综合立体交通网，实现便捷顺畅、经济高效、绿色集约、智能先进、安全可靠。

（省交科院）

《四川省高速公路网布局规划（2022—2035年）》编制 2022年，厅规划处为贯彻落实《交通强国建设纲要》《国家综合立体交通网规划纲要》《成渝地区双城经济圈建设规划纲要》，加快构建发达的快速网，编制形成《四川省高速公路网布局规划（2022—2035年）》（以下简称《规划》）。《规划》提出到2035年，形成功能完善、能力充分、服务均衡、衔接顺畅、安全可靠的省域高速公路网络，实现“成渝区域一体融合、省会极核多路放射、两翼三带互联互通、地市县域全面连通”。《规划》着眼于2035年基本实现现代化、公共服务均等化和涉藏地区长远发展考虑，布局高速公路“县县覆盖”。《规划》对标全省“一轴两翼三带”区域经济布局，在2019版省高网基础上，对全省高速公路网布局进行补充完善，按照“强化主轴、密实两翼、畅通三带、联动三州”思路布局路线，新增规划路线27条，新增远期展望线7条，优化调整既有高速公路9条。布局形成全省高速公路“20、13、13”网，即20条成都放射线、13条纵线、13条横线、4条环线、44条联络线以及18个地级城市高速公路绕城环线。高速公路总规模约2万公里（含扩容复线600公里），另外，规划设置远期展望线1700公里。

（厅规划处）

《四川省普通省道网布局规划（2022—2035年）》 2022年，厅规划处为落实《交通强国建设纲要》《成渝地区双城经济圈建设规划纲要》，服务乡村振兴战略，支撑“一轴两翼三带”区域经济布局，经省政府同意，省交通运输厅于2019年11月组织启动《四川省普通省道网布局规划（2022—2035年）》（以下简称《规划》）编制工作，并于2022年2月经省政府审议通过后由省交通运输厅和省发展改革委联合印发。《规划》在《国家综合立体交通网规划纲要》的指导下，按照“补漏项、扩覆盖、优网络”的思路开展，确保既有规划目标不减，乡镇普通省道覆盖率提升，省界毗邻地区路网缝合，相邻县之间顺直连通，地质灾害频发地区形成多路径通道。《规划》对原普通省道调整19段、延伸39段，新增90条，布局形成9条成都放射线、27条南北纵线、17条东西横线、152条联络线。总里程约3.3万公里，较2019年版规划新增1万公里。形成“畅达乡镇、畅联城际、畅通省际、安全可靠”的普通省道公路网。

（省交科院）

《四川省内河水运发展规划（2023—2035年）》 2022年，厅规划处为贯彻落实《交通强国建设纲要》《国家综合立体交通网规划纲要》《成渝地区双城经济圈建设规划纲要》《内河航运发展纲要》《四川省综合立体交通网规划纲要》，推动四川由水运资源大省向内河水运强省转变，编制形成《四川省内河水运发展规划（2023—2035年）》（以下简称《规划》）。《规划》以建设交通强省为统揽，以实现内河水运高质量发展为目标，提出了四川省航道与港口的层次规划和布局规划，构建“一横五纵多线，两核四翼多点”四川内河水运网络体系，明确聚焦航道扩能级、港口拓功能、航运提质效、运行保安畅、绿色促低碳、融合谋发展等6项重点任务，提出到2035年，基本建成航道通江达海、港产融合互动、运输经济高效、发展绿色低碳、运行智能可靠的现代内河水运体系，展望到2050年，全面建成平安、绿色、畅通、智慧、高效的现代化高质量四川内河水运体系。

（厅规划处）

建设管理

JIANSHE GUANLI

概　况　2022年，省交通运输厅按照省委、省政府工作部署，聚力“抓项目、促投资、稳增长”推动全省公路水运项目建设，克服防汛抗旱、电力保供、抗震救灾等多重困难，全省公路水运建设投资始终保持稳中有进、高位运行，全面完成全省交通基础设施建设各项任务。高速公路建设管理方面，围绕年度总体建设目标，将征地拆迁、用地提交、组卷报批等要素保障与建设、投资目标按项目、按月度细化分解各阶段任务，压实各方责任；坚持省级部门常态化对接、“红黄黑”月度看板管理和“红黑榜”季度通报等机制，进一步建立问题分级分类调度和工作推进“两书一函”督促机制，督促解决问题，促进项目顺利推进。推动工程建设高质量发展方面，以交通运输部平安百年品质工程示范创建为引领，加速推广绿色低碳、智能建造等施工新设备、建筑新材料、建设新技术应用；强化勘察设计质量管理，推行工可、初设、施设三阶段融合设计、预审推进、审批后置等机制，设计方案更科学，技术成果更可行，专题要件反复编制报批现象持续减少；全面推进项目BIM+GIS数字管理平台建设。招标投标管理方面，全面实现招投标电子化，高速公路10套电子招标标准招标文件上线运行，普通国省干线公路、重点水运工程共8套电子招标标准招标文件基本完成编制，公路水运建设项目电子招标标准招标文件体系基本全面构建。行业管理方面，进一步健全建设领域监管执法体系，结合清廉交通建设，建立行业监督检查协作机制，并进一步督促厅各相关单位强化本领域省市县三级信息共享，联合监管，严格逗硬处理各类违规行为；以深化交通建设招投标领域突出问题系统治理为重点，组织开展“双随机、一公开”专项检查，完成8个重点项目以及2个市（州）交通运输局的建设市场综合检查。从业单位信用管理方面，完成2022年度四川省公路水运建设市场信用评价工作，对全省2018个重点公路建设项目合同段，528家企业完成评价工作。评定A级从业单位115家、AA级从业单位95家、C级从业单位1家。对10家资质申报造假企业实施信用处理。

（厅建管处）

高速公路建设管理　2022年，省交通运输厅围绕建设中心工作，强化统筹协调，加快推动高速公路项目实施。于年初制定印发2022年高速公路推进方案，将征地拆迁、用地提交、组卷报批等要素保障与建设、投资目标同步分解下达，压实责任。在坚持好省级部门常态化对接、“红黄黑”月度看板管理和“红黑榜”季度通报

峨汉高速公路　　厅建管处　供图

等机制基础上，制定印发《四川省重点公路水运建设项目协调推进机制》，建立问题分级分类调度机制和工作推进“两书一函”督促机制，与各级地方形成合力，及时协调解决制约项目推进的问题，为项目建设营造良好环境。全年向各级各单位发出41份督促函，制约项目建设推进的征地拆迁、用地提交、组卷报批等问题解决高效。会同交通重点项目中心建立“项目管家”机制，保姆式推进项目用地组卷报批和前期工作，全年12个项目、17个市（州）（路段）取得用地批复；10个高速公路项目如期完成所有前期手续，实现合法开工建设。项目勘察设计工作推进有力，落实全过程审查管理，强化重大方案会商机制，督促并指导项目建设、设计及审查单位提高工作质量和效率，按计划完成勘察设计并及时上报审批，全年完成国道4216线屏山新市至金阳段高速公路、西昌至宁南高速公路、资中至乐山高速公路等17个项目初步设计或施工图设计审查审批工作；配合交通运输部开展全省国高网高速公路项目初步设计审查审批工作，主动沟通汇报、提前确定代部审查单位，及时邀请部开展现场调研，落实专人跟踪，尽快取得批复，获得国道85线国道76线重庆（川渝界）至成都高速公路扩容工程、国道5线京昆高速汉中至广元段（四川境）扩容工程等5个项目初步设计批复；强化勘察设计质量管理，提升设计理念、强化总体设计，落实勘察设计精细化及品质工程、绿色公路、节约集约用地、交通旅游融合各项管理要求；加强前期工作，完成6个项目809公里高速公路项目勘察设计储备，为“十四五”交通建设发展积蓄新后劲。

（厅建管处）

品质工程建设 2022年，省交通运输厅以平安百年品质工程建设为引领，加速推广绿色低碳、智能建造等施工新设备、建筑新材料、建设新技术在高速公路项目中的应用。组织沿江高速公路、泸永高速公路开展工程机械“油转电”试点，8类63台套主要工程机械设备得到成功应用。低碳智能装配化组合桥梁建造施工技术在成乐高速公路入城段试点应用，开启低碳、高效、智能桥梁建造新模式。沿江高速公路宁攀段、成绵高速公路扩容、久马高速公路项目实现梁板集中智能化预制，智慧梁厂建设水平实现提档升级，达到全国领先水平。三臂凿岩台车、拱架台车、无人智能摊压及3D智能摊铺技术在沿江高速公路、泸永高速公路等项目得到广泛应用，实现施工效率和工程质量双提高。绵九高速公路通车段、德会高速公路2个项目智慧高速建成投用，“交通+光伏”成功落地。9个通车高速公路项目（路段）交工验收合格率100%，5个完成竣工质量鉴定的高速公路项目优良率100%。

（江　凌）

交通建设领域招标投标管理 2022年，省交通运输厅贯彻执行《招标投标法》及其实施条例、《公路工程建设项目招标投标管理办法》、《四川省公路建设项目招标投标管理实施细则》等制度文件，开展交通建设项目招投标活动事中事后监管。督促落实招标人规范招投标活动主体责任，开展招标文件备案审查以及开标、评标现场监督，对涉及招标人和招标文件的异议投诉一律调查核实，对涉及领导干部违规插手招投标的案件转纪检部门进一步调查，维护建设市场秩序。全面推进公路工程建设项目全流程电子化交易工作，3月正式印发高速公路勘察设计、施工（包括标准施工、房建施工及机电施工3类）、施工监理、监理试验室、材料采购、过程咨询等8类电子招标标准招标文件；5月1日起全面施行电子招标，招标、投标、开标及评标等全流程实行电子化；编制通用服务、设计施工总承包等2个专业的标准电子招标文件，基本编制完成水运工程勘察设计、施工、监理及设备采购等4类电子招标标准文件，全面建立覆盖高速公路、普通公路、水运工程依法必须招标各专业类别的电子招投标标准文件体系。持续开展行业招投标领域系统治理，按照省发展改革委等部门制定《四川省深化工程建设招投标领域突出问题系统治理2022年重点工作》，联系交通建设领域招投标工作实际，完善招投标制度体系建设，强化培训和负面警示教育，提升交通运输主管部门及建设单位从业人员业务能力和监管能力；配合逐步理顺对交通

开展工程机械“油转电”试点的泸永高速公路　　厅建管处　供图

领域评标专家管理，建立对评标专家入门考核机制和考核标准，交通建设领域招投标工作总体向好。修订或新制定印发与招投标相关《水运工程建设项目招投标实施细则》《公路工程施工分包和劳务合作管理实施细则》《公路水运工程建设项目投诉举报处理办法》《公路水运建设工程勘察设计分包管理暂行办法》《四川省公路水运工程建设项目保证金管理办法》5项制度；完成《公路工程建设项目招标投标管理实施细则》《公路工程建设项目招标投标行政监督工作指南》《高速公路建设项目工程变更管理办法》《高速公路建设项目法人信用管理办法》《重点公路建设项目从业人员信用管理办法》《重点公路建设项目从业单位信用管理办法》6项制度起草，招投标管理的制度体系进一步建立完善。组织开展2次面向市（州）、县（市、区）交通运输主管部门和重点建设项目建设单位的招投标行政监督工作业务培训，提升基层招标管理业务能力和监管水平。组织制定交通建设领域入库专家同等水平认定标准，建立完成省综合评标专家考试题库，完成“四川省综合评标专家库”所有在库专家信息变更审核和第一批次12个市（州）的新入库评标专家考试。抽调管理骨干和专家18人，完成8个重点项目以及2个市（州）交通运输局的建设市场综合检查。对招投标领域违法违规行为累计出具31次行政处罚，主要涉及招标人以不合理的条件限制或者排斥潜在投标人、投标人弄虚作假或骗取中标、承包单位将承包的工程违法转包等问题。坚持重点监管和事中事后监管相结合，厅、市力量结合，强化以项目监管为依托的监管力量实训，各级交通主管部门完成732个公路建设工程招标项目（合同段）监督管理，厅及市（州）交通运输主管部门共同完成108个高速公路、水运工程招标项目的监督管理。发布2批次共6个典型案例，包括投标人弄虚作假、围标串标、中标人违法分包等案件；公布2批次共23条负面行为，包括招标人违规设置招标文件条款、违规收取保证金、中标人无正当理由放弃中标等行为。分两批次公布共29例招投标“负面行为”、典型案例，各市（州）交通运输主管部门网站均进行转载，对建设市场违法违规行为形成全面、持续震慑，投诉举报数量比上年大幅下降。

（江　凌）

从业单位信用管理　2022年，省交通运输厅完成2022年度四川省公路水运建设市场信用评价工作，对全省2018个重点公路建设项目合同段，528家企业完成评价工作。评定A级从业单位115家、AA级从业单位95家、C级从业单位1家。对10家资质申报造假企业实施信用处理。

（厅建管处）

运输管理

YUNSHU GUANLI

概　况　2022年，全省完成重大运输保障任务，统筹开展春运、十一“黄金周”运输任务等运输保障工作。筑牢疫情防控防线，牵头成立物流保通保畅工作机制办公室和“入川即检”工作专班，制发《关于进一步优化完善“入川即检”措施的通知》，启用《重点地区来（返）川货车标识》。持续优化便民惠民服务，推进城市公共交通一卡通互联互通工程，21个市（州）实现公交“一卡通”互联互通。持续发挥“12328”热线作用。联合重庆共建成渝跨境道路运输平台，建立四川省国际物流保障协调工作机制。稳步推进综合货运枢纽补链强链建设，指导成都市联合重庆市成功申报国家综合货运枢纽补链强链城市群。推动多式联运快速发展，指导国家第四批多式联运示范工程项目创建，推进大宗货物“公转铁”“公转水”。加快推进农村物流健康发展，指导4个项目成功入选全国第三批农村物流服务品牌。推进“金通工程”建设，构建独具特色的农村客货运体系。交通物流助企纾困，推进千亿交通物流专项再贷款政策在川落地落实。扎实推进碳达峰碳中和运输工作，健全城市绿色出行工作机制，组织开展城市绿色货运配送示范工程建设。

推进国际物流供应链发展 2022年，省交通运输厅联合重庆共建成渝跨境道路运输平台，于7月4日完成跨境公路班车联盟（成渝跨境运输平台）首发。全年陆续开通港澳线、东盟线、中亚线、中欧线，四川跨境公路班车发运班车超千次，发运货值约6亿美元。运输服务范围覆盖东盟、中亚及欧洲主要城市，基本形成亚欧大陆全境运输的服务能力。建立四川省国际物流保障协调工作机制，联合出台《四川省推进现代国际物流供应链发展的实施意见》，加快推进全省国际物流供应链体系建设，保障产业链供应链安全稳定。开展全省国际物流体系建设创新发展先行先试，编制《四川省国际物流先行先试工作实施方案》，推荐指导16家有条件的物流企业申报试点，探索国际物流高效运行、创新融合的有效模式和先进经验。

物流降本增效提质 2022年，省交通运输厅促进物流降本增效提质，指导成都市联合重庆市成功申报国家综合货运枢纽补链强链城市群，未来3年，可获得国家15亿元资金支持，对加快推进实现成渝双圈国际性综合交通枢纽集群建设目标，更好融入国家“双循环”新发展格局具有重要作用。深入推进大宗货物“公转铁”“公转水”。联合省发展改革委和成都铁路局制定《四川省推进多式联运发展优化调整运输结构工作方案（2022—2025年）》。“四向通达”公铁水多式联运示范工程和成渝（德阳）构建“一核两支点”新生态泛亚贸易通道公铁海多式联运示范工程成功入选国家第四批多式联运示范工程创建项目，加快多式联运在全省的推广应用。加快推进农村物流健康发展，提升服务保障能力和农村物流可持续发展能力。江安县“金通畅行”等4个项目成功入选全国第三批农村物流服务品牌，获批农村物流品牌数量居全国第一。持续健康引导货运物流转型升级，规范网络货运平台和货运企业经营行为，探索建立由熟悉行业省属国企牵头的交通运输平台经济发展思路，解决现行网络货运市场突出问题。

2023年3月，成都市彭州市“金通工程”小黄车徜徉在美丽乡村路上　　厅运输处　供图

交通物流助企纾困服务 2022年，省交通运输厅全面服务交通物流助企纾困，会同中国人民银行成都分行、四川省邮政管理局推进千亿交通物流专项再贷款政策在川落地落实，制定“六个一”贯彻落实工作方案，举办多场四川省交通物流专项再贷款政策宣传贯彻会，梳理出交通物流行业企业建议“白名单”提供给相关银行。累计帮助561户“两企两个”群体客户获得交通物流专项再贷款18.48亿元，加权平均利率3.48%。

碳达峰碳中和运输工作 2022年，省交通运输厅碳达峰碳中和运输工作扎实推进，推广应用新能源及清洁能源车船，推进车船能效提升，加强充电基础设施和配套建设。新增及更新新能源公交车1700余辆，其中24辆为氢能源燃料电池公交车，超额完成“新增及更新公交车中新能源占比达70%”的目标任务。新能源公交保有量占全部公交车49%，超额完成年度目标任务。健全城市绿色出行工作机制，落实城市公交优先发展，成都等六市（县）绿色出行创建城市顺利通过部验收，其中彭州等三市（县）是全国唯一作为县级单位创建成功的城市，为四川省县城城市公共交通发展提供良好经验。组织开展城市绿色货运配送示范工程建设，不断提升城市绿色货运配送发展质量，德阳市、遂宁市、宜宾市成为全国第三批绿色货运配送示范工程创建城市。交通强国公园城市试点工作初显成效，天府新区“轨道+公交+慢行”三网融合发展稳步推进，“准点公交”试验线路增加至32条，基本实现车辆到站时间误差范围控制在30秒以内。天府新站等一批综合开发TOD项目开始建设并取得一定成果。

（本栏目供稿单位：厅运输处）

安全管理

ANQUAN GUANLI

概　况　2022年，厅安全监督处按照厅党组的统一部署，深入学习贯彻党的二十大会议精神、习近平总书记关于安全生产重要论述和来川视察重要指示精神，牢固树立人民至上、生命至上理念，落实安全生产各项措施，维护交通运输安全稳定形势。以“安全生产强化年”为统领，执行各项制度要求，重点时段强化超常规措施，加强重大风险辨识管控和安全隐患排查治理，组织开展各类专项整治行动，打击违法违规行为，遏制重特大生产安全责任事故，压减生产安全责任事故总量。全年全省发生公路水路行业安全事故67起、死亡83人，比2021年分别下降20.24%、23.15%，连续三年保持同比两位数“双下降”，未发生重特大安全生产事故，安全生产形势持续平稳。

安全生产方面。全面落实“党政同责、一岗双责”和“三管三必须”要求，抓好统筹协调和指导监督工作。贯彻落实国务院安委会安全生产十五条措施和部省实施意见，牵头制定行业贯彻举措，确保各项工作措施在一线落实落地。牵头起草并积极争取以省政府名义印发《关于进一步加强公路水路交通运输领域安全生产工作的意见》，制订厅内分工方案，构建形成“1+N”的安全监管长效机制。结合行业实际牵头制定《森林草原防灭火“七个一”工作措施》《燃气安全六项工作举措》《公路水路行业有限空间作业操作规程》，完善行业各领域汛期安全防范措施，提升行业安全防范能力。举办行业安全应急培训班，组织全行业开展“安全生产月”“消防宣传月”等宣传教育活动，提升安全意识。持续加强行业安全生产监管，重点时段制定实施超常规措施，推动落实国庆前后两轮全覆盖安全生产包保指导工作，党的二十大期间组织实行驻点督导，相关工作得到交通运输部第六包保指导组充分肯定。主汛期组织5个省级工作组，深入13个市（州）开展安全生产暗访暗查工作，督促闭环整改。推进安全生产专项整治三年行动“巩固提升”，深入组织实施安全生产大检查，落实重大安全风险防控要求，开展常态化隐患排查治理，完成自然灾害综合风险公路水路承灾体普查，做好高火险期森林草原防灭火工作和攀枝花西区包县督导，统筹推进危货运输、房屋建筑安全、消防燃气安全、反恐防范等相关工作，行业全年未因生产活动引发森林草原火灾，汛期首次实现“零跑船”，未因山洪、泥石流造成人员伤亡，行业安全生产形势持续稳定。

应急管理方面。牵头编制《特大地震重点地区交通

2022年，中共四川省委书记王晓晖（左三）在地震灾区指导抗震救灾　　欧阳杰　摄

保障子预案》《四川省多灾种叠加综合交通运输保障预案》，修订完善厅本级地震应急预案和工作手则，细化夜间和断路、断电、断通信等特殊情况应急措施。梳理掌握重点防范区域，绘制“一路一策”“一县一策”布防图，科学适度前置力量装备，创新添置吹雪车，租赁雪地摩托和直升机，应对低温冰冻雨雪灾害。强化应急队伍能力提升，加强省级公路水路交通运输常备应急队伍建设，会同眉山市举行“交通使命—2022”地震应急联合演练。应对3次6.0级及以上地震，统筹协调行业抗震救灾工作，完成抢通保通保运任务，多次受到部省领导肯定表扬。在“7·12”绵阳平武山洪灾害中，交通在建项目900余人成功避险，得到部省领导充分肯定。

安全责任压紧压实 2022年，省交通运输厅贯彻落实国务院安委会安全生产十五条措施和部省实施意见，结合实际制订45条贯彻举措，压紧压实责任，确保工作措施落实到最小工作单元。充分发挥安委会作用，每季度召开扩大会议研判形势、部署工作，每月召开安全例会，抓好统筹协调和指导监督。全面落实“党政同责、一岗双责”和“三管三必须”要求，厅主要负责人主持召开党组会传达学习、集中研究安全生产工作30余次，其他党组成员落实分管领域安全领导责任，做到将安全生产与业务工作同步安排部署、同步组织实施、同步监督检查。组织举办2022年全省交通运输安全生产和应急管理培训班，同时督促各地、各单位（部门）常态化开展安全生产教育培训，组织开展“安全生产月”“消防宣传月”等活动，利用客运场站、渡口码头、施工现场等线下人员集中场所及微信、QQ、微博、公众号等线上社交平台，不断拓展宣传教育覆盖面，面向社会群众开展形式多样的交通运输安全宣传活动，不断提升从业人员和群众安全意识。

2022年7月22日，全省交通运输安全生产视频会议暨2022年厅安委会第三次全体会议在成都召开
厅安监处 供图

安全监管制度体系健全 2022年，省交通运输厅以省政府名义印发《关于进一步加强公路水路交通运输领域安全生产工作的意见》，制订厅内分工方案，构建形成“1+N”的安全监管长效机制。开展公路水路行业安全生产专项整治三年行动“巩固提升”，完成攻坚任务102项，持续动态更新问题隐患和制度措施“两个清单”，深化源头治理、系统治理和综合治理，及时固化行之有效的经验做法。紧盯全国全省事故多发领域，制订《森林草原防灭火“七个一”工作措施》《燃气安全六项工作举措》《公路水路行业有限空间作业操作规程》，全面提升行业安全防范能力。

风险防控和隐患排治 2022年，省交通运输厅落实《交通运输部关于安全生产季节性特征和风险防范化解的指导意见》要求，制定《四川省公路水路交通行业重大安全风险及防控要点》（2.0版本），全年报送重大风险514条次，均实施“图斑化”精准管控。深入开展公路水路自然灾害综合风险普查，保障省级资金2300余万元，采集公路水路设施属性信息和自然灾害风险点信息32万条，全部通过审查。聚焦重点领域开展常态化隐患排治，突出特殊时段开展汛期、二十大期间等隐患集中整治，紧盯关键点位实施道路交通安全隐患治理、船舶碰撞桥梁隐患治理等专项行动，累计发现整改隐患2万余处。

行业安全生产监管 2022年，省交通运输厅持续加强行业安全生产监管。公路管理领域：联合公安交警部门开展道路交通安全隐患排查整治，完成隐患整治8164处，挂牌督办普通公路隐患路段23处。组织开展高速公路道路运输违法违规行为雷霆行动，检查车辆11049台，查获非法营运379起、违规客运车辆280台。持续推进超限超载治理工作，落实“一超四罚”要求，推广不停车检测系统，“十四五”期间规划建设不停车检测点362个，建成93个。严格高速公路“入口关”，实现高速公路违法超限货车“零驶入”，因超限超载导致的生产安全事故“零发生”。道路运输领域：会同公安交警部门开展道路客货运输突出违法违规行为专项整治，公布49家重点监管企业名单和595家高风险运输企业名单。严格执行“人车户”记分管理，累计对16759人次营运驾驶员、963辆次车辆和54家企业实施记分，4344名驾驶员被列入“重点监控名单”，195名驾驶员被列入“禁止进入名单”。落实“两客一危”重点营运车辆动态监控“一月一报告”制度，将1142辆次违法违规行为抄告公安交警部门并实施联合惩戒。水上交通领域：督促水运企业执行装卸、存储、作业操作规程，加强船岸安全检查和动火作业、有限空间、临时用电等特殊作业安全管理，做到安全监管全覆盖。会同水利、农业、公安等部门开展船舶突出问题专项整治，检查船舶6501艘，发现问题隐患384个并全部完成整改，拆解船舶647艘，规范提升334艘，依法取缔水运企业9家。交通建设领域：编制印发公路水运工程建设安全生产行业监督管理工作任务清单，深入开展汛期安全、驻地管理和卫星电话配备、瓦斯隧道施工等专项检查，对在建高速特大桥、特殊结构桥梁、特长隧道、瓦斯隧道等实施专业化监督。持续推进“坚守公路水运工程质量安全红线”专项行动，整改红线问题410个，实施停工处罚24次、通报17次、安全约谈7次，杜绝群死群伤事故发生。

重点时段安全生产　2022年，省交通运输厅印发《迎接服务党的二十大加强交通运输安全生产工作专项方案》，全员开展培训、全员签订承诺书，制定实施超常规措施，落实省、市、县三级包保责任，国庆前后开展两轮全覆盖包保指导，二十大期间实行驻点督导，累计派出近60人次工作组，发现整改问题270余个，全力确保二十大期间安全形势稳定，相关工作得到交通运输部第六包保指导组充分肯定。持续加强汛期安全防范，道路运输领域完善六项防范措施，将9129个地灾风险点植入重点营运车辆主防系统，随车实时预警。公路领域完善抢通工作“七不抢”要求，防止盲目冒险实施抢通作业。水上交通领域完善防“跑船”8条措施，投入1亿元新建成222个停泊区、3356个防洪系揽桩，285个集中停泊区全部落实“区长”负责制，3505艘非运行船舶汛期全部集中停泊。交通建设领域完善安全防范9条措施，督促1076个施工驻地全部纳入属地防灾减灾体系，在建重点项目配备卫星电话422部。2022年汛期，行业首次实现“零跑船”，未因山洪、泥石流造成人员伤亡，特别是在“7·12”绵阳平武山洪灾害中交通在建项目900余人成功避险，得到部省领导充分肯定。做好高火险期森林草原防灭火工作，组织开展行业领域涉林（草）区交通建设项目消防安全隐患排查，累计派出8个工作组，全时段蹲点驻守攀枝花西区92天，发现并督促整改问题隐患36个，全年未因行业生产活动引发森林草原火灾。

专项整治行动　2022年，省交通运输厅统筹推进危货运输安全风险、房屋建筑、消防燃气安全、反恐防范等集中治理。危货运输方面，全省危货运输电子运单企业覆盖率97.65%、车辆覆盖率86.20%，危货运输车辆主防系统安装率100%，依法取缔10家不具备资质的危险货物运输企业，停业整顿1家，指导全省24个化工园区完成对外危险货物运输风险论证工作，全省公路服务区、休息站设置680个危化品车辆专用停车位。房屋建筑安全方面，配合住建部门摸排客运场站、施工驻地、学校医院以及办公区等房屋建筑安全，排查房屋5546栋，发现隐患346处，完成整治283处，整治率81.79%，未完成整治的采取封闭或隔离措施。燃气安全方面，组织开展客运场站、服务区、职工食堂等场所隐患排查治理，发现隐患968个，全部完成整改。

交通安全水平提升　2022年，省交通运输厅实施“平安智慧高速”建设，全年完成投资4.8亿元，启动21个路段约1900公里建设任务。开展公路安全设施和交通秩序管理精细化提升行动，整治事故多发路段10处，完成18座隧道机电改造，统筹高风险路段中央分隔带护栏提升，强化高速公路路网安全保障水平。推进普通公路畅安工程建设，下达补助资金24.5亿元，新建成村道安防工程2.1万公里，超额完成年度目标任务。推进危桥危隧改造，统筹开展铁索桥改公路桥专项工作，抢先完成地震重点区域改造任务，全年三次地震无一处桥梁受损，保障应急通行需求。全面启动“平安渡运”建设，建成80个渡口码头设施，50艘船舶，超额完成年度目标任务。采取开行便民公交、规范调整等措施，撤并减少渡口63个，超额完成年度目标任务。深入开展航运枢纽除险加固专项工作，13座交通主管的大坝全部完成整治。开展船舶碰撞桥梁隐患整治，发现整改隐患270余处。

安全生产大检查　2022年，省交通运输厅印发《2022年全省交通运输行业安全生产大检查方案》，聚焦重点时段，紧盯重点领域，抓住重点环节，坚持“四不两直”，全覆盖开展安全生产检查。省级层面派出检查组67个，发现问题隐患884项，按要求督促闭环整改。汛期派出5个省级工作组，突出道路运输、水上交通、普通公路、高速公路以及交通建设五个领域，针对突出问题隐患，深入13个市（州）的 30个县（市、区）、44个乡（镇）和村（社），11条高速公路的11个收费站、7个服务区，5个在建项目（高速公路2个、普通公路3个）的21

个施工标段，开展专项暗访暗查，相关情况在第三次安委会上通报。落实“两书一函”制度，对存在突出问题的8个市（州）及1个工程建设业主单位下发《督促限期整改通知书》，对存在重大安全隐患的6个市（州），向分管安全和业务的领导分别下发《提醒敦促函》，督促问题整改，强化责任落实。

应急救援能力提升 2022年，省交通运输厅持续完善应急预案体系，牵头编制《特大地震重点地区交通保障子预案》《四川省多灾种叠加综合交通运输保障预案》，修订厅级地震应急预案和工作手则，细化夜间和断路、断电、断通信等特殊情况应急措施。加强省级公路水路交通运输常备应急队伍建设，会同眉山市举行“交通使命—2022”地震应急联合演练，实战检验交通运输应急救援能力水平。加快推进“5+8+N”公路水路交通运输应急物资储备体系规划实施，省级层面常备快速应急桥、大型工程机械、应急通讯侦测装备等专业化抢险机具设备155台（套）。应对自然灾害，全年3次6.0级及以上地震，行业累计出动2.2万人次抢险队伍，调派近6600台班专业救援机具设备，开通2187条高速公路救援“绿色通道”，保障1.35万辆应急救援车辆免费快速通行，重点排查1.18万公里公路、6065处点位，调集983辆（艘）次应急运力，运送受困群众和抢险队员1.93万人次、救灾物资2500余吨，完成抢通保通保运任务，多次受到部省领导肯定表扬。春节强降雪期间，出动除雪保障人员2600余人次，除冰除雪车600余台次，撒布融雪剂764.8吨，开展作业42轮，带离滞留车辆1.8万辆，服务群众1.6万人次，全力保障路网安全平稳运行。

（本栏目供稿单位：厅安监处）

高速公路管理暨交通执法

GAOSU GONGLU GUANLI JI JIAOTONG ZHIFA

概　况 2022年，四川省高速公路系统坚持“围绕中心、服务大局，勇于攻坚克难、奋力担当作为”，保障全省高速公路持续稳定运行，取得企业效益和管理质效双提升。全省高速公路路网通车里程突破9000公里大关，达9170公里；《四川省高速公路条例》修正决议获省人大常委会高票通过，成渝地区双城经济圈高速公路运营服务规范立项申报。投入养护资金26亿元，路况抽检排名位居全国第6；高效安全解决雅西高速公路冰雪凝冻灾害，行业治理能力加强。坚持防疫情和保畅通“两线作战”，提升ETC通行效率，“入川即检”工作受到省政府和省交通运输厅表扬。开展“服务质量提升年”专项行动，全行业上下按照“三优一创”（优服务、优保障、优形象、创示范）总要求，管理效能提高，群众满意度提升。

（李济杉）

高速公路公共服务 2022年，省交通执法总队（厅高管局）提升行业公共服务水平。一是专项提升效果明显。按照省交通运输厅“服务质量提升年”活动统一部署，制定实施方案，出台创建标准，细化“十六大项、二十七小项”重点任务，开展“三优一创”（优服务、优保障、优形象、创示范）活动，在全省高速公路路网成功打造6条示范路，形成一批可看、可学、可复制的高速公路管理服务好经验、好做法，形成路段间、片区间交流评比、互促互进的良好发展态势，路网整体服务质量提档升级。天府机场高速公路，克服管理层更换等困难，投入资金2400万元，将路线打造成具有示范效应的“高品质迎宾路”。二是监管机制运行良好。贯彻落实省交通运输厅《安全和服务质量考评办法》，聚焦安全、运行、养护、服务区等7类影响服务质量重点项目，出台《四川省高速公路服务质量检查标准化指南》

（2022年版），实施1个年度行业监管检查计划，每季度开展1次督察，每月发布1份通报，严格进行考评。全年对全省62家营运公司共95个高速公路项目开展安全和服务质量检查7026次，发放抽查意见通知书7988份，扣分路段56个，发现整改问题12965个。三是“双城”一体加速融合。编制成渝地区双城经济圈高速公路运营服务规范，推动建立统一规范的“双城”服务体系，为成渝地区双城经济圈建设提供交通先行示范样板。四是服务品牌更具规模。主题服务区品牌持续壮大，天府机场东服务区成功打造成“成渝之窗”；安德服务区推动当地“三产”深度融合，打造城乡融合窗口。雅康天全大熊猫文化主题服务区与当地AAA级景区完成连通设计，融入地域经济发展。星级服务区品牌建设加快推进，修订完成服务区星级评定办法，全省星级服务区评定高质量发展。五是推动绿色转型。落实省交通运输厅“油转电”目标，新建成61对服务区新能源汽车充电桩，超35%完成目标任务，实现路段全覆盖。六是货运保障更加有力。推进货车司机“暖心之家”建设，制定分类建设标准，出台营运补助政策，完成巴南高速公路下八庙、成德南高速公路金堂等8个建设目标。完成新增货车停车位386个。加大货车ETC优惠力度，在全国9折优惠基础上，再实行9.4折优惠，累计优惠货车通行费7亿元。

（李济杉）

高速公路运行管理 2022年，省交通执法总队（厅高管局）继续强化高速公路路网运行管理。一是疫情防控精准高效。在入川25个服务区和全省722个收费站设置“入川即检”查验点，开发“来返川车辆”智能识别功能，与地方防指部建立收费站出口通行数据日推送机制，联合“一路三方”细化收费站人工车道“一车一杆”等措施，累计发现红码人员1.15万名，黄码人员5.45万名；联合交警总队开展“雷霆行动”，重点打击高速公路甩客逃避防疫检查行为，移送防疫部门1138人。二是道路通行更加通畅。持续提升ETC通行成功率，实施“日监测”，发布监测数据2100余份，整改调优200余次，全省ETC车道通行成功率由99.03%提升至99.50%。打造高速公路重点路段视频点播云平台，上线首日点击量突破200万次。持续做好重大节假日保通保畅，发布重大节假日预研预判报告，联合入驻路段监控中心，轮流值守“高接高”转换枢纽，“一路三方”全员上岗，完成春节、国庆等节假日缓堵保畅任务，未出现长时间、大面积拥堵事件。在川西、成雅、成南、成温、成彭等高速公路传统拥堵路段，加强统一运行调度，落细落实保通保畅措施，发挥路网主骨架作用。三是联网系统运行平稳。召开全省高速公路路网运行管理第一次联席会议，议定重要议题9项，全面落实到位。保障收费网络平稳运行，开展网络安全大学习、大抽检、攻防大演练，全年未发生网络安全事件。四是智慧高速加快建设。健全完善建设规范，印发《四川省高速公路监控数据上传技术要求》《四川省平安智慧高速建设项目验收要求》等文件，提供行业指导、创新支撑。开展建设专项督导，印发情况通报5期。完成2000公里平安智慧高速公路建设，其中蜀道集团完成超一半的任务。五是新增里程稳步开通。细化58项验收指标，对接交通运输部进行联网调试，确保新建高速公路准备充分，平稳开通。完成广平、遂德等9条高速公路路段开通任务，总里程503公里。六是新收费技术试点成功。印发《四川省高速公路ETC特情处理终端技术指导意见（试行）》等3个指导文件，完成匝道自由流、站级云收费系统、ETC特情辅助设备、智能收费机器人四项联网收费创新技术试点，并在路网推广应用。

2022年，高速公路交通执法人员疏导交通　　省交通执法总队（厅高管局）　供图

（李济杉）

高速公路安全管理 2022年，省高速公路安全管理水平有效提升。一是全省高速公路状况保持优等。实施“三个路段”（重度跳车路段、低优等路率路段、低评定指标路段）集中治理，处治重度跳车路段135个、优等路率低于85%路段7个、任一评定指标（PCI、RQI、RDI）小于80路段21个，全省运营高速公路PQI指数达

94.24、优等路率93.12%。实施“路桥隧大抽检”，邀请第三方单位对89个路段、1202公里交安设施、65座桥梁、54座隧道进行抽检，督促抓好问题整改，通过国家公路网技术状况监测。成高运营公司、川西公司、遂广遂西公司、秦巴公司、川北公司等加大养护投入，以上路段通车5年以上，路面使用性能指数PQI保持在95以上，优等路率高于95%，体现较高养护管理水平。二是应急处置水平不断上升。总结提升雅西高速公路应对冰雪天气经验，按照省交通运输厅、省公安厅部署，推动实施雅西高速公路冰雪天气高效安全通行提升行动，“一路四方”共同会商，建立极端天气应急指挥体系，完善路段监控、结冰预警等系统，探索应用自融雪盐和低冰点涂层两项融雪新技术，投资800万元购买先进吹雪车、大型综合除雪车等应急装备，建立精准气象预警系统、探索主动融雪技术、补齐站点设备短板等六项提升举措全面落实到位，保障雅西高速公路冰雪天气安全高效通行。规范突发事件信息报送及处置程序，印发《四川省高速公路突发事件分级应急处置工作指引（试行）》，科学划分四级四类高速公路突发事件，明确总队（局）、支队、大队三级处置措施，成功处置南大梁高速公路铜锣山隧道拱顶水泥砂浆层掉落、雅康高速公路飞仙关隧道罐车自燃等突发险情；“9·5”泸定地震发生后，10分钟打通高速公路应急通道，1小时完成路面隐患排查。三是本质安全基础更加牢固。开展高速公路安全设施精细化提升行动。升级改造300公里中央分隔带护栏，联合高速公路交警治理十大事故多发点段，开展独柱墩桥梁运行安全提升专项行动“回头看”，全省营运高速公路479座独柱墩桥梁全部完成提质升级。规范涉路施工，印发《四川省运营高速公路涉路及养护施工规范化指南（试行）》，规范涉路施工现场设置，优化施工信息申报流程，完成各类许可审查200余件，针对高速新建互通、养护大中修、国家重大工程等重点项目，安排专人全程指导、优先办理。

（李济杉）

高速公路综合执法　2022年，省交通执法总队（厅高管局）不断提高高速公路综合执法水平。一是健全完善“两大法规制度体系”。健全完善高速公路法规制度体系，推动《四川省高速公路条例》修正决议获省人大常委会高票通过，补充完善智慧高速、信用监管、高速公路底层架空空间规范管理、差异化收费等制度，盘活高速公路存量资源，监督和激励高速公路经营者提升服务质量。健全完善综合行政执法制度体系，制定案件办理、巡查检查等24项基础管理制度，丰富“9+2+N”制度体系建设，全面实现“一套制度管执法”。二是开展“三个专项执法”。聚焦重点领域，集中攻坚，开展执法专项行动。聚焦维护正常道路运输秩序，开展“数字打非”专项，运用大数据分析筛查，全面摸排、精准锁定、靶向查处，确定450辆高度疑似“非法营运”客车纳入高速公路联网收费系统，分片区集中优势力量精准打击，涉嫌非法营运车辆单日平均运行趟次由1.37次下降至0.1趟次，运行趟次环比下降93%。聚焦筑牢高速公路防疫屏障，开展打击逃避防疫检查行为“雷霆行动”，集中整治客运包车、客运班车、外省籍大客车等在高速公路违法停车，随意转客、揽客、甩客并以此逃避防疫检查等违法违规行为，防范疫情通过高速公路进行传播、扩散，累计出动交通执法人员1.04万人，联合执法检查1362起，检查车辆1.18万辆次，查获非法运营439起，违规客运车辆300辆次，移交防疫部门141起1138人。聚焦货运安全，开展打击易燃易爆危险货物道路运输违法行为专项行动，检查危化品车辆2000辆次，查处非法运输危险货物及瓶装液化气违法行为为60余起。开展“打逃”专项行动，依托“营运公司为主、交通执法为辅”两条线稽核工作机制，坚持部、省稽核平台综合运用，创新应用“数智化稽查”“数字打非”先进手段，推进“数据+平台”稽核新方式落地转型成效显著，全年累计发起工单47万条，工单协查480万条，审核工单2160万次，追缴车辆通行费4031万元。“打逃”过程中，总队一支队、二支队、三支队展现执法铁军作风，连续作战；蜀道集团路网中心、智能公司、成南公司、成乐公司、龙光二绕公司、成

2022年，高速公路交通执法人员排查安全隐患　省交通执法总队（厅高管局）供图

雅分公司等加大稽核力度，成效明显。三是加强“四项路政管理”。强化路政管理职能，保护高速公路路产路权。加强公路超限治理，指导营运公司加强高速公路入口称重检测工作，实现货车入口称重检测率100%。优化超限车辆出口倒查工作流程，明确超限核查责任分工，按月进行常态化核查与通报，严格追究违法放行超限货车的行为。加强底层架空空间管理，结合城区内及近郊桥下空间占用突出、管理难度大、隐患问题突出实情，联合属地政府、营运公司、社会企业，因地制宜打造具备休闲、娱乐、运动、停车等功能的公众活动场所，形成合理利用、规范管理的高速公路底层架空空间保护性利用试点样板，7处试点任务全面完成。加强“非标”管理，立足统一规划、先行先试，选取成都绕城、天府机场、渝蓉高速公路等路段，邀请专家进行集中评审，并征求成都市城管、交通运输等部门意见。加强路产赔补偿管理，对2019年以来达到2万元（不含）以上的路产损坏赔偿案件进行重点审查，从赔偿标准、收费管理、协商解决、归档管理等9个方面，调整优化路产办理工作流程，规范路产赔偿监督责任体系。四是保持准军事化管理高标准。按照厅实施方案部署，围绕政治思想、能力素质、作风形象、内务管理四项建设任务，层层抓牢实训实战实考。在能力素质建设上，围绕执法办案能力提升，集中开展执法案卷评查；围绕行业监管能力提升，开展涉路（养护）施工监管桌面推演；围绕应急处置能力提升开展“双盲演练”。在作风形象建设上，开展队列及交通指挥手势日常训练、体能达标训练。内务管理上，开展办公秩序、着装规范、礼仪举止日常督导。总队（局）机关及各支队全面完成达标测评。

（李济杉）

2022年10月25日，全省交通运输综合行政执法“大练兵大比武”及技能大赛活动在成都举行　　省交通执法总队（厅高管局）　供图

川高公司营运管理　2022年，川高公司资产总额3480亿元，比上年增长10%，净资产1116亿元，增长13%；实现营业收入145.87亿元，通过压降各项成本达到盈亏平衡；完成投资594.8亿元，增长20.4%；全年完成施工协同产值271亿元。公司在四川百强企业排名由第34位提升至第17位、四川服务业企业百强排名由第9位提升至第5位，企业综合实力与服务效能大幅提升。

项目建设　全年建成和在建路网规模5662公里，主业优势不断巩固。发挥高速公路投资建设“主力军”作用，全年投资592亿元，增长108亿元，占蜀道集团高速公路板块的57%，完成年度力争目标任务。九绵高速公路白马至木皮段、德会高速公路共计111公里顺利建成通车，占蜀道集团确保里程的37%，助力全省高速通车里程突破9000公里，会理市、平武县通高速公路。所属“4个确保开工+3个力争开工”项目全部实现合法开工建设。土地组卷报批工作成效显著，沿江高速公路宜宾段、成绵高速公路扩容项目德阳和成都段、开梁高速公路、绵苍高速公路绵阳段、成南高速公路扩容项目德阳、遂宁和南充段等8个项目（路段）取得用地批复，达州绕西高速公路项目成为“三区三线”政策实施后蜀道集团内首个通过自然资源部审查的项目，其余项目（路段）全部进入省自然资源厅正式审查阶段。密切跟踪金口河至西昌、攀枝花至盐源等11个高速公路项目。成功中标成渝高速公路扩容、遂渝高速公路扩容、大竹至垫江高速公路3个项目，总里程270公里，总投资674亿元，支撑成渝地区双城经济圈建设。持续加快成安渝高速公路项目建设收尾和竣工验收，完成广陕广巴高速公路连接线竣工验收及巴陕高速公路项目验收准备。达渝高速公路高竹互通主体基本成型。建成全省首个基于云收费系统的新一代收费站——成南高速公路成都站。成都绕城高速公路东西轴线收费站顺利建成。成资渝高速公路项目获2022年度“天府杯”金奖。

财务管理　抢抓金融财政政策红利，全年实现融资625亿元，比上年增长28%，保障资金链安全。储备5年期以上融资产品额度112亿元，减轻“十四五”期间债务集中兑付压力。签署1264亿元存量贷款利率下浮协议，节约利息3.34亿元，贷款期内节约财务费用超30亿元。签署达州绕西高速公路、天眉乐高速公路项目前期借款

获“天府杯”金奖的成资渝高速公路　　川高公司　供图

合同，利率低至1.73%，创近年来省内“前期贷”利率新低。注册ABN100亿元，实现筹资30亿元，压降资产负债率0.6个百分点。配合推进确权土地作价出资，资产增值100亿元。全面清查川高系统增值税留抵退税情况，推进纳税信用等级调级，实现退税10.87亿元。获交通运输部车购税补助52.93亿元。获取在建项目省级补助18亿元。落实政企合作政府补助1.5亿元。收购雅安交投持有的川西投资公司5%股权，推动多元产业反哺主业发展。

资产管理　盘活通信管道、房屋、土地等闲置资产，全年实现收入超3500万元。挖潜利用5个原省界收费站资产，清理136宗低效无效资产，完成2家股权类企业注销。

收费管理　树牢品质服务理念，以“精细管理、效益提升”为抓手，提供人民满意出行服务体验，全年实现通行费收入135.22亿元。推动“一路三方”联勤联动，成功侦破全省首例以抢夺罪批捕的冲关逃费案件，累计完成稽查增收2507万元。升级高速公路收费综合管理平台，优化机电一体化运维平台。开展机电序列岗位评定，开发收费站人员量化定编模型和配置标准，完成机电系统日常运维经费标准编制。

养护管理　聚焦“安全、便捷、高效、经济”交通服务，实施科学养护，打造平安畅通快速通道。全面推行“项目库”管理，压降养护成本支出1.9亿元、节支率17%。完成21座长大桥梁健康监测，到位交通运输部车购税补助6446万元，其中清单外项目4个、多获取补助1312万元。做好独柱墩桥梁“回头看”，通过交通运输部检查。攀西高速公路冷水沟大桥、内宜高速公路路面工程，通过国家公路网年度技术监测。成南、雅西高速公路观测点成功获批全国首批公路路基路面性能观测网点。雅西高速公路除冰融雪技术及保通提升方案实施效果显著。绵广高速公路大沟边大桥养护工程克服新冠疫情、夏季高温限电等不利因素，提前10天完工。

安全管理　树牢安全绿色发展理念，强化红线意识，坚守底线思维。全年以推动贯彻“十五条”硬措施为重点，新增修订12项安全制度，建立重大安全风险数据库，构建双重预防机制。开展全覆盖安全生产大检查5次，累计排查整改安全隐患4798处，推进147公里护栏提升，投入安全生产费用3100万元。推动废旧利新、降本增效，每公里护栏升级改造投入节约6万元。有效应对“5·25”雅西高速公路泥石流、“6·1”芦山地震等自然灾害。9月5日，泸定发生6.8级地震，川高路网快速响应，累计出动应急抢险人员1000余人次、提供设施设备143台，开通应急救援通道579个，设置便民服务台118处，保障应急救援通道安全畅通。严格落实办公驻地、施工场地疫情防控，规范做好高速公路服务区、收费站防控措施，配合属地累计设置新冠疫情防控点305处，处置防疫事件5000余次。

科技创新　围绕“交通+”产业体系，坚持优势互补、协同联动、创新发展。践行绿色低碳发展，不断推动近千公里智慧高速布设与德会高速公路项目分布式光伏试点，开展“油转电”、智慧梁场、沿江高速公路部级示范等重大技术攻关。全年获发明专利7项、实用新型专利35项。巴陕高速公路米仓山隧道建设关键技术及应用成果获2022年省科技进步一等奖。

服务区管理　成都绕城高速公路成都东服务区建成投运，获评四川唯一全国交旅融合创新项目。打造成德南高速公路货车司机“暖心之家”，得到中组部、交通运输部肯定，收获司乘人员好评。完成乐至南等13处服务区充电基础设施建设。持续推动“厕所革命”，践行优质服务理念。

内部管理　高位推进国企改革三年行动，为公司高质量转型发展注入强大动能。有序推进股权划转，完成交通工程建设、智慧交通等整合工作。完善内控合规体系建设，调整优化流程191项，实施线上全覆盖合规审批，审查重要事项超150项。开展契约化“回头看”。川高本部114项国企改革三年行动任务台账以及42家所属企业改革任务全部完成，获蜀道集团2021年度“企业改革先进单位”，并通过国务院国资委专项检查。研究制定“两会一层”权力运行清单，梳理、研究决策事项28大类、122条，理清各主体权责界面。横向优化公司治理机制，保障外部董事行权履职，全面融入董事会治理，纵向精准实施授权放权，发挥企业主体作用，提升市场竞争力。探索一线项目用工新模式，推动用工共享共建与外包试点，优化高速公路板块组织架构和人员配置。

党建工作　全面完成所属企业“党建入章”工作，

推进党务突出问题清查整治、党建提质行动等专项活动。积极探索“互联网+党建”模式，打造的“E党建”工作平台，成为“蜀道红”党建品牌5个核心子品牌之一。制发《舆情管理办法（试行）》《新闻宣传工作管理办法（试行）》等12个制度文件，建立健全网络舆情常态监测和预警机制。统筹实施身边系列案以案促改、薪酬福利等5个领域费用管理专项监查整治，各级优化改进日常管控制度132项，控险防腐机制织密加固。强化“七个勤廉”多维延伸互动，着力“关键少数”与“低职低龄”拒腐防变齐头并抓，系统政治生态持续向优。修订川高系统纪检队伍建设《实施细则》《干选办法》，出台纪检经费单独核算使用规定，支持推动监督执纪智慧化信息系统建设。14个建设项目均纳入全省重点项目劳动竞赛项目库。承办和参加省级职工职业技能大赛，川北公司李维立、南方公司汪颖分获稽查、收费项目第1名；川南公司饶飞获第十三届全国交通运输行业职业技能大赛公路收费与监控员赛项全国第4名；1名职工获“全国青年岗位能手”。川南公司、川北公司、秦巴公司、达陕公司、仁沐公司5个集体获评省级“青年文明号”。沿江宜金公司“何成劳模创新工作室”、南方公司“罗晶劳模工作室”获蜀道集团首批“十佳劳模工匠和技能人才创新工作室”。承办2022年“蜀道杯”四川省交通运输行业首届职工运动会足球比赛，组织蜀道集团足球代表队参赛并获冠军。推动“双试点”工作落地落实，建成职工小家44个。持续开展暖心关爱、节日慰问、困难职工帮扶等工作，增强职工获得感、幸福感、归属感。开展6次乡村振兴人才帮扶技能培训，助推阿坝县查理乡神座村打造全省一流乡村振兴示范村。

（川高公司）

成渝公司营运管理 2022年是国企改革三年行动的收官之年。成渝公司明确目标、优化布局，编制形成“十四五”发展规划，协同推进高速公路投资建设运营及绿色能源两大主线，助推交通网和能源网深度融合，构建“效率、效益、创新、品牌、价值”现代化企业。截至年底，公司总资产403亿元，净资产187亿元，国家资本金投入累计增值28倍。蝉联四川百强企业、服务业百强企业。在高速公路建设、收费管理、服务管理、安全管理、财务管理等方面主要做了以下工作：

项目建设 聚焦成都都市圈高速公路网建设。成乐高速公路扩容项目至年底，累计完成投资100.22亿元。乐山城区过境高速公路复线段青衣江大桥全幅合龙；国际首创“密梁式型钢组合梁桥”完工，树立低碳智能装配化建造行业标杆；眉山至乐山高速公路原路加宽段获评天府杯金奖。天邛高速公路项目至年底，累计完成投资30.13亿元。完成全线桩基及羊安高架特大桥下部结构施工；聚焦全国一流、车路协同、内实外美的智慧高速目标，梳理17项“四新技术”清单，形成多项微创新成果并获行业大奖，在全国智标委“金标杯”中获BIM施工组一等奖；取得全线用地批文，创全省高速公路组卷报征同期最快速度。蜀道驿·梨花超级服务区举办开工仪式。抢抓“双碳”“新基建”等战略机遇，助力成渝双城经济圈“电走廊”“氢走廊”建设，拓展绿色能源业务，启动国内领先的重卡换电项目建设，成功打造全国首条高速“换电走廊”；氢能业务试点落地，助推成渝“氢走廊”建设。

收费管理 实现通行费增收，实现通行费收入31.19亿元。应用新技术、新手段，加大内外稽核力度，开展“降类清仓”打逃行动，完善稽查数据模型，追缴补收通行费1318万元。试点应用智慧收费机器人，实现收费现场无人化自助发卡和特情自动化处理，加快车道通行速度，提升收费效率。推行“站区合一”新型管理模式，合理调配工作人员，达到降本增效目的。推进收费无纸化体系建设，满足高速公路数字化、智能化管理需求。设立营运科创中心，研发云控一体化运维平台、智慧成渝平台，提升机电运维水平。

服务管理 完成路面预防性养护50车道·公里，消除中次差路段和跳车点位，提高耐久度，减少大修次

成渝高速公路龙泉水库段　　成渝分公司　供图

数，压降全寿命周期综合成本，保障优良技术指标。改进施工设计，节省改造提升成本投入。建强路产管护队伍，清障救援10000余次，保障道路畅通，维护出行民众生命财产安全。成雅、成仁、遂广、遂西高速公路获全省高速公路安全和服务质量满分评价。成渝高速公路内江站、成雅高速公路成都站获评“全国青年文明号”。拓展服务区业态，新增2家肯德基自营店，汪洋服务区升级“暖心之家”，石象湖油气合建站投运。支援泸定县抗震救灾和应急保障工作。

安全环保管理　试点营运高速公路安全生产“三基”建设，建立工作标准和评价体系。制定修订安全生产制度143个，开展各类应急演练56次，排查整改隐患910处，获得交通运输企业安全生产标准化建设二级证书。在党的二十大、重大节庆等关键时期完成网络安全保障任务。开展环保督察70次，加强污水、固废、噪声治理，做好生态环境保护工作。

财务管理　围绕成本管控主线，开源节流、创收增利，保障基本需求，科学压降可控成本，所辖路段持续保持优质运维质量和服务水平。把握资金成本下行窗口期，完成成仁、遂广遂西、成乐高速公路扩容项目乐山段等银团贷款降息，银团存续期节约利息支出6.9亿元。推动供应链金融发展，搭建供应链金融平台“蜀链云”，签发首笔电子债权凭证“融易单”。

（成渝公司）

藏高公司营运管理　2022年，藏高公司完成投资128.8亿元，占年度确保目标104.3%。在辖区高速公路营运管理方面主要做了以下工作：

项目建设　久马高速公路青川界至阿坝县城段50公里按计划建成通车；完成康新公司组建并实现康新高速公路实质性动工；统筹推进竣工验收工作，雅康高速公路通过交通运输部竣工验收；根据蜀道集团下达的年度投资建设任务，制定印发《建设管理工作要点》，明确责任主体和时间节点，全年组织召开建设专题推进会8次，开展现场巡查、督导30余次，持续跟踪项目进展情况，掌握存在的突出问题，督促项目公司加强对参建单位的履约考核，确保项目管理受控；成立项目前期工作领导小组，加快川汶高速公路前期工作，组织有关单位完成现场踏勘3次，召开路线方案专题研讨会、定审会4次，初步设计座谈会、推进会5次，并向蜀道集团专题汇报3次；加强设计变更管理，全年组织审查B类及以上设计变更32个；全面完成用地作价出资年度专项任务目标，完成藏高公司553公顷，配合完成蜀道集团1333公顷确权划拨公路用地价格评估初审工作，可为集团增加13亿元净资产。

经营管理　全年实现通行费收入6.15亿元（不含都汶高速公路），超额完成蜀道集团下达的力争目标，比上年增长7.71%；按政策减免车辆通行费4427万元。应对“6·1”芦山地震、“6·10”马尔康地震、“9·5”泸定地震，开启抗震救灾专用通道，雅康、汶马高速公路累计放行应急救援车辆1万余辆次，减免通行费300余万元，保证震区抢险大通道安全通畅。通过以修代换、提前预防、开展机电自维、加强隧道用电监管、合理优化养护专项方案等多种方式，加强养护成本控制，全年养护成本较预算金额有较大幅度下降。结合高速公路运维关键指标考评情况，雅康高速公路获省交通运输厅表彰为2022年度全省“示范高速公路”。推进桥隧、路面定期检测养护，雅康高速公路桥隧年度抽检全省第二，获“养护管理先进单位”称号。提升涉藏地区高速运维管理水平，加强与行业内先进营运管理单位的交流学习，抓好收费服务、稽查监控、机电维护、保通保畅等工作，持续营造良好的高速通行环境。

资金保障　全年融资207亿元，累计到位建设营运资金771亿元，保障项目建设运营工作开展。到位久马高速公路项目车购税资金80亿元，获取康新高速公路项目15亿元政策性开发性基金作为资本金投入项目，获得蜀道集团49.7亿元股东借款资金、永续中票资金支持，雅康、汶马高速公路项目提取融资租赁18.5亿元，在建项目到

久马高速公路马塘特大桥　　刘飞菲　摄

位其他股东资本金2亿元、提取建设贷款42.49亿元。顺利完成雅康、汶马高速公路项目融资租赁物调整，确保后续资金的提取和使用，并获蜀道集团工委会“降耗增效·我在行动”“五小”优秀成果表彰。加大资金成本议价力度，实现雅康、汶马高速公路项目银团贷款、融资租赁融资利率下调，存续期内预计节约利息1800万元/年。顺利完成货车通行费收入减免10%项目银行贷款利息让利的政策对接工作，全年减少利息支出1384万元。成功组建康新项目贷款银团，贷款利率下浮约27%，创银团贷款利率新低。加强自主融资探索，对接信用评级机构，力争获取较高主体信用评级，持续推进银行综合授信工作，逐步培育独立融资能力。

科技创新　依托雅康、汶马、泸石、久马、康定过境段等高速公路项目科技攻关，授权专利24项，编写专著4部（其中出版3部），编写行业技术标准1部（获批，待发布）、申请地方标准1部，获得中国公路学会科学技术奖特等奖、一等奖各1项，中国交通运输协会科技进步奖一等奖1项，川渝产学研创新成果二等奖1项，全国公路微创新大赛银奖、铜奖各1项，龙图杯全国BIM大赛优秀奖1项。申报省部级或一级学会（协会）科学技术奖7项，国际隧协ITA奖1项、省部级工程质量奖5项。获四川省科学技术进步奖二等奖1项，中国公路学会科学技术进步奖一等奖、三等奖各1项，雅康高速公路成为首条获得国家优质工程金奖的省内高速公路。

安全环保管理　全年未发生安全责任事故和环保责任事件，总体形势平稳可控。强化组织领导，全年公司党委会、董事会全年专题研究部署安全、环水保工作12次，组织召开安委会暨生态环境保护工作会、安全生产专题会、省督迎检部署会等10次。按照“党政同责、一岗双责”“三管三必须”原则，公司领导班子带队深入一线开展安全、环水保督查18次，各项目全年开展安全、环水保检查195次，排查安全隐患693项，环水保问题951项，整改率达100%。突出重点，抓好复工复产、汛期、冬季安全管理。全面推行安全生产责任清单制管理，抓好安全生产责任体系和落实机制。制定《藏高公司生态环境损害责任追究办法》。在推进环水保标准化管理方面，藏高公司编制出台省内首个《四川高速公路建设生态环境保护指南》，实现对高速公路建设生态环境保护工作全过程管控。制定年度安全生产、环境保护工作要点及督查计划，成立由公司主要领导带队的常设督查组，细化检查清单及内容，重点对在建项目瓦斯隧道管理不规范、“两区三场”及桥隧路基施工点的安全、环水保措施落实不到位，环水保手续不合规，营运项目源头措施落实不到位，服务区、停车区等污水、垃圾处置不到位等情况开展督导检查，并下达问题通报21份。

（藏高公司）

成渝高速公路四川段营运管理　2022年，成渝分公司所辖成渝高速公路四川段在营运管理方面主要做了以下工作：

项目建设　推进成渝高速公路扩容项目，取得良好成效。跟进勘察设计工作，与资中县、雁江区相关政府部门就46处弃土场达成共识；优化路线、隧道、互通方案，节省投资6.86亿元（川高公司中标后，完成项目移交工作）。

成渝高速公路龙泉山隧道旁　　成渝分公司　供图

收费管理　全年实现通行费收入6.54亿元，为年度目标6.8亿元的99%。科学研判稽查新形势，开展全业务流程内部交叉检查、“无入口信息”、“鲜活绿通”等车辆专项稽查，全年累计开展稽查17879次，发起工单6130起，完结工单2067起；完成部省级平台稽查追缴272.63万元，车道增收42.37万元，共计稽查增收315余万元，打逃增收亮点突出。

服务管理　持续开展“暖冬”行动、“今冬明春”、“农民工返乡”、“情满旅途”等专项工作，注重成渝高速公路服务品质提升。持续优化“硬设施”，完善全路段无障碍设施、标识50余处，对隆昌、资中、资阳服务（停车）区厕所隔断、洗手台等设施进行更换，投入专项费用28万元。

安全环保管理 完成清障救援车辆机具和应急物资数据化转型。创建蜀道集团安全生产"三基"建设路产管护示范班组，完成公司安全生产标准化二级达标企业年度核查。集中完成预防性罩面42车道·公里、交安设施提升21公里（单幅）、路面灌缝34142米。

智慧高速建设 践行智慧交通理念，编制完成智慧高速初步实施方案，智慧收费机器人系统试点、ETC车道通行效率提升等专项工程项目落地。以数据融通实现智慧服务，搭建集收费管理、机电运维、服务区管理、路产管护和工程养护等信息化于一体的综合营运管理系统平台，实现信息化管理，提升管理效率。主动参与全国首条高速公路换电走廊暨换电重卡项目，协调区内通信线杆迁移事项，配合参与建设单位高效推进项目建设。

（成渝分公司）

成乐高速公路营运管理 2022年，成乐公司在成乐高速公路营运管理及建设方面主要做了以下工作：

项目建设 全年累计完成建设投资15.94亿元。国际首创密梁式型钢组合梁桥——彭山青龙大桥顺利完工，树立低碳智能装配化建造行业标杆，受到央视新闻、四川电视台等主流媒体报道；工程品质持续向好，眉山至乐山通车路段获2022年四川省建设工程天府杯（省优质工程）金奖。乐山过境复线段青衣江大桥于2022年4月30日实现全幅合龙；响应国家绿色交通建设号召，探索智能施工、优化结构设计，建成低碳智能装配化项目青龙立交乐成向主线桥，涉及的2个科研课题成功立项，智能建造项目入选蜀道集团党校精品课程，为促进桥梁行业转型升级提供新突破口。二绕至青龙场段累计完成路基25%、下部结构50%、上部结构23%；主线站至成都二绕段有序开展低碳智能装配化建造前期准备工作。加快推进PPP项目建设，主动沟通协调争取上级部门支持，工可修编报告获省发展改革委批复，转入PPP项目执行阶段，向交通运输部报送确认函请示。持续跟进用地报批工作，眉山段、乐山段均获用地批文，成都段用地报批于2022年12月31日报至省自然资源厅正式审查，力争2023年5月取得用地批文。武侯区、双流区分别提交土地30.73公顷、85公顷；新津区提交红线用地167.87公顷，完成违法用地处罚53.67公顷，重大杆管线迁改15处。历史遗留问题逐步化解，多次与乐山市交通局、峨眉山市、夹江县及市中区开展专题研讨，推进违法用地罚款返还事宜。

收费管理 探索"大站管小站"新模式，率先在乐山站和乐山北站试点，打破站与站之间的界限，实现收费业务互促共进。引流增收做深做实，制定引流增收及收费"百日攻坚"行动实施方案，通过强化堵漏增收、提升优质服务、优化交通组织、完善线路指引、走访物流企业等手段引车上路，全年堵漏增收金额311.42万元，创历史新高，稽核管理工作年度综合考核名列省高速公路经营单位第二名。收费费率和收费期限研究测算完成报告初稿报成渝公司。

科技创新 把科技创新摆在企业发展全局核心位置，激活发展潜能动力，促进工程建设提质增效。探索低碳智能装配化建造，自主研发全新桥梁结构体系"钢管混凝土墩柱+预应力钢箱混凝土盖梁+密梁式型钢组合梁"，实现构件加工工厂化、现场施工无模化，减少混凝土用量60%，桥面每平方米减少碳排放1.5吨，缩短工期近30%，为桥梁低碳智能装配化建造理念提供工程科技示范。智慧建造助力"双碳"目标，响应交通领域碳达峰碳中和的"五转"路径，依托智慧梁场建设，应用钢结构装配式建筑等节能减碳技术和措施，有效降低能源消耗，减少碳排放9175吨。开展科技攻关，合理运用资源优势，参与完成山区高速公路施工风险控制与安全监控技术研究项目，建立山区高速公路施工安全预警指标体系，获得中国交通运输协会科技三等奖；自主研发2项实用新型专利，解决项目实践中的技术难题，减少安全生产隐患。数字化

成乐高速公路青神互通　　成乐公司　供图

12月29日，国际首创密梁式型钢组合梁桥——成乐高速公路扩容项目彭山青龙大桥顺利完工
成乐公司　供图

高速加快推动，智慧高速建设完成方案设计及施工图设计，待完成变更批复程序后尽快启动招标；出口人工车道“纸改电”完成前期准备，可按要求启动改造；提前4个月完成乐山站出口ETC收费车道特勤辅助设备的安装，并顺利投用。

安全环保管理　树立安全发展理念，强化红线意识和底线思维。深入开展安全生产专项行动，完成安全生产标准化二级达标复评，扩容建设排查整改隐患93处、运营管理排查整改隐患36处、实施主线交通管制和分流27次、发生交通事故471起（比上年减少5%）；围绕“夯基础、抓基层、练基本功”，全力打造夹江站“三基”示范收费站创建工作，12月28日通过成渝公司检查。生态环保持续加强，全面做好省环保督察迎检工作，梳理内业资料、加大检查力度，发挥环水保监理作用，力争不出纰漏；强化污水、固废、噪声治理，不定期开展环保检查、暗查，整改必须到位；完成服务区分类垃圾桶和垃圾回收储存装置设置，实现垃圾分类有设施、有标识、有指引。

养护管理　精细化养护不断深化，抓好路面、桥涵、绿化、交安及沿线设施的日常养护维修和各项巡查检查，完成桥梁定检和路面检测工作。全线无三、四、五类桥，成乐高速公路MQI（路面技术状况指数）为97.36，PQI（路面使用性能指数）为97.29，道路优良率100%。

内部管理　全年实现营业收入4.32亿元。深入推进两家公司整合，充分发挥“1+1>2”整合优势，优化调整内设机构，完成岗位优化设计、岗位价值评估、定岗定编，并开展专业序列人员定岗双向选择。国企改革三年行动顺利收官，完成31项改革任务，29名员工通过竞争上岗走上新岗位，向蜀道集团、成渝公司培养输送领导干部7人。眉山、乐山片区完成资源整合，代表处设置3科1室，眉山、乐山监控室合并为监控中心（总值班室），统筹片区工作调配，进一步提升扩容建设和营运管理整体效能。降本增效成效明显，开展供应链金融工作，启用电子债权凭证支付方式；精准把控资金使用时间窗口，减少沉淀、高效配置，发挥集团内部产业协同优势，提升资金利用效率，完成成都二绕至乐山段银团贷款利率下浮55BP协议签订，存量贷款利息费用下浮12%；全年可控成本比上年下降8.15%；深挖政策红利，累计收到政府产业扶持资金784.90万元；进一步盘活资产，完成闲置土地、房产租赁，以及闲置波形护栏内部转让，累计处置资产148件，收回处置款40.07万元。

服务区管理　服务区优质服务不断提升，绿色出行“续航工程”眉山服务区于12月2日正式投入试运行，夹江天福服务区于2023年1月14日投入试运行；眉山服务区B类“暖心之家”于2023年1月1日投入试运行。

（成乐运营分公司）

成雅高速公路营运管理　2022年，成渝公司成雅分公司在成雅高速公路营运管理方面主要做了以下工作：

收费管理　完成“站区合一”机构设置。创新提出“多匝道站融合管理”模式，设立“班长工作亭”，实时进行指挥调度和特情处理；探索“大站管小站”区域化管理优化一线人力资源配置；试点新津南匝道自由流建设，解决ETC车辆交易失败而滞留广场的拥堵问题；在双流南收费站探索安装入口试点货车轴型自动识别设备，对货车超载情况进行精细化管控。完成成雅、成乐公司“手挽手”对扣对奖数据互换，并与川西、雅康、雅西公司签订“手挽手”倡议书，达成联合行动共识。发布欠费车辆追缴工单 7.13万余条，协查处理工单记录23.8万余条，追缴通行费406余万元。全年实现通行费收入9.18亿元（税前）。

养护管理　持续推广1.2厘米极薄磨耗层罩面，完成10车道·公里路面预防性养护。开展全线交安设施精细化专项行动，推进标志牌替换、道路标线施划和中分带护栏改造提升。部署全路段中分带绿植治理，重点修剪遮挡标志牌的大冠幅行道树及影响互通立交通视三角区行道树。全年全线公路技术状况评定MQI为94.75，PQI为93.86，优良路率为100%，无三、四、五类桥梁。

安全管理　召开新冠疫情防控专题工作会，落实防控工作。建立智能监控辅助巡逻联动机制，“线上+线

2022年，成雅分公司开展防汛抢险联合应急演练　　成雅分公司　供图

下”覆盖巡查解决盲区问题，实现交通事故及时处置。完成高速公路路面障碍物移动清除设备设计和测试，根据使用情况不断完善，增加清障安全性、及时性。建立视频巡查监管体系，对事故类型、车辆类型、辅助巡查、环境气候、清障救援、障碍物清理、保通保畅等工作进行精准布控和统一调度，逐步实现网络化协同和智能化管控，提升高速公路运营安全管理水平。制定“三基”任务清单，结合6S管理理念，建立起横向到边、纵向到底的全员安全生产责任制。按照“结合实战、协调统一、机械为主、人工为辅”原则，协同高速交警、交通执法等联勤单位开展“2022年度除雪抢通保通应急演练”。联合高速交警、交通执法、属地政府部门等相关单位，按照“防大汛，抗大灾”应急救援思路，践行“生命至上，安全第一”安全理念，开展成雅高速公路防汛抢险应急演练。联合六分局交警和高速执法，开展成雅高架桥夜间货车违停专项整治活动。面对多次地震灾害，成雅公司迅速启动抗震救灾应急预案，对全线建构物、路面、高边坡及重点桥涵进行排查，开通应急救援专用车道，并在成雅向情报板、服务区发布“请及时避让救援车辆”提示信息，确保灾区应急救援车辆快速通行。

服务管理　对成都至雅安方向零公里处可变情报板、门架及附属交安标牌进行改造升级，新增诱导屏“交通+互联网”全彩可变情报板，支持“图形+文字”，展示交通信息诱导直观、及时、精确。利用现有运维管理资源，采取远程供配电控制处理、远程软件排查处理、现场实地抢修处理等多途径措施相结合，减少门架现场处理次数，节约人力及资源成本；根据季节气候变化规律，对门架空调系统、补光灯工作时间段进行调整和优化，更好实现节能增效。针对天线的功率及交易区域进行调整，接触不良或断点的线圈重新进行切割，对ETC天线软件进行版本升级，保障ETC交易精准度。新津、蒲江服务区结合自身实际，推动垃圾分类落地见效。

（成雅分公司）

成仁高速公路营运管理　2022年，成渝公司成仁分公司在成仁高速公路营运管理方面主要做了以下工作：

收费管理　围绕“保收费、提效益”总要求进行统筹安排，通过深入调研及时调整优化10余项“引流增收”措施。“擦亮”服务窗口，提升群众满意度，以“服务质量提升年”活动为载体，组织各收费站开展“当标兵”“争红旗”创先争优和岗位练兵活动，评选服务明星110余人次，制定“一站一策”保畅手册，道口通行效率高效。堵漏增收取得突破，推进稽查标准化建设，与蜀道集团稽查中心、成渝科创中心建立良好支持机制，开展“大类小标”“降类清仓”等专项行动，联合路网打逃10余次，累计筛查数据32.8万条，查处逃费车辆825辆次，做好堵漏增收。做好运维保障，克服高温缺电等困难，集中技术力量对全线113个点位的ETC车道、门架系统全面升级2次，在成渝公司率先试点ETC收费车道特情辅助系统，全年各项技术状况保持稳定。“高速+”营销持续发力，各管理处会同双流区旅游双创办、仁寿县7家景点，集中在第二、三季度组织推广宣传30余次，上门服务沿线厂矿、运输企业20家，在当期群众出行意愿低迷的情况下车流量环比增长5%，实现互惠共赢。

养护管理　组织精细化预防性养护，及时处置路面裂缝1万米，消除沉降、跳车路段3处，采用新材料、新工艺施划“高亮标线”37公里，其有效寿命是普通标线

成仁高速公路　　成仁分公司　供图

的5倍以上。抓好日常养护质量监管，路面使用性能指数PQI达93.64，优良率100%，全线道路10年未大中修，各类技术指标在全省同期高速公路中仍保持前茅。严格全流程成本管控，科学编制中长期养护规划，统筹安排交安、路面、绿化等养护施工，压减施工时长260个小时，优化施工方案、工艺，压降养护支出。注重路容路貌提质，完成“波形护栏防撞等级提升”以及“护栏外展加密”3000余米，完成厅高管局下达的重点养护工作并受到肯定；加大沿线绿植机械化管养水平，实施“高架桥排水系统”改造，成都收费站、沿线服务区设施提档升级，成都南向大通道形象提升。做好防汛和地质灾害风险排查，坚持常态化应急状态，严格应急值班值守，组织开展汛期、震后专项排查6次，处治病害、险情3处，实现平稳度汛。

安全环保管理 各级严格责任落实，紧绷“安全弦”，推进“双重预防”机制和“三基”建设，完成党的二十大、春运、“冬安行动”等重要时段、节点安全工作，未发生重特大事故和源头管理责任。持续夯实安全基础管理，梳理并修订完善安全生产制度，安全生产标准化创建工作通过复审，组织应急演练5次，排查并全部整改隐患52次，紧盯风险点，先后组织“挖矿”“微信泄密”等法制宣传讲座，取得良好效果。创建绿色高速，实现全线服务区垃圾分类，仁寿东、汪洋两个收费站污水接网，开展环保知识宣贯会10次，处置噪音投诉7起，做好中央生态环保督察“回头看”及省生态环保督察迎检工作。

服务管理 围绕蜀道集团提出的创建“畅享高速”品牌要求，持续深耕服务品质，坚持以群众高质量出行为指引，在“畅”上巩固提升，在“享”上拓展思路。注重推进数智赋能，勇于创新突破，投入使用服务区信息化管理平台，会同联勤单位构建全线“静态+动态”道路监控巡查系统，道路智慧管控能力得到提升。加强应急保障，在仁寿段设立应急处置演训中心，开展集团路产管护“示范大队”试点工作，全线推行清排障“30分钟到达”救援保障机制，到达率超95%；整合一路多方资源，优化管制措施，封站关道时长下降49%，交通事故下降50%。提升群众出行体验，强化服务意识，会同高德、百度综合出行服务平台，及时为群众出行提供引领，配合相关单位完成汪洋服务区“暖心之家”提质改造，为司乘人员提供实惠高效服务。

内部管理 助推蜀道集团产业协同，紧扣养护、物业、集采等营运管理全过程、全覆盖。打好国企改革“收官战”，完成39项任务清单，突出竞争择优选人用人导向，对本部部门优化整合，完成班子配备，制定差异化薪酬制度，推行绩效考核，加大奖勤罚懒力度，助力企业“瘦身健体”、持续发展。实现财务增效，多措并举开源节流，可控成本压减32.48%，同时推广供应链金融服务，在上级协调下，成仁项目银团降息协议成功签署落地，节约贷款后续期财务费用。加强技术增效，联合西南交大等高校，完成“高架桥无缝桥面”“品质工程”“内业标准化”3个养护科研项目，做好科研成果转化，“四新技术”运用提升，养护队伍得到锻炼。发动员工开展“微创新”活动，万安收费站对废旧设备修复再利用，研制“光伏路灯”每年减少电费开支8000元，助推企业降本增效。持续管理增效，采取“线上线下”多渠道、多形式做好员工培训，加强风险控制，规范工作流程，修订完善规章制度32个，内部运行效率得到提升。

（成仁分公司）

遂广遂西高速公路营运管理 2022年，遂广遂西公司在遂广、遂西高速公路营运管理方面主要做了以下工作：

收费管理 因通行车辆分流等原因，全年完成通行费收入3.50亿元，比上年下降4%。开展堵漏增收稽查活动。落实蜀道集团成渝公司有关收费、稽查管理工作要求，组织各级营运管理人员参加线上线下培训，提升稽查业务能力。开展“降类增仓”专项稽查工作，完成工单上传2000条，协查工单3万条，共计补费金额88万元。

2022年，遂西高速公路赤城湖一号桥　　遂广遂西公司　供图

配合高速公路公安“2·25”冲站车辆调查取证工作，涉案人员被判盗窃罪，各处罚金3000元并补缴通行费6000余元。提升收费人员业务技能和水平，开展岗位练兵和比武活动。10月，遂广遂西公司在2022年四川省职工职业技能大赛运营高速公路收费项目技能比武中获团体一等奖，2名选手获个人二等奖。

安全管理 加强道路巡查，提高道路安全管控能力。坚持不低于每日3趟次巡查频率，开展日常巡逻2500余次，道路巡查里程53万公里，巡逻覆盖率100%；劝离乱停乱放车辆333辆次。加强对团雾路段路面巡查监控，上报值班室通知交警做好管控，保障行车安全。加强汛期巡查，坚持雨前、雨中、雨后巡查排查，开展汛期专项排查26次，发现隐患83处，上报并做好安全管控。全年发现并清理路面障碍物1200余次，劝离违法上路行人91人次，提高道路安全管控能力。坚持联勤共商机制，全年召开联勤保畅工作会10次，确定联勤保畅方案，完成重大节假日期间道路安全保畅工作。联合开展交通安全宣传整治、“路政宣传月”等活动，对沿线桥涵地下空间以及用地范围内专项清理整治，消除潜在风险隐患。全年开展事故救援244次，比上年下降32.8%；故障救援903次，比上年下降8%。

养护管理 加强设施设备巡检，重视机电系统全寿命周期内维护工作，坚持每周一次巡检制度，及时发现隐患，全年维修维护设备1500余次，应急抢险110次，避免设备带病运行。强化机电设备年度检测维护工作，完成建筑物及设备防雷、隧道机电、UPS系统、10kV供配电线路机设备预防性检测的年度检测和维护任务。

科技创新 立足收费站实际，结合改革撤站形势，组织研发“单人多车道态势感应系统”，解决有限人力背景下，收费站ETC及治超车道故障及时处置问题，节约人力成本。系统获实用新型及发明专利。为提高超限车检测效率和精确度，研发“超限货车新型检测系统”，系统成本为同类功能产品30%，提升超限车辆检测精度，降低收费员使用人工检测安全风险。系统获实用新型及发明专利。

服务区及三产管理 全年完成三产收入100余万元。蓬南服务区充电桩验收合格后于11月25日正式投入使用；飞龙樱花服务区充电桩于12月7日投入使用。蓬南桂花服务区依托司机之家，成立临时党支部，服务司乘人员。围绕服务创优主题，加强文明窗口建设，全年接打电话29000余次，通知救援信息700余条，处理投诉10余起，及时对外发布各类信息10000余条。

（遂广遂西公司）

成都绕城渝蓉成资渝高速公路营运管理 2022年，川西公司在成都绕城高速公路、渝蓉高速公路（四川段）、成资渝高速公路（四川段）3条高速公路营运管理方面做了以下工作：

收费管理 克服供应链流通不畅等影响，实现通行费收入19.91亿元（其中成都绕城高速公路通行费收入7.93亿元、渝蓉高速公路〈四川段〉通行费收入8.52亿元、成资渝高速公路〈四川段〉通行费收入3.46亿元）。堵漏征收查处偷逃通行费车5.4万辆次，追缴通行费740万元。针对新逃费形势开展系统漏洞专项稽查，专案打逃判刑3人。强化桥下空间、土地租赁、穿跨越项目路产占用补偿等规范管理，全年非路产业合同收入1.37亿元，政企合作到账8759.53万元。

养护管理 专项养护工程43项（含政企合作2项）。完成成仁快速路江家互通立交提升改造及东西城市轴线绕城高速公路节点政企合作项目；推进北新站改扩建、利民路绕城节点路改桥和科华南路绕城节点互通立交政企合作项目。完成成都绕城高速公路白家互通立交路面病害处治、成都东服务区改造提升（二期）、迎“大运会”环境品质提升、智慧高速项目外场点位设备安装和通信光缆敷设阶段性工作。完成应急抢险指挥分中心（1.5公顷）项目规委会审查。完成渝蓉高速公路（四川段）事故多发段震荡标线施工、4号隧道专项检测、“大运会”保障项目年度工作。开展成资渝高速公路（四川段）建设缺陷集中处治。完成渝蓉高速公路（四川段）竣工验收、交工验收和环保工作，推进后续工程财务审计及项目投资核准事宜。克服都汶高速公路建设项目时间跨度大、竣工决算审计战线长、工作难度高的困难，完成都汶公司三个建设项目财务竣工决算审计。

2022年，成都绕城高速公路锦城湖路段　　川西公司　供图

缓堵保畅 为缓解成都绕城高速公路交通压力，完成机场收费站A、B匝道改造、锦城湖收费站C入口增加ETC车道改造、成都绕城高速公路ETC车道集中整合

改造，完成成渝收费站建设并开通运行；成仁收费站具备开通条件，待地方道路整改完成即开通。完成成资渝高速公路（四川段）安岳北收费站开通。采取“四统一”“一公示”方式开展自主清排障，提升成都绕城高速公路快速通行能力。

环保管理 制订环保制度以及突发环境事件专项应急预案和目标考核办法。投入2600万元完成成都绕城高速公路和渝蓉高速公路（四川段）29个收费站、10个服务区污水处理设施安装，处理后的污水全部达到回用标准。投入1000万元完成成都绕城高速公路11座跨江河桥梁径流收集系统安装。投入280万元完成成都绕城高速公路各收费站、服务区、办公区垃圾分类改造。投入1500万元在渝蓉高速公路（四川段）建设10处声屏障解决噪音治理问题。完成成资渝高速公路（四川段）安岳北、机场东服务区外立面形象升级打造，路域25处桥下空间整治完成13处，整治后全部安装隔离网、监控。加大路域施工现场环保督查管理。渝蓉高速公路（四川段）通过省交通运输厅安全生产标准化二级达标现场评审。全年未发生环境污染事件，通过省级环保督察。

安全管理 抓好新冠病毒感染防控，配合属地做好收费站查验点设置“入川即检”，投入35.6万元采购防疫物资，累计核酸受检2万人次。修订安全生产目标考核管理办法、标准化管理制度（汇编）等，落实重大节假日、汛期、涉路施工及特勤保障安防措施。依托“双预防体系”，开展隐患排查治理督导，全年累计排查隐患977处，整改率99.8%。处置路产案件1400余起，收取路产赔偿费714万元。全年未发生源头性安全责任事故和重大涉稳事项。

内部管理 深化国企改革三年行动，完成川西、绕西、渝蓉三家独立法人公司改革方案和台账制订，三家公司完成改革任务188项，完成率100%，提前2个月完成国企改革目标。实现川西公司、资潼公司片区化管理以及资潼项目的接管。健全公司法人治理结构，完成川西公司、渝蓉公司法人变更，落实公司党委在公司法人治理结构中法定地位。“三项制度”改革通过蜀道集团交叉考核评估，并完成管理人员薪酬套改落地。开展内控自评价工作，完成内控手册（2021年版）编制和定稿。强化队伍建设，提升服务质量和形象，川西公司获评2021年度全国“安康杯”竞赛活动优胜单位；拍摄的微视频《传承》获评交通运输部“百年风华交通风采”全国交通运输微视频大赛优秀奖；天府收费站团支部被评为四川交通行业“五四”红旗团支部。

三产管理 依托路域资源推进三产经营。开展新形态广告建设，在成都绕城高速公路、渝蓉高速公路（四川段）规划新形态广告98处。跟进穿跨越项目路产补偿，收取成绵苍巴、成南高速公路复线穿（跨）越成都绕城高速公路、金简仁高速公路上跨拼接渝蓉高速公路（四川段）永久性路产占用补偿6810万元。将桥下空间保护性利用、群众需求和城市环境有机融合，完成成都绕城高速公路锦城湖桥下空间试点项目建设。盘活闲置资产，通过成都绕城高速公路成都西服务区办公楼租赁、渝蓉高速公路（四川段）通信管道租赁等共计收入4490万元。启动渝蓉高速公路（四川段）省界收费站土地利用，取得省交通运输厅该项目由收费站转服务区的批复（C类），完成项目平面布置图设计。

（川西公司）

成南南渝遂渝遂回高速公路营运管理 2022年，成南公司在成南、南渝、遂渝、遂回4条高速公路营运管理方面主要做了以下工作：

项目建设 抓住成渝地区双城经济圈建设契机，推进成南高速公路扩容项目建设，完成年度投资任务。4月15日前将德阳、遂宁、南充段资料报送自然资源部审查，8月取得省政府用地批文。全线提交建设用地733公顷，占应提交土地的71.4%。多次与中江县协调沟通，6月完成征拆协议签订。协调主线成都段沿线地方政府，提供施工节点用地并加快征拆进度。推进项目建设，入城段累计完成路基工程80%、桥梁工程65%、路面工程

成南高速公路桂花大桥　　成南公司　供图

6%。主线段全面开工，完成路基工程10%、桥梁工程10%、隧道工程5%。提升项目品质，通过施工优质优价考核、组织劳动竞赛等方式激励参建单位，在全线开展路基、桥梁、隧道专项质量提升行动，提升工程实体品质。跟进遂渝高速公路扩容项目，按照蜀道集团和川高公司总体安排，配合川高公司顺利中标项目投资人招标，完成项目投资协议签订及初设批复等前期重要节点工作。

收费管理 充分挖掘内部管理潜力，精准识别逃费行为，设备运行平稳有序，营运取得新成效。先行先试集约管理，开展遂宁管理处营运集约化管理试点工作，重构高速公路收费、监控、稽查、机电核心业务的工作体系和模式。全年追缴通行费328万元，超额31.2万元；完成通行费收入15.35亿元。试点建成“云端”系统，开展成都站收费系统优化升级试点工程，建成省内首个基于云收费系统的新一代收费站，为川高公司新型收费站系统标准化建设奠定基础。调整区间精准计费，沟通上级主管部门，就德遂高速公路与遂回高速公路交会形成新互通枢纽及时调整收费区间，实现遂回高速公路全路段精准计费。推进地产销售，构建有效机制，加大协调、监督力度，多渠道、多方式推进“紫云台”地产项目投资、销售，超额完成年度投资目标。

养护管理 成功申报公路路基路面长期性能科学观测网建设试点项目，被列为全国第一批试点观测点。优化出行服务，开展高速公路“服务质量提升年”活动，印发《道路交通秩序管控暨道路安全防护设施双提升》《“7·12”交通事故教训提升道路安全防护设施行动》等通知。完成省安委会挂牌督办路段隐患治理，中分带护栏提升1800米，新增警示标牌220套、限速标牌100套、纵横向减速标线6万平方米。开展护栏提升，推进高速公路波形梁护栏提升方案防护性能研究，为川高系统各路公司护栏提升改造提供科学方案。完成94版护栏提升方案仿真研究、实车碰撞试验、形成护栏提升设计通用图等工作。

安全管理 树立安全绿色发展理念，落实安全环保责任，公司安全环保形势总体平稳。牢固安全生产防线，明确年度安全工作总体目标、工作指标等具体措施，层层签订安全生产目标责任书，每季度召开公司安委会会议。开展“安全生产月”活动，开展专项检查88次，发现并整改安全隐患206处；开展安全培训77场，开展法制宣传46次，发放宣传资料3.9万份，累计投入安全经费260万元。抓实保通保畅工作，面对“边通车、边施工”安全管理压力，编制《主线扩容保通保畅总体方案》《改扩建保通保畅管理办法》，将责任明确到具体部门和经办人员，形成层层有人负责的闭环模式。在成都管理处辖区创新引入救援组，设置5个路维巡查及清排障驻点，大幅降低清排障成本。守住生态环保底线，完成仓山停车区排污市政管网接入专项改造。开展环水保监测检查307项，排查水保隐患49处，及时整改闭合环保问题166项，整改率100%；妥善处理环水保投诉30件，开展环水保宣传8次。落实“入川即检”工作，创新“省内车辆通行卡”使用，由省物流保通保畅工作机制办公室送省领导参阅并在全省推广应用。4月15日，省委书记彭清华带队前往成都站调研指导疫情防控措施落实情况，充分肯定公司新冠疫情防控工作。

服务区管理 不断完善服务区属地化现场管理，印发《服务区日常维护经费管理办法（试行）》《服务区机电管理制度（试行）》，对全线服务区的日常维护经费管理、服务区机电系统与网络安全管理进行规范。5月20日，完成辖区8座加油站资产及经营权回收，平稳完成过渡期各项工作，每年增收600万元，增长超4倍。督导完成仓山停车区污水改造升级工程、遂宁服务区充电区域雨污混流问题整改，配合完成沿线充电桩建设。淮口服务区试点引进第三方物业服务，打造服务区物业服务新标准。盘活通信管道、房屋、土地等闲置资产，实现增收。

（成南公司）

南广邻达渝邻垫高速公路营运管理 2022年，川东公司在南广邻、达渝、邻垫3条高速公路营运管理方面主要做了以下工作：

广邻高速公路黄麻渡大桥　　川东公司　供图

收费管理 应对新冠疫情防控、高温限电、道路施工、车辆分流等影响，全年完成通行费收入11.49亿元，政策性减免通行费累计1.2亿元。配合开展“降类清仓”专项行动，全年查处漏逃费车2.89万辆次，追缴通行费156.39万元；试点川高系统收费综合管理平台，收费管理信息化模式逐步落地；持续更新业务知识题库，创新“纸改电”星级考试方式，持续推进收费质量提升，在省职工职业收费岗位技能比武中获团体二等奖，2名选手获个人三等奖。应对邻水“5·9”疫情，紧急调配一线人员，调整收费站运转模式，确保防疫物资、医务人员和转运群众快速通行，邻水县委、县政府授予公司“与邻同行携手共抗疫情保通保畅守护邻州动脉”锦旗。

经营管理 合理利用税收优惠政策，减免企业所得税、房土两税5212.32万元；收回政企合作项目补助9429万元；收回川高公司统筹款3.35亿元；办理公司经费账户协定存款，年度转贷款利率下调0.5%，流动资金贷款利率下调0.55%；推动闲置资产盘活利用，完成三产收入869.42万元。全年，公司完成营业收入11.28亿元，实现净利润3.85亿元，国有资产保值增值率107.06%，还本付息4.09亿元。公司获川高系统2022年度“营运管理先进集体”“投资合作先进集体”称号。

养护管理 以“安全、高效、畅通”为标准，全面提升道路畅通能力和服务水平，全年完成养护投资2.1亿元。一是道路养护科学高效。达渝路路面病害处治工程罩面33.5公里，辖区道路路况持续改善，MQI、PQI指数全线评定值均达92以上，优良率达100%；定期完成季度路况调查和桥、隧、涵经常性调查，开展路面裂缝、坑凼病害、绿化修剪等日常养护；完成2021年达渝路涵洞病害维修等35项工程内业资料清理、变更审查、交工验收工作。二是机电运维持续稳定。完成华蓥山隧道机电系统、照明系统改造工程交工验收；推进监控信息平台建设、情报板升级改造工作；完成达渝高竹互通省界ETC门架的迁移改建工程；开展2022年机电序列岗位评定工作。三是政企合作实现新突破。完成高竹互通E匝道跨线桥架设，推进路基工程交验，项目整体工程进度良好，完成总产值1.03亿元，占总投资68%。

安全管理 全年排查治理安全隐患55项，整改消防安全问题9项，完善安全制度3项，发放环保宣传资料5600余份。完成明月山隧道消防管道改造工程、辖区路段安全性评价、达渝路K1420—1427道路双提升；加强施工现场环保监督，全面梳理环保问题风险点；推进垃圾分类点位调查和设施增配；对公司所辖4个服务区、15个收费站、2个隧道管理所污水排放进行水质检测，均达排放标准；开展节能宣传周和低碳活动日环保宣传活动，顺利通过省级环保督察。全年，公司未发生安全环保责任事件，管辖道路交通事故起数、死亡人数实现“双下降”。在蜀道集团2022年度“安康杯”竞赛活动中，公司职工邹静获得第一名。

内部管理 分析经营管理难点问题，研究解决举措，着力补齐短板，聚焦“党建引领、智慧赋能、降本增效、人才强企”目标，编制完成公司“十四五”规划；完善现代企业制度，厘清“三会一层”权责边界，推进董事会建设，修订公司《章程》，出台《权力运行清单》制度，优化公司治理体系；深化国企改革三年行动，推进经理层任期制和契约化管理，完成中层干部竞聘工作，科学设置考核指标及评价标准，修订“两书一合同”，完成51项国企改革任务，完成率100%；制定《站队级管理人员选拔任用工作办法》，修订完善《中层管理人员选拔任用工作办法》《专业技术职务管理办法》《内训师培养及考核管理办法（试行）》，选优配强6个中层管理岗位，3个一般管理岗位；开展“读书分享会”活动，搭建“在线读书平台”，打造“学习型企业”；优化制度设计和薪酬分配政策，完善职务和职称薪酬双通道，鼓励员工提升专业技术和职业技能，推动人才队伍培养，49人取得专业技术职务任职资格；推进“三库一清单”建设，实现风险防范与工作效率双提升，依法依规办理公司各类法律事务，全年办理诉讼案5起，挽回经济损失304.22万元。公司获川高系统2022年度“企业法人治理先进单位”“人力资源管理先进单位”称号。

（川东公司）

绵广广陕广甘高速公路营运管理 2022年，川北公司在绵广、广陕、广甘3条高速公路营运管理方面主要做了以下工作：

收费管理 全年实现通行费收入18.39亿元，约占川高系统通行费总收入七分之一；追缴通行费1295万元，稽查增收311万元，完成目标任务168%。探索具有川北特色的营运管理经验，适应差异化收费政策，以“精细管理、效益提升”发挥营运收费“压舱石”作用。开展机电标准化建设及隧道机电系统定检工作，“三大系统”运转正常，交易成功率及收费系统综合指标持续提升。开展广甘高速公路隧道智能调光系统及绵广高速公路门架摄像机补光灯改善项目建设，取得良好成效。落实蜀道集团高速公路收费稽查“降类清仓”专项行动部署，开展打击鲜活车偷逃通行费专项活动，深化数据分析手段、持续收紧查验关口，针对性查处假冒优免车辆，全年查处各类逃费车辆56513辆次。有序开展重构机电序列

广陕高速公路嘉陵江大桥　　川北公司　供图

岗位评定工作。

养护管理　加强专项养护工程全流程管理，严控养护成本。新开工16项养护工程，外业工程全部完工，专项养护计划投资累计完成1.49亿元。全年完成日常养护包干经费2791.84万元，完成年度计划100%。绵广高速公路大沟边大桥养护工程提前10天完工。白龙江大桥及广甘高速公路（进川向）路面病害处治等重点养护工程如期完工。辖区路段MQI、PQI均在92以上，比上年有提升。开展桥梁定检，辖区桥隧安全系数得到有效提升。加强养护“四新技术”运用，引进并使用高强高韧性树脂砼加固技术。在四川首次采用爬索机器人和无人机相结合方式完成涪江四桥特检。开展高速公路养护信息化平台系统计量合同模块研发工作，参与高速公路养护工程清单计价标准研究与应用。

安全管理　开展“安全管理提升年”活动，做好重点时段以及恶劣天气下安全保通、隐患排查整治、重大风险防控等工作。加强道路施工监管及特殊路段管控力度，开展安全风险分级管控和隐患排查治理建设，全年未发生安全生产源头责任事故和生态环保责任事故。所辖道路全年发生交通事故606起，比上年降低19.41%，持续实现事故数和伤亡人数“双降”。深化安全能力建设，全年开展各类安全检查20次，发现安全隐患80条，整改率100%。实时更新辖区高速公路收费站、服务区、桥梁、隧道等风险点位的《风险辨识清单》，建立公司《风险数据台账》。开展隧道交通事故及消防综合应急演练。

环保管理　加强路域环境卫生，污水处理、声屏障等环保设施设备的运维，完成白龙江大桥隔音窗、剑门河大桥及剑门关互通声屏障工程建设。建立环保隐患排查机制，做好省级生态环境保护督察迎检工作。深化网络安全管理，开展网络安全应急演练和桌面推演工作，提升公司网络安全应急处置能力。

综合管理　完成国企改革三年行动年度目标任务，推进改革收官工作。强化党委在重大生产经营的把关定向作用，优化“三会”权责边界，配套新增“三会”决策事项清单及权力运行清单，进一步理清各主体权责界面。结合公司实际，出台支委会议事规则及议事清单，全面激发各层级活力动力。完成川北公司、广甘公司、曙源公司党建入章及章程修订工作。制订公司“十四五”发展规划。开展领导班子任期制和契约化管理“回头看”工作。完善内控合规体系建设，开展内控手册修订及内控自评价等工作，调整优化流程25项。年内新增各项制度38项，修订制度16项，做好制度的“废、改、立、汇”工作。配合川高系统，到位10亿元融资资金，顺利完成广甘项目融资租赁业务，落实统筹融资资金7亿元。争取地方支持，用活用好减免扶持政策，川高公司成都分公司取得武侯区产业政策扶持资金658.2万元，落实减免川北公司2021年企业所得税1015.84万元。完成原成绵（乐）指挥部资产清查移交工作。公司朝天收费站成功创建省级“青年文明号”，打造绵阳管理处党性教育基地并通过验收。

服务区管理　开展四川省高速公路“服务质量提升年”专项活动，在服务区、收费站开展各类温馨服务活动。提升服务区物业化管理水平，出台《川北公司服务区管理制度》及服务现场管理人员岗位操作手册，实施服务区场区标志标线升级改造、危化品车辆入区及停放管理系统建设等专项工作，服务区软硬件设施、交通秩序及场区环境卫生显著改善。开展收费站形象专项提升及路域环境综合整治工作。道路救援及清排障效率有所提升，道路通行环境不断改善。落实各项政策性免费、临时性减免及站口优质文明服务工作，严格做到“应免不征”，为司乘人员提供温馨、舒适的通行环境。

2022年，公司获“川高公司营运先进集体”等6项先进集体表彰，12人获川高公司先进个人表彰；获2022年省职工职业技能大赛运营高速公路稽查项目技能比武团体一等奖，单位职工李维立获个人一等奖。公司连续3年获省级劳动技能大赛团体及个人一等奖，两人被授予“五一劳动奖章”称号。

（川北公司）

内宜宜水高速公路营运管理　2022年，川南公司在内宜、宜水2条高速公路营运管理方面主要做了以下工作：

收费管理 公司以服务质量标准化建设为契机，全面提升营运服务管理水平。一是创新路网管理理念。围绕蜀道集团和川高公司“十四五”发展规划，树牢数字化转型建设思路，全面提速升级智慧化管理进程。改变传统“一管理处一监控分中心”模式，将原有两个管理处监控分中心进行资源整合。搭建集收费稽查、道路养护、应急救援等一体化智慧高速综合管理平台，做大建强公司级稽查监控中心。通过优化人员配置，出台标准化管理手册，运用数字化运维平台、交通流速监控系统、路巡系统等信息化手段，开展应急指挥调度、系统运维监管，基本实现“监控有力、服务快捷、信息畅通、运转高效”的总体目标，进一步提升路网竞争力。二是加速智慧高速建设。作为川高系统优化试点单位，公司牵头开展收费综合管理平台、无纸化车道业务系统的开发及试运行工作，大幅减轻一线收费站内业工作量，不断优化运营效能，实现收费稽查的集约化管理。三是用心用情为司乘服务。在全川首创鲜活农产品“码上扫”模式，把各类绿通政策和“争议绿通免费农产品”官方权威解读，通过驾驶员手机扫码呈现，规范鲜活农产品查验，有效化解收费纠纷。合理设置宜宾北站潮汐车道，在满足收费站出入口车辆通行的同时，减缓宜宾北站区域交通压力。配合蜀道新能源公司稳步推进宜宾东、自贡北服务区单侧充电站的建设工作，接入充电桩8个（16把枪）。四是锻造收费队伍。公司永安黄鹤湖收费站饶飞同志代表四川省队出征第十三届全国交通运输行业职业技能大赛，取得公路收费与监控员赛项全国第4名，创造蜀道集团职工参加国家一类职业技能大赛以来的最好成绩。五是探索稽查新模式。联合周边路网兄弟单位形成打逃跨区域堵漏网络，建立日常稽核联动机制，有针对性地开展“降类清仓”“飓风1号”等稽查专项行动。全年追缴通行费97万元，提前超额完成川高下达的稽查目标任务。公司全年实现通行费收入4.36亿元。

内宜高速公路金沙江特大桥 川南公司 供图

安全环保管理 推进“双预防”体系建设和安全生产三年攻坚行动，落实“一岗双责”，将“三管三必须”贯穿于营运管理过程。一是安全生产防线持续筑牢。推动落实安全生产“十五条”硬措施，明晰各级安全生产职责。修订突发事件应急预案、应急手册、岗位安全操作规程等安全生产管理制度26个。组织开展春运、两会、安全生产月、汛期、“雷霆行动”等各阶段性安全专题活动及重大节假日节前安全综合检查，对排查出的问题建立分级分类管理台账，做到立行立改。全年共排查一般隐患104处，处置104处，处置率100%，落实治理资金150万元。二是安全风险全面消除。完成办公大楼安全改造工程，优化大楼室内布局，增加通风、采光设施，彻底解决屋面漏水问题。推进宜宾应急保通中心、宜宾管理处房屋维修改造以及道路外隔网、K1450—K1451声屏障、94波形栏提升等安全防护专项工程。对胜利钢厂跨线桥实施应急封闭，杜绝车辆、行人通过，切断次生重大事故发生的可能。三是生态环保问题妥善解决。做好中央督查“回头看”和省督查准备，开展专项检查4次，发现环保问题7个，全部整改完毕。在道路沿线桥梁、收费站、服务区等安装新型环保降噪伸缩缝、桥梁应急生态环保智能系统、污水处理系统，解决噪声污染和环境保护问题。

养护管理 推广“机械化换人、自动化减人”，持续提升可续化养护水平，提供优质舒适的通行服务。一是智能化运用初显成效。引入道路保洁机械化清扫车，改变“保洁靠扫帚”人工传统模式，在提高清扫效率的同时，减少路面保洁人员数量，提高日常保洁的安全性，降低养护管理成本。在桥梁、边坡地质灾害勘察中，采用无人机配雷达激光技术，实现道路智能化巡查，为应急抢险和科学决策提供精准保障。二是养护工程高效推进。完成内自段路面预防性养护工程，采用无缝伸缩缝、肋拱桥桥面抗滑薄层罩面、超高路段积水处置等先进技术，改善行车环境。三是专项工作成果突出。内宜高速公路代表全省高速公路，通过交通运输部2022年度国家公路网技术状况监测。完成岷江二桥伸缩缝抢修任务、独柱墩安全提升“回头看”、交通运输部车购税资金补助项目——金沙江大桥和岷江二桥桥梁健康检测系统建设等专项工作。四是日常巡查标准规范。及时掌握和收集路况信息，全年开展路况巡查500余次，对623座涵洞开展经常性检查3次，震后排查4次，节前安全排查75次，确保道路的行车安全和结构物的整体稳固。

风险防控　把防范化解重大风险摆在突出位置。一是内审工作持续强化。配合川高公司做好2020—2021年财务收支审计，规范公司基础性管理工作，发挥审计查漏补缺的作用，将风控意识深植于经营管理各个环节。二是新冠疫情防控全面抓实。按照上级新冠疫情防控相关要求，织密疫情防控网。因时因势优化调整疫情防控策略，迅速全面恢复公司正常生产生活秩序。三是法人治理不断规范。进一步梳理公司治理结构，厘清权责边界，制定“两会一层”权力运行清单，完成董事会专门委员会设置。按照“党建入章”要求，修订完善公司章程，建立通道畅、机制顺的管理体系。四是合规内控体系建设深入推进。强化制度“废、改、立、行”和合规意识，从规章制度、流程规范入手，新增、修订管理制度50余个。持续强化法务工作，开展专题培训，为经营发展提供高质量法律支撑，有效防范经营风险。

（川南公司）

西攀攀田泸黄丽攀高速公路营运管理　2022年，攀西公司营运管理总里程突破400公里，资产总额达283亿元，综合排名升至凉山州50强企业第12位；在西攀、攀田、泸黄、丽攀4条高速公路营运管理方面主要做了以下工作：

项目建设　围绕重点项目建设目标，加大项目协调和管理力度，抢抓施工黄金期、科学布局雨季施工关键期，推进重点项目建设。受汛情影响，关键性工程小草坝特大桥下部构造施工滞后，公司制定“8·30”攻坚专项行动，进一步增加人员、设备（配备4套架桥设备、200余名施工人员），加大投入，增添推进工作措施，打破传统施工模式，采取在特殊点位采用吊车吊梁、跳段架设T梁等施工工艺，采用“白加黑”“5+2”的三班倒施工作业时间，于8月26日提前实现攻坚目标。面对制约全线通车的沙坝隧道，公司统筹协调各参建单位高效配合，于“10·30”抢通并在贯通后用1个半月时间完成后续路面、机电、交安工程。德会高速公路全线78.42公里于12月30日正式建成通车，较预定工期提前一年半；全年完成投资46.1亿元，完成年度目标，结束会理不通高速公路的历史。西宁高速公路前期工作完成初步设计和先期开工点施工图设计批复，控制性工程大箐梁子隧道于9月动工，为年底全面开工奠定基础。

收费管理　全年实现通行费清分收入9.21亿元。强化收费管理，推进收费工作制度化和流程标准化，进一步完善《收费人员综合考核办法》等10项收费管理制度。强化堵漏增收工作，持续开展稽查打逃工作。根据收费政策和形势新变化，制定打逃新对策，强化对稽查队的培训管理，不断提升对内稽查、对外数据稽核、数据调取和分析工作、专项稽核追缴工作成效，加大数据化、科技化、信息化打逃力度，全年查处偷逃车辆2.63万辆次，追缴通行费399.85万元。路警联动专案打逃公安立案侦查4人，取保候审4人。

养护管理　树立预防性、前瞻性管养理念，本着“决策科学、管理规范、预防为主、防治结合、优质高效、安全畅通”原则，对路面路基、桥隧结构物以及沿线设施科学管养。一是完成国家公路网技术状况监测工作。西攀高速公路冷水沟大桥是省高速公路路网唯一被抽检的桥梁工程。公司对桥梁检测、交通保障、内业迎检等工作进行明确分工，以优良的路域环境和技术状况接受抽检，完成冷水沟大桥技术状况监测工作。二是加强专项养护管理。12项新建工程均按年度资金计划，完成现场实体工程和计量，35项续建项目全部完成现场实体工程、变更办理、计量支付等收尾工作。专项养护工程产业协同率达到91.65%（其中施工协同率为100%），完成计量6245.92万元，占年度预算97.02%，退还养护工程质量保证金1258.93万元。三是提高路况水平，强化日常管养。结合“服务质量提升年”专项行动，实施8个日常养护专项化工程，为公司运营服务质量稳步提升奠定基础。全年对修补路面裂缝56.8公里，修补坑槽657处，铺筑改性沥青混凝土2995.51平方米，投入养护资金2803.44万元。公司管养路段PQI值为92.9，优良路率达到100%，管养桥隧技术状况良好，无三类及以

12月30日，德会高速公路通车典礼　攀西公司　供图

上桥隧。四是降本增效，加强缺陷处治，开展自主设计和监理工作。公司督促原建设单位开展丽攀高速公路新庄隧道和泸黄高速公路加宽改造工程缺陷处治，节约养护投资660.31万元。开展养护工程自主设计、监理、咨询，节约养护成本96.77万元。公司在2022省职工职业技能大赛运营高速公路养护项目决赛中获团体三等奖。

成绵高速公路　　成绵公司　供图

安全环保管理　落实安全生产十五条措施，以安全标准化、双预防建设为抓手，进一步强化安全生产责任落实。针对攀西地区雨季集中、温差大、干燥多风等气候特点，公司分类梳理完善安全管理制度108项、应急预案87项，达到制度体系与现阶段安全生产工作同步、适应，发挥安全标准化促进和规范作用，保证其科学性、时效性和适用性。针对建设项目环水保管理，严格执行“三同时”制度，全过程贯穿“预防为主，全面规划，因地制宜，因害设防，加强管理，系统治理，注重效益”管理理念。对尾矿库和红椿移栽等环境敏感问题进行重点督促，严格要求施工单位按环水保批复方案要求进行施工，遏制环水保管理中抛洒扬尘、废水排放、退地复垦、噪声排放等各类突出问题。

智慧高速　全面优化机电运维管理体系，推进机电人才队伍建设，开展机电序列岗位评定，强化一体化机电运维平台使用和考核。公司管辖路段机电系统于6月全部实现自主维护。国道5线京昆高速公路泸沽至永郎段135公里智慧高速建设项目顺利实施，完成主线路段201根智慧杆的设备安装，122公里主线光电缆的敷设。按计划完成32公里监控图像成像功能，在川高系统营运路段智慧高速建设中名列前茅。

服务区管理　开展服务区主题文化创建和服务区品质提升工作，展现优质服务形象。西昌服务区“大凉山风情”主题服务区打造工作顺利实施，通过厅高管局验收，司机之家建设得到司乘人员好评；攀枝花服务区公共卫生间、服务区综合楼二楼改造工程以及德昌、米易、攀枝花服务区的分类垃圾房建设顺利实施。攀枝花西服务区新建新能源充电桩2组16个，公司辖区所有服务区均完成新能源充电桩安装工作，建成充电桩10组56个。主题鲜明、功能完备的服务区品质效益初步显现。

（攀西公司）

成绵高速公路营运管理　2022年，成绵公司在成绵高速公路营运管理方面主要做了以下工作：

收费管理　强化收费管理，确保车道开启率，减少车道争议处置时间，将收费目标任务层层分解，全年通行费收入7.8亿元。对内强化稽查监督职能，开展质量交叉检查，结合月度优胜评比活动，规范员工操作流程，提高员工服务水平，强化员工廉洁意识；对外加强与高速公路交警、执法大队协调配合，开展稽核临界车、ETC、MTC车等异常车数据，查处及追缴各类逃费车辆4.2万辆次，追缴通行费155.4万元。加强入口治超管理，制定入口、出口治超工作规范，加强班组之间交叉稽核、站级抽查，全年入口计重货车423万辆次，劝返5.2万辆次。各部门联合行动，密切配合、强化措施，形成有力震慑，有效遏制货车冲站势头。

路产管理　提高巡逻质量，尽早清除路面障碍，及时消除事故隐患。路产人员全年参与处理交通事故及路产案件1612起，比上年减少38起，降低2.36%。清排障4043辆次，比上年减少356辆次，降低8.81%。突发事件平均响应时间7.63分钟/起，平均处置时间29.95分钟/起。

养护管理　维修保养更换新模式，以往为日常性工作执行自主养护管理模式，7月1日开始采用小修保养工程项目外包模式。公司责成养护部门在日常养护工作中实施精准养护，达成成绵高速公路“路容靓丽、功能较完善、安全畅通”养护目标。小修保养完成交通安全设施、路面、桥涵病害及服务设施日常维修1038处；完成重大节假日、特殊活动、礼宾车队等各类迎检特情养护作业87次；开展车祸事故现场抢险、抛洒物处置、交安设施抢修761起；日常小修保养累计投入费用987.68万元。开展日常安全隐患排查整治工作，日常安全隐患排查225次，整治一般隐患167项，完成整治费用70余万元。全年完成专项养护工程15项，涉及青白江大桥桩基加固及河床铺砌抢险工程、中央分隔带护栏提升专项工程、三河场高架桥独柱墩抗倾覆加固工程、伸缩缝维修处治工程等15个，专项养护累计投入费用4209.53万元。

（成绵公司）

雅西高速公路营运管理 2022年，雅西公司在雅西高速公路营运管理方面主要做了以下工作：

收费管理 克服新冠疫情防控、汛期暴雨、道路施工管制及极端冰雪天气影响等不利因素，落实“应免不收、应征不漏”政策，保证通行费收入“应收尽收，颗粒归仓”，全年完成通行费收入13.25亿元，完成率在川高系统排名靠前。进一步加强稽查监控管理，加大数据稽核力度，最大限度挖潜增效，全年累计查处逃费车辆1.43万辆次，路网增收通行费825.42万元，清分金额335.2万元，清分金额位居蜀道集团各公司排名第二。

安全管理 深化雅西高速公路平安交通建设，营造良好安全环境，确保全年未发生源头管理责任事故，安全环保形势总体平稳。全面贯彻上级关于安全环保相关决策部署，解决安全生产突出问题，及时安排部署除冰除雪、森林草原防灭火、汛期安全生产、重大节假日保通保畅及党的二十大期间等各项重点工作。及时启动安全生产标准化二级达标企业复审，对各层级工作进行安排部署，推进安全生产标准化建设，顺利通过评价验收。开展2次安全专项检查及4次全线生态环保检查，共排查安全隐患289处，发现问题111处，全面落实整改，整改率100%，形成闭环管理。修订完善各类应急救援预案，充分储备应急物资，部署设施设备，有针对性地开展各类应急演练4次，成功应对和处置5月6日九襄段K2018边坡火灾以及汉源“5·20”、芦山“6·1”、泸定“9·5”地震灾害和“5·25”冕宁泥石流灾害等突发情况。

养护管理 贯彻“预防性养护、精准养护、绿色养护”理念，推进养护工作制度化、标准化、规范化、精细化、集约化；持续提升道路品质，遇险情反应迅速，多次快速完成应急抢险工作。完成对岩至荥经段路面集中养护，瓦厂坪中桥边坡及童家沟桥、石沙沟桥疏通处治，冬季冰雪路段高效安全通行等重要专项工程。对管辖路段公路技术状况及桥隧涵进行定期检查，协同检测单位在汛期加强对高边坡、临崖路段、桥梁、涵洞等重要点位开展巡查，保证工程构筑物结构完好稳定运行。优化升级4支专业应急抢险储备力量，形成以监测预警为核心，科学决策、高效有序的抢险机制，在5月25日，冕宁县突降暴雨，造成雅西高速公路K2169处突发泥石流，在主线双向断道情况下，连夜组织抢险救援，12小时内完成应急抢险保通任务，高效恢复道路通行。

服务管理 组织开展收费政策、稽查打逃、网络安全、清障施救及安全教育等专项业务培训，一线自主运维水平和窗口优质服务水平明显提高。配合地方政府对荥经、龙苍沟及孟获城收费站等站房外观形象进行整体打造，提升收费站整体形象和服务质量。进一步完善雅西高速公路沿线服务功能，按时完成冕宁服务区充电桩建设，实现全线服务区充电桩覆盖率100%。推进荥经服务区“暖心之家”建设，于8月11日开通试运行，沿线收费站、服务区整体服务形象提升。应对1月27日冰雪覆盖路段100余公里的暴雪灾害，立即启动“一路四方”应急预案，协调各方力量，做好受灾路段滞留车辆救援和交通管制配合工作，46小时缓解春运期间车辆急速增长拥堵滞留情况。

（雅西公司）

乐雅高速公路营运管理 2022年，雅眉乐公司在乐雅高速公路营运管理方面主要做了以下工作：

收费管理 实现通行费清分收入2.55亿元。开展“降类清仓”专项行动，完成76辆车欠费追缴工作，追缴欠费金额49.05万元，查处各类逃费车辆5006辆次，增收135.59万元；强化收费标准化建设，修订《机电专项工

雅西高速公路干海子大桥 厅史志总编室 供图

2022年，乐雅高速公路峨眉山收费站路姐形象展示　　雅眉乐公司　供图

程管理办法（试行）》等4项制度，开展站长岗位交流，稳步推进业务知识提升培训、收费质量检查、星级评定业务考试和劳动技能竞赛，取得蜀道集团2022年营运高速公路稽查项目职工职业技能比武团体二等奖、蜀道集团个人第7名的成绩。强化机电维护管理，规范机电设施日常维护管理，有序推进机电专项工程，加强大额专项工程合理性、必要性审核，减少改造成本170万元。强化监控管理，完成“12122”系统升级改造，加强值班管理和信息报送，全年接打内外线电话63213次，发布可变情报板807条，报交通台信息3539条。

安全管理　全年未发生安全环保源头责任事故。落实安全环保职责，修订安全生产岗位责任制，层层签订《安全生管理目标责任书》；完善安全环保管理体制建设，修订《应急预案汇编》《环境保护制度汇编》《安全工作手册》，编制《雅眉乐公司生态环境保护工作要点》，印发《安全生产管理责任清单2.0版》等；强化道路保通保畅，开展“安全生产专项整治三年行动”等系列安全环保活动，开展季度、节假日、特殊天气安全环保检查，完成党的二十大、春运、两会、节假日保通保畅；扎实管护路产，开展路产管护大队作风整顿活动，全年累计巡逻里程32万公里，收取路产赔偿47万元，排障费17万元，签订涉路施工安全与补赔偿协议6个，收取费用1282.57万元，完成青龙咀1号桥等62处桥下空间堆积物清理。

养护管理　规范日常养护，及时修补路面裂缝、坑凼、受损护栏和边网等，完成桥梁、涵洞检查，细化内业资料及信息化管理，加强档案收集与归档工作；全年完成日常养护工程826万元，完成专项工程464万元；责成原建设单位承担肖家山隧道病害处治费用，追回施工处治费用1326万元；稳步实施专项工程，完成K864+320及K864670左侧边坡现场应急处治，并完成验收与结算工作；完成全线路面技术状况定期检测、隧道定期检测（土建部分）及技术状况评定。

服务区管理　强化服务区服务质量，在防疫的同时提供多项人性化服务，完成“服务质量提升年”行动；强化服务区突发事件应急处置能力，全年开展突发事件应急处置培训15次，开展应急演练15次，并成功处置疫情防控红、黄码人员安置转移48人次，车辆起火事件2次；优化升级服务功能设施，启动夹江服务区自来水改造专项工程，完成服务区户外LED大屏、监控升级改造及剩余车位提示系统专项工程的收尾工作；加强沟通交流，强化经营商家监管，规范经营行为，开展服务区食品安全卫生检查，督促经营商家完成问题整改，两个服务区全年未发生投诉事件。

（雅眉乐公司）

成德南高速公路营运管理　2022年，成德南公司在成德南、绵遂高速公路营运管理方面主要做了以下工作：

收费管理　成德南高速公路正式收费请示通过省交通运输厅、发展和改革委及省财政厅审核，待省政府批复；绵遂高速公路（绵阳段）取得正式收费批复。持续开展对外打逃行动取得显著成效，“一路四方”联合查处各类逃费车辆8009辆次，追缴通行费167.58万元。开展

2022年，成德南高速公路　　成德南公司　供图

“优质服务上台阶、安全舒心成德南”活动，以“五心”标准服务人民群众出行。助力地方发展，绵遂高速公路（绵阳段）松垭收费站临时关闭，三台、花园收费站分别更名为三台东、芦溪收费站。机电自主运维水平大幅提高，完成机电专项工程12项（续建3项、新建9项）。收费管理标准化建设加强，二星及以上收费人员占比84.15%。网络安全管理和应急保障工作能力提升，修订完善《网络安全工作方案》。监控流程进一步规范，推出《监控业务执行标准》（V2.0版）和《监控业务流程口袋丛书（第一册）》。

内部管理　国企改革三年行动圆满收官。绵遂高速公路平稳交接，股权顺利划转，管理模式改革并轨，实现绵遂公司从民企向国企转变。完成绵遂公司机构改革，通过公开岗位竞聘，完成绵遂全体员工岗位安置和精神面貌整顿。提前两个月完成国企改革三年行动台账任务，代表川高系统通过蜀道集团验收检查。

养护管理　道路养护巡查落实到位，组织开展各类巡查巡检847次，处理养护工单1677份，确保道路总体技术状况处于优等水平。防高温、攻汛情、抗灾害、稳施工管理措施有力，保障道路良好通行环境。累计完成29项专项养护工程（新建7项、续建22项），道路质量提高。完成年度路面、隧道（土建）及桥梁定期检测，道路总体技术状况优良。节假日期间，绿化保洁力度加大，营造群众出行良好路域环境。道路管养综合能力加强，养护管理科学化、规范化、精细化。

安全管理　层层落实安全生产责任制，修订安全生产责任清单2.0版，推进企业安全生产标准化二级达标。创立“一路三方”联勤联动新机制，提高道路安全管理保障能力。推进交安专项工程22项（含绵遂高速公路），其中成德南高速公路增设双机场指路牌改造项目受省交通运输厅表彰。安全应急管理机制完善、队伍健全、储备到位、行动高效。强化安全宣传教育，营造“重视安全、守护平安”氛围。安全隐患治理全面加强，保障高速公路运行安全平稳，开展各类安全检查16次，发现并整改安全隐患193处。全年处理路产案件613起，比上年下降43.76%；开展清排障工作1522次，比上年下降6.62%；发生交通事故1350起，比上年下降25.66%；死亡5人，比上年下降66.67%；发生逃逸案件99起，比上年增长13.79%；逃逸金额66.21万元，比上年增长40%。

服务区管理　实现成德南高速公路全线、绵遂高速公路（绵阳段）服务区充电桩全覆盖，推进慢充改快充升级，盐亭服务区提前完工投运。金堂服务区货车司机“暖心之家”常态化、规范化营运，为货车司机提供高效服务，办好货车司机“路上实事”，全年接待货车司机12066名，提供服务16901次。完成服务区专项工程4项，改善和提升服务质量。压实环境保护责任，完成金堂服务区垃圾分类和绵遂收费站污水改造工程。

（成德南公司）

雅康高速公路营运管理　2022年，雅康公司在雅康高速公路营运管理方面主要做了以下工作：

收费管理　完成通行费清分收入4.2亿元，占年度目标任务101.35%，按政策减免通行费3939万元；抓好稽查打逃、机电维护、保通保畅等工作。累计稽核特情数据16万余条，共计追缴60余万元。组织开展“服务质量提升年”专项行动工作部署，节假日期间运行平稳，实现“无拥堵”“零投诉”。配合开展川藏铁路大件设备运输4次，开辟专用通道，提供通行保障。营运信息化水平不断提升。收费业务实现数据报表自动生成，健全服务区经营数据分析系统，经营数据和管理数据可视化呈现均实现落地。加强双超治理工作，全年未发生入口收费站违规放行事件。

雅康高速公路　　雅康公司　供图

养护管理　推进桥隧、路面定期检测养护，持续营造良好通行环境。全年累计完成小修保养700余万元，灾害抢险工程近54万元，养护定检265万元，专项养护工程近950万元，合计完成费用1900余万元。桥隧年度抽检居全省第二位，获“养护管理先进单位”称号。

安全环保管理　实行安全生产管理“包保制”，制定《双预防建设总体实施方案》，组织康定过境段项目安全专项检查和安全生产条件核查29次，持续推动隐患“清零”。开展森林草原防灭火工作、防汛工作，承办由消防救援总队、雅安市政府主办的雅康高速公路特长公路隧道综合应急救援测试验证性联合演练；"五岗合一""危化品智能管控系统""小区间管理"智慧高速建设成果、工作运行机制得到行业认可和推广；完成由国家气象总局、公安部、交通运输部下达的"恶劣天气高影响路段安全提升"专项工作并通过专家组验收。创新编制《隧道火灾事故应急救援工作手册》。制定《环水保工作考核管理办法（修订）》，建立领导班子、施工标段对口联席机制。编制环水保巡查周报50期，进一步总结凝练项目管理经验，编制出版《复杂艰险山区高速公路环水保标准化管理图集》。公司全年未发生较大及以上安全责任事故和环水保问责事件。

科技创新　依托雅康高速公路，"四川涉藏地区复杂环境高速公路隧道建设与运营安全风险防控关键技术""高烈度复杂风场山区超千米悬索桥建设关键技术"分获中国公路学会科学技术特等奖和一等奖；其中，"高烈度复杂风场山区超千米悬索桥建设关键技术"获省科学技术进步二等奖；康定过境段"山区隧道工程数字化设计关键技术及应用"获中国交通运输协会科技进步一等奖。

服务区管理　持续提升服务区管理水平，夯实网红打卡地品牌。雅安服务区配合雅安市雨城区完成国家全域旅游示范区创建工作。天全服务区被评为2022年"金熊猫"五金级旅游服务场所、四金级购物场所。推进天全主题服务区B区三期建设，主体工程基本完工。按期完成充电桩"慢改快"升级的年度工作目标。服务区"深化厕所革命"、垃圾分类、无障碍设施完善等工作全面落实。

2022年，雅康高速公路通过交通运输部竣工验收，综合评定等级为优良，是全省首条获得国家优质工程金奖的高速公路，获省交通运输厅表彰为2022年度全省"示范高速公路"。

（雅康公司）

汶马都汶高速公路营运管理　2022年，汶马公司在都汶、汶马高速公路营运管理方面主要做了以下工作：

收费管理　克服新冠疫情、地震地灾断道、通行费减免等影响，汶马高速公路通行费收入1.95亿元，都汶高速公路通行费收入3.92亿元。其中，依托"一路四方"联勤联动工作机制，分析研判、组织调度，统筹新冠疫情防控和保通保畅工作，在重大节假日期间，确保133.57万车辆顺利通行，减免车辆83.33万辆次，减免金额2493.35万元；开展稽查打逃工作，全年完成工单追缴车辆950辆次，欠（逃）费核查总金额120余万元，完成稽查增收额81.08万元。

第三产业　结合汶马高速公路全线营运管理需要，11月1日，开通沿线规模最大的理县服务区部分服务功能；深挖路衍经济，与蜀道传媒公司、久马公司达成产业协作，实现营业收入116.84万元。

安全管理　7月5日，通化1号隧道洞口发生高位滑坡，滑坡方量约3500立方米，造成交通中断。汶马公司迅速反应、强力处置，实现灾害处置"零伤亡"；11月25日，完成通化1号隧道红线外崩滑应急处治工程，全线恢复正常通行。全年组织开展防冰除雪作业124次，投入人力728人次，机具和车辆294台次，撒布融雪剂183余吨，防冰除雪单幅长度1454公里。全年未发生生产安全责任事故，未发生突发环境事件，确保全线安全生产形势平稳可控。

2022年，汶马高速公路　　刘永辉　摄

养护管理　结合企业提质增效管理目标，公司以培养机电技能型人才为"发力点"，以全面自主维护工作为"主线"，开展机电自主维护管理模式改革工作。全年自主维护机电故障600余次，"由修到养"，对各类机电系统进行自主维护保养200余次，降低机电维护成本。

智慧高速建设　落实隧道照明控制"一隧一册"方案，从源头控制用电成本费用，按照"车来灯亮、车走灯暗"理念，狮子坪隧道率先开展"与车随行"调光控制隧道照明系统，节能效率提升53.9%，减少机电人员现场维护压力与隧道照明灯具维换投入，机电运营成本大幅下降。

（汶马公司）

航务管理

HANGWU GUANLI

概　况　2022年，全省水上交通坚持“防为先、治为本、救为底”原则，采取综合措施，全省建设船舶集中停泊区220个，防洪桩3356个，适时开展水上应急演练。压紧压实属地管理、行业监管、企业主体责任，扭转“跑船易发、防控失灵”不利局面，全年未发生安全生产事故、未发生大面积溢油污染等事件，实现安全“零事故、零污染、零跑船”历史性突破，全省水上交通安全形势总体保持稳定。

省级共管水域通航管理行政规范性文件首次印发　2022年3月，四川省交通运输厅和云南省交通运输厅联合印发《金沙江向家坝枢纽河段通航管理办法》《金沙江向家坝升船机通航调度规程》，分别明确四川、云南两省市交通、航务海事管理机构职责，对枢纽河段的船舶和船员管理、通航秩序及通航调度等内容提出具体要求，进一步加强金沙江向家坝枢纽河段和库区通航管理，推动金沙江向家坝枢纽及库区通航法治化、标准化、规范化管理，提升水路交通通航通行的治理水平，对推动长江上游航运中心建设有重要积极作用。

推进“9·5”泸定地震灾区水上应急通道建设　为贯彻落实“9·5”泸定地震抗震救灾省指挥部交通运输保障组关于保障省道217线全面抢通前的人员、物资、设备运送，建设水上应急通道的工作部署，2022年9月9日—9月11日，省航务海事管理事务中心党委书记、主任蒲朝勇率工作组赴地震灾区推进水上应急通道建设工作。工作组对地震重灾区大渡河大岗山、龙头寺两个库区救灾水域进行全覆盖现场查看，重点查看了水域通航条件、码头靠泊条件、码头后方公路连接线、投入救灾船舶及航行安全等详细情况，初步确定机械设备、人员物资的运输方式和两个库区应急码头选址。分别在石棉、泸定县组织召开水上应急救援通道保通保畅及安全管理工作专题会议，对工作作出安排部署：一是技术支持保障组尽快组织对选定点位开展现场勘察，拟定应急码头建设初步方案，摸底选择适合投运的混装船舶，做好船舶调集、运输及投入运行使用管理前期准备工作；二是石棉县、泸定县要落实属地管理责任，对所有投入救援的船舶进行登记和统一调度管理，细化管控措施，配备安全管理人员，强化现场管理，严禁任何无关人员、船舶进入库区水域及临时码头；三是压实船舶所属单位安全生产主体责任，确保投运船舶适航任务，落实船舶航行安全措施，规范航行秩序，严禁超载、冒险冒雾和夜间航行；四是所有参与救援船员、操艇人员、安全管理人员应严格执行当地新冠疫情防控措施。

2022年9月12日，在雅安石棉县龙头石库区新民临时码头，绵阳、雅安市水上救援力量成功转运一对彝族双胞胎婴儿及其家人

省航务海事中心　供图

全省船员培训及培训监管工作座谈会议 2022年，省航务海事中心持续完善船员培训机构淘汰退出机制和聘任外省高级审核员任组长审核机制，对乐山、内江、泸州的船员培训机构进行质量管理体系延续、中间审核；对泸州、宜宾、南充3家培训机构日常培训进行暗访抽查，督促培训所在地市级海事机构严格按照《船员培训监督检查办法》加强对船员培训全过程监管工作；连续9年开展持证船员集中安全教育培训，全年完成5418名技术船员集中安全教育培训，基本覆盖在岗在职持证船员。

“平安渡运”工程建设 2022年，省交通运输厅印发《“十四五”平安渡运建设方案》《四川省平安渡运建设指南》启动平安渡运建设工程，指导各地打造客渡“五统一”（渡口标准统一、渡船标准统一、标识标牌统一、管理统一、服务统一），改善水路客运条件，让群众“坐舒适船，过平安渡”。落实调度、通报、考评机制，督促指导各地加快项目建设，省航务海事中心按照《四川省平安渡运建设指南》要求制定并印发《“平安渡运”渡口安全管理制度参考示例》，从落实责任主体、规范渡船标识标志、完善设施设备、开展教育培训、落实渡工管理、签单发航、安全检查和隐患排查治理制度等方面进行具体细化，公布渡口公示牌模板，推进平安渡运“五统一”建设。全省建成平安渡运项目80个，完成年度目标任务。

开展水上交通应急救援实战化联合演练 2022年6月17日，省市水上交通应急救援实战化联合演练在乐山杜家场水域联合开展。演练采取桌面推演、现场实操方式进行，设置气象预警发布、水情信息传递处置、船舶紧急移泊、船舶消防灭火、人员救助、失控船舶拦截、孤岛救援、水路应急保通、队伍展示等科目，突出演练的实战性、实用性，加强水上交通领域防汛救灾省、市、县三级联动和部门协同，强化水上交通和公路运输、交通信息保障、疫情防控等部门的联动。省交通运输厅党组书记罗佳明对此次演练作出批示，要求各地以此次演练为契机，进一步提高预案的针对性和操作性，优化专业救援力量布局，不断提升省市及流域协调联动、应急响应处置能力，时刻防范水上跑船事件，坚决杜绝水上交通安全事故，为“四川水运发展突破年”保驾护航。

2022年6月17日，在乐山市杜家场水域开展2022年省市水上交通应急救援实战化联合演练 交通宣传中心 供图

船舶集中停泊区安全管理 2022年，省航务海事中心按照省交通运输厅印发的《“十四五”平安渡运建设方案》《四川省平安渡运建设指南》要求，指导各地开展船舶集中停泊区建设。全省建设船舶集中停泊区220个，防洪桩3356个，形成能力匹配、保障充分的全省船舶集中停泊区体系，满足全省船舶汛期安全停泊。年内，省交通运输厅印发《船舶集中停泊区管理指南》《关于进一步督促落实停泊区区长负责制的通知》，进一步对停泊区管理的属地责任、交通运输主管部门行业监管责任、停泊区业主及船主船员的安全生产主体责任进行明确，对停泊区停泊管理、移泊管理、设施设备使用及维护检查、停泊上缆系缆、防止船舶失控跑船风险管控、应急处置措施等进行再要求，对停泊区建立执行公示、区长负责、船员值班值守、水情汛情传递、污染防治等制度进行再要求，对发生事故后各自应当承担的法律责任及需要追究的情形进行再强调，按照“建好、用好、管好”停泊区工作原则，压紧压实船舶集中停泊区各方责任，保障汛期船舶安全渡汛。汛期，全省3400余艘船舶进入停泊区集中停泊。

船舶登记和船员考试 2022年，全省交通（海事）办理所有权登记船舶687艘，签发船舶国籍证书（含临时国籍证书）1161本；截至年底，全省交通（海事）登记有效船舶6010艘，其中客（渡）船1913艘、普通货船1863艘、采砂工程船518艘、公务船146艘、趸船102艘、其他船舶1468艘。全年参加各类船员考试2147人次，其中参加基本安全培训考试1395人次（考试合格1219人，及格率87.4%），参加特殊培训考试（客船）174人（考试合格131人，及格率75.3%），参加辖区船员适任考试353人次（考试合格289人次，及格率81.9%），参加长江干线船员适任考试225人次（考试合格142人次，及格率

63.1%）。省航务海事中心派员督查8次，覆盖各类船员考试项目。

船舶载运危险货物“两员”考试 2022年，泸州市船员计算机考场组织开展年度船舶载运危险货物申报人员和集装箱装箱现场检查人员（“两员”）从业资格考试。此次考试由交通运输部海事局统一组织命题和制定评分标准，采用计算机考试方式全国同步开展，四川考点35人次参加了包装、散装固体、散装液体和集装箱现场检查4个科目的考试。考试工作完成后，为通过人员核发《危险化学品水路运输从业资格证》。

全国船员培训机构教学人员考试 2022年，在宜宾船员计算机考场举行2022年度全国船员培训机构教学人员考试。考试由交通运输部海事局统一安排、命题和评分，实行全程电子巡考，省航务海事中心全程参与组织和监考，有来自省内各船员培训机构的28人参加。此次考试包括基本安全培训、合格证培训、驾驶适任岗位、轮机适任岗位四个类别，避碰与信号、船舶驾驶、轮机管理、动力装置等10个科目。考试现场秩序良好，参加考试的教学人员23人次通过科目考试。

船舶安全突出问题专项整治 2022年，省交通运输厅联合省水利厅、省公安厅、省农村农业厅印发《关于进一步深化船舶安全突出问题专项整治行动的通知》，进一步清理淘汰一批安全环保不达标船舶、吊销取缔一批经整改仍不具备条件的企业、规范提升一批问题隐患整改到位的船舶和企业、依法查处一批船舶及企业违法违规行为，强化水上交通安全秩序维护。通过组织召开四厅联合推进会、全省船舶安全突出问题专项整治视频调度会，全省各地均建立完善“一台账四清单”和联合检查巡查机制，并按照文件要求开展联合巡查。省航务海事中心派出5个工作组对全省17个市（州）专项整治工作进行现场抽查督导。省航务海事中心印发《关于进一步加强船舶安全突出问题专项整治行动隐患整治的提示函》，督促各地加强隐患整改。全年累计拆解各类船舶653艘，规范提升船舶597艘，取缔水运企业14家。

水路交通领域环保现状评估 2022年，省航务海事中心基本完成对渠江、嘉陵江、岷江、沱江、赤水河流域水路交通领域环保现状评估。对5个流域、12个市的船舶、渡口、码头环保工作落实情况开展现场核查。其中渠江、嘉陵江共摸排船舶3084艘（含附属船203艘、公务船216艘），渡口296个，货运码头45个，客运码头（含非营运性）21个。岷江、沱江、赤水河流域共摸排船舶1688艘（含附属船61艘、公务船191艘），渡口191个，货运码头26个，客运码头（含非营运性码头、停靠点）89个，掌握相关市（州）水路交通流域环保实际情况。

船检业务和航运科研项目 2022年，全省完成检验船舶6968艘次、151万总吨、85万千瓦、6万客位。图纸审查179套，全省38家船厂完成总产值2亿元。水运科技项目研究方面，激发转型与创新的新活力。一是配合完成“金沙江下游翻坝转运工艺关键技术研究”项目结题相关工作。二是组织开展2023年科研项目申报、专家评审，确定“四川水运能耗调查统计分析”“山区河道采砂对航道通航条件影响和采砂区布置及控制技术参数研究”项目立项。

船型标准化体系完善 2022年，省航务海事中心进一步推进船型标准化。一是在全省范围公布“平安渡运”7型标准船型图纸，且首次引入工业美学设计，在安全性、环保性、舒适性、美观性等方面实现本质提升。二是组织完成“长江上游航道过三峡升船机标准船型图纸设计”“客渡船标准船型后评估”“嘉陵江货运船舶电动化可行性研究”等项目。

绿色环保新能源船舶 2022年，省航务海事中心加快推进绿色环保新能源船舶发展。一是在广元、乐山、眉山3市开展新能源船舶试点工作，广元3艘、乐山6艘、眉山雅女湖4艘新能源船舶完成建造并投入使用。二是结合“平安渡运”专项工作，在全省推广建造新能源船舶，全省有新能源船舶29艘。三是继续开展长江经济带船舶岸电系统受电设施改造项目工作，完成33艘船舶岸电系统船载装置改造，累计完成222艘。

船舶检验机构交流合作 2022年，省航务海事中心围绕服务四川水路运输发展，强化船舶检验机构间交流合作。一是参加长航局组织召开的长江区域船检合作协调领导小组第一次会议，与13家成员单位共同签署《长江区域船检合作框架协议》，审议通过《长江区域船检合作实施方案》和《2022—2023年长江区域船检合作推进计划》。二是组织开展2022年全省船检人员业务培训，邀请中国船级社重庆分社专家，从船舶建造检验、船舶受电设施改造检验、新能源船舶实船检验等方面授课。三是对接重庆市交通局、重庆市港航海事事务中心等单位，牵头共同开展长江上游航道过三峡升船机标准船型图纸设计及审查工作。四是组织并参加交通运输部海事局举办的“2022年内河船舶图纸审查技术知识”“氢燃料电池动力船舶技术与检验暂行规则（2022）”视频培训会。

船舶污染防治专项工作 2022年，省航务海事中心多措并举加强港口船舶污染防治专项工作。一是指导各地落实属地责任，推动船舶港口污染防治基础设施设备配备实现全覆盖。进一步强化船舶港口污染物接收设施与城市公共转运处置设施有效衔接；二是持续加强船舶水污染防治。经营性港口基本实现船舶垃圾、生活污水和含油污水接收设施全覆盖，全面完成1410艘100～400总吨、695艘100总吨以下船舶生活污水收集或处理装置改造，推进泸州洗舱站建设；三是深入推进大气污染防治，加强岸电改造使用。27个泊位升级改造任务全部完成，长江干线五大类港口岸电配备率100%，具备岸电供应能力泊位135个，岸电使用艘次、时间和电量大幅增长；四是全面提升治理能力。通过建立健全体制机制、压实企业主体责任、强化日常监管、严防私自排放行为等措施，加强水路交通流域环保工作；五是加强与住建、环保等部门沟通协调，推动形成交付—收集—接收—转运—处置衔接一体的船舶污染物处理模式。组织开展“船E行”使用专项培训，指导船主、航运企业、港口企业、环卫、垃圾处理厂等单位加强系统使用。全年全省船舶累计交付垃圾162.4吨、生活污水26682.6立方米，船舶垃圾转运、处置率分别达到97.84%和97.17%；生活污水的转运、处置率分别达到99.48%和99.21%；含油污水的转运、处置率分别达到96.27%和95.85%。

渔业船舶检验管理 2022年，省航务海事中心进一步加强全省渔业船舶检验管理工作。一是指导市（州）船检机构检验渔船工作。全省养殖渔船403艘，完成检验342艘，检验率由30%上升到85%；渔政船127艘，其中98艘完成登记检验工作，29艘未完成检验，检验率77%。二是根据《进一步深化船舶安全突出问题专项整治行动的通知》《“三无”船舶联合认定办法实施意见》要求，继续清理整治“三无”船舶。截至年底，全省排查“三无”船舶13192艘，完成取缔处置7262艘、规范5930艘，实现“三无”船舶动态清零。三是指导乡镇自用船舶规范管理。自用船按照“四统一”要求进行规范，完成自用船舶规范管理25026艘。四是带队对德阳、绵阳、广元和阿坝州禁捕退捕暗查暗访。五是开展渔业船舶检验机构业务核定工作，健全渔业检验机构，完善渔检系统，提高渔船检验质量。六是参加2022年度全省长江流域重点水域禁捕退捕考核工作。

（本栏目供稿单位：省航务海事中心）

道路运输管理

DAOLU YUNSHU GUANLI

概　况 2022年，全省道路运输工作超额完成经济、投资、建设绩效目标。实现公路运输总周转量比上年增长3.1%，完成投资54.6亿元，建成综合客运枢纽5个、货运枢纽3个、县级客运站7个和乡镇运输服务站256个。一是加强疫情防控。落实“四个100%”常态措施，分区分级动态响应管控，抓好“入川即检”和物流保通保畅，建立重点物资通行证和保供企业“白名单”制度，完成20万人次和多批次防疫物资转运任务。二是道路运输服务持续优化。“春风行动”“适老”改造、“金通工程”、集约化货运等工作深入拓展，定制客运、乡村客运、农村物流服务品牌数量位居全国第一，创成一批国家级“公交都市”“多式联运示范项目”，创建绿色配送示范城市、深化绿色装备、开展绿色维修，强化尾气治理监管，办好民生实事。三是行业稳定治理有效。交通、公安、教育等多部门联动依法治运，创新开发应用“两客一危”企业数字画像、“数字打非”、驾培监管等系统，发布市场运行监测报告，“一月一报告”“人车户记分管理”等制度；道路运输综合管理与服务信息平台应用，印发汽车维修企业信用评价实施细则，修订机动车驾驶员培训机构质量信誉建设管理办法，“两客一危”企业、车辆、驾驶员计分管理落实，道路运输领域涵盖“人”“车”“户”信用监管评价体系构建成型，管理质效提升；印发《道路运输领域突出风险及应对措施清单》，开展“清单制”+“责任制”抓网络舆情治理；开展“阳光行动”，头部网约车平台全部向社会公开计价规则和抽成比例；推动平台为网约车司机购买职业伤害保险；印发女性出租车驾驶员退休问题处置意见。四是行业监管保障有力。健全道路运输车辆检验检测机构公告程序规定、汽车维修企业信用评价实施细则等政策，处理网络舆情，深化治理行业风险隐患，稳妥处置50岁女性出租车退休、道路危货运输资质从严审批问题，全年行业未发生重大涉稳事件和重大及以上安全事故；贯彻落实国务院安全生产15条措施，制定9大项22小项贯彻落实举措，压实企业主体、属地管理“两个责任”；采取安全生产包保、监控平台联合办公、重点车辆分类监管、违法违规极速处理等超常规措施，实现重点时段安全生产零事故；加强应急演练，快速响应上级指令，完成疫情防控应急运输任务，2022年，在疫情防控和雅安“6·1”、泸定“9·5”抗震救灾等工作中，全省累计抢运群众和工作人员40余万人次，为各项重大工作提供运输保障。

（蒋智力）

2022年，苍溪县客运站安检区　　厅运管局　供图

行业民生实事　2022年，全省交通运输行业深入开展民生实事。

一是推进“金通工程”建设。①打造“金通”样板。联合省财政厅评定命名首批27个四川省乡村运输“金通工程”样板县，启动2022年度“样板县”创建工作，完成56个县（市、区）申报方案初审，修订印发《四川省乡村运输“金通工程”样板县评定实施细则》和《四川省乡村运输“金通工程”样板县复核管理工作实施方案》。②强化政策支持。联合财政、公安等10部门印发《关于深入实施“金通工程”推动乡村运输可持续发展的实施意见》，指导各地以实施“金通工程”为抓手，构建完善乡村运输服务可持续、发展可持续、安全可持续、监管可持续和政策可持续的高质量发展新格局。③细化试点任务。印发“金通工程”交通强国建设试点工作任务清单，对标对表加快推进交通强国试点任务建设。④深化“交商邮”融合。联合省商务厅、省邮政管理局、省邮政分公司共同印发《推动“交商邮”融合发展构建乡村振兴农村物流保障体系试点工作的实施方案》，组织开展全省“交商邮”融合发展试点县评选工作，确定广元市青川县、遂宁市蓬溪县等10个县（市、区）作为全省“交商邮”合作发展试点县。持续推进三级物流节点建设，打造“金通工程·天府交邮通”品牌。2022年，全省新增邮政入驻县级客运站10个，累计20个；新增乡镇综合运输服务站50个，累计185个。⑤成功开发“金通工程”新车型。宜宾凯翼汽车有限公司成功研发出适用于农村客、货运输两用的“金通工程”专用车型WHJ65100M11B（1.5T，7座和9座）和WHJ65110M11B（1.8L，7座和9座）。该车型分别通过工信部道路机动车辆产品目录公告和交通运输部道路运输车辆达标车型目录公示。两款车型具备生产和销售所需的全部资质并于6月正式投放市场。⑥提升安全能力。推动全省农村客运车辆全覆盖加装安全主动智能防控系统，提升本质安全。完成12313辆农村客运车辆主动安全智能防控系统安装，较2021年（4326辆）增长184.6%。⑦常态化开展“通返不通”核查。建立乡村客运“通返不通”定期核查制度和乡村客运车辆停运提前报备制度。

二是巩固拓展“春风行动”品牌。推动“春风行动”从服务农民工到服务学生，从春运开展到常态开展，从“分段运输”到“联程直达”。①组织春运“春风行动”，开行跨省农民工返乡返岗专车4048趟次，运送农民工15.8万人次；开行学生返家返校专车1085趟，运送学生4.1万人次。推动“春风行动”与“金通工程”运输组织无缝衔接，打通农民工返乡返岗出行最后一公里。②组织开展中、高考“春风行动”，为考生提供“点对点、一站式”直达运输服务，护航8万余名高考学子、13万余名中考学子顺利参加考试。

三是完成专项运输保障。①完成2022年春运、清明、五一、端午、中秋、国庆等重大节假日和省第十二次党代会、党的二十大等重大时间节点道路运输组织和车辆运输保障工作。②针对农村群众不同时段的出行需求，鼓励各地开行赶场车、学生车、就医车、“乡村网约车”、务农支农专车等定制化专车，提供个性化、定制化服务。其中成都市、乐山市开通“菜农”公交专车；绵阳市三台县投入50余辆客车开通“红领巾专车”，设置接送站点100余个；宜宾市江安县、乐山市犍为县开通“点到点”服务的便民小客车。2022年以来，全省累计开行各类专车9.7万趟次，运送农村群众101万人次。③完成广安、甘孜、内江等地疫情应急运输保障工作。按省疫情防控指挥部指令，调集应急客运运力728台待命或支援疫区；全省各地出动客运运力24663趟次，转运群众和防疫人员359128人次。④完成雅安“6·1”、泸定“9·5”地震应急运输保障，安全转运群众和救灾人员5700余人次，完成抗震救灾任务。

四是织牢疫情防控网络。①强化疫情防控的监管。根据防疫新要求，对照《客运场站和交通运输工具新冠疫情分区分级防控指南》（第八版），针对性制定出台符合本省实际的疫情防控政策措施，先后出台《四川省应对极端条件下的新冠疫情人员转运实施预案》等疫情防控文件，全年出台疫情防控文件10余份。②紧盯常态化疫情防控措施落实。通过车载视频，每日抽查驾驶员口罩佩戴情况，常态化期间每日抽查210辆客车，省内出现疫情期间增加至300辆。线下不定期开展实地检查，重点检查客运场站落实情况。坚持每日通报“川行通”扫码情况，对不组织乘客扫码“川行通”的车辆和驾驶员及时核查处罚。全年处罚不戴口罩驾驶员107起。③推行疫情防控技术化手段。为强化出租汽车司机疫情防护，落实全省出租汽车司机核酸检测频次相关要求，多次会商省卫健委和省大数据中心，对出租汽车司机核酸检测结果进行比对，将出租汽车司机核酸检测数据推送给各市州及出租汽车行业，督促出租车驾驶员按要求及时完成核酸检测。

五是完成5项适老化民生实事。①21个市（州）开通便利老年人等群体的电话约车服务。②滴滴、首汽、曹操等主要网约车平台公司全部开通便利老年人的一键叫车功能。③18个地级以上城市打造19条敬爱爱老公交线路。④对274个公交站台进行适老化提升改造。⑤实现成都地铁全线网车站无障碍渡板全配备。

六是完成网约车“阳光行动”。推进网约车平台公司向社会公开计价规则，合理设定本平台抽成比例和抽成比例上限并公开发布；在驾驶员App端实时显示每单的抽成比例及金额。滴滴出行、T3出行、曹操出行等头部企业完成“阳光行动”工作任务目标。

七是落实公交优先战略。①继续优化公交能源结构。新增更新车辆90%以上使用新能源车辆。②继续开展公交优先宣传。9月在全省组织开展绿色出行宣传月和公交出行宣传周，引导群众优选公交出行。③指导公交都市创建。成都、自贡、泸州达到创建标准，被授予“国家公交都市建设示范城市”称号。④贯彻落实成渝双圈重点工作。新开通5条川渝省际公交线路，累计开行20条，完成全年规划开行5条以上省际公交线路任务。⑤维护公交行业稳定。按照交通运输部在全国城市公交行业稳定工作调度会议要求，组织各城市全面排查辖区内城市公交企业稳定隐患，梳理企业经营生产中存在的困难和问题，建立台账，评估企业稳定风险，报地方人民政府“一企一策”提出针对性解决措施，并推动措施落实到位。落实公交行业每日零报告制度。

八是筑牢地铁运营安全基础。①组织开展地铁运营安全检查。11月，邀请国内行业知名专家对成都地铁开展运营安全检查。②8月，配合厅组织开展成都地铁汛期安全生产工作联合督导检查。

九是高质量推进党建与业务融合试点建设。①成立工作专班。由支部书记任组长、支部副书记任副组长的工作专班，坚持把党建和业务同谋划、同部署、同落实、同考核，形成融合发展工作合力。②完善学习方案。完善细化学习方案，每半月组织一次集中学习，学讲话精神、学重要文件、学业务知识，集中讨论金通工程工作要点和难点问题，探索党建与“金通工程”融合发展之路。③调整积分管理。将“金通工程”等重点工作任务细化分解纳入党员积分管理，量化工作任务，提高工作推进效率，实现党建和业务“双融合、双促进、双提升”，将党建纳入中心工作统筹推进。④推进网约车司机党建。配合厅开展网约出行行业党建调研、摸排行业党建底数等工作。年内按照省委组织部方案要求，有序推进网约车司机群体党建各项工作。

（李晓芬）

物流货运保通保畅 2022年，全省交通运输行业做好物流货运保通保畅工作。

一是推进货车司机群体党建试点工作。①完成全省党员货车司机基础信息摸排工作，推动17546名党员货车司机“归队入列”，全部纳入货车司机流动党员党支部管理。②蹲点督导成都青白江区、彭州市先行开展深化货车司机群体党建试点工作，取得成效；推动9项民生实事工作，保障货车司机群体合法权益。③制定物流园区“暖心之家”建设运营参考标准，督促指导成都、南充、宜宾、遂宁、达州、资阳等地推进物流园区“暖心之家”建设，建成8个物流园区“暖心之家”，提前超额完成全年建设任务。④完善“蜀道畅”智慧党建微信小程序功能，搭建线上支部学习平台，丰富党员教育管理功能；推出“疫情防控”“政务服务”“司机保障”“交通资讯”等四大板块，为货车司机提供针对性保障服务；开发“入川即检”点位地图、健康码申诉绿色通道等疫情防控相关特色功能，为货车司机提供便利；制定“蜀道畅”党建积分管理规则，开发“暖心之家”积分兑换功能并开展试点。

二是推动全省多式联运示范工程建设。①建立沟通协调机制，协调第二批、第三批多式联运示范项目方案调整，推动加强各单位联动形成建设合力。②秦巴无水港打造成渝地区战略支点、“四向通达”公铁多式联运示范工程和成渝（德阳）构建“一核两支点”新生态泛亚贸易通道公铁海多式联运示范工程成功入选第四批示范项目名单。

三是推进网络平台企业健康发展。①继续开展网络货运平台线上服务能力认定工作，组织3批17家网络货运平台企业参加线上服务能力认定专家评审会。②开展平台企业抽成“阳光行动”，约谈省内10家网络货运平台企业和货运信息撮合交易平台，督促平台企业公开计价规则，合理设定平台抽成比例和抽成比例上限，在驾驶员App端实时显示每单的抽成比例及金额。③开展互联网货运平台专题调研，实地调查省内较大的互联网货运平台企业，抽样访谈60余名货车司机，形成调研报告。

四是推进农村物流体系建设。依托“金通工程”乡村运输服务体系，继续推进交通、商务、邮政业深度融合发展，印发《推动“交商邮”融合发展构建乡村振兴农村物流保障体系试点工作实施方案》，推动构建县乡村三级物流商贸共配体系，完成10家试点县评选工作。2022年全省建成“交邮”合作乡镇130个，开通合作线路355条，乡镇综合客运站开办邮政业务29个，建设“金通·邮快驿站”2588个，累计代运邮件150万件。

五是做好物流保通保畅工作。①研究保通保畅工作措施，制定《关于印发四川省重点物资运输车辆通行证制度的通知》《关于印发进一步加强货车司机服务管理六条措施的通知》《关于进一步加强货车司机服务管理的补充通知》《关于广安地区物流保通保畅的工作意见》等保障政策，向货车司机发放《疫情防控及保通保畅服务指南》和慰问信。②落实重点物资通行证制度，推出电子通行证办理，开通物流服务保障专线解决通行证办理问题，在“8·25”成都疫情期间，重点物资通行证在全省物资运输保障中发挥了重要作用。③建立保通保畅工作转办、跟踪督办、销号管理工作流程及时解决收到的交办问题和群众诉求函件，按照“一企一策”协调解决企业运输困难。④起草《四川省应对大规模奥密克戎疫情交通物流保障方案》确保大规模疫情下重点生产生活物资应急运输通道，满足群众日常生活物资和应急防疫物资需要，保障重点供应链稳定。

六是提升行业监管能力。①按照“成熟一项、启用一项，以用促建”工作思路，于2月9日在全省正式启用“新危货监管服务系统”。②开展危险货物运输重点整治，落实危货企业安全生产清单管理制，督导各地开展专项检查；持续开展突出违法违规行为专项整治行动，开展异地经营情况排查与整治；全面运用电子运单系统、主动防御系统、联网联控系统等信息化手段进行监管，提升监管效能。③建立行业情况监测报告机制。通过整理运政平台、审批平台系统数据，按季度发布道路货运运力监测数据。

七是推进“一超四罚”工作。①对公安机关和省、市转发的超限超载违法行为的函，及时转发到相关市（州），要求按照相关法律法规落实“一超四罚”管理制度，抄送相关信息367条。②要求各地督导道路货物运输企业加强从业人员的教育培训，提升合理装载安全意识，督导货物园区加强违规超限超载管理，从源头上杜绝违规超限超载。

八是开展道路货运督查检查。①开展运输疫情专项检查，赴成都开展冷链运输疫情防控专项检查，重点检查口岸、冷链运输企业和冷库的防疫措施落实情况。②开展危险货物运输企业、网络货运平台“双随机、一公开”检查。③赴巴中、达州、广元开展国省干道入川卡口疫情防控专项检查，重点检查卡口人员疫情防控措施执行情况。

（陈贵川）

安全监管 2022年，全省发生道路运输行车事故64起、死亡76人，比上年减少6起、17人，下降8.6%和18.3%（2021年同期70起、93人）。其中，较大事故3起、死亡14人，减少2起、7人，下降40%和33.3%（2021年同期5起、21人）；一般事故61起、死亡62人，减少4起、10人，下降6.2%和13.9%（2021年同期65起、72人）。事故排名前三的市州为：成都36起、39人，巴中5起、5人，达州4起、4人。发生事故起数和死亡人数排前三位的领域分别是：货车31起、42人（比上年减少5起、13人），出租车15起、15人（比上年增加1起、1人）、客车12起、12人（比上年增加1起、死亡人数减少2人）。道路运输安全生产形势整体稳定。

一是巩固提升三年行动。贯彻落实交通运输部、省安委会安全生产专项整治三年行动“巩固提升年”部署要求，围绕开展两个专题巩固提升，逐项分解专项整治目标任务，督促各地落实和配合相关业务处室推进危险化学品运输专项整治、城镇燃气安全排查整治“回头看”。

二是压实安全责任。①强化重点时段监管。针对春运、冬奥会、冬残奥会、全国“两会”、省第十二次党代会以及春节、清明、五一、端午、中秋、国庆等重要时段和节假日道路运输安全工作特点，累计组织30多个暗访检查组，采取提醒敦促通报等方式，跟踪80多个问题隐患整改闭环管理。②坚持安全生产清单制管理提档升级。研究制订道路运输行业安全监管责任清单，督促指导成都市制订地铁（轨道交通）主体责任清单、安全生产岗位责任清单，坚持将企业落实清单制管理情况作为日常检查督导重要内容。③持续提升“两类人员”安全履职能力。针对南充市组织“两类”安全考核在属地监管不力、组织考核不严、规定要求落实不到位等问题进行全省通报，督促南充市“两类人员”暂停安全考核工作，敦促南充市交通运输局对4月29日通过作弊、替考等违纪行为取得合格证明的86名“两类人员”进行注销。

三是持续加强双重预防。①提升安全风险防控化解能力。贯彻落实交通运输部关于深化防范化解安全生产重大风险工作的意见要求，针对“全省800公里以上省际客运班车碰撞风险、省际包车碰撞风险、危险货物道路运输风险、重型载货汽车碰撞风险”等11类重大风险，按季度梳理130余条省级重大风险，建立管理台账，明确安全风险防控措施和跟踪督促整改要求。贯彻落实《交通运输部关于安全生产季节性特征和风险防范化解的指导意见》，聚焦汛期行业面临的各类安全风险，研究制定汛期“强化车辆停运、强化车辆绕行、强化安全隐患排查、强化车辆动态监控、强化安全教育、强化首班报告”六项安全措施，汛期安全检查清单。②逗硬重点安全监管措施。对2022年以来发生较大道路运输行车事故或发生社会影响较大的一般道路运输行车事故，以及违法违规行为突出的道路运输企业进行全面梳理，联合省公安厅交警总队公布49家重点监管企业名单和595家高风险运输企业名单，督促各地压实行业监管责任，加大惩戒力度，落实风险企业整治要求，确保重点监管企业整改到位、落实见效；针对乐至县广通运输有限公司、乐山市激进物流有限责任公司等4家“重点监管企业”整改后企业违法违规行为仍然突出情况，对南充、资阳、乐山、巴中4个市交通局点对点印发《提醒敦促函》，督促属地行业主管部门全面压实“三个责任”。

四是强化重点监管措施。①持续提升驾驶员安全素养。督促各地道路运输企业开展驾驶员应急驾驶安全培训，强化营运驾驶员安全意识和应急处置能力，全省95693名驾驶员完成《道路运输驾驶员应急驾驶操作指南（试行）》专项培训和考核。会同省公安交警总队联合公告41名营运车辆驾驶人的驾驶证、从业资格证“双吊销”名单。②紧盯营运车辆动态监控监管。依托省级卫星定位监控平台、主动安全智能防控系统，对运行车辆进行全程监测监控，坚持重点时段和节假日严重违法违规行为“一日一通报”，跟踪督促21个市（州）、638家企业、1654辆车依法从严惩处和立行立改。③强化“汛

2022年1月24日，在省交通运输厅运管局4楼会议室，省交通运输厅运管局、省公安厅交警总队联合召开全省客货运输突出违法违规行为专项整治2022年第一次视频推进会，专班组长、省交通运输厅运管局局长彭涛（前排中）和专班副组长、省公安厅交警总队副总队长李异出席会议并讲话　　厅运管局　供图

期”安全监管。制定印发《道路运输领域气象地灾预警预防工作指南》，规范恶劣天气、洪水地灾预警信息传递工作机制；制定印发《道路运输车辆防自燃、爆胎隐患排查工作指南》，强化车辆技术安全管理；制订印发主汛期安全生产检查方案，督促指导各地强化高温和汛期安全风险隐患防范和治理，做好应急准备和突发事件处置工作。④持续强化危险货物运输风险管控。贯彻落实工业和信息化部等六部委《关于印发〈化工园区建设标准和认定管理办法（试行）〉的通知》，对化工园区危险货物对外运输风险进行研究和分析，草拟《化工园区对外危险货物运输指导意见》报厅，指导31个化工园区完成对外运输风险论证。

五是巩固提升专项整治成果。推进“驾驶员、车辆、企业”记分管理。执行驾驶员、车辆、企业记分管理规定，2022年全省累计对违法违规营运驾驶员、车辆、企业分别实施记分16759人次、963辆次、54家，4344名驾驶员被列入“道路运输行业重点监控名单”，195名驾驶员“道路运输行业禁止进入名单。

六是强化安全应急工作。①完善应急机制。修订道路运输行业《洪涝巨灾道路运输应急预案》《突发事件应急响应作业手册》《2022年度地震重点危险区道路运输应急预案》，拟定《省第十二次党代会突发灾害（事故）应急运力保障措施》，完善全省应急响应各类应急预案。②强化应急运力管理。坚持每月更新应急运力管理台账，畅通应急运输联络机制，确保全省共储备应急客货车各3150辆随时可以按照应急预案担负应急运输任务。

（黄立鸿）

车辆技术维修管理 2022年，全省交通运输行业车辆技术维修管理再提升。

一是加强车辆技术管理。①优化道路运输车辆检测服务。印发《四川省道路运输车辆检验检测机构公告程序规定》，简化道路运输车辆检验检测机构公告程序。发布421家道路运输车辆检验检测机构名单，道路运输车辆检验检测行业运行分析报告和道路运输车辆检验检测市场饱和风险预警。会同公安、市场监管等部门贯彻落实《关于深化机动车检验制度改革优化车检服务工作的意见》，开展检验检测机构双随机检查，巩固“三检合一”工作成效。2022年全省新增20家道路运输车辆检验检测机构，开展52万辆次道路运输车辆技术等级评定，提高道路运输车辆检测服务能力，助力客运和危货运输车辆上户联审联办。②加强营运车辆达标车型核查。召开全省道路运输车辆达标核查管理工作培训会，开展达标车型核查排查整治，督促核查机构、审批窗口做好达标车型核查审验工作，严禁不达标车辆进入道路运输市场。③开展货车非法改装整治。会同经信等部门开展货车非法改装专项整治，集中排查整治汽车维修企业从事非法改装违规行为，对非法改装、“大吨小标”等违规车辆，立即整改，恢复原状。2022年共检查2695家企业，签订2423份责任书，检查5.2万辆车辆，处罚非法改装企业4家，非法改装车辆276辆，处罚金额52.5万元。

二是提升汽车维修服务能力。①简化压缩天然气汽车维修企业备案。深化机动车维修行业“放管服”，合并办理压缩天然气汽车专用装置维修企业备案事项和从事燃气汽车维修企业维修经营备案事项，减轻燃气汽车维修企业需要进行两次备案审查的压力。②推进汽车维修信用体系建设。印发《四川省汽车维修企业信用评价实施细则（试行）》，明确汽车维修信用评价标准、信用档案建立、信用信息录入、信用等级评定、信用结果公布等内容。组织全省汽车维修企业信用评价工作培训，指导各市州开展2022年度汽车维修企业信用评价工作。③推进电子健康档案系统建设。编制《四川汽车维修电子健康档案数据及维修结算清单传输交换技术规范》，在汽车维修电子健康档案系统中增加维修结算清单功能模块，拓展系统“管理端”“企业端”“公众端”功能。④深化汽车维修数据应用。强化维修数据监管，规范汽车维修。抽查728家二级维护维修企业1.4万辆次维护数据，470家尾气治理维修企业9900辆次尾气治理数据，督促各地对维修数据不规范、涉嫌维修照片翻拍的82家二级维护、尾气治理维修企业进行现场核查，共调查处理30家维修企业，合计罚款26.1万元。⑤加强维修企业安全生产管理。指导各地会同相关部门对使用村（居）民自建房进行机动车维修经营的企业开展安全生产风险隐患整改，重点排查从事燃气汽车维修的企业，有喷烤漆业务的企业，厂房、场地的消防设施设备是否符合安全生产工作要求，督促完成安全生产隐患整改。

三是推进道路运输绿色发展。①推进道路运输污染防治。推进汽车维修污染防治，全省汽车维修绿色钣喷企业613个，自贡贡井区建成1个区域性汽车维修钣喷中心。加大货运污染治理，督促货运企业对非封闭式车辆配备防扬撒装备，规范装载，防止运输过程中货物扬撒脱落。强化危货运输监管，在全省推广使用新危险货物运输监督管理系统，扩大电子运单使用率，降低危险货物运输环境污染风险。加强移动源污染治理，加快新能源汽车推广应用，全年新增及更新的公交车、出租汽车（含网约车）中新能源汽车占比均超过80%，新能源道路运输车辆超过2.5万辆。实施I/M制度，制定印发《四川省汽车排放性能维修站（M站）服务规范》，强化尾气治理监管，提升尾气治理维修服务。②实施公交优先发展战略。推进公交都市创建，成都、自贡、泸州市成功创建国家级“公交都市”。推动公交适老化改造，制定《2022年推行适老化交通出行服务工作方案》，全省打造18条敬老爱老服务城市公共汽电车线路，新增及更新低地板及低入口城市公交车辆700辆。推动客运班线公交化运行，全省35个区（市、县）完成全域公交改造，新开通梁平袁驿至大竹石桥等5条跨省城际公交线路，全省开行跨省城市公交线路20条，便捷川渝毗邻地区群众跨省公交出行。③加快推进绿色客运发展。优化道路客运组织模式，推进定制客运发展，全省发展3999辆定制客运车辆，453条定制客运线路，实现全省三类及以上班线客运全覆盖。提升道路客运服务能力，打造“金通工程”样板，创建完成第一批27个“金通工程”样板县。鼓励各城市开通出租汽车电话约车服务和网约车“一键叫车”功能，省内有19个市开通出租汽车电话约车服务。④加快推进绿色货运发展。召开道路运输多式联运示范工程工作推进会，加快多式联运项目建设。培育网络货运平台，完成7家网络货运企业线上服务能力认定，全省有网络货运企业24家。推进绿色配送示范城市创建，宜宾、德阳、遂宁入选第三批“绿色货运”城市示范工程申报城市。推广“天府交邮通”农村物流服务品牌，印发《推动“交商邮”融合发展构建乡村振兴农村物流保障体系试点工作实施方案》，完成全省首批10家“交商邮”融合发展试点县评选工作。探索建设高效农村物流体系，盐边县“电子商务+农村客运”、金堂县“电子商务+乡村公交”等9个项目（年内新增4个）成功获评全国农村物流服务品牌。

（胡学英）

道路运输行业法治建设 2022年，全省交通运输行业加强法治建设。

一是做深“放管服”改革。①深化电子证照工作。完成省证照系统与部证照系统联调，电子证照严格按照部标准生成。②深化“一件事一次办”工作。在2021年推出4件“一件事一次办”基础上，2022年再推出“我要做客车司机”“我要当网约车驾驶员”2件，优化政务服务，便捷群众办事。③深化“跨省通办”工作。道路运输4类23项高频事项实现“跨省通办”。④深化标准化规范化建设。开展道路运输依申请政务服务事项梳理工作。⑤创新开展联审联办工作。联合公安部门推出客运和危货运输车辆上户联审联办，实现系统联动、协同共享，方便群众办事，加强道路运输车辆闭环管理。

二是做优行业监管服务。①推进信用领域制度建设。配合修订《四川省道路营运驾驶员记分管理办法》《四川省机动车驾驶员培训机构质量信誉建设管理办法》和《四川省汽车维修企业信用管理评价实施细则（试行）》，推动道路运输安全生产领域“两客一危”企业记分和车辆记分管理落地落实。②探索建立执法协作机制。拟订《四川省道路运输综合行政执法协作办法》，加快建立职责明晰、衔接紧密、协作有序、运转顺畅的道路运输行政执法协作机制。

三是做好普法宣传。①落实局务会学法制度。制定印发局务会学法计划，落实局务会学法制度，提升局干部职工法治意识。②开展普法活动。将4—6月确定为四川省道路运输法律法规学习宣传季，开展全行业法治宣传教育活动；举办全省道路运输法治政府部门建设培训班，提升行业管理人员法治工作水平。

（寇俊杰）

市场监管 2022年，全省交通运输行业持续加强市场监管。

一是强化市场运行监测。①建立两项机制，建立典型运输企业市场运行状况分析会商机制；建立道路运输行业市场运行状况监测分析工作机制，对市场主体生存状况、行业发展情况、服务质量状况、风险隐患状况进行监测分析。②编制道路运输行业市场运行监测分析报告。建立道路运输行业市场运行监测指标体系，反映市场运行发展情况、企业经营生存状况和市场饱和度情况。按季度编制发布三期《四川省道路运输行业市场运行监测分析报告》。③开展道路运输行业风险隐患监测分析。分析研判行业存在的稳定风险及对策，编制道路运输行业风险隐患分析报告。

二是抓好服务质量监督。①持续做好网络舆情、“12328”、微信公众号投诉和问题反映处置工作。牵头处理网络舆情1053条、“12328”投诉128起，编制网络舆情分析报告5期。对涉及“金通工程”、安全管理、货车司机权益的重点网络舆情，重点督办，必要时实地核查，影响恶劣的“一事一通报”。②组织开展服务质量提升年活动。制定《2022年四川省道路运输服务质量提升年专项行动实施方案》，以问题为导向，聚焦“12328”、网络舆情反映出的6类突出服务质量问题开展专项治理。③完善相关制度机制。建立网络舆情办理“两书一函”制度，对屡犯不改、影响恶劣或敷衍办理的，依据性质程度，点对点下发“两书一函”。推动局微信公众号投诉举报与“12328”系统关联对接，实现举报投诉“一诉一源”，依托“12328”工单系统，实现局渠道接收到的举报投诉高效办理。④编制《道路运输领域可能发展成为网络舆情事件的风险隐患清单》，实行“清单制”+“责任制”推动网络舆情治理工作。

三是努力当好数字监管先锋。①梳理编制道路运输“数字监管”工作家底，制定《四川省道路运输行业数字监管实施方案》，指导全行业开展数字监管工作。②组织开展运政大平台数据质量分析，编制数据质量分析报告。③梳理运政大平台综合监管系统，形成闭环数字监管规则和系统流程，启用道路运输综合监管系统，依托该系统实现问题发现、研判、指派、处置、反馈的监管过程闭环管理。④采取全省通报、点对点督办、“双随机、一公开”检查等方式，加大运输企业服务系统推广使用力度，运输企业服务系统注册使用率95%。⑤对“两客一危”企业开展画像工作。利用管理部门通报数据、企业生产经营运行数据，对993家“两客一危”企业进行精准画像，用于后续对重点企业进行重点监管。

四是推进常态化扫黑除恶专项行动。①创新实施“数字打非”。印发《关于全面应用“数字打非”手段整治道路旅客运输非法营运行为的通知》，抓住“非法营运”主要依托高速公路通行特点，以高速公路为主要切入口，推进实施“数字打非”工作。在成都达州、攀西线开展重点线路“数字打非”专项行动，“省市联动、高地联动”，精准查获非法营运车辆50余台。②组织开展“百日攻坚”。印发《四川省道路运输非法营运“百日攻坚”专项整治行动方案》，全省查处“有照无证”从事营运企业31家、“黑车”2109辆、网约车违规从事城际客运161辆、外省籍车辆长期在四川省违规经营40辆、其他扰乱道路运输市场经营的非法营运行为388起。③切断源头“揽客渠道”。组织全省对非法营运组客QQ群、微信群、微信公众号、电话进行摸排，计划统一商省网信办等部门予以关停，有效切断平台（中介）、车辆、乘客之间的联络，从根源上捣毁非法营运揽客渠道。④用好社会“监督之眼”。针对扫黑除恶进入常态化后，主动举报线索大幅减少的实际情况，坚持通过收集监测网络舆情，分析研判存在的涉黑涉恶线索，推送属地办理，并全部统一登记在册，对线索来源、线索内容核查清理、处理情况等进行全链条记录，确保工作轨迹清晰、台账规范。

五是支撑做好物流保畅工作。①建立“一日一分析”制度。每日对全省“12328”受理的货车司机诉求数据进行挖掘分析，对货车司机诉求进行分类台账管理，掌握司机关注重点，对涉及物流保通保畅方面货车司机诉求及时推送物流服务保障组转办市州核实处理。②协调省大数据中心，依托“蜀道畅”微信小程序，建设上线货车司机“健康码”申诉绿色通道，方便货车司机“健康码”申诉与异常状态快速处理，做好物流保通保畅工作，协调解决货车司机应急红、黄码解码处置问题。

（史　柯）

工程质量监督管理

GONGCHENG ZHILIANG JIANDU GUANLI

概　况　2022年，省交通质监站围绕省交通运输厅年度目标任务和工作重点，加强监督力量调配组织，加大现场质量安全监督检查力度，强化动态监管和检测，严格问题整治和查处力度，严把质量检测关、验收关，确保监督覆盖率、项目监督抽检等五个100%监督，加快推进平安百年品质工程创建和各项安全生产专项活动，全面提升在建工程质量。

质量监督工作扎实有效。通过综合检查、专项督查、暗查暗访等多种方式，强化交通建设工程质量安全监督，统筹省市质监机构对31个高速公路项目、243个国省干线项目、32个农村公路项目及9个重点水运项目开展监督检查1836次，出动检查人员7278人次，发现并解决各类问题19161个。开展钢筋专项整治活动，21个市（州）质监机构出动检查组204个，检查人员928人次，聘请社会专业技术力量249人次，检查高速公路项目29个，发现问题1250个，检查普通公路项目205个，发现问题893个，均在规定时限内完成整改。加大原材料盲样抽检力度，抽检30个高速公路项目主要原材料800组，合格783组，合格率97.9%，比上年提升1.3个百分点。

工程实体质量提升。持续加大在建项目监督及工程实体质量抽检力度，明确抽检要点，统一检测标准、部位、频率，检测数据更加准确。全年全省公路工程质量抽检总体合格率为98.0%，比上年上升4.6%。其中，高速公路总体合格率为98.1%，上升4.6%，路基工程、路面工程和原材料等单位工程的合格率高于全国整体水平，隧道工程和安全设施工程的合格率与全国整体水平持平，钢筋保护层厚度抽检合格率提升较快，合格率达到91.4%，提升14.3个百分点。

推进平安百年品质工程建设。起草《四川省推进高速公路平安百年品质工程建设实施意见（征求意见稿）》《四川省高速公路平安百年品质工程质量强基专项行动工作方案》，全面部署平安百年品质工程，解决高速公路质量通病问题、质量典型问题，助推平安百年品质工程。研究淘汰工艺清单并报部，四川省提出的“交流电焊机焊接工艺”和“人工绑扎圆形桩基及圆柱墩钢筋笼工艺”2项淘汰工艺成功入围交通运输部征集清单；在年度综合检查及专项检查中，将示范创建工作推进情况作为重点检查内容，并定期开展示范创建工作书面调研，确保技术方案按时完成，创建工作依计划、照方案进行。

安全监管有力有效。年内，在建项目安全生产形势持续向好，未发生生产安全责任事故。厅印发关于加强瓦斯隧道、不良地质隧道、高墩大跨桥梁施工安全管理系列文件，将重点工程纳入安全管控重点，省市质监机构及建设单位建立了危大工程分级管控台账，省交通质监站对在建高速公路149座特大桥、139座特殊结构桥梁、98座特长隧道、90座瓦斯隧道建立了动态跟踪管控台账，精准掌握高风险工程分布情况，做到安全生产“底数清，情况明，动态准，管控严”；同时组织第三方机构开展安全专项督查，对全省214座特殊结构桥梁和特大桥、145座瓦斯隧道和特长隧道开展安全生产全覆盖检查，省市两级对高风险工程检查覆盖率100%，确保高风险工程安全状况受控。开展瓦斯隧道专项行动，累计督查整治18个项目90座瓦斯隧道，至年底，90座隧道施工安全全部达标；开展红线行动，整治红线问题341项；开展汛期安全生产专项行动，印发“一通知、一方案”、出台“汛期安全九条”“严防旱涝急转六条”“特殊时段安全管理事项清单”等硬措施，安排部署汛期安全管控重点内容，全面摸排在建项目10人以上驻地1426个，抽查86个驻地全部达标，446部卫星电话接通率达到90.5%。

按期完成交（竣）工验收。年内，完成德会、德遂、泸永、久马、广平、九绵、峨汉等9个高速公路项目（路段）504公里的交验工作，交验指标、交验检测合格率均达到95%以上，支挡工程结构尺寸等指标合格率比上年有明显提升，为全省高速公路通车里程突破9000公里提供质量保障；完成南大梁、绵西、荣泸、叙古、泸黄等6条高速公路538公里的竣工质量鉴定复测，项目优良率均达到100%。

持续规范监理检测市场。出台《四川省公路水运工程工地试验室和现场检测项目管理办法》《四川省交通运输厅关于进一步加强全省高速公路建设项目试验检测工作的通知》《四川省交通运输厅关于进一步加强全省高速公路建设项目监理工作的通知》等制度，为规范监理检测行业管理提供基本遵循。在“省一体化平台”配置完成监理企业乙级资质申报、延续、重大变更、一般变更、污损补遗5个资质许可办理事项及审批流程，监理企业能够在“省一体化平台”正常申请办理。采取“随机抽取+重点监管”方式对34家监理检测企业开展“双随机”专项检查工作，针对性地就资质符合性、证书挂靠、实操能力等方面开展现场监督检查。组织省内117家试验检测机构开展沥青针入度和软化点比对试验，提升检测机构检测能力。完成2021年监理检测信用评价工作，对全省169家监理检测企业、5383名监理检测人员进行信用评价。完成102项监理检测资质审批事项，人员注册注销3000余人次，按时办结率100%，投诉举报为零。

2022年，省交通质监站在都四山地轨道交通项目建设现场开展主题党日活动

省交通质监站　供图

质量监督体系建设 2022年，针对机构改革后各级质监机构变化较大的情况，为确保监督职责不落空、监督力度不降低，省交通质监站创新机制、多措并举，进一步加强质监行业监督指导。首次点对点印发点球文件，明确市（州）质量安全监管工作任务、工作目标、工作标准，督促各市（州）做好监督工作人员、经费等基础要素保障，落实全省质量安全监督“五个100%”工作要求。首次建立市（州）监督工作通报机制，定期收集监督工作数据，多次赴市（州）现场核查，每季度以厅名义印发通报，确保监督工作落地落实。首次建立全省统一的监督问题数据库，通过督促市（州）报送监督问题，倒逼提升监督工作成效。通过问题统计分析，找准项目建设薄弱环节，提升针对性，提升监督效能。结合地方公路监督检查，对各市（州）质监机构进行深入调研，全面掌握市（州）监督机构能力建设及对各类项目的监督情况，为进一步加强市（州）监督工作指导提供技术服务支撑。同时立足提高质量安全监督工作绩效，推进“3个转变”，实现“2个创新”，突出“1个重点”，转变项目监督模式、检查结果通报方式，创新建立月调度机制、地方铁路联合工作机制，突出重点项目、重点单位、重点部位、重要工序及重要时段重点精准发力，完善监督方式，解决“监督空心化”问题。

工程质量监督 2022年，省交通运输厅通过综合检查、专项督查、暗查暗访等多种方式，强化交通建设工程质量安全监督，统筹省市质监机构对31个高速公路项目、243个国省干线项目、32个农村公路项目及9个重点水运项目开展监督检查1836次，出动检查人员7278人次，发现并解决各类问题19161个。开展钢筋专项整治活动，21个市（州）质监机构出动检查组204个，检查人员928人次，聘请社会专业技术力量249人次，检查高速公路项目29个，发现问题1250个，检查普通公路项目205个，发现问题893个，均在规定时限内完成整改。加大原材料盲样抽检力度，抽检30个高速公路项目主要原材料800组，合格783组，合格率97.9%，比上年提升1.3个百分点。持续加大在建项目监督及工程实体质量抽检力度，明确抽检要点，统一检测标准、部位、频率，检测数据更加准确，反映的质量水平更加客观。全年全省公路工程质量抽检总体合格率为98.0%，比上年提升4.6%。其中，高速公路总体合格率为98.1%，提升4.6%，路基工程、路面工程和原材料等单位工程合格率高于全国整体水平，隧道工程和安全设施工程的合格率与全国整体水平持平，钢筋保护层厚度抽检合格率提升较快，合格率达到91.4%，提升14.3个百分点。

2022年，省交通质监站在甘孜州检查地方公路　　省交通质监站　供图

平安百年品质工程建设 2022年，省交通运输厅起草《四川省推进高速公路平安百年品质工程建设实施意见（征求意见稿）》《四川省高速公路平安百年品质工程质量强基专项行动工作方案》，全面部署平安百年品质工程，大范围解决高速公路质量通病问题、质量典型问题，提升质量“底板”，助推平安百年品质工程。研究淘汰工艺清单并报部，四川省提出的“交流电焊机焊接工艺”和“人工绑扎圆形桩基及圆柱墩钢筋笼工艺”2项淘汰工艺成功入围交通运输部征集清单；在年度综合检查及专项检查中，将示范创建工作推进情况作为重点检查内容，并定期开展示范创建工作书面调研，确保技术方案按时完成，创建工作依计划、照方案进行。

安全监督检查 2022年，省交通运输厅制定公路水运工程建设安全生产行业监督管理“两个清单”，细化分解10项安全工作任务及174项具体工作职责。建立“两个层级三个时段”的安全调度工作机制，结合厅安委会、厅安全例会、分管厅领导每周质量安全调度会，完善每月质量安全例会、定期重大事项专题研讨等调度机制，全面综合研判交通建设领域安全生产形势，安排部署重点工作，守住“不出事”安全底线。抓隐患整治，构建风险分级管控和隐患排查治理“双重预防机制”，全面排查整改安全隐患，累计排查整治安全问题隐患13877个，将隐患消除在萌芽状态。打出“省级重点抽查+市级全覆盖督查”组合拳，省站派出安全生产督导组73个，出动监督人员193人次，督促整改各类问题隐患2083个，安全监管效能持续提升。落实领导带班和24小时值班制度，站领导带头蹲点驻守，通过突击检查、电话抽查、视频巡查等方式，督促项目一线特殊时段人员到岗、值守到位、措施落实，实现重要时段零事故。针对事故和重大隐患，综合运用通报、约谈、停工整改等措施加大惩戒力度，全年责令停工整改26次，安全生产约谈及风险提示4次，通报批评28次。

安全专项行动 2022年，省交通运输厅深入开展瓦斯隧道安全生产专项整治，集中整治瓦斯隧道安全管理突出问题，对18个项目85座在建瓦斯隧道安全生产达标情况进行抽查，发现并督促整改问题165条，并在厅网设专栏公示瓦斯隧道达标情况，通过整治，截至年底，90座隧道施工安全全部达标。开展汛期安全生产专项整治，派出14个检查组对在建高速公路项目汛期安全生产达标情况进行全覆盖抽查，发现并整改问题294条，并在厅网设专栏公示10人以上驻地达标情况，全省在建高速公路项目建设、施工单位相关责任人均融入当地县、乡级政府信息共享和监测预警网络，应急响应、避险转移能力进一步提升，避免因地质灾害导致的安全事故发生。严肃查处红线问题，各级交通运输主管部门督查及项目自查发现并整治红线问题410个，包括严重违反安全质量法律法规和强制性标准的行为、重大安全质量隐患等问题。

交（竣）工验收 2022年，省交通质监站加大交（竣）工验收监督指导力度，制定《2022年高速公路建设项目交工验收质量审定工作计划》，明确目标任务、职责分工和检查内容，全面梳理交验审定工作流程，固化工作范本，促进交工验收质量审定制度化、标准化、规范化，按照交验计划倒排时间，定人、定岗、定期跟踪收集项目进度和交验检测进展，组织召开交验检测工作会，协同推进完成德会、德遂、泸永、久马、广平、九绵、峨汉等9个高速项目（路段）504公里交验工作，为实现年度通车目标提供质量安全支撑。编制《四川省高速公路项目竣工验收质量鉴定工作手册》，明确竣工复测工作流程、工作内容等，把好现场“复测关”，完成南大梁、绵西、荣泸、叙古、泸黄等6条高速公路538公里的竣工质量鉴定复测，项目优良率均达到100%。

资质资信管理 2022年，省交通运输厅印发《四川省公路水运工程工地试验室和现场检测项目管理办法》《四川省交通运输厅关于进一步加强全省高速公路建设项目试验检测工作的通知》《四川省交通运输厅关于进一步加强全省高速公路建设项目监理工作的通知》，为规范监理检测行业管理提供基本遵循。修订监理企业资质办事指南、工作流程、申请文本格式、告知书与承诺书模板、申请资料清单等内容，在“省一体化平台”配置完成监理企业乙级资质申报、延续、重大变更、一般变更、污损补遗5个资质许可办理事项及审批流程。开展“双随机”专项检查工作，采取“随机抽取+重点监管”方式确定34家监理检测企业作为检查对象，并针对性地就资质符合性、证书挂靠、实操能力等方面开展现场监督检查。组织省内117家试验检测机构开展沥青针入度和软化点比对试验，提升检测机构检测能力。组织完成2021年监理检测信用评价工作，对全省169家监理检测企业、5383名监理检测人员进行信用评价。完成102项监理检测资质审批事项，人员注册注销3000余人次，按时办结率100%，投诉举报为零。

（本栏目供稿单位：省交通质监站）

造价管理

ZAOJIA GUANLI

概　况 2022年，省交通运输厅加强全省交通建设工程造价管理工作，推动造价管理高质量发展。工程造价管理方面，对全省交通运输局进行造价调研指导，发布造价管理工作情况通报；开展专题培训，抽取造价机构人员参与材料价格集中讨论，提升从业人员专业能力。工程造价监督方面，提前分析研判、突出督查重点、强化督查成效、明确整改要求、及时分析总结，推动造价控制水平。工程造价审查方面，完成各项审查任务85项，审查金额7550亿元，审减24.0亿元，审减率0.32%；高质量出具审查结果。厅造价站全年向厅报送季度报表台账

3月29日，厅造价站赴雅康高速公路项目现场踏勘伞岗坪综合体设计变更工程

厅造价站　供图

3期，周报表台账45期，在10个项目集中开工期间日报表台账14期；做好重点项目服务，完成“9·5”泸定地震海螺沟景区道路保通应急工程等项目审核及抢通保通费用测算、审核；开展专题调研指导川藏铁路配套工程、夹金山隧道工程。

交通建设工程造价管理　2022年，省交通运输厅持续提升交通建设工程造价管理能力。找差距作指导，重点针对造价审查、材料价格调查发布、补充计价依据查定、造价咨询等，对全省交通局进行造价调研指导。发布造价管理工作情况通报，促进属地职责落实，统一行业管理理念和要求。多培养共提高，邀请行业内外、不同层级的专家学者对全省70余名技术骨干进行专题培训。通过抽取各市（州）造价机构人员参加材料价格集中讨论，参与定额执行、造价控制等专项检查，提升从业人员专业能力。

交通建设工程造价审查　2022年，省交通运输厅围绕重点项目建设，做好各阶段造价审查工作。一是完成各项审查任务。在新冠疫情期间，厅造价站坚持线上线下工作相结合，现场视频齐调度，完成日报项目工作进度台账14期，压缩30%工作时间，确保10个高速公路项目集中开工。全年完成各类项目造价审核85项，其中工可估算17项、概算项目9项、调整概算1项、预算项目8项、设计变更预算项目26项、水运项目9项、前期工作费用招标项目11项、灾后重建4项。审查金额7550亿元，审减24.0亿元，审减率0.32%。其中概算项目审减率0.77%、预算审减率0.56%、设计变更审减率6.04%、水运工程审减率5.02%。二是高质量出具审查结果。厅造价站执行“三制度”（造价分析专题会议制、三级审核负责制、重点项目现场复核制），建立“三台账”（审核任务进度周报台账、审核问题备忘录台账、协助审查专家管理台账），项目造价过程管理工作实行“两报告”（定期报送项目投资控制季度台账和项目造价分析年度报告）。全年向厅报送季度报表台账3期，周报表台账45期，在10个项目集中开工期间日报表台账14期。三是做好重点项目服务。完成“9·5”泸定地震海螺沟景区道路（磨西至三号营地段）保通应急工程等项目审核及抢通保通费用测算、审核，对保通应急工程设计方案优化提出建议。开展专题调研指导川藏铁路配套工程、夹金山隧道工程。

交通工程造价定额管理　2022年，省交通运输厅根据交通建设市场计价需求，强化计价依据完善工作。完成《四川省普通国省干线公路养护预算编制办法》及配套定额细目1306条。联合蜀道集团开展2022年补充预算定额查定，主要包括隧道辅助坑道、数码电子雷管、瓦斯隧道、隧道锚、装配式桥梁、高墩液压爬模施工及其他“四新技术”补充预算定额等内容，共三章39类151条细目。配合交通运输部路网中心完成“18定额”调研工作。指导巴中市、阿坝州造价站完成高墩液压爬模施工、隧道湿喷机械手、路基石方静态爆破等补充计价依据查定工作。

工程造价监督管理　2022年，省交通运输厅加强工程造价监督管理。提前分析研判。厅造价站召开专题会议讨论项目特点、存在问题、检查要点、检查方法等，制定监督检查方案。突出督查重点。明确概预算控制、计量支付、环保支出等八项检查重点，同时将川藏铁路配套工程、夹金山隧道、地方道路等纳入重点检查范围。完成12个项目监督检查，发现问题86项。强化督查成效。做深做细项目检查工作，以问题为导向深挖细查，履行造价管理部门行业监管职责。明确整改要求。按照监督也是服务原则，反馈检查结果，提出整改建议，指导造价工作规范提高。及时分析总结。年度监督检查结束后，召开专题会议，总结检查经验，系统梳理问题清单、改进措施，供全省参考，推动工程造价控制高质量发展。

（本栏目供稿单位：厅造价站）

工程监理

GONGCHENG JIANLI

概　况　2022年，咨询监理公司围绕重点工程监理工作，各项业务取得新进展。生产经营方面，制定《“决战四季度，大干一百天”专项行动激励方案》，截至年底，完成中标额5.18亿元，占年度目标4.6亿元的112.61%；完成收费额3.20亿元，占年度目标3.6亿元的89%。完成四川省2021—2023年农村铁索桥改公路桥项目（共130座，开工建设119座）前期及勘察设计工作，持续开展后续技术服务，做好技术支撑；承担国道318线提质改造工程辅助通道康定至雅江段JL标段施工监理工作，执行“首件工程认可制”，对质量问题“零容忍”，在州内率先按高速公路标准要求实施标准化建设，隧道工程实行人员定位系统、瓦斯在线实时监测及报警系统，确保施工安全，未发生安全责任事故；承担国道351线夹金山隧道工程监理试验室工作，规范各类原材料进场管理行为，及时定期地对隧道开展监控量测，开展超前地质预报及瓦斯检测，对其他有毒有害气体进行检测，保证隧道施工环境安全；开展俄初山隧道方案研究，同时开展前期勘察设计工作，保证项目于2023年4月按计划开工。申报工程勘察（工程测量）甲级资质，拓宽勘察设计市场，破除参与高速公路勘察设计市场业务资质瓶颈。

技术质量管理方面，在资质建设和科技创新方面取得突破。监理检测（综合）、勘察设计业务获2021年度四川省级信用评价AA级；监理、设计、检测业务获2021年度全国综合信用评价AA级，信用评价得分在全省参评企业中位于前列。申报公路行业（公路、特大桥、特长隧道）设计专业甲级，工程勘察专业类（岩土工程、工程测量）甲级，工程咨询单位甲级资信，桥梁隧道专项、建设工程质量检测，市政道路工程设计、工程监理乙级等资质。首次获青海省省级优质工程“江河源”杯奖1项，获重庆市优质工程奖巴渝杯2项，获“2022年度四川省优秀工程勘察设计成果奖”5项。

安全生产管理方面，根据《中华人民共和国安全生产法》及时修订并印发公司《安全生产管理办法》，明确公司、部门、生产项目和员工的责权；与生产部门，相应生产部门与外设驻地项目，外设驻地项目与项目人员之间分别签订《安全生产责任书》。按照“四不两直”工作要求，累计对60个外设驻地项目进行检查，发现内业问题298条，施工现场问题213条，进行较大安全

2022年6月3日，咨询监理公司外业工作人员在黑卡子达坂（海拔4900米）开展勘察工作

咨询监理公司　供图

风险提示46条，及时下发《整改通知书》57份。

技术科研发展方面，成立四川省“四好农村路”数字化发展技术研发中心，利用全省农村公路基础数据，为农村公路信息化建设提供技术支撑。参编《中央分隔带开口护栏》《公路交通缓冲设施》《检验检测方法偏离控制指南》《检验检测机构电子记录通用要求》《高速公路投资人招标文件范本》等多部标准规范。“国省干道大中修中交通安全设施升级改造设计指南”“钢筋混凝土盖板涵设计参考图研究”“四川省公路工程内业标准化研究”等5个科研项目结题；“隧道内交通安全设施节能新材料研究”“川渝地区高速公路涉路工程技术研究”“公路工程施工监理工作清单标准化及应用研究”等5个科研项目成功立项。组织线上线下技术交流培训20余次，发表期刊论文22篇，获得发明专利2项、实用新型专利24项。

人才培养方面，新取得正高级工程师9人（其中第二职称2人）、高级工程师16人，引进咨询专家1人，新增各类职业注册资格81人次；完成省交通运输厅职称评审专家库专家15人、省第十四批学术和技术带头人及后备人选4人、天府卓越工程师2人、交通建设领域专家14人、公路水运资质评审专家4人推荐上报工作。

咨询业务　2022年，咨询监理公司在预可、工可编制及审查、初步设计及施工图设计咨询审查业务基础上，拓展施工咨询、社会稳定性风险评估、安全性评价、市政项目咨询审查、优化设计等业务。提出的全过程咨询审查模式，得到交通运输部的认可并在全国推广运用。

设计业务　2022年，咨询监理公司设计业务生产能力得到提升。累计完成8000余公里各等级公路（其中一级公路1000余公里），70余座大中桥梁、10余座长隧道的勘察设计业务，完成200余个可研报告编制及全省20余个市（州）、县综合交通规划。

监理业务　2022年，咨询监理公司取得仁沐新、乐西、久马等高速公路项目6座特长隧道（累计50公里）监理业务；取得雅康大桥主跨为1100米的单跨钢桁梁悬索桥、安康至来凤高速公路主跨900米悬索桥、屏山新市至金阳高速公路主跨1030米钢桁梁悬索桥监理业务；中标取得的成都市城市景观桥——沱江特大桥监理业务，桥梁采用“丝路天府、锦舞未来”方案，主桥为独塔双索空间曲面钢斜拉桥，桥塔高173米，全长963米。

2022年，咨询监理公司监理的沱江特大桥效果图　　咨询监理公司　供图

检测业务　2022年，咨询监理公司在新津工业园区有独立试验检测基地，配备种类齐全的各类试验检测设备，承担42个项目工地试验室。承担国道317线雀儿山隧道、雅康高速公路二郎山隧道、汶马高速公路鹧鸪山隧道、雅西高速公路泥巴山隧道等超级工程检测工作；检测各类桥梁800余座，隧道50余座，桥梁桩基2.7万余根；完成40余条高速公路、一般公路交（竣）工验收检测；参与完成试验检测公路总里程超过5000公里。

招标技术服务业务　2022年，咨询监理公司开展公路工程招标技术咨询、招标文件编制以及交（竣）工资料编制咨询服务。参与完成全省《高速公路投资人招标文件范本》编制工作；参与省交通运输厅组织的全省公路工程电子招投标系统工程建设。

（本栏目供稿单位：咨询监理公司）

路网监测与运行管理

LUWANG JIANCE YU YUNXING GUANLI

概　况　2022年，省交通运输运行调度中心（简称“运调中心”）以深化运行调度和应急指挥工作机制建设、强化重大节假日路网运行保障、持续提升出行信息服务水平和应急指挥保障能力建设为重点，统筹协调，明确运行调度和应急指挥工作机制总体框架，在广泛征求意见基础上，完善构建专业化值班、运行分析研判、日常分级调度、集中指挥调度、信息化系统支撑等5项工作机制，编制《四川省交通运输运行调度和应急指挥工作机制建议方案》报厅党组会研究通过，并于2021年11月经厅印发实施。对21个市（州）运行调度相关工作情况进行全覆盖摸底调查和针对性实地调研工作，立足于完善全省交通运输运行调度相关工作机制构建，摸清各市（州）交通运输运行调度的机构配置、机制运行、资源配备、规范标准和建议需求等情况，为后续全省运行调度体系发展总体思路、目标任务和政策措施等方面提供支撑。组织行业首次开展全省交通运输运行调度综合业务培训，围绕综合运行监测、分级值守调度、应急指挥保障、数据分析应用、信息化系统建设、融媒体出行信息服务等方面的新发展趋势、新技术应用、新服务理念等内容，采取线下和线上同步授课，培训学员230余人次，提升综合运行监测及应急指挥调度保障服务能力。同时，多层面开展业务交流，与甘肃、山东、重庆等省（市）交流路网运行管理、出行信息服务等方面经验，与乐山、南充、泸州等市开展相关业务研讨，推动运行调度和应急指挥工作机制和具体业务在省、市两级落地落实。1月17日，四川交通广播驻运调中心融媒体直播间于春运首日正式启用，通过直播间全方位拓展公路水路出行信息的融媒体广播服务内容，提升实时路况等信息服务实效性，是做好春运工作的具体举措，标志省交通运输厅与四川广播电视台深化合作。5月18日，运调中心作为省交通运输厅和眉山市政府联合主办的“交通使命—2022”地震应急联合演练承办单位，完成应急响应、绘制公路绕行图、无人机灾情侦测等项目。

2022年1月17日，四川交通广播融媒体直播间正式启用仪式　　运调中心　供图

路网运行管理　2022年，运调中心加强铁路、民航、公安、文旅、气象等部门对接，针对元旦、春节、清明、五一、端午、中秋、国庆等重大节假日，汛期、春运以及雨雪冰冻恶劣天气等特殊时段，开展交通运输运行态势分析研判，预测车辆旅客流量、梳理热点路段区

域，建议应对处置措施，合理引导公众出行。全年累计发布交通运输运行调度日报365期，周报51期，节假日专报192期。同时，逐步规范重大节假日集中调度模式，明确运调大厅各领域岗位职责、规范标准、流程要求，健全2小时汇总报告制度（全年编发交换综合运行专报192期），构建交通交警及时调度保障措施，高德动态调整导航策略，交通广播滚动直播路况的联动工作模式，为干线公路网通行效率提升和公众安全便捷出行提供支撑。进一步提升交调管理水平，修订完成《四川省公路交通情况统计调查工作交调日常统计报表考核细则（2022年度）》，并按月、季度向厅提交相关单位考评意见；完成公路交调工作质量评测报告11期，通报给相关公路交调管理单位；针对长期缺失数据及因路网调整数据代表性不强的自动交调站开展专项治理，完成22处站点整治工作。报送规范及时阻断信息，优化阻断信息报送系统和移动端App应用，累计报部国省干线公路网阻断信息21897条，其中：突发类阻断信息20600条，计划类阻断信息1297条；高速公路阻断信息21368条，普通国省干线公路529条；针对汛期，编制汛期公路网主要灾损示意图159期，为领导决策提供参考。

预警与应急处置　2022年，运调中心增强应急反应处置能力，完成“6·1”芦山、“6·10”马尔康、“9·5”泸定地震等重大突发事件通信保障任务，绘制地震专题灾损图81期及绕行图3期，定制地震灾区专题天气预报39期，为前后方交通应急抢险指挥相关工作提供支撑，得到部、省、厅充分肯定；完成“交通使命—2022”地震应急联合演练各项规定任务，增强中心突发事件应急反应处置能力。强化应急通讯保障能力，按照任何环境下都能建立对外通信的目标，会同部通信中心、省移动、省电信等营运商和企业，就市面上应急通信装备开展实地综合性能测试，提升极端恶劣环境下的交通应急通信保障能力。同时，为确保应急通讯效能，持续更新厅直单位、21市（州）以及高速公路营运公司、交通在建重点工程卫星电话通讯录，建立常态化抽查机制，畅通基层应急通讯“最后一公里”，确保突发事件下的应急通讯效能。

出行信息服务　2022年，运调中心强化出行信息发布，针对汛期、极端天气、突发事件等编制推文，为公众提供权威、及时的路况信息；在重大节假日前，根据综合交通运输运行分析研判报告，编制原创出行指南，明确联动宣传机制，通过多种渠道和方式发布，为公众提供假期全省交通运输出行量的总体情况、出行集中时间和空间分布情况、易拥堵路段和绕行建议等出行信息服务。出行指南多次被人民网、新华网、川观新闻、红星新闻、四川新闻网等主流媒体转载。全年累计发布推文681篇，原创文章159篇，关注用户33899户，其中百家号端午节出行指南阅读量29.7万次。联合多媒体融合推广，打造四川交通广播融媒体直播间，利用运调大厅交通大数据资源，推出了《四川交通》《行之有道》节目，高频率滚动播报路况信息；在重大节假日出行前及返程高峰时段推出《主播探路，假期畅行》实时路况视频直播（全年开展13期实时路况视频直播），通过“大数据+现场直击”方式，服务公众出行，国庆节直播信号先后被四川观察、四川发布、封面新闻等省内多家媒体转播，全网累计观看量超80万次。同时，持续加强气象服务，联合省气象服务中心编制公路交通天气日报、天气周报、重大公路气象预警、节假日专题天气预报，多渠道发布交通气象信息。全年发布公路交通天气日报365期，天气周报52期，重大公路气象预警57期，节假日预报8次，为公众出行提供天气引导。

2022年，完成“交通使命—2022”地震应急联合演练　　运调中心　供图

（本栏目供稿单位：运调中心）

物流发展管理

WULIU FAZHAN GUANLI

概　况　2022年，省交通物流发展中心保障6727件次大件设备通行大件公路安全顺畅、万无一失；超100万件“12328”热线工单办结率100%、满意率99.98%，交通运输部考核排名由第26名提升至第6名，助厅荣获“四川省‘12345’政务服务便民热线办理质效典范单位”称号；完成18.48亿元交通物流专项再贷款，超额50%完成省政府目标任务，国际物流先行先试方案抢先完成编制和申报，物流保通保畅专班工作强力支撑产业链供应链稳定，服务保障全省8000余万名百姓的物资供应。

大件运输协调保障　2022年，省交通大件运输协调保障水平持续提升。一是超前对接收集整理形成年度大件运输计划，并印发大件公路沿线有关部门，为统筹制订大件公路养护、改造、涉路施工计划提供依据。二是建立大件运输协调会议制度，修订《大件公路运输管理互联互通工作机制》，组织召开全省大件运输管理服务工作会，畅通大件运输协调沟通渠道，增强协同保障服务水平。三是做好超大件运输协调服务，强化运前准备，靠前在途运输协调，运输结束主动回访，协调保障H2948工程核心大件设备、能源特殊大件核电转子设备、省重点企业高中压转子等重点设备运输49趟次。四是开展“大走访”解难题，走访8家大件运输企业，搜集企业问题及建议，建立台账清单，逐一研究制定解决方案。五是参与审批服务，协助大件运输许可节假日预约服务39次，工作日延时服务37次，企业培训服务27次，上门服务21次，大件运输“放管服”改革工作进一步深化。六是牵头联合经信、公安、通信等部门开展大件公路空路障专项整治，整改481处空路障，效果凸显，得到四川省委领导肯定，运输企业广泛好评。七是推进“两路、两港、一服务区”建设，不断提升大件运输通道支撑服务能力。八是强化大件运输信息的发布，在大件运输启运前，将在四川交通广播FM101.7滚动播报运输信息，为统筹协调大件运输和市民出行做好服务保障。

省交通物流发展　2022年，省交通物流发展基础不断夯实。一是推进建立《四川交通物流发展运行调度会议制度》，搭建政企沟通交流协作机制。开展四川省交通物流发展状况评价关键指标调查与分析研究，编制蓝皮书初稿，为全省交通物流指标体系建立和数据分析提供框架支撑。与蜀道物流集团、四川交职学院签订战略合作框架协议，围绕5个方面开展深入合作，建立常态化沟通协调机制。二是推进实施1000亿元交通物流专项再贷款一揽子措施，完成放贷18.48亿元，惠及561个“两企两个”（“两企”为道路货物运输企业、物流配送企业；“两个”为道路普通货物运输个体工商户、个体普通货运车辆车主）市场主体。梳理印发《四川省交通物流助企纾困政策明白卡》，在青蜂侠、公众号等媒体滚动发布，为交通物流纾困解难提供政策指引。三全面开展数据收集，汇聚公路运输、水运、航空货运等数据，梳理交通物流公共信息平台升级功能需求，为优化平台打好基础。四是多点推进多式联运、强链补链、绿色城市等试点示范落实落地，推进国际物流先行先试，深度参与网络货运破题研究，力促试点示范落地见效和示范项目提前储备。五是积极参与厅保通保畅工作机制建立，选派业务骨干参与专班组建，协同配合推进相关政策及措施制定，物流保通保畅各项任务顺利完成。与相关省级部门和重点企业协调对接，加强部门协同，广泛听取有关意见建议。商请省级相关部门（单位）和基础条件较好的试点企业，提出初步试点方向和试点任务。会同省交科院根据企业的试点基础、方向和任务，结合国家和省重大发展战略，编制国际物流先行先试实施方案，并征求省发展改革委等10个部门（单位）意见建议进行修改完善，于4月抢先完成申报。

“12328”交通运输服务监督热线服务 2022年，省交通物流发展中心聚焦群众急难愁盼问题，“12328”交通运输服务监督热线服务效能不断增强。一是修订《四川省“12328”交通运输服务监督热线管理实施办法》，完成“12345”“12328”双号并行新模式的快速转换，发挥考评作用，管理水平明显提升，全省“12328”交通运输服务监督热线系统受理业务总量突破100万件，工单一次办结率达到99.87%，交通运输部考核评分由53.65分提升至94.95分，考核排名由26名提升至第6名。二是创新启用货车司机诉求“直通车”联动机制，专项跟踪货车司机诉求4万余件，办结率100%。三是创新物流保通保畅工单专项治理模式，建立重点工单提级督办制度，每日梳理筛查涉及物流保通保畅相关诉求，做到诉求工单收集、转办、回访100%。四是春运期间紧密联动春运工作专班，开展每日筛查统计，对春运期间群众反映的重点事项推行专人领件、急事急办、特事特办，全省“12328”交通运输服务监督热线春运期间受理工单10万余件，工单限时办结率100%，满意度99.6%。

2022年，“12328”交通运输服务监督热线助力物流保通保畅宣传活动现场

省交通物流发展中心　供图

《四川省“12328”交通运输服务监督热线管理实施办法》 2022年，省交通运输厅为适应“12328”交通运输服务监督热线与“12345”政务服务热线“双号并行”工作的新形势、新需求，组织南充、德阳、绵阳、广元、阿坝、凉山等6个市（州）“12328”业务骨干，结合四川省实际，修订《四川省“12328”交通运输服务监督热线管理实施办法》。优化处置流程，注重业务办理的时效性和群众满意度，为强化“12328”热线管理工作效率提供制度支撑。

战略合作框架协议 2022年3月23日，省交通物流发展中心、蜀道物流集团公司、四川交职学院在厅签署战略合作框架协议。根据协议，三方将在物流基础设施建设、物流信息化平台建设、物流贸易服务一体化、多式联运和现代国际物流发展、交通运输试点示范建设、协同育人机制建设等方面展开合作，推动资源整合、实现优势互补，加快补齐全省交通物流短板，推动全省交通物流高质量发展。

大件公路空路障专项整治 2022年，省交通运输厅为解决“大件路市区路段电子眼、红绿灯较多”“大件路上方电缆线路较多”“大件路中间隔离带是水泥墩”等影响大件运输车辆通行的问题，牵头会同公安、经信、通管等部门组织专题研究，迅速组建工作专班，第一时间对影响大件运输通行的空路障问题进行全线实地核查摸排，针对性制定《大件公路空路障专项整治工作方案》，省交通运输厅副厅长宁坚主持召开大件公路空路障专项整治工作部署会，明确任务、落实责任，深入推进整治行动，坚持“严格标准、应改尽改、边查边改，强化保障、服务为本”工作原则，确定大件运输“车不停、人不动”整治行动目标。市级工作专班严格按照整治工作方案要求推进，省级专班组织开展实地核查，协调指导和解决整改过程中的问题，整改空路障481处，大件运输通道通行效率得到大幅提升，整治工作取得明显成效。

交通物流专项再贷款落地落实 2022年，省交通物流发展中心聚焦交通物流行业“两企两个”群体，为实现“民生托底、货运畅通、产业循环”提供有力金融支持，全面推进1000亿元交通物流专项再贷款在四川落地落实。一是建立机制，协同推进。第一时间制定“五个一”贯彻落实工作方案，推动交通运输主管部门与人民银行、邮政主管部门、金融机构、行业协会等及时建立信息共享和工作协调机制，同向聚合形成强大合力。二是广泛宣传，全面发动。通过线上线下融合宣传，打造广覆盖、多渠道宣传格局，提高“两企两个”政策知晓率。三是推送名单，精准纾困。指导各地和行业协会全面梳理“两企两个”群体融资需求，建立“白名单”，适时更新，动态管理，及时推送至人民银行成都分行，协助精准匹配贷款需求。四是定向对接，主动服务。积极收集市场主体在申请交通物流再贷款过程中存在的问题和困难，帮助解决融资难问题，推进贷款快速发放。主动对接银行机构，推动银行在物流园区、司机之家等车辆人员密集区设立再贷款业务申请办理点，高效、及时回应“白名单”内企业和货车司机群体的金融服务诉求。

2022年6月16日，交通物流专项再贷款银企签约仪式在厅举行

省交通物流发展中心　供图

全省共发放交通物流专项再贷款18.48亿元，惠及561户“两企两个”市场主体，超额50%完成省政府目标任务。

（本栏目供稿单位：省交通物流发展中心）

政务管理

ZHENGWU GUANLI

概　况　2022年，在厅党组的高度重视支持下，厅严格按照党中央、国务院、交通运输部、省委省政府部署要求，贯彻落实关于政务管理工作的会议和相关文件精神，进一步规范政务管理工作的内容、形式和程序，政务管理工作水平不断提高。全年累计编发网站信息8337条，未发生因网站信息引起的舆情风险；报送245条省委电子政务内网信息，填报3536条省政府信息公开目录管理系统，报送量均居同级部门前列。全年发布微博6229条、微信1117条，回复微博、微信网友留言1326条。完成各级政务信息目标任务，牵头抓好政务公开。在省政府2021年度省直部门绩效考评中，省交通运输厅继续保持“优秀”等次，考评排名位居省直部门前列。厅目标绩效管理工作领导小组对厅直各单位、厅机关各处室2021年度工作目标绩效完成情况进行综合考评，经2022年第25次厅党组会议审议通过，厅公路局等12个厅属单位、厅建管处等11个厅机关部门为2021年度目标绩效考评先进单位，其余单位（部门）为合格单位。

政府信息公开　2022年，厅政府网站访问量超700万人次，新媒体粉丝数超80万人，全年累计编发网站信息8337条，报送省委电子政务内网信息245条，填报省政府信息公开目录管理系统3536条，报送量均居同级部门前列；发布微博6629条、微信1117条，回复微博、微信网友留言1326条；开展在线访谈7期，网上直播2期，意见征集和网上调查8期；结合重点工作开设“学习贯彻党的二十大精神”“清廉交通”“四川集中开工10个高速公路项目”等多个专题。全年收到和处理政府信息依申请公开39件，主要为信函申请和网上申请，及时办复率100%。内容主要涉及项目施工许可、道路运输数据统计、土地征收等，全年未发生关于政府信息公开提起行政复议和行政诉讼的情况。在政务公开、政府网站与政务新媒体工作中表现优异，继续高位突破，被四川省政府信息公开办评为省直部门“政务公开十佳”“政府网站十佳”“政务新媒体十佳”；厅政务新媒体被省委网信办、省政府新闻办、省大数据中心、省政府信息公开办评为“十佳省直部门政务新媒体”“优秀矩阵联动典型案例”，厅微博被评为全国“2022年度快速响应优秀微博”“2022新浪四川微政道‘突发应对’优秀案例”。

政务信息工作 2022年，省交通运输厅完成各级政务信息目标任务，全年向交通运输部、中共四川省委、省政府上报各类信息1093条，被采用125条，报送量和采用率均排名靠前。牵头抓好政务公开，全年累计编发网站信息8337条，报送省委电子政务内网信息245条，填报省政府信息公开目录管理系统3536条，报送量均居同级部门前列。年内，四川省交通运输厅被交通运输部办公厅评为“2022年度政务信息工作先进单位”，四川省交通运输厅办公室被省政府办公厅评为“2022年度政务信息报送工作先进单位”。

（本栏目撰稿人：雷　越）

体制改革　法治建设

TIZHI GAIGE　FAZHI JIANSHE

概　况 2022年，省交通运输厅全面贯彻落实习近平法治思想，推进行业法规制度建设、行业改革、执法监督、信用建设等工作。修订《四川省高速公路条例》，补充智慧高速、信用监管、桥下空间管理、差异化收费等规定；开展新技术新业态下交通立法路径研究，填补交通法律法规空白；强化行政规范性文件管理，实现规范性文件“三统一”，完成《四川省高速公路投资管理暂行办法》等21件行政规范性文件制修订；持续推进素质能力提升三年行动，联合省总工会开展全省交通运输综合执法人员“大练兵大比武”技能大赛；持续推进川渝交通执法协同，联合印发《川渝地区交通运输行政处罚裁量基准（第一批）》，实现30项常见违法行为的裁量标准统一；推进信用交通建设，推动出台《四川省水路运输市场信用管理办法》等4部信用管理制度。

交通强国试点建设 2022年，省交通运输厅统筹试点建设，印发《四川省交通强国建设试点工作方案》《关于印发进一步做好交通强国建设试点工作的通知》等系列文件，进一步细化任务分工，健全试点工作领导、联络及日常管理机制。加强与部对接，参加交通强国建设试点专题推进会，及时传达落实交通强国试点工作要求、报告试点建设成果。强化跟踪管理，积极协调省级相关部门，落实责任分工，督促指导试点责任单位加快任务推进。

交通强市、交通强县试点建设 2022年，省交通运输厅全面启动试点建设，编印《推进交通强省建设开展交通强市、交通强县试点工作方案》，确定11个市（州）、28个县（市、区）共计39家试点单位。强化要素保障，制定《支持交通强市、交通强县试点若干政策措施》，对试点项目在交通专项规划、相关发展规划等编制中给予优先考虑，在用地控制、生态保护区等相关规划调整及用地保障等方面给予倾斜支持。对获评交通强市、交通强县优秀试点单位给予一定奖励。

成渝地区双城经济圈交通建设 2022年，省交通运输厅推动成渝地区交通规划，会同重庆研究谋划路网布局，编印综合立体交通网、高速公路网、普通省道网和内河水运发展规划，实现交通规划同图共绘。推动基础设施互联互通，泸州至永川高速公路建成通车，资阳至铜梁高速公路开工建设，川渝建成及在建高速公路通道18条。毗邻地区普通国省道提档升级全速推进，基本实现通道建设同时序、技术标准相衔接。推动枢纽集群融合互通，万达开成为全国唯一跨省全国性综合交通枢纽，成渝成功跻身国家首批9个综合货运枢纽补链强链城市（群）。开通川渝跨省城际公交线路20条，依托“天府通”App、“重庆市民通”App，实现成都都市圈与重庆主城区城市轨道、地面公交“一卡通”“一码通”。联合印发《共建长江上游航运中心实施方案》，共建长江上游航运中心。联合重庆组建交通运输“川渝通办”工作专班，实现道路旅客运输驾驶员从业资格证换发等19项事项“川渝通办”，累计颁发道路运输“人车户”证330万张。推动交通运输信息资源共享应用，形成交通运输大数据资源目录，道路运输“人车户”等7类数据实现共享，打通川渝两地汽车客运车票联网售票平台数据，实现两地客运出行售票综合交通全覆盖。

农村公路管理养护体制改革 2022年，省交通运输厅加强政策保障，出台《四川省深化农村公路管理养护体制改革试点工作方案》《四川省农村公路管理养护绩效考核办法》《四川省农村公路养护管理办法》等制度规范，进一步细化农村公路养护体制改革的任务目标、考核体系和责任分工，加快建立农村公路管理养护长效机制。加大资金投入，从2021年起，省、市、县三级公共财政资金用于农村公路日常养护的总额每年每公里不低于县道10000元、乡道5000元、村道3000元、桥梁隧道100元。其中，省级财政承担30%，市级原则上承担20%，剩余部分由县级财政承担，并建立与养护成本等因素相关联的动态调整机制。推进信息化技术应用，制定《四川省农村公路信息化应用技术指南》，全面指导各地农村公路信息化技术应用工作，提高全省农村公路信息化管理水平。推进农村公路和村组硬化路确权，试点以公路资产折资入股或合作开发等方式盘活利用资产，进一步发挥公路不动产物权效用，保护路产路权和筹集管养资金。持续发挥示范作用，组织开展“四好农村路”示范县示范市创建工作，开展全省“最美农村路”“最美路长”“最美护路员”等评选活动，发挥示范引领作用，推动农村公路管理养护水平高质量发展。

交通商贸邮政融合发展 2022年，省交通运输厅建立交通商贸邮政融合发展工作机制，指导试点县建立“交商邮”融合发展工作小组，明确责任、分工，有序推动规划设计、资源配置、资金筹措、运营监管、验收推广等工作。加快县、乡、村三级节点建设，重点发展县级综合商贸中心、邮政快递与客货运输场站“交商邮”融合模式，依托现有乡镇客运场站进行升级改造，拓展邮政快递物流运输和商贸服务功能，建设集聚客运、农村邮政快递物流、商贸服务功能的综合性服务场站，实现物流、商贸资源聚集，依托村级商贸、邮政节点、快递站点，建设标准统一的村级“金通·电商邮快驿站”模式和营运方式。发展共同配送途径和模式，按照市场化原则整合农村分散的物流资源，鼓励农村邮政、供销、电商、快递、交通运输、商贸流通企业等各类市场主体开展合作。

绿色交通发展 2022年，省交通运输厅坚持绿色发展，强化科技创新，建成全国首个政府主导、企业联盟的交通运输领域“双碳”技术创新平台——四川低碳交通研究中心，建成投运首个示范试点项目——攀大高速“绿电自给”项目。推广应用新能源，建成49对服务区新能源汽车充电桩，新增新能源公交车1700余辆，全省新能源营运车辆2.49万辆，新能源公交保有量占比49%，完成全省27个千吨级泊位岸电标准化改造，建成1个“零碳港区”。提升综合运输效率，进一步调整运输结构，完成水路货运量增长10%、铁水联运量增长15%。深化开放发展，联合重庆共建成渝跨境道路运输平台，开通港澳线、东盟线、中亚线、中欧线，基本形成亚欧大陆全境运输的服务能力，累计发运跨境公路班车349班。

交通法治建设组织领导 2022年，省交通运输厅贯彻习近平法治思想，以习近平法治思想为指导纵深推进法治交通建设，将习近平法治思想作为法治专题培训班和执法人员考试的重点内容，并纳入“八五”普法宣传的重要内容。强化法治建设统筹，推进实施交通运输法治政府部门建设“十四五”规划，制定《全面推广“1+8”示范试点成果深入推进法治交通建设工作实施方案》，进一步细化法治建设重点任务，压实法治建设责任。厅主要负责人严格履行法治建设第一责任人职责，带头遵法学法守法用法，亲自部署、协调和督办年度法治建设重点工作要点、重大法治建设问题。组织新提拔干部向宪法宣誓，全面落实宪法宣誓制度。落实党政主要负责人年度述法制度。按时报送法治建设年度报告，按时向省委、省政府和交通运输部报送2021年度法治政府建设工作报告，并在厅网站对外公开。

交通法规制度体系健全完善 2022年，省交通运输厅强化重点领域立法，修订出台《四川省高速公路条例》，补充智慧高速、信用监管、桥下空间管理、差异化收费等规定，在坚守安全底线基础上优化完善行业监管举措，为高速公路事业高质量发展提供法制保障。开展新技术新业态下的交通立法路径研究，提前谋划智慧高速、车路协同、网络货运等领域立法路径，努力填补新技术新业态下的交通法律法规空白。严格行政规范性文件管理，全面落实合法性审查、公平竞争审查、集体讨论决定、备案审核公示等程序。制修订出台《四川省高速公路投资管理暂行办法》等21件行政规范性文件，全部依法报备审查。强化法治审核，严格落实厅重要决策事项及重要政策文件全过程法治审核机制，完成对《支持高速公路加快建设若干政策》《四川省高速公路建设项目前期工作管理办法》等26个文件的合法性审查，完成上会文件审查35件。强化普法宣传教育，开展领导干部学法用法学政策活动、法治建设专题培训班、《四川省交通运输综合行政执法条例》宣贯、宪法宣传周等普法活动，组织厅机关领导干部开展国家机关工作人员学法考法，考试合格率92.7%，提升领导干部法治思维和依法办事能力。

权力运行监督 2022年，省交通运输厅提升行政决策质量，落实重大决策程序，强化决策档案管理。按规定对《大峨眉交旅融合先行示范区建设方案》《关于进一步加强公路水路交通运输领域安全生产工作的意见》等7个代省政府（办公厅）起草或经省政府同意印发的文件进行合法性审查。自觉接受监督，办理人大代表和政协委员的建议提案，共办理省人大代表建议114件、省政协委员提案93件，限时办复率100%。完成省人大常委会《中华人民共和国长江保护法》《四川省嘉陵江流域生态环境保护条例》执法检查工作部署，推动生态环境保护等相关法律法规在行业落地落实。深化政务公开，持续提升网站建设管理水平，完善信息公开制度，严格考核和责任追究，加大对“三公”经费使用、政策法规、综合规划等重点领域政务公开力度。依法办理信息公开申请答复，全年办理39件，未发生因政府信息公开引起的复议诉讼等争议。发挥法律顾问作用，推动法律顾问积极参与行业改革研究、民事合同审查等工作，出具法律意见500余份，为行业管理排除潜在风险。

执法规范 2022年，省交通运输厅联合省总工会开展全省交通运输综合执法人员“大练兵大比武”技能大赛，持续推进素质能力提升三年行动，锻造政治坚定、素质过硬、纪律严明、作风优良、廉洁高效的交通运输执法铁军，得到副省长田庆盈肯定，并在人民网、央视网、川观、川报等多家媒体上报道。巩固执法领域专项整治成效，制定《交通运输执法领域突出问题挂牌督办制度》，对执法领域突出问题查纠整改，省、市、县三级排查整治执法领域突出问题256个。加强重点领域执法，督促开展打击非法营运、违法超限等威胁人民群众切身利益的违法行为。全年全省累计办理行政处罚、行政强制案件5.8万余件，罚款金额约2.4亿元。践行执法为民理念，印发《四川省交通运输领域轻微违法行为依法免于处罚事项清单》，明确57项依法免于处罚事项，全省办理依法免于和减轻处罚案件4088起，减免处罚金额约157万元。推广应用交通运输行政执法综合管理信息系统，省、市、县三级156个交通运输执法机构（不含大综合）中，有101个执法机构启用系统，累计办案量12000余件。实现执法系统与部执法系统、“互联网+监管”、信用系统的数据互通共享。开展执法评议考核，完成交

2022年，全省交通运输综合行政执法“大练兵大比武”决赛暨执法人员技能大赛业务知识竞赛

交通宣传中心　供图

通运输部2022年综合执法迎检工作，厅法治网站建设工作得到交通运输部的肯定。强化执法监督，完成对全省21个市（州）、7个高速执法支队的执法评议考核，抽考执法人员330余人次，评查案卷140份。开展执法满意度测评，实地走访交通运输企业210余家、从业人员1000余人，深入了解相对人对交通执法的意见建议。持续推进川渝交通执法协同，联合重庆印发《川渝地区交通运输行政处罚裁量基准（第一批）》，实现30项常见违法行为的裁量标准统一。指导高速公路执法支队、泸州等地开展川渝联合执法活动。加强信用信息归集共享，实现公路工程、水运工程、公路运输、水路运输等领域95%以上的从业企业和从业人员信息归集。累计公示行政许可和行政处罚信息49万余条，归集数据覆盖率99.5%、合规率99%，位列全省“双公示”第一名。

依法化解矛盾纠纷　2022年，省交通运输厅强化投诉举报来信来访案件办理，畅通“12328”、“12122”、厅网站邮箱电话等监督渠道，依法办理投诉举报及信访案件，办理人民群众来信来访900件次，办结交通运输部、省信访局等转来信访155件次，办结“省长信箱”“书记信箱”“人民网群众留言”等网上信访713件次，接待处理来访32批次、156人次，有效解决群众合理诉求。依法办理复议应诉，办理行政复议答复3件（均被维持），审理复议案件1件，未发生因当事人不满复议结果而提起诉讼并败诉的案件。配合推进行政复议体制改革。支持人民法院依法受理行政案件，执行人民法院生效判决，落实行政机关负责人出庭应诉制度。

（本栏目供稿单位：厅法规处）

财务管理

CAIWU GUANLI

概　况　2022年，省交通运输厅落实中央和省级财政资金509.63亿元，推进部门预决算、国资国企、财务监管、人才队伍建设等各项财务管理工作，推进财政体制机制改革，推动交通运输行业助企纾困，为完成省委省政府和厅党组部署的重大政策、重要改革、重点项目和部门运转、事业发展提供政策资金支持和财务保障。厅部门预算绩效管理工作被省财政厅评为优秀，行政事业性国有资产报告编报、国有企业财务会计决算报告工作获省财政厅通报表扬。

财政体制机制改革　2022年，省交通运输厅加强行业政策研究，会同省财政厅调整“十四五”期中央财政补助农村客运、出租车油价补贴资金分配政策，补贴资金与用油量彻底脱钩，优化资金支出结构，促进行业持续健康发展。稳妥有序推进厅属企业纳入省集中统一监管，截至年底，厅属15家划转企业全部按要求完成工商变更登记工作，完成1家企业市场化处置。结合省级基金管理模式改革，研究论证四川交通投资基金框架下，设立新型基础设施专项基金的必要性和可行性，发挥四川交通投资基金引导作用，引导社会资本参与四川交通新型基础设施建设投资。委托第三方机构开展厅机关内控管理评估，查找厅机关内控管理薄弱环节，进一步健全和完善内部控制制度，规范单位管理。

财政资金保障　2022年，省交通运输厅在财政落实减税降费政策、财政支出增加的背景下，全年落实中央和省级财政资金509.63亿元，其中：中央补助资金328.30亿元，省级财政资金181.33亿元。到位新增省级一般债券资金60亿元，争取一般预算68.99亿元。指导全省交通运输行业用好地方政府债券政策，发行专项债券118亿元用于收费公路等公益性交通基础设施项目建设。争取政策支持，配合厅规划处研究出台《支持高速公路加快建设若干政策》，明确扩大全省专项债券用于高速公路建设的规模，跨区域跨级次高速公路项目可统筹确定专项债券额度。到期债券全额借新还旧，平滑年度债务支出，减轻即期偿债压力，债务风险可控。指导厅公路局和交职学院做好交通医院迁建项目、邛崃职教产业园项目筹资方案，明确项目投资建设模式，保障重点项目资金和资产需求。

交通运输行业助企纾困 2022年，省交通运输厅推动交通运输领域各项助企纾困支持政策落实落细，保障行业健康稳定发展。通过厅官方网站发布财税金融优惠政策目录清单、会同省市场监管局制作“助企纾困政策明白卡”等方式，开展助企纾困政策解读和宣传，帮助交通运输企业用足用好优惠政策。组织召开交通重点企业金融机构对接座谈会，帮助交通企业纾解暂时困难，支持企业渡过难关。争取政策性贷款支持，向交通运输部申报交通运输重点项目80个，申报融资需求414亿元，推动资金精准高效流向交通运输行业。开展交通运输领域涉企违规收费专项整治工作，联合省市场监管局等省级部门开展现场检查，全省交通运输领域未发现涉企违规收费问题，市场环境良好。推动免征交通运输服务增值税、高速公路ETC货车通行费优惠再提高1%、中小企业和个体工商户减免房租等助企纾困政策落地落实，累计减免交通运输服务增值税2.66亿元、货车ETC通行费1.12亿元、中小企业和个体工商户房租380.65万元。

预算管理 2022年，省交通运输厅聚焦预算批复前和预算执行中的关键时间节点，组织召开2022年部门预算执行动员会和财务管理工作调度会，督促厅属预算单位和机关处室提前谋划项目实施，加快项目执行进度。年中按月通报厅属预算单位和厅机关处室预算执行进度。针对省审计厅2021年度预算执行审计发现财务管理方面问题，督促指导相关单位剖析原因，认真整改。完善交通运输领域资金绩效管理机制，印发《四川省省级财政交通专项资金管理办法》和《四川省公路水路投资计划项目综合管理绩效评价办法（试行）》。根据厅预算绩效管理“两书一函”制度，向6个单位发出提醒敦促函9份。对4个部省补助重点项目以及厅属单位5个重点项目开展绩效评价，持续强化预算约束和绩效管理。

国资国企管理 2022年，省交通运输厅开展厅属单位闲置资产清理专项核查工作，对闲置资产实地摸底、彻底清查。规范厅属单位国有资产处置，全年累计报废处置资产2678项，账面价值3836.73万元；资产出租78项，实现处置收益473.31万元。完成厅属国有企业负责人2021年经营业绩考核及2022年经营业绩目标制定。厅属企业2022年上缴国有资本收益4960万元，向社保基金划转股权收益501万元。

财务监管 2022年，省交通运输厅强化厅属预算单位财务管理，组织召开严肃财经纪律推进巡察审计检查问题整改专题会，压实单位主体责任，严守财经纪律和财经规矩，提高财务管理水平，防范遏制违法违规问题发生。通过开展地方财经秩序、“三公”经费暨一般性支出、楼堂馆所清理、拖欠中小企业账款、内部控制建设等专项检查，督促厅属各单位防范内部管理风险，建立健全单位财务管理体制机制。通过公路水路投资计划管理系统，定期统计分析市县交通运输主管部门部省补助资金使用情况，实现对全省部省补助资金使用情况的实时动态监控，持续强化交通运输行业财务监管。开展蜀道集团部省补助资金使用情况重点检查，加强部省补助交通建设资金监管。

2022年7月14日，省交通运输厅召开严肃财经纪律推进巡察审计检查问题整改工作会　　厅财务处　供图

财务人才队伍建设 2022年，省交通运输厅通过线上线下结合方式，全年培训厅属单位和市县交通运输行业财务及相关业务人员1000余人次，增强财务人员廉洁自律意识，推进全行业严格执行财经纪律。定期抽调厅属单位财务人员到厅财务处实战轮训，学习业务知识，提升财务管理综合素质，为厅属单位培养优秀财务骨干。选取6名财务人员，充实到厅青年理论财务学习小组，加强政策学习和沟通交流，不断提高厅直系统年轻财务人才解决实际问题的能力。1名小组成员获省直机关“青年学习标兵”称号，3名小组成员入选四川省高端会计人才培训计划。

（本栏目供稿单位：厅财务处）

人事教育管理

RENSHI JIAOYU GUANLI

概　况　2022年，厅人教处坚持干部工作“怀公心、勤培养、善推进”，人才工作“明特点、善引进、留得住”，提高政治站位、强化政治担当，推动人事教育管理工作取得新的进展和成效，实现干部人才工作“六个进一步提升”：新时代党的创新理论武装进一步提升、领导班子和干部队伍气象进一步提升、专家人才培养水平进一步提升、年轻干部综合素质进一步提升、干部激励监管作用进一步提升、机构改革质效进一步提升。

领导干部思想政治建设及教育培训　2022年，省交通运输厅继续强化领导干部思想政治建设及教育培训，及时举办“党的十九届六中全会精神”网络培训，分层分类举办处级领导干部专题读书班，实现厅处级领导干部和职级调研员全覆盖培训。举办新录用公务员培训班和事业单位新进人员培训班，实现2021—2022年新进人员全覆盖培训。统筹安排教育培训工作，完成厅机关行业教育培训12个项目共210万元招标工作，组织厅机关、厅直单位举办283期培训班，培训17737人次；推荐选派16名干部参加省委组织部调训，全年组织厅机关及参公单位101名干部参加任职资格考试，61名领导干部参加理论水平测试。

2022年6月10日，省交通运输厅举办2022年厅处级领导干部学习贯彻党的十九届六中全会精神专题读书班，图为桌面推演　厅人教处　供图

干部选任　2022年，省交通运输厅干部选任工作突出政治标准，坚持事业为上，注重在交通强省建设、成渝地区双城经济圈建设、疫情防控、抗震救灾、货车司机党建试点等急难险重任务、重大项目推进、艰苦复杂环境和锐意改革创新“四个一线”选拔任用干部。统筹用好用活干部资源，加大干部交流力度，推动班子最优配备，全年任免调整处级干部118人次，其中新提拔处级领导干部44人，厅内部跨单位交流干部40人，厅与其他省级机关、省属企业、市（州）交通部门交流干部10人。聚焦关键少数，选好配强“一把手”，把敢于亮剑、敢于担当的干部放到最需要打开工作局面的地方，全年新提拔任用厅机关中层正职和厅属单位主要负责人11人，向省委组织部推荐1名优秀副厅级领导干部作进一步使用，向省委教育工委推荐提拔1名副厅级高职院校党委书记。

干部队伍建设　2022年，省交通运输厅坚持把实践锻炼作为培养干部的重要途径，有计划地选派优秀年轻干部到实践一线锻炼成长。用好与市（州）共同培养干部工作机制，结合地方交通运输人才需求，选派21名干部到13个市（州）挂职锻炼。用好服务全省重大任务锻炼平台，在抗震救灾、灾后恢复重建工作中，统筹选派19名干部人才赴雅安、甘孜等地交通运输部门参与救灾重建。用好保障厅重点工作锻炼平台，结合深化探索货车司机群体党建工作体系、厅属企业集中统一监管、安全生产集中整治等多个专项工作，抽调40余名年轻干部在工作专班中磨砺锻炼。用好厅节假日值班值守工作平台，针对厅带班值班工作涉及行业方方面面，需要上传下达、联系左右、沟通内外的工作实际，为丰富业务知识、提升解决问题能力、增强对行业的全面了解，实行厅机关年轻干部带班值班制度，全年统筹安排厅机关45岁以下处级干部节假日带班值班，推动年轻干部多岗锻炼。截至年底，全厅派出各类挂职干部66人，其中，挂任区（县）党政班子成员5人，挂任市（州）交通运输局班子成员9人，挂任县（区）交通运输局班子成员5人。

干部监督 2022年，省交通运输厅在干部监督工作方面，一是严格执行干部任前谈话和廉政谈话制度，全年实现新提拔处级领导干部和交流调整干部谈话全覆盖。二是狠抓领导干部个人事项填报质量，及时传达省委要求、印发填报指南、通报典型案例，指导完成278名处级干部个人事项集中填报，重点核查、随机抽查101人次，全年厅查核一致率为98.02%，超过全省和省直部门平均水平。三是深入开展领导干部因私出国（境）管理、兼职管理及档案管理专项整治，因私出国（境）台账更加健全、证件管理更加规范，领导干部兼职审批备案更加稳妥审慎，干部人事档案工作质量进一步提高。

人才引育 2022年，省交通运输厅新公招、遴选、选调干部人才4批次87人。组织开展27名参公人员和32名事业单位工作人员招录工作，面向全省选调2名四级调研员，遴选8名科级及以下参公人员、公开选调18名厅属事业单位工作人员。接收安置2名部队转业干部。加强领军人才队伍建设，新推荐各类大师英才、技术能手21人次，推荐并获批交通设计院公司省级博士后创新实践基地。加强专业技术管理，完成省交通工程序列评审980人（其中，正高级工程师124人、高级工程师544人、工程师312人）。厅属企事业单位新获评正高级、高级工程师职称资格225人。

机构改革 2022年，省交通运输厅争取核增厅机关行政编制5名。稳妥推进培训疗养机构改革和厅属事业单位优化整合。统筹推进厅属22户企业脱钩划转、工商变更登记、人员安置工作。持续强化事业单位公益属性，优化岗位设置，推动省交科院加挂政策研究中心牌子，厅公路局医院更名为省交通医院，完成省交通医院、物流发展中心岗位设置，提高专业技术高级岗位比例，畅通技术干部晋升渠道。

（本栏目供稿单位：厅人教处）

外经外事

WAIJING WAISHI

概　况 2022年，省交通运输厅贯彻落实中央全面加快基础设施建设和省委省政府全力拼经济搞建设的决策部署，推进高速公路招商、制度规范建设系列工作，完成各项目标任务。一是积极推进招商，为稳住全省经济大盘作出贡献。成功招商阆中至营山、成渝扩容、遂渝扩容、大竹至垫江、自贡至永川、泸州至古蔺等6个高速公路项目，全年招商总里程530公里，总投资1213亿元，实现连续四年招商规模超千亿元。二是开展规范制度建设，为高速公路高质量发展奠定制度基础。加快推进高速公路制度建设，推动形成“1+1+3+N”制度体系。牵头制定高速公路投资管理暂行办法，配合出台支持高速公路加快建设若干政策，激发高速公路投资建设活力。编制修订BOT、PPP项目招标文件和PPP项目资格预审文件等3个参考文本，规范招标文件编制工作和投资管理。研究出台高速公路项目投资建议方案编制大纲、专家库和评估实施细则等配套文件、交通量预测与财务评价指南，与印发的高速公路BOT管理办法共同形成完备的高速公路投资管理制度体系。三是提升行业管理，将高速公路特许经营管理重点环节落到实处。加强前瞻性思考、全局性谋划和整体性推进，深化部门协作和工作协同，超前开展招商前期工作，将高速公路招商工作融入交通业务链条前端，形成梯度合理的项目储备和滚动、规范、有序、高效的项目推进机制。加强特许经营管理，对78个经营性高速公路项目开展股权变更情况清

2022年1月，厅与瑞士驻成都总领馆总领事高凯琳一行举行会谈

厅外经处　供图

理，对全省14个高速公路PPP项目绩效考核目标、指标进行梳理评审和优化调整，建立特许经营监管和绩效评价长效机制。四是优化营商环境，为高速公路投资维护良好市场秩序。成立招商承诺制督导专班，全面梳理高速公路招商优惠政策及落实情况，建立工作台账，按月管理、按季度通报，并将兑现情况纳入公路水路绩效评价管理。靠前主动服务，走访地方政府和蜀道、华川集团等投资人企业，在项目前期工作推进、招商方案制定、优惠政策出台等方面为投资人和地方政府提供“保姆式”精准服务，及时研究解决制约项目推进的难题。对受经济转型、结构调整影响的华川集团等企业开展纾困解难专题活动，协调督促相关市（州）政府兑现招商优惠承诺。全面提升服务效率，将投资人信用评价工作由一个月一次调整为“收件即办”，让投资人“最多跑一次”。五是扩大对外开放。谋划“走出去”工作，制定国际交流合作工作要点，加强与瑞士、泰国等国家驻成都总领馆联系，探讨在融合科技手段风险管理、交通项目合作共建等方面的发展潜力。加强交流合作，探索推动厅与澳门大学建立合作关系，指导四川交职学院与老挝琅南塔省师范学院签署合作协议，推动交职学院与丹麦职业教育联盟双方网上签署合作备忘录，提升交通运输科研实力。深化外资利用，做好世行贷款邛崃道火路项目后续工作，对接省发展改革委、省财政厅等部门，加强项目包装指导，拓宽融资渠道。

高速公路招商引资　2022年，省交通运输厅加大高速公路招商引资力度。一是加快招商进度。克服招商政策调整影响，成功招商阆中至营山、成渝扩容、遂渝扩容、大竹至垫江、自贡至永川、泸州至古蔺等6个高速公路项目，全年招商总里程530公里，总投资1213亿元，实现连续四年招商规模超千亿元。二是做实项目储备。围绕年度目标任务，根据项目重要性、可行性和成熟度，形成梯次合理的招商储备项目库，同步启动21个项目投资建议方案编制。三是强化督促指导。加大招商统筹协调力度，及时研究解决制约项目推进难题，全面梳理41个在建高速公路项目招商优惠政策落实情况、存在问题和解决措施，持续优化营商环境。

高速公路投资制度建设　2022年，省交通运输厅推动形成“1+1+3+N”制度体系。牵头制定高速公路投资管理暂行办法，系统完善政府投资、社会投资和社会资本合作管理规定，规范高速公路项目投资管理。配合出台支持高速公路加快建设若干政策，调动地方政府、投资人和项目业主的积极性，激发高速公路投资建设活力。编制修订BOT、PPP项目招标文件和PPP项目资格预审文件等3个参考文本，规范招标文件编制工作和投资管理。研究出台高速公路项目投资建议方案编制大纲、专家库和评估实施细则等配套文件、交通量预测与财务评价指南，与印发的高速公路BOT管理办法、投资人信用评价管理办法等制度共同形成完备的高速公路投资管理制度体系，为高质量推进高速公路项目投资管理提供制度保障。

高速公路投资管理　2022年，省交通运输厅持续加强高速公路投资管理。一是加强投资人信用评价管理。开展投资人初次信用评价（16家）和2021年度信用评价（47家），对初次信用评价满2年但长期未投资的62家高速公路项目投资人信用状况进行复核，保障投资人信用状态持续有效，引导高速公路投资市场健康发展。二是加强高速公路股权转让行为管理。对特许经营管理的78个高速公路项目开展股权变更情况清理，要求对未按规定程序进行股权变更的35个项目整改。三是加强高速公路PPP项目绩效管理。对全省14个高速公路PPP项目绩效考核目标与指标梳理评审，对各项目目标与指标差异优化调整，建立在建项目竣工验收评价、运营项目每年评价的PPP项目绩效评价长效机制。四是组织开展课题研究。以金口河至西昌、昭觉至普格高速公路项目打捆招商包为试点，开展高速公路与光伏资源协同开发课题研究，实现交通和其他产业同步开发、收益互补；开展高原山区高速公路建设课题研究，探索多元化可持续的投融资模式。

招商营商环境优化　2022年，省交通运输厅优化高速公路项目招商营商环境。成立招商承诺制督导专班，全面梳理高速公路招商优惠政策及落实情况。建立工作台账，按月管理、按季度通报，将兑现情况纳入公路水路绩效评价管理。靠前主动服务，走访地方政府和蜀道、华川集团等投资人企业，在项目前期工作推进、招商方案制定、优惠政策出台等方面为投资人和地方政府提供“保姆式”精准服务，及时研究解决制约项目推进难题。对受经济转型、结构调整影响的华川集团等企业开展纾困解难专题活动，协调督促相关市（州）政府兑现招商优惠承诺。全面提升服务效率，将投资人信用评价工作由一个月一次调整为“收件即办”，让投资人“最多跑一次”。

国际合作交流 2022年，省交通运输厅深化国际合作交流。一是扩大对外开放。谋划“走出去”工作，制定国际交流合作工作要点，与瑞士驻成都总领馆高凯琳总领事座谈，探讨在融合科技手段风险管理方面的合作潜力。二是促进交流合作。探索推动厅与澳门大学建立合作关系，争取在交通基础设施健康监测等方向开展科研合作。抢抓“一带一路”建设机遇，指导四川交职学院与老挝琅南塔省师范学院签署合作协议，共建“一带一路交通学院”。推动四川交职学院与丹麦职业教育联盟双方网上签署合作备忘录，落实四川交职学院与香港职业训练局合作协议。三是深化外资利用。做好世行贷款邛崃道火路项目后续工作，确保项目建设保质保量完成。对接省发展改革委、省财政厅等部门，加强项目包装指导，利用外资工作取得新进展。

（本栏目供稿单位：厅外经处）

交通审计

JIAOTONG SHENJI

概　况 2022年，全省交通运输系统内部审计工作紧紧围绕交通强省和行业高质量发展，主动适应内部审计新形势新要求，依法全面履行审计监督职责，积极做好常态化“经济体检”，开展审计项目100个。其中，预算执行及财政财务收支审计18个，固定资产投资审计7个，内部控制和风险管理审计12个，经济责任审计17个，重点自建项目审计1个，其他审计项目45个。审计发现各类问题498个，涉及金额47395万元。

厅直单位审计 2022年，厅审计处围绕全省交通运输中心工作和“清廉交通”建设，确定审计重点，制订审计方案，完成厅直单位预算执行及财务收支审计2个，领导干部经济责任审计10个，重点自建项目审计1个。厅直各单位累计实施各类审计项目68个，审计发现各类问题268个。通过审计，促进各单位严肃财经纪律，提高财政资金使用效益，促进领导干部依法履行经济责任，规范权力运行，促进单位建章立制，堵塞管理漏洞。

财政审计和投资审计 2022年，交通运输内部审计工作着眼提高资金绩效，组织实施省交科院、厅高速执法六支队等2个厅直单位2021年度预算执行及财政财务收支审计，开展厅运管局“四川省道路运输综合管理与服务信息平台”重点自建项目投资审计，将财经纪律执行情况作为审计监督重要内容，指出相关单位财务管理和自建项目建设管理等方面存在的18个问题，提出审计建议13条。

领导干部经济责任审计 2022年，厅审计处组织开展10个厅直单位主要领导经济责任审计、厅主要领导审签及重大决策事项审计，重点揭示领导干部履行经济责任等方面存在的问题105个，提出建议87条。其中，厅公路局、厅运管局主要领导干部经济责任审计为省委审计委员会办公室和审计厅委托厅开展，审计规格高、标准严，在审计厅指导下，圆满完成审计任务；厅造价站谭举鸿、原大件处谢能剑、交通宣传中心吴丹、厅史志总编室黄丽、厅职业资格中心李明、物资储备中心王雪飞、厅后勤中心王武平、交通工会唐蓉华等8个经责审计项目参照审计厅工作标准，对标新机制新要求，主动完善工作流程和审计报告，规范权力运行，提升厅内部审计工作水平。

部省补助资金使用情况专项审计 2022年，厅审计处先后对发生重大安全生产事故的江油市、美姑县，交通建设部省补助资金量大、建设任务重的剑阁县、武胜县、木里县、乐山市金口河区、宜宾市叙州区，部定点帮扶小金县、黑水县、壤塘县、色达县，开展部省补助资金使用情况专项审计，监督检查交通运输部及省级财政下达的交通建设资金监督管理及重大资金项目落地情况，指出资金使用管理等方面存在的问题114个，提出审计建议80条，服务乡村振兴大局。

审计协作 2022年，省交通运输厅保障审计署专项审计，向审计组提供资料13批次1013件；配合省审计厅2021年度预算执行和其他财政收支情况审计，并按规定向社会公开审计整改情况；统筹协调做好审计署和审计厅等开展的省级经营性国有资产集中统一监管推进情况、贯彻落实成渝地区双城经济圈建设规划纲要情况、国道351线夹金山隧道工程等7个事项专项审计调查配合工作，推动外部审计发现问题整改。

跟踪督促整改 2022年，厅审计处开展内部审计发现问题整改“回头看”，组织厅直单位全覆盖开展单位2021年度审计发现问题整改“回头看”，选取2021年度审计发现问题较多的布拖等5县重点开展整改“回头看”，防范“账面整改”，揭示17个整改不到位问题；严格执行内部审计结果颜色管理，对部省补助资金使用管理存在严重风险隐患的布拖县发送黄色警示，杜绝屡审屡犯；合力推进巡视巡察及审计发现问题整改，厅主要领导高度重视、亲自谋划，推动审计监督与干部监督、纪律监督、监察监督形成威慑合力，组织召开严肃财经纪律推进巡察审计检查问题整改工作会，通报厅属单位2021年以来巡察审计检查发现的八大类168个问题和整改落实情况，宣讲维护财经纪律政策文件及责任要求，进一步压实审计整改主体责任，督促审计查出问题全面整改。

全过程严控审计质量 2022年，厅审计处全面强化审计项目全过程管控，严格按照内部审计程序、业务标准等实施年度审计项目，落实审计项目组长负责制，确保取证扎实、复核严谨、建议可行；全面强化社会审计服务质量监管，严把合同签订关、审计报告质量关，“一审多项、一项多果”抽取色达县、小金县开展审计质量“回头看”，就2021年度审计报告中发现问题的客观公正性、定性依据准确性、提出建议可行性进行复核，进一步控制审计质量风险；全面强化审计专业能力素质提升，通过线上工作群业务交流、线下实战训练、以审代训现场指导等方式，多途径强化能力建设，梳理汇编审计法规制度，规范指导全省交通运输行业内部审计工作。

（本栏目供稿单位：厅审计处）

交通行政审批

JIAOTONG XINGZHENG SHENPI

概　况 2022年，省交通运输厅贯彻落实中共四川省委、省政府深入推进“放管服”改革工作精神，围绕工作举措，聚焦重点领域，着力优机制、促改革，提质效、惠民生，坚持以“一网通办”前提下的“最多跑一次”改革为牵引，推进政务服务标准化、规范化、便利化，创新监管机制推动审管衔接，严格窗口管理优化许可服务，各项工作成效明显。省交通运输厅被省政府通报表扬为全省深化“放管服”改革优化营商环境工作先进集体、省级政务服务大厅先进窗口单位，在省一体化政务服务能力第三方评估中位于“优秀”等级。

“一网通办”能力巩固提升 2022年，省交通运输厅围绕“决策科学化、治理精准化、服务高效化”目标，一体推进线上政务服务能力建设。在厅“放管服”

工作领导小组领导下，实行“周调度、月例会”制度，每月集中分析研究重点难点工作，明确提升举措。“一网通办”专项行动考核月均成绩94.7分，排名靠前，在全省大数据和“一网通办”工作座谈会上作交流发言。交通审批系统与省一体化政务服务平台保持深度对接，全省交通运输53个行政许可事项共310余个办理事项纳入“一张网”办理，全年办件150万余件（省级26万余件），日均办件超4000件。完成省一体化政务服务平台新版事项管理系统中交通运输非行政许可事项信息录入，实施清单和办事指南发布率均100%。建立“厅促市、市促县”工作机制，以“微信群”+“视频辅导”方式搭建行业交流指导平台，每月组织各市（州）交通部门开展线上业务培训。落实高频事项“一件事一次办”，“网络预约出租汽车运输证发放”和“我要当网约车驾驶员”纳入全省样板。“客运申领执照与经营许可”和“机动车维修申领执照与备案”等6个“一件事”纳入四川省首批47项“一件事一次办”事项清单，督促指导市（州）交通部门完成“一件事”全量配置和发布工作。

重点事项跨域通办 2022年，按照《成渝地区双城经济圈“放管服”改革2022年重点任务清单等3个清单》要求，省交通运输厅与重庆市交通局联合印发《“川渝通办”交通运输事项（第三批）实施方案》和《“川渝通办”交通运输事项（第三批）办事指南》，推动完成第三批“川渝通办”交通运输8个事项线上线下落地。印发《2022年推进道路运输高频事项“跨省通办”服务提质增效工作方案》，共计19个交通高频事项实现“跨省出圈”，年累计办件3.3万件，调整25个道路运输类“跨省通办”事项名称等与交通运输部保持统一，年办件1.3万件。拓展服务功能，推动普通道路货运车辆网上年审全覆盖。“道路运输证”和“道路运输从业资格证”纳入《川渝电子证照互认共享清单（第一批）》，实现川渝两地共享互认被中国交通报予以报道。采取异地委托、本地代收模式，实现公路周边压缩或拓宽河床许可事项“省内通办”。

电子证照及印章管理 2022年，省交通运输厅加强交通运输电子证照应用管理，在全省统一使用“四川交通运输电子证照专用章”，累计加盖生成110万张交通电子证照。新增监理企业资质等级证书、公路养护作业单位资质证书等3类电子证照。全省22类电子证照中，道路运输证、超限运输车辆通行证等11类电子证照统一升级为部级标准，道路运输证、超限运输车辆通行证等10类电子证照实现全国范围内实时交互共享。在全省范围内新启用国内水路运输经营许可证、船舶营业运输证2类水路交通电子证照，并实现社会化场景应用。

行政许可事项清单管理 2022年，省交通运输厅全面承接中央层面指定地方实施的交通运输行政许可事项，对应国家清单同步梳理全省依法依规自行设立的许可事项56项（省级事项35项），其中新增许可8项，调整名称、行使层级等36项，暂停待恢复2项，取消许可4项，针对取消、行使层级调整等事项，完善监管方式防止管理空缺。同步建立由行政许可事项清单、运行图谱、实施要素一览表构成的三级交通行政许可事项管理体系，调整完善“一图一表”实施要素，选取成都、攀枝花两市交通运输部门配合制作“一图一表”范本，指导市、县梳理非省本级行政许可事项办理项，规范交通运输行政许可事项重点要素，确保全省同标准办理。

大件运输许可服务 2022年，省交通运输厅分成都、德阳、自贡、川西4个片区主动上门开展大件运输许可服务“大走访”活动，收集重点生产及运输企业问题建议40余条。开辟绿色通道，为国家重点铁路项目、夹金山

2022年12月30日，厅审批处、公路处、信访处及执法总队、物流中心赴省港投集团、省大件运输公司开展大件运输许可服务“大走访”活动

李浩航　供图

隧道TBM（全断面硬岩掘进机）及天明电厂超大件发电机运输提供全程服务。利用大数据排查重点区域、重点时段大件运输情况，制定《四川省大件运输车辆错峰运行工作方案》，2023年8月—10月共保障服务200余辆次大件运输车辆，有效避免了客、货车流交织叠加引发的道路拥堵。

与省行政职权承接城市建立对口联络机制 2022年，省交通运输厅对成都市及7个区域中心城市承接落实省级行政职权事项情况开展实地调研，建立对口联络机制，加强工作衔接和指导，开展赋权事项业务培训，提升综合素质能力，建立日常监督检查机制，对承接落实情况实施监督管理。承接实施以来，年累计办理下放事项300余件，“好评率”100%。

智能审批服务 2022年，省交通运输厅升级交通审批系统智能审批功能，试行Ⅰ类、部分Ⅱ类超限运输许可“秒批秒办”并优化完善。推出“四川省重点物资运输车辆通行证申请”智能审批（该应用入选第三届数字四川创新大赛（2022）数字政府赛道“十佳案例”），全年发放重点物资运输车辆通行证35万张。

“双随机、一公开”监管 2022年，省交通运输厅加强“互联网+监管”系统运用，完成219项监管事项（主项）和806条实施清单的认领、监管人员和监管对象两库建设等工作，率先实现全省监管数据全量对接至省“互联网+监管”平台。重点推进“双随机、一公开”监管，完成省交通运输行业13件事项清单与“互联网+监管”平台实施清单的对应绑定与映射，制定《四川省交通运输厅2022年度“双随机、一公开”抽查计划》，采取联合抽查和部门抽查方式推进，抽查企业40家，责令整改问题29起，向社会公示检查结果53条。

“综合窗口”制度改革 2022年，省交通运输厅按照“两集中、两到位”要求，梳理完成公共服务事项和依申请类政务服务事项，全部进驻省政务服务大厅，做到“应进必进”。落实“综合窗口”改革要求，118项省级交通事项全部授权省政务中心综合窗口接件受理和发证，同步制作综合窗口工作手册，实现线上线下无差别受理、同标准办理。

交通政务窗口建设 2022年，省交通运输厅加强省政务服务大厅交通窗口运行管理，按照《省级政务服务大厅部门窗口考核实施细则》要求，落实月度、季度、年度考核任务，规范按时办结和满意度评价等工作。交通窗口全年办件26万件，在政务大厅省级部门中排第一，办理现场及电话咨询2万次，按时办结率、现场办结率均达到100%。窗口人员上门走访服务31起，开展延时服务、预约服务及培训服务131次。坚持党建引领，开展警示教育、结对共建等活动30余次。开展“窗口腐败”专项治理，推进“清廉交通”窗口建设，被省政务中心党委表彰1名优秀党员、1名优秀党务工作者、16名季度优秀窗口工作人员。

2022年1月25日，省交通运输厅副厅长张勇带队前往省政务中心看望慰问交通运输窗口全体人员

厅审批处 供图

（本栏目供稿单位：厅审批处）

交通战备

JIAOTONG ZHANBEI

概　况　2022年，四川省交通战备系统学习贯彻习近平新时代中国特色社会主义思想和习近平强军思想，落实全国交通战备工作安排和省委、省政府、省国动委关于交通战备工作的决策部署，在省交通运输厅党组领导下，一手抓改革、一手抓建设，做好交通运输领域军事斗争准备，取得良好工作质效。深入实施《四川省“十四五”国防交通建设发展规划》，抓好重点项目、重点工作落地落实，确保完成各项目标任务。持续加强与国家交战办的汇报衔接，推动多个重点项目纳入国家盘子。强化国防交通专业保障队伍建设，完善队伍结构和专业门类，开展国防交通专业保障队伍日常教育管理。

国防交通基础设施建设　2022年，省交战办实施《四川省“十四五”国防交通建设发展规划》，抓好重点项目、重点工作落地落实，多条重点国防公路建设投用。持续加强与国家交战办的汇报衔接，推动多个重点项目纳入国家盘子。强化与省发展改革、财政等部门沟通协调，起草制定省内交通基础设施建设，贯彻国防要求，科学确定2022年资金补助项目，解决部队机动前出行“最先一公里”问题。广泛收集部队意见建议，推进重要道路、机场、港口等建设，提升综合交通支撑保障能力。持续加强重点项目督导，实时掌握建设进度，严格打表推进，确保各项目标顺利完成。

国防交通动员能力建设　2022年，省交战办聚焦备战打仗核心要求，完成全省国防交通潜力数据采集更新。结合新形势新变化，修订完善工作预案，提升预案科学性实效性。优化国防交通物资储备布局和储备结构，完成重点物资采购入库工作。持续加强国防交通专业保障队伍建设，完善队伍结构和专业门类，补齐短板、提升能力，坚持实战实训、联战联训、按纲施训、从严治训，强化训练经费保障，开展国防交通专业保障队伍日常教育管理。创新开展2022年度全省民用运力无预先号令环川藏南北公路综合演练，规定时间完成集结整组，完成战前训练，完成演练课目17个，有效提升队伍应急应战综合能力水平。

2022年，新都桥兵站开展队列训练　　省交战办　供图

国防动员体制改革　2022年，省交战办落实中央、省委关于深化国防动员体制改革有关部署，加强与国家交战办、交通运输部和省委编办等汇报对接，配合做好交通战备改革工作。落实省委改革工作安排，配合组织人事部门，及时完成省交通战备办公室（省保护通信线路安全办公室）撤销和省交通运输厅交通战备处（保护通信线路安全处）增设工作，确保改革后交通战备各项工

作衔接顺畅、运行高效、执行有力。

2022年，车队翻越海子山　　省交战办　供图

发挥军地协调桥梁纽带作用　2022年，省交战办对接西部战区某部，协调光缆穿越有关高速事宜。努力争取军委后勤保障部支持，多次走访西部陆军某部，有效解决金西高速选线选址问题。及时协调西部战区空军，支持做好“9·5”泸定地震海螺沟景区公路航测工作，为震区道路抢通保通奠定数据基础。与部队建立形成军地沟通协调机制，有效化解军事设施与地方交通建设之间的矛盾，为解决类似问题探索路径、积累经验。

军事交通保障　2022年，省交战办针对川藏铁路施工对川藏南北两线可能产生的影响，组织开展实地勘察，加强与川藏铁路配套公路保障中心和施工单位等的沟通协调，实时掌握周边道路通行情况，合理制定军事交通保障方案。建立形成国防交通、公安交警、治安保卫和交通运输四位一体的军事交通和国防运输保障机制，不断强化协作配合，做到万无一失、安全保密，遂行各类军事交通保障任务。建立“以战代训”军事交通保障培训机制，分批次组织市（州）骨干力量参加省级军事交通保障任务，培养军事交通保障后备人才，提升市（州）军事交通保障组织水平。

通信线路安全保护　2022年，省交战办联合省军区、省三电办，组织四川电信、长传局等单位，赴德阳、绵阳、资阳、内江等地，协调处理通信设施与基础设施建设矛盾9起。组织指导全省各级交战办广泛开展军警民联合护线宣传活动和世界电信日宣传活动，加强重要时间节点和重点通信线路沿线宣传工作，发放各类宣传资料2万余份，营造形成爱线护线良好社会氛围，实现全省一、二级通信干线零阻断。

（本栏目供稿单位：省交战办）

交通应急装备物资管理

JIAOTONG YINGJI ZHUANGBEI WUZI GUANLI

概　况　2022年，物资储备中心落实交通强国、交通强省重要部署，推进应急物资储备体系建设、应急装备物资储备、应急队伍建设和管理制度建设，完成“6·1”芦山地震抢险救援、“6·10”马尔康地震应急响应和“9·5”泸定地震应急抢险等重大突发事件应急处置行动。四川交通应急保障工作继续保持全国同行业领先水平。

（物资储备中心）

应急储备体系建设　2022年，按照构建“5+8+N”交通应急物资储备规划，国家区域性公路交通应急装备物资储备中心和省级交通应急装备物资中心建设前期工作全面启动。国家区域性公路交通应急装备物资储备（四川眉山）中心按照“十四五”期部省规划，纳入增强型国储中心建设。建成后，总占地达11.67公顷，集培训演练、应急装备物资储备和科研试验论证等功能与一体，功能大幅提升。截至年底，实训基地项目完成项目选址、方案设计、用地预审、可研报告编制、社会稳定风

2022年，增强型国家区域性公路交通应急装备物资（四川眉山）储备中心一期全貌

物资储备中心　供图

险评估等前期工作。阿坝州、凉山州两个基本型国家区域性公路交通应急装备物资储备中心落实项目选址并确定项目业主单位。

（物资储备中心）

应急装备物资储备　2022年，物资储备中心新增储备81米超长跨度应急快速桥，完成架设技能培训工作，首创全国野外架设大跨度应急快速桥成功范例。新增5×15米应急机械化模块桥、51米应急快速桥、野战净水车、防火隔离及除冰雪多功能装备、运载工具等一批应急装备。截至年底，交通应急装备物资储备规模2.5亿元，储备应急装备物资分为4大类（应急处置类、工程机械类、后勤保障类、应急物资类）13子类（包括桥梁装备、除雪装备、勘察装备等），其中应急装备53种197台/套/艘/座，应急物资品类20种，在全国同行业中处于领先水平。

（李　林）

应急队伍建设　2022年，物资储备中心联合蜀道、华川集团等大型国有企业组建500人的省级交通常备应急队伍，是西南地区首支交通应急抢险突击队，作为交通应急抢险铁军，主要执行重大灾害抢险救援任务。年内组织省级交通常备应急队伍培训3期，对300多名应急队员进行5×15米应急模块化桥、81米应急机械化桥和全地形抢险救援工程车等特种大型应急装备操作技能培训。联合眉山市交通运输局开展“交通使命—2022”地震应急联合演练，科学设置演练科目，检验应急预案可操作性。强化成渝双城经济圈交通应急联动机制，联合重庆市公路事务中心开展川渝交通抗洪救灾联合演练，提升川渝交通应急联动能力。此次演练是全国首次跨省域交通应急演练。

（李　林）

应急装备物资管理制度建设　2022年，省物资储备中心在行业率先出台《四川省公路交通应急装备物资储备中心运行管理办法（试行）》，为四川交通应急装备物资储备规范化、系统化管理奠定基础。编制《四川省各级公路交通应急装备物资储备中心建设推进管理办法》，明确全省各级交通保障储备中心建设管理职能职责，规范建设管理流程，统一建设标准，健全储备管理机制。编制《四川省交通运输特种设备等装备物资应急抢险计价依据》，为特种装备开展应急抢险救援行动提供费用结算标准。制定出台应急装备物资使用管理办法和维护管理办法，修订涉密政府采购管理办法，基本构建形成交通应急装备物资规范化、标准化管理制度体系。

（物资储备中心）

交通应急保障　2022年，物资储备中心先后组织执行“6·1”芦山地震、“6·10”马尔康地震和“9·5”泸定地震等交通应急抢险救援任务。在“9·5”泸定地震抢险救援中，出动各类应急装备44台套，应急人员50余人，应急响应行动规模大、出动装备全、出动人员多、持续时间长。抢险救援中，创新动力舟桥使用方式，化桥为舟，载运大型抢险机具设备和物资、人员，精准投放到省道217线各抢险点位，打通大渡河水陆联合抢运通道，在全国首开动力舟桥抢险作业先河，受到中央和省级新闻媒体广泛关注报道。

（物资储备中心）

2022年9月5日，泸定地震发生后，物资储备中心应急队员在大渡河上利用动力舟桥运送大型机具　物资储备中心　供图

交通行政机关

JIAOTONG XINGZHENG JIGUAN

四川省交通运输厅

SICHUAN SHENG JIAOTONG YUNSHU TING

综　述　1952年9月，四川省交通厅成立。1970年12月，四川省交通厅更名为四川省交通局。1980年5月，四川省交通局更名为四川省交通厅。2009年12月，四川省交通厅更名为四川省交通运输厅。

四川省交通运输厅职能职责：

（一）贯彻执行国家有关交通运输行业的方针、政策和法律、法规。组织拟订并监督实施公路、水路等行业规划、政策和标准，会同有关部门组织编制综合运输体系规划，参与拟订物流业发展战略和规划。

（二）拟订全省交通运输地方性法规、规章草案，负责本系统、本部门依法行政工作，落实行政执法责任制。指导公路、水路行业有关体制改革工作，承担全省高速公路统一管理的有关工作。负责指导交通运输综合执法和队伍建设有关工作。

（三）承担道路、水路交通运输市场监管责任，组织制定道路、水路运输有关政策、技术标准和运营规范并监督实施，指导城乡客运管理工作，指导出租汽车行业管理工作，会同有关部门制定运输价格。

（四）承担水上交通安全监管责任。负责水上交通管制、运输船舶及相关水上设施检验、登记和防止污染、救助打捞、通讯导航、危险品运输的监督管理工作，负责船员管理相关工作。负责渔船检验监督管理。指导水上交通安全事故、船舶及相关水上设施污染事故的应急处置，依法组织或参与事故调查处理工作。

（五）负责提出公路、水路固定资产投资规模和方向、省财政性资金安排建议，按照规定权限审批、核准国家、省规划内和年度计划规模内固定资产投资项目。会同有关部门拟订公路、水路有关规费政策并监督实施，提出有关财政、土地、价格等政策建议。指导交通运输行业审计工作。

（六）承担公路、水路建设市场监管责任。拟订公路、水路工程建设相关政策、制度、技术标准并监督实施，组织协调公路、水路有关重点工程建设和工程质量、安全生产监督管理工作。负责对交通行业和产业项目的招标投标活动的监督执法。指导交通运输基础设施管理和维护，承担有关重要设施的管理和维护。按规定负责港口规划和港口岸线使用管理工作，指导交通运输行业特许经营管理，会同有关部门组织实施交通运输行业职业资格管理工作。

（七）指导公路、水路行业安全生产和应急管理工作。按规定组织协调国家及省重点物资和紧急客货运输，负责全省高速公路及重点干线路网运行监测和协调。

（八）制定交通运输科技政策并监督实施，组织重大科技开发。指导全省交通运输信息化建设，监测分析运行情况，开展相关统计工作，发布有关信息。指导公路、水路行业环境保护和节能减排工作。

（九）负责公路、水路有关涉外工作，开展对外经济技术交流与合作，指导全省交通运输行业招商引资和利用外资工作。

（十）承担省政府公布的有关行政审批事项。

（十一）承办省政府交办的其他事项。

四川省交通运输厅内设机构17个，分别是办公室（精神文明建设办公室）、政策法规处（综合执法监督处）、综合规划与统计处、财务处、人事教育处、建设管理处、公路管理处、行政审批处、运输管理处（出租车行业指导办公室）、航务海事处、安全监督处（应急办公室）、审计处、科技和信息化处、外经外事处、信访处、离退休人员工作处、交通战备处（保护通信线路安全处）。另设机关党委（省交通运输行业党委办公室）。

四川省交通运输厅直属单位35个，其中参公事业单位13家，公益一类事业单位11家，公益二类事业单位6家，国有企业5家。分别是厅公路局，厅运管局，省交通工会，省航务海事中心，省交通执法总队（厅高管局），省交通运输综合行政执法总队第一支队、第二支队、第三支队、第四支队、第五支队、第六支队、第七支队，省交通质监站，省交通运输运行调度中心，省交通重点项目中心，厅交通建设工程造价管理站，省交通物流发展中心，省交通宣传中心，厅信息中心，厅交通史志总编室，省交通运输职业资格中心，省公路交通应急物资储备中心，省川藏铁路配套公路保障中心，厅机关后勤服务中心，四川交通职业技术学院，省交通运输发展战略和规划科学研究院（厅政策研究中心），省交通管理学校，四川交通运输职业学校，省交通医院，省公路职工疗养院，省公路规划勘察设计研究院有限公司，省交通勘察设计研究院有限公司，四川公路工程咨询监理有限公司，四川兴蜀公路建设发展有限公司，省智慧交通科技有限公司。

2022年是党和国家历史上极为重要的一年，也是交通运输事业发展进程中极为重要的一年。在省委省政府的坚强领导下，全省交通运输系统紧紧围绕“疫情要防住、经济要稳住、发展要安全”的要求，认真落实“讲政治、抓发展、惠民生、保安全”工作总思路，全力以赴拼经济、搞建设，众志成城防大疫、抗大灾，高效统筹疫情防控、抗震救灾和交通建设发展各项工作，圆满完成各项目标任务。

一是公路水路完成投资再创历史新高。全年公路水路完成投资首次突破2500亿元、时隔7年再夺全国第一，获得全国交通建设领域真抓实干5000万元激励表彰；集中开工西昌至香格里拉、汉中至广元扩容等10个高速公路项目、935公里，一次性开工数量、投资额度创四川交通集中开工之最。成功招商成渝扩容等6个高速公路项目、总投资1213亿元，实现连续四年招商规模超千亿元争取到位中央补助资金328亿元，为历年最高水平。成功申报10个项目、177亿元纳入国家政策性开发性金融工具支持范围，占全省总额四分之一。

二是重点项目建设取得显著成效。建成通车德昌至会理、宜宾至彝良等高速公路571公里，高速公路通车里程突破9000公里。新改建国省干线公路2233公里，川藏铁路配套公路所有项目如期开工，国道351线夹金山隧道超额完成掘进任务并按期保质完成。新改建农村公路2.36万公里，成功打造苍溪县高台村红色公路等一批示范项目，新创建“四好农村路”国家级示范县16个，新评定“四好农村路”省级示范县27个、示范市5个。新增高等级航道144公里，提前三年完成“十四五”规划任务。

三是高效统筹疫情防控和物流保通保畅。会同公安、卫健等部门创新实施“入川即检”，在全省设置801个公路查验点，守住了疫情严控时期“外防输入”第一道防线。制定维护产业链供应链稳定八条措施，建立重点物资通行证和保供企业“白名单”制度，“秒批秒办”通行证43.46万张，“一企一策”靠前服务1265家国家和省重点“白名单”企业，对入川货车实施“一检通认”“即采即走即追”闭环管理，推动全省货运物流有序运行、持续向好。全面落实助企纾困政策，累计发放贷款18.48亿元、减免交通运输服务增值税约2.66亿元。持续推广差异化收费政策，累计减免各类通行费超62亿元。

四是运输服务水平持续提升。全年完成公路运输总周转量1888亿吨公里，比上年增长3.1%，高于全国平均3.6个百分点，超额完成省政府下达目标任务。稳定开行11条铁水联运班列，全省港口吞吐量同比增长28%、水路货运量增长10%、铁水联运量增长15%。评定首批27个乡村运输“金通工程”样板县和10个“交商邮”融合发展试点县，打造7条“三优一创”高速公路示范路，培育天府机场东服务区、安德服务区等一批主题服务区品牌。

五是创新驱动和绿色发展成效显著。建成全国首个政府主导、企业联盟的交通运输领域“双碳”技术创新平台四川低碳交通研究中心，并纳入天府永兴实验室。重点物资运输车辆通行证应用荣获第三届数字四川创新大赛数字政府“十佳案例”。高质量完成第二轮中央生态环境保护督察问题整改。编制《四川省高速公路“绿电自给”工程专项规划》，首个“绿电自给”示范试点项目攀大高速建成投运。全省35个县（市、区）完成全域公交改造，成都、自贡、泸州成功创建国家级“公交都市”。成都、泸州、遂宁、彭州、蒲江、武胜成功创建全国“绿色出行城市”。宜宾、德阳、遂宁成功入选全国第三批“绿色货运”城市示范工程。

六是行业治理体系更加健全。深入推进“一网通办”前提下的“最多跑一次”改革，全省53个交通运输行政许可、311个办理事项省市县三级“一张网”全覆盖办理，道路运输高频服务事项实现“跨省办”“掌上办”。改造升级全省交通运输投资计划管理系统，首次对使用中省补助资金的公路水路计划项目开展全方位绩效考评。统计工作全国排名由第21跃升至第8。31家单位通过公路养护作业资质审查。对53家资质升级申报业绩弄虚作假失信企业实施信用处理。

七是交通安全生产形势持续向好。争取省政府印发《关于进一步加强公路水路交通运输领域安全生产工作的意见》，完善行业安全生产顶层设计。集中开展道路安全、船舶安全系列整治行动，事故起数、死亡人数比上年下降18%、21%。新建村道安防工程1.5万公里，整治172座四五类危桥，建成100座铁索桥改公路桥。新增1.3万辆农村客运车辆安装主防系统。全省营运高速479座独柱墩桥梁全部完成提质升级。建成80个平安渡口，撤渡66个。建成285个船舶集中停泊区、4405个防洪系缆桩，实现汛期“零事故、零死亡、零跑船”。

八是党的建设和精神文明建设全面加强。扎实开展党的二十大精神学习宣传贯彻。积极推进货车司机党建试点，全覆盖建立省市县三级交通运输行业党委。深化“清廉交通”建设，建立项目审批、招投标、信用管理等444项制度，积极打造国道351线夹金山隧道建设项目“清廉交通”示范工程。深入开展部省补助交通建设资金、领导干部经济责任等专项审计。制订2022—2027年厅党组五年巡察规划，完成9个厅直单位巡察工作。严格落实省直机关工委“三级五岗”要求，梳理制定“四级八岗”职责清单。启动实施厅直系统青年干部能力提升三年计划。承办第十三届全国交通运输行业职业技能大赛全国总决赛。认真落实意识形态责任制，四川交通240余次登上《新闻联播》《人民日报》等主流媒体，川藏公路博物馆成为全省首批“国字号”交通运输科普基地。一批先进集体和先进个人获部省以上表彰。

（陈超超）

厅办公室 2022年，厅办公室认真学习贯彻党的二十大和习近平总书记来川视察重要指示精神，在厅党组的坚强领导下，精益求精、做好服务，为厅中心工作提供有力保障。认真学习党的二十大精神，深刻领悟“两个确立”的决定性意义，自觉做到“两个维护”。把从严教育管理党员落到支部，持续推进支部党史学习教育常态化制度化，严格执行“三会一课”制度，召开支部会、专题学习会10次、党课3次。组织支部党员赴新都开展“深化警示教育、弘扬清廉家风”主题党日活动，赓续红色基因，筑牢党性之基，使办公室党员干部进一步坚定理想信念、保持对党忠诚、勇于担当作为。

年内，围绕重大主题，厅工作获央媒新闻报道36次，其中《新闻联播》报道10次、《人民日报》报道26次，《四川日报》《四川新闻联播》报道200余次。围绕党的二十大超前组织谋划宣传工作，精心安排采访报道。会前，《人民日报》《中国交通报》深入报道全省交通基础设施建设在党的十八大以来取得的重要成就；会中，《四川日报》《四川新闻联播》多次采访厅党组书记罗佳明；会后，第一时间宣传报道厅党组传达学习党的二十大精神，形成内外宣传契合联动、网上网下齐头并进、宣传阵地全面覆盖的宣传格局。组织中央和省级媒体深入镇广高速公路王坪至通江段通车现场、货车司机“暖心之家”、高速公路“入川即检”点位，一线采访报道项目建设、疫情防控等工作，特别是新华通讯社在《瞭望新闻周刊》刊载四川“暖心之家”建设，形成国内动态清样呈送中央和部省领导参阅，并获得肯定性批示。“9·5”泸定地震期间，当即成立前线宣传报道组，深入一线收集新闻线索，采编新闻稿件，四川交通抗震救灾多次登上央视《新闻联播》《人民日报》，绝壁挖掘机手、动力舟桥成为四川交通的新名片。联合新华社四川分社、三峡集团开展“千里走金沙”行进式调研，宣传展示“绿水绿航绿色发展”阶段性成果和践行绿色低碳发展方面的示范作用，推出一批具有深远影响力的宣传佳品。组织20余家中央、省级主要媒体集中报道四川10条高速公路集中开工、全省交通运输综合行政执法“大练兵大比武”等工作。推荐省交通运输综合行政执法总队等5个单位参加评选全国交通运输行业文明单位。大力宣传金川县交通运输局党组书记、局长罗从兵同志先进事迹，培树先进典型，弘扬榜样精神。宣传工作卓有成效。把握意识形态工作主动权，在厅党组会上领学《党委（党组）落实网络意识形态工作责任制督查和通报办法》文件精神，履行意识形态工作责任制。组织开展厅直单位意识形态工作责任制专项督查，延伸督查至基层党支部，确保意识形态工作责任制落到实处。将省委网信办网络意识形态工作督查反馈意见3个方面、9项具体问题细化分解，形成整改台账，明确责任单位、整改措施和整改时限，完成问题整改1项，整改实施中2项，长期坚持6项。加强对交通领域意识形态热点敏感问题的搜集、研判和处理。持续加强网站、微博、微信等网络意识形态阵地管理，切实维护网络安全，营造风清气正的网上环境，厅政府网站绩效评估位列部、省同级部门前列。传承弘扬“两路”精神，持续推进川藏公路博物馆“1+6+N”展群建设，成功获批国家交通运输科普基地。守好意识形态阵地。紧扣重大部署、重要批示指示，将省委全会、经济工作会、常委会、省政府工作报告等中涉及交通事项的重点工作进行专项跟踪督办，对省领导批示形成专卷跟踪督办，发现问题提请党组会专题研究，重点工作主动向省领导汇报，获得省领导肯定性批示28条。积极向省委、省政府督查室汇报对接，在省政府2022年对市（州）的考核中，把厅考核指标调整为“交通强省建设（公路水路‘建管养运’重点工作）”，总分值为2分，与安全生产、环境保护等“党政同责”指标分值相同，并争取到任务细则由厅根据年度重点工作确定后自行印发。顺利实施厅内绩效考核改革，依据前期修订的目标管理办法和配套出台的加扣分标准，创新引入综合评价，实施“分值排名+进步排名”的评定等次方式，完成厅内绩效考核。探索目标考核结果运用途径，协调厅人教处、厅财务处，将目标考核结果与厅直单位和厅属企业绩效奖励分配办法挂钩。实施闭环管理，建立滚动跟踪督办工作机制，继续将党组会、厅务会、厅领导例会、专题会和厅领导批示办理情况按月进行督办，当期办结率维持在一半以上，并将前期未办结事项于次月进行跟踪督办，直至办结为止，有效解决长期事项跟踪落实难题，复查报告获得厅主要领导肯定性批示6次。目标督查落实有力。坚持把为厅党组参好谋、分好忧作为首要任务。超前统筹会议活动，重大会议活动提前一个月策划推进，每周形成厅主要领导、所有厅领导会议活动安排建议表，保证党组各项工作有序推进。持续细化提升会议服务质量，全年服务厅党组会32次，厅务会3次，领导例会12次，专题会议500余次，实现零差错、零失误。起草综合文稿，组织文稿团队深入把握中省最新决策部署，着重于出思路、出观点、出真招。厅文稿获得省领导批示130余件，其中省委书记33件、省长黄强75件。做好政务信息服务，省委省政府办公厅采用厅信息104条，在省直部门中位居前列。交通运输部办公厅《交通运输简报》采用厅信息21条，采用率较上年提升明显。抓好建议提案办理，办理人大建议、政协提案207件，实现限时办复率、与代表委员沟通率、非涉密复文公开率、代表委员反馈满意率“四个百分百”既定目标。厅政协提案办理工作得到省政协通报表扬，获“先进承办单位”称号。参谋作用有效发挥。持续提升公文处理水平。坚持常态化开展办公室业务培训，提升办文办会质效；发文强审核、控数量，严把规范“九道关”；文印严谨规范，高标准、高质量交付及时。OA系统成熟应用，办件流程透明化动态追踪，全年处理各类文件10000余件。加强档案规范管理。坚持做到底数清、情况明、数据准，相关工作经验在2022年全省档案工作会议上作书面交流，受到省委常委陈炜肯定表扬。受交通运输部委托，组织完成雅康高速公路项目档案验收。成功向交通运输部申报宁南至攀枝花段高速公路项目开展公路工程建设项目档案“单套制”试点。严格落实保密工作。坚持开展保密各项工作，保密自查自评按时完成五年督查全覆盖目标任务；组织900余名干部参加保密实训，考核合格率达到100%；积极组织参加全省保密工作先进集体和先进个人评选，办公室干部1名获评“全省保密工作先进个人”。AK工程圆满收尾。工程顺利通过竣工验收，受省领导肯定表扬；积极争取“自产自销”，调剂1317台电脑划拨下属单位，为全省唯一将替换设备给自有下属单位的省直部门；督促做好驻场售后维保工作，确保设备出现问题时随时有响应、及时能解决。

（陈超超）

厅法规处 2022年，厅法规处按照厅党组的决策部署，全面贯彻落实习近平法治思想，扎实推进行业法规制度建设、行业改革、执法监督、信用建设等工作，完成了各项工作任务。修订《四川省高速公路条例》，补充智慧高速、信用监管、桥下空间管理、差异化收费等规定，在坚守安全底线基础上优化完善行业监管举措，为高速公路事业高质量发展提供法制保障；开展新技术新业态下的交通立法路径研究，努力填补新技术新业态下的交通法律法规空白；强化行政规范性文件管理，实现规范性文件“三统一”，完成《四川省高速公路投资管理暂行办法》等21件行政规范性文件制修订，完成合法性审查26件，完成上会文件审查35件；持续推进素质能力提升三年行动，联合省总工会开展全省交通运输综合执法人员“大练兵大比武”技能大赛，锻造执法铁军，形成典型示范和榜样引领；加强重点领域执法，推广应用交通运输行政执法综合管理信息系统，持续开展执法领域突出问题查纠整改，开展执法评议考核和执法满意度测评；持续推进川渝交通执法协同，联合印发《川渝地区统一交通运输行政处罚裁量基准（第一批）》，实现30项常见违法行为的裁量标准统一；推进信用交通建设，推动出台《四川省水路运输市场信用管理办法》等4部信用管理制度，改造升级信用系统，强化信用信息归集共享，完成“信用交通省”建设成效阶段总结和第三方评估；开展交通运输行政执法人员配备标准研究，科学分析影响执法人员配备影响因素；督促推进供给侧结构性改革、“放管服”改革、综合执法改革等工作，乡村运输“金通工程”、交通强省试点改革等纳入省委改革典型案例；加强党建工作，试点探索党建和业务深度融合新路径，促进抓党建“第一责任”与抓发展“第一要务”紧密融合，被厅确定为基层党组织党建特色示范点。

（李德刚）

厅规划处 2022年，厅综合规划处围绕厅中心工作，加快推进各项工作，高质量完成既定目标任务。

一是规划体系进一步完善。新增5条共1548公里国家高速公路和6条共1700公里普通国道并纳入《国家公路网规划》，全省国家公路总规模位居全国前3。编制完成《内河水运中长期发展规划》，完成公路水路中长期规划。拟订“十四五”规划重点项目清单、“十四五”规划普通省道项目库、幸福美丽乡村路、乡镇通三级公路等12类省级项目库，为项目开展前期工作和安排资金计划提供重要依据。牵头编制“9·5”泸定地震灾后恢复重建交通设施专项实施方案，会同省文旅厅及相关市人民政府，编制完成大峨眉交旅融合先行示范区建设方案、稻城亚丁交旅融合交通建设方案等重点专项方案。“十四五”规划重点项目、“十四五”普通省道项目、乡镇通三级公路项目以及市（州）前期工作进展较快，条件较成熟的部分项目库外项目，累计报送1490个项目纳入省级“三区三线”交通项目清单，最大限度预留交通项目发展空间。

二是重点项目前期工作创新推进。拟订《支持高速公路加快建设若干政策》，出台《四川省高速公路项目前期工作土地使用及拆迁补偿费测算指南》《四川省高速公路项目交通量预测与财务评价指南》，印发《2022年交通建设抓项目促投资稳增长若干激励政策》，主动与省发改委、省财政厅、省自然资源厅等省直部门和相关单位对接，破解高速公路发展难题，完善高速公路投资决策管理政策体系，鼓励推动年度投资目标任务完成。

三是中、省资金争取保障有力。全年累计争取到位中、省补助资金467.8亿元，比2021年增加93.1亿元。其中，中央补助资金到位328.3亿元，省级资金到位139.5亿元，撬动全省公路水路交通建设投资突破2500亿元，再创历史新高。同时，升级投资计划管理系统，实现公路水路项目“全领域、全链条、穿透式、可视化”管理；完善资金计划管理体系，联合省财政厅印发《四川省省级财政交通专项资金管理办法》《“十四五”省级财政交通专项资金分配标准》《“十四五”中省补助资金支持农村公路水运“以奖代补”实施方案》等政策文件，研究出台一系列补助标准，进一步完善“十四五”投资计划政策体系。牵头制订交通运输领域生态环境保护与绿色发展、碳达峰、道路扬尘专项整治等工作要点或行动方案，推进环保工作落地落实。出台《四川省交通运输领域绿色低碳发展实施方案》《四川省公路水路行业绿色低碳发展实施方案》，深化碳达峰“五转”内涵。牵头编制《四川省贯彻落实第二轮中央生态环境保护督察整改方案》，完成环保督察整改。

四是绿色环保工作务实推进。印发《2022年公路水路统计工作测评标准》，建立统计测评结果 “月公布、季通报”机制，组织开展统计督导调研，落实地方主体责任。梳理入统标准，规范纳统流程，确保“应统尽统”“应报尽报”。组织编制《四川省交通运输统计实操手册》，开展全省行业统计业务培训，强化基层业务指导。同时做好行业统计月报、快报及年报数据报送，经济运行分析等工作，为领导决策提供数据支撑。全省行业统计数据质量明显提升，2022年行业统计工作综合得分排名大幅提升，位居全国第7。其中，公路、水路名录库匹配率考核排名位居全国第1。

（厅规划处）

厅财务处　2022年，厅财务处落实中央和省级财政资金509.63亿元。其中，中央补助资金328.30亿元，省级财政资金181.33亿元。牵头推动交通运输领域各项助企纾困支持政策落实落细，保障行业健康稳定发展。印发《四川省省级财政交通专项资金管理办法》和《四川省公路水路投资计划项目综合管理绩效评价办法（试行）》，完善交通运输领域资金绩效管理机制。根据厅预算绩效管理“两书一函”制度，对4个部省补助重点项目以及厅属单位5个重点项目开展绩效评价，向6个单位发出提醒敦促函9份，持续强化预算约束和绩效管理。开展厅属单位闲置资产清理专项核查工作，完成厅属国有企业负责人2021年经营业绩考核及2022年经营业绩目标制定，推进国资国企管理。会同省财政厅调整“十四五”期中央财政补助农村客运、出租车油价补贴资金分配政策，促进行业持续健康发展。推进厅属企业纳入省集中统一监管，完成省集中统一监管改革2022年度目标任务。开展厅属单位地方财经秩序、“三公”经费暨一般性支出、楼堂馆所清理、拖欠中小企业账款、内部控制建设等专项检查，开展蜀道集团部省补助资金使用情况重点检查，持续强化行业财务监管。开展厅属单位和市县交通运输行业财务人员综合素质提升培训，财务及相关业务人员培训超过1000人次，持续加强人才队伍建设。厅部门预算绩效管理工作被省财政厅评为优秀，行政事业性国有资产报告编报、国有企业财务会计决算报告工作获省财政厅通报表扬。

（厅财务处）

厅人教处　2022年，厅人教处推动干部人才工作实现“六个进一步提升”。

一是新时代党的创新理论武装进一步提升。及时举办“党的十九届六中全会精神”网络培训，分层分类举办处级领导干部专题读书班，实现227名县处级领导干部线下及246名职级调研员线上培训。统筹安排教育培训工作，组织厅机关举办8期培训班，培训815人次；厅直单位举办各类培训班29期，培训2652人次。推荐选派16名干部参加省委组织部调训，组织并全部通过2021年新提拔的34名县处级领导干部参加全省首次新任县处级党政领导干部政治理论水平测试。严格执行拟任县处级党政领导干部政治理论水平任职资格考试制度，未参加或未通过考试的干部，一律不作为动议人选，推动全厅党员干部提升政治素养和理论水平。

二是领导班子和干部队伍气象进一步提升。围绕交通强省建设，对7家厅直单位开展年度重点考核，对其领导班子运行、干部轮岗交流、年轻干部队伍建设等进行专题调研，加强综合分析研判，形成综合调研报告报厅党组。厅党组明确实干实绩导向，坚持好干部标准，统筹用好用实各层级各年龄段干部，厅党组向省委推荐提拔或进一步使用副厅级干部2名，推荐晋升一、二级巡视员（督办）4名；全年累计任免调整处级干部118人次，新提拔处级领导干部44人，其中厅机关中层正职和厅属单位主要负责人11人，推动厅干部结构呈现“四个明显变化”：即处级领导干部“年轻化”趋势明显、厅直单位领导班子结构优化明显、“向上、向外”推荐干部成效明显、干部由“单一型”向“复合型”转变明显。2022年度，厅党组选人用人和新提拔任用干部民主测评满意度平均分值均在98.5分以上，连续多年保持高位态势。

三是专家人才培养水平进一步提升。突出创新发展，集聚优秀人才。加强干部人才教育培训，印发厅年度教育培训计划，完成厅机关行业教育培训12个项目共210万元招标工作。强化厅领导联系服务专家制度，加强领军人才队伍建设，新推荐各类大师英才、技术能手21人次，全厅现有享受国务院政府特殊津贴7人，交通运输部青年科技英才4人，省学术和技术带头人、后备人选18人，省青年科技奖2人，其他专家人才31人。推荐交通设计院公司、交职学院申报博士后创新实践基地。加强专业技术管理，组织开展历史职称评审数据归集专项工作，完成近4年职称证书信息化8244条。完成全省930人正高级、高级、中级职称评审，其中，厅属事业单位、国有企业新获评正高级、高级工程师职称资格179人。

四是年轻干部综合素质进一步提升。突出年轻干部斗争精神和斗争本领养成，用好与市（州）共同培养干部工作机制，注重在交通强省建设、成渝地区双城经济圈建设等重点工作和货车司机党建试点、疫情防控、抗震救灾等急难险重任务、重大项目推进、艰苦复杂环境和锐意改革创新“四个一线”培养锻炼干部。全年派出各类挂职干部66人，其中19名干部挂任区（县）党政班子成员和市（州）、区（县）交通运输局班子成员。畅通引才渠道，新公招、遴选、选调干部人才4批次87人。按照省委年轻干部红色薪火工程计划，对标优秀年轻干部配备指标，更新掌握100人的年轻干部台账，优秀年轻干部储备质量持续提高。

五是干部激励监管作用进一步提升。严格标准程序，年内完成2021年厅1600余名干部年度考核及2022年平时考核工作，及时申报431人奖励；及时做好公务员、事业单位人员工资福利待遇调整工作，发挥各类考核和绩效工资激励、导向作用。完成278名处级干部个人事项集中填报工作，抽查核实101人，全年厅查核一致率为98.02%，超过省直部门平均水平。结合国有企事业单位骨干人员档案专项审核集中攻坚行动，开展领导干部档案管理专项整治。从严把握审批标准，组织开展领导干部因私出国（境）管理、兼职管理专项整治，进一步规范领导干部因私出国（境）和配偶、子女及配偶经商办企业行为，不断提升日常监督力度。

六是机构改革质效进一步提升。争取省委编办支持，核增5名厅机关行政编制。稳妥推进培训疗养机构改革和厅属事业单位优化整合，持续强化事业单位公益属性，优化岗位设置，不断提高公益服务水平和效率。推动省交科院加挂政策研究中心牌子，新增交通运输政策研究有关工作职能职责，厅公路局医院更名为省交通医院。完成省交通医院、物流发展中心岗位设置，提高专业技术高级岗位比例，畅通技术干部晋升渠道。按照省级党政机关和事业单位经营性国有资产集中统一监管工作要求，统筹推进厅属22户企业脱钩划转、人员安置工作。

（郭俊慧）

厅建管处　2022年，厅建管处按照厅统一部署，强化统筹协调，克服防汛抗旱、电力保供、抗震救灾等多重困难，全面完成全省交通基础设施建设各项任务。高速公路建设管理方面，围绕年度总体建设目标，将征地拆迁、用地提交、组卷报批等要素保障与建设、投资目标按项目、按月度细化分解各阶段任务，压实各方责任；坚持省级部门常态化对接、“红黄黑”月度看板管理和“红黑榜”季度通报等机制，进一步建立问题分级分类调度和工作推进“两书一函”督促机制，督促解决问题，促进项目顺利推进。推动工程建设高质量发展方面，以交通运输部平安百年品质工程示范创建为引领，加速推广绿色低碳、智能建造等施工新设备、建筑新材料、建设新技术应用；强化勘察设计质量管理，推行工可、初设、施设三阶段融合设计、预审推进、审批后置等机制，设计方案更科学，技术成果更可行，专题要件反复编制报批现象持续减少；全面推进项目BIM+GIS数字管理平台建设。招标投标管理方面，全面实现招投标电子化，高速公路10套电子招标标准招标文件上线运行，普通国省干线公路、重点水运工程共8套电子招标标准招标文件基本完成编制，公路水运建设项目电子招标标准招标文件体系基本全面构建。行业管理方面，进一步健全建设领域监管执法体系，结合“清廉交通”建设，牵头厅公路局、省航务海事中心、交通执法总队、质监、造价、执法等机构建立行业建设领域监督检查协作机制，并进一步督促各单位强化本领域省市县三级信息共享，联合监管，严格“逗硬”处理各类违规行为；以深化交通建设招投标领域突出问题系统治理为重点，组织开展“双随机、一公开”专项检查，完成8个重点项目以及2个市（州）交通运输局的建设市场综合检查。从业单位信用管理方面，完成2022年度信用评价工作，对全省2018个重点公路建设项目合同段，528家企业完成评价工作。评定A级从业单位115家、AA级从业单位95家、C级从业单位1家。对10家资质申报造假企业实施信用处理。

（江　凌）

厅公路处　公路管理处主要职责包括以下几个方面：贯彻执行国家和省有关公路管理工作的方针政策和法律、法规、规章；组织拟定全省公路养护管理和路网运行的技术标准、制度规范并负责监督实施；指导全省公路养护、路网运行、服务监督、收费监督等工作；负责全省公路养护市场监管；调查研究全省公路管理工作，提出加强公路管理工作的意见和建议；指导公路基础设施的维护和管理；协调指导全省公路运行监测和应急处置等工作；承担公路、桥梁、隧道收取通行费、站卡设置的协调和管理以及经营权转让的行业管理工作；指导全省路政管理。

2022年，厅公路处围绕全省交通运输工作会议总体部署，对照7大建设目标、9方面重点工作，逐项梳理任务，对标对表抓落实，高效完成年度目标。

高效精准实施“入川即检”。升级完善联网收费系统，制订公路“入川即检”方案，在全省722个高速公路收费站出站口外、79处普通国省道省界入口处，设置801个核酸采样点，在疫情防控“新十条”出台之前（自4月18日至12月7日），精准识别引导省外来（返）川车辆，落实司乘人员“一扫四查”，排查车辆2118.8万辆，红码1.16万人，黄码5.45万人。同时，其间编制公路来（返）川车辆人员核酸“入川即检”十问十答和全省统一的宣传标语，并全媒体推出宣传；从加强网约车监管、查处规避防疫检查行为、加强服务区防疫管理等5个方面，及时调整优化防控措施，扎好关口、筑牢屏障，为全国实施“落地检”提供四川样本。

前瞻谋划收费政策研究。主动对接交通运输部技术支持单位，以成乐高速公路、成南高速公路和遂渝高速公路为样本，组织开展《四川省高速公路改扩建收费费率与年限核定方法研究》，为后续制定改扩建高速公路项目收费定价政策提供依据。参与《支持高速公路加快建设若干政策》研究，研提差异化收费、分段收费、合并简化收费立项和正式收费程序等相关规定，按照“通车即收费”原则，加快新建通车项目和试收费项目的正式收费审查，完善收费管理，强化政策激励。2022年，完成全省11个高速公路项目（909公里）正式收费审查，其中：10个项目（824公里）正式收费，1个项目（85公里）完成正式收费审查。

推进物流降本增效。完成全省路网费率系统更新调试、复核验证、联调联试和上传报备工作，确保四季度收费公路货车通行费减免10%的决策部署平稳落地实施，减免货车通行费3.58亿元，涉及各类货车3584万辆次；同步组织收费主体开展债务摸底，组织央行、银保监会、各大商业银行和各高速公路营运公司召开专题座谈会，部署金融让利测算工作，共减免利息4.16亿元。指导天府国际机场高速、成宜高速公路等新建成通车运营项目，制定分阶段、分车型差异化收费政策，严格执行“绿色通道”、重大节假日小型客车免费等优惠减免政策，各项通行费优惠减免62.11亿元，约为通行费收入的20.51%。

加快培育公路养护市场。研究制订《四川省公路养护作业单位资质管理实施细则（试行）》，编制养护资质许可工作手册，严格规范资质审查许可程序，完成审查6批次、129家公路养护作业单位提交的314个资质序列申报材料，通过34家单位、91个资质序列，稳步推进养护市场主体培育。同时，加快建设“四川省重点公路养护市场信用信息服务系统”，构建养护市场信用体系，完成公示34家取得资质单位的初次信用评价及信用信息，引导主体规范诚信从业，市场健康有序发展。

提升道路安全水平。指导相关市（州）交通运输局和高速公路营运公司，全年开展38座（高速公路30座，普通公路8座）长大桥梁结构健康监测系统建设，截至12月31日，高速公路长大桥梁结构健康监测系统建设工作全部完成，普通公路长大桥梁结构健康监测系统完工3座，其余5座桥挂网招标。开展公路独柱墩桥梁运行安全提升专项行动“回头看”，完成48座桥梁改造提升，剩余2座进入前期工作。落实自然灾害综合风险公路承灾体普查经费2101.63万元，顺利完成省、市、县普查和审核相关工作，形成全省包含32.3万条信息的公路基础设施属性信息集和自然灾害风险点信息集，并按照国普办要求，将眉山作为“一省一市”评估区划试点，将其全域公路承灾体普查数据及相关图文报送省普查办。收官完成铁路沿线安全环境治理三年攻坚行动，开展公铁并行交会地段、公跨铁桥梁安全隐患排查“回头看”，加快推进9处平交道口改造，完成23处船舶碰撞铁路桥梁隐患整治，保障铁路安全运行。

优化完善路网出行服务。制订雅西高速公路冰雪天气高效安全通行提升工作方案，细化分解11项目标任务，印发2期工作通报，多次开展工作协调督导，健全应急指挥体系，做好大型吹雪车等应急物资储备，优化调整冬季管控措施，消除冰雪天气下的车辆拥堵、滞留。

加快完善公路充电基础设施建设，138对高速公路服务区充电基础设施建成投运，覆盖率84%，总体服务能力达14万千瓦，普通公路沿线充电基础设施建设正有序推进。参与制订普通国省干线“暖心之家”规划，指导地方在国道348线太平服务区建成普通公路首个“暖心之家”，作出示范引领，获各方点赞认可。

推动行政许可便民利企。按照“覆盖大件运输主通道，服务重点项目”的原则，继续开展大件运输车辆通行高速公路桥梁通过性验算，研究布局联通周边省份、覆盖全省21个市（州），以高速公路、大件公路为主，普通公路为补充的大件运输主通道体系，并加快升级改造大件运输许可系统，实现数据及图片信息自动采集、识别，将人工录入信息量压减46.7%，减轻企业负担，提升许可效率，保障26.6万件大件运输许可高质高效完成。成立工作专班，赴川藏铁路公司上门服务，调整优化运输方案，保障4套TBM设备、2500余吨钢箱梁等大件运输。印发规范涉路施工许可服务通知，提升涉路施工许可管理和服务水平，将许可事项压减50%，申请材料压减44%，保障160件涉路施工许可全部按时办结。

（厅公路处）

厅审批处　2022年，厅审批处按照厅党组决策部署，深入推进“放管服”改革等重点工作，坚持优机制、促改革，提质效、惠民生，交通运输营商环境不断优化。印发《四川省交通运输厅深化“放管服”改革优化营商环境2022年工作要点》，牵头组织实施全省交通运输领域“放管服”改革优化营商环境6个方面23条工作举措，纵深推进“一网通办”前提下“最多跑一次”改革，加快交通政务服务标准化规范化便利化建设，多渠道提升政务服务质效，深化成渝地区双城经济圈“放管服”改革，强化交通运输行业监管效能。

2022年，省交通运输厅被省政府通报表扬为全省深化“放管服”改革优化营商环境工作先进集体、省级政务服务大厅先进窗口单位，在省一体化政务服务能力第三方评估中位于“优秀”等级。省交通运输厅在全省优化营商环境工作推进会、“双随机、一公开”联席会、全省大数据和“一网通办”工作座谈会上作经验交流发言。“道路运输证”和“道路运输从业资格证”电子证照实现川渝两地共享互认，被《中国交通报》予以报道。创新“智能审批”服务，试行Ⅰ类、部分Ⅱ类超限运输许可“秒批秒办”并优化完善，推出“四川省重点物资运输车辆通行证申请”智能审批［该应用入选第三届数字四川创新大赛（2022）数字政府赛道“十佳案例”］。深化利企便民服务，“网络预约出租汽车运输证发放”和“我要当网约车驾驶员”纳入全省“一件事一次办”样板。

（李浩航）

厅运输处　2022年，厅运输管理处扎实开展交通运输服务工作。完成重大运输保障任务，统筹开展春运、十一“黄金周”运输任务等运输保障工作。筑牢疫情防控防线，牵头成立物流保通保畅工作机制办公室和“入川即检”工作专班，制发《关于进一步优化完善“入川即检”措施的通知》，启用《重点地区来（返）川货车标识》，尽最大努力守住疫情输入“省界防线”。持续优化便民惠民服务，推进城市公共交通一卡通互联互通工程，21个市（州）实现公交“一卡通”互联互通。持续发挥“12328”热线作用，全省受理业务100余万件，投诉举报限时办结率97.69%，回访满意率99.21%，成为解决从业人员难题的重要抓手。推进国际物流供应链发展，联合重庆共建成渝跨境道路运输平台，建立四川省国际物流保障协调工作机制，联合出台《四川省推进现代国际物流供应链发展的实施意见》，编制《四川省国际物流先行先试工作实施方案》。稳步推进综合货运枢纽补链强链建设，指导成都市联合重庆市成功申报国家综合货运枢纽补链强链城市群。推动多式联运快速发展，联合制定《四川省推进多式联运发展优化调整运输结构工作方案（2022—2025年）》，指导国家第四批多式联运示范工程项目创建，推进大宗货物“公转铁”“公转水”。加快推进农村物流健康发展，指导4个项目成功入选全国第三批农村物流服务品牌，获批农村物流品牌数量居全国第一。持续健康引导货运物流转型升级，规范网络货运平台和货运企业经营行为，解决现行网络货运市场突出问题。推进“金通工程”建设，构建独具特色的农村客货运体系，满足农村群众出行需求，有效促进城乡要素双向自由流动。交通物流助企纾困，推进千亿交通物流专项再贷款政策在川落地落实，制定“六个一”贯彻落实工作方案。扎实推进碳达峰碳中和运输工作，超额完成年度目标任务，健全城市绿色出行工作机制，组织开展城市绿色货运配送示范工程建设，交通强国公园城市试点工作初显成效。加快推进货运物流体系建设，货运集约发展突破。

（厅运输处）

厅航务处　厅航务处（厅航务海事处）主要职能职责是参与拟订水路基础设施建设、维护、运营和水路运输、航政、港政、地方海事相关政策、技术标准和运营规范并监督实施；承担水路交通运输市场的监督管理工作；指导水路交通基础设施的维护和管理；承担港口岸线使用管理有关工作；承担水上交通安全、应急搜救、运输船舶及相关水上设施检验、登记和防止污染的监督管理工作，承担船员监督管理相关工作；承担渔船检验的监督管理和行业指导工作。

2022年，围绕“水运突破年”总体方向，加快推进稳投资、促发展、保安全、防污染各项工作落实落地，基本完成“水运突破年”各项目标任务。一是投资连续7年保持50亿元以上。全年水运建设投资创历史新高，达到66亿元，比上年增长25%，超目标投资的32%。全省高等级航道里程1892公里，新增144公里，超额完成新增110公里目标任务。推动川渝两省（市）联合印发《共建长江上游航运中心实施方案》，持续推进岷江龙溪口等8个续建项目建设，推进岷江东风岩枢纽等重点水运建设项目前期工作。二是水路运输持续向长途化稳步增长。全年全省港口吞吐量完成3216万吨，集装箱完成28.8万标箱,分别比上年增长57.34%和9.48%。全省水路运输货运量完成6049万吨，比上年增长12.01%，货物周转量275.59万吨公里，增长4.1%，其中铁水联运完成42577万标箱，增长14.23%。稳定运行川渝水水中转班轮、长江中下游直航航线和11条铁水联运班列，持续引导适水货物公铁转水、水水中转。进一步规范嘉陵江联合调度机制，提高船舶过闸效率，全江过闸时间稳定在7天以内。三是水上交通安全形势稳定。全年未发生跑船和水运污染事故，水上安全形势持续保持稳定。全面启动“平安渡运”和船舶集中停泊区建设，建成船舶集中停泊区222个、系缆桩3356个，超额完成撤渡50个，建成平安渡口50个的年度目标任务。推动船舶突出问题整治，累计拆解船舶653艘，规范提升船舶597艘，取缔水运企业14家。四是绿色航运有序推进河长制工作成效明显。累计完成135个码头泊位的岸电设施改造、222艘船舶岸电受电设施改造，全省27个港口泊位低压岸电接插件升级改造全部完成。厅航务处会同生态环境、住建部门，推动污染物接收、转运、处置全过程闭环管理，完成转运处置率达90%的目标任务。琼江国考断面水质首次实现全面达标。

（罗雪飞）

厅安监处 2022年，厅安全监督处按照厅党组的统一部署，深入学习贯彻党的二十大会议精神、习近平总书记关于安全生产重要论述和来川视察重要指示精神，牢固树立人民至上、生命至上理念，落实安全生产各项措施，维护交通运输安全稳定形势。以“安全生产强化年”为统领，执行各项制度要求，重点时段强化超常规措施，加强重大风险辨识管控和安全隐患排查治理，组织开展各类专项整治行动，打击违法违规行为，遏制重特大生产安全责任事故，压减生产安全责任事故总量。全年全省发生公路水路行业安全事故67起、死亡83人，比2021年分别下降20.24%、23.15%，连续三年保持同比两位数“双下降”，未发生重特大安全生产事故，安全生产形势持续平稳。

安全生产方面。全面落实“党政同责、一岗双责”和“三管三必须”要求，抓好统筹协调和指导监督工作。贯彻落实国务院安委会安全生产十五条措施和部省实施意见，牵头制定行业贯彻举措，确保各项工作措施在一线落实落地。牵头起草并积极争取以省政府名义印发《关于进一步加强公路水路交通运输领域安全生产工作的意见》，制订厅内分工方案，构建形成“1+N”的安全监管长效机制。结合行业实际牵头制定《森林草原防灭火“七个一”工作措施》《燃气安全六项工作举措》《公路水路行业有限空间作业操作规程》，完善行业各领域汛期安全防范措施，提升行业安全防范能力。举办行业安全应急培训班，组织全行业开展“安全生产月”“消防宣传月”等宣传教育活动，提升安全意识。持续加强行业安全生产监管，重点时段制定实施超常规措施，推动落实国庆前后两轮全覆盖安全生产包保指导工作，党的二十大期间组织实行驻点督导，相关工作得到交通运输部第六包保指导组充分肯定。主汛期组织5个省级工作组，深入13个市（州）开展安全生产暗访暗查工作，督促闭环整改。推进安全生产专项整治三年行动“巩固提升”，深入组织实施安全生产大检查，落实重大安全风险防控要求，开展常态化隐患排查治理，完成自然灾害综合风险公路水路承灾体普查，做好高火险期森林草原防灭火工作和攀枝花西区包县督导，统筹推进危货运输、房屋建筑安全、消防燃气安全、反恐防范等相关工作，行业全年未因生产活动引发森林草原火灾，汛期首次实现“零跑船”，未因山洪、泥石流造成人员伤亡，行业安全生产形势持续稳定。

应急管理方面。牵头编制《特大地震重点地区交通保障子预案》《四川省多灾种叠加综合交通运输保障预案》，修订完善厅本级地震应急预案和工作手册，细化夜间和断路、断电、断通信等特殊情况应急措施。梳理掌握重点防范区域，绘制“一路一策”“一县一策”布防图，科学适度前置力量装备，创新添置吹雪车，租赁雪地摩托和直升机，应对低温冰冻雨雪灾害。强化应急队伍能力提升，加强省级公路水路交通运输常备应急队伍建设，会同眉山市举行“交通使命—2022”地震应急联合演练。应对3次6.0级及以上地震，统筹协调行业抗震救灾工作，完成抢通保通保运任务，多次受到部省领导肯定表扬。在“7·12”绵阳平武山洪灾害中交通在建项目900余人成功避险，得到部省领导充分肯定。

（厅安监处）

厅审计处 2022年，厅审计处通过统筹整合厅直单位业务骨干、社会审计机构等审计资源，依法履行审计监督职责，围绕全省交通运输中心工作和“清廉交通”建设，聚焦权力运行的重要领域和关键环节靶向发力，完成9项外部审计配合任务、七大类33项内部审计任务，审计对象覆盖15个厅直单位、12个县（市、区）交通运输局，全年累计发现各类问题230个，提出整改建议186条。保障审计署专项审计，及时准确向审计组提供资料13批次1013件；配合审计厅2021年度预算执行和其他财政收支情况审计，并按规定向社会公开审计整改情况；统筹协调做好审计署和审计厅等开展的省级经营性国有资产集中统一监管推进情况、贯彻落实成渝地区双城经济圈建设规划纲要情况、国道351线夹金山隧道工程等7个事项专项审计调查配合工作，推动外部审计发现问题整改，审计配合工作得到审计署成都特派员办事处、省审计厅认可。规范权力运行，组织开展10个厅直单位主要领导干部经济责任审计、厅主要领导审签及重大决策事项审计，重点揭示领导干部履行经济责任等方面存在的问题105个，提出建议87条。其中，厅公路局、厅运管局主要领导干部经济责任审计为省委审计委员会办公室和省审计厅委托开展，圆满完成审计任务，厅造价站谭举鸿等8个经济责任审计项目参照审计厅工作标准，对标新机制新要求，主动完善工作流程和审计报告，提升厅内部审计工作水平。提高资金绩效，组织实施省交科院、省交通执法总队第六支队等2个厅直单位2021年度预算执行及财政财务收支审计，开展厅运管局“四川省道路运输综合管理与服务信息平台”重点自建项目投资审计，将财经纪律执行情况作为审计监督重要内容，指出相关单位财务管理和自建项目建设管理等方面存在的18个问题，提出审计建议13条。服务乡村振兴大局，对发生重大安全生产事故、交通建设部省补助资金量大的美姑县等8个县（市、区），以及部定点帮扶小金等4县开展部省补助资金使用情况专项审计，监督检查交通运输部及省级财政下达的交通建设资金监督管理及重大资金项目落地情况，指出资金使用管理等方面存在的问题114个，提出审计建议80条。全面开展内部审计发现问题整改“回头看”，组织厅直单位全覆盖开展本单位2021年度审计发现问题整改“回头看”，选取2021年度审计发现问题较多的布拖等5县重点开展整改“回头看”，防范“账面整改”，揭示整改不到位问题17个；执行内部审计结果颜色管理，对部省补助资金使用管理存在严重风险隐患的布拖县发送黄色警示，杜绝屡审屡犯；合力推进巡视巡察及审计发现问题整改，厅主要领导高度重视、亲自谋划，推动审计监督与干部监督、纪律监督、监察监督形成威慑合力，组织召开严肃财经纪律推进巡察审计检查问题整改工作会，通报厅属单位2021年以来巡察审计检查发现的八大类168个问题和整改落实情况，宣讲维护财经纪律政策文件及责任要求，进一步压实审计整改主体责任，督促审计查出问题全面整改。严控审计质量，全面强化审计项目全过程管控，落实审计项目组长负责制，确保取证扎实、复核严谨、建议可行；全面强化社会审计服务质量监管，严把合同签订关、审计报告质量关，“一审多项、一项多果”抽取色达县、小金县开展审计质量“回头看”，就上年度审计报告中发现问题的客观公正性、定性依据准确性、提出建议可行性进行复核，进一步控制审计质量风险；全面强化审计专业能力素质提升，通过线上工作群业务交流、线下实战训练、以审代训现场指导等方式，多途径强化能力建设，梳理汇编审计法规制度，规范指导全省交通运输行业内部审计工作。

（厅审计处）

厅科信处 2022年，厅科信处抓科技项目管理、科研平台建设、行业标准供给。在交通科技工作方面，印发《交通运输科技项目管理办法》，规范财政补助经费项目全过程管理；印发《四川省交通运输科技自筹经费厅立项目管理办法》，发挥政府在企业科技创新中的组织作用，调动行业重点企业等创新主体积极性，构建“多方筹资、政府立项、院企研发、成果共享”科技发展格局。推动川藏公路博物馆获批国家交通运输科普基地。推动建成四川低碳交通研究中心并纳入天府永兴实验室。推动申报的两个公路观测点通过交通运输部首批认定。获批立项地方标准6项、川渝共建标准2项，6项科技项目入选交通运输行业重点科技项目清单。行业科技成果获省科技奖励4项（其中一等奖1项、二等奖2项、三等奖1项），为四川交通运输高质量发展提供支撑。厅科信处被科技厅评为全省科技创新工作先进单位。

智慧交通建设工作方面，按照《四川省“十四五”数字交通规划》，推进交通新型基础设施建设，深化“互联网+政务服务”“互联网+监管”建设成果应用，为行业提质增效、高质量发展提供支撑，厅科信处被省政府办公厅评为电子政务工作先进集体。

（厅科信处）

厅外经处 2022年，厅外经处推进高速公路招商、制度规范建设系列工作，完成各项目标任务。成功招商阆中至营山、成渝扩容、遂渝扩容、大竹至垫江、自贡至永川、泸州至古蔺等6个高速公路项目，全年招商总里程530公里，总投资1213亿元，实现连续4年招商规模超千亿元。加快推进高速公路制度建设，推动形成

“1+1+3+N”制度体系。牵头制定高速公路投资管理暂行办法，配合出台支持高速公路加快建设若干政策，全面激发高速公路投资建设活力。编制修订BOT、PPP项目招标文件和PPP项目资格预审文件等3个参考文本，规范招标文件编制工作和投资管理。研究出台高速公路项目投资建议方案编制大纲、专家库和评估实施细则等配套文件、交通量预测与财务评价指南，与印发的高速公路BOT管理办法共同形成完备的高速公路投资管理制度体系。加强前瞻性思考、全局性谋划和整体性推进，深化部门协作和工作协同，超前开展招商前期工作，将高速公路招商工作融入交通业务链条前端，形成梯度合理的项目储备和滚动、规范、有序、高效的项目推进机制。加强特许经营管理，对78个经营性高速公路项目开展股权变更情况清理，对全省14个高速公路PPP项目绩效考核目标、指标进行梳理评审和优化调整，建立特许经营监管和绩效评价长效机制。优化营商环境，为高速公路投资维护良好市场秩序。成立招商承诺制督导专班，全面梳理高速公路招商优惠政策及落实情况。建立工作台账，按月管理、按季度通报，并将兑现情况纳入公路水路绩效评价管理。靠前主动服务，走访地方政府和蜀道、华川集团等投资人企业，在项目前期工作推进、招商方案制定、优惠政策出台等方面为投资人和地方政府提供“保姆式”精准服务，及时研究解决制约项目推进的难题。对受经济转型、结构调整影响的华川集团等企业开展纾困解难专题活动，协调督促相关市（州）政府兑现招商优惠承诺。全面提升服务效率，将投资人信用评价工作由一个月一次调整为“收件即办”，让投资人“最多跑一次”。谋划“走出去”工作，制定国际交流合作工作要点，加强与瑞士、泰国等国家驻成都总领馆联系，探讨在融合科技手段风险管理、交通项目合作共建等方面的发展潜力。加强交流合作，探索推动厅与澳门大学建立合作关系，指导四川交通职业技术学院与老挝琅南塔省师范学院签署合作协议，推动交职学院与丹麦职业教育联盟双方网上签署合作备忘录，提升交通运输科研实力。深化外资利用，做好世行贷款邛崃道火路项目后续工作，对接省发展改革委、省财政厅等部门，加强项目包装指导，拓宽融资渠道。

（厅外经处）

厅信访处 2022年，厅信访处以扎实做好党的二十大和省第十二次党代会期间安保维稳工作为主线，以贯彻落实《信访工作条例》为重点，防范化解行业重大涉稳风险，持续推动信访积案化解，切实维护交通运输行业安全稳定。

聚焦一个“稳”字，着力维护行业稳定。一是明确目标任务。围绕部、省关于平安四川建设的部署要求，先后印发《四川省交通运输厅平安四川建设领导小组2022年工作要点》《2022年四川省交通运输行业维护社会稳定工作要点》，将平安四川建设的重点工作任务细化为23项具体工作，明确细化工作任务。二是强化风险防范。收集涉稳风险情报信息并将涉稳风险信息16条转相关市（州）妥善处置；定期摸排梳理行业内涉稳风险隐患，对将排查出的18个涉稳风险隐患，通过“发点球”的方式分解落实到责任单位。发挥平安四川建设领导小组协调机制，召开行业领域涉稳风险防范化解专题工作会议，针对出租车（网约车）、货车、城市公交等问题，加强与网信、公安、市场监管、经信等省直部门的协调配合，强化对成都等市（州）相关工作指导。三是加强安保维稳。做好党的二十大、省第十二次党代会等重点时段的行业安保维稳工作，到地方走访慰问信访重点人员，指导属地交通运输部门做好重点人员稳控；开展行业涉稳风险隐患日研判，完善防范处置群体性事件联动机制；严格执行24小时专人值班和领导干部带班制度，实时启动“日报告”“零报告”制度。

紧盯一个“访”字，着力化解矛盾纠纷。2022年，因信访件及群众留言受理渠道增加，办理总量比上年增长36.73%，及时受理率和按期办结率均为100%。一是开展宣传贯彻工作。通过个人自学、处务会集中学习、业务骨干讲解、工作指导、制作宣传展板等方式，开展《信访工作条例》和全国第九次信访工作会议精神的宣传贯彻，领会条例出台背景、重大意义，学习信访工作的体制机制、职责任务、处理程序、监督体系等顶层设计内容，并将条例中规范性要求落实到信访工作中。二是化解矛盾纠纷。多次协助厅运输处、厅运管局指导地方交通运输主管部门，做好货车司机的涉稳风险信息的人员核实、困难帮扶、教育稳控等工作。组织专题会议，邀请专业律师为信访重点群体提供法律咨询，引导信访人通过司法途径解决涉法涉诉的信访问题。陪同信访人到省人社厅咨询劳动人事争议仲裁程序和生活补助标准，通过第三方权威机构专业解释，降低信访人心理预期，为信访矛盾有效化解提供契机。三是加强督促指导。先后印发行业突出涉稳风险、信访重点人员和重点群体化解工作方案，指导责任单位按照“五个一”要求妥善化解处置疑难信访问题。与厅运输处、厅运管局到资阳市交通运输局实地调研胜威驾校信访问题的化解处置情况，到厅公路局医院座谈会商指导其通过多元化手段化解处置好退休职工信访问题。

落实一个“保”字，着力提升安保水平。一是推进消防管理建设。认真督促指导消防维保单位严格落实厅机关消防安全例检和重大节假日消防安全大检查制度，不断健全完善关键部位抽检和巡查机制，指导厅机关各部门和食堂、安保等单位认真开展消防安全培训，及时对发现的消防隐患落实整改。二是推进保安服务建设。以完善厅机关安保服务体系标准、人员培训教育、提升工作效能为重点，狠抓机关安保岗位责任落实，强化岗位人员素质培养。加强厅机关大院的人员引导和车辆管理，确保厅机关办公环境安全。三是推进防控措施落地。遵循“逢进必测、逢进必检、逢疑慎检”原则，严格落实厅机关大门进出人员必须佩戴口罩、体温检测、扫码查码或信息登记等疫情防控措施，做到厅机关办公环境和疫情防控“双安全”。

（厅信访处）

厅离退休处 2022年，厅离退休人员工作处全面推动离退休工作高质量发展，被中共四川省委老干部局、组织部和省人社厅表彰为“四川省老干部工作先进集体”。

加强离退休干部党的建设。中共中央办公厅《关于加强新时代离退休干部党的建设工作的意见》印发后，组织全厅老干部工作人员和离退休支部书记、委员参加线上培训2次，专题学习1次。按照厅党组统一部署，以“加强离退休党员教育管理”特色示范点创建工作为抓手，坚持以政治建设为统领，全面加强离退休干部党的建设。各支部通过线上学习、组织生活、读书分享会等形式，学习党的二十大精神、省第十二次党代会精神等。全年组织观看网上报告会7场，开展老党员讲微党课4次，收集老党员高质量学习心得20余篇，收到老党员自愿交纳“9·5”泸定地震抗震救灾党费63514元。

开展特色正能量活动。注重支部共建和老中青党员的传帮带作用，离退休党总支老党员和人教处、离退休处青年党员赴天府家风馆联合开展“传承好家风，喜迎二十大”主题党日活动。完成“建言二十大”“我看中国特色社会主义新时代”调研活动，通过线上建言、个人访谈、集体座谈等形式，收集90余条建言和九方面所见所想，专题报告中共四川省委老干部局并获充分肯定。组织好四次特色主题活动，在端午节前开展“学党史，明法规，庆佳节”主题活动，厅老年大学书画班与奔腾协会联合开展“欢庆七一节，喜迎二十大”学术交流活动并选送优秀作品参加各级展览获佳绩，赴厅运调中心开展“喜迎二十大，参观新成就”主题活动，赴崇州开展“学习二十大，奋进新征程，增添正能量”主题学习活动。

做好离退休干部服务管理工作。春节前，厅党组书记罗佳明携全体厅领导录制视频，向老同志通报情况、云端拜年。通过致送慰问信、电话慰问、发放慰问品、分管领导带头走访老同志代表等形式做好重大节日走访慰问。进一步规范干部退休有关工作，罗佳明亲自部署，相关部门协作为一名新退休老领导举办光荣退休座谈会。分类落实离退休人员生活补贴、困难补助和医疗照顾等待遇，做好退休人员养老金调整政策解释工作。为10名离退休干部和1名离休干部遗属申请生活特困补助12.6万元。加强老同志医疗保健工作，完成健康体检、离休干部和退休厅级干部的健康休养、流感疫苗注射、疫情防控等工作，开展健康知识讲座、义诊活动2次，宣传防疫政策，关注重点人群，解决实际困难。

以从严从实原则，夯实老干部工作部门自身建设。加强政策学习，编印《老干部工作政策规定简要介绍及文件选编》，帮助工作人员系统掌握政策。编印《离退休党总支学习动态》12期，打造深受各单位老党员和工作人员喜爱的学习展示平台。持续推动老干部工作信息化建设，完成“情系老交通”专栏适老化实现无障碍访问，在机关党建网、“天府晚霞”微信公众号、交通快讯等各类平台累计发表信息40余条。加强对厅直单位的指导，开展厅党组系统老干部工作大调研，提出有效建议，推动厅离退休工作跨上新台阶。

（厅离退休处）

厅机关党委（纪委） 2022年，厅机关党委坚持以党的政治建设为统领，夯实基层基础，强化党建引领，提升党建质量，推动交通运输系统党建工作由机关向基层、系统向行业、党务向党建“三个纵深拓展”，进一步构建“大党建”工作格局。制发《党建工作要点》，落实从严管党治党意见及责任分工，召开年度党建工作会和中期工作推进会，系统谋划和推进。坚持问题导向，系统梳理印发党建及党风廉政建设工作问题整改清单，开展中期评价，督促整改落实。组织开展厅直系统44名党组织书记抓党建述职评议考核和党建综合考核，对25个厅直单位“四好一强”领导班子创建、落实党建工作和党风廉政建设责任制集中考核。严格落实“三级五岗”责任清单，结合厅直单位实际制定“四级八岗”职责清单。坚持政治巡察定位，以问题为导向，完成对9个厅直单位巡察，严肃对发现问题的整改督促，推动厅直单位工作进一步规范。制定厅党组巡察规划，5年内对厅直单位全覆盖巡察。制定学习宣贯党的二十大和省第十二次党代会精神通知及方案，厅党组会和中心组集中学习4次，通过三级书记讲党课、专家宣讲、党员培训，推动全系统深入学习全会精神。厅党组理论学习中心组发挥示范引领、深入研讨交流，连续7年被省直机关工委评为中心组学习先进单位。推进党史学习教育常态化长效化，组织厅直系统474个基层组织，5000余名党员学习宣贯习近平总书记到川视察重要指示精神、中央和省委全会等重要会议文件精神，抓好“四好一强”领导班子创建，落实“第一议题”制度。示范轮训党员和党务干部350人次。启动实施厅直系统38周岁以下青年党员干部能力提升三年计划，每年按照集中培训、实践锻炼、效果考核三阶段进行，2022年第一期线下培训60人，其余2052名青年发放培训资料，组织实地调研、经验分享等活动，举办培训成果考核大比武，134人参与。开展青年党员干部“学用新思想、建功新时代”主题活动，1个集体、2名个人受到省直机关工委表彰。创新开展“青年交通说”主题沙龙活动7期，在省直部门反响良好。开展“喜迎二十大·奋进新征程”、传承弘扬“两路”精神等宣传教育活动7项。在2021年全行业庆祝中国共产党成立100周年文艺汇演基础上，2022年开展“喜迎二十大”全省交通运输行业首届职工运动会，设置比赛项目9个，近万人参与。围绕家底清、数据明、问题准、措施实，开展党建工作大起底、大调研，集中1个月，对31个厅直单位开展党建全覆盖走访调研，形成高质量调研报告，并向厅党组报告，为下一步党建工作摸清实情，找到对策。创造性开展党建示范创建活动，按照分类指导原则，明确机关、事业单位、企业等5类，确定22个创建点，围绕领导班子建设、党员积分制管理、党建业务融合发展等机关党建重点难点问题开展创建，2022年集中创建，2023至2025年总结验收和成果推广，验收合格给予授牌，有效期2年，并建立退出机制，确保质量。通过打造党建工作示范点，发挥其示范、带动、辐射作用，推动厅直系统基层党组织全面进步、全面过硬。在示范创建基础上，推进“五好党支部”创建，印制《党支部规范化手册》，规范制度流程，召开庆祝中国共产党成立101周年暨“五好党支部”表彰大会，评选表彰“五好党支部”52个。制定在“拼经济，搞建设”中发挥基层党组织战斗堡垒作用和共产党员先锋模范作用“六条措施”，在“9·5”泸定地震和“8·25”成都疫情静态管理期间，厅直系统成立党员突击队、先锋队21个，1200余名干部职工赶赴救灾前线和防疫一线。探索党建引领交通重点建设项目高质量发展有效途径，在中共四川省委省政府一号重点民生工程夹金山隧道项目成立临时党支部、监督小组、党员突击队、技术攻坚队等，打造成党建引领交通重点建设项目高质量发展示范工程。抓好定点帮扶工作，受到分管省领导肯定批示。机关纪委依规依纪办理信访举报3件，处理违纪案件4件，指导29个支部开展以案促改，出具干部廉政意见75人次。会同驻厅纪检监察组开展“清廉交通”建设，召开工作推进会，推进廉政教育、风险风控、制度完善等工作，交通运输部、省纪委等对该工作给予肯定，《中国交通报》《四川日报》《中国纪检监察报》《廉政瞭望》等对“清廉交通”建设情况作广泛报道，作为全国交通运输系统廉洁文化建设十佳案例公示。落实中共四川省委“有形有态有效”开展货车司机群体党建批示，探索行业管理和业务监管与党建深度融合路径，形成省市县三级全面覆盖、上下贯通工作体系。应建尽建党组织522个、网格化流动党员党支部531个，实现货车司机在哪里，党组织就覆盖到哪里。创造性规划并建成“暖心之家”20个，服务4万余人次，2万余人次好评，货车司机广泛赞誉。建立“蜀道畅”货车司机智慧党建平台，近2万名货车司机注册，5.3万余人关注，34万人次访问，在省总工会、省委网信办“网聚职工正能量，争做四川好网民”小程序应用优秀案例中获第一名。常态化开展诉求解决、联系服务、引领带动、关心关爱，线下办好货车司机权益保障9件实事，省市县三级联动送温暖、送清凉等活动慰问货车司机2.5万余名。试点工作9次受到中组部、交通运输部和省委领导肯定批示。全省推动行业党委实体化运行、“暖心之家”建设、“蜀道畅”建设等受到中央组织部简报通报表扬，相关做法50余次被新华社、《人民日报》《中国交通报》等中央和省级媒体宣传报道。

（厅机关党委）

省交战办　2022年，四川省交通战备系统学习贯彻中央关于深化国防动员体制改革有关精神，配合做好改革工作。2022年12月，按照省委改革工作安排，撤销省交

2022年，全省民用运力无预先号令环川藏南北公路综合演练，队伍集结完毕

省交战办　供图

通战备办公室（省保护通信线路安全办公室），在省交通运输厅增设交通战备处（保护通信线路安全处），承接做好相关工作。实施《四川省“十四五”国防交通建设发展规划》，多条重点国防公路建设投用，国防交通投送通道及其迂回联络线不断完善。推进交通基础设施建设，贯彻国防要求强化场站军事支撑，做好应对复杂态势交通运输准备。主动对接部队需求，争取省发展改革委、省财政厅等资金支持，解决部队机动前出“最先一公里”问题。统筹应急应战物资储备，持续优化国防交通物资储备布局和储备结构，做好物资维护保养，满足支援保障和抢险应急需求。抓好国防交通专业保障队伍建设，完善专业门类，加快推进整组更新，建设梯度合理、层次丰富的全省国防交通专业保障队伍体系。创新开展2022年度全省民用运力无预先号令环川藏南北公路综合演练，规定时间内完成集结整组，完成战前训练，完成演练课目17个，提升队伍应急应战综合能力水平。组织公安交警、路政等部门，完成多起重特大军事交通保障，以及部队驻训、跨区机动等多批次军事交通和应急运输保障任务，得到国家交战办、西部战区和受保障部队好评。

（省交战办）

省航务海事中心　四川省航务海事管理事务中心是省交通运输厅党组领导下参照公务员法管理的公益一类事业单位。主要职能是贯彻执行党中央关于航道、港口、水路运输、地方海事、船舶检验等工作的方针政策和省委决策部署，为机关提供支持保障、面向社会提供公益服务的职能以及完成省交通运输厅交办的其他任务。具体如下：

为机关提供支持保障的职能：一是参与拟订地方性政策、法规、规章和标准并协助实施。二是参与编制、修订全省水路交通行业发展规划、计划，承担指导地方港口总体规划编制、水路交通行业统计的行政辅助工作。三是承担指导水路交通运输市场监督管理；危险货物港口安全监督管理和港口污染防治；全省航道、港口等水运基础设施建设、维护、管理的行政辅助及技术支撑工作。四是承担防汛抢险、船员管理、船舶管理、通航管理、危防、船舶污染防治、水上突发事件、应急搜救、水上交通事故调查等海事业务的行政辅助及技术支撑工作。五是承担船舶设计资质、船舶生产企业资质认可；船舶法定检验（含渔业船舶）及检验监督管理的行政辅助工作及技术支撑工作。

面向社会提供公益服务的职能：负责组织水路交通行业从业人员培训、考试和继续教育。负责水路运输市场信息、航道信息等的收集发布。承担水运科技研究及船舶标准化的推广运用。

截至2022年12月31日，省委编办《中共四川省委机构编制委员会关于印发〈四川省航务海事管理事务中心机构职能编制规定〉》，四川省交通运输厅航务管理局（四川省地方海事局、四川省船舶检验局）更名为四川省航务海事管理事务中心，为四川省交通运输厅管理的公益一类事业单位，正处级。事业编制78名，设主任1名（正处级），副主任4名，安全总监1名（副处级）。

根据厅党组《中共四川省交通运输厅党组关于省航务海事中心有关机构设置事项的通知》文件规定，中心内设机构12个，具体为办公室、政策法规处、计划统计处、财务处、安全应急处、海事处、运输服务处、船舶检验处、航道港口处、纪检审计处、人事处、党委办公室。其中正职领导职数13名（含安全副总监1名）。

机构改革后，省级水上执法权划转省交通综合行政执法总队，全省航务海事机构实行行业管理和业务指导，机构设置从单一走向多元，主要分为3种模式，分别是：多中心一支队模式、大中心加支队模式、市级中心加县级支队模式。

（省航务海事中心）

厅运管局　四川省交通运输厅道路运输管理局前身为四川省汽车运输公司，1985年4月1日改制为正处级行政事业单位，更名为四川省交通运输厅公路运输管理局，隶属省交通运输厅。2011年5月6日机构调整，更名为四川省交通运输厅道路运输管理局，同时撤销四川省高速公路运输管理处，将其编制和职能并入省交通运输厅道路运输管理局。厅运管局为参照《中华人民共和国公务员法》管理的事业单位，事业编制84名，内设14个处室：局办公室、政策法规处、财务与规划统计处、市场运行处、建设事务处、客运管理处、物流货运处、车辆技术维修处、安全应急处、从业人员培训处、科技信息处、纪检审计处、人事处、党委办公室。有在编在职人员77人（干部74人、工勤人员3人）。2019年道路运输机构改革，按照省委编委印发的机构职能编制规定，厅运管局原有的行政职能，全部划归厅内设机构，其中：原制定全省道路运输行业发展规划等职责，由厅综合规划处承担；行业监督管理等职责，由厅运输处承担；行政执法职能，划归省交通运输综合行政执法总队，运管局主要承担道路运输行政辅助性工作，履行面向社会提供公益服务的职能。

四川省交通运输厅道路运输管理局主要职能职责为：为机关提供支持保障的职能。贯彻落实国家和省有关道路运输的方针政策和法律法规，参与拟订地方性政策、法规、规章和标准并协助实施。参与编制、修订全省道路运输行业发展规划、中长期计划并协助实施。承担全省道路旅客运输、道路货物运输、道路运输站场、机动车维修和驾驶员培训等行业监督管理的行政辅助工作。承担全省道路运输行业安全监督管理行政辅助工作，参与道路运输安全事故调查。承担全省道路运输行业市场运作。组织实施交通战备、抢险救灾等人员和重点物资应急运输保障工作。面向社会提供公益服务的职能。负责道路运输统计数据的发布工作。承担道路运输基础数据公共服务工作。承担道路运输科技成果转化和新技术推广应用工作。完成四川省交通运输厅交办的其他任务。

2022年，全省累计完成公路运输总周转量1883.9亿吨公里，比上年增长3.2%。超额完成省政府下达2022年公路运输总周转量增幅比全国高一个百分点任务。投资目标任务超额完成。全省运输站场完成投资54.6亿元，为年度目标任务的120%。建成渠县枢纽站、成都国际铁路港多式联运项目、松潘黄胜关枢纽站、内江川南城际铁路白马西站4个综合客货运枢纽。建成遂宁市城南客运站、青川县中心客运站、苍溪县客运中心站、巴山大峡谷旅游客运站4个县级客运站和151个乡镇综合运输服务站。

城乡客货运输。一是发展交邮合作线路587条，覆盖8128个建制村，累计代运邮件9522万件；“春风行动”开行跨省农民工返乡返岗专车4048趟次，运送农民工15.8万人次；开行学生返家返校专车1085趟，运送学生4.1万人次；开展中、高考“春风行动”，护航21万名中高考学子；全省打造敬老爱老公交线路19条，完成274个公交站台适老化提升改造，新增700辆低地板、低入口公交车辆；成都地铁全线网车站配备无障碍渡板。二是“门到门”定制客运业务经营者118户，定制客运平台31家，定制客运线路453条，定制客运车辆3999辆，实现全省三类以上客运班线全覆盖；新增网络平台道路货物运输经营者11家；新增江安县“金通畅行”、合江县“交邮商融合，助力乡村振兴”等4个项目，并成功创建全国农村物流服务品牌。

（蒋智力）

省交通执法总队　2011年5月，四川省交通运输厅高速公路管理局（简称厅高管局）挂牌成立，受省交通运输厅委托承担全省高速公路养护、运营服务的监督管理和联网收费管理、安全监控、应急处置等工作。厅高管局与厅高速公路交通执法总队实行“一套机构、两块牌子”，受省交通运输厅委托，管理7个高速公路交通执法支队和高速公路监控结算中心。厅高速公路交通执法总队和7个高速公路交通执法支队受省交通运输厅委托，承担全省高速公路路政、运政和收费稽查工作。2020年12月22日，四川省交通运输综合行政执法总队正式挂牌成立。省交通运输综合行政执法总队是在厅高管局基础上整合组建而成，保留厅高管局牌子。主要负责交通运输领域重大案件查处，承担省级交通运输108项行政处罚事项，包含路政、运政、海事、质监等各方面。执法总队核定编制1400余人，在编队员1200余人。执法总队参与起草交通运输综合执法的地方性法规、规章和政策措施并组织实施；负责交通运输领域重大案件查处和跨区域执法的组织协调，承担省级执法事项；负责全省高速公路交通运输综合执法和监督管理工作，承担全省高速公路运行管理、运营服务监管、安全监管、应急处置等工作；参与交通运输执法信息化建设、装备管理、业务培训等工作。

2022年，省交通执法总队（厅高管局）机关核定编制68名，其中领导职数5名（1正4副），总工程师1名；内设办公室、政策法规处、综合执法一处、综合执法二处、运行管理处、服务监管处、建设养护处（安全应急办公室）、装备财务处、人事处、纪检审计处10个机构，科级领导职数25名（正科级10名，副科级15名）。机关在编人员50名，其中研究生学历23名、大学学历25名。总队下设7个支队，7个支队核定编制1336名，在编执法人员1235名；每个支队领导职数1正3副，7个支队核定领导职数28名。支队机关内设勤务保障大队、执法监管大队、服务监管大队、纪律监督大队等4个综合保障大队，机构规格均为正科级，核定科级领导职数70名（正科级28名、副科级42名），每个支队各10名（正科级4名、副科级6名）；7个支队批准设立111个执法大队，实际成立109个执法大队；每个执法大队核定领导职数1正2副，共333名。

2022年，省交通执法总队（厅高管局）坚持“围绕中心、服务大局，勇于攻坚克难、奋力担当作为”，保障全省高速公路持续稳定运行，取得企业效益和管理质效双提升。全省高速公路路网通车里程突破9000公里，达9170公里；《四川省高速公路条例》修正决议获省人大常委会高票通过，成渝地区双城经济圈高速公路运营服务规范立项申报。投入养护资金26亿元，路况抽检排名位居全国第6；高效安全解决雅西高速公路冰雪凝冻灾害，行业治理能力加强。坚持防疫情和保畅通“两线作战”，提升ETC通行效率，“入川即检”工作受到省政府和省交通运输厅表扬。开展“服务质量提升年”专项行动，按照“三优一创”（优服务、优保障、优形象、创示范）总要求，管理效能提高，群众满意度提升。

（李济杉）

省交通质监站　1988年5月，省交通运输厅成立公路工程质量监督站（以下简称“厅质监站”），挂靠厅公路局开展工作。1990年10月，经编委批准成立厅公路工程质量监督站，为县级事业单位；2003年10月，原属厅航务局内设的水运工程质监站并入厅质监站，同时更名为交通厅公路水运质量监督站；2009年12月，经人事厅批准改为参照公务员管理单位；2010年7月，更名为省交通运输厅公路水运质量监督站。2012年8月，更名为厅工程质量监督局。2017年5月，编委批复同意增加厅质监局“承担全省地方铁路建设质量和安全生产监督管理的事务性工作”职责。2016年12月，根据省政府工作安排，由省交通运输厅负责，厅质监局具体实施全省地方铁路建设质量安全行政监管工作。2019年3月，中共四川省委机构编制委员会办公室下发文件，将厅质监局承担的负责全省公路、水运工程的质量和安全监督管理职责由厅建管处承担。2021年4月，中共四川省委机构编制委员会办公室下发《关于印发<四川省交通工程质量监督站机构职能编制规定>的通知》，明确四川省交通运输厅工程质量监督局更名为四川省交通工程质量监督站（以下简称“省交通质监站”）。省交通质监站核定事业编制48名，其中领导职数3名（1正2副）。站内设党委（纪委）办公室、综合办公室、质量监督科、安全监督科、工程技术科、资质管理科6个科室。

2022年，省交通质监站围绕省交通运输厅年度目标任务和工作重点，加强监督力量调配组织，加大现场质量安全监督检查力度，强化动态监管和检测，严格问题整治和查处力度，严把质量检测关、验收关，确保监督覆盖率、项目监督抽检等5个100%监督，加快推进平安百年品质工程创建和各项安全生产专项活动，全面提升在建工程质量。

质量监督工作扎实有效。通过综合检查、专项督查、暗查暗访等多种方式，强化交通建设工程质量安全监督，统筹省市质监机构对31个高速公路项目、243个国省干线项目、32个农村公路项目及9个重点水运项目开展监督检查1836次，出动检查人员7278人次，发现并解决各类问题19161个。开展钢筋专项整治活动，21个市（州）质监机构出动检查组204个，检查人员928人次，聘请社会专业技术力量249人次，检查高速公路项目29个，发现问题1250个，检查普通公路项目205个，发现问题893个，均在规定时限内完成整改。加大原材料盲样抽检，抽检30个高速公路项目主要原材料800组，合格783组，合格率97.9%，比上年提升1.3个百分点。

工程实体质量提升。持续加大在建项目监督及工程实体质量抽检力度，明确抽检要点，统一检测标准、部位、频率，检测数据更加准确。全年全省公路工程质量抽检总体合格率为98.0%，比上年上升4.6%。其中，高速公路总体合格率为98.1%，上升4.6%，路基工程、路面工程和原材料等单位工程的合格率高于全国整体水平，隧道工程和安全设施工程合格率与全国整体水平持平，钢筋保护层厚度抽检合格率提升较快，合格率为91.4%，提升14.3个百分点。

推进平安百年品质工程建设。起草《四川省推进高速公路平安百年品质工程建设实施意见（征求意见稿）》《四川省高速公路平安百年品质工程质量强基专项行动工作方案》，全面部署平安百年品质工程，解决高速公路质量通病问题、质量典型问题，助推平安百年品质工程。研究淘汰工艺清单并报部，四川省提出的“交流电焊机焊接工艺”和“人工绑扎圆形桩基及圆柱墩钢筋笼工艺”2项淘汰工艺成功入围交通运输部征集清单；在年度综合检查及专项检查中，将示范创建工作推进情况作为重点检查内容，并定期开展示范创建工作书面调研，确保技术方案按时完成，创建工作依计划、照方案进行。

安全监管有力有效。年内，在建项目安全生产形势持续向好，未发生生产安全责任事故。厅印发关于加强瓦斯隧道、不良地质隧道、高墩大跨桥梁施工安全管理系列文件，将重点工程纳入安全管控重点，省市质监机构及建设单位建立危大工程分级管控台账，省交通质监站对在建高速公路149座特大桥、139座特殊结构桥梁、98座特长隧道、90座瓦斯隧道建立动态跟踪管控台账，精准掌握高风险工程分布情况，做到安全生产“底数清，情况明，动态准，管控严”；同时组织第三方机构开展安全专项督查，对全省214座特殊结构桥梁和特大桥、145座瓦斯隧道和特长隧道开展安全生产全覆盖检查，省市两级对高风险工程检查覆盖率100%，确保高风险工程安全状况受控。开展瓦斯隧道专项行动，累计督查整治18个项目90座瓦斯隧道，至年底，90座隧道施工安全全部达标；开展红线行动，整治红线问题341项；开展汛期安全生产专项行动，印发“一通知、一方案”、出台“汛期安全九条”“严防旱涝急转六条”“特殊时段安全管理事项清单”等硬措施，安排部署汛期安全管控重点内容，全面摸排在建项目10人以上驻地1426个，抽查86个驻地全部达标，446部卫星电话接通率达到90.5%。

按期完成交（竣）工验收。年内，完成德会、德遂、泸永、久马、广平、九绵、峨汉等9个高速公路项目（路段）504公里的交验工作，交验指标、交验检测合格率均达到95%以上，支挡工程结构尺寸等指标合格率比上年有明显提升，为全省高速公路通车里程突破9000公里提供质量保障；完成南大梁、绵西、荣泸、叙古、泸黄等6条高速公路538公里的竣工质量鉴定复测，项目优良率均达到100%。

持续规范监理检测市场。出台《四川省公路水运工程工地试验室和现场检测项目管理办法》《四川省交通运输厅关于进一步加强全省高速公路建设项目试验检测工作的通知》《四川省交通运输厅关于进一步加强全省高速公路建设项目监理工作的通知》等制度，为规范监理检测行业管理提供基本遵循。在“省一体化平台”配置完成监理企业乙级资质申报、延续、重大变更、一般变更、污损补遗5个资质许可办理事项及审批流程，监理企业能够在“省一体化平台”正常申请办理。采取“随机抽取+重点监管”方式对34家监理检测企业开展“双随机”专项检查工作，针对性地就资质符合性、证书挂靠、实操能力等方面开展现场监督检查。组织省内117家试验检测机构开展沥青针入度和软化点比对试验，提升检测机构检测能力。完成2021年监理检测信用评价工作，对全省169家监理检测企业、5383名监理检测人员进行信用评价。完成102项监理检测资质审批事项，人员注册注销3000余人次，按时办结率100%，投诉举报为零。

（省交通质监站）

纪检工作

JIJIAN GONGZUO

概　况　2022年，驻省交通运输厅纪检监察组坚持以习近平新时代中国特色社会主义思想为指导，深入贯彻落实党的二十大和中央纪委、省纪委历次全会精神，聚焦学习宣传贯彻党的二十大精神、“9·5”泸定地震抗震救灾和灾后交通恢复重建、川藏铁路配套公路四川段建设快速推进等工作开展专项监督检查，推动政治监督具体化精准化常态化，确保党中央、国务院和省委、省政府重大决策部署贯彻落实。坚持办案引领，全年收到信访举报28件，问题线索26件，初步核实19件，谈话函询13人，立案审查5人。综合运用“四种形态”，给予党纪处分5人，政务处分3人，诫勉1人，批评教育3人，谈话提醒1人，追缴违纪所得103.16万元。督促省交通运输综合行政执法总队、交通设计院公司、兴蜀公司开展以案促改，一体推进“不敢腐、不能腐、不想腐”。做深做实日常监督，紧盯关键少数、突出问题、重点领域和中央八项规定精神落实情况加强监督检查，严把选人用人廉政关口，出具党风廉政意见187份，清理发现4人违规参加培训机构组织的旅游活动问题。纵深推进“清廉交通”建设落地落实，厅及厅直系统建立健全制度444项，有关做法被《中国纪检监察报》《中国交通报》《四川日报》《廉政瞭望》等媒体报道推广，《清廉交通，一路清风》入选交通运输廉洁文化建设优秀案例征集展示活动“行政事业类十佳案例”。持续强化组织队伍建设，省交通运输综合行政执法总队（厅高管局）纪委被评为“四川省纪检监察系统先进集体”。

2022年11月23日，驻厅纪检监察组配合省纪委督导“9·5”泸定地震灾后恢复重建工作　　驻厅纪检监察组　供图

政治监督　2022年，驻厅纪检监察组督促厅党组严格落实“第一议题”制度，及时学习领会习近平总书记重

要讲话和重要指示批示精神并研究贯彻落实意见，确保交通运输工作始终沿着正确政治方向前进；聚焦学习宣传贯彻党的二十大精神、“9·5”泸定地震灾后恢复重建、川藏铁路配套公路四川段建设、夹金山隧道建设、统筹疫情防控和经济社会发展等五项重点工作，开展精准监督，确保政治监督有抓手、不空转。

2022年12月13日，驻厅纪检监察组组长杨晖（右二）带队赴金口河区永和镇新乐村调研定点帮扶工作
驻厅纪检监察组　供图

审查调查　2022年，驻厅纪检监察组始终保持查办案件高压态势，通过定期清理、建立台账、专项督办等方式，对“久办不结”问题线索和“久立不决”案件开展专项清理，实现动态清零。全年收到信访举报28件，问题线索26件，初步核实19件，谈话函询13人，立案审查5人。综合运用“四种形态”，给予党纪处分5人，政务处分3人，诫勉1人，批评教育3人，谈话提醒1人，追缴违纪所得103.16万元。深刻剖析违规违纪违法典型案例，在省交通运输综合行政执法总队、交通设计院公司、兴蜀公司等3个单位召开以案促改警示教育大会，用身边事教育身边人，做好案件查办后半篇文章。

“清廉交通”建设　2022年，驻厅纪检监察组坚持把“清廉交通”建设督导同工程项目监督检查、运输市场督查、综合调研检查等业务工作结合起来，深入市县交通运输主管部门、项目投资主体、设计单位、建设单位、监理单位、运输企业和行业协会等督促“清廉交通”建设10大类79项具体工作任务落实。全行业开展廉政宣传教育14.7万人次，开展公路水运建设领域施工违法分包转包和挂靠资质等专项整治行动1342次，查处问题2060个，厅及厅直系统建立健全制度444项，有关做法被《中国纪检监察报》《中国交通报》《四川日报》《廉政瞭望》等媒体报道推广。《清廉交通，一路清风》入选交通运输廉洁文化建设优秀案例征集展示活动“行政事业类十佳案例”。

日常监督　2022年，驻厅纪检监察组紧盯“关键少数”，加强对厅党组和领导班子的监督，组织厅机关处（室）和直属单位主要负责人向驻厅纪检监察组述责述廉；认真履行厅管干部选拔任用监督职能，从酝酿提名开始，对选人用人关键环节开展全过程监督，全年出具党风廉政意见187份；开展借培训名义搞公款旅游问题专项整治工作，清理发现4人违规参加培训机构组织的旅游活动问题；常态化开展“窗口腐败”“吃公函”等专项治理。开展厅属国有企业纳入省集中统一监管、交通医院整体迁建、国道351线夹金山隧道项目等重点项目纪检监察监督。督促厅执法总队、厅建管处、厅运管局等职能部门持续巩固拓展交通行政执法领域突出问题专项整治、交通运输建设招投标领域突出问题治理、全省道路运输行业专项治理成果，切实解决行业乱象，树立良好形象。

队伍建设　2022年，驻厅纪检监察组选派1名同志到省纪委监委参加省本级纪检监察干部第四轮办案能力提升专项计划，选派1名同志至九寨沟纪委挂职锻炼，1名同志到省委巡视组帮助工作。抽调厅直系统3名纪检干部到组内进行实战轮训，配备专人指导，通过集中学习、集体讨论、全程跟案实践等方式，着力提升厅直系统纪检干部综合素质水平。4月，省交通运输综合行政执法总队（厅高管局）纪委被评为“四川省纪检监察系统先进集体”。

（本栏目撰稿人：陈飞舟）

机关党建

JIGUAN DANGJIAN

概　况　2022年，厅机关党委坚持以党的政治建设为统领，夯实基层基础，强化党建引领，提升党建质量，推动交通运输系统党建工作由机关向基层、系统向行业、党务向党建“三个纵深拓展”，进一步构建“大党建”工作格局。制发《党建工作要点》，落实从严管党治党意见及责任分工，召开年度党建工作会和中期工作推进会，系统谋划和推进。组织开展厅直系统44名党组织书记抓党建述职评议考核和党建综合考核，对25个厅直单位“四好一强”领导班子创建、落实党建工作和党风廉政建设责任制集中考核。严格落实“三级五岗”责任清单，结合厅直单位实际制定“四级八岗”职责清单。坚持政治巡察定位，以问题为导向，完成对9个厅直单位巡察，严肃对发现问题的整改督促，推动厅直单位工作进一步规范。制定厅党组巡察规划，5年内对厅直单位全覆盖巡察。制定学习宣贯党的二十大和省第十二次党代会精神通知及方案，厅党组会和中心组集中学习4次，通过三级书记讲党课、专家宣讲、党员培训，推动全系统深入学习全会精神。厅党组理论学习中心组发挥示范引领、深入研讨交流，连续7年被省直机关工委评为中心组学习先进单位。推进党史学习教育常态化长效化，组织厅直系统474个基层组织，5000余名党员学习宣贯习近平总书记到川视察重要指示精神、中央和省委全会等重要会议文件精神，抓好“四好一强”领导班子创建，落实“第一议题”制度。示范轮训党员和党务干部350人次。启动实施厅直系统38周岁以下青年党员干部能力提升三年计划，每年按照集中培训、实践锻炼、效果考核三阶段进行，2022年第一期线下培训60人，其余2052名青年发放培训资料，组织实地调研、经验分享等活动，举办培训成果考核大比武，134人参与。开展青年党员干部“学用新思想、建功新时代”主题活动，1个集体、2名个人受到省直机关工委表彰。创新开展“青年交通说”主题沙龙活动7期，在省直部门反响良好。开展“喜迎二十大·奋进新征程”、传承弘扬“两路”精神等宣传教育活动7项。围绕家底清、数据明、问题准、措施实，开展党建工作大起底、大调研，集中1个月，对31个厅直单位开展党建全覆盖走访调研，形成高质量调研报告，并向厅党组报告，为下一步党建工作摸清实情，找到对策。创造性开展党建示范创建活动，按照分类指导原则，明确机关、事业单位、企业等5类，确定22个创建点，围绕领导班子建设、党员积分制管理、党建业务融合发展等机关党建重点难点问题开展创建，2022年集中创建，2023至2025年总结验收和成果推广，验收合格给予授牌，有效期2年，并建立退出机制，确保质量。通过打造党建工作示范点，发挥其示范、带动、辐射作用，推动厅直系统基层党组织全面进步、全面过硬。在示范创建基础上，推进“五好党支部”创建，印制《党支部规范化手册》，规范制度流程，召开庆祝中国共产党成立101周年暨“五好党支部”表彰大会，评选表彰“五好党支部”52个。制定在“拼经济、搞建设”中发挥基层党组织战斗堡垒作用和共产党员先锋模范作用“六条措施”，在“9·5”泸定地震和“8·25”成都疫情静态管理期间，厅直系统成立党员突击队、先锋队21个，1200余名干部职工赶赴救灾前线和防疫一线。探索党建引领交通重点建设项目高质量发展有效途径，在中共四川省委省政府一号重点民生工程夹金山隧道项目成立临时党支部、监督小组、党员突击队、技术攻坚队等，打造成党建引领交通重点建设项目高质量发展示范工程。抓好定点帮扶工作，受到分管省领导肯定批示。落实中共四川省委“有形有态有效”开展货车司机群体党建批示，探索行业管理和业务监管与党建深度融合路径，形成省市县三级全面覆盖、上下贯通工作体系。应建尽建党组织522个、网格化流动党员党支部531个，实现货车司机在哪里，党组织就覆盖到哪里。创造性规划并建成“暖心之家”20个，服务4万余人次，2万余人次好评，货车司机广泛赞誉。建立“蜀道畅”货车司机智慧党建平台，近2万名货车司机注册，5.3万余人关注，34万人次访问，在省总工会、省委网信办“网聚职工正能量、争做四川好网民”小程序应用优秀案例中获第一名。常态化开展诉求解决、联系服务、引领带动、关心关爱，线下办好货车司机权益保障9件实事，省市县三级联动送温暖、送清凉等活动慰问货车司机2.5万余名。试点工作9次受到中组部、交通运输部和省委领导肯定批示。全省推动行业党委实体化运行、“暖心之家”建设、“蜀道畅”建设等受到中央组织部简报通报表扬，相关做法50余次被新华社、人民日报、中国交通报等中央和省级媒体宣传报道。

政治建设 2022年，厅机关党委以政治建设“领航”，锻造绝对忠诚政治机关。印发学习宣传贯彻党的二十大精神、习近平总书记到川视察重要指示精神、省第十二次党代会精神通知，对落实中省重大决策部署作出系统安排。落实第一议题制度，学习习近平总书记系列重要讲话精神。推进“四好一强”领导班子创建，执行新形势下党内政治生活若干准则，领导干部带头落实双重组织生活制度，2018年“四好一强”创建活动开展以来，厅党组连续2次被省直工委评为先进班子。厅党组书记履行厅管党治党第一责任人职责，通过党组会、专题会、听取党建工作汇报等方式，对党建工作提出要求、作出指导，全年7次出席党建暨党风廉政建设工作会、货车司机群体党建工作会等会议，对相关工作进行专题部署。厅班子成员落实“一岗双责”，通过参加分管单位年度工作会、业务工作会，对党建和党风廉政建设工作提出要求、作出安排。16位厅级领导落实双重组织生活制度，对巡视巡察反馈问题整改、民主生活会查摆问题整改等分工督促、指导。研究制定厅直机关落实全面从严治党“四级八岗”责任清单，明确厅党组、机关党委、厅直单位党委、党支部四级组织和各级书记（委员）等八个岗位职责任务，并督促抓好落实。落实厅直系统重大事项报告制度、领导干部个人事项报告制度。与驻厅纪检监察组，开展学习宣传贯彻党的二十大精神、保障川藏铁路配套公路四川段高标准高质量建设、“9·5”泸定地震交通灾后恢复重建等专项监督。落实政治体检制度，开展政治生态分析研判。坚持政治巡察定位，纠治政治偏差，坚持问题导向，务实开展巡察工作。全年完成对9个单位巡察，抓好整改。制定2022—2027年厅党组五年巡察规划。印发《关于落实深化省纪委监委派驻机构改革要求促进派驻监督工作高质量发展实施办法》等规定，健全13项制度机制，促进党建和党风廉政建设责任落实。印发落实领导干部党风廉政建设“一岗双责”实施办法，细化责任分工，对25个厅直单位开展党风廉政建设责任制情况考核，并在厅直系统通报。开展党组织书记、纪委书记落实党风廉政建设责任制述责述廉，对44名厅直单位党组织书记集体约谈，现场测评厅直单位纪检工作并通报结果。

思想建设 2022年，厅机关党委以思想文化“铸魂”，提振干事创业精气神。一是注重强化理论学习。坚持把习近平新时代中国特色社会主义思想和习近平总书记系列重要讲话、指示批示精神作为厅党组会“第一议题”，第一时间组织传达学习贯彻。年内，厅党组会传达学习中央和省委精神25次，研究贯彻落实举措议题17个。发挥厅党组理论学习中心组示范引领作用，编印学习资料，轮流安排中心组成员交流发言，推动学习走深走实。厅党组连续7年被省直机关工委表彰为中心组学习先进单位。落实厅党组会议学习研究意识形态工作常态化机制，及时传达学习中央、省委意识形态工作会议和文件精神。开展厅直单位意识形态专项督查，查找问题，落实整改，补齐短板。加强对重大交通基础设施建设、货车司机“暖心之家”、“四好农村路”等工作成效的采访报道，提升行业影响力。四川交通240余次登上《新闻联播》《人民日报》《四川新闻联播》等主流媒体。升级打造川藏公路博物馆“1+6+N”展群建设，成功获批国家交通运输科普基地，全省交通系统2万余人次到馆接受党性教育。积极参加交通运输部“最美公路人”“最美港航人”等评选活动。编印“四季悦读”推荐书目、举办“四季讲坛”，创新开展“青年交通说”主题沙龙活动7期。成功举办2022年“蜀道杯”四川省交通运输行业首届职工运动会和厅直系统交流选拔赛，全省交通系统近万人次参与。

党组织建设 2022年，厅机关党委以组织建设“塑形”，推动党建工作上台阶。印发《关于深化厅直系统“五好党支部”创建活动的通知》，完善“五好党支部”标准，召开庆祝中国共产党成立101周年暨“五好党支部”表彰大会，评选表彰“五好党支部”52个。在厅机关和执法总队（厅高管局）开展智慧党建试点，探索新形势下推进党建工作信息化建设有效路径。印发《厅直系统基层党组织党建特色示范点创建活动实施方案》，围绕推进党建与业务深度融合发展、基层党组织标准化规范化建设等重点工作，打造22个示范点，发挥示范、带动、辐射作用。开展党建工作大调研、大起底，历时1个月，对31个厅直单位开展党建全覆盖调研，与300余名干部职工面对面交流。落实党组织换届提醒制度，完成4个厅直单位换届、新成立党委1个。严格党员发展程序，发展党员120名。加强党员关怀帮扶，走访慰问生活困难党员、老党员、老干部活动180人。抓好爱心互助金申请、党费收缴、专项党费划拨、党统等工作。在省政府重点民生工程夹金山隧道项目中创新以党建引领项目建设方式，探索党建引领项目建设的组织体系、交通行业医院服务交通建设有效模式、防范交通项目廉政风险的制度机制和党建业务深度融合有效载体。在项目一线设立临时党支部和监督小组，通过党建引领、风险共控、信息化手段等多种方式，探索项目建设中的廉政风险共控机制。制订在“拼经济、搞建设”中发挥基层党组织战斗堡垒作用和共产党员先锋模范作用的“六条措施”，号召党员干部冲锋在前、担当作为。在“9·5”泸定地震事发之际，抢险、运输、执法领域党员干部赶赴救灾前线，历时24天，全部抢通所有因灾阻断的国省干道和县（乡）公路应急通道。成都新冠疫情期间，机关党委第一时间印发《关于组织党员干部下沉基层一线参加疫情防控工作的通知》，号召厅直系统党员干部成立党员突击队、先锋队21个，1297名党员干部下沉一线抗击疫情，守卫人民群众生命健康安全。

队伍建设 2022年，厅机关党委以队伍建设“聚力”，打造干事创业“主心骨”。积极选用政治过硬、具备领导现代化建设能力的干部，锻造高素质专业化干部队伍。累计任免调整处级干部118人次，其中新提拔44人。晋升职级调研员128人。向省委推荐产生1名副厅级领导干部，晋升1名一级巡视员，4名二级巡视员。全厅45岁以下厅机关处室主要负责人、厅直单位班子成员由2021年末46名增加至54名，班子结构更加优化、队伍活力持续增强。落实发展党员工作，执行党员发展程序，开展入党积极分子和党员培训，全年发展党员120名。畅通引才渠道，新公招、遴选、选调干部人才4批次87人。加强领军人才队伍建设，新推荐各类大师英才、技术能手21人次，推荐交通设计院公司、交职学院申报博士后创新实践基地。厅属企事业单位新获评正高级、高级工程师职称资格232人。围绕交通强省建设，对7家厅直单位开展年度重点考核。选派16名干部到11个市（县）挂职，选派8名干部到地震灾区挂职锻炼，干部培养模式更加多元，干部队伍干事创业内生动力进一步激发。优化调整厅青年理论学习13个小组组长及成员，青年党员干部“学用新思想、建功新时代”主题活动开展，实现厅直系统青年党员干部理论学习全覆盖，1个集体、2名个人受到省直机关工委表彰，1人在省直机关青年学习标兵学习《习近平谈治国理政》第四卷分享交流会交流发言。启动实施厅直系统青年干部能力提升三年计划，厅党组书记、厅长分别在开班式上作重要讲话，为青年干部授课。全年线下培训60人，全覆盖发放学习资料2112人，组织参加考核大比武134人。

党风廉政建设 2022年，厅机关党委以纪律作风建设“护航”，营造风清气正“好生态”。召开四川省“清廉交通”建设工作推进会，对“清廉交通”工作再安排再部署。坚持从严查处与建章立制相结合，2021年10月，厅召开推进会以来，全省交通运输行业开展廉政宣传教育6.4万人次，立案92起，给予党纪政务处分86人次，涉嫌犯罪移送司法10人。在查处案件同时，建立健全交通规划、重点项目前期工作、审批、招投标、信用管理等444项制度。省纪委监委对交通运输行业开展清理交通建设给予充分肯定，《中国交通报》《四川日报》《中国纪检监察报》《廉政瞭望》等对全省开展“清廉交通”建设情况作了广泛报道。“清廉交通”建设被中国交通报评为全国十大廉洁文化案例。印发《厅直系统纪检工作要点》，加强机关作风建设和“三不一体”推进综合效能，建强高素质专业化纪检干部队伍。举办厅直系统纪检干部培训班，对纪检法规和业务技能进行全方位培训，提升厅直系统纪检干部政治素质和履职能力。印发《四川省交通运输厅2022年“抓〈意见〉落实、改突出问题、强作用发挥”专项行动责任清单》，推动纪检部门监督落实落细。组织党员干部观看警示教育片《家道》，督导各级领导干部和党员加强家教、立好家规、树立良好家风。加强日常监督，配合开展廉政谈话、公招考试考查、面试、招标监督等工作，抽取招标监督员41人次。强化执纪问责。办理信访举报3件，处理违纪案件4件，党员党纪处分4人，批评教育1人次。

定点帮扶 2022年，四川省交通运输厅不断加大对金口河帮扶力度，将金口河区符合条件的“十四五”交通规划的水运、公路项目纳入省“十四五”交通规划项目库。制定《2022年定点帮扶金口河区工作计划和工作方案》，组织召开5次省直部门帮扶金口河联席会议，研究推动帮扶工作。厅领导先后6次率队深入定点帮扶点，厅机关及直属单位70余人次开展定点帮扶；举办2022年度定点帮扶培训班，培训学员40人；捐赠普法读物500册；支持金口河区开展扶贫产品展销及其他农产品推介、销售活动，在高速公路138对服务区开展农特产品展销。做好以购代捐工作，购买农副产品14万元。投入5.5万元资金帮助瓦山村补充修建太阳能路灯25盏。

（本栏目供稿单位：厅机关党委）

工会工作

GONGHUI GONGZUO

概　况　2022年，省交通运输工会聚焦交通投资建设，维护司机权益，发挥纽带作用。思想引领方面，以职工活动宣贯党的二十大精神，选树宣传行业先进典型，以先进典型引领产业职工，通过主题活动，传播党的声音、宣传党的政策。劳动竞赛方面，开展职工技能比武活动和重点项目劳动竞赛，组织基层工会参加全国“安康杯”竞赛，省交通运输工会连续5年被全国“安康杯”组委会评为先进单位。阵地建设方面，助力打造“暖心之家”，保障“暖心之家”高效运营；实施建会入会集中行动，提升工会影响力；开展建家工作，补助职工书屋建设。慰问帮扶方面，开展“入川即检”慰问，开展“四季送”品牌活动，实施困难群体帮扶。文体活动方面，组织开展首届运动会，凝聚行业发展合力。省交通运输工会加强本级和所属基层工会预决算管理，连续3年被全国总工会评为系统财务管理先进单位；开展档案和史料收集整理工作，完成原互助储金会和2021年度财务、文书档案整理工作，完成中华人民共和国成立以来交通工会工运大事记及工运史料收集整理工作；抓协调发展，完成2022年度工会统计工作，连续3年被省总工会评为统计工作先进单位；统筹做好国产电脑更换、“互联网+”工会服务、对外宣传、政务信息等工作。

思想引领活动　2022年，省交通运输工会以开展职工活动宣贯党的二十大精神。组织参加省总工会“中国梦·劳动美——喜迎二十大，建功新时代”职工演讲比赛、合唱比赛、诵读比赛、书画展等活动，短视频《技能强企，携“手”筑梦》获一等奖，摄影作品《“金通+”助力乡村振兴》被评为优秀作品。选树宣传行业先进典型。推荐评选全国五一劳动奖章1个（省交通执法总队二支队汤晓明）、工人先锋号1个（华川集团隧道施工队），省五一劳动奖章1个（厅运管局）、工人先锋号1个（岷江港航龙溪口公司），并在手机报、《四川工人日报》宣传典型事迹。以先进典型引领产业职工。组织参加“喜迎二十大·奋进新征程——省直机关主题书法绘画摄影展”，选取204件体现先进典型的作品参加展

2022年，四川省工人先锋号——岷江港航龙溪口公司职工代表　　省交通运输工会　供图

览，引领广大产业职工学习先进、争当先进。

劳动竞赛 2022年，省交通运输工会围绕全省交通投资建设目标任务，争取省总工会、人社厅支持，承办全省交通执法技能比武、川渝两地货车司机新就业形态劳动者技能大赛、川渝港口物流职工技能竞赛省内初赛3个省级竞赛，承办量居7个驻厅局产业工会首位。总参赛单位60余个、参赛人数5000余人，评选出各类奖项50余个，并为3个项目一等奖获得者申报省五一劳动奖章。组织岷江犍为、龙溪口、老木孔和东风岩航电枢纽等重点项目开展“奋战激流险滩，建功古韵犍为”劳动竞赛，缩短航电枢纽建设工期，为西部陆海新通道进一步畅通运行打下基础。组织全部基层工会参加全国“安康杯”竞赛，督促企业开展安全生产，推荐并获评全国“安康杯”竞赛优胜单位1个。

阵地建设 2022年，省交通运输工会助力打造“暖心之家”。聚焦货车司机“急难愁盼”，协助省交通运输厅相关处室，在全国率先提出并布局打造33个货车司机“暖心之家”；争取省总工会对“暖心之家”的建设运营政策及资金支持，到位18个“暖心之家”建设运营补助资金590万元，保障“暖心之家”高效运营。至年底，建成成都传化公路港、泸州港等15个“暖心之家”，初步实现重点货运通道、物流场站全覆盖。实施建会入会集中行动。坚持“开门”建会、“出门”亮会、“登门”办会、“进门”强会，推进省市县三级建立道路运输行业工会。市县两级成立20余个工会，吸收货车司机会员3000余人；工会本级吸收3家驻川央企入会，新增会员1000余名，提升产业工会影响力。开展建家工作。筹集11万元专项经费，补助4个职工书屋建设；组织2家单位申报2022年全国工会职工书屋示范点建设、3家单位申报省级职工书屋、3家单位申报省级职工心灵驿站。

慰问帮扶 2022年，省交通运输工会开展“入川即检”慰问。争取省总工会专项补助资金81.54万元，分别于7月、8月组织开展两批公路“入川即检”一线人员全覆盖专项慰问活动，累计慰问点位801个，慰问人员15000余人。开展“四季送”品牌活动。争取省交通运输厅、省总工会400余万元慰问资金，组织开展送温暖、送清凉活动，累计慰问21个市（州）交通运输局及省交通运输工会直属公路养护站（点、道班）500余个，省部级劳模、“五一”劳动奖章、一线职工2万余人次。实施困难群体帮扶。资助困难职工子女“金秋助学”，发放困难劳模、职工帮扶金18.25万元。本级及基层为“9·5”泸定地震灾区捐款333.7万元。组织300名女性货车司机、卡嫂群体开展“两癌”筛查活动。

文体活动 2022年，省交通运输工会会同蜀道集团组织“蜀道杯”四川省交通运输行业首届职工运动会。本届运动会覆盖范围广、参与人数多，全省各市（州）交通运输局、蜀道集团、港投集团、厅属单位以及在川交通类央企50个单位，192支队伍，2039名干部职工参加比赛。比赛以运动健身为主，突出群众性兼顾竞技性，开设篮球、足球、气排球等9个大项31个小项比赛，广大职工参与热情高，展示四川交通人“逢山开路、遇水架桥”的担当和实干精神。

2022年，“蜀道杯”四川省交通运输行业首届职工运动会象棋比赛　　省交通运输工会　供图

（本栏目供稿单位：省交通运输工会）

交通科技教育文化

JIAOTONG KEJI JIAOYU WENHUA

2023

四川交通年鉴

交通科技

JIAOTONG KEJI

概　况　2022年，四川省交通运输行业实施创新驱动发展战略，抓科技项目管理、科研平台建设、行业标准供给。印发《交通运输科技项目管理办法》，规范财政补助经费项目全过程管理；印发《四川省交通运输科技自筹经费厅立项目管理办法》，发挥政府在企业科技创新中组织作用，调动行业重点企业等创新主体积极性，构建“多方筹资、政府立项、院企研发、成果共享”科技发展格局。川藏公路博物馆获批国家交通运输科普基地；建成四川低碳交通研究中心并纳入天府永兴实验室。两个公路观测点通过交通运输部首批认定，成立省交通运输标准化技术委员会，获批立项地方标准6项、川渝共建标准2项，6项科技项目入选交通运输行业重点科技项目清单。行业科技成果获省科技奖励4项（其中一等奖1项、二等奖2项、三等奖1项），为四川交通运输高质量发展提供支撑。厅科信处被省科技厅评为全省科技创新工作先进单位。

2022年12月12日，四川低碳交通研究中心揭牌仪式　　厅科信处　供图

四川低碳交通研究中心挂牌　2022年12月12日，四川低碳交通研究中心正式挂牌入驻天府永兴实验室，是全国第一家政府主导、企业联盟的专门致力于交通运输领域碳中和技术研发的研究中心。中心致力于凝聚交通领域优势学科力量，聚焦解决交通运输行业绿色低碳发展的关键技术难题，围绕交通设计减碳、建设降碳、运营节碳三大研发方向开展理论研究、技术研发和产业应用，打造交通运输全产业链科研创新平台。中心按照“1+6+N”模式组建，“1”是省交通运输发展战略和规划科学研究院牵头，“6”是蜀道集团、港投集团、公路设计院公司、交通设计院公司、比亚迪汽车工业有限公司、长沙理工大学等6家首批参建单位，“N”是根据研发方向和产业应用在相关单位组建多个分布式研究平台。中心形成“经天路图”、胶结土（石）筑坝技术、高性能装饰混凝土、密梁式型钢组合桥梁、沥青路面再生利用技术、高性能自密实混凝土、交通工程施工设备油改电技术、智慧梁厂、隧道斜井引水发电绿色节能技术、隧道自然风节能设计技术、高速公路分布式光储“绿电自给”、内河梯级通航建筑物联合调度、“五网融合”产业发展等13个关键技术和相关应用产品。

两个公路观测点通过认定　2022年，川高公司牵头，公路设计院公司作为主要技术支撑单位申报的“四川省G5京昆高速公路观测点K2119+000–K2120+000”和“四川省G42沪蓉高速公路观测点K1793+500–K1795+000”两个观测点成功通过交通运输部首批19个观测点认定。观测点按照交通运输部要求，结合已有经验和实际情况，利用现有基础和优势资源，开展观测点建设运行工作，配合交通运输部共同推动建立健全观测网建设运行工作和标准体系。

推动观测点建设运行与全省重大工程建设、新型交通基础设施建设、干线公路养护管理、国家重点研发计划等工作有机衔接，形成工作合力，为交通强国、交通强省提供支撑。

川藏公路博物馆获批科普基地 2022年8月30日，交通运输部、科学技术部联合公布第二批国家交通运输科普基地名单，省交通运输厅和省科技厅联合推荐川藏公路博物馆成功入选，成为四川交通运输行业首次获批“国字号”交通运输科普基地，是行业科普工作历史性突破。该馆依托四川交通职业技术学院建设，收藏70多年来川藏公路交通建设相关的实物、档案资料等332件，通过序厅、历史抉择、天路长歌、薪火相传等6个部分，详细介绍川藏公路建设历程、川藏通道的提升发展与未来规划，以及在川藏公路修建和养护过程中孕育出的“两路”精神，是全国唯一以川藏公路为主题、四川省首个以公路为主题的博物馆，成为传承与弘扬“两路”精神的红色基因库，接受爱国主义教育、革命传统教育的“精神家园”。

2022年，中小学生在川藏公路博物馆接受科普教育　　厅科信处　供图

省交通运输标准化技术委员会成立 2022年4月28日，省交通运输标准化技术委员会成立大会暨第一届一次全体会议在成都召开，省交通运输厅党组成员、副厅长朱学雷出席会议。会议指出，成立交通运输标准化技术委员会是建立健全行业标准化管理体系的重要举措，委员会要牢记职责和定位，认真做好交通运输标准化工作，做到科学合理、公开公正、规范透明。公路设计院公司作为交通标委会秘书处承担单位，要把创新作为引领发展的第一动力，借助委员会平台，加强技术研发、标准研制、产业推广，及时将先进适用的科技创新成果融入标准，促进创新成果产业化应用。会议审议并通过交通运输标委会章程、秘书处工作细则、四川交通运输标准体系、三年工作规划和2022年度工作计划。

2022年4月28日，省交通运输标准化技术委员会成立　　厅科信处　供图

8项地方标准获批立项 2022年，省市场监督管理局发布《关于下达2022年度地方标准制修订项目立项计划（第三批）的通知》《川渝地区公共机构能源审计报告编制规范等15项地方标准制修订项目立项计划》文件，省交通运输厅归口管理的《公路明洞与棚洞养护指南》等6项标准获准立项为2022年度四川省地方标准，省交通运输厅与重庆市交通局联合管理的《高速公路涉路工程技术规范》《公路边坡主动网锚喷植被混凝土生态防护技术指南》等2项标准获准立项为2022年度川渝共建地方标准。地方标准成功立项，为交通运输行业深耕传统专业、拓展新兴专业提供标准技术支撑，为推动成渝地区双城经济圈交通一体化、高质量发展注入新动能。

超长深埋高风险公路隧道建设关键技术及应用成果获省科学技术进步一等奖 2022年，超长深埋高风险公路隧道建设关键技术及应用成果获省科学技术进步一等奖。中国西部地质条件极其复杂，超长深埋隧道往往穿越高地应力、地下水和有害气体三大致灾环境，遭遇岩爆、涌水突泥和有害气体等重大地质灾害的风险极高。受深大竖井建造技术限制，超长深埋隧道大多只能设置长斜井或平导，建设费用和运营通风能耗高。岩爆、有害气体等灾害防控与深大竖井建造技术成为超长深埋隧道领域的重大国家需求。在国家自然科学基金等支持下，项目依托西南地区最长的米仓山高风险公路隧道工程，攻克超长深埋隧道建设面临的高能量岩爆防控、有毒气体防治和深大竖井快速建造三大关键技术瓶颈。项目取得如下主要创新成果：创建隧道岩爆定位、预警和防治的智能调控技术体系，突破岩爆传统防治技术的局限，将岩爆防控提高到基于能量调控的新高度。

2022年，超长深埋高风险公路隧道建设关键技术及应用项目依托工程——巴陕高速公路米仓山隧道 厅科信处 供图

首创隧道硫化氢有毒气体分级防治技术，填补了隧道硫化氢有毒气体防治技术空白。创建公路隧道千米级深大竖井快速建造技术，减少超长隧道通风井规模约90%，支撑超长隧道绿色低碳发展。项目获得发明专利24件、实用新型专利16件、软件著作权2项、省部级工法2项，出版专著2部，发表论文138篇（SCI/EI收录68篇），首编《公路隧道竖井技术规程》（DB51/T2790-2021）等标准4部，培养博士11名、硕士38名。成果直接应用于工程米仓山隧道，并推广到新疆天山胜利隧道（世界最长高速公路隧道）和四川大峡谷隧道（世界最大埋深公路隧道）、乌兹别克斯坦卡姆奇克铁路隧道等57座隧道建设中。成果为全球超长深埋隧道建造技术水平升级提供创新和国内外应用示范，以谢礼立等4位院士和国际隧道协会主席严金秀等组成的评价委员会认定本项成果总体达到国际领先水平，推广应用前景广阔。

高烈度复杂风场山区超千米悬索桥建设关键技术成果获省科学技术进步二等奖 2022年，高烈度复杂风场山区超千米悬索桥建设关键技术成果获省科学技术进步二等奖。项目获专利46件（其中发明22件、实用新型24件）、软件著作权14项、工法2项，出版专著3部，发表论文123篇（SCI/EI70篇）。成果在川藏铁路大渡河桥、金沙江特大桥、赤水河大桥、重庆大佛寺长江大桥等多座桥梁成功应用，推动复杂灾害环境下超大跨悬索桥建设技术进步，具有重要学术意义和工程价值。项目主要创新成果：研发复杂灾害环境超大跨悬索桥设计关键技术与构造。首创悬索桥防屈曲钢支撑铰接式耗能型中央扣和波形钢腹板桥塔横梁，减小主梁地震响应17%和桥塔地震响应20%；研发中央开槽——设上下中央稳定板的悬索桥钢桁梁综合气动措施，桥面风速最大降低43%，攻克大攻角强风下的颤振技术难题；首次提出高烈度破碎地质条件下大桥深长隧道锚与长大主线隧道弱干扰、分离式建设技术，增大工作面1倍，缩短工期35%，顺利建成世界最长（159米）隧道锚。攻克复杂灾害环境超大跨悬索桥施工关键技术。研发复杂强劲风场下支索器—防扭转钢绳—吊架连接绳的施工期缆吊系统抗风技术，解决缆索在大风作用下相互碰撞、缠绕、自扭的施工难题，牵引绳/起重绳缠绕率降低65%、钢绳自扭率降低72%、吊架碰撞率降低58%；研制峡谷陡峭地形条件下空间承重索—多层预埋钢带的缆索吊锚固系统，实现大倾角、窄空间超长隧道锚钢拉杆快速安装；首次提出大桥隧道锚与主线隧道横通道连接施工技术，开挖效率提高近1倍。研制复杂灾害环境超大跨悬索桥监测预警关键技术、装备与平台。研发地震灾后悬索桥安全状态智能识别技术，构建运营阶段复杂风场的风速预测算法和悬索桥风致行车安全监测与预警平台，实现复杂风场作用下悬索桥交通运营安全的实时监测、评估和预警；研制基于自发漏磁特性的悬索桥吊杆腐蚀检测技术与装置，提高检测速度2倍、准确率达80%以上，实现悬索桥基于健康监测系统的灾后状态诊断及关键构件的隐蔽病害精准识别与量化检测。项目针对Ⅷ度高烈度区、12级峡谷风

2022年，高烈度复杂风场山区超千米悬索桥建设关键技术项目依托工程——雅康高速公路泸定大渡河大桥 厅科信处 供图

场，且滑坡、泥石流灾害频发恶劣自然条件环境下建设全长1411米、主跨1100米的超大跨径钢桁梁悬索桥进行难题攻关，依托5项国家和企业重大科技项目，经过10年协同研究，率先攻克复杂灾害环境下超千米悬索桥的设计、施工和灾后诊断难题，系列创新技术保障泸定大渡河大桥建设，填补高烈度复杂风场区超千米级悬索桥设计2项国际空白，弥补涉藏地区深切峡谷施工6项短板，支撑“川藏公路第一桥”泸定大渡河大桥建设，被评价委员会评价为“国际领先水平”。泸定大渡河大桥获古斯塔夫·林德撒尔金奖，经济社会生态效益显著，推广应用前景广阔。

复杂环境超大跨径全焊连续钢桁梁桥施工关键技术及应用成果获省科学技术进步二等奖 2022年，复杂环境超大跨径全焊连续钢桁梁桥施工关键技术及应用成果获省科学技术进步二等奖。项目获得发明专利12件、实用新型专利82件、软件著作权2项、省部级工法5项，出版专著1部、发表论文13篇（SCI/EI收录13篇），制定标准1部，培养正高级工程师2名、高级工程师4名。项目攻克三跨连续钢桁梁桥，同类型桥梁“世界第一”，在复杂环境下超大跨径全焊连续钢桁梁桥施工三大关键技术瓶颈。主要取得三项创新成果：

①高精度控制体系：新体系——优化方法突破。创新超大跨径钢桁梁桥施工高精度控制体系，提出超大跨径连续钢桁梁桥施工线型控制和应力控制双指标高精度控制方法和基于温控的无应力合龙技术，突破成桥线型精度低至3毫米。②全焊接结构焊接工艺：新工艺——基础工艺创新。创新超大跨径钢桁梁桥全焊结构施工工艺体系，突破高强钢厚板防裂抗裂技术、支座节点焊接变形控制和应力控制技术、大节段钢桁梁焊接质量和精度全控制技术，解决高湿高盐环境焊接质量稳定性问题。③超大悬臂拼装技术：新技术——成套技术创新。创新三跨连续钢桁梁超大悬臂拼装施工技术，解决超大悬臂易倾覆、大节段精准吊装难题，在桥下、桥上净空均受限的严苛施工条件下实现设备安全精准拼装。

峡谷山区特大跨悬索桥锚碇基础及边坡稳定评价与控制关键技术成果获省科学技术进步三等奖 2022年，峡谷山区特大跨悬索桥锚碇基础及边坡稳定评价与控制关键技术成果获省科学技术进步三等奖。

2022年，峡谷山区特大跨悬索桥锚碇基础及边坡稳定评价与控制关键技术项目依托工程——雅康高速公路泸定大渡河大桥

厅科信处 供图

项目针对复杂地质环境下山区特大跨悬索桥锚碇基础和边坡稳定问题，自主研发野外岩土力学试验装置和隧道锚原位模型试验系统，提出复杂地质条件悬索桥锚碇和边坡稳定分析与控制方法，建立低扰动坡面防护与拦挡疏排相结合的桥梁边坡防治技术，形成具有自主知识产权的原位试验装置和试验控制标准，实现峡谷山区锚碇和边坡稳定及长期变形控制，提升峡谷山区特大跨悬索桥灾害防控能力，破解峡谷山区复杂地质条件特大跨悬索桥建设中锚碇和边坡稳定技术难题，支撑重大基础工程设施建设。成果获国家专利11项，发表学术论文72篇（SCI:16篇，EI:21篇），出版专著2本，主编标准1部。成果在雅康高速公路泸定大渡河特大桥等10余座桥梁工程中应用，为国家西部峡谷山区交通基础设施建设提供技术支撑，应用前景广阔。

（本栏目供稿单位：厅科信处）

2022年，复杂环境超大跨径全焊连续钢桁梁桥施工关键技术及应用项目依托工程——浙江省宁波市三官堂大桥

厅科信处 供图

交通教育

JIAOTONG JIAOYU

概　况　2022年，四川交通职业技术学院（简称“四川交职学院”）统筹疫情防控和教育改革发展，各项工作迈向新台阶。学院国家“双高计划”中期绩效评价总分排名全省第一，国家评价获“优秀”等级，学院党委副书记、院长蒋永林在省教育厅举办的省国家“双高计划”中期绩效评价意见反馈会上作为“双高”院校唯一代表作交流发言。省数字交通产教融合示范项目中期绩效评价总分排名全省第二。开展“对标竞进、争创一流”活动，学院5名同志受到省委教育工委、省教育厅通报表扬。教师参加全国教师教学能力大赛，获国赛二等奖1项，创造学院参赛以来的历史最好成绩，获省赛一等奖5项、二等奖9项、三等奖5项，数量居全省之首。学生参加各类技能竞赛，获国家级奖励22项，获省级奖励109项；参加“互联网+”创新创业大赛获得国赛铜奖3项和省级金奖4项、银奖4项、铜奖9项。学院教学成果奖获省级特等奖1项、一等奖5项、二等奖9项。建成国家级职业教育“双师型”教师培训基地，首次参与国家自然科学基金重点支持项目，获批省科技厅重大科技专项立项1个，数字交通产业学院获批省首批现代产业学院，山地轨道交通装备成功申报省第二批产教融合示范项目，川藏公路博物馆获批交通运输部、科技部国家交通运输科普基地，荣获第四届交通运输优秀文化品牌推选活动“传播力文化品牌”称号。提出并实施“筑基、铺路、拓道”三大工程，学院党委书记冯书明在全省高校党建工作推进视频会上作交流发言。加强平安校园建设，持续开展“百日安全活动”，全年无安全责任事故发生。成功举办“一带一路”暨金砖国家技能发展与技术创新大赛全国总决赛、第十三届全国交通运输行业职业技能大赛全国总决赛等重大赛事。建成校史馆并开馆，成功举办建校70周年庆祝系列活动，中共四川省委副书记、省长黄强，副省长田庆盈对学院工作作出批示肯定。落实省委、省政府新冠疫情防控部署要求，组织全体党员干部参加省委组织部的疫情防控线上专题学习。召开疫情防控工作领导小组会、专项工作会共计10余次。全年开展核酸检测32万余人次，发放各类物资7000余件。学院41名党员干部志愿者下沉社区，协助开展核酸检测工作。

2022年12月17日，省交通运输厅党组书记罗佳明在四川交职学院70周年校庆纪念大会上发表视频讲话

四川交职学院　供图

综合办学基本情况　2022年，四川交职学院普通高等教育在校生总数15762人，招生5290人，毕业生4488人，专科专业36个。教职工总数956人，专任教师771人，正高级职称43人，副高级职称210人，享受国务院津贴专家1人，双师型教师476人。截至年底，四川交职学院固定资产总值8.50亿元，校园占地面积51.96万平方米，校舍面积32.34万平方米，教学仪器设备总值2.44亿元，图书

馆面积16941平方米，纸质图书数量88.73万册，电子图书容量61.67万册（包括学院图书馆馆藏正版电子书籍、电子期刊、电子文献），教学用计算机3021台，各类实验室总数181个。

教育教学改革和人才培养质量 2022年，四川交职学院加强专业群建设，系统设计33个专业简介和人培方案。统筹推进课程建设、教材建设、教学改革等，立项教学专项项目102个，获得省级“课程思政”示范课程认定4门，获省级“课程思政”示范教学团队2个，获省级“课程思政”示范教学研究中心1个，获“十四五”首批职业教育精品在线开放课程认定8门。1门课程纳入省交通运输厅培育课程，8本教材被省教育厅、交通行业指导委员会推荐参加教育部“十四五”首批职业教育国家规划教材评审。学院承办省级及以上赛事10余项，学生参加技能大赛获国家级奖励10项、省级奖励50项。“双创”学院被省教育厅评为首批10所“省级双创学院”，学生参加“双创”大赛获得国赛铜奖3项、省级金奖4项、银奖4项、铜奖9项。完成当年5000名招生计划，开展书记院长访企拓岗专项行动，走访企业103家，开拓岗位2696个。构建“就业—招生—培养”联动机制，毕业生就业率97.45%，获省委教育工委高度肯定。落实德智体美劳“五育”并举，推进“一站式”学生社区综合管理模式建设，构建“四化协同”“六模式一体化”的特色样板社区。完成省“三全育人”综合改革试点校建设验收，获批省职业院校“三全育人”典型学校，两篇案例入选全省“三全育人”和德育典型案例。做好实践育人，2名优秀毕业生入选西部计划。参与省第六届中国青年志愿服务项目大赛，获1金1银1铜。

干部和师资队伍建设 2022年，四川交职学院持续强化干部队伍和师资队伍建设。年内新提拔补充班子成员2名、中层正职8名、科级干部14名，轮岗交流干部20名。坚持“引育并举”，引进高层次人才4名，新培育教授10名。充实思政课教师队伍，新补充14名思政教师。做好年轻干部储备66名。提拔任用和交流党务干部5名，新配专职组织员3名。2名教师被交通运输部评为“交通运输青年科技英才”。1人被共青团中央、人社部评为“全国青年岗位能手”。3名教师被省人社厅评为“四川省技术能手”。获批省级紧缺领域教师技艺技能传承创新平台1个、省级职业教育教师教学创新团队1个，首批省级教师教育实践基地1个，省级思政课名师工作室1个。

产教融合和社会服务 2022年，四川交职学院加强校企合作，与蜀道物流集团、小鹏汽车、四川公路工程咨询监理有限公司等20余家企业签署战略合作协议。科研工作实现重大突破，联合申报的“横断山区桥梁多灾害作用与防灾控制”项目获批国家自然科学基金重点支持项目，“复杂气象条件下山区高速公路运营安全系统关键技术研究”项目获批省科技厅重大科技专项立项，川藏公路博物馆获批交通运输部、科技部国家交通运输科普基地，汽车科普基地被省科技厅评为省级科普基地。搭建产教融合高水平平台，数字交通产业学院获批省首批现代产业学院，成功申报省第二批产教融合示范项目（省山地轨道交通装备产教融合示范项目），获得相关资金支持2000万元，2个案例入选世界职业教育产教融合博览会典型案例。省钢管混凝土桥梁工程技术研究中心被省科技厅评为优秀工程技术研究中心。获得中国公路学会科学技术奖特等奖1项。学院教师发表论文176篇，其中核心及以上论文18篇，出版著作14部；申报发明专利5项，实用新型专利6项；授权发明专利2项，实用新型专利28项，外观设计专利1项。参加交通运输部组织举办的2022年交通运输科普讲解大赛暨全国科普讲解大赛获得全国一等奖1项、三等奖1项、优秀奖1项。开展培训和技能等级认定工作，完成培训2万余人次，承担乡村振兴教育培训、社会化考试竞赛服务工作，开展学历继续教育，招收学生约500人。积极开展乡村振兴，持续推进技术帮扶项目，完成年度24项帮扶任务，帮助通江县争取项目资金1.92亿元。与老挝琅南塔师范学院共建“一带一路”交通学院，实行“1+2”培养模式（1年在老挝培养，2年在中国培养），招收2022级留学生33人。持续推进与泰国易三仓大学合作开展“3+2”专升硕项目（即3年在中国学习、2年在泰国学习）。与美国阿肯色大学史密斯堡分校合作办学项目首届毕业生125人顺利毕业，2022级招收学生191人，在校生人数总计529人。推进孟加拉国达卡绕城高速公路工程培训项目，‘一带一路’交通学院”完成3260人次培训，输出课程标准2套。

平安文明校园建设 2022年，四川交职学院持续加强平安校园建设，开展“百日安全活动”，年内召开安委会4次，做好安全教育宣传。加强智慧校园建设，建成“智慧交院”网上办事服务大厅、校园“一卡通”、数据中心，获批教育部首批“网络学习空间优秀学校”称号，首批数字校园试点校建设获批立项。开展文明系部、文明班级、文明寝室等创建活动，获评省级文明校园创建先进单位。

（本栏目供稿单位：四川交职学院）

文明行业创建

WENMING HANGYE CHUANGJIAN

概　况　2022年，四川交通运输行业精神文明建设坚持以习近平新时代中国特色社会主义思想为指导，为奋力加快交通强省建设，当好社会主义现代化四川建设开路先锋提供坚强思想保证和强大精神力量。一是弘扬“两路”精神。川藏公路博物馆获得好评，开馆至今接待线上线下参观103.5万人次，成功获批第二批国家交通运输科普基地、获评全国交通运输“十佳文博馆”称号、入选四川省首批优秀文博研学课程、获批成都市温江区党史学习教育基地等。定期组织召开“两路”精神研讨会，邀请中央和省级主流媒体开展“学党史、走两路”活动，开展党史学习教育巡回宣讲，进一步传承弘扬“两路”精神。二是推树先进典型。组织参加交通运输部感动交通十大人物评选，推荐的牟廷敏、赵静、吴孝忠、杨柳工作组等成功当选“感动交通十大人物”。开展金川县原交通运输局党组书记、局长罗从兵先进事迹宣传，联合省委宣传部和阿坝州委共同组织开展先进事迹报告会，推出反映其事迹的长篇报告文学《行走的光芒》，罗从兵被中共四川省委授予“四川省优秀共产党员”称号。三是狠抓示范创建。由厅和蜀道集团共同制作的《蜀道向天开》入选第九批“中国梦”主题新创作歌曲，获四川省第十六届精神文明建设“五个一工程”优秀作品奖。厅推荐的省交通运输综合行政执法总队、达州市公路建设服务中心、自贡市地方海事服务中心、四川省交通运输厅交通史志总编室4家单位获评全国交通运输行业文明单位，四川泸州港务有限责任公司、四川路桥内荣高速公路经开区收费站、宜宾高新收费站、山东高速集团四川乐自公路有限公司乐山大佛收费站、成都华川公路建设集团有限公司营达高速公路涌兴收费站5家单位获评全国交通运输行业文明示范窗口。推荐的四川省公路交通应急装备物资储备中心获评省级机关文明单位。组织推荐厅交通史志总编室创建四川省最佳文明单位，厅高速执法二支队、六支队创建四川省文明单位。

交通运输新闻宣传　2022年，省交通运输厅整合报、刊、台、网、端等平台，形成协调联动、整体发声的行业政务全媒体矩阵。近三年来，组织中央和省级主流媒体集中采访60余次，央视新闻报道120余次（其中《新闻联播》30余次，《焦点访谈》5次），《人民日报》报道90余次，《中国交通报》500余次，《四川日报》《四川新闻联播》报道600余次。行业主流舆论持续壮大，交通软实力不断提升，为交通运输高质量发展营造良好社会氛围。一是围绕重大项目建设抓宣传。组织媒体对都市圈环线高速、镇广高速王通段、泸永高速、德会高速、沿江高速宁攀段（会东至会理段）建成通车，国道7611线西昌至香格里拉等10条高速公路集中开工，开展全方位立体化报道，推出一批脍炙人口的佳品力作。二是围绕民生实事抓宣传。组织主流媒体对“金通工程”、“四好农村路”现场会、货车司机“暖心之家”建设等开展集中报道，“金通工程”“暖心之家”“清廉交通”“春风行动”“绿航行动”等四川交通元素家喻户晓。其中四川“暖心之家”建设被新华社采编形成《国内动态清样》呈中央和部省领导参阅。三是围绕应急抢险救援抓宣传。在“9·5”泸定地震，“6·1”芦山地震，“6·10”马尔康地震等重大自然灾害中，组织深入一线挖掘新闻素材，四川交通抗震救灾事迹多次登上央视《新闻联播》《东方时空》，女绝壁挖掘机手刘金梦、石彩霞，运载挖掘机抢险的动力舟桥，继阿布洛哈米-26直升机后，成为四川交通一张亮丽的新名片。四是围绕交通强国试点建设抓宣传。联合新华社四川分社、中国三峡集团开展“千里走金沙”行进式调研，推出《千河之省重塑水运新风貌》纪实报道。与《中国交通报》、四川广播电视台开展合作，陆续推出成渝地区双城经济圈交通一体化发展、车路协同发展、交旅融合发展等系列报道。

“暖心之家”建设 2022年，“暖心之家”运营一年以来，为货车司机提供党务、政务、法务及生活服务6万余人次，2万余名货车司机留言好评，实现党建引领业务新突破，走出寓治理于服务新路径，形成货车司机“红色驿站”。把推动货车司机加入工会作为“暖心之家”建设重要内容，以成立交通运输行业党委为契机，探索成立省道路运输行业工会联合会，推动货车司机线下加入工会组织，截至2022年底，有36万余名货车司机加入各地工会组织。全省建立道路货运企业党组织有526个，货车司机流动党员党支部531个，17537名货车司机党员全部入列归队，实现一个支部一份档、一名党员一张卡。依托“暖心之家”，组织货车司机群体，融入行业治理，立足岗位，发挥先锋模范作用。其中，交通工会联合重庆开展川渝地区货车司机职业技能大赛，38支队伍、60名货车司机参赛，助力建设知识型、技能型、创新型的交通铁军。组织参加省总工会“寻找最美新就业形态劳动者”主题活动，货车司机周前刚获评2022年四川省“最美新就业形态劳动者”，货车司机杨光银、杨辉、张义、张改、陈文碧、施建勋被交通运输部、公安部、中华全国总工会联合评为2022年“最美货车司机”，其中杨光银被评为2022年十大“最美货车司机”。把“暖心之家”建成党和政府服务新就业群体的基层阵地，搭建密切联系群众的桥梁，让新就业群体感受党的温暖。开展“工会进万家新就业形态劳动者温暖行动”、“七送”走访慰问等系列等活动，为近千名司机发放“暖心大礼包”“政策礼包”、赠送（购买）意外伤害保险，为300余名女性司机申报“两癌”筛查需求等。新华社、《人民日报》、中央电视台、《中国组织人事报》等主流媒体50余次宣传报道，达州货车司机代表张永华与支部书记共同创作歌曲《货运人有话对党说》，表达对党的感激和美好生活的期望，被众多货车司机传唱。

2022年，成巴高速公路金堂服务区“暖心之家” 厅文明办 供图

四川水运发展突破年 2022年是省交通运输厅党组确定的“四川水运发展突破年”，全省航务海事系统贯彻落实党的二十大、习近平总书记来川视察重要讲话等系列指示精神，抢抓成渝地区双城经济圈建设机遇，以“交通强省”建设为己任，共建长江上游航运中心，以“五个坚持”，实现“五个突破”。坚持生命至上、安全第一，实现安全“零事故、零污染、零跑船”的历史性突破。全省新建成船舶安全集中停泊区222个、系缆桩3356个，全面建成“平安渡运”项目80个，撤销渡口66个，提升改造渡船50艘。累计淘汰落后老旧船舶653艘，取缔水运企业14家。219处水上交通安全隐患全部整改完成。全年未发生安全生产事故，未发生大面积溢油污染等事件，全省水上交通安全形势总体保持稳定。坚持运输优先、发展为要，实现运输结构优化的有效性突破。水路运输货运量完成6049万吨，比上年增长12.01%；完成港口吞吐量3216万吨，增长57.34%；完成集装箱运输287600标箱，增长9.48%；完成港口集装箱铁水联运量42577标箱，增长14.23%，外贸集装箱量增长7.89%，主要运输指标增长率均达到近两位数以上。嘉陵江南充游、阆中水城游、岷江旅游走廊等3条旅游航线被纳入全国水路旅游客运精品航线试点项目。坚持基础先行、畅通高效，实现基础设施建设的根本性突破。完成水路交通投资66亿元，占全国内河水运建设投资约7.9%（排全国内河22个省市

2022年，广元港　　厅文明办　供图

第8位），创历史新高。新增高等级航道144公里，提前3年完成部“十四五”期下达的高等级航道新增任务，金沙江（水富—宜宾段）夜航助导航设施建成。犍为、龙溪口、老木孔、东风岩等重点航电枢纽全部开工建设。坚持系统治理、转换动能，实现环保形势长期性突破。全面整改中央环保督察组指出问题，全省非法码头实现“动态清零”。联合多部门加快推广应用船舶污染物联合监管与服务信息系统，船舶垃圾、生活污水的转运、处置率均达95%以上。建成投用新能源船舶16艘，较2021年总量增长150%。建成岸电设施135套，比上年增长38%，长江干线五大类港口岸电配备率100%。坚持内强素质、外树形象，实现队伍形象展示的开创性突破。全省航务海事人战高温、抗疫情、保畅通，特别是“9·5”泸定地震期间，打通水上应急通道，为抗震救灾工作作出积极贡献，赢得各级领导干部和广大群众的一致认可。全年在主流媒体刊登行业新闻150余条。

（本栏目供稿单位：厅文明办）

智慧交通

ZHIHUI JIAOTONG

概　况　2022年，四川省数字交通工作围绕交通强省、数字政府、数字经济等重大战略部署，按照《四川省“十四五”数字交通规划》，推进交通新型基础设施建设，深化“互联网+政务服务”“互联网+监管”建设成果应用，为行业提质增效、高质量发展提供支撑。省交通运输厅被省委网信办评为2022年度数字乡村建设先进单位，厅科信处被省政府办公厅评为电子政务工作先进集体。

（厅科信处）

制度建设　2022年，省交通运输厅修订印发《四川省交通运输信息化建设项目管理办法》《四川省交通运输信息化建设从业单位信用评价管理办法》2项制度，规范信息化项目全过程管理。修订印发《四川省交通运输厅网络安全管理办法》《四川省交通运输厅网络安全事件应急预案》《四川省交通运输行业网络安全通报工作季度考评评分办法》3项制度，完善网络安全管理制度体系。

（厅科信处）

“互联网+政务服务”　2022年，全省交通运输系统22类证照生成电子证照114万余张。10类电子证照实现共享交换和亮证应用。“川渝通办”专区19个政务服务事项全部实现线上线下通办，“道路客运驾驶员从业资格证换证”和“公路超限运输许可”入选企业群众最满意的“川渝通办”事项。围绕“交通+旅游”融合发展，打造“天府畅行”出行服务应用，于2022年春运首日在“天府通办”正式发布，为群众提供综合性主题出行服务。

（厅科信处）

交通新型基础设施建设　2022年，省交通运输厅全面

2022年，长大桥梁结构健康和安全监测单桥系统——岷江大桥　　厅科信处　供图

推进智慧高速建设，全省智慧高速里程达2000公里。推进交通强国建设车路协同发展试点任务，依托成宜、成都第二绕城高速公路等开展智慧高速建设及车路协同试点应用，取得初步成效，提升路段智能感知能力和通行效率。按照交通运输部相关任务安排，年内完成38座长大桥梁结构健康和安全监测单桥系统建设。

（厅科信处）

“互联网+监管”　2022年，省交通运输厅应用全国唯一全领域覆盖的公路水路投资计划管理（决策支撑）信息系统，全省公路、水路、站场等项目规划、计划、资金、统计实现全领域、全周期、一张图可视化管理。推广交通运输综合执法系统应用，助力“互联网+监管”，高速公路执法部门和104个区（县）应用执法系统，在省直部门率先实现全省全量监管数据对接至省“互联网+监管”平台。推进危险货物运输安全监管系统应用，实现对全省514家企业危险货物运输车辆实时监管，提升危险货物运输监管水平。依托四川省乡村客运监管服务平台，核查乡镇和建制村通客车情况，科学分配农村客运补贴，提升乡村客运服务水平。1.9万余辆农村客运车辆安装主动安全智能防控系统，提高乡村客运安全保障能力。

（厅科信处）

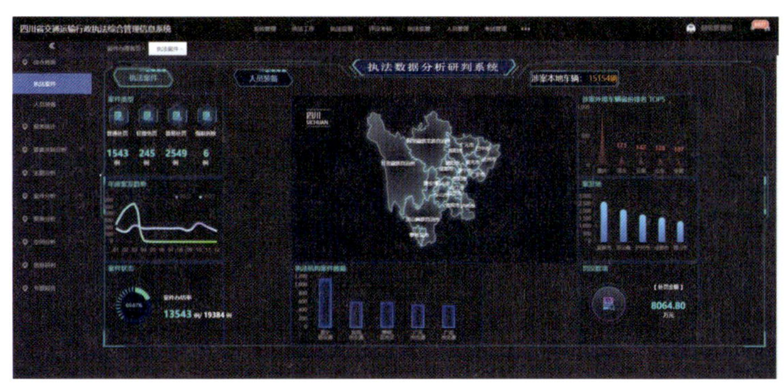

2022年，省交通运输行政执法综合管理信息系统　　厅科信处　供图

信息化项目建设　2022年，省交通运输厅贯彻执行省委省政府、交通运输部对交通运输信息化工作的安排部署，把握数字化、网络化、智能化主线，抓好重点项目建设和业务系统深化应用，提升政务服务、决策支持和行业治理水平，在落实交通强国建设试点任务、服务成渝地区双城经济圈建设、推进智慧交通发展和强化行业信息化治理等方面发挥重要作用。以实际业务需求为导向，优化完善交通运行监测与应急指挥系统功能和数据接入，有序推进系统在省市县三级的全面应用；加快推进厅应急指挥中心及数据中心升级改造，进一步提升应对自然灾害等重大突发事件的支撑能

力。充分发挥成渝地区双城经济圈交通运输大数据共享中心四川分中心数据枢纽作用，持续推进两地人车户等基础数据的共享交换及电子证照的跨省互认；推动川渝两地高速公路通信网络互通、监控共享，累计共享川渝两地邻接高速监控视频4885路。完成四川省交通运输综合行政执法管理系统建设，实现全省交通运输执法业务的全流程在线办理和移动执法，全年累计办理案件1万余件，执法检查及其他工作记录25万余次，并将上述监管数据率先实现全量对接至省政府“互联网+监管”平台；按照交通运输部和财政部关于推进车购税转移支付资金“以奖代补”政策相关要求，建成四川省公路水路投资计划管理系统，实现全省交通运输领域投资计划“一张图、全过程、可视化”管理，完成厅2021年和2022年普通省道和农村公路“以奖代补”考核数据的填报和考核等工作；完成AK替代工程竣工验收，按要求全面完成相关终端设备的分类替换、报废处置和统一调剂，并完成全厅18个应用系统的适配及重构工作。完成厅综合政务平台的竣工验收，实现厅机关及厅直单位办公收发文全流程网上办理与省政府办公厅、21个市（州）交通运输局非涉密电子公文的传输交换，累计收发文7万余件；完成全省交通运输通信专网向省电子政务外网的迁移整合；推动交通运输网上行政审批服务平台与部便民服务系统、省一体化政务服务平台深度融合，累计办件498余万件，日均办件量5000余件；升级“12328”系统功能，完成市（州）评分及统计分析功能优化，协助市（州）开展数据清洗治理，部月度考核排名进入全国前十；强化交旅数据融合，深化“天府畅行”应用，不断完善服务功能，持续提高出行信息服务质量，“天府畅行”被评选为四川省大数据领域数字化转型优秀案例。围绕“一网通办”考核任务，做好省政务信息共享网站数据和“天府通办”交通专区便民应用维护，厅“一网通办”能力巩固提升综合排名稳居省直部门前列；按照省政府工作要求，完成相关政务数据的汇集展示，辅助省、厅领导科学决策，受到省政府办公厅点名表扬。

（厅信息中心）

网站建设管理 2022年，省交通运输厅围绕全省交通运输中心工作，持续提升政府信息公开质量、政策解读力度，提高互动交流时效水平，加强网站日常检查，着力将厅政府网站打造为权威的“政府信息发布平台、回应社会关切互动平台、网上公共服务整合平台、社会舆论引导平台”。全省交通运输系统各单位（部门）贯彻落实政府信息公开条例，厅政府网站全年编发信息8337条，报送省委电子政务内网信息245条，填报省政府信息公开目录管理系统3536条，报送量均居同级部门前列；结合重点工作开设“学习贯彻党的二十大精神”“清廉交通”“四川集中开工10个高速公路项目”等多个专题；开展政民互动，确保网友留言的反馈质量和回复时效，加强政府网站听取民意、了解民情、汇聚民智、回应民声的桥梁作用。全年开展在线访谈7期，网上直播2期，意见征集和网上调查8期。厅政府网站绩效考核居部、省同级单位前列，在交通运输行业政府网站绩效评估中位列全国地方交通运输部门第二名，被交通运输部评为“2022年度交通运输行业优秀政府网站”，厅政务公开、政府网站工作被省政府信息公开办评为2022年度省直部门（单位）“政务公开十佳”“政府网站十佳”。

（厅信息中心）

新媒体运营 2022年，省交通运输厅对标省政府《关于创新完善机制加强全省政府系统政务新媒体管理的通知》等文件要求，加快推进厅政务新媒体运营工作。加大新媒体内容建设和信息发布审核，完善政务信息公开保密审查制度，围绕重点工作和群众关注热点，灵活开展政民互动，及时回应社会关切；把握新媒体特性和发展趋势，构建交通运输政务新媒体矩阵体系，形成整体联动、同频共振的政策信息传播格局，发挥政务新媒体势能。全年发布微博6629条，微信1117条，回复微博微信留言1326条。厅政务新媒体被省委网信办、省政府新闻办、省大数据中心、省政府信息公开办评为2022年度“十佳省直部门政务新媒体”“优秀矩阵联动政务新媒体”，被省政府信息公开办评为2022年度省直部门（单位）“政务新媒体十佳”。厅官方微博被交通运输部新闻办评为“2022年度中国交通十佳微博账号”，厅主持的微博话题“#蜀道不再难#”被交通运输部新闻办评为“2022年度中国交通十佳微博话题”。厅官方微博“@四川交通”在“9·5”泸定地震发生后立即行动，快速响应，密集发声，对提高政府凝聚力、传播权威有效信息起到积极作用，被交通运输部新闻办评为“2022年度中国交通十佳创新应用与传播微博案例”，获评“2022第三季度快速响应集体优秀案例”“2022年度快速响应优秀微博”“2022新浪四川微政道‘突发应对’优秀案例”。

（厅信息中心）

网络舆情监测 2022年，省交通运输厅把握网络舆情态势，做好对网络舆情的及时监测、精准研判、主动引导、积极化解等工作，营造良好舆论环境。对网络涉及全省交通运输行业的新闻报道、举报投诉、评论、建议等内容，做好网络舆情监控、收集、整理、分发、分析等工作，针对重大工作和热点事件做好专项舆情监测和分析，及时编发网络舆情参阅、事件专报，加强信息研判，提升舆情监测质量；加强和网信、宣传部门保持密切联系，及时沟通信息，确保舆情处置工作规范高效、有序推进；积极强化正面宣传引导，加强与主流媒体的沟通交流，控制舆论导向的风向标和主动权。开展“交通运输疫情相关”等热点话题的网络舆情专项监测与分析，全年编发《网络舆情参阅》365份、《网络舆情日报》365份、《舆情事项专报》111份，按月、季度、半年和全年出具网络舆情分析报告。

（厅信息中心）

信息化服务保障 2022年，厅信息中心继续做好信息化服务保障和网络安全工作。建成四川省重点物资运输车辆通行证应用，保障疫情期间全省重点物资运输的高效通畅，该应用获第三届数字四川创新大赛（2022）数字政府赛“十佳案例”称号。统筹做好视频会议、监控调度等技术保障服务，完成厅主楼4楼会议室显示大屏系统升级改造，保障各类线上线下会议800余次。抓好疫情防控信息公开和舆情专项监测工作，及时发布厅防疫工作举措和动态信息，每日编发交通运输网络舆情监测专报。协助厅修订及编制印发《四川省交通运输厅网络安全管理办法》《四川省交通运输厅网络安全事件应急预案》《四川省交通运输行业网络安全通报工作季度考评评分办法》；每月定期对厅数据中心信息系统进行全面漏扫，并将扫描检测出的高危漏洞及风险隐患以月报形式下发至各网络安全成员单位，落实整改情况反馈；组

2022年11月1日，四川交通运输电子证照应用获第三届数字四川创新大赛（2022）数字政府赛“十佳案例”称号　　厅信息中心　供图

织开展厅数据中心数据分类分级保护管理及系统代码审计平台建设，新购防火墙和数据库审计系统增强网络边界及核心数据库防护能力，完成三级等保系统网络安全测评工作；通过隐患排查、攻防演练、问题整改等组合拳，做好省公安厅“HW2022”攻防演习、省第十二次党代会、党的二十大等重要时段网络安全保障工作。全年未发生网络安全事件。

（厅信息中心）

联网系统运行保障 2022年，省交通运输厅完成全省新增通车里程450.29公里，新增31座收费站，344条车道及86个门架，均顺利并网。截至年底，全省联网高速公路里程9179公里，724座收费站，6047条收费车道和1932个门架，各项系统运行指标稳居全国第一方阵。全年路网总车流量约7.74亿辆次，ETC车流量约5.55亿辆次。

2022年，四川首个匝道ETC自由流收费系统在成都绕城高速公路锦城湖收费站开通　　智能公司　供图

年内，支撑“入川即检”四川方案。按照省政府和省交通运输厅思路，组织骨干力量集中攻关，在全国率先实现外来车辆自动识别预警引导功能，全程跟踪分析数据并优化完善功能，精准识别引导车辆1600万辆次，发布“入川即检”相关报表698份，保障大局稳定和群众健康。持续开展ETC提升专项行动，优化联网收费系统运行质量评价指标。全年软件升级17次，受理工单1.76万余次，系统巡检1600余次，指导或处理通信故障469次。全年发布各类报表8300余份，各类查询统计757次。积极探索“云收费”试点应用，并开创性的提出远程智能控制技术，有效解决新技术推广应用过程中的痛点。设计开发自由流预交易及车辆诱导系统。优化算法实现“ETC车道在线计费”“U/J行驶车辆精准计费”等功能。完成省中心系统信息安全技术等保三级测评，态势感知平台实现全省高速公路收费站全覆盖。监测上报日志4.8万余条，处置安全风险487例。全年未发生重大网络安全事件。

（智能公司）

灾备中心持续赋能 2022年，智能公司以灾备中心为核心，以高速公路数据信息为基础，全面归集普通公路、道路运输、航务海事、安全生产及工程质量监督等重点领域数据及系统资源，形成独立数据分析应用体系，为领导决策、行业管理、公众出行及应急调度指挥

提供支撑。全年先后接待省纪委、省监委、省政府、省委网信办、省交通运输厅、蜀道集团、省审计厅、省财政厅、省发展改革委、省公共资源交易中心、交职院、甘肃省交通厅、福耀集团、中核集团等单位的视察调研工作。五一、中秋、国庆等重大节假日路网调度保障能力得到提升。

（智能公司）

平安智慧高速省中心建设推进 2022年，为提升路网应急协同能力，加大跨行业服务共享深度，丰富业务应用系统功能，智能公司依托平安智慧高速省中心建设，以灾备中心为基础，全面提升计算机系统、展示系统、会议系统及其他配套设备设施的规模和能力，并基于高速公路路网运行监测业务，对多源数据进行深度加工融合分析，实现路网运行规律挖掘、公里级路网运行状态实时监测，为行业管理部门解决实际业务问题提供支撑。

（智能公司）

群众出行信息服务 2022年6月底，省交通系统通过“四川ETC”微信公众号推出公众出行路况视频点播功能。截至年底，覆盖全路网65条高速路段，开放 888路视频监控点位，为车主提供高速路况视频实时点播服务，点击量累计突破11万次。全年公众号发布全省高速公路交通阻断（塞）信息5.3万余条，通过三网融合短信平台发布交通阻断信息1.6万余条，约216万余人次接收。“12122”服务热线受理各类话务177万余件，比上年增长7.3%；“95022”服务热线语音受理9.7万件，下降6.7%，在线受理5.6万件，增长25%；“12122”服务热线实现与厅“12328”系统互联互通，全年上传话务及工单数据94万条。“12122”服务热线收集扫黑除恶专项斗争工作线索146件，及时处理其他类投诉事件819件。

（智能公司）

2022年，省交通运输运调中心　　智能公司　供图

云呼叫中心话务系统上线 2022年，省交通系统完成对原“12122”服务热线系统升级改造工作，采用云呼叫中心架构模式建立全新统一的话务系统，全路网“12122”服务热线坐席于3月31日顺利完成切换工作，实现全路网200余个坐席升级部署到云中心。全年部署新开通高速公路“12122”坐席11个。新系统上线用户智能画像、录音智能质检、智能语音机器人导航功能（路况咨询）等功能，并与新智能客服系统完成工单单点登录与数据交互，提高四川省高速公路服务热线“12122”及ETC客服服务能力。“12122”智能语音机器人于6月初上线，截至12月31日，语音机器人接待17万人次，会话39万轮次，解决率99.63%，有效对话流占比80%。智能语音导航在传统热线电话IVR中加入语音业务自助办理/语音问答功能，降低常规话务量，减少人工热线电话客服压力。

（智能公司）

交通宣传

JIAOTONG XUANCHUAN

概　况 2022年，交通宣传中心围绕四川交通运输中心工作，主动适应新媒体融合发展形势，不断创新宣传方式，持续寻找发展方向，拓展宣传渠道，推动传统媒体和新兴媒体深度融合，打造“融得进去、沉得下去、亮得出去”的全媒体平台，加快四川交通传播速度，讲好四川交通故事，提高交通运输新闻舆论传播力、引导力、影响力和公信力。

交通宣传速度提升 2022年，交通宣传中心主动适应新媒体融合发展形势，打造新媒体平台,提升四川交通宣传速度。一是加强内容建设，巩固行业宣传主阵地。《四川交通》手机快讯聚焦全省“两会”、省第十二次党代会、党的二十大等重要时间节点，宣传交通重大项目建设投资、物流保通保畅、拼经济搞建设、保障货车司机权益试点工作、“清廉交通”、乡村振兴、疫情防控等重点内容，开设《凝聚交通力量——赋能乡村振兴》《清廉交通，一路清风》《岁月年轮——四川交通历史上的今天》等具有行业特色亮点的专栏。全年共制作、发送255期6650条手机快讯。二是加强合作，办好特色栏目。继续深化与四川交通广播微信公众号合作，借助其公众号近百万名粉丝数量，用接地气的方式，办好《四川交通》栏目。全年四川交通广播微信《四川交通》栏目刊登新闻240余条，多条新闻点击量超过10万次。三是主动作为，拓展新媒体宣传阵地。与中国交通报协调对接，在其新浪微博平台发布四川交通运输行业最新动态和重大活动，将日常动态信息推送机制与重特大事件特别推荐机制相结合，全方位、多角度展现四川省交通运输建设经验和成就。全年发布微博刊载四川交通新闻和信息500余条，图片550余幅。同时，将中国交通新闻网四川频道打造成地方交通运输行业网络新闻宣传的主阵地、主渠道，并利用新华网四川频道对四川交通进行专题宣传。围绕交通强省、成渝地区双城经济圈交通发展、交通服务支撑乡村振兴等内容，通过文字报道、图片宣传、视频展示等多种方式，宣传四川交通新成就。

交通宣传深度提升 2022年，交通宣传中心持续寻找发展方向，传统媒体转型发展，提升四川交通宣传深度。一是突出政治属性，重视深度报道。《四川交通运输》杂志按照“政务信息新闻化、监管行业信息化、行业知识专业化、图片精美化”要求，持续推进杂志向深度报道转型，提升权威性和指导性。10月推出喜迎党的二十大专刊，营造学习宣传氛围；11月对“四好农村路”和“金通工程”进行集中宣传报道。全年完成12期《四川交通运输》内刊，刊登稿件200余篇，约40万字。二是创新行业声像制作，不断提高摄制水平。主动适应声像制作新要求，购买摄录设备，调整和充实摄制人员力量。根据省领导调研侧重点，制作多个版本的四川交通运输形象片《大道兴川》。拍摄制作完成货车司机党建试点宣传片《党建领航，货畅四方》，在全国货车司机党建工作视频会议上播放，成品片和原始采访素材作为新闻素材提供给中央电视台《焦点访谈》栏目使用。创新短视频制作形式，以竖屏展示形式完成金堂服务区“暖心之家”系列视频，在新媒体推广。中心制作的《乡村振兴，四川品牌》《脱贫攻坚，四川奇迹》两部作品获全国交通运输行业公益广告大赛专业创作组铜奖。全年编辑、分类、归档各类声像资料约4T（约4000分钟）。三是四川交通频率《四川交通》四档专属节目架设行业与大众沟通桥梁。继续与四川广播电视台四川交通频率（FM101.7）深度合作，推出早、中、傍晚、晚间四档节目。节目质量稳居100多个汉语节目前10名，收听率稳居第一。在春运首日，四川交通广播驻省交通运输运行调度中心融媒体直播间正式启用，《四川交通》节目在直播间完成制作并实时播出。全年四档电台节目播出信息约6000条。

交通宣传广度扩大 2022年，交通宣传中心坚持走出去合作步伐，扩大对外宣传影响力，提升四川交通宣传广度。一是积极向央媒提供新闻素材。在四川省落实“入川即检”期间，中心配合中央电视台在新闻频道直播高速公路落实“入川即检”情况；在“9·5”泸定地震期间，中心配合央视拍摄采访甘孜公路局抢险救灾一线人员——女挖掘机手刘金梦和女装载机手石彩霞，并在央视《东方时空》播出。二是积极与省级媒体合作。配合四川电视台制作四川交通重大选题节目，协助拍摄采访相关厅领导、厅处室和厅直属单位相关人员等20余次，均在四川卫视新闻联播上播出。三是积极向《中国交通报》投稿。中心上稿量长期稳居全国前三。如：追记因公殉职的金川县交通运输局局长罗从兵的稿件《筑路先锋勇担当》、反映货车司机党建工作的稿件《车轮上的支部，卡车头的堡垒》等均在头版头条位置刊登。全年中交报主报刊登稿件180余篇，其中一版52篇，较2021年增加17篇；头版头条（含报眼）13篇；牵头完成地方版6期24个版面。四是在中国交通报开辟四川交通双月刊，全面集中宣传四川交通运输发展成就。做好《中国交通报》的发行工作。全年全省发行《中国交通报》8400余份，超2021年1000余份，创历史新高。

（本栏目供稿单位：交通宣传中心）

交通史志年鉴

JIAOTONG SHIZHI NIANJIAN

概　况 2022年，厅交通史志总编室完成中国地方志指导小组、交通运输部和厅党组部署的各项工作任务。圆满完成全国全省第二轮修志任务。在出版4部分志的基础上，总结经验、发挥优势，出版总志《四川交通志》。按时高质量出版《四川交通年鉴》2022卷；全面优质完成《中国交通运输年鉴》《中国交通年鉴》《四川年鉴》《四川农村年鉴》《成渝地区双城经济圈建设年鉴》2022年卷等项目“四川交通运输”部分编纂任务。编纂出版《川藏公路简史》。牵头《中国港口史》四川卷编纂。创新推出特色栏目《四川交通历史上的今天》，内容选取自1978年至2021年间四川交通历史上的重要事件、重要人物和重大工程、重大成果，于2022年元旦在《四川交通》手机快讯、厅网站予以登载；截至年底，累计登载大事记430条、约4万字。持续开展信息化建设，完成年鉴数字化处理入库，巩固优化线上成鉴流程，充实移动端年鉴数据内容；“四川交通掌上年鉴”微信小程序推出17卷、1400万字数据资源，方便读者快捷查阅。

《四川交通志》总志出版　2022年，《四川交通志》总志正式出版发行。该志在系统总结已出版4部分志基础上，重点记述1986年至2005年四川公路水路交通运输的变化与发展，全面系统地总结四川公路水路交通建设及管理的成功经验与不足。《四川交通志》总志是省交通运输厅作为全国和全省第二轮修志试点单位，创新提出“1+4”修志模式完成的最后一部志书。至此，经过全省交通运输系统共同参与，历时20多年艰辛努力，厅承担的国省第二轮修志文化工程正式完成；共出版志书5部400余万字，实现专业价值和社会效益的“双丰收”。

《川藏公路简史》出版　为深入贯彻习近平总书记关于对川藏、青藏公路（以下简称“两路”）的重要批示精神，进一步弘扬主旋律，凝聚正能量，使“两路”精神成为推动新时代交通强省的强大动力，2022年12月，厅交通史志总编室编撰的《川藏公路简史》由新华出版社出版发行。该书在尽量多占有历史资料的基础上，重点反映中华人民共和国成立后在中国共产党的领导下修筑川藏公路艰苦卓绝的历程和重大历史作用，讲述“两路”精神凝结以及不断发扬光大的历程。同时，反映了四川交通人修筑川藏公路持续性的努力。为提高编撰质量，总编室邀请在康藏交通史、解放西藏史、民族史等学术领域的相关专家担任学术顾问，在拟订提纲、材料搜集、文字编写等环节得到各界领导、学术专家、18军后人、筑路大军亲历者等社会各界鼎力相助，确保为读者提供一部准确简明的读物。

《四川交通年鉴·2022》出版　2022年12月，厅交通史志总编室编纂的《四川交通年鉴·2022》正式出版。《四川交通年鉴》是逐年编纂连续出版的反映四川交通运输发展的资料性工具书，2022卷是继1987年创刊以来的第36部。全书90余万字、300余幅图片，反映2021年四川交通的基本面貌、发展状况和取得的巨大成就。《四川交通年鉴·2022》网络版和电子书在省交通运输厅网站同步上线，读者亦可通过“四川交通掌上年鉴”微信小程序查阅；实体书将在全省各市（州）图书馆、方志馆，全国相关高校图书馆，年鉴展示与研究中心，天府家风馆等上架，供读者查阅。

《四川交通年鉴》获省地方志成果评审一等奖　2022年，四川省地方志工作办公室、四川省地方志学会组织开展的第二十次地方志优秀成果评审结果揭晓。厅交通史志总编室编纂的《四川交通年鉴·2021》作为风格化的地方专业年鉴，因其信息资料丰富实用、地方行业特色鲜明、装帧设计美观大方、阅读检索方便快捷等特点，获“四川省第二十次地方志优秀成果奖（年鉴类）”一等奖。厅交通史志总编室撰写的《从〈地方志索引编制规则〉浅谈年鉴索引编制》获“四川省第二十次地方志优秀成果奖（论文类）”二等奖（一等奖空缺）。

开展《中国港口史》四川卷编纂　2022年，省交通运输厅下发通知，安排部署《中国港口史》四川卷编纂工作。四川卷编纂属于中国港口史系列编纂任务，由交通运输部组织开展，目的是通过梳理中国港口历史进程、系统总结港口建设发展实践经验，为加快交通强国建设提供借鉴，以港口发展的辉煌成就坚定道路自信、理论自信、制度自信和文化自信。编纂《中国港口史》四川卷，主要涉及泸州港、宜宾港、南充港、广安港、乐山港、广元港，通过各港口史呈现四川港口发展历程、建设成就、重大事件和历史经验等。此外，还为交通运输部《中国港口史》（综合卷）提供资料。按照厅统一部署，相关市（州）交通运输局、省港投集团、厅直有关单位和厅机关有关处室全面投入史书编纂工作，实现领导责任、编写人员和编写经费到位，调研座谈覆盖到位，编写培训全员到位。年内，按时完成泸州、宜宾编写大纲并报送部编委会。编纂工作呈现部厅市企全方位联动、行业内外全方位协同、信息沟通全方位畅通的良好态势。

2022年6月，厅史志总编室到泸州市交通运输局调研港口史编纂情况

泸州市交通运输局　供图

（本栏目撰稿人：王　谦）

市州交通

SHIZHOU JIAOTONG

2023

四川交通年鉴

成都市交通

CHENGDU SHI JIAOTONG

2022年成都市交通运输能力概况

公路交通运输			
通车里程	总里程（公里）		29321.545
	其中	高速公路	1240
		一级公路	1356.916
		二级公路	1977.103
		三级公路	1950.12
		四级公路	22777.72
		等外公路	19.686
公路密度	按国土面积计算：每百平方公里204.5公里		
	按人口计算：每万人14.5公里		
通达程度	通公路的乡镇253个，占乡镇100%		
	通公路的村2653个，占村100%		
客运站	总数（个）		40
	其中	一级站	12
		二级站	16
		三级站	12
		四级及以下站	
营运车辆	总数（辆）159193		
	其中	客车6637辆207533座	
		货车152556辆1874946.924吨	
公路运量	客运	客运量（万人次）	3432.17
		旅客周转量	503856
	货运	货运量（万吨）	35047
		货物周转量（万吨公里）	3932547
内河航运运输			
通航里程	总里程（公里）		191
	其中	三级航道	
		四级航道	
		五级航道	
		六级航道	5
		七级航道	186
港口（码头）	总数（个）		27
	吞吐量	旅客吞吐量（万人次）	67.04
水路运量	客运	客运量（万人次）	67.04
		旅客周转量（万人公里）	151.33
	货运	货运量（万吨）	
		货物周转量（万吨公里）	
营运船舶	总数（艘）		105
	其中	客船105艘2419座	
		货船 艘 吨	
城市公交运输			
营运车辆	16657辆		
公交线路	1426条		
公交站	6431个		
运量	9.7203亿人次		

注：公交站统计范围为成都市“5+1”区域

交通运输概况 2022年，成都市交通运输系统建枢纽、优服务、调结构、强治理、抓防控、保安全，完成各项目标任务。全年完成交通固定资产投资540亿元，比上年增长10.2%。联合重庆市申报国家首批综合货运枢纽补链强链城市群，入选空港型国家物流枢纽承载城市名单，创建国家公交都市建设示范城市，货车网约车司机群体党建试点工作获中组部、交通运输部肯定。

综合交通枢纽能力进一步增强。推进双流国际机场、天府国际机场“两场一体”协同运营，全年成都国际航空枢纽旅客吞吐量3109.3万人次、居全国第一。成蒲铁路紫瑞隧道建成通车，川藏铁路引入成都枢纽天府至朝阳湖段等4个项目开工建设，成自铁路、川藏铁路寿安基地先期工程等4个项目加快建设。成都国际班列联接88个境外城市、27个境内城市，覆盖东盟、澳新等数十个国家，发送量居全国第一。天邛和成乐、成绵扩容等4条高速公路加快建设，彭青淮快速路西延线、金简黄等5条快速路建成通车，五环路、金简仁快速路沱江大桥段等6条快速路加快建设。新（改）建农村公路416公里，彭州市、邛崃市、新都区创建“四好农村路”全国示范县通过交通运输部公示，成都市全国示范县数量将达到8个，居全国副省级城市第一。解决项目土地、资金等困难，169个重大交通项目纳入“三区三线”保障范围，宝成铁路公交化改造、市域铁路公交化改造二期工程等33个项目纳入国家、省重点项目库。

区域交通协同发展加速推进。深化成渝枢纽机场运营合作，推动双核枢纽机场共营卡车航班、互为异地货站。成达万高铁、成自高铁、成南高速扩容加快建设，成渝中线高铁全面开工，成渝高速公路扩容完成投资人招商。都市圈环线高速公路、成资快速路等高快速路全面贯通，成眉省道5线、天眉乐高速公路等4个项目全面开工，成资省道3线、天府大道北延线等29个项目加快建设，万罗路、放高路、云大路等11条第一批城际"断头路"全部打通，都市圈"环＋放射＋联"高快速路网格局加快形成。成渝两地、都市圈公共交通实现"一卡通刷、一码通乘、优惠互享"。都市圈每日开行动车134对，日均客流达2.3万人次，分别是公交运行前的3.3倍和2.1倍，开行14条跨市公交和10条都市圈定制客运线路。成都经开区（无水港）与重庆港双港联动，公路货运班车稳定开行。道路客运驾驶员从业资格证换发等11项高频事项实现"成渝通办"。

运输供给质效不断提升。开通铁路枢纽环线"环+射"公交化动车，新增7组"天府号"动车组，连接郊区新城与中心城区公交化动车加密运行。加快中心城区公交一体化改革，推进公共交通适老化改造，优化老年人公交出行优待政策，实现军队离休干部等特殊群体免费乘公交。修订实施《成都市客运出租汽车管理条例》及出租汽车运营服务规范、考核办法，出租汽车服务质量不断提升。优化"一站多点"道路客运服务网络，崇州新城客运站建成投运，新增定制客运线路36条，彭州市、金堂县、大邑县成功创建全省首批"金通工程"样板县。"五港六中心"物流枢纽体系和县、镇、村三级物流体系加快完善，成功入选2022年国家骨干冷链物流基地建设名单，彭州市、蒲江县成为四川省首批"交商邮"融合发展试点县，崇州市"党建+客货邮共融"入选国家第三批农村物流服务品牌。建立重点企业服务专班和中小微企业服务专员制度，印发实施《支持道路货运行业发展十条措施》，实现6项"一件事一次办"和65个事项"掌上可查询"、19个审批事项"掌上可办理"。

交通运输更加绿色低碳。统筹推进"轨道+公交+慢行"融合发展，推动公交轨道运力匹配、时刻协同、就近换乘。建成"碳惠交通"平台，每月开展"绿色低碳出行日"活动，引导更多市民绿色出行，《新闻联播》进行报道。推动货物运输"公转铁"，开工建设万担仓铁路专用线，设立适铁货物运输"公转铁"专项资金。发展多式联运，青白江国际铁路港多式联运项目建成投用。研究引导货车从成都绕城高速公路向成都第二绕城高速公路转移。推广新能源公交车、出租（网约）车、物流配送车等3.2万辆。在迎峰度夏节电保供和能源供应保障一级应急响应期间，实现交通运输领域日均压减用电200万余度，较日常用电节约25%。

智慧交通建设加快推进。加强与市城运中心数据对接和双向赋能，建立5大类21小类287项交通运行数字体征指标体系，加快建设多级融合指挥体系。整合省、市、区（市）县感知设备，补齐干线道路、重要桥隧、地质灾害路段等交通监控短板，推动枢纽场站、"两客一危一重"重点车辆等监控设备升级改造，建成大运会保障道路智慧交通项目，加快完善覆盖"全市域、全方式、全过程、全要素"交通运行感知网络。聚焦交通运输、交通建设、交通安全、交通执法、交通服务等5大领域，打造面向政府部门、交通企业、市民群众的13个应用场景，4个项目入选四川省第三批新型智慧城市优秀案例。成功举办第18届亚太智能交通论坛。

统筹新冠疫情防控和保通保畅。制定《成都市贯彻落实"入川即检"工作实施方案》，在2个机场、14个火车站、134个高速公路收费站出口设置查验点，累计查验来（返）川人员2072万人次，现场核酸采样1300余万人次，疫情重点地区来（返）蓉人员85万人次，拦截阳性人员上千人，有效防范疫情从省外输入。制定交通运输行业常态化疫情防控方案，落实从业人员健康监测和4个"100%"等防控要求，"一园一策"制定货车集散地疫情防控方案，建立32个货车集散地"防疫泡泡"，优化公交地铁、出租（网约）、道路客运运营方案，保障疫情期间客货运输安全有序。建立市物流保通保畅工作机制，制定中高风险区来（返）蓉货车闭环管理、"点对点"运输工作规程，开发"蓉疫畅"通行管理系统，为8万余辆货车办理临时通行证，为疫情期间全市2100万名居民生活物资供应、近万家"防疫泡泡"闭环生产和多轮次全员核酸检测提供保障。同时，安全转运入境人员及机组工作人员16万人，接返服务新疆、西藏专列返蓉人员11万人，获省应急指挥部通报表扬。

行业安全稳定形势平稳向好。开展交通运输行业安全生产大检查、道路客货运输突出违法违规行为、巡游出租汽车服务质量提升等20余项专项整治行动，实现事故起数、伤亡人数双下降。制定成都市交通运输突发事件、汛期工作预案等行业应急预案，修订完善轨道交通、水上交通等6个专项应急预案，开展交通运输行业地震灾害应急演练，行业应急保障能力进一步提升。建立健全重要时段、重要群体、重点领域涉稳隐患摸排和舆情收集研判机制，常态化开展扫黑除恶专项斗争，化解成渝中线铁路规划环评、货车司机维权等稳定风险。

加强党的建设。通过党组（扩大）会议、中心组学

2022年5月30日，成自高铁白云山隧道贯通　　中铁十二局　供图

习会议、行业宣讲等形式，深入宣贯党的二十大精神，坚决拥护“两个确立”，树牢“四个意识”，增强“四个自信”，做到“两个维护”。压实管党治党责任，全面贯彻落实习近平总书记对四川及成都系列重要指示精神和省、市党代会精神，制定贯彻落实方案，明确9个方面35项52条任务，推动中央、省、市决策部署落地落实。加强交通项目建设、行政审批、综合执法等重点领域和关键环节监管，开展农村公路建设等领域群众身边“可视”“有感”腐败和作风问题专项治理、借培训名义搞公款旅游问题排查整治、公务车辆及扣押车辆专项督查等，严肃执纪问责。成立市县两级“1+23”交通运输行业党委，建立企业、协会党组织180个，货车司机流动党员党支部125个，建成党群服务阵地67个、“暖心之家”3个。

高速公路枢纽建设　2022年，成都市高速公路在建项目5个，成乐扩容、成南扩容、成绵扩容、天邛高速公路加速推进，天眉乐高速公路控制性工程开工建设。成渝高速公路扩容项目完成投资人招商并签订投资协议，大宝高速公路、成汶高速公路、邛芦荥高速公路、成温邛高速公路扩容等项目前期工作有序推进。截至年底，全市高速公路通车里程1240公里，路网密度8.65公里/百平方公里，各区（市）县至少通2条高速公路，“3绕13射”高速公路网形成。

现代物流体系建设　2022年，成都市“五港六中心”物流枢纽体系和县、镇、村三级物流体系加快完善，联合重庆市跻身国家首批综合货运枢纽补链强链城市（群），获批空港型物流枢纽承载城市，入选2022年国家骨干冷链物流基地建设名单。推动适铁货物运输“公转铁”，设立运输结构调整“公转铁”专项资金，开工建设万担仓铁路专用线。发展多式联运，青白江国际铁路港多式联运项目建成投用，推动双港联动，开行公水联运五定货运班车。

铁路枢纽建设　2022年，成昆铁路复线全线建成通车，紫瑞隧道建成实现枢纽环线双线贯通，成渝中线高铁、川藏铁路引入成都枢纽天府至朝阳湖段、天府站开工建设，成自高铁、成达万高铁等项目加快建设。截至年底，成都形成“1环10射”铁路网络，成都境内铁路营运里程930公里，线网规模在全国排名第五，建成成都、成都东、成都南、成都西等“2主2辅”铁路客站和城厢、普兴、新兴等铁路货站，基本实现客货分线运输。全年境内累计发送旅客4636.5万人次，旅客到达量4635.4万人次；货物发送量736.1万吨，比上年增长13.7%，货物到达量5222.4万吨，比上年增长0.5%。

航空枢纽建设　2022年，成都市加快打造引领西部开发开放的国际航空枢纽和高质量区域航空枢纽。国际货运航线数量增至20条，国际（地区）客运航线135条，航线数量、质量指标位列中西部第一。成都枢纽（双流机场、天府机场）全年完成运输起降27.6万架次，旅客吞吐量3109.2万人次（位居全国第一）、货邮吞吐量61.1万吨（位居全国第七、西部第一）。其中，成都双流国际机场旅客吞吐量1781.7万人次，货邮吞吐量53.0万吨；成都天府国际机场旅客吞吐量1327.5万人次，货邮吞吐量8.1万吨。

公共停车场建设　2022年，成都市推进停车场行业立法工作，完成《成都市机动车停车场管理条例》草案编制，并提交市人大审议。推进停车场行业信息化建设，成都市智能停车综合管理平台初步建成并进入试运行阶段。推进停车设施专项债项目，完成青羊区快活4组智慧停车综合体、青羊区石人公园地下停车场、青羊区文化公园景观提升改造工程地下停车场、成华区新华公园地下停车场、成华区西林街地下停车场及配套设施等5个项目建设，共计1912个泊位。

智慧交通建设 2022年，成都市推进智慧交通二期既有项目建设和智慧交通标准规范编制工作。6月，设立交通运输城运分中心并成立局智慧蓉城建设领导小组，推动交通分中心实战化运行，全量全要素归集整合多维交通数据，持续完善行业体征指标体系，推动交通运行态势实时感知和预警处置。研究制定《成都市智慧蓉城交通运输城运分中心工单办理工作机制（试行）》《成都市智慧蓉城交通运输城运分中心值班值守工作制度（试行）》等制度。推进“三平台一场景”建设（“问需问计”平台、智慧执法管理服务平台、道路运输一体化管理服务平台和“两客一危一重”监管场景）。依托“智慧法眼”系统、高速公路联网收费系统等科技化手段，推进高地联合“数字打非”，工作经验被省交通运输厅肯定并在全省推广学习。

2022年9月，执法人员利用“智慧法眼”开展精准执法

成都市交通运输局　供图

截至年底，交通运输城运分中心累计接入涵盖民航、铁路、高速公路、轨道交通、地面公交等15个方面数据超9100亿条，日均GPS数据6亿条。按照《城市生命体征体系建设规范》要求，梳理形成5大类19小类287项数字体征指标体系，建立48条预警告警阈值规则及处置规范。

道路客货运管理 2022年，成都市推进道路客运行业转型升级，印发《关于进一步明确道路客运班线起讫站点确定、变更事项实施备案管理的通知》，进一步扩大企业经营自主权，激发道路客运市场活力。加快发展定制客运，支持交通旅游融合发展，新增开行定制客运线路16条。推进乡村运输“金通工程”示范创建，彭州市、金堂县和大邑县成功创建成为全省首批“金通工程”样板县，为全面推进乡村振兴战略实施提供支撑。建立重点企业服务专班和中小微企业服务专员制度，印发实施《支持道路货运行业发展十条措施》。彭州市、蒲江县成为四川省首批“交商邮”融合发展试点县，崇州市“党建+客货邮共融”入选国家第三批农村物流服务品牌。截至年底，全市道路营业性载客汽车6637辆、客位207533位，分别比上年下降12.74%和13.59%；完成公路客运量3432.17万人、旅客周转量310960万人公里，分别比上年下降27.27%和38.28%。

铁路公交化运营 2022年，成都市持续推动优化铁路公交化运营，基本形成市域30分钟、成都平原城市群及成渝1小时交通圈，运营服务水平不断提升。2月，成都市购置（租赁）第三批次7组（3组CRH6A、4组CRH6A-A）“天府号”公交化动车组，于10月正式投运，统筹用于成灌成彭高铁、成绵乐城际、成蒲（雅）铁路公交化运营，公交化运力水平进一步提升。开行枢纽环线公交化列车，6月完成环线开行动车组设施设备技术改造及提升工程。10月11日，正式开行枢纽环线与成灌成彭高铁、成蒲（雅）铁路贯通运营的公交化列车，实现都江堰、蒲江等地与成都东站、成都南站快速直达贯通，加速带动郊区新城快速发展。截至年底，成都至平原城市群及郊区新城每日开行动车428对，单日往来客流最大24万人次。市域内，成灌成彭高铁每日开行动车70对，平均发车间隔13分钟；成蒲铁路每日开行动车45对，平均发车间隔22分钟。城际间，成都至德阳、眉山、

2022年10月11日，成都铁路枢纽环线正式开通公交化运营，成都市成为国内首个依托既有铁路枢纽环线开通公交化运营的城市

成都市交通运输局　供图

资阳、绵阳、乐山、雅安每日开行动车30至65对，平均发车间隔15至35分钟。

公交运营 2022年，成都市创建国家公交都市建设示范城市。开通快速公交K7线，延伸快速公交K6线，优化调整快速公交K5线、K13线、K15线，持续推进快速公交建设。新开及优化接驳地铁公交线路25条，开展地铁站50米范围公交站点优化配置工作，加强公交地铁换乘接驳。建成泰合、机投桥、金星、环球中心、升仙湖等10个“巴士换乘站”，利用地铁站点附近城市“剩余空间”打造公交微枢纽，提升换乘便利性。打造“火锅巴士”“双层观光巴士”等旅游观光线路。建成两河、大梁二期、成都西站公交枢纽站等正式公交场站，完成桂林、潮音、向龙、凤凰山等临时公交场站新建改造，开工建设华为、黄金时代等正式公交场站，为公交运营提供基础设施保障。8月19日，交通运输部正式授予成都市“国家公交都市建设示范城市”称号。

2022年，建成泰合巴士换乘站　　成都市公交集团　供图

出租汽车网约车运营管理 2022年，成都市修订《成都市网络预约出租汽车运营服务规范》和《成都市网络预约出租汽车服务质量信誉考核办法》，强化网约车行业服务质量考核工作。《成都市客运出租汽车管理条例》通过省人大批准，于12月1日正式实施。为配合新法规出台，修订《成都市巡游出租汽车服务管理信息系统技术导则（暂行）》《成都市网约车监管服务功能技术导则（暂行）》等系列行业管理规范性文件。启动修订《成都市关于促进互联网租赁自行车健康发展的实施意见》，规范新业态有序发展。启动中心城区融合区域巡游车运价机制调整工作，对接市新能源汽车推广主管部门，加快出台延长巡游车“提前更新奖励”等政策文件，加快推动巡游车新能源化。启动编制《成都市网络

2022年8月9日，成都东站出租车上客点，交通志愿者在现场维护秩序，并热心为乘客服务　　成都市交通运输局　供图

预约出租汽车行业“十四五”期间发展规划》，针对网约车发展规模、服务品质提升，规范经营以及与巡游出租车融合发展等问题，研究发展规划和决策制定遵循。截至年底，全市巡游出租车在营1.6万辆，推广新能源巡游出租车超1.1万辆，占比超70%。

共享单车规范管理 2022年，成都市开展《进一步加强共享单车规范管理的实施意见》修订工作，对互联网租赁自行车行业发展原则、经营要求、秩序管理、骑行环境等方面进行调整和优化。成都市交通运输局会同成都市城管委、成都市公安局交管局、成都市相关区政府（管委会）加强共享单车停放秩序管理，每月开展“5+2”中心城区互联网租赁自行车集中清理，规范单车停放秩序、清理损坏“僵尸”单车，并强化总量控制及配额管理。

交通运输宣传工作 2022年，成都市围绕“十四五”综合交通运输和物流业发展规划、交通结构优化调整、智慧交通建设、公共交通绿色出行、疫情防控等重点工作，策划开展主题宣传活动，绿色出行等工作成效被《新闻联播》《人民日报》等媒体报道。组织召开新闻通气会1次，发布新闻通稿30篇，国家、省、市纸媒报道交通新闻1825篇（次），电视台报道1211次，网络媒体报道12892篇（次）；“成都交通运输”微信公众号发布文章623篇，微博发布图文、视频8177条，与网友互动8.1万余次；编发《成都交通快讯》《网络舆情日报》各249期。

城市轨道交通 2022年，成都市统计分析轨道交通线网运营数据，制定春节、五一、国庆等重要节庆及活动运营组织方案；修订并发布《成都市城市轨道交通乘客守则》，完成线网运营服务质量评估及市域（郊）铁

路成眉线、成德线可研及初步设计阶段运营服务专篇审查；在孵化园等14个地铁车站推出“同站过街通道”服务，打造“蓉漂号”“科普熊猫号”“领航号”等24辆主题列车上线。组织审查批复20个项目实施方案，按相关程序依法依规推进地铁1号线专用通信系统乘客信息（PIS）子系统车地网络设备更新改造、地铁7号线电客车架修等44个项目实施（含续建项目），完成地铁1号线信号系统DCS无线系统更新改造项目、地铁3号线前27列电客车架修等10个项目。完成成都地铁3号线二三期、5号线、有轨蓉2号线及线网安全评估；为提高防汛实战能力、检验预案、磨合机制，分别于5月、7月组织开展城市轨道交通防汛综合应急演练。截至年底，成都市开通运营轨道交通线路13条，运营里程558公里，有车站373座，换乘站46座，形成“放射型+环型”骨架轨道交通网络；发送乘客15.72亿乘次，日均客运量431万乘次，最小行车间隔120秒，列车准点率99.998%，运行图兑现率100%。

绿色交通出行 2022年6月5日（世界环境日）起，成都市将每月5日设为绿色低碳出行日，当天乘坐城市轨道交通享八折优惠，中心城区乘坐城市公交免费。据统计，成都市首个绿色出行日城市轨道交通、城市公交客流量较前一日分别增长13.1%、12.7%。6月5日晚，中央电视台《新闻联播》对成都市绿色低碳出行日进行报道，人民网、中新网、四川卫视、四川日报、四川观察、成都日报、《成都商报》等主流媒体通过报纸、电视、新媒体等方式进行专题报道，成都绿色低碳出行日话题登上新浪微博热搜，同城热搜位列第一。

交通运输综合执法 2022年，成都市开展全市道路客货运输突出违法违规行为专项整治、道路运输非法营运“百日攻坚”专项整治、城镇燃气道路运输领域专项整治、重点货运车辆违法违规专项整治、巡游出租汽车服务质量提升、电动两轮车安全综合整治专项行动等20余项专项整治行动。全年查处各类道路运输违法违规案件7829件，受理案件2407件，审理案件2809件，处罚金额4126.7万元；向法院移送可申请强制执行案件200起，执行罚没总金额192.4万元，列入失信人“黑名单”限制高消费37人次。

2022年9月，交通执法人员在成都绕城高速公路成龙站开展检查

成都市交通运输局 供图

道路运输专项整治 2022年，成都市交通运输局组织开展交通运输安全生产大检查、三年行动巩固提升、强化年、“护安2022”监管执法、防汛减灾等专项行动，持续推进道路客货运输突出违法违规行为、道路危货运输等行业专项整治。采用“四不两直”、突击抽查等方

2022年9月，交通执法人员在成都绕城高速公路锦城湖站开展检查

成都市交通运输局 供图

式，对各区（市）县交通运输安全生产工作实施分片、包保指导，加强重点时段、重点企业、重点领域的督导检查和隐患排查治理，督促落实行业监管责任和企业主体责任，累计督导检查企业（点位）800余个，发现并整改问题130个，督促落实整改国家省市督导检查发现问题13个。对客运、危货运输、普货运输行业开展监督检查，累计开出人员、车辆、企业记分通知书2236份。全年检查各类道路运输车辆121657辆次，查处各类道路运输违法违规案件9527件。

新冠疫情防控 2022年，成都市交通运输局印发《关于切实做好道路货运行业疫情防控工作的通知》《关于进一步做好道路货运行业新冠疫情防控有关工作的通知》《成都市新冠疫情指挥部交通运输组办公室关于印发进一步加强来（返）川货车司乘人员查验管理工作规程的通知》等文件，加强货运场站、运输车辆、从业人员、冷链运输等环节疫情防控，堵住来（返）川货车司乘人员疫情防控漏洞，防止疫情通过公路货运方式传播扩散。制定成都市应急运输车辆临时通行证管理方案，组织技术团队开发“成都市疫情防控应急运输车辆通行证管理系统”与“蓉疫畅”小程序，协调做好应急运输车辆临时通行证管理使用工作。印发成都市贯彻落实“入川即检”工作相关实施方案，在成都市机场、火车站、高速公路收费站出口设置点位，按规定开展来（返）川人员查验、转运管控、核酸检测等工作，并建立人员接（返）机制。

公路养护及交通工程质量管理 2022年，成都市对31个项目累计开展工程质量专项检查118组次，发现问题160余个，印发《成都市公路工程2022年质量分析报告》。开展31个重点公路项目综合检查129组次，14个项目原材料盲样抽检，15个项目工地试验室专项检查，完成7个重点项目造价专项检查，完成9个项目竣（交）工验收质量检测，4个高速公路项目获评“四川省建设工程天府杯奖（省优质工程）”。开展国省道日常巡查和农村公路日常监督检查与重点巡查，督导排查普通公路隐患1782处，完成14005条村道15560公里安全隐患排查。实施国省干线大中修项目9个，推动危桥改造项目30个，完成农村公路安全生命防护工程350公里，整治事故多发路段68处。对5条市管高速公路和3条国省干线开展日常巡查及路政管理，巡查总里程9.3万公里，查处损坏公路及设施案86件，清障排障279处。

水上交通安全 2022年，成都市开展船舶安全突出问题专项整治行动，排查整治违规航运企业、非法运行船舶和资质不合格船员，识别水上交通运行安全风险，制定相应防控措施。持续落实防“跑船”措施，加固系缆设施，落实值班值守，确保安全度汛。全面实行水上旅客运输公司化经营，压实企业主体责任。加强对老旧客船、玻璃钢客运船、小型快艇的监管，全面取缔沱江水域沿线隐患船舶。对全市通航水域（航道、湖区、库区）、码头、渡口安全运行情况进行全覆盖监督检查47次，下发书面整改通知9份，查处安全隐患21处。对全市14个涉及通航水域的区（市）县60个码头视频安装点位和系统使用情况进行检查，维护升级点位13个、注销点位3个、协调新增点位36个。牵头开展全市“三无”船舶联合认定专项整治工作，累计接受“三无”船舶认定申请350艘，其中规范船舶246艘，整治船舶2艘，取缔船舶102艘。

成都港建设 2022年，按照《成都港总体规划》发展目标，成都市继续深挖“水上交通+旅游”潜力，助力特色旅游航运的发展。完成锦江中心城区段15个亲水码头建设和6个闸坝改造工程，示范段的锦江夜游航线延伸7公里并实现府河和南河互通，同时启动绕城和金融城闸坝建设。三岔湖和麓湖游船等项目先后开通试运行。

成都站扩能改造 成都火车北站扩能改造工程包括8万平方米站房、1.9万平方米行包房、10台18线站场以及连接成都站至成都东站的引入线13.86公里，项目总投资83.5亿元。2013年12月进场施工，2022年10月全面实施扩能改造，建设用地全部交付，行包房、北站房主体结构全部完成，全面实施铁路既有房屋设备等拆除工作，累计完成投资44.2亿元。

成兰铁路建设 项目新建双线Ⅰ级铁路，正线长463公里，其中四川、甘肃省域内分别为378公里和85公里；总投资636亿元，设计时速200公里。成都至黄胜关（川主寺）段正线长276公里，其中成都段线路长7公里。项目于2013年11月全面开工建设，截至2022年底，成都至黄胜关（川主寺）段桥梁、路基工程基本完成，隧道工程完成99.8%，预计2023年6月贯通，成都至黄胜关（川主寺）段计划2023年底建成投运。成都段完成全部工程建设。

2022年4月24日，成兰铁路跃龙门隧道施工现场　　中铁十五局　供图

成渝中线铁路建设 项目新建双线高速铁路，自成都枢纽成都站，经简州新城、乐至、安岳、大足、铜梁、重庆科学城至重庆枢纽重庆北站。全线设8座车站，全长292公里，其中四川省域内长189公里，重庆市域内长103公里。项目总投资702.81亿元，设计时速350公里。项目于2022年11月底开始建设，全面启动征拆、建设等工作。

成自铁路建设 项目新建双线高速铁路，由成都东站引出，经资阳、内江至自贡，全线设7座车站，全长184公

2022年3月20日，成自高铁桥梁挂篮法施工　　中铁十四局　供图

里。项目总投资395.58亿元，设计时速350公里，是四川省历史上首条时速350公里高速铁路，也是国家“八纵八横”高速铁路网京昆通道组成部分。成都段线路长64.34公里（不含天府机场段），总投资161亿元；截至2022年底，土地交付全部完成，累计完成投资126亿元，计划2023年底建成投用。

成达万高铁建设　项目新建双线高速铁路，自天府站向东经资阳市、遂宁市、南充市、达州市、终至重庆万州区，其中天府站—资阳西（含）段利用在建成自铁路，全线设13座车站（新建7座车站），全长486.4公里，设计时速350公里，总投资851亿元。成都市仅涉及天府动车运用所扩建工程，总投资7.16亿元。截至2022年底，红线用地全部交付，基础及主体结构工程完成40%，房建工程完成35%，累计完成投资4亿元，计划2025年建成投用。

川藏铁路引入成都枢纽天府至朝阳湖段　项目新建双线铁路，自天府站西端引出，经四川天府新区、双流、新津、邛崃、蒲江，至成蒲铁路朝阳湖站雅安端接入成雅铁路。全线设5座车站，正线全长80.33公里，新建本线至成昆铁路普兴站上下行联络线8.86公里，本线至成昆铁路昆明方向联络线1.41公里。项目总投资122.63亿元，设计时速160公里（平面预留时速200公里条件），为客货共线铁路。项目于2022年12月开始建设，全面启动征拆、建设等工作。

市域（郊）铁路建设　成都至资阳S3线项目起于18号线福田站，止于成渝高铁资阳北站，联系东部空港新城、资阳临空经济区，线路全长38.7公里，设车站7座，设计最高时速140公里，车辆采用市域A型4辆编组。项目于2020年11月27日开工建设，截至2022年底，7个车站主体结构全部封顶，预计2024年底建成通车。

成都至眉山S5线项目起自成都轨道交通19号线红莲站，止于眉山市东坡区眉山东站，沿线串联天府文创城、视高、南天府公园、乐高、黑龙滩、岷东新区，线路全长59.14公里，设车站13座，设计最高时速160公里，车辆采用市域A型4辆编组，项目投资220.51亿元。2022年8月23日，省发展改革委批复项目可研报告；9月20日，省发展改革委批复项目初步设计及概算；9月26日，项目开工建设，预计2026年底建成通车。

成都至德阳S11线项目起于成都地铁1号线韦家碾站，止于德阳市德阳北站，途经成都市金牛区、新都区、彭州市，德阳市广汉市和旌阳区，线路全长70.84公里，设车站15座，设计最高时速160公里，车辆拟采用市域A型车4辆编组，估算总投资307.94亿元。截至2022年底，项目可研完成评审，预计2023年开工建设。

市域快速路建设　2022年，成都市推进五环路、金简仁、成金简、金简黄、成彭、成简等市域快速路建设，增强综合交通枢纽功能，项目总里程311.9公里，总投资817亿元，年内累计建成85.9公里，累计完成投资170亿元。金简黄快速路于2022年内建成通车；金简仁快速路沱江大桥段进行施工，其余标段全部完成；五环路与东西城市轴线、天府国际机场两处互通及连接线完工，青白江先期开工段、成绵复线立交节点按计划加快建设，双流段按计划开工，温江段、新都段、郫都段推进项目前期工作；成金简快速路淮州新城先期开工段4.2公里基本完工，沱江大桥进行施工；成彭快速路、成简快速路开展项目前期工作，待国土空间规划调整完成、土地要素保障后，开工建设。

“断头路”打通建设　2022年，成都市完成成德眉资打通同城化城际“断头路”第一批行动计划，建成通车省道103线剑南岷东大道双流段，省道422线金旌路、广大路、养资路、螺简路、成资大道、万罗路、放高路、云大路，省道401线蒲丹路、简仁快速路、积淮路等12条城际“断头路”，对接德阳、眉山、资阳等交通运输部门深入研究成德眉资打通同城化城际“断头路”第二批行动计划，健全基础设施同城同网体系，畅通成都都市圈公路网。

（本栏目供稿单位：成都市交通运输局）

自贡市交通

ZIGONG SHI JIAOTONG

2022年自贡市交通运输能力概况

公路交通运输			
通车里程	总里程（公里）		9996.8
	其中	高速公路	277.5
		一级公路	161.457
		二级公路	189.541
		三级公路	407.068
		四级公路	8739.716
		等外公路	221.53
公路密度	按国土面积计算：每百平方公里228.19公里		
	按人口计算：每万人31.87公里		
通达程度	通公路的乡（镇）65个，占乡（镇）100%		
	通公路的村701个，占村100%		
客运站	总数（个）		1645
	其中	一级站	1
		二级站	6
		三级站	0
		四级及以下站	1638
营运车辆	总数（辆）		12351
	其中	客车1184辆29868座	
		货车11167辆173233吨	
公路运量	客运	客运量（万人次）	1548.5283
		旅客周转量（万人公里）	40069.8394
	货运	货运量（万吨）	4877.1909
		货物周转量（万吨公里）	625887.9976
内河航运运输			
通航里程	总里程（公里）		497.54
	其中	三级航道	0
		四级航道	0
		五级航道	39.3
		六级航道	87.15
		七级航道	76.44
港口（码头）	总数（个）		53
	吞吐量	旅客吞吐量（万人次）	19.88
		货物吞吐量（万吨）	23
水路运量	客运	客运量（万人次）	19.88
		旅客周转量（万人公里）	128.77
	货运	货运量（万吨）	23
		货物周转量（万吨公里）	174
营运船舶	总数（艘）		102
	其中	客船29艘1274座	
		货船73艘8578吨	
城市公交运输			
营运车辆	1002辆		
公交线路	172条（含非常规线路）		
公交站	1237个		
运量	2.1亿人次		

交通运输概况 2022年，自贡市交通系统获“2020—2021年度全国交通运输行业精神文明建设先进集体”“2022年全省道路水路春运工作先进单位”“全省交通运输行业安全生产目标管理优秀单位”“自贡市处置富顺新冠疫情先进集体”等部、省、市荣誉10余项。自贡市交通运输系统完成交通固定投资47.5亿元，自贡至永川高速公路（四川境）开工建设，北环快速通道基本建成，飞龙峡旅游快速通道建设配套工程、省道213线沿滩区改线工程（瓦市段）项目建成通车，成自泸赤至乐自高速公路连接线、省道436线东湖至富世段项目加快推进，成自泸赤高速公路扩容启动前期工作。编制《自贡市“十四五”综合交通运输发展规划》，研究出台《关于开展交通高质量发展三年攻坚行动的实施意见》，提出构建“一航、两港、四环、四铁、九高、多快”现代立体综合交通体系总体目标，争取中央、省级补助资金4.53亿元，比上年增长42.45%；专项债券资金7.8亿元，累计上报普通国省道新（改）建规划项目26个、幸福美丽乡村路项目666公里、危（病）桥改造项目7个、国道养护工程项目5个。新（改）建农村公路630公里，自流井区、贡井区创成“四好农村路”省级示范县，大安区创成全省首批“金

通工程”样板县，完成全市农村客运成本调查报告。西南（自贡）国际陆港、自贡国家骨干冷链物流基地建设有力推进，自贡保税物流中心（B型）项目竣工，西南农商（国际）物流港冻库等大型冷链设施正式投用，新增库容20.35万立方米。成功创建国家公交都市建设示范城市，推出全市首条公交敬老爱老服务示范线，做好春运、灯会、“两考”以及“学生渡”运输服务保障工作，货运服务能力持续提升。加强“交通+旅游”融合发展，“夜游釜溪”接待1.2万余名游客。筑牢平安绿色交通基底，建成川南首家汽修集聚区共享钣喷中心，持续抓实管养公路、在建工地、船舶码头以及汽修业户等重点领域污染防治，推进清单制管理工作提档升级，统筹开展道路客运市场、船舶安全突出问题专项整治和“三无”船舶专项整治等系列行动。行业治理能力不断提升，全市交通运输行业连续8年未发生较大以上事故，水上交通领域连续17年保持责任事故“零死亡”。常态化抓好扫黑除恶专项斗争，持续开展道路客运市场攻坚整治。2022年，严格落实“入川即检”“到市必检”措施，压紧压实“四级点长”责任，创新实施“分类、分流、分检”查验工作法，做到“不漏一车、不漏一人”，坚决筑牢交通运输疫情防线，守好自贡大门。

2022年12月23日，自贡市召开交通高质量发展三年攻坚行动动员大会　　自贡市交通运输局　供图

交通发展规划　2022年，自贡市召开自贡市交通高质量发展三年攻坚行动动员大会，对“十四五”期间自贡构建现代化综合立体交通体系定向定标，提出构建“一航、两港、四环、四铁、九高、多快”现代立体综合交通体系总体目标，突出交通先行，加速推动新一轮重大交通基础设施建设，加快交通融合发展，推动实现被动交通向主动交通、过境交通向战略交通、通行交通向品质交通“三个转变”，加快建设成渝区域性综合交通枢纽、川南渝西现代物流枢纽城市。会上，省交通运输厅与自贡市签订《自贡交通高质量发展三年攻坚行动战略合作协议》。到2025年，构建贵昆3小时到达、双核1小时联动、川南半小时通达、内自半小时通勤对外交通经济走廊和衔接高效、服务优质、组团互通内畅交通网络。“3+1”综合客货运枢纽、“一枢纽一基地五中心两集聚区”物流、民用机场布局体系初步形成，物流枢纽与区域、城市、产业发展深度融合，交通强市、交通强县试点取得新成效。科学编制《自贡市“十四五”综合交通运输发展规划》，研究出台《关于开展交通高质量发展三年攻坚行动的实施意见》，自贡至永川高速公路（四川境）、江津经泸州至宜宾高速公路列入《四川省高速公路网布局规划（2022—2035年）》，成自渝城际快速通道、内自快速通道等重大项目列入《四川省普通省道网布局规划（2022—2035年）》。

重点公路水运建设　2022年，自贡市荣县快速通道开工建设，北环快速通道基本建成，省道213线沿滩区改线工程（瓦市段）、飞龙峡旅游快速通道建设配套工程、富顺县怀德大桥建成通车；四川省交通运行监测与应急指挥系统（自贡）试运行；与眉山就天府大道南延线眉自段项目达成共推共建一致意见，江津经泸州至宜宾高速公路、成自泸赤高速公路扩容项目前期工作取得突破性进展，自贡至泸州港公路二期工程、自隆快速通道（省道309线一期工程）开工条件进一步完善。在沱江富顺段、大安段新建集中停泊区9个、系缆桩126个。新建标准化渡船4艘，改造渡口6座。12月23日，自贡至永川高速公路（四川境）项目开工建设，项目（四川境）全长57.06公里，起于自贡市沿滩区仙市镇（接成自泸赤高速公路），向西经大安区、内江隆昌市、泸州市泸县，止于泸县方洞镇附近，向东利用荣昌绕城高速公路，在永川境内接重庆第三绕城高速公路，总投资122.92亿元，高速公路主体投资114.33亿元（其中，自贡境20.50公里，投资43.63亿元），自贡连接线7.5公里，投资8.59亿元，全线采用双向六车道高速公路标准，设计时速100公里，路基宽度34米，桥隧比14.9%，互通立交10处，服务区1处。

2022年8月26日，省道213线沿滩段改线项目瓦市段建成通车　　罗　丹　摄

物流建设　2022年，自贡市印发《自贡市“十四五”现代物流发展规划》，明确提出到2025年，基本形成内畅外联、经济高效、绿色集约、智慧先进的现代物流发展体系，将自贡建设成为区域高效协同、聚集川南渝西、服务成渝两地、辐射西南地区、链接国内国际，具有影响力、带动力的区域性物流中心，为自贡建成新时代深化改革扩大开放示范城市提供强力支撑。编制出台《自贡国家骨干冷链物流基地建设规划》，基地将立足自贡、辐射川南、服务成渝、面向西南、链通全国，实现高起点、跨越式发展，力争打造成西部领先、全国一流的国家骨干冷链物流基地，助力自贡及川南生鲜农产品上行，消费品下行，平稳市场价格波动，扩大高品质生鲜农产品市场供给，促进城乡居民消费升级。完成《自贡市社会物流数据2021年分析报告》和《2022年上半年自贡市社会物流数据分析报告》，系统反映全市物流业发展状况。实施重点物流项目18个。自贡保税物流中心（B型）项目竣工并通过综合验收。西南农商（国际）物流港冻库、鼎一冷链物流中心1号库等大型冷链设施正式投用，新增库容20.35万立方米，超过国家骨干冷链物流基地获批前全市标准化冷库库容总和。大山铺铁路物流园铁路专用线项目制约铺轨35千伏高压线迁建等“瓶颈”问题逐一解决，完成铺轨7公里。中通快递川南分拨中心二期、韵达自贡产业园、川润数字化供应链协同制造服务中心等项目完成主体建设，带动全市新增标准化仓库超10万平方米。自贡国家骨干冷链物流基地公铁联运仓储中心及配套基础设施建设项目、高新区物流仓储一期拓展项目开工建设。全年入统重点物流项目完成固定资产投资17.98亿元，超目标任务4.48亿元。西南（自贡）国际陆港获评首批成渝地区双城经济圈协同共建重点示范物流园区。获批省级冷链物流发展示范市（全省仅2个）、智慧口岸物流发展示范市（全省仅2个）、“一带一路”进出口商品集散中心建设项目（全省6个），获省级专项资金2000万元。申报第四批国家示范物流园区，西南（自贡）国际陆港通过省发展改革委审核并推荐上报至国家发展改革委。做好冷链物流领域专项债券申报，荣县现代智慧冷链物流园区等4个项目新增纳入地方政府专项债券备选库，累计入库冷链物流及相关项目11个，债券总需求43.8亿元。自贡国家骨干冷链物流基地公铁联运仓储中心及配套基础设施建设项目纳入国家政策性金融性资金支持范围，发行全省首笔农发基础设施基金2亿元。形成《自贡市现代物流校

2022年12月25日，中通快递川南分拨中心项目（二期）主体建设完工　　夏维亮　摄

企人才培训合作方案》，促成自贡市职业培训学院与中通快递、自贡市物流协会签订校企合作协议，并联合举办“现代物流专业（物流服务师）”培训班，获补贴20万元。

城市公交　2022年，自贡市城市公交企业6家，从业人员3022人。城市公交线路172条（含非常规线路），城市公交车1002辆，其中新能源公交车578辆，占比57.68%。年营运里程4586.7万公里，公交客流量2.1亿人次。主城区公交线路149条，其中常规线路59条，日发班次5500多班，日运营48万人次，主城区公交车760辆（压缩天然气车273辆，汽电混动车256辆，纯电动车231辆），主城区万人公交车拥有量为14.2标辆，公共交通机动化出行分担率52%，城区公交线网实现全覆盖。市区全年减免费乘车1.03亿人次，城市公交三年运行无责任死亡事故，主要安全指标创历史最高水平。市公交集团有限责任公司投资2000万元新建及改造公交站台38座，建设方特公交首末站、万达公交首末站、彩灯大世界公交首末站、贡井公交中心站等4个公交场站，争取国家专项债政策及银行长贷支持，投资近1亿元建设汇西公交智慧停车场，建成公交大数据辅助决策系统，集成来车预报、定制公交、碳积分、电子票务、客服管理等功能，建成投用“途安出行App”平台。8月10日，自贡市被交通运输部命名为“国家公交都市建设示范城市”，为全国46个获该命名的城市之一。全年优化调整公交线路14条、提前和延时公交线路12条、开行特色公交线路3条，新建及改造公交站台38座；推出自贡乐巴、“夜游釜溪”、观灯摆渡公交等城市旅游观光专线，年运送游客近75万人次，开通校园直通车、通勤直通车等155条个性服务线路，打造敬老爱老城市公共汽电车示范线路1条。

道路运输管理　2022年，自贡市落实“入川检”“到市检”，规范“一扫四查”，4—12月，全市累计查验车辆79.92万辆，排查红码169人、黄码4246人，重点省市到（返）22.3万人，开展现场核酸检测194.58万人次。坚持“即采即走即追”+“一事一协调”+闭环管理，保障物流通畅，及时办结货车司机反映、咨询的货运相关问题54件，及时协调解决重点物资运输车辆通行证办理诉求219件，回应群众来电咨询问题190余件。制定“医护专线”“定制专车”“预约响应”等运输组织方案，“点对点”保障必要出行。全市投入车辆700余辆保障1800余个核酸采样点运输保障任务。完成驰援广安、内江等应急运输保障任务。采取“前置运力、定点驻守、无缝中转”等方式，3—12月开行车辆406趟次，累计接运境外人员、医护人员、解除隔离人员3889人次；11—12月开行车辆202趟次，前往成都、宜宾、南充等地开展重点地区滞留人员返川接运任务，累计接运人员3579人次。

水路运输管理 2022年，自贡市组织开展船舶安全突出问题专项整治和“三无”船舶专项整治等行动，拆解老旧船舶73艘，取缔“三无”船舶32艘。完成大安区10道渡口的撤销工作。落实监管部门、属地政府、航运企业、学校“学生渡”四方管理责任，保证学生平安渡运。开展2022年水上运输事故应急预案暨信息化演练，提升水上应急指挥水平和应急队伍救援能力，全年实现“零跑船、零事故、零伤亡、零污染”工作目标。严格船舶污染物监管，船舶废油、污染物有效处置。投入6000余万元，新建旅游码头3座，实现“夜游釜溪”提档升级。

客货运输服务 2022年，自贡市完成公路运输总周转量629894.98万吨公里，比上年增长3.39%，列全省并列第3位。其中，完成公路货运量4877.20万吨，增长6.74%；完成公路货物周转量625888.00万吨公里，增长4.21%；完成公路客运量1548.53万人，下降24.96%；完成旅客周转量40069.8394万人公里，比上年下降53.44%。富顺县东城客运站、富顺县客运中心东城货运站等项目有序推进，全市客货运输站场累计完成投资27385万元。持续开展2022年“黄丝带·爱心送考”公益活动，组织114辆巡游出租车，156辆道路客运车辆提供专车接送，为中高考考生提供60条免费公交线路服务。完成全市农村客运成本调查报告，开展2022年春运期间农民工安全有序返乡返岗省际“春风行动”，开行农民工接返专车705趟次，输送农民工16692人次。完成全市7个二级及以上客运站电子客票应用验收工作，引导企业开行自贡至成都、重庆、泸州、内江等10条定制客运线路。推进四城区巡游出租汽车车载设施设备更新升级工作，开展网络预约出租汽车行业“阳光行动”，规范网约车平台经营行为，督促网约车平台提供便利老年人电话约车、“一键叫车”服务。

公路养护管理 2022年，自贡市完成撤并建制村畅通工程建设246公里，完成乡村振兴产业路旅游路工程120.63公里，完成自然村组通硬化路建设263.2公里，完成村道安防工程建设271.6公里，整治普通公路交通事故易发多发路段38处。全力实施普通国省道养护工程，完成国道348线宋渡大桥至卫坪段路面整治工程、成佳至观斗山段预防性养护工程建设。实施普通公路危（病）桥改造工程，整治国省道危（病）桥2座、农村公路危（病）桥2座，存量四、五类危病桥整治率达到50%。开展普通公路桥梁专项复核工作，普通国省道一、二类桥梁占比92%。推动自流井区、贡井区成功创建为“四好农村公路”省级示范县。

驾驶员培训和汽车维修 2022年，自贡市对驾驶员培训市场开展专项整治，加大对非法经营、恶意竞争等违法、违规经营活动打击力度。截至2022年底，全市驾校29所，继续推行“计时培训，按学时收费，先培训后付费”培训模式，覆盖率100%。贯彻落实交通运输部关于做好机动车驾驶员培训经营备案有关工作，各区（县）交通运输局完成辖区内经营许可到期驾培机构经营备案、车辆发放备案证等相关工作。对驾培工作情况进行常态化综合督导，出动人员70余人次，发现问题36个，全部整改完成。组织道路运输从业资格考试62场，1874名考生取得道路运输从业资格证件，解决因疫情造成的考生积压问题。开展2022年汽车维修行业VOCs治理问题排查整治，完成全市汽修烤漆房运维养护、滤材更换工作，督促各汽修业户制定“一厂一策”公示牌，制定本单位臭氧防控重点管控或应急管控日工作措施，落实污染管控日错峰生产。开展低（无）挥发性有机物应用推广，全市汽修业户使用低（无）挥发性有机物原辅材料增加10户，贡井区汽修聚集区钣喷中心建成投用。出台《关于大力打造绿色钣喷汽修企业加快实施绩效分级管控的通知》，鼓励辖区内污染治理水平高、诚实守信的汽修企业打造绿色钣喷汽修企业。

交通行政执法 2022年，自贡市交通运输系统摸排收集行业领域问题线索22条，核查办理22条，核查办理率100%。制订并落实《全市公路水运工程建设领域扫黑除恶专项斗争工作方案》，在全市公路水运建设领域集中开展招标投标专项整治、建设环境专项整治。会同公安、应急等部门开展道路客货运输突出违法违规行为专项整治，从严查处超速、超载、疲劳驾驶、非法运营等六大重点突出违法违规行为，全年出动执法人员22821人次（含交警）、执法车辆7422辆次，抽查车辆239172辆次，检查企业1088家次，查处客货运输车辆违法违规行为3401起，实施行政处罚90.28万元。持续开展道路客运市场乱象专项整治行动，全市出动执法人员21873人次、车辆6171辆次，查扣黑车204辆，实施行政处罚108万元。全市中心城区和荣县、富顺县县城“黑车”现象得到有效遏制，客运市场环境明显改善。围绕在建项目农民工工资支付保障、招投标领域系统治理、信用评价、在建项目质量安全环保管理、工程建设领域行政审批等重点环节，完善制度体系，强化动态监管，优化审批流程，持续提升行业管理水平。持续加强交通建设项目日常督导检查，对全市交通重点在建工程开展质量、安全、环保及扫黑除恶专项斗争等工作督促检查，覆盖率100%，全市全年交通建设领域未发生一般及以上质量事故和生产安全事故。

交通运输政务服务 2022年，自贡市推广宣传助企纾困政策“明白卡”，落实11项道路运输便民服务措施，提升“最多跑一次”前提下“一网通办”能力，落实“川渝通办”“五省通办”“跨省通办”等“全程网办”各项措施，办件13546件，其中“跨省通办”1293件，办件量和办件成功率均位列全省前列。2022年，交通政务服务工作被市政府通报表扬。开展“喜迎二十大，奋进新征程”主题系列活动，开展“万名党员干部下基层”“双报到双服务双报告”。推动货车司机群体党建试点工作，出台12条措施规范行业党委运行，做法在全省推广，试点工作经验在交通运输部深化货车司机群体党建试点工作视频推进会上作书面交流发言、莅川调研座谈会上作现场发言。自贡市交通系统获“2020—2021年度全国交通运输行业精神文明建设先进集体”“2022年全省道路水路春运工作先进单位”“全省交通运输行业安全生产目标管理优秀单位”“自贡市处置富顺新冠疫情先进集体”等部、省、市荣誉10余项。参加省交通运输厅知识竞赛、全市机关公文写作大赛等活动，获省、市表彰表扬集体13个次、个人18人次。

平安交通 2022年，自贡市围绕“防风险、保安全、迎二十大”主线，开展交通运输安全生产专项整治三年行动、安全生产大检查、“护安2022”监管执法及各重点领域专项整治行动，首次组建自贡市交通运输安全生产专家库，健全完善8个局包保督导组、1个安全专班和1个专家组的“8+1+1”三重督导机制，督促指导全市52家重点交通运输企业通过安全生产标准化考核评价，修订完善《自贡市突发事件交通运输保障应急预案（试行）》《自贡市水上运输事故应急预案（试行）》2个市级预案和“1+15+1”自贡市交通运输局应急预案体系，举办自贡市水上运输事故应急预案暨信息化演练。2022年，自贡市交通运输行业连续8年未发生较大以上事故，水上交通领域连续17年保持责任事故“零死亡”。

绿色交通 2022年，自贡市制定《2022年自贡市交通运输领域生态环境保护与绿色发展工作任务清单》，推进交通运输领域生态环保工作。开展在建工地扬尘治理检查，督促施工单位落实建筑工地“六必须、六不准”（“六个必须”即必须打围作业、必须硬化道路、必须设置冲洗设施、必须湿法作业、必须配齐保洁人员、必须定时清扫施工现场。“六个不准”即不准车辆带泥出门、不准高空抛撒建渣、不准现场搅拌混凝土、不准场地积水、不准现场焚烧废弃物、不准现场堆放未覆盖的裸土）要求，设置围挡喷淋、过水池、冲洗台，落实一机一炮湿法作业、密闭运输、裸土覆盖等降尘措施，检查重点管控日期间非道路移动机械作业时间段管控情况。配合生态环境、公安等部门不定期开展路检抽测工作，检测柴油货车542辆，其中超标12辆，移交公安处罚。建立柴油货车数量超过20辆重点企业台账，督促重点监管企业建立完善车辆定期检测与维护、燃料和车用尿素添加使用台账。推进落实机动车排放检验与维护制度，实现机动车排放检验与维护闭环管理。发展机动车尾气治理站32家，全年累计治理尾气不合格车辆4552辆。完成一轮油品储运销环节油气回收系统专项检查，全市9家货运企业61辆油罐车安装使用油气回收装置。持续推进绿水绿航绿色发展，涉及岸电公务趸船使用岸电，落实船舶码头污染物“接、转、处”机制。53个客渡码头配备分类垃圾桶212个，102艘机动船舶安装油水分离器和油污桶，12艘涉及生活污水船配备生活污水处理器，船舶生活污水接收设施覆盖率100%，垃圾接收设施配备率100%。

（本栏目供稿单位：自贡市交通运输局）

攀枝花市交通

PANZHIHUA SHI JIAOTONG

2022年攀枝花市交通运输能力概况

公路交通运输			
通车里程	总里程（公里）		5352.6
	其中	高速公路	233.415
		一级公路	44.628
		二级公路	279.677
		三级公路	221.427
		四级公路	3941.836
		等外公路	631.617
公路密度	按国土面积计算：每百平方公里71.33公里		
	按人口计算：每万人44.07公里		
通达程度	通公路的乡（镇）38个，占乡（镇）100%		
	通公路的村230个，占村100%		
客运站	总数（个）		22
	其中	一级站	1
		二级站	1
		三级站	1
		四级及以下站	19
营运车辆	总数（辆）		13607
	其中	客车613辆12588座	
		货车12994辆205683.5吨	
公路运量	客运	客运量（万人次）	918.274
		旅客周转量（万人公里）	29075.153
	货运	货运量（万吨）	10704.303
		货物周转量（万吨公里）	614954.416
内河航运运输			
通航里程	总里程（公里）		384
	其中	三级航道	78.5
		四级航道	54.5
		五级航道	109.5
		六级航道	30.5
		七级航道	111
港口（码头）	总数（个）		50
	吞吐量	旅客吞吐量（万人次）	47.53
		货物吞吐量（万吨）	22.55
水路运量	客运	客运量（万人次）	47.53
		旅客周转量（万人公里）	1663.63
	货运	货运量（万吨）	22.55
水路运量	货运	货物周转量（万吨公里）	1434.92
营运船舶	总数（艘）		100
	其中	客船95艘968座	
		货船5艘1300吨	
城市公交运输			
营运车辆	659辆		
公交线路	52条		
公交站	822个		
运量	0.793亿人次		

交通运输概况 2022年，攀枝花市推动川西南滇西北现代化区域中心城市建设。全年交通建设完成总投资27.19亿元，完成省交通运输厅下达年度目标21.6亿元的125.7%。攀宜高速公路、机场迁（改）建等牵头重点项目整体进展顺利。米易县丙垭路获评四川省“最美农村路”，盐边县成功申报四川省“交商邮”融合发展试点县、被省政府认定为第六批“四好农村路”省级示范县，仁和区、米易县被命名为首批“四川省乡村运输金通工程样板县”。助力新成昆铁路全线通车运营，丽攀高速公路全线贯通。完成晏家山场址迁建及“一场两道”方案、飞行程序设计、飞机性能分析等报告；开展保安营机场改（扩）建前期研究，提出两个“小改”（跑道延长及航站区扩建）和两个“大改”（跑道旋转）初步方案。坚持党建引领助推乡村振兴，加强对定点帮扶点攀枝花市盐边县格萨拉彝族乡韭菜坪村在基础设施建设、人居环境整治、村集体经济和产业发展等方面的帮扶工作，促进帮扶点快速发展。开展为期5个月交通运输系统突出问题专项监督治理行动，聚焦工程建设、资金管理、行政审批、行政执法、选人用人等5大重

点领域，结合“窗口腐败”“吃公函”、借培训名义搞公款旅游等问题进行专项整治，重点治理利用职权或职务便利牟利、违规经商办企业、违规兼职取酬等5个方面行为，推动党风廉政建设向末梢深化延伸。落实市委巡察反馈的问题整改，约谈批评教育20人，开除党籍2人，涉嫌犯罪移送司法机关2人。发挥行业内部审计监督作用，提升内部管理和风险防控水平。通过“攀枝花交通”微信公众号、微博等新媒体平台发布信息680余条。加大项目建设、助企纾困等方面宣传力度，各级媒体报道200余次。持续推进货运司机群体党建试点工作，持续开展“亮身份、送清凉、送政策”等活动，相关信息被人民网、《中国组织人事报》、《四川日报》等媒体报道。

高速公路建设 2022年，攀枝花市高速公路网不断完善，攀盐高速公路项目前期工作有序推进，编制完成项目社会稳定风险评估报告并取得凉山、攀枝花两市（州）政府批复；攀宁高速公路项目攀枝花段累计完成投资17.3亿元，完成省交通运输厅下达目标13亿元的133.1%；丽攀高速公路全线贯通；攀枝花绕城、米易至会理等高速公路项目纳入《四川省高速公路网布局规划（2022—2035年）》。

国省干线建设 2022年，攀枝花市启动实施国省干线建设12公里。推进国省道灾毁重建和养护工程项目14个，完成安宁河一桥、克朗桥、江西桥、云峰桥、热水桥、三坪桥等桥梁整治。累计投入资金90余万元完成国道108线K3039+396（大龙潭乡拉鲊村黄栗树社）、K3068+740（平地镇迤沙拉村）、国道353线K3343+000段（格里坪工业园区路口附近）等3处灾毁恢复工程。推进西区龙洞大桥改建工程（专项养护拆除重建工程）、炳清线炳草岗大桥维修加固工程，完成新雅江大桥、倮果金沙江大桥评定检查工作。完成路面施划标线9630.35平方米，修复、校正中央隔离带栏杆5709米，维修更换波形梁钢护栏1000余米，路面修补8000余平方米，裂缝贴修补路面裂缝52051米，沥青灌缝49910.9米。推进国省道灾毁重建和养护工程项目14个，完成危桥整治6座，投资共1.4亿元，为省交通运输厅投资目标0.7亿元的200%。

2022年，攀枝花市仁和区“金通工程”交医结合　　李永忠　摄

农村公路建设 2022年，攀枝花市新（改）建农村公路590公里，实施撤并建制村畅通工程291.2公里，建成美丽乡村路19.3公里，建成民生工程项目205.4公里，完成目标任务108.1%。加快“四好农村路”建设，新（改）建农村公路590公里，内外大通道建设持续加快，助推现代化区域中心城市建设。

公共交通 2022年，攀枝花市新开公交线路5条，优化调整公交线路7条。推行“花城e公交”App，提供线上电子公交卡开卡、充值及实时公交查询等功能。完成市区巡游出租汽车改革方案和配套制度挂网公示等工作。组织出租汽车行业人员，完成疫情期间样本转运、爱心送考、应急保障等工作。加大春节、国庆等重要时段运力调配力度，做好出返攀乘客运输工作。攀枝花市交通运输局、攀枝花市交通运输服务中心、攀枝花运业有限公司被省交通运输厅评为“春运”先进单位。推行出租车《证明事项告知承诺书》，优化办证时间。加大非法营运和网约车整治力度，督促公司规范服务，强化行业日常监管。组织出租汽车驾驶员从业资格证考试，收集汇总1606名报考出租汽车从业资格证的驾驶员信息并函告有关部门进行背景审查。搭建“95128”电话、微信约车平台，为市民提供预约式、一站式服务。开展网约车平台“阳光行动”，提高平台资质、费用透明度，持续提升行业服务质量和文明形象。

道路运输 2022年，攀枝花市推动“交商邮”融合发展，助力县、乡、村三级物流体系建设不断完善。配合开展综合货运枢纽示范前期工作，储备综合货运枢纽建设项目。研究货运行业规模发展政策措施，提出发展网络货运平台、出台“升规入统”激励政策、加强联合监管等措施促进货运行业高质量发展。依托“司机之家”、党群服务阵地，为货车司机提供停车、住宿、车辆维修保养等服务。开展道路客货运突出问题专项整治、危化品运输安全专项整治等专项行动，强化源头监管和路面管控双路径管理，严肃追究客货运源头企业和违规营运驾驶员、超载货车司机违法责任，利用动态监控平台紧盯运输环节，压低行车风险。

交通行政执法 2022年，攀枝花市认真做好现场检查普通公路防汛保通和安全隐患排查整治工作，督促企业严格落实安全生产主体责任，办理违反安全生产法的案件12件，收缴行政罚款16.5万元。查扣涉嫌非法营运车辆261辆，办理非法营运案件183件。在攀枝花市交通运输局门户网站开设招投标治理工作专栏，推行电子招标，实施招投标监管“六公开”（公开发布招标信息、公开发布招标报名条件、公开接受投标报名、公开选定投标单位、公开评标的办法与程序、公开招标结果）。在全系统干部职工、项目业主和行业主管部门开展招投标自查自纠，签订廉洁承诺书。通过购买服务、聘请质量专家为工程建设项目“把脉问诊”，引入具有综合甲级、桥隧专项资质检测机构参与质量抽查工作。主动与人社部门联合开展欠薪专项治理工作，对劳动用工管理、工资支付等情况进行全面排查整改。推进“放管服”改革，开展道路运输从业资格高频服务事项“跨省通办”，业务网上办、移动办。全年市交通运输窗口办理2022年度道路运输经营行政许可3473件，办理公共服务事项20413件。完成市区巡游出租汽车改革方案和配套制度的挂网公示等工作。交通运输生态环境持续改善，推进绿色交通发展。优化新能源车营运资质审核流程，新增投放新能源网约车284辆。强化污染防治，加强对企业监管，严格维修企业高温时段喷漆管控，严禁交通建设工地非道路移动机械作业。落实24小时值班和领导带班制度，重大节假日和汛期等特殊时段信息畅通、反应迅速。常态化开展扫黑除恶专项斗争，印发《2022年度全市交通运输系统扫黑除恶斗争重点任务分工方案》，加强出租车违法违规整治、非法营运集中整治和货运车辆超限运输整治。印发《致全市运输企业经营者及大货车驾驶员的一封信》300余份、《拒乘“黑车”平安出行》和《扫黑除恶》宣传单300余份。

航运建设 2022年，攀枝花市完成水路运输客运量47.53万人次，旅客周转量1663.63万人公里，比上年增长10%。完成货运量22.55万吨，货运周转量1434.92万吨公里，下降15%。完善绿色发展保障机制，持续加强船舶和港口管理，推进船舶安全突出问题专项整治工作，排查安全问题突出船舶53艘，其中规范提升18艘、实施注销20艘、上岸10艘、检验4艘、监测运行1艘。受理并办结船员证书核发、船舶登记、船舶检验等行政事项355件，办结率100%，其中船舶检验证书141件、船员证书117件，登记（国籍）证书55件，船舶最低安全配员证书23件，水上水下施工（活动）行政事项3件，水路运输新增运力许可2件，水路运输许可证换发2件，船舶营业运输证注销12件。加快推进金沙江乌东德库区库尾航道整治工程项目编制、报审、立项等前期工作，积极争取项目资金和政策支持。

驾驶员培训和汽车维修 2022年，攀枝花市督促指导驾校贯彻落实驾培行业新规，持续规范驾校资格条件和经营行为，指导东区顺鸿摩托车驾校、西区咏安驾校和盐边安顺摩托车驾校严格按照驾培国家标准完成摩托车驾驶培训业务申办和备案工作；指导攀钢启运驾校和众诚驾校完成新选址主教练场建设和备案工作；指导攀枝花市咏安驾校完成仁和五十一鑫岛分教练场独立和备案工作；指导攀枝花市致远驾校完成新设立招生报名点备案工作；指导攀枝花市园丁驾校、平安驾校完成驾校资质降级和备案工作。印发《攀枝花市交通运输行业生态环境保护与绿色发展2022年度工作要点》，推进交通运输行业高质量发展与绿色转型。采取“四不两直”（不发通知、不打招呼、不听汇报、不用陪同接待，直奔基层、直插现场）方式对仁和区、盐边县、米易县、钒钛园区等维修业户开展40户次环保检查，发现89个问题，督促整改验收89个。指导297户次一二类汽车维修经营业户积极开展汛期、火灾等突发事件应急演练。

（本栏目供稿人：焦　通）

泸州市交通

LUZHOU SHI JIAOTONG

2022年泸州市交通运输能力概况

公路交通运输			
通车里程	总里程（公里）		20186.203
	其中	高速公路	574.662
		一级公路	191.409
		二级公路	893.834
		三级公路	267.463
		四级公路	17309.678
		等外公路	949.157
公路密度	按国土面积计算：每百平方公里165.02公里		
	按人口计算：每万人39.84公里（按户籍人口506.73万人计算）		
通达程度	通公路的乡（镇）100个（不含街道），占乡（镇）100%		
	通公路的村1143个（不含社区），占村100%		
客运站	总数（个）		28
	其中	一级站	3
		二级站	5
		三级站	1
		四级及以下站	19
营运车辆	总数（辆）		20755
	其中	客车1852辆45288座	
		货车18903辆277157.4吨	
公路运量	客运	客运量（万人次）	1976.31
		旅客周转量（万人公里）	141945.14
	货运	货运量（万吨）	8810.66
		货物周转量（万吨公里）	1277495.64
内河航运运输			
通航里程	总里程（公里）		926.54
	其中	三级航道	136
		四级航道	0
		五级航道	67.9
		六级航道	24.6
		七级航道	111.6
港口（码头）	总数（个）		16
	吞吐量	旅客吞吐量（万人次）	/
		货物吞吐量（万吨）	817.81
水路运量	客运	客运量（万人次）	0.5443
		旅客周转量（万人公里）	3.2299
	货运	货运量（万吨）	2097.49
		货物周转量（万吨公里）	2433091.07
营运船舶	总数（艘）		196
	其中	客船3艘57座	
		货船193艘58.15万净载重吨	
城市公交运输			
营运车辆	1358辆		
公交线路	146条		
公交站	2644个		
运量	16699万人次		

交通运输概况 2022年，泸州市交通运输局推动全市交通运输各项事业取得新成效，泸州创成国家公交都市建设示范城市、首批全国绿色出行创建考核评价达标城市。全年完成综合交通投资166.7亿元，比上年增长18.8%，泸州综合交通投资连续9年超百亿元。其中公路水路投资124.6亿元，增长45.7%，均为历史新高。争取部省补助7.5亿元，增长36.6%；发行专项债券32.5亿元，增长22.6%。泸州港完成货物吞吐量818万吨、集装箱吞吐量19万标箱，分别增长10.1%、10.6%，实现逆势增长。12月，“一体两翼”“三路三桥”第一次三桥齐通，对于打通毗邻地区交通“屏障”，完善区域路网结构，改善民生，助力东翼突破发展、南翼特色发展具有重要意义。完成3条国省道项目包括国道546线纳溪至赤水（川黔界）段公路改建工程、国道246线泸县立石镇至泸州段公路改建工程、省道438线泸县至白沙至白米互通段改造工程。3座渡改桥项目包括先市大桥、牛捆塘大桥、鄢家渡大桥。建成通车的六个项目在全市“一体两翼”均有分布。协调争取2022全国桥隧发展科技创新大会在泸召开，牵头抓总统筹，促成四川省桥梁文化博物馆落户泸州，泸州渡改桥获颁“桥梁建设特殊贡献奖”，市政府聘请18名院士、专家学者、业内精英作为委员，建立专家委员会工作制度，为泸州交通发展建立高端智库。推

动广西路桥工程集团有限公司等5家知名企业与泸州市签署战略合作协议。西南地区川渝黔滇四省（市）交通运输综合行政执法工作联席会议在泸州召开，建立健全川渝黔滇四省（市）交通运输综合行政执法协作机制，签订《川渝黔滇四省（市）交通运输综合行政执法区域合作框架协议》，共建共享交通执法“数字打非治违”平台，加强四省（市）执法协作，促进区域立法协同。

高速公路建设　2022年末，泸州市高速公路7条，通车总里程574.66公里，位居全省第二、川南第一，形成“一环八射一横一联”高速公路网。其中，南向出川通道4条，分别为国道4215线蓉遵高速公路大通道、国道76线厦蓉高速公路大通道、省道80线江习古高速公路大通道和省道37线叙威高速公路大通道；东向出川通道3条，分别为国道8515线泸荣高速公路、国道93线成渝环线高速公路以及省道33线泸永高速公路。在建高速公路1条，古蔺至金沙高速公路（古蔺至川黔界段）项目超额完成省、市目标任务，用地报件取得自然资源部批复。推进前期高速公路7条，重庆经叙永至筠连高速公路泸州段、古蔺至仁怀高速公路、江津经泸州至宜宾高速公路、泸州至古蔺高速公路、自贡至永川高速公路、荣昌经合江至习水高速公路、国道4215线成都经自贡至泸州高速公路扩容等规划项目稳步推进，其中泸州至古蔺高速公路、自贡至永川高速公路项目成功招商。9月30日，泸州至永川（川渝界）高速公路提前14个月建成通车，暂不收取通行费。这是成渝地区双城经济圈战略实施以来，首条开工建设并建成投用的川渝直达高速公路。项目起于泸州市泸县牛滩镇建设村，设牛滩枢纽互通接国道76线厦蓉高速公路隆纳段，止于毗卢镇下林村川渝交界处，接重庆市永泸高速公路终点。项目全长42.37公里，概算总投资52.26亿元，主线设桥梁23座、互通式立交7处，设置服务区1处（玉龙湖服务区）、收费站5处（得胜、玉蟾山、宋观、玄滩、玉龙湖收费站），桥隧比8.64%，采用双向四车道高速公路标准建设，路基宽度26米，设计时速100公里。项目建成通车后，泸州至重庆主城区的通行时间由原来2小时缩短至1小时，对泸州融入重庆市“1小时经济圈”、构建区域综合交通枢纽，助推成渝地区双城经济圈建设具有积极意义。

2022年，泸州至永川（川渝界）高速公路　　泸州市交通运输局　供图

国省干线公路　2022年，泸州市公路总里程20193.16公里，比2021年末增加227.47公里。其中普通国道6条655.189公里。普通省道19条822.239公里。农村公路18141.438公里，其中县道4245.237公里，乡道6387.611公里，村道7508.59公里。2022年新（改）建农村公路646.527公里。国道546线纳溪至赤水（川黔界）段公路改建工程、国道246线泸县立石镇至泸州段公路改建工程、省道438线泸县至白沙至白米互通段改造工程项目建成通车。国道353线泸州至江阳区江北镇段、自贡至泸州港公路（泸州段）、国道321线纳溪区天仙至永宁段改建工程、省道438线合江县白米镇（白米互通至合江长江公路大桥）段改建工程加快推进。

农村公路　2022年，泸州市新（改）建农村公路646.53公里，全市农村公路18141.44公里，其中县道4245.24公里，乡道6378.61公里，村道7508.59公里。全市以“四好农村路”示范创建作为推动农村公路高质量发展的总抓手，泸州市在“四好农村路”省级示范市考评中，以综合排名第一成绩成功创建“四好农村路”省级示范市，同时合江县、叙永县也成功创建“四好农村路”省级示范县，至此成功创建省级示范市1个，示范县（区）7个，实现“四好农村路”示范创建全覆盖。持续加大古蔺县、叙永县等特殊类型偏远地区交通投入，助力巩固拓展脱贫攻坚成果与乡村振兴有效衔接。推动两项改革“后半篇”文章交通运输“三项工程”。实施新（改）建幸福美丽乡村路71.4公里，撤并建制村畅通工程115公里，自然村组通硬化路335.6公里。推行农村公路“路长制”，条条公路有人管。持续深化农村公路管理养护体制改革，区（县）人民政府按照“1053”（县道每年每公里10000元、乡道每年每公里5000元、村道每年每公里3000元）标准保障日常养护资金，实行县道县养、乡道乡养、村道村养，农村公路列养率

2022年，泸州市江阳区董允坝国家现代农业示范园区道路

泸州市交通运输局　供图

100%。全市7个区（县）通过“金通工程”“四统一”验收，实现“金通工程”全覆盖。江阳、龙马潭创成四川省首批乡村运输“金通工程”样板县，江阳区、泸县入选“交商邮”融合发展试点县，合江创成全国农村物流服务品牌。加快第一批省级“交商邮”融合发展示范创建。拓展“金通+”模式，激活乡村旅游发展，开通22条“金通”公交专线，投入车辆681辆，营运里程超4000公里，年运送游客2000余万人次，带动乡村旅游经济发展。

铁路建设　2022年底，泸州市建成投运客、货运铁路总里程306公里，在建客、货运铁路总里程224公里，规划研究铁路总里程98公里。建成货运铁路266.05公里，分别为隆叙铁路泸州段147.6公里以及由此延伸铁路专用线7条32.95公里，于2021年12月8日投入运营的叙大铁路85.5公里。加快推进渝昆高铁（泸州境内59公里）、叙毕铁路（泸州境内39公里）、隆黄铁路隆叙段扩能改造（泸州境内126公里）等3条客货运铁路建设。加快推动蓉遵高铁泸州至遵义段（泸州境内52公里，总投资125亿元）、古蔺大村至遵义铁路（泸州境内20公里，总投资19亿元）、珙县至叙永铁路（泸州境内14公里，总投资11亿元）、江阳区江北重装码头专用线（新建进港铁路6.2公里，总投资6.3亿元）、纳溪区石龙岩码头专用线（新建单线集疏运铁路6公里，总投资8.9亿元）等5条铁路前期工作。

桥梁建设　2022年，泸州市桥梁2718座。其中铁路桥梁189座、高速公路桥梁1030座、普通公路桥梁1499座。长江、沱江建成过江桥梁17座。长江桥9座，分别为合江长江一桥（波司登大桥）、合江长江二桥（康博大桥）、合江长江公路大桥、泰安长江大桥（长江一桥）、国窖大桥（长江三桥）、泸州长江大桥（长江四桥）、黄舣长江大桥、隆黄铁路泸州长江大桥、隆纳高速泸州长江大桥，其中单跨跨径530米的波司登大桥被誉为世界第一跨，获“詹天佑奖”“鲁班奖”“乔治·理查德森奖”；沱江桥8座，分别为沱江一桥、沱江二桥、沱江三桥、沱江六桥、海潮沱江大桥、隆黄铁路泸州沱江铁路特大桥、隆纳高速泸州沱江大桥、胡市沱江大桥。赤水河上建成国道353线产城大道赤水河特大桥、赤水河红军大桥、国道76线纳黔高速公路赤水河特大桥、国道4215线成自泸赤高速公路赤水河大桥、鸡鸣三省大桥等桥梁，其中赤水河红军大桥为世界山区同类型钢桁梁悬索桥第一高塔、第二大跨峡谷大桥；鸡鸣三省大桥结束川滇黔两岸三省群众远闻鸡鸣需长途跋涉历史，是泸州市第一座悬浇工艺施工拱桥。2022年建成合江先市大桥、古蔺县牛捆塘大桥、鄢家渡大桥。河东长江大桥、白沙长江大桥、榕山长江大桥等在建项目稳步推进。2022年，合江县先市大桥、古蔺县牛捆塘大桥、鄢家渡大桥三桥齐通，对于打通毗邻地区交通“屏障”，区域路网结构完善，改善民生，助力东翼突破发展、南翼特色发展具有重要意义。

2022年，渝昆高铁沱江特大桥　　泸州市交通运输局　供图

港航建设　2022年，泸州作为全国30个、全省唯一港口型国家物流枢纽承载城市，以“水运发展突破年”为契机，推进长江上游航运贸易中心建设，重点实施水运项目3个、完成投资1.9亿元，其中石龙岩码头9240万元、船厂投资10365万元、水上集中停泊区341万元。合江县密溪沟码头一期、合江县榕山民用码头、江阳区泰安玉龙码头、纳溪区安达码头、古蔺县财湾码头完成扩能改造升级，提升年通过能力240万吨。泸州港石龙岩码头核

心主体工程水工平台全面建成；龙江港区大脚石作业区一期工程取得通航影响评价批复；船舶化学品洗舱站完成项目备案；金鸡渡公共锚地完成项目预可行性研究报告备案。实施恢复长江客运航线工作。泸州港国际集装箱码头位于泸州市龙马潭区高坝工业园区长江畔，建成6个1000吨级直立框架式泊位，堆场面积约40万平方米，集装箱设计能力25.5万标箱、重件杂货176万吨，吊装单件货物最大120吨，是全国内河第一个铁路直通堆场集装箱码头，成为长江上游“铁、公、水”多式联运枢纽。建成中国（四川）自由贸易试验区川南临港片区、泸州综合保税区、中国（泸州）跨境电子商务综合试验区、泸州港国家临时开放口岸、进境粮食指定监管场地、进口肉类指定监管场地、国家中医药服务出口基地7大国家级开放平台。获财政部、国家税务总局、海关总署批准启运港退税政策试点。泸州港进境粮食指定口岸粮食交易量近几年稳居长江上游港口第1位。泸州港是全国36个内河主要港口之一，蝉联中国港口海铁联运集装箱码头前10名。2022年，泸州市完成16个1000吨级码头泊位岸电供电设施改造和110艘运输船舶岸电受电设施改造。推进船舶系泊设施建设。在长江、沱江、赤水河、永宁河流域建成10个船舶集中停泊区，52个叉车。严把船舶制造质量和检验关。完成10艘船舶建造检验和262艘次船舶营运检验。全市海事管理部门登记在册船员4705人，发放有效适任证书1137本，其中驾驶部适任证书771本，轮机部366本，船检师6人。

道路运输管理　2022年，泸州市客运企业23家，客运站28个，其中二级以上客运站8个，综合运输服务站29个，站点具备集客运和物流服务功能。客运发送旅客29330.29余万人次（含班线客运、城市公交、巡游出租汽车、网约出租汽车），全市投入客运车辆8238辆。其中，班线客运2594辆，发送旅客1976.31万人次；城市公交1234辆，发送旅客16699万人次；巡游出租汽车、网约出租汽车5413辆，发送旅客10654.98万人次。全市道路运输企业5863家（含工商个体户），客运企业23家，规上货运企业47家，客车、货车、出租车、公交车、教练车29835辆。其中客运车辆2594辆（含城镇公交699辆）、公交车1933辆（城镇公交699辆）、巡游出租汽车2076辆、网约出租汽车3337辆、货运车辆18955辆、教练车1639辆。主城区城市公交出行分担率35.59%、出租汽车出行分担率19.05%。有汽车客运站28个（二级以上客运站8个）。全市有驾校59所（其中摩托车驾校13所）、教练车1639辆、年培训能力11.8万人次，全市道路货运企业564户、货车18955辆，其中危险货物运输企业27户、车辆1193辆。有机动车维修企业1813家。2022年完成客运量1976.31万人，旅客周转量14.19亿人公里；完成货运量8810.66万吨，货物周转量127.75亿吨公里；完成公路运输总周转量129.17亿吨公里。8月10日，泸州成功通过国家公交都市建设示范城市验收，正式被命名为国家公交都市建设示范城市。12月29日，交通运输部、国家发展改革委联合发布通知，泸州市被授予“绿色出行创建考核评价达标城市”称号，成为首批入选城市之一。按照《重庆市交通局、四川省交通运输厅关于推进成渝地区双城经济圈毗邻地区跨省城际公交线路开行的指导意见》，工作计划2020—2022年泸州应开通6条跨省公交线路，截至2022年底，实际开通8条，开通数量全省第一。开通定制客运班线19条，发展定制客运线路33条，定制客运车辆101辆。完成公路运输总周转量129.17亿吨公里，比上年增长3.48%（增速全省第一，全省平均增速3.06%），公路运输总周转量增速位居全省第一。完成主城区巡游出租汽车车辆经营权改革，解决行业多年来因经营权归属问题引发的矛盾纠纷。

水路运输管理　2022年。泸州市拥有水运企业33家，水路运输服务企业4家，港口企业16家。经营性船舶196艘，运力58.15万载重吨，占全省49.63%。17个港口码头，其中2个在建（青利、石龙岩）；16家港口企业（生产性泊位44个，千吨级泊位27个，其中成品油兼原油泊位3个、成品油泊位1个、多用途泊位6个、煤炭泊位2个、件杂货泊位4个、散货泊位9个、化工泊位2个。千吨级以下泊位17个，其中件杂货泊位3个、散货泊位13个、化工泊位1个）。吞吐能力为散货2300万吨（含集装箱25.5万标箱）。有船舶制造企业5家，其中4家具备三级I类钢质船舶修造资质，1家具备二级II类玻璃钢船舶修

2022年，四川首艘LNG-柴油双燃料干货船在泸州首航

泸州市交通运输局　供图

造资质，可同时开展9艘8000吨级以下、120米以下船舶生产作业，船舶生产能力全省第一。泸州港铁路进港专用线，全长14.6公里，于2011年11月投运。设立昆明、成都、攀枝花、德阳、乐山、赤水、荣昌等7个内陆无水港，开通6条内支线和3条近洋班轮航线，开通泸州至昆明、攀枝花、青白江铁路中心站、普兴、乐山、峨眉等共11条内贸铁水联运集装箱班列。2022年，水路完成客运量0.5443万人，旅客周转量3.2299万人公里；货运量2097.49万吨，货物周转量243.31亿吨公里；货物吞吐量817.81万吨；集装箱吞吐量190311标准箱；铁水联运箱量42577标准箱。铁水联运、江海联运排名全国内河港口前十。泸州市航务管理局于2022年获评国家级“节约型机关”和全省道路水路春运工作先进单位。

航空运输管理 2022年，泸州云龙机场新开常州航线，通航城市49个（通航点51个），全年完成旅客吞吐量124.32万人次，全国排名上升至58位；货邮吞吐量3722.2吨；航班起降14846架次。夏航季计划航班数量达846架次/周，位居全省地级市机场首位。2022年分别获民航旅客服务测评评定的100万~200万量级“2021年度最佳机场奖”（全国10个、川内地级市唯一）、2021年度全国民航机场“服务质量优秀奖”（全国10个、川渝地区市州机场唯一）两项全国民航行业级别殊荣。《泸州云龙机场总体规划修编报告（民用航空部分）》成功获得批复，其中机场机坪扩建工程启动可研编制等前期工作。

城市公交 2022年，泸州公交集团新开线路1条（D2快线），优化调整线路27条，公交营运线路达165条。投入公交车132辆，开通农村公交线路54条，建成6个镇级综合运输服务站，开通“交邮”合作线路43条。新开“点点巴士”线路9条，总计35条，早晚高峰为上班上学群体提供点对点公交出行服务，日运行班次80班，日服务乘客4000余人次。新增69辆纯电动公交车，新能源车676辆，新能源车占比59.3%，清洁能源公交车100%，年减少碳排放约3.3万吨。新建4公里和分水2个充电站，公交充电站总数18个，充电枪380支。完成高新区21333平方米综合场站建设并移交使用，在大建路、高科路、江阳区乡村道路等区域新建公交站点101个，有公交场站27处，公交站点2644个，港湾式站点676个。完成主城区12个公交首末站适老化改造，在酒城大道、蜀泸大道等路段完成站台移建16个，新增候车座椅20把，完成中心城区老式站杆改造111座。在1250个公交站点设置“一站一码”，1134辆公交车完成主动安全防控系统设置，全市所有线路实现刷卡或刷码乘车，市民出行智慧支付方式10种。年办理全国交通一卡通互联互通卡4万余张，累计48万张，实现327个异地城市刷卡乘公交或地铁，178个异地城市互通卡在泸州市刷卡乘车。完成20块太阳能LED智能电子站牌安装调试并正式投入使用，在主要干道站点、公交首末站建成167块智能公交显示屏。推行“文化+公交”，打造党史、党建、敬老爱老主题等15种特色车厢文化。截至2022年底，公交线路总长2565公里，年行驶里程5775万公里，客运总量14889万人次，公交机动化出行分担率68.49%，市民满意度90%以上。2022年8月和12月，泸州先后被命名为国家公交都市和全国绿色出行创建考核评价达标城市，是西部地区唯一同时拥有两张以公交为主要内容的“国”字号招牌的地级城市。

公路管养 2022年，泸州市提升普通国省干线管养能力，指导泸州分段、各区（县）扎实做好普通国省干线日常养护、中小修工程， 完成5座交调站新建、2座养护站的升级改造，泸宜路、纳江路、海潮沱江大桥和胡市沱江大桥实行市场化养护，国省干线公路桥梁一二类占比90%以上，PQI指数连续10年完成省上下达的目标任务，2022年桥隧发展科技创新大会暨桥隧创新成果展在泸成功举办。推行农村公路“路长制”，下拨农村公路市级养护资金近2000万元，实现农村公路有路必养。开展安全隐患排查整治，通过开展“冬安”“平安春运”“精准排查”“大检查”“安全生产月”“汛期”“自建房安全隐患排查”“精细化提升”和承灾体普查等公路安全生产专项活动，紧盯公路桥梁隧道、临水临崖、连续下坡、急弯陡坡、平交路口等重点部位，对路面病害、损毁交通标志、标牌及公路路侧护栏等进行全面及时排查整改，一批重大安全隐患和事故多发易发路段隐患得到有效整治和销号，国、省道生命防护工程实现100%全覆盖，新建农村公路生命安全防护工程371公里。行业应急响应机制进一步完善，普通公路应急保通中心完成建设选址，与气象局签订合作协议，应急处置能力得到有效提升。多措并举强化公路扬尘治理、排水系统直排清理、工程项目废弃物堆放等环境保护问题整治。

交通行政执法 2022年，泸州市交通运输局坚持依法依规办事，做好道路运输、水路运输、工程建设质量监督等行业监督执法。以铁腕手段，通过执法护安、科技兴安、专家助安相结合，确保较大以上事故“零”发生。执法护安，倒逼企业落实主体责任，处罚发生亡人事故企业15起，罚款3.32万元。科技兴安，发挥主动安全智能防控系统和动态监控作用，实行“层级负责，三级联控”模式，引进第三方对全市“两客一危”重点营运车辆等进行数据筛选监测，联网联控考核排名全省前列。专家助安，组织专家对危化品港口、船厂实施全覆盖检查和工程质量安全综合检查，排查整改问题隐患475个。扛起环保责任。接收船舶垃圾66.7吨、生活污水8654.56吨、含油污水9.75吨、残油废油0.22吨，船舶污染物接收量占全省第一；形成“船舶交付前主动扫码，污染物接收方主动接收，转运处置通道畅通”“双主双通”良好模式，转运处置率先实现闭环管理。修订突发公共事件总体预案及水上交通和港口码头、道路交通、在建公路水运工程、生产安全事故等5项应急预案，开展应急演练10次。开展应急处置35次，出动人员241人次、车辆53辆次、船舶8艘次。以推进道路客货运输突出违法违规行为专项整治行动为重点，严格实施“一报告三记分”，将204名被记15分的驾驶员列入“重点监控名单”，11名被记20分的列入“禁止进入名单”，对41家企业171辆重点车辆记分192起，停运车辆38辆次，注销车辆运输证2辆，实现道路运输“两客一危”车辆亡人事故零发生。全面采用“双随机、一公开”对机动车维修、普货运输实施监管。“专常结合”“高地联合”开展打非治违，查处非法营运车辆663辆次，被评为“雷霆”行动全省优秀执法单位。开展船舶安全突出问题整治、“三无”船舶非法运输、涉客船舶冒险航行等专项治理，紧盯危化品港口、船厂等重点企业，督促拆解各类老旧船舶22艘，联合属地乡（镇）销毁“三无”船舶13艘，未发生“跑船”事件。加大公路巡查力度，开展公路超限治理，巡查公路里程20余万公里，查处公路违法行为294起，罚款19.2万元、路产赔补偿73.1万元。查处违法超限运输车辆1292辆次，卸载货物2.26万吨。推进“平安工地”建设，强化重点部位安全隐患排查，开展特种设备安全排险除患执法行动，通过政府采购聘请第三方单位开展质量安全综合检查3次，聘请安全专家19人次，发现并整改问题359个。在2022年四川省交通运输综合行政执法“大练兵大比武”决赛暨执法人员技能大赛中，泸州交通执法队伍获全省交通运输行政执法团体一等奖，个人以优异成绩名列全省参赛市（州）执法人员个人奖第一。

示范创建 2022年，泸州市巩固全国综合运输服务示范城市、全国城市绿色货运配送示范工程等示范成果，加快推进国家公交都市、全国绿色出行城市等多项示范创建。8月10日，交通运输部正式发文命名泸州为国家公交都市建设示范城市。12月29日，交通运输部、国家发展改革委联合发布通知，泸州市被授予“绿色出行创建考核评价达标城市”称号，成为首批入选城市之一。

2022年，泸州市江阳区沱江旅游道路被评为“全省最美农村路” 泸州市交通运输局 供图

乡村运输“金通工程”全覆盖，创成“四好农村路”省级示范市，合江县、叙永县创成“四好农村路”省级示范县，三区四县“四好农村路”示范县实现全域达标；江阳区、龙马潭区创成“四川省乡村运输金通工程样板县”。江阳区、泸县入选“交商邮”融合发展试点县，江阳区创成全省乡村振兴交通先行样板县，合江县创成全国农村物流服务品牌。11月24日，全省推动“四好农村路”和乡村运输“金通工程”高质量发展现场会在江阳区召开，落实全国推动“四好农村路”高质量发展会议部署要求，全面总结新时代10年四川省交通运输工作，研究部署下阶段重点工作。

绿色交通 2022年，泸州市开展全市交通运输行业生态环境问题“大排查大整改”专项行动，推动20个重点生态环境问题整改提升。开展大气污染防治和臭氧污染防控攻坚行动，做好道路运输扬尘污染防控及在建工程污染防治。攻坚整改赤水河流域船舶污染问题，推进龙溪河河长制工作，年内，推进15家企业开展标准化建设和清单制管理工作。开展船舶安全突出问题整治行动，制定全市“僵尸”船舶上岸拆解奖补办法，清理灭失船舶181艘，集中公告注销船舶国籍证书141艘，夯实水上安全基础。2021年7月，全省首艘船舶污染物接收船“泸碧水1号”正式投入营运，补齐泸州市港口船舶污染治理基础设施短板，实现长江沿线船舶污染物“零排放、全免费、全接收”。

平安交通 2022年，泸州市落实国务院安委会安全生产十五条重要措施和省政府《关于进一步加强公路水路交通运输领域安全生产的工作意见》，在抓好23个专项行动、5大领域安全工作基础上，研究制定“2022春七条”硬举措、“国庆至党的二十大期间安全监管六条”硬措施，统筹抓好森林防灭火、行业消防和燃气专项整治等工作，2022年，泸州交通生产安全事故起数、死亡人数比上年分别下降66.7%和73.3%。全系统出动检查组2550个，检查企业和点位2366家次，发现问题和隐患921个，督促责任单位限期整改，实施行政处罚960次，罚款金额559.49万元。查获非法营运车辆989辆，处罚运输企业898家，实施行政处罚603.638万元。组织系统70人次参加“交叉式实操培训”。组织参加全省交通运输执法“大练兵大比武”活动，获团体一等奖。新（改）建农村公路646.5公里，建成371公里农村公路安全生命

2022年，泸州市“春风行动”助力农民工返岗　　泸州市交通运输局　供图

防护工程，10个船舶集中停泊区，完成主城区巡游出租汽车车辆经营权改革，有序化解一航司、二航司、原泸运司等历史遗留问题。2022年春运工作实现疫情防控零感染、安全生产零事故、客货运输零滞留“三个零目标”，“春风行动+金通”一票制运输服务广受好评。1月8日，提前10天在全省启动农民工安全有序返乡返岗“春风行动”+乡村运输“金通工程”，泸州道路客运发送旅客3337余万人次（含班线客运、城市公交、巡网约出租汽车），全市投入客运车辆8238辆，其中班线客运2649辆，发送旅客320万人次；城市公交1304辆，发送旅客2024万人次；巡网约出租汽车4285辆，发送旅客979万人次。开行“春风行动”专车1695趟次，运送农民工8.1万人次。在3月1日召开的全省春运工作总结视频会议上，泸州市作为全省唯一市（州）作交流发言，市交通运输局被省交通运输厅授予“2022年全省道路水路春运工作先进工作单位”称号。开展高考运输服务保障公益行动，组织开展出租汽车行业主城区400辆出租汽车第十八届“你拼搏，我奉献”高考学子免费接送大型公益活动，全行业接送考生5.2万人次。完成第十七届酒博会、首届地标博览会和“四渡赤水·泸州论坛”运输组织保障任务。

“暖心之家”建设 2022年，泸州市精准摸排基础数据，将全市货车司机、船员党员690名全部纳入信息台账，推动货车司机、船员党员入列归队。印发《关于做好货车司机诉求处置工作的通知》《泸州市货车司机诉求处理协调联动机制》，指导成立21个货运企业党支部，组建17个流动党支部；结合“百名党员联百企”计划，选派骨干党员12名担任第一书记（党建指导员），匹配党建经费41.8万元，实现“支部建在车队、党旗飘在车头”。依托“12345”“12328”诉求平台，搭建“货车司机有话说”快速反映渠道，受理156件货车司机来电诉求，办结率、满意度100%，行业党委收集解决货车司机诉求78件。坚持党建带群建，促进货运领域党建群团工作优势互补，提升服务能力。打造2个省级“暖心之家”、8个市级活动阵地、16个暖心服务点。其中，投资200万元打造的泸州港船员（司机）“暖心之家”，是全国唯一同时服务“铁公水”驾驶员（船员）的活动阵地；投资150万元在趸船上打造的黄舣水上服务区，是全国唯一的水上“暖心之家”。在云贵渝等省界设置的16个暖心服务点可提供休息、歇脚等服务。整合党建、工会、龙头企业等资源，建立区（县）行业党委委员包联重点企业制度，“1名党员货车司机+N名货车司机”党群结对机制，动员货车司机入会600余人。通过党群协同发力，解决货车司机吃饭难、休息难等实际困难。推广使用“蜀道畅”货车司机党建微信平台，通过联络群、发放宣传手册等形式货运企业和司机广泛宣传；联合工会、妇联等部门设立货车司机关爱基金，深入一线开展“一月一主题”橙色关爱行动，发放“暖心大礼包”1200余份。

（本栏目供稿人：胡军艳）

德阳市交通

DEYANG SHI JIAOTONG

2022年德阳市交通运输能力概况

公路交通运输			
通车里程	总里程（公里）		10092.816
	其中	高速公路	359.434
		一级公路	473.27
		二级公路	636.94
		三级公路	690.916
		四级公路	8128.416
		等外公路	163.274
公路密度	按国土面积计算：每百平方公里171 公里		
	按人口计算：每万人30 公里		
通达程度	通公路的乡镇119个，占乡镇100%		
	通公路的村1412个，占村100%		
客运站	总数（个）		211
	其中	一级站	4
		二级站	6
		三级站	10
		四级及以下站	191
营运车辆	总数（辆）		16335
	其中	客车1386辆40649座	
		货车14949辆238449.4吨	
公路运量	客运	客运量（万人次）	1323
		旅客周转量（万人公里）	60021
	货运	货运量（万吨）	8881
		货物周转量（万吨公里）	788089
内河航运运输			
通航里程	总里程（公里）		
	其中	三级航道	
		四级航道	
		五级航道	
		六级航道	
		七级航道	
港口（码头）	总数（个）		0
	吞吐量	旅客吞吐量（万人次）	0
		货物吞吐量（万吨）	0
水路运量	客运	客运量（万人次）	10.08
		旅客周转量（万人公里）	
	货运	货运量（万吨）	0
		货物周转量（万吨公里）	0
营运船舶	总数（艘）		6
	其中	客船6艘126座	
		货船0艘0吨	
城市公交运输			
营运车辆	821辆		
公交线路	89条		
公交站	2070个		
运量	0.5070亿人次		

交通运输概况 2022年，德阳市以建设成都都市圈通勤最佳城市为目标，开展成德眉资同城化交通协同工作，打造“10高18快13轨”成德同城综合立体交通体系。一是抓交通重点项目。全年完成固定资产投资125.53亿元，完成年度投资计划101.26亿元的123.97%。天府大道北延线、德中德罗快速通道等在建项目有序推进，德遂高速公路、绵茂公路按期建成通车，市域铁路S11线、德阳绕城南高速公路等项目前期工作加快推进。二是建设人民满意交通。全年撤并建制村畅通工程396公里、自然村组通硬化路366公里、乡村振兴产业路旅游路44.1公里等建设任务提前完工。调整优化公交线路14条，成功开行社区巴士线路2条，申报全国第三批绿色货运配送示范工程创建城市，成渝（德阳）构建“一核两支点”新生态泛亚贸易通道公铁海多式联运示范工程，确定为全国第四批多式联运示范工程创建项目，人民群众交通出行满意度不断提升。三是提升行业管理质效。开展安全生产监督检查专项行动，管控重大风险，治理重

2022年10月25日，天府大道北延线项目南丰段沥青砼路面施工

德阳市交通运输局　供图

大隐患，打击非法违法行为；持续加强对货运、客运、出租车等运输行业管理，出台《德阳市区深化巡游出租汽车行业改革方案》，督促道路危险货物运输企业落实主体责任，保障全市运输行业健康发展；抓实抓细在建工程扬尘防治、汽修绿色发展、道路运输污染防治、国省道路养护等重点领域，路域环境持续改善，污染防治水平提升；深化全省货车司机党建专项试点，建立33个货运企业党组织，23个流动党员党支部，建成8个“司机之家”，德阳市交通运输行业党委被中共四川省委“两新”工委、省交通运输厅联合评为“党建领航向，蜀运展风采”先进基层党组织。

国省干线公路建设管理 2022年，德阳市国省干线公路完成投资49.02亿元，完成年度任务41.14亿元的119.15%；完成里程61.74公里，完成年度任务55.2公里的111.85%。德阳市委市政府高度重视国省干线公路项目建设，定期听取交通重点项目进展情况汇报，为项目推进提供组织保障；将干线公路建设资金纳入财政预算，加大地方财政对公路建设投入，积极争取上级投入；加强规划建设管理工作，加强交通运输基础设施建设市场综合监督、建设市场主体资质资格和信用、工程建设、基本建设程序等各项管理工作，建立公平交通建设市场秩序，推进国省干线建设项目工程质量提高。

公路养护 2022年，德阳市根据国省干线公路路况数据，实施科学决策，持续开展省补助养护工程建设，提升普通国省干线公路路况水平，连续5年国道PQI指数超90。全年重点实施11个大中修工程，8个预防性养护工程，涉及里程106.38公里，争取上级补助资金11479万元。截至年底，完成中江县国道350线群力桥至仓山会龙交界处中修工程、高宗寺酒精厂至广汉与青白江交界处预防性养护工程、省道101线团结桥至仓山预防性养护工程、国道245线严家坝至中金快速预防性养护工程、省道416线中江县黄鹿镇绵阳界至永太镇新店大修工程、省道416线中江县永太镇新店村至凯江镇凯江二桥段大修工程、省道210线辑庆与兴隆交界至金堂与中江交界段大修工程、国道350线什邡市京什东路至马井路口段大修工程，累计完成里程50公里，全市养护工程执行情况较好，总体推进速度居全省前列。

农村公路改善提升 2022年，德阳市农村公路改善提升工程主要涉及撤并建制村畅通工程、30户以上自然村组通硬化路、产业路旅游路等相关专项建设工作，其中，撤并建制村畅通工程完成399.52公里，30户以上自然村组通硬化路完成380.82公里，产业路旅游路建设完成44.1公里，安防工程（路侧护栏）建设完成185公里。加强施工监督，全年组织召开农村公路项目推进视频会议2次，专项督导专题会议8次，项目进度督导80余次。统筹建设目标任务，把撤并建制村畅通工程、30户以上自然村组通硬化路、美丽乡村路、安防工程建设纳入民生工程、乡村振兴“后半篇”文章等重点任务进行监督管理，确保政务目标考核完成。加强农村公路建设质量监管和抽查，不断提升农村公路建设品质，全年组织第三方机构路况检测机构对全市的农村公路36个建设项目进行质量抽检，市级抽检项目合格率100%。持续开展农村公路质量提升行动，对建设项目的进度进行综合督导，发现问题通报并限期整改。

2022年，德阳东湖至新中农村公路　　德阳市交通运输局　供图

汽车站场建设 2022年，德阳市完成汽车站场建设投资2.335亿元，完成投资任务0.9亿元的260%。其中续建汽车客运枢纽站2个（成兰铁路客运枢纽什邡站、成兰铁路客运枢纽绵竹站），新开工县级客运站1个（中江仓山），续建物流园区1个（德阳国际铁路物流港）。部分客运站相继推出“航空式”“一站式”服务，统一服务形象，严格服务标准，规范服务行为，完善服务设施，使群众出行方便快捷和舒适。截至年底，德阳市拥有三级及以上汽车客运站20个（其中一级站4个、二级站6个、三级站10个），其他客运站191个，招呼站1184个。

客货运输 2022年，德阳市公路运输总周转量增速保持快速增长，全年794091.18万吨公里（其中：客运量1323万人次，旅客周转量60021万人公里，货运量8881万吨，货物周转量788089万吨公里），年增速3.24%（全省平均水平3%），位居全省第一方阵。截至年底，全市有道路旅客运输企业28家，客运班线294条，其中省际班线2条、市际班线107条、县际班线20条、县内班线165条。有客运车辆1386辆，其中班线客车991辆、旅游包车395辆。全市农村客运班线165条，农村客运车辆799辆。“金通工程”样板县创建工作有序推进，什邡、罗江成功申报进入候选方阵并完成省级评审；危货企业电子运单覆盖率100%；创建第四批多式联运全国示范工程；申报第三批城市绿色货运配送示范工程。

成德动车公交化运营 按照成渝地区双城经济圈建设战略部署和四川省推动成德眉资同城化工作要求，德阳市以加速构建成都都市圈轨道交通“半小时”通勤圈为目标，解决群众轨道出行难题。2022年，德阳市通过政府定制、增加停点、购置（租赁）并投运CRH6A-A新型城际动车组等方式，增加铁路运力供给，提升成德交通通勤功能。截至年底，德阳市与中国铁路成都局签署铁路公交化运营合作框架协议10余份，投入动车公交化奖补资金1亿元左右，德阳始发动车15对，成德间每天开行动车近100趟，平均发车间隔缩短至20分钟以内，列车运营时间最短仅23分钟，日均客流量超2万人次。

城市公共交通 2022年，德阳市有城市公交企业7家（其中国有企业2家、集体企业5家），从业人员1280人。城市公交线路89条，城市公交车821辆，其中纯天然气清洁能源车辆230辆，气电混新能源车辆50辆，纯电动新能源车辆531辆，氢能源车10辆，纯电动新能源车辆占比71.99%；新增或更换公交车中，纯电动新能源车辆占比100%。全年营运里程4083.65万公里，公交客流量5070.6万人次。截至年底，主城区有41条公交线路，465辆公交车（其中压缩天然气车165辆，汽电混动车50辆，纯电动车240辆，氢能源车10辆），主城区万人公交车拥有量约为11.45标辆。德阳市交通运输局牵头市级相关部门及德阳发展集团、交通集团等部门单位，印发《德阳城市公共交通“十四五”高质量发展实施方案》，为推进全域公交建设、城乡公交一体化、中心城区城市公交高质量发展创造条件。落实主城区城市公交民生实事项目，新增开行2条社区巴士和1条常规公交线路。8月15日，正式开行701城市公交线（东泰镇至成师德高），推动市区城市公交与城乡公交融合发展。为迎接世界清洁能源装备大会在德阳市召开，德阳公交实施及配合完成城市公交站台改造57座。新上线60台智慧公交电子站牌，服务群众便捷出行。

2022年8月1日，德阳市区公交正式开行“都嘟”社区巴士

德阳市交通运输局 供图

交通“一卡通”卡推广 2019年11月起，德阳市对市区30余条线路，500余辆公交完成升级改造，“天府通-成德通”公交卡正式发行，市民可使用“天府通-成德通”卡刷卡乘车，并可在成德眉资四市公共交通实现互通互惠一卡通刷卡。2020年8月，天府通App扫码乘车开启测试；同年10月，正式上线天府通二维码乘车，实现天府通乘车二维码在德阳公共交通场景应用。2021年7月1日，正式推出乘坐德阳公交刷天府通App码乘车9折优惠。截至2022年底，德阳市交通“一卡通”卡累计发卡2608张，实现互联互通线路41条。全年接受异地交通“一卡通”卡刷卡40459次，本地交通“一卡通”卡刷卡9162次。

驾驶员培训管理 2022年，德阳市继续推行“计时培训，按学时收费，先培训后付费”培训服务模式，全市46所驾校全部开展“先培后付”培训模式，覆盖率100%。驾驶监管平台与交通安全综合服务管理平台考试系统联网对接工作完成。全年全市新增学员37934人，有学员4693人选择“先培后付”培训模式，选择率为12%，高于省交通运输厅运管局下达的“使用率不低于5%”的目标要求。强化监管，加大对学时弄虚作假的查处，对驾培工作情况进行常态化督导检查，查处教练员不规范教学5件，驾培机构未公示工作流程2件和未落实工作8件，完成整改落实。全年处理学时弄虚作假涉事驾校16所，教练员79名，教练车77台。完成新增驾校四川百悦智慧驾培公司和四川恒达机动车驾驶培训公司新增培训项目备案核实工作。

出租汽车及网约车管理 2022年，德阳市开展出租汽车经营秩序整治，对火车站周边客运秩序进行专项治理，进一步完善火车站出口的标识标牌和音箱；引导行业开展公益活动。联合德阳广播电视台和公安交警等部门，连续第十年开展“爱心送考”大型公益活动，全市1448辆巡游和网约出租汽车参加“2022爱心送考”活动，免费接送考生2499人次，其中一对一接送服务8车次；有序推进市区巡游出租汽车经营权改革工作。市区850辆巡游出租汽车完成经营权改革工作，《德阳市区深化巡游出租汽车行业改革方案》经市政府常务会议审议通过并印发，改革后续工作有序推进；全年新增《网络预约出租汽车经营许可证》7本，新增《网络预约出租汽车运输证》400余本，网约车合规化推进有序开展；联合网信、经信、公安、市场监管、税务、人行等部门，对网约车平台公司开展联合检查7次，开展联合研讨会议1次；开展网约车“阳光行动”，透明运价规则，畅通服务信息渠道，保障驾驶员和乘客的合法权益。

2022年6月6日，在德阳市区吾悦广场举行第十届“爱心送考”启动仪式

德阳市交通运输局 供图

驾驶员从业资格管理 2022年，德阳市举办为期2天的“从业资格驾驶员考试考试员专项培训”，德阳市运管处机关、达州交通发展中心、德阳市各从业资格培训和考试机构30人参加培训。开展客货驾驶员从业资格考试管理，全年从业资格证换证4851个，新增继续教育培训报名学员16144人，结业16089人，从业资格证转籍458个，补办526个；按照不再组织开展通用货车半挂车（牵引车）、大型货车车型机动车道路货物运输驾驶员从业资格证考试工作的要求，通过培训结业及考核合格直接取得的道路货物运输驾驶员从业资格证344个。继续开展营运汽车驾驶员记分管理工作，全市营运驾驶员从业资格证违法扣分565人，扣1—10分472人，扣15分92人，记20分及以上1人，进入重点监控名单人员74人，进入禁止名单6人。

车辆技术和维修管理 2022年，德阳市开展交通运输领域大气污染防治工作排查整治行动。全市有527家一类、二类及三类车身维护企业，有喷烤漆房338个，全部安装过滤棉、活性炭等有机废气收集和处理系统。全年督导184家汽修企业完成挥发性有机物监测，督导362家汽修企业制定VOCs管理制度，排查汽修厂1163家次，完成活性炭更换467家次。联合市环保部门，开展机动车维修行业绿色分级管控工作。推进汽修行业绿色发展，推广使用“水性漆”等低挥发性涂料及高涂着效率的涂装工艺。推广绿色钣喷汽车维修企业制度，实行差异化管理，绿色钣喷汽车维修企业在重污染天气橙色预警和黄色预警可全天作业，红色预警20点到次日8点可以作业；未进行绿色钣喷汽车维修企业备案的维修企业，严格遵守相关法律法规和《德阳市重污染天气应急预案》相关要求，在重污染天气预警期间错峰或停止喷涂作业。全年完成40余家客运企业（含旅游客运公司）的1200余辆客运（旅游）车辆、50余家危货运输企业1030余辆危货运输车辆、15家出租企业（市本级）610余辆巡游出租汽车的审验和复核工作。通过第二轮中央生态环境保护督察，未发现道路运输领域典型案例。

交通运输综合执法 2022年，德阳市落实道路运输行业安全工作，抽查运输企业116家次，排查和整改安全隐患90起。应用主动安全智能防控等科技手段，强化重点营运车辆动态监控。应用四川省道路运输车辆卫星定位系统省级监管平台数据，下发客运车辆“六严禁”通报51份，危货运输车辆超速报警信息通报9份。通过四川省道路运输车辆主动安全智能防控系统行业监管平台抽查车辆违规报警信息195起，查实违法违规行为120起，对违规相关驾驶员作出从业资格证记分、营运车辆记分和停运的处罚。全市持续加大打非治违工作力度，印发打非治违工作方案、通知等文件4份，主动协调公安交警部门、高速公路执法部门、区（市、县）运政执法力量，开展联合打非治违行动20次，市本级处罚道路运输违法违规行为7起，共处罚金35000元。

交通运输信息化建设 2022年，德阳市建设并完善交通业务系统信息化平台。持续推进“四好农村路”信息化平台建设，强化农村公路信息化监督管理工作。利用渡口渡船智慧监管平台，加强水上安全监管。推进交通运行监测与应急指挥系统建设，提升信息服务和分析决策能力。强化智慧出行，完善“德阳公交”小程序，方便市民随时掌握公交动态。新建智慧一体化电子站台，上线60台电子站牌，以德阳公交智能调度系统为支撑，实时获取动态行车数据和到站信息，持续推广交通“一卡通”卡，为市民出行提供便利。开展车辆超限治理，利用科技手段增强执法力度，对货运车辆自动化监控、智能化管理，提升执法效率和道路通行能力。

水路运输管理 2022年，德阳市有渡运的水库4座（继光水库、元兴水库、双河口水库、玉兴水库），涉及渡运乡（镇）4个、渡口6个、客渡船舶6艘。有乡（镇）管船站5个（兴隆、玉兴、双龙、高店、元兴），有水库管理机构4个（继光水库、双河口水库、响滩子水库、元兴水库管理站）。全市水上客渡船舶共计6艘（其中非机动船1艘），126个客位，总载重62吨。全年渡运量为10.08万人次。全市有船检人员1人（取得注册验船师资格证书），年度检验1次，完成船舶检验6艘次。

水上交通安全管理 2022年，德阳市进一步建立健全安全生产责任制，完善安全管理体系，成立安全领导小组，明确领导小组成员的安全管理职责，制定《安全事故应急救援预案》《防汛抢险救援预案》《德阳市水上交通重大事故应急处置预案》，督促各海事处组建防汛应急抢险队伍，做好防洪抢险和安全事故应急抢险各项工作。针对重点时段、重要节点，组织相关人员对各区（市、县）地方海事处所辖江河、水库渡口码头进行安全、环保以及新冠疫情防控工作明察暗访检查48次，接受上级机关检查4次。全年开展市级排查安全隐患4起，督促隐患整改4条。

成绵高速公路扩容项目 项目起于绵阳游仙区魏城镇附近，经德阳罗江区、中江县、旌阳区、广汉市，止于成都绕城高速公路，全长125公里（德阳境50.5公里），按双向八车道技术标准建设，估算投资约347亿元（德阳境147亿元）。四川成绵苍巴高速公路公司为项目业主。2022年完成投资42.59亿元，完成省交通运输厅投资任务35亿元的121.7%，完成市投资任务34亿元的125.3%。截至年底，德阳段累计完成投资69.38亿元，占德阳段概算投资147亿元的47.2%。临时工程完成100%，路基工程完成90%，桥涵工程完成75%，隧道工程完成80%，交叉工程完成50%。

德遂高速公路建成通车 2022年9月29日14时，德遂高速公路建成通车。项目起于德阳中江县玉兴镇，设玉兴互通连接德简高速公路，经中江县、绵阳三台县、遂宁射洪市，止于大英县回马镇，接遂宁至回马高速公路，主线全长83.03公里，其中德阳境主线全长28.79公里，按双向四车道技术标准建设，总投资34.83亿元。

2022年9月28日，德遂高速公路通山互通 德阳交通运输局 供图

德阳绕城南高速公路简介 项目是《四川省高速公路网规划（2019—2035年）》18个重点地级城市绕城高速公路环线的重要组成部分，是德阳市综合交通运输规划的10条高速公路之一。项目起于成都经济区环线高速公路德简段玉兴枢纽互通，往西途径中江县凯州新城、广汉市、什邡市，止于什邡市禾丰镇附近，接国道0511线德都高速公路什邡东互通，全长62.14公里，估算投资153.6亿元。截至2022年底，项目工可报告编制完成，工可报告及项目申请报告通过省发改委、省交通运输厅联合评估。初步设计工作全面开展。项目专题要件社稳评估报告、水土保持方案报告和环评报告获批复，安全预评价、地灾评估报告取得专家意见，用地预审报告上报省自然资源厅技术服务系统审查。项目投资人招标文件通过市政府常务会审定，待省交通运输厅备案后挂网招商。

成南高速公路扩容项目 项目在德阳市境内途经中江县仓山镇、太安镇、冯店镇，路线长度28.72公里，估算投资37亿元，主要采用原路对称加宽为主、局部新建半幅方式进行扩容建设。2022年8月，国道42线成南高速公路扩容项目中江县段用地批复经国务院批准转批至中江县政府。截至年底，项目累计完成投资3.01亿元，占德阳段总投资的8.1%。临时工程完成85%，路基工程完成23%，桥涵工程完成20%。中江县推进征地拆迁工作。征地方面，交地34.13公顷，占中江段报征面积71%；房屋拆迁方面，签订房屋拆迁协议84户，占总拆迁户数66%；杆管线迁改方面，涉及拆迁的杆管线122处，拆迁单位全部进场施工。

天府大道北延线建设项目 项目起于成都市新都区与德阳广汉市相交处半边堰，止于德阳市西二环与沱江路交会处，全长34.2公里，总投资133.5亿元。项目主线长29.5公里，包括6处互通、4座跨线桥、3座跨大河桥、19座中桥、99道涵洞、11座下穿通道和21公里路基。截至2022年底，19座中桥完成梁板架设15座；3座跨河大桥开展上部结构施工；4处跨线桥完成2处主体工程，剩余2处开展上部结构施工；6处互通完成3处主线主体工程，剩余3处开展上部结构施工；11座下穿通道完成10座主线主体结构；99道涵洞完成95道，路基填方完成97%。项目施工质量处于可控状态。未发生生产安全事故。未发生环境污染事故和重大水土流失事件。

绵茂公路建成通车 绵茂公路绵竹段（国道545线绵竹至茂县段）起于汉旺皇冠灯，经清平镇，止于蓝家岩隧道K46+120，总长度47.49公里，设置主线隧道17座30.399公里，蓝家岩平行导洞隧道1座2.93公里；主线40座桥梁全长4.60公里，连接线2座桥梁232.5米，主线桥隧比为73.69%。2022年7月15日，完成水泥稳定碎石基层铺筑；8月15日，完成沥青混凝土面层施工；11月30日，房建工程完成施工。11月4日，完成绵茂公路绵竹段黑滩至蓝家岩隧道（与茂县交界处）交工验收工作。12月27日，绵茂公路正式通车，结束德阳阿坝“相邻不相通”历史。

2022年，绵茂公路蔡家沟大桥　　德阳市交通运输局　供图

什德中快速通道德中项目示范段建设 项目起于金沙江东路终点德阳海关大楼附近，止于中江县二环路继光大道路口，全长24.19公里。采用双向六车道一级公路技术标准建设，路基宽度33/45.5米，设计时速80公里，总投资46.15亿元。项目采用投建一体模式建设，2022年完成投资10.1亿元，完成省交通运输厅投资任务6亿元的168.3%，完成市投资任务6.5亿元的155.4%。截至年底，累计完成投资38.87亿元，占投资估算46.15亿元的84.2%。7座隧道全部开工（其中三湾塘、石庙垭、长梁子、隆兴双洞全部贯通），隧道工程累计完成93%，桥涵工程累计完成74%，路基工程累计完成80%。

成德大道德罗项目示范段建设 项目起于德阳市区规划庐山路北延段与规划鸭绿江路交叉，止于规划德罗项目北延线及罗江城区连接线交叉处，全长21.33公里（其中主线18.31公里）。采用双向六车道一级公路技术标准建设，路基宽度33.5米，设计时速80公里，总投资31.57亿元。项目采用投建一体模式建设，2022年完成投资5.59亿元，完成省交通运输厅投资任务5亿元的111.8%，完成市投资任务5.5亿元的101.6%。截至年底，累计完成投资25.64亿元，占投资估算33.8亿元的75.9%。全线1座隧道双洞贯通，隧道工程完成99%；桥涵工程累计完成95%；路基土石方工程累计完成99%，路面工程累计完成55%。

德阳至天府国际机场快速通道简介 项目起于旌阳区现状庐山南路与金沙江路交叉口，沿绵远河东侧向南，经广汉市连山镇涌泉村、松林村，止于金堂县官仓镇金堂大道（旌金公路），路线全长16.38公里，其中德阳段13.90公里、金堂段2.49公里。采用一级公路标准（部分兼市政功能）建设，其中起点至国道5线成绵高速公路扩容项目德阳互通4.88公里（兼顾市政功能），路基宽度80米，双向八车道二辅道；德阳互通至路线止点路基宽度65米，双向六车道；设计时速80公里。总投资28.35亿元，德阳段投资24.32亿元。项目列入《成都都市圈发展规划》《四川省普通省道网布局规划（2022—2035）》，2022年完成工可研究。

（本栏目供稿单位：德阳市交通运输局）

绵阳市交通

MIANYANG SHI JIAOTONG

2022年绵阳市交通运输能力概况

公路交通运输			
通车里程	总里程（公里）		24508.75
	其中	高速公路	546.05
		一级公路	502.06
		二级公路	502.06
		三级公路	1190.2
		四级公路	19493.95
		等外公路	1843.36
公路密度	按国土面积计算：每百平方公里121.33公里		
	按人口计算：每万人50.04公里		
通达程度	通公路的乡镇153个，占乡镇100%		
	通公路的村1582个，占村100%		
客运站	总数（个）		13
	其中	一级站	4
		二级站	8
		三级站	1
		四级及以下站	0
营运车辆	总数（辆）		25662
	其中	客车2889辆	
		货车22773辆	
公路运量	客运	客运量（万人次）	2408.98
		旅客周转量（万人公里）	121044.28
		货物周转量（万吨公里）	784675.24
内河航运运输			
通航里程	总里程（公里）		645.79
	其中	三级航道	
		四级航道	
		五级航道	
		六级航道	26.05
		七级航道	60.12
		七级以下航道	559.62
港口（码头）	总数（个）		8
	吞吐量	旅客吞吐量（万人次）	12.7283
		货物吞吐量（万吨）	
水路运量	客运	客运量（万人次）	12.7283
		旅客周转量（万人公里）	163.1413
	货运	货运量（万吨）	
		货物周转量（万吨公里）	
营运船舶	总数（艘）		57
	其中	客船57艘1395座	
		货船0艘0吨	
城市公交运输			
营运车辆	1272辆		
公交线路	118条		
公交站	2877个		
运量	1.14亿人次		

交通运输概况　2022年，绵阳市持续推进新一轮交通大会战。完成公路建设投资194.33亿元，完成年度目标160亿元的121.7%，居全省第三位。其中，高速公路完成投资131.58亿元，完成年度目标的109.7%；干线公路完成投资24.7亿元，完成年度目标的103.3%；农村公路完成投资25.9亿元，完成年度目标的217.6%。

全市实施高速公路项目6个，分别是九绵高速公路、广平高速公路、国道5线成绵高速公路扩容、中遂高速公路、绵苍高速公路和国道5线绵广高速公路扩容。中遂高速公路于9月29日建成通车，广平高速平武高村至古城段、九绵高速公路平武至白马段12月30日建成通车，结

2022年，成德南高速公路与绵遂高速公路三台互通段　赵永富　摄

束平武县不通高速公路历史。全年建成110公里，年度建成里程居全省第一位，全市高速公路通车总里程546公里；加快推进盐茂、南三、三大乐高速公路前期工作。全年完工干线公路232.6公里，其中，平武国道247线灾

毁恢复、梓潼省道302线等项目完工，清九路、北川省道313线、三台省道209线等项目加快建设，省道415线煽水路、平武省道301线等项目开工建设。全年完工农村公路2232.4公里，超额完成撤并建制村畅通工程、自然村组通硬化路年度任务。

截至年底，全市公路通车里程2.45万公里，其中高速公路546公里、一级公路502公里、二级公路933公里、三级公路1190公里、四级和等外级公路2.13万公里。客运站13个，其中一级站4个、二级站8个、三级站1个；便捷站和招呼站3585个，其中便捷站131个、招呼站3454个。公路客货营运汽车拥有量25662辆，其中客车2889辆、货车22773辆。公路客货运输周转量加权完成79.68亿吨公里，比上年增长3.21%；完成公路客运量2408.98万人次，比上年下降24.51%，旅客周转量121044.28万人公里，比上年下降33.09%；货运量7109.34万吨，比上年下降8.48%，货物周转量784675.24万吨公里，比上年增长4.08%。

国省干线公路建设 2022年，绵阳市完工平武县国道247线平武县白马藏乡至林家坝段、北川省道216线墩上乡至青片乡改造提升工程、山区公路二期项目省道302线等8个项目，开工建设省道301线平武县龙安镇至水晶镇段、省道107线北川县永昌至永安镇改线工程、省道415线煽水路等9个项目。清水桥至九绵高速公路桂溪服务区公路新建工程、国道247线永明至花园公路段、省道209线三台塔山镇至永新镇段、国道247线江油绕城段兰桂坊至杨家院子段等7个项目进展顺利，提高县域内干线通道服务水平，强化山区公路“生命线”抗灾能力，提升交通服务国防建设能力。

2022年7月23日，国道247线永明大桥施工现场　　寿奕菲　摄

农村公路建设 2022年，绵阳市农村公路建设紧密衔接乡村振兴、民生实事等，有序推进幸福美丽乡村路建设，促进农村公路与乡村产业深度融合发展，实施撤并建制村畅通工程、自然村组通硬化路、铁索桥改公路桥等专项工程，全年完成新（改）建农村公路2232.4公里，超额完成省市民生实事任务，农村路网体系进一步改善。

“四好农村路”创建 2022年，绵阳市围绕“省评示范县、市评示范乡镇、县评示范村”示范创建体系，坚持以示范创建为抓手，加快推进“四好农村路”建设。印发《绵阳市加快推动全域“四好农村路”高质量发展实施方案》和《绵阳市创建“四好农村路”示范乡（镇）评定办法》等文件，全力构建“四好农村路”高质量发展体系。安州区入围交通运输部公布“四好农村路”国家级示范县创建名单，盐亭县获评第六批“四好农村路”省级示范县；安州区睢水镇等15个乡（镇）获评第四批绵阳市“四好农村路”示范乡镇。全年创建省级示范县6个，市级评选4批次、54个示范乡（镇），县级评选示范村203个、示范路1700余公里。锁桂路获评全省“最美农村路”，1人获评全省“最美路长”，2人获评全省“最美护路员”。

相关链接

第四批绵阳市“四好农村路”示范乡（镇）2022年6月30日获批，分别是：安州区睢水镇、三台县建平镇、游仙区信义镇、盐亭县永泰镇、安州区河清镇、梓潼县黎雅镇、仙海区沉抗镇、盐亭县富驿镇、三台县郪江镇、盐亭县巨龙镇、梓潼县宝石乡、江油市马角镇、三台县中新镇、北川县曲山镇、平武县黄羊乡。

“金通工程”建设 2022年，绵阳市新（改）建20个乡镇综合服务站，超额完成目标任务。新增875个“金通·邮快驿站”，村级节点478个，站场建设总投资1.89亿元，超额完成目标任务。建立建制村通客车覆盖情况月通报制度，分配兑现省、市农村客运运营补助资金2364.85万元。安州成功创建首批省级样板县。指导、督促三台、盐亭、梓潼争创2022年度“金通工程”省级样板县，召开全市推动“四好农村路”和乡村运输“金通工程”高质量发展现场会，接受省交通运输厅“金通工程”样板县现场考评，通过省乡村振兴有关项目验收。与邮政部门联合调研规划县乡村三级物流体系建设，促进乡村客运、货物、邮政快递、商贸深度融合发展，打造“金通工程+”系列品牌。

交通专项保障 2022年，绵阳市统筹抓好乡村国土空间交通运输专项规划编制，印发《绵阳市乡镇级片区交通运输专项规划编制工作方案》，指导各县市区完成交通运输专项规划编制和专家评审工作。完成新（改）建撤并建制村畅通工程1319公里，自然村组通硬化路560公里，“幸福美丽乡村路”等其他农村公路353公里，加快“四好农村路”示范创建工作，推进乡村运输“金通工程”省级样板县示范创建，推动“交商邮”融合发展，构建完善县乡村三级物流网络体系。

公路环境保护监管 2022年，绵阳市开展公路环境保护工作。加强组织领导，强化沟通协调，形成工作合力，落实“管行业必须管环保、管项目必须管环保、管生产必须管环保”工作要求，配合生态环境主管部门，完善交通建设领域生态环境保护工作机制，对全市在建项目开展环保检查66次，发现并完成整改问题148个。开展加强非道路移动机械排放管理、加强施工扬尘管控、长江经济带生态环境突出问题整改工作“回头看”现场督导检查等工作。

公路管养 2022年，绵阳市加大机械化养护推行力度，国道机械化养护率80.9%，作业效率和安全性明显提升。开展季度和年度评价，规范普通国省道小修保养监管工作，全市普通国省道日常管养水平提高，路况水平持续提升。全年国道PQI值90.17，全市国道路况连续三年保持优等以上水平。

路域环境整治 2022年，绵阳市印发《交通运输领域城乡环境综合提质三年行动方案》，按照“市级统筹、属地负责、综合治理、长效管理”总体原则，对照“一年转形象，两年见质效，三年大变样”阶段目标，会同属地共同推进整治工作，持续开展城乡环境综合治理三年提质行动，协调抽调35人次参加城乡环境综合三年提质行动落实情况专项督查。通过媒体曝光、定期通报、公示问题等措施，不断强化路域环境整治。全年清扫边坡边沟2.3万公里，清洗波形护栏4980公里，处理抛洒滴漏、车祸等路面应急污染100次，清理路面污染28.22万平方米，根据重污染天气预警发布情况投入养护机械1906个台班。全面排查国省道沿线环境问题，实行“清单制+责任制+销号制”动态管理，发布《城乡环境综合提质问题排查整治公示清单》公示问题70处，整治完成率100%。将道路扬尘整治工作纳入日常工作进行常态化监督检查，以“问题整改通知单”形式明确整改措施和责任人，全年下发整改通知单8份，印发工作简报14份，制作每日工作动态108份，曝光公路污染48处，通报路域环境问题102处，整治率100%。以辖区遂德、广平高速公路开通为契机，推动高速公路路域环境整治。

农村公路“路长制”实施 2022年，绵阳市落实县、乡、村三级路长2462人，“路长制”覆盖率100%；落实各类农村公路养护作业人员6006人，路政人员693人，各级路长巡查道路覆盖6855条（包括县道197条、乡道781条、村道5877条），形成政府主导、部门协同、上下联动、运转高效的农村公路治理工作格局。

新冠疫情防控 2022年4月20日至12月8日，绵阳市持续开展“入川即检”工作，对省外来（返）绵人员进行查验，41个查验点排查车辆277万辆次、人员741万人次，排查省外重点地区到（返）绵人员4.9万人次。建立应急运输企业名录，车辆实行清单式管理，储备市级应急运力493辆（其中客车100辆、出租车243辆、公交车100辆、货车50辆），开展应急运输保障演练，提升运力保障和应急处置能力。“9·29”期间，城区保留主要公交干线保供线路20余条，公交车120余辆，巡游出租车日均在线1600余辆，满足工作人员出行需要；动用储备出租车243辆、驾驶员486人，累计转运核酸样本5479趟次。执行疫情防控要求的同时保障货物运输，对货运车辆分类实施“即采即走即追”+闭环管理，落实物流保通保畅政策有关要求，指导做好四川省重点物资运输车辆通行证申报工作，安排专人负责保通保畅，设立并公布24小时物流保通保畅服务电话，“一事一议”处理货车司机反映事项90余件，发放全国重点物资运输车辆通行证400余张，并开通线上办理。严格交通场站管控，督促交通场站落实体温筛查、亮码扫码、口罩佩戴和通风消毒“四个100%”及“一米线”等防控措施，督促客运场站科学配置“留观点”、营运客车全员登记“川行通”；通过“绵疫控”录入交通运输从业人员信息，运用信息化手段监控定期核酸检测情况，全年录入企业680余户、重点人员1.9万余人。

春运工作 2022年，按照《关于做好2022年元旦春节期间道路运输有关工作的通知》要求，绵阳市道路运输行业在交通主管部门领导下，结合开展“冬安行动”、百日安全生产大会战、交通运输安全生产集中整治等专项工作，各运输企业强化安全生产主体责任，开展冬季交通运输安全监管专项行动，查找安全隐患，堵塞安全漏洞，春运安全平稳有序。春运40天，全市日均发班5149趟次，累计开行客运班车205961班，比上年上升0.05%；客运量212.95万人次（其中班车和包车客运量196.4297万人次，定制客运量16.5213万人次），比上年下降10.83%。全市未发生道路运输行车事故。

科博会交通保障 2022年第十届科博会期间，绵阳市交通运输局会同有关部门组成交通运输保障组，投入各型车辆262辆（其中轿车134辆、考斯特中巴车27辆、大巴车71辆、公交车30辆），运输服务保障人员300余人，发车620余趟次，运送嘉宾、外宾、志愿者、演职人员等6500余人次，保障大会交通运输需求；开通四条公交专线，延长3条公交线路，覆盖主城区主要居民点，投入公交专车139辆次，保障观展群众1万余人次。

营商环境优化 2022年，绵阳市制定《深化“放管服”改革，优化营商环境2022年工作实施方案》，对推进“一网通办”前提下“最多跑一次”改革、规范政务服务、强化事中事后监管、优化营商环境等工作进行规范。落实“一门一窗一网”和“一窗受理、集成服务”，一次办事项数占比100%，网上办事项数占比100%，全程网办率100%；时限缩短比例93.5%；办结行政审批件数31466件，无有效差评。实施政务服务便民化，解决群众办事“最后一公里”问题，做好“预约服务”“上门服务”等服务，为服务对象在办理行政审批事项过程中给予免费打印、复印以及证照办理完成免费邮寄，为服务对象解难题、办实事，为企业群众提供优质政务服务。

公路安全隐患排查 2022年，绵阳市实施公路安全隐患排查“大排查、大曝光、大整治”专项行动，全市排查公路安全隐患2672处，整治率100%，累计投入资金7亿元。其中，市级分四批向社会公示道路隐患250处，市级挂牌督办20处道路隐患和518处交安设施民生工程全部整治完成。市县分级开展公路安全隐患排查复核整治验收隐患点2276处，公路安全运行水平和服务质量提升。

交通工程质量造价管理 2022年，绵阳市印发《重点公路建设项目造价管理台账编制指导意见》等4项造价管理制度。全年组织各项质量监督检查122次，涉及26个公路项目，建设里程767.90公里；发出书面整改通知44份、现场整改意见书57份。对九寨沟至绵阳高速公路、绵阳至苍溪高速公路等8个重点项目开展季度造价监督23次，年度综合监督8次，专项督查17次，发现和督促整改问题125个。

交通运输行业信用体系建设 2022年，绵阳市开展“信用交通市”创建活动，在公路建设、水运工程建设、道路运输、交通运输安全生产等重点领域推进信用监管、失信惩戒等工作。加强对全市公路行业从业单位信用管理，对6个高速公路项目77个标段、12个国省干线和重要经济干线公路项目48个合同段的信用等级进行评价，对在绵阳的8个高速公路项目投资人（其中运营项目3个、在建项目5个）进行全覆盖评价；对2021年绵阳城区营运的19家巡游出租汽车企业、4家网络预约出租汽车平台公司、30家危货运输企业、33家道路旅客运输企业进行服务质量信誉考核并公示。依据《四川省道路运输条例》《四川省道路营运驾驶员记分管理办法》，对全市1089名道路营运驾驶员进行记分，215名驾驶员被列入全市“道路运输行业重点监控名单”，10名驾驶员被列入全市“道路运输行业禁止进入名单”。强化信用评价结果与监管相结合，据公共信用综合评价结果采取差异化管理措施，对全市交通运输市场主体公共信用综合评价为“差”的13家企业，责成属地交通运输局警示约谈。

交通运输综合执法 2022年，绵阳市交通运输系统围绕道路运输、路政管理、航务海事、安全生产重点领域，落实《四川省交通运输综合行政执法协作管理办法》，推动执法联动、执法协作，加强交通运输领域行政执法工作开展。全年出动执法人员3.3万余人次，执法车辆0.8万余辆次，巡查国省干线及农村公路25.8万余公里，检查各类车辆82.1万余辆次，船舶0.4万余艘次，各类企业0.5万余家次。全市各级交通运输执法机构办理行政执法案件1422件，其中公路路政类445件、道路运输类977件；处罚各类交通运输违法违规行为606.7万元。推进信息化治超，完成全市“十四五”公路超限超载不停车检测系统布局规划，形成45个站点建设需求，覆盖全市18条主要货运通道；建成29处不停车检测站点。全年全市固定超限检测站数量增至7个；公路治超检查车辆80.89万辆，处罚车辆445辆，超限处罚率比上年下降0.31%。

道路交通集中整治 2022年，绵阳市以安全隐患“大排查、大曝光、大整治”活动为抓手，开展道路交通集中整治。印发《绵阳市道路运输安全集中整治方案》《“铁腕”整治十八条措施》等文件，聚焦“人、车、路、企”四要素，开展交通运输领域安全隐患排查整治和安全生产大检查。运用“线上+线下”方式培训行业人员3.5万余人次，公示货运源头单位366家，推动全市12吨以上大货车安装主防系统。分层分级投入资金7亿元，推动整治道路安全隐患2672处、市级公示及挂牌督办道路隐患250处、交安设施民生工程518处。严格实施“一超四罚”，建立固定超限检测站点4处、不停车检测系统29处，处罚超限超载车辆905辆次、卸货1万余吨。强化协助联动、联合执法，开展“雷霆行动”，查扣涉嫌非法营运车辆733辆。全市道路运输领域事故起数、死亡人数实现“双下降”。

交通应急体系建设 2022年，绵阳市持续加强交通运输事件指挥部建设，按照“1+9+N”模式加强沟通联络，统筹抓好应急工作体系建设。抓好预案检查、评审、修订工作，多次召开专题会议，及时修订应急预案，增强预案科学性、实用性和可操作性。摸清系统人、车（船）、物资、装备底数，储备应急救灾人员、机械装备、应急物资。组织汛期公路抢险应急综合演练、在建项目度汛应急救援演练、水上交通突发安全事故应急救援演练等45场次，调配补充北斗卫星电话60余部，强化关键岗位人员培训，提升应急能力。成功处置“7·12”“7·16”强降雨应急响应、临灾避险、抢通保通和应急救援等工作，累计调派转运车辆121辆次，转移人员4800余人，抢通国省干线公路9条110处、农村公路841处断道部位。

道路运输车辆动态监管 2022年，绵阳市落实《重点营运车辆违法违规处理“一月一报告”制度》和“人车户”记分管理，通过车辆动态监控系统发现违法违规行为496起，核查属实390起，道路运输企业按企业管理制度、道路运输行业管理部门按道路运输管理法规、公安交警部门按道路交通安全管理法规分别进行处罚。其中，驾驶员从业资格证记分360人次、车辆记分108辆次、企业记分27家次，驾驶员从业资格证记满15分纳入“重点监控名单”21人，车辆记满10分及以上停运整改16辆，企业记满20分及以上纳入“安全风险企业”名单1家。

城市公交服务 2022年，绵阳市新增公交线路3条，优化线路20余条，线路总数118条（含村村通5条），线网里程1146公里、线路里程3328公里，城区公交站点500米覆盖率100%，年运行173万趟，运营里程5024万公里，运输乘客1.14亿人次。持续提升车辆装备水平，推动能源结构优化，更新297辆新能源公交车，车辆保有量1272辆（新能源车占比56%）。持续丰富运营模式，推出多元服务举措，开行G1高峰快线、“民工”专线、医护人员通勤专线，紧扣“互联网+公交”开启“按需定制”新模式，全年运行117条企业定制专线、4条政府通勤专线、20余条“i学巴士”校园专线，保障28家企事业单位职工和10余所学校师生出行。执行急难险重运输保障任务，完成“中高考”“科博会”等重大活动保障，疫情期间开行医护人员通勤、核酸采集、企业保产等多类保障专线。培育绿色出行文化，发起减碳行动，发表减碳倡议，上线“碳惠绵州”积分系统，发布绵阳公交IP形象

"公小交"，推出多元化营销优惠举措，践行国家"双碳"战略。

公交"绵州通"优化 2022年，绵阳市中、轻度残疾人（三、四级）凭卡享有免费乘坐城区一票制公交线路，新增发行公交爱心卡1396张；新增老年卡46118张。优化"绵州通"App线上申领学生卡功能，实现线上申办、邮寄到家的一站式服务，做到为市民服务少跑路、快办理；提高学生卡办理效率，全年新增发行公交学生卡1.6万张。"绵州通"App上线"碳惠绵州"系统，通过积累碳积分兑换权益的方式鼓励市民乘坐公交、绿色出行，全年"绵州通"App手机注册用户数超过40万人。

"12328"电话运行情况 2022年，"12328"电话服务中心对标"新、快、实、真、言"工作要求，完善机制、优化流程、强化考核。加强对"12345"热线中心话务人员培训，与市"12345"、省交通运输厅"12328"电话管理中心对接。完成交通强省考核指标，总结政务热线工作经验，对工单办理流程和工单办理质效整改优化，加大对承办部门跟踪督办，推动政务热线工作规范。全年受理业务工单3196件。

航务海事工作 2022年，绵阳市通航里程645.79公里，通航河流7条（涪江、梓江、凯江、湔江、弥江、安昌江、渭河）；有各类登记船舶167艘、8837总吨，其中客渡船105艘；有渡口27处，有船乡（镇）35个，船员654人(其中高级船员180人）。全市未发生水上交通安全责任事故，保持连续20年无水上交通安全责任事故良好态势，安全形势持续保持稳定。

水路运输企业监管 2022年，绵阳市加强水路运输行业管理，保障水上交通运输安全，促进水路运输行业持续健康发展。组织运政管理人员对全市取得水路运输经营资格的企业及所属营业性运输船舶进行核查，3户经营人（营业性运输船舶30艘、369总吨、707客位、2040.15千瓦）通过核查；5户经营人经整改合格后通过核查（营业性运输船舶26艘、497总吨、621客位、1541.1千瓦）。

水路运输保障服务 2022年，绵阳市以提升水路客运服务质量为主线，指导全市各水路客运企业在日常工作中坚持"以人为本、安全第一、服务至上"，向旅客提供多种优质化、人性化、便民化、多元化的购票、候乘、乘船等服务工作。各水路运输企业加强员工服务意识培训，开展具有企业文化和人文关怀的特色服务，接受网上预订船票；在候船厅的LED屏上滚动播放旅客上下码头、船舶须知；及时处理旅客投诉、咨询问题。全年全市水路运输完成客运量12.73万人，客运周转量163.14万人公里。

水上交通项目建设 2022年，绵阳市水路交通项目总投资960万元，2处船舶集中停泊区竣工。开工建设1艘30米海事趸船、1艘7.18米海巡艇、1艘16米海巡艇、1艘大马力海事应急抢险救助船、2个水上应急救援物资储备库、6个码头停靠泊位。2个平安渡运建设项目通过省交通运输厅系统审核；3个"十四五"期间平安渡运建设项目进入筹备阶段。

水上交通应急管理 2022年，绵阳市修订完善《水上交通运输事故应急预案》，与市水利部门及涪江武引等10个梯级对接，建立水情信息共享群。组织开展省市县三级水上交通应急能力训练和突发事件无预案应急处置演练4次，建立应急队伍10支、应急物资储备点5个、应急船舶13艘，形成"全市航务海事机构+水运企业+船员"的水上交通应急救援联运机制。紧急驰援"9·5"泸定地震，协助打通大渡河"水上生命通道"，完成救援任务，被《人民日报（数字）》《中国交通报》《中国水运报》等多家媒体报道，受到省文明办、省航务海事中心表扬。

船舶防污染监管 2022年，绵阳市完成船舶防污染设施加装改造。全市有主机功率在22千瓦以上的柴油机船舶35艘，全部安装油水分离器，实现100%"零排放"。推广船舶水污染物监管系统。基本实现主要港口船舶污染物接收转运处置全过程电子联单，"船E行"系统中船舶垃圾和生活污水转运处置占接收比例90%以上。绵阳水上交通联合监管系统中垃圾（污水）转运、接收、处置率均达100%，取得全省第一，实现污染物来源可溯、去向可查。

水上交通安全知识进校园活动 2022年6月22日，

绵阳市交通运输局以“水上平安交通、安全伴我成长”为主题，深入盐亭县岐伯镇中心小学开展“水上交通安全知识进校园”活动。通过向学生讲解船舶航行基本常识、水上交通出行注意事项、船上遇险逃生方法、救生设施使用等内容，普及水上交通安全常识，提升学生保护能力。

九绵高速公路建设 九寨沟至绵阳高速公路全长244公里，绵阳境内长187公里。路线起于九寨沟县郭元乡青龙桥（甘川界）附近，经阿坝州九寨沟县和绵阳市平武县、北川县、江油市，止于绵阳市游仙区张家坪，路基宽度25.5米。截至年底，累计完成路基97%，路面44%，桥梁99%，隧道87%。2022年12月30日，平武县城至白马段66公里建成通车；项目累计建成89公里。

2023年4月29日，九绵高速公路平武段 赵世才 摄

中遂高速公路建成通车 中江至遂宁高速公路项目全长84公里，绵阳境内长29公里。路线起于中江县玉兴镇，经三台县观桥、景福，止于射洪县回马，采用双向四车道技术标准建设，路基宽度25.5米。2022年9月29日，中遂高速公路全线建成通车。

国道5线成绵高速公路扩容项目 国道5线成都至绵阳高速公路扩容项目全长127.7公里，绵阳境内长41公里。路线起于成都绕城高速公路，经新都、青白江、金堂、广汉、中江、涪城、三台，止于游仙区魏城镇，采用双向八车道技术标准建设，路基宽度41米。截至2022年底，累计完成路基97%，桥梁95%。

广平高速公路建设 广元至平武高速公路项目全长90公里，绵阳境内长20公里。路线起于青川界白杨坪隧道，止于母家山互通（平武枢纽）接九绵高速公路，采用双向四车道技术标准建设，路基宽度24.5米。2022年12月30日，广平高速公路平武高村至古城段建成通车，结束平武县不通高速公路历史。

绵苍高速公路建设 绵阳至苍溪高速公路项目全长101.9公里，绵阳境内全长41公里，起于绵阳市魏城镇，经梓潼县、剑阁县、苍溪县，止于苍溪国道75线兰海高速公路广元至南充段，对接拟建的苍溪至巴中高速公路，按双向四车道设计，路基宽25.5米。截至2022年底，累计完成路基98%，桥梁100%，隧道100%。

国道5线绵广高速公路扩容项目 国道5线绵阳至广元高速公路扩容项目全长123.82公里，起于广元绕城高速公路黑水塘枢纽互通，经昭化区、剑阁县，绵阳市梓潼县、游仙区，与国道5线成绵高速公路扩容项目对接，采用双向六车道技术标准建设，路基宽度34.5米。截至2022年底，项目5个控制性工程全部开工。

（本栏目供稿单位：绵阳市交通运输局）

广元市交通

GUANGYUAN SHI JIAOTONG

2022年广元市交通运输能力概况

公路交通运输			
通车里程	总里程（公里）		24083.917
	其中	高速公路	464.119
		一级公路	107.084
		二级公路	1107.46
		三级公路	463.219
		四级公路	19263.565
		等外公路	2678.47
公路密度	按国土面积计算：每百平方公里147.6公里		
	按人口计算：每万人81.6公里		
通达程度	通公路的乡镇230个，占乡镇100%		
	通公路的村2396个，占村100%		
客运站	总数（个）		205
	其中	一级站	2
		二级站	8
		三级站	9
		四级及以下站	2522
营运车辆	总数（辆）		11308
	其中	客车1432 辆26969座	
		货车9876辆152532.1吨	
公路运量	客运	客运量（万人次）	392.77
		旅客周转量（万人公里）	30687
	货运	货运量（万吨）	4078
		货物周转量（万吨公里）	615167
内河航运运输			
通航里程	总里程（公里）		568.6
	其中	三级航道	0
		四级航道	192
		五级航道	0
		六级航道	66
		七级航道	63
港口（码头）	总数（个）		1
	吞吐量	旅客吞吐量（万人次）	0
		货物吞吐量（万吨）	1.12
水路运量	客运	客运量（万人次）	51.987
		旅客周转量（万人公里）	901.7984
	货运	货运量（万吨）	730.04
		货物周转量（万吨公里）	3353.46
营运船舶	总数（艘）		167
	其中	客船 26艘1007座	
		货船141 艘24848吨	
城市公交运输			
营运车辆	539辆		
公交线路	87条		
公交站	1066个		
运量	0.39亿人次		

交通运输概况 2022年，广元市围绕打造全国性综合交通枢纽总目标，全市交通基础设施建设完成固定资产投资165亿元，比上年增长21.3%。其中，市本级完成投资101亿元，比上年增长33%。争取上级各类补助资金19.3亿元（其中市本级13.58亿元），申请政府专项债券资金2.45亿元。

出台《关于高质量打造全国性综合交通枢纽加快建设交通强市的实施意见》，完成《广元市综合交通枢纽总体规划》《广元市交通强省试点市实施方案》等规划编制，省道新增1000公里，新增总量排名全省第三。广元市被确立为第一批交通强市5个试点市之一，昭化区被确定为第二批交通强县试点。

实行交通项目“挂图作战”，坚持“质量、安全、进度、环保、廉政”一体化推进，强化协调服务，促进要素保障，交通项目建设高效有序推进。一是高速公路建设。广元至平武高速公路青川段建成通车，国道5线京昆高速公路汉中至广元段（四川境）扩容项目开工建设，绵阳经苍溪至巴中高速公路、国道5线京昆高速公路广元至绵阳段扩容项目加快建设，南（江）苍（溪）盐（亭）高速公路、青（川）剑（阁）阆（中）高速公路项目前期工作加快推进。二是国省干线公路升级改造。国道212线南山隧道、国道212线昭化区元坝过境段、国道542线旺苍县嘉川至东河段、苍溪县黄猫垭镇高台村红色美丽乡村路、广元剑阁山区公路改善工程二期、昭化区两路一隧、省道205线苍溪县白桥镇至云峰镇段、省道410线青川县姚渡镇至秦家垭（川陕界）段、省道302线旺苍县木门镇至苍溪县黄猫垭镇（旺苍段）、朝天区七盘关至曾家山旅游快速通道、昭化城区至栖平紫段旅游环线公路（一期）等项目建成通车，摆宴坝嘉陵江大桥、省道410线朝天城区过境段、省411线苍溪县城过境段、嘉陵江百利大桥、利州区井田大桥、昭化区虎跳嘉陵江大桥、省道301线旺苍县檬子至天星段、国道108线广元北出口改造工程等项目加快建设，国道347线厚子铺至印盒嘴段、省道416线109厂至天罂山段、省道411线旺苍段、省道209线青川县东河口至红光段、省道208线青川县城至金子山段、省道301线朝天区西北至上坝水库段、国道108线瓷窑铺至沙溪坝段、省道205线学工桥至利州西路段、省道302线苍溪县桥溪乡喻家嘴至龙王镇太阳湾段等项目开工。三是水运建设。建成12个船舶集中停泊区，完成15个渡口标准化改造以及11艘渡船标准化

2022年11月15日，建设中的成绵苍巴高速公路苍溪县茶店互通

广元市交通运输局　供图

更新，嘉陵江水东坝航电枢纽工程前期工作有序推进。四是枢纽站场建设。国道5线京昆高速公路七盘关超级服务区加快建设，广元传化公路港开工。广元市被省交通运输厅评为高速公路项目建设成效显著的市（州）、重点交通项目推进“红榜”第一名、市（州）交通建设投资运行“红榜”第二名。

（广元市交通运输局）

公路管养　2022年，广元市坚持管养并重，将公路管养指标纳入对县区党委政府年度考评体系，建立完善公路养护管理办法，全面推进农村公路“路长制”，全市

2022年9月，省道411线苍溪县东溪大桥至桥溪段大中修公路

苍溪县交通运输局　供图

公路路况保持较高水平。完成普通国省道大中修和预防性养护工程263公里，整治公路危桥22座，整治事故易发多发路段30处，建成村道安防工程2060公里，全市普通国道PQI保持在90以上，农村公路优良中等路率保持在75%以上。广元市代表四川省迎接交通运输部一年一度的普通国道路况考评，高质量完成迎检工作，全省路况考评结果排名全国第六位。

（广元市交通运输局）

道路客运管理　2022年，广元市统筹道路客运转型发展，推进城乡客运转型升级。发展定制客运，全年新增6条三类以上客运班线开通定制客运，投放定制客运车辆12辆，满足群众“门对门、点到点”出行需求。倡导农村公交延伸扩面，开通曾家山旅游环线公交，改造16辆农村班线车辆公交化运营，年受益群众超10万人次。全年完成3个县级客运站功能拓展，60个乡镇综合运输服务站的新建和功能拓展，建成村级“金通邮快驿站”230个，乡村客运“金通工程”全覆盖，青川县、苍溪县被

2022年8月24日，乡村客运“金通工程”小黄车在青川县大院民族学校门口接送学生放学

广元市交通运输局　供图

评为全省首批“金通工程”样板县，剑阁县、利州区、朝天区、昭化区争创全省第二批“金通工程”样板县，青川县被省交通运输厅确定为全省首批“交商邮”融合发展试点县。

（广元市交通运输局）

货运物流管理 2022年，广元市推进货运物流业高质量发展，成立市县两级现代物流产业专班，编制完成《广元国家综合货运枢纽补链强链三年实施方案（2022—2024年）》，启动《广元市现代物流产业中长期发展规划》编制，包装策划物流项目24个，发行地方政府专项债券9亿元；新签约物流项目1个，新开工物流项目5个，加快建设物流项目7个，建成投用1个。建立物流产业发展智库，调研形成《加快提升现代物流产业发展能级将通道优势转化为经济优势发展优势》等高质量课题研究报告，编制完成现代物流产业链图谱；加强货运物流市场主体培育，全市新增4.5吨及以上货运车辆1234辆，比上年增长14.3%，新增规模以上货运物流企业7家（其中交通合规企业5家、商务合规企业2家）。出台《广元市促进道路货运企业加快发展的七条措施（试行）》，梳理交通物流领域惠企政策6项，制发政策红利清单，累计助企减免税费超900万元。推动交通物流专项再贷款贴息政策加快落地，3家货运物流企业获得贷款1565万元。

（广元市交通运输局）

水路运输管理 2022年，广元市拓展水路运输市场，常态化开行广元港至重庆货运班轮，广元港集团与重庆众源船务公司达成运力保障合作协议，全年新购长途货运船舶10艘，水路交通运力新增3000吨，广元港长途总运力突破5000吨。实施嘉陵江航道日常养护，落实汛期防“跑船”措施，水运安全保障服务能力显著提高。深化“绿水绿航绿色发展五年行动”，推进船舶岸电系统受电设施改造，水上交通行业污染治理成效巩固提升。

（广元市交通运输局）

2022年建成的苍溪鳌鱼湾码头　　广元市港航发展中心　供图

交通安全管理 2022年，广元市贯彻落实国务院安委会安全生产15条措施，推行安全生产包保责任制，推进安全生产专项整治三年行动“巩固提升年”、危险货物运输安全风险集中治理和“护安2022”监管执法等专项行动，完成普通公路畅安工程，整治道路运输、水上交通、公路管理和交通工程领域顽症痼疾，全市交通运输安全生产事故起数和死亡人数比上年下降33%，未发生较大及以上生产安全事故。持续加强交通应急管理，修订完善各类交通应急专项预案，充实应急物资储备，增强应急救援能力，全年参加综合应急演练1次，组织开展专项演练5次，开展应急专项培训2次，完成汛期公路抢通保通、嘉陵江柴油污染处置、堰塘水闸抢修等突发事件应急处置。

（广元市交通运输局）

交通运输综合执法 2022年，广元市持续深化法治政府部门建设和行业“放管服”改革，打造最优营商环境，清理完成交通运输执法领域行政规范性文件23份（废止2份、继续有效17份、修改4份），完成合法性审查行政规范性文件3份，出台交通运输综合行政执法责任制度、执法公示办法、执法全过程记录办法、执法决定法制审核办法等“一制度三办法”。持续深化行业“放管服”改革，所有行政审批事项实现“最多跑一次”。交通运输领域实施“互联网+监管”和“双随机、一公开”监管，监管事项覆盖率100%。深化交通运输信用体系建设，启动“信用交通市”创建，推行主动信用承诺制、招投标领域“黑名单”制和货运车辆超限违法信息抄告制，有效维护公平竞争的交通运输市场秩序。强化工程质量造价管理，全市18个在建重点项目受监率100%，59个交通工程造价审查率100%，概（预）算审减率2.44%。

（广元市交通运输局）

绿色智慧交通建设 2022年，广元市坚持“生态优先、绿色发展”理念，推进绿色交通建设、养护、运营，实现普通国省道公路沥青路面旧料“零废弃”，循环利用率100%。启动机动车维修行业高质量发展三年行动，推广应用新能源汽车，更新电动公交车55辆；持续深化“绿水绿航绿色发展五年行动”，在建新能源船舶1艘，筹建新能源渡船4艘，全市在建和拟建的客渡船中新能源船舶占比100%。推进智慧交通建设，投资1100万元，启动建设摆宴坝嘉陵江大桥健康监测系统，建成南马山隧道健康监测系统，将BIM等信息技术运用到全市交通重点项目并实时监测预警；在全省率先建成交通运行监测信息系统，实施网上在线值班值守，提升全市交通运输路网运行监测和应急处置能力。

（广元市交通运输局）

新冠疫情防控 2022年，广元市常态化推进新冠疫情防控，全市交通运输部门履行入川首站责任制，落实“入川即检”，在全市61个交通卡口实行点长负责制，每个卡口成立临时党支部，24小时开展来（返）广人员健康查验和风险人员分类转运工作，确保不漏一车一人。广元市交通运输局牵头完成利州区三轮临时性社会管控期间交通管控和运输保障工作，阻断疫情社会面传播链条。统筹抓好交通运输行业疫情防控，压紧压实公交车、出租车、班线客运、快递物流等防疫责任，落实防疫措施，守住疫情防控四川北大门交通关口。

（广元市交通运输局）

国道5线京昆高速公路汉广段（四川境）扩容项目开工 2022年9月14日，国道5线京昆高速公路汉中至广元段（四川境）扩容项目开工。路线起于汉中市毛坝河镇南侧铁锁关处，在蔡家坪隧道内接拟建的国道5线京昆高速公路陕西段扩容止点，经广元市旺苍县盐河镇、天星镇、燕子乡、昭化区元坝镇、利州区荣山镇、大石镇，止于龙潭乡周家河，接在建的国道5线京昆高速公路广元至绵阳段扩容项目起点。路线全长70公里，设7处互通立交、2个服务区、1个停车区及2处养护工区，双向六车道，设计时速100公里，估算总投资266.77亿元，建设工期4年。

（广元市交通运输局）

广平高速公路青川段建成通车 2022年9月23日，广元至平武高速公路青川段建成通车。项目起于青川县骑马乡，与国道75线兰海（广甘）高速公路相交，止于绵阳市平武县母家山，接在建的国道8513线九寨沟至绵阳段高速公路，是川北地区进入九寨沟旅游环线最便捷的通道。路线全长89.78公里，全线设置桥梁114座、隧道18座，桥隧比70%；双向四车道，设计时速80公里。沿线设骑马枢纽互通、平武枢纽互通立交，青川、青川乐安、青川桥楼、青川青溪、平武高村、平武古城6处一般互通立交，设1处服务区（桥楼）、1处停车区（瓦砾）。概算总投资140.75亿元，2018年9月开工，建设工期4年。

2022年，建成通车的广平高速公路青川黄坪互通段 马轶锋 摄

（广元市交通运输局）

国道212线元坝过境段公路建成通车 2022年5月16日，国道212线宝轮至卫子段公路改建工程（元坝过境段）建成通车。国道212线元坝过境段改建工程起点接国道542线昭化区元坝镇平地沟大桥桥头，止于昭化区鼓楼坝接中国西部（广元）绿色家居产业城货运大道，路线全长10.12公里，设大桥7座、中桥1座、涵洞27道，采用双向四车道一级公路技术标准建设，设计时速60公里，路基宽度30米。项目总投资9.17亿元，2019年11月开工，总工期30个月。

（广元市交通运输局）

山区公路专项改善工程通车 2022年12月30日，广元山区公路专项改善工程（二期）建成通车。其中，省道302线开封镇至马鸣乡段改建工程，路线起于剑阁县开封镇，经碗泉，止于绵阳市梓潼县马鸣镇，主线长18.3公里，支线长1.15公里；县道123线武连镇经正兴乡至开封镇段改建工程，路线起于剑阁县新桥，经正兴乡，止于剑阁县龙桥村，路线长15.30公里。采用双向两车道二级公路标准建设，路基宽度8.5米，设计时速40公里（局部特殊路段适当降低标准），项目批复估算总投资4.89亿元，2021年11月23日开工。

（广元市交通运输局）

国道347线剑阁境段改建工程开工 2022年9月29日，国道347线剑阁境内厚子铺至印盒嘴公路改建工程开工。路线起于与南充市阆中交界的厚子铺，途经涂山、金仙、演圣、元山等4个乡镇，止于与绵阳市梓潼交界的印盒嘴，全长35.6公里，总投资8.89亿元。结合路况实际，先期实施罗家河至演圣段，主路线全长14.3公里，采用二级公路技术标准建设，设计时速60公里，路基宽度10米，设置大中桥梁6座1548米、小型桥梁2座44米、隧道2座2133米、涵洞39道、平面交叉15处；连接线2条，全长3.05公里，采用三级公路技术标准建设，设置中桥1座66米、涵洞8道、平面交叉2处，路基挖方735.9万立方米，概算总投资4.86亿元，建设工期3年。

（剑阁县交通运输局）

朝天区七盘关至曾家山旅游快速通道通车 2022年12月30日，朝天区七盘关至曾家山旅游快速通道建成通车。项目属省级重点建设项目，是朝天区建区以来实施的最大基础设施单体项目。路线起于国道5线京昆高速公路七盘关互通匝道，止于曾家镇场镇，全长22公里，采用二级公路技术标准建设，路基宽度12米和16米，沥青混凝土路面。全线新建大中型桥梁20座3600米、涵洞63道，开挖回填土石方350万立方米，挡防工程18万立方米，与原中子镇至曾家镇公路平面交叉4处，总投资8.5亿元，2018年底开工建设。项目连接西成高铁、国道5线京昆高速公路等，解决曾家山AAAA级旅游景区道路交通瓶颈问题。

（朝天区交通运输局）

2022年，广元市朝天区七盘关至曾家山旅游扶贫公路　　朝天区交通运输局　供图

国道542线旺苍县城嘉川至东河段公路建成通车 2022年9月30日，国道542线旺苍县城嘉川至东河段公路建成通车。国道542线旺苍县城嘉川至东河段公路是《国家公路网规划（2013—2030年）》中四川广元至重庆万州的联络线，也是旺苍县绕城公路的重要组成部分。项目路线起于国道5012线恩广（广巴）高速公路旺苍西互通出口，一路北靠，止于国道5012线恩广（广巴）高速公路旺苍东互通出口，全长19.18公里，总投资16.54亿元。该项目采用政府与社会资本合作（PPP）模式，按照一级公路技术标准建设，设计时速60公里，路基宽度23米，沥青混凝土路面，2019月3月开工，工期历时42个月。

（旺苍县交通运输局）

昭化区“两路一隧”建成通车 2022年6月30日，昭化区“两路一隧”建成通车。项目位于昭化区昭化镇，属于广元市三江新区基础设施项目，路线起于国道108线白龙江大桥，止于龙爪湾，全长7.7公里。红岩方向与南马山隧道相连接，剑阁方向与南环线土地岭隧道相连接，路线全长7.7公里，采用一级公路兼城市主干道技术标准建设，路基宽度30米，双向六车道，沥青混凝土路面。采用PPP模式，总投资11.32亿元，于2018年12月31日开工。

（昭化区交通运输局）

四川首条红色乡村示范路通车 2022年11月10日，苍溪县黄猫垭镇高台村红色美丽村庄道路、省道302线旺苍县木门镇至苍溪县黄猫垭镇公路建成通车。苍溪县黄猫垭镇高台村红色美丽村庄道路是四川省首条红色乡村示范路，路线总长21公里，主线全长11公里，设计时速为30公里。项目所在的高台村位于苍溪、旺苍、南江三县的交界处，是川陕革命根据地的重要组成部分，也是著名的“黄猫垭战役”发生地，境内有红色遗址20余处。省道302线旺苍县木门镇至苍溪县黄猫垭镇公路全长33.5公里，分两期实施：一期工程24.2公里于2021年9月建成通车；二期工程9.3公里，起于旺苍县木门镇茶元村，止于苍溪县黄猫垭镇高台村。两个项目建成通车后，将“黄猫垭战役”遗址与木门军事会议遗址红色旅游景点串联，衔接国道5012线恩广（广巴）高速公路，形成一条缅怀革命先烈的红色精品旅游环线。

2022年11月20日，建成后的苍溪县黄猫垭镇高台村首条红色公路

苍溪县交通运输局　供图

（苍溪县交通运输局、旺苍县交通运输局）

苍溪县土鲤（金峰）大桥建成通车　2022年5月10日，苍溪县土鲤（金峰）大桥建成通车，结束沿河两岸人民涉水过河历史。大桥起于苍溪县东溪镇至白驿镇公路，跨越东河，止于金峰村道口，全长257.70米，其中桥长233.06米，桥面宽7.5米，引道长24.64米，宽6.5米。全桥采用四级公路技术标准建设，设计时速20公里。项目总投资2033万元，2021年2月开工建设。

（苍溪县交通运输局）

省道410线朝天城区过境段明月隧道贯通　2022年12月15日，省道410线朝天城区过境段明月隧道贯通。明月隧道是省道410线朝天城区过境段改建工程的控制性工程，全长2.99公里，属长隧道。线路走向为北东—南西方向，起点位于朝天区朝天镇金场村，终点位于朝天镇明月村境内。采用国家二级公路标准设计，建筑限界10米（净宽）×5米（净高），最大埋深217米，为单洞双线隧道，设计时速60公里，建安投资2.1亿元。隧道以Ⅴ级围岩为主，地质为强、弱风化砾岩夹砂岩，岩体较破碎，施工难度大，2020年4月15日开工建设。

（朝天区交通运输局）

广元港取得《港口经营许可证》　2022年4月5日，广元港昭化港区成功取得《港口经营许可证》，是广元地区第一个取得经营许可的港区。广元港昭化港区以内外贸集装、化工和煤炭等大宗货物运输为主，是铁、公、水、空联运和中转换乘的现代化综合性内河港口，具备装卸、仓储、中转换装、运输组织、产业发展服务、现代综合物流平台、临港工业开发，必要的生产、生活服务，旅游服务、商贸和城市休闲等多种功能。

（广元市交通运输局）

水上交通防“跑船”实战演练　2022年6月21日，广元市水上交通防“跑船”实战演练在利州区嘉陵江栖凤湖水域举行。演练模拟嘉陵江上游陕西省宁强县境内突降暴雨，巨亭水电站泄洪，最大泄洪量达到6000立方米/秒，严重威胁下游船舶航行和人民群众生命财产安全。在接到市防汛办通知后，市交通运输局立即启动防“跑船”应急预案，通过短信平台和值班系统发布预警信息，按照省交通运输厅出台的汛期水上交通防“跑船”8条措施，迅速组织开展船舶安全转移停靠、船舶值班值守、失控船舶被困人员救援和失控船舶拦截等工作，成功将被困人员转移至安全区域，将失控船舶拦截拖移至安全停舶区，完成水上交通防“跑船”抢险救援任务。此次演练设置应急响应、防“跑船”、失控船舶应急处

2022年6月21日，在嘉陵江栖凤湖水域举办广元市水上交通防“跑船”实战演练

广元市交通运输局　供图

置3个科目，出动无人机3架、船舶18艘、图传设备5套、演练人员100余人，突出演练的实战性、实用性特点，检验全市汛期水上交通应急救援预案的科学性、可操作性和可靠性，有效提升对失控船舶的应急处置能力。

（广元市交通运输局）

货车司机群体党建试点 2022年4月，广元市启动货车司机群体党建试点。采取立机制、找党员、建组织、筑阵地、优服务“五位一体”工作模式，深化“支部建在车轮上”实践，实现“党建强、企业强、行业强、队伍强”目标，增强广大货车司机的从业获得感和职业归属感。一是摸清底数精准分类。坚持市级、县级、镇街、企业协同发力，以从业资格证、户籍地、暂居地、运营轨迹等为突破口，通过货车司机线上聊天群全覆盖查找货车司机，建立道路货运企业和货车司机信息台账，根据党员货车司机从业形式、运输线路、党组织关系等，分类建立党员信息库。全市有道路货运经营户5035户，货车司机16229人，货运企业党支部12个，货车司机党员603人。二是健全架构扩大覆盖。按照“行业党委+流动党支部+多个企业党支部”模式，建立货车司机群体党建架构，采取属地乡（镇）村（社）挂靠建、项目工地联合建、群团组织协助建的模式，指导道路运输企业规范建立基层党组织，开设党性教育、党务工作等培训课程；对流动党支部实行“一名党员一张卡、一个支部一份档”动态管理，实现基层组织不断层、流动党员不挂空、组织管理不留白。全市新组建货车司机流动党支部18个。三是聚焦诉求关心关爱。探索“监管+服务”“帮扶+服务”模式，在物流园区、集散地和高速公路疫情防控检查点等建成“司机之家”等线下阵地6个，为货车司机提供手机充电、书报阅读、低价就餐、住宿等免费或低费服务；畅通“货车司机—党员—流动党员党支部—行业党委”诉求通道，拓展“蜀道畅”微信平台等线上阵地覆盖面，帮助货车司机解决证件跨省通办、物流保通保畅等困难。全年解决货车司机诉求49项。

（广元市交通运输局）

昭化区启动乡村振兴交通三年大会战 2022年6月10日，广元市昭化区召开乡村振兴交通三年大会战动员会。未来三年，昭化区大力实施“四大工程”，推进“三项创建”，加快建成现代化综合立体交通枢纽和物流经济高质量发展区。实施“四大工程”，即：拓展“外联”工程，建成对外路网大通道，协助推进广元至巴中铁路扩能改造、国道5线京昆高速公路扩容、嘉陵江高等级航道建设，主动承接广元机场远期搬迁工作；贯通“内畅”工程，建成干线路网大支撑，加快推进国道212线昭化城区过境段（含韩家垭隧道）、国道542线泉坝至白水段、省道205线摆宴坝至射箭段等国省公路提档升级，基本实现国道一级路比重50%、省道二级路比重60%；织密“联网”工程，建成农村路网大循环，开工建设农村公路15条，建成县乡公路10条，新（改）建村组道路300公里；聚焦“便捷”工程，促进运输服务大流通，常态化实施国省干线公路大中修工程，实现农村公路管养全覆盖，建设乡（镇）综合运输服务站11个、村级物流网点212个，实现城乡物流配送网点全覆盖。推动“三项创建”，即：优化农村公路路网结构，运行好三级“路长制”，创建“四好农村路”全国示范县；推进构建客运网、邮快网、物流网、旅游网、商贸网“五网一体”的乡村运输体系，创建“金通工程”省级样板县；在交旅融合发展、港口物流体系建设及农村公路管养体制改革等方面开展试点探索，创建交通强县试点县。

2022年6月10日，召开广元市昭化区乡村振兴交通三年大会战动员会暨2022年交通运输工作会议
广元市交通运输局 供图

（昭化区交通运输局）

遂宁市交通

SUINING SHI JIAOTONG

2022年遂宁市交通运输概况

公路交通运输			
通车里程	总里程（公里）		13952.87
	其中	高速公路	386
		一级公路	151.77
		二级公路	366.32
		三级公路	561.27
		四级公路	12237.80
		等外公路	249.72
公路密度	按国土面积计算：每百平方公里261.95公里		
	按人口计算：每万人37.86 公里		
通达程度	通公路的乡（镇）105个，占乡（镇）100%		
	通公路的村1 891 个，占村100%		
客运站	总数（个）		44
	其中	一级站	3
		二级站	3
		三级站	1
		四级及以下站	37
营运车辆	总数（辆）		16518
	其中	客车1334辆23425座	
		货车15184辆230393.2吨	
公路运量	客运	客运量（万人次）	758.01
		旅客周转量（万人公里）	50935.49
	货运	货运量（万吨）	4032.13
		货物周转量（万吨公里）	490775.74
内河航运运输			
通航里程	总里程（公里）		454.75
	其中	三级航道	0
		四级航道	0
		五级航道	0
		六级航道	63.54
		七级航道	138.38
港口（码头）	总数（个）		14
	吞吐量	旅客吞吐量（万人次）	54.51
		货物吞吐量（万吨）	291.76
水路运量	客运	客运量（万人次）	54.51
		旅客周转量（万人公里）	
	货运	货运量（万吨）	291.76
		货物周转量（万吨公里）	1405.07
营运船舶	总数（艘）		448
	其中	客船 33艘1178座	
		货船415艘10282吨	
城市公交运输			
营运车辆	466辆		
公交线路	63条		
公交站	1196个		
运量	5846万人次		

交通运输概况 2022年，遂宁市交通运输系统以交通能级提升大会战和美丽乡村共富路建设三年行动为重点，完成各项目标任务。全市综合交通固定资产投资完成76亿元，比上年增长16%；道路运输客货运总周转量增长3.42%，高于全省0.36个百分点，增速排名全省第三位。成南高速公路扩容开工建设，遂德高速公路提前半年建成通车。全市高速公路总里程从359公里增至386公里。省道207线遂安快捷通道开工建设，遂潼快捷通道（一期）建成通车。凤台大桥建成，中环线全线通车，圣平岛大桥主体工程完工，黄连沱渡改桥加快建设，涪江六桥全面开工，涪江复航加快推进。全年到位交通类

2022年，国道93线遂绵高速公路龙凤互通立交

遂宁市交通运输局 供图

奖补资金5.46亿元。遂宁市被评为全国首批“四好农村路”建设市域突出单位、全国首批绿色出行创建考核评价达标城市，入选全国第三批城市绿色货运配送示范工程创建城市名单。射洪市、蓬溪县成功创建全省首批乡村运输“金通工程”样板县。5月，中共遂宁市委书记李江带队到省交通运输厅对接，召开厅市全面深化战略合作座谈会。大安潼高速公路、武潼安高速公路、射西高速公路纳入《四川省高速公路网布局规划（2022—2035年）》；新增7条省道纳入《四川省普通省道网布局规划（2022—2035年）》，累计省道15条，里程960公里；涪江航道纳入国家内河水运高等级航道。

水路运输 2022年，遂宁市做好码头污染防治相关工作。持续开展遂宁市绿水绿航绿色发展五年行动，主要港口船舶污染物接收转运处置基本实现全过程电子联单闭环管理；打好碧水保卫战，开展港口、船舶污染治理和非法码头提升改造工作，全市客渡码头完成污染防治工作，新增垃圾回收装置150个，新建便民厕所5座，推进老旧船舶技改，技改船舶23艘，拆除老、旧运输船舶232艘。完成111座非法码头提升整治，拆除复绿88座，规范提升23座。

农村公路 2022年，遂宁市农村公路建设完成投资12.4亿元，新（改）建农村公路769公里，实施铁索桥改公路桥1座，开展全市6981条村道安全隐患排查工作，农村公路危桥完成销号9座，建成村道安全生命防护工程912.79公里，完成交通事故易发多发路段重点任务整治35处。遂宁市交通运输局、遂宁市财政局联合印发《遂宁市农村公路管理养护绩效考核办法》，规范农村公路管养的能力建设及养护资金投入和使用管理，市级财政拨付各辖区农村公路日常养护资金1139.7万元。蓬溪县提名“四好农村路”全国示范县创建单位。

城市客运 2022年，遂宁市推进城市公交优先发展，新增公交线路2条，优化调整8条。更新新能源出租汽车89辆，开展第四届“百日百车挑战零投诉”活动，提升出租汽车行业窗口形象。继续规范网约车管理，许可9家网约车平台公司、2306辆网络预约出租车、9855名网络预约出租汽车驾驶员，全市网约车合规率位居全省第1，全国前列。

运输管理 2022年，遂宁市推进乡村运输“金通工程”样板县创建。3月15日，蓬溪县、射洪市被命名为“四川省乡村运输金通工程样板县”。继续按照成功创建“全省作示范、全国有影响”乡村运输“金通工程”样板市总体要求，以创建“美丽、幸福、智慧、平安”四个“金通工程”为工作抓手，推动船山、安居、大英乡村运输“金通工程”样板县创建工作。11月，全市农村客运车辆全部完成主动安全智能防控系统，实现所有道路营运客车主动安全智能防控系统全覆盖。5月20日，遂宁高新区新就业态形态劳动者之家（货车司机之家）升级改造成货车司机“暖心之家”，成为全省首批试点的货车司机“暖心之家”。“3·30”遂宁本土疫情、“5·09”广安疫情、“9·20”遂宁本土疫情和11月新疆西藏疫情防控政策优化后，统筹全市运力，做好本地密接、次密接人员应急转运和外市运力支援工作，出台《遂宁市新冠疫情防控交通应急运输车辆征用资金补偿实施方案》。先后10次采取暂停发往上述地区定制客运和包车（旅游

2022年，遂宁市船山永河产业园道路　　岳冰松　摄影

包车），限制开行班车数量等措施，有效阻断病毒通过交通运输传播。

交通行政执法 2022年，遂宁市交通运输局审批持续提质提效，办结人大代表建议8件、政协委员提案11件，回复率、满意率均达100%。累计办理“12345”“12328”热线15981件，限时办结率、满意率均达100%。推进行政审批改革，形成“一窗受理、网上流转、并联审批、限时办结”审批服务模式，办理政务服务事项15161件。开辟超限运输审批“绿色通道”，将30%以上超限运输行政审批从法定时限7个工作日提速成为即办件，并对满足道路通行条件超限运输车辆，适当放宽通行时限，涉及国防工业、经济民生的重点设施设备运输审批，坚持特事特办。对诚信记录好、业务量大的道路运输企业发放季度或半年期通行证，做到上门服务、现场办公。深化“放管服”改革，取消对超限车辆收取多倍惩罚性通行费收费政策，减轻企业负担。遂宁市开展道路客货运输突出违法违规行为、船舶安全突出问题专项整治，打击高速公路道路运输违法违规行为“雷霆行动”，查处非法营运833件、水上运输违法行为28件、客车违法行为21件、出租汽车和网约车违法行为242件、货车违法行为526件，监督超限运输货车卸载货物6863吨。获全省交通执法“大练兵大比武”决赛队列项目市（州）第一名和团体三等奖。

交通建设工程质量监管 2022年，遂宁市市本级直接监督项目9个。其中，高速公路项目2个（遂德高速公路、成南高速公路扩容），新（改）建国省干线公路工程2个（省道101线射洪段、省道209线大英段蓬云路），渡改桥项目3个（小河洲渡改桥、袁家坝渡改桥、黄连沱渡改桥），区间干线公路1个（通港大道AB段），重要农村公路1个（蓬溪农网D8标）。全年中心配合市局开展质量安全综合检查2次，自主开展专项检查和日常巡查60次，排查问题78个，配合市局发出检查意见2份，开展在建项目工程质量重点抽检和交工验收核验检测6批次，总体合格率94.5%，实现在建项目监督覆盖率100%，问题整改率100%。完成交工验收质量检测项目2个，验收一次性通过率100%。全市重点公路工程建设质量总体受控，安全生产形势保持平稳，交通建设工程安全生产责任连续多年做到“零事故、零伤亡”。

交通安全生产 2022年，遂宁市聚焦“防风险、保安全、迎二十大”主线，开展安全生产“集中攻坚年”专项整治，守牢安全生产底线。落实“一路四方”联动工作机制，确保高速公路平安畅通。开展在建项目工程质量重点抽检和交工验收检测12批次，质量总体合格率93.8%，实现在建项目全覆盖率100%，问题整改率100%。强化水上交通安全监管，建成船舶集中停泊区24个，新建防洪桩277个，集中停靠船舶737艘。道路运输领域未发生较大以上安全事故，安全生产形势保持总体平稳。

绿色交通 2022年，遂宁市实施在用汽车排放检测与维护制度，实现全市强制维修站点全覆盖，指导M站提升服务能力，落实机动车排放检验与强制维护制度，严格大气污染物排放超标车辆“检验、维修、复检”闭环管理，全年完成17623辆机动车尾气治理。完成全市汽车维修企业喷烤漆房升级改造工作，建立70余家汽车维修绿色板喷企业，推动汽修行业绿色发展。打好碧水保卫战，开展港口、船舶污染治理和非法码头提升改造工作，全市船舶配置船舶垃圾桶（箱）1701个，油水分离器和油污水桶各313个，生活污水打包装置219个；码头建成厕所（生活污水收集处理）23处，船舶生活垃圾接收装置8个，危废收集贮存设施8处，垃圾回收船1艘，生活污水接入市政管网2处，通过船舶突出问题专项整治和“三无”船舶清理，淘汰一批老旧船舶，全年拆除70艘老旧船舶。完成非法码头整治工作，拟取缔的码头全部完成拆除复绿，22座码头完成规范提升并取得港口经营许可证。推广新能源汽车、天然气（CNG/LNG）清洁能源汽车、液化天然气动力船舶等在运输行业的使用，并支持相关配套设施建设。全市在营466辆公交车、1283辆巡游出租汽车、2462辆网络预约出租汽车、1091辆教练车、665辆农村客运车辆，其中105辆巡游出租汽车、216辆公交车使用清洁能源。

（本栏目供稿单位：遂宁市交通运输局）

内江市交通

NEIJIANG SHI JIAOTONG

2022年内江市交通运输能力概况

公路交通运输			
通车里程	总里程（公里）		14070.775
	其中	高速公路	357.538
		一级公路	144.773
		二级公路	465.522
		三级公路	391.108
		四级公路	12518.155
		等外公路	193.679
公路密度	按国土面积计算：每百平方公里260.57公里		
	按人口计算：每万人38.08公里		
通达程度	通公路的乡镇107个，占乡镇100%		
	通公路的村1609个，占村100%		
客运站	总数（个）		1286
	其中	一级站	3
		二级站	4
		三级站	3
		四级及以下站	1276
营运车辆	总数（辆）		18625
	其中	客车1543辆39299座	
		货车17082辆216250吨	
公路运量	客运	客运量（万人次）	4088
		旅客周转量（万人公里）	135995
	货运	货运量（万吨）	5768
		货物周转量（万吨公里）	481175
内河航运运输			
通航里程	总里程（公里）		726.16
	其中	三级航道	
		四级航道	
		五级航道	
		六级航道	
		七级航道	154
港口（码头）	总数（个）		68
	吞吐量	旅客吞吐量（万人次）	45.3
		货物吞吐量（万吨）	0
水路运量	客运	客运量（万人次）	45.3
		旅客周转量（万人公里）	230.9
	货运	货运量（万吨）	0
		货物周转量（万吨公里）	0
营运船舶	总数（艘）		166
	其中	客船105艘3774座	
		货船61艘5259吨	
城市公交运输			
营运车辆	973辆		
公交线路	175条		
公交站	969个		
运量	8895亿人次		

注：内河航运运输项中的港口（码头）总数与2021年相比减少4个是因隆昌市严家坝渡口、市中区史家客运码头、资中县牛碾沱渡口和繁荣村凤凰渡口撤销，该项中的货物吞吐量、货运量、货物周转量均为零是因砂石禁采，货船全部停运所致

交通运输概况 2022年，内江市交通基础设施建设完成投资38.8亿元，为年度计划20亿元的194%，创近5年来新高。特别是2022年第二、三季度，内江市“交通建设投资运行”和“项目推进”同时连续进入全省“红榜”，其中三季度“项目推进”综合评分排名全省第一。客货运输站场建设超额完成省下达的2.1亿元目标任务。完成川南城际铁路白马客运站主体工程建设，新开工威远城北客运枢纽，新（改）建乡（镇）运输服务站4个。争取普通国省道养护工程、撤（并）建制村畅通工程、村道安防工程建设等部、省补助资金3.96亿元，比上年增长112.9%。内江市境内新增2条高速公路（自贡至永川、安岳至内江至荣昌至合江）纳入省高速公路网规划，新增高速公路里程约50公里，规划高速公路密度约12.5公里/百平方公里，位居全省前列。新增纳入省道路网规划道路3条（省道536、543、544线），其新增省道里程约175公里。

交通重点项目 2022年，内江市交通运输系统完成交通重点项目投资18.15亿元，资中至铜梁高速公路（内江段）开工建设，内江城市过境高速公路高桥互通连接线全面建成，内江至大足高速公路、自贡至隆昌高速公路连接线、水心坝大桥及连接线加速推进。成渝高速公路扩容、自贡至永川高速公路即将开工建设，资中至乐山高速公路、内江至南溪高速公路等项目前期工作加快推进。

农村公路建设 2022年，内江市交通运输局坚持推进“四好农村路”高质量发展，不定期深入一线调研督导，现场协调解决问题，推动农村公路各项工作落实。

2022年，内江市威远县新场镇通村公路 内江市交通运输局 供图

全年投入9.4亿元，新（改）建农村公路784公里。指导东兴区成功创建第六批“四好农村路”省级示范县，威远县成功纳入“四好农村路”全国示范县创建名单，指导市中区、威远县创建“金通工程”省级样板县。

物流产业发展 2022年，内江市公路运输总周转量比上年增长3.68%，位居全省第五。“交商邮供旅”融合发展。发挥全市农村公路网络优势，构建市、县、乡三级物流体系，实现邮政、物流、快递、商贸服务多站合一，资源共享，提升公路运营效率，服务乡村振兴向纵深发展。全市建立“交商邮供”县级物流中心5个、乡（镇）物流站点40余个、村级物流节点400余个，村级“金通・邮快驿站”744个，电商快递物流集配站点1792个，邮政、快递网点乡（镇）覆盖率100%，快递进村覆盖率100%。全市物流业持续发展。公路物流港规划建设加速推进。对接省交科院等专业机构深入调研省内外交通物流园区建设营运状况，结合内江本地实际，与内江市发展改革委、自然资源规划局等部门共同谋划完成内江主城区公路物流港“一主两辅”规划建设布局思路（“一主”即内江公路物流港，“两辅”即内江生活物资物流基地、椑木农产品物流基地）。渤商西部物流中心、威远渝威国际农批冷链物流园区、渝丰总部大楼及综合物流服务基地等一批物流货运枢纽项目建设加快推进。做大做强交通物流企业。组建成立内江市交通物流协会，搭建政府与物流企业、物流企业相互之间沟通协作平台，指导协会发挥桥梁纽带作用，帮助困难物流企业融资贷款约700万元，对接协调保险协会降低货车商业险投保系数，为物流企业降低保费运营成本2000万元，协助行业主管部门开展危险货物运能评估，为行业行政许可提供支撑。支持物流企业发展壮大，培育渝丰物流等一批货运物流龙头企业，推进共同运输、合作运输。为渝丰物流公司协调落实物流基地土地问题，协调各大银行为28家物流企业发放物流专项再贷款2756万元。进一步健全市、县、乡三级物流体系，实现县级物流仓配中心、乡（镇）物流快递运营中心、村级“金通・邮快驿站”全覆盖，打通工商品下乡、农产品进城双向流通渠道。加快发展网络货运平台，提供数字赋能，形成从选择供货商，到货物下单及派单运输，最后签收结算全链条一体化服务功能。

公共交通 2022年，内江市城市公交车549辆，营运线路85条，年客运量5903.6万人次，全年实现产值9470万元；道路运输车辆72辆，道路运输线路41条。新增定制客运线路2条（即威远县观音滩至成都、内江至隆昌），全市定制班线累计开行16条，基本实现内江主城区至资中县、威远县、隆昌市，至川南市州，至成都、重庆定制客运线路全覆盖；城市公交线路新增和优化调整16条，新增开行城乡公交一体化线路和农村客运公交化改造线路8条，全市城乡公交线路累计70余条。打造敬老爱老公交专线1条，新增低地板/低入口新能源纯电动公交车30辆，启用公交站台电子信息显示屏50余个。推动县（区）健全完善并兑现落实乡村客运补助政策，完成乡村客运车辆主动安防系统安装和接入，建制村通客车保持稳定，完成省对内江市乡村振兴交通领域考核目标任务。以乡村运输“金通工程”为抓手，

2022年，内江市拥有统一标识的农村客运车辆

内江市交通运输局 供图

提升农村公路运营水平，投入运行1251辆通村客车，采取开行城乡公交、客运班线、周末车、赶场车、学生车、预约响应客车等方式，开行农村客运线路434条，城乡公交一体化运营线路73条，预约响应式线路51条。隆昌市成功创建四川省乡村运输“金通工程”样板县。

2022年6月15日，内江市开展公路防汛抢险应急演练　　内江市交通运输局　供图

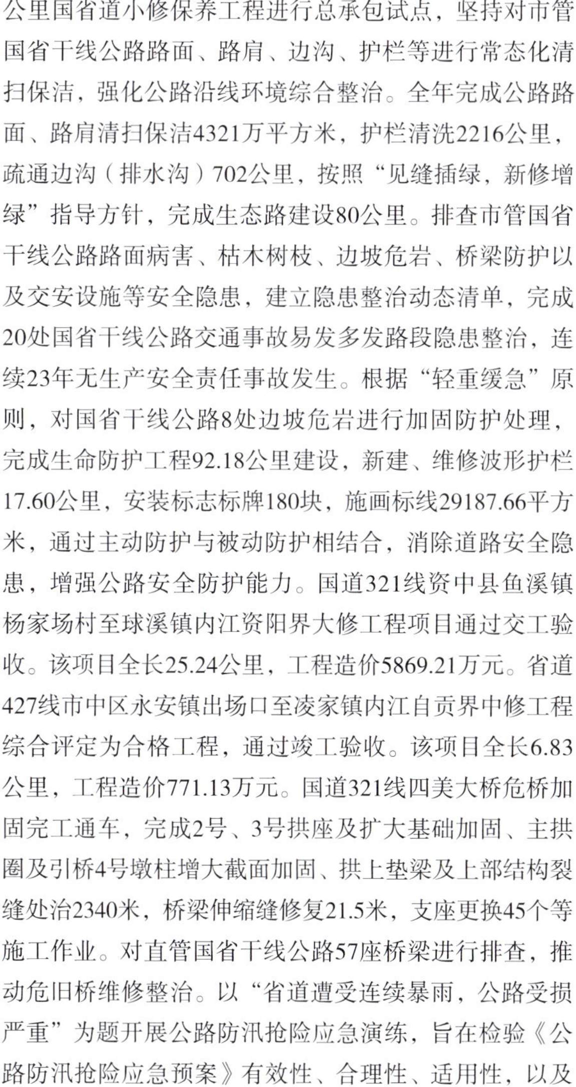

国省干线公路养护管理　2022年，内江市公路建设服务中心将所属内江段、资中段管养70公里国省道小修保养工程进行总承包试点，坚持对市管国省干线公路路面、路肩、边沟、护栏等进行常态化清扫保洁，强化公路沿线环境综合整治。全年完成公路路面、路肩清扫保洁4321万平方米，护栏清洗2216公里，疏通边沟（排水沟）702公里，按照“见缝插绿，新修增绿”指导方针，完成生态路建设80公里。排查市管国省干线公路路面病害、枯木树枝、边坡危岩、桥梁防护以及交安设施等安全隐患，建立隐患整治动态清单，完成20处国省干线公路交通事故易发多发路段隐患整治，连续23年无生产安全责任事故发生。根据“轻重缓急”原则，对国省干线公路8处边坡危岩进行加固防护处理，完成生命防护工程92.18公里建设，新建、维修波形护栏17.60公里，安装标志标牌180块，施画标线29187.66平方米，通过主动防护与被动防护相结合，消除道路安全隐患，增强公路安全防护能力。国道321线资中县鱼溪镇杨家场村至球溪镇内江资阳界大修工程项目通过交工验收。该项目全长25.24公里，工程造价5869.21万元。省道427线市中区永安镇出场口至凌家镇内江自贡界中修工程综合评定为合格工程，通过竣工验收。该项目全长6.83公里，工程造价771.13万元。国道321线四美大桥危桥加固完工通车，完成2号、3号拱座及扩大基础加固、主拱圈及引桥4号墩柱增大截面加固、拱上垫梁及上部结构裂缝处治2340米，桥梁伸缩缝修复21.5米，支座更换45个等施工作业。对直管国省干线公路57座桥梁进行排查，推动危旧桥维修整治。以“省道遭受连续暴雨，公路受损严重”为题开展公路防汛抢险应急演练，旨在检验《公路防汛抢险应急预案》有效性、合理性、适用性，以及各单位应急物资、人员、机械准备情况，进一步提高应急抢险队伍在突发事件来临时协同配合能力，提升应急处置能力。按照省交通运输厅关于“冬安行动”工作部署，推进国省干线公路安全隐患排查及整治，利用既有养护站，设置三个“情满旅途”暖心服务点，做好内江市国省干线公路保障服务工作，确保“春运”期间国省干线公路安全运行。

港航建设管理　2022年，内江市水路交通发展中心在沱江内江航段沿线首批次规划并建成11个船舶专用集中停泊区水上防汛基础设施工程，其中建成船舶系缆桩47个。此前，全市无一船舶专用集中停泊区，大部分船舶靠抛锚和系缆在树上的方式停靠，汛期存在“跑船”安全隐患。该水上防汛基础设施建成，基本满足沱江内江航段沿线砂石货船停泊需求，解决汛期船舶停泊安全问题，对规范境内船舶停靠、安全度汛和沱江生态环境保护等起到积极作用。2022年5月11日，开展服务信息系统培训工作，强化船舶水污染物联合监管与服务信息系统培训运用，推进系统使用工作。截至年底，全市船舶水污染物转运处置率90%以上。为重点开展沱江流域僵尸船、三无船、脱检船等突出问题整治工作，强化对沱江流域重要航道段巡航值守，2022年6月22日，内江市水路交通发展中心会同资阳市航务海事发展中心在沱江流域资阳市雁江区与内江市资中县交界水域叶家坳航段开展联合巡航检查整治，7月6日，与自贡市交通运输局在内江市与自贡市大安区交界水域开展联合巡航检查整治，实现对沱江通航环境和通航秩序的维护。

道路运输管理 2022年，内江市完成2021年度城区7家出租汽车企业、3家网约车平台企业和10家道路危险货物运输企业服务质量信誉考核，并向省运管局报送AAA级出租汽车企业和危险货物运输企业服务信誉质量考核资料。贯彻落实国务院安全生产十五条、安全生产大检查和强化年工作措施，集中开展道路客货运、危险化学品、船舶安全、质量安全红线、城镇燃气、自建房等专项整治，重点加强“两客一危一货”、超长线、旅游包车、农村客运营运车辆和客渡船舶动态监控。全年全市交通运输行业未发生较大及以上安全生产责任事故。

交通行政管理 2022年，内江市交通运输系统综合立体交通指数评价指标优于全省平均水平。完成交通运输“一证一照办”“特殊办件事项清单”“掌上办”等事项清单梳理。新增4个“一件事一次办”事项，“一网通办”全面推进。市本级落实信用信息平台双公示数据入库205件，市本级交通运输部门无相关失信主体产生。完成执法人员业务知识考试、执法机构信息复核补录、执法证件年审、执法人员信息录入、辅助人员信息统报、行政执法综合管理系统电子签章等法治任务。修订完善车辆超限超载治理应急预案。参加四川省交通运输综合行政执法“大练兵大比武”并获团体第三名。贯彻落实国家和省、市系列助企惠企政策，开展助企纾困政策宣传，相关道路运输企业享受“四川助企纾困明白卡”政策，惠及金额1457万余元。建立道路货运物流行业“两企两个”［“两企”即道路货物运输企业、物流配送企业，“两个”即道路普通货物运输个体工商户、个体普通货运车辆车主（含挂靠货车司机）］贷款需求“白名单”企业44家，推动申报交通物流专项再贷款资金2558万元，惠及交通物流企业27家。

驾驶员培训及汽车维修管理 2022年，内江市受理经营性道路运输从业人员考试3457人，合格率86%。全市新增驾驶培训学员3.54万人次。加大对县（市、区）指导力度，发布全市各季度驾培市场供求状况及预警信息，提醒投资者客观评估、理性投资，确保驾培行业健康稳定发展。汽车维修行业开展污染防治专项整治工作，督查维修企业150余家，发现问题500余起，全部按要求整改到位。内江市交通运输维修企业专项整治工作领导小组开展全市维修企业二维维护作业专项整治，对13家弄虚作假维修企业，分别发出9期通报函，要求属地交通运输部门依法立案调查，严格按相关法律法规依法处置。开展全市货运车辆改拼装专项整治，通过拉网排查，督导货运企业15家、维修企业20家，约谈相关企业6家，发现和督促整改问题隐患58个，查获非法改装货车72辆，并要求改装车辆全部复原，对相关企业处罚并责令整改，与全市225家维修企业签订不得非法改装承诺书。消除安全隐患，巩固全市汽车维修行业非法改拼装的整治效果。

交通运输行业维稳 2022年，内江市交通运输局办复“12345”“12328”“四川省网上信访信息系统”“网络舆情”“省、市舆情交办”“来信来访”等信访投诉件533件，办复人大代表建议、政协委员提案33件，稳妥化解个体出租车安全经费及GPS服务费问题、“加气难”问题、班线客运及城乡客运矛盾纠纷问题、出租汽车女驾驶员从业年龄问题等各类上访20余件次，解决工业园区、企业职工交通出行困难问题5个。加强后台监控，强化行业监管。通过出租汽车公司成立的出租汽车企业平台监控中心，统一对出租汽车实施24小时监控，重点查处驾驶员各类违法违规行为。全年全市监控中心抽查出租汽车13000辆次，纠正驾驶员不文明行为500余次，累计帮乘客查找失物2600余起，查找失物1960件，失物查找率75%。开展内江城区出租汽车经营行为专项整治工作，会同内江市中区、东兴区、高新区等执法大队、出租汽车分会、各出租汽车公司从加强抽查检查、严格处罚警示约谈等方面全面推进整治工作，累计抽查检查出租汽车8000余车次，查出各类问题600余个。

文明城市创建 2022年，内江市交通运输局组织单位全体干部职工填写2022年文明城市创建入户调查问卷并积极宣传创文知识，印发出租车内禁烟和行业规范标贴2300张，印发出租车运价标贴3000张，印发客运车辆车内创文、核心价值观标贴700张。针对出租车公司、网约车公司12项重点抽查内容和城区客运站5大类问题开展培训。对出租汽车每日网上抽查不少于50%，对客运站和出租车公司不定期现场督导检查5次，针对5名驾驶员不文明行为发出两期通报，要求下岗学习、写出承诺书和抄写创文文件并上报；针对客运站督查中存在的4个问题要求立即整改。组织召开全市交通运输行业创文工作推进会议3次，安排部署交通运输行业创文工作开展情况。城区出租汽车、网约车和城市公交创文考核均获满分。

（本栏目供稿人：彭高华）

乐山市交通

LESHAN SHI JIAOTONG

2022年乐山市交通运输能力概况

公路交通运输			
通车里程	总里程（公里）		16640.2
	其中	高速公路	450.772
		一级公路	390.018
		二级公路	823.779
		三级公路	619.953
		四级公路	14251.181
		等外公路	104.497
公路密度	按国土面积计算：每百平方公里129.98公里		
	按人口计算：每万人50.86公里		
通达程度	通公路的乡（镇）132个，占乡（镇）100%		
	通公路的村1107个，占村100%		
客运站	总数（个）		16
	其中	一级站	4
		二级站	12
		三级站	
		四级及以下站	
营运车辆	总数（辆）		33526
	其中	客车2231辆57895座	
		货车31295辆532208.1吨	
公路运量	客运	客运量（万人次）	1052
		旅客周转量（万人公里）	64460
	货运	货运量（万吨）	10113
		货物周转量（万吨公里）	1232489
内河航运运输			
通航里程	总里程（公里）		1124
	其中	三级航道	20.2
		四级航道	144.5
		五级航道	
		六级航道	68.6
		七级航道	210.45
港口（码头）	总数（个）		33
	吞吐量	旅客吞吐量（万人次）	0
		货物吞吐量（万吨）	355
水路运量	客运	客运量（万人次）	65.26
		旅客周转量（万人公里）	375.37
	货运	货运量（万吨）	308.56
		货物周转量（万吨公里）	91641.79
营运船舶	总数（艘）		303
	其中	客船84艘3744座	
		货船219艘80590 吨	
城市公交运输			
营运车辆	1213辆		
公交线路	121条		
公交站	2002个		
运量	0.8804亿人次		

注：公交营运车辆和公交线路条数不含城乡公交车辆和公交线路

交通运输概况 2022年，乐山市交通运输局聚焦“重大产业项目攻坚年”经济工作主题，奋力克服新冠疫情、持续高温干旱等不利因素影响，推动重大项目建设和行业发展，当好建设现代化乐山开路先锋。实现金口河区通高速公路、中心城区绕城高速公路基本贯通，岷江港航电综合开发全面提速，普通公路加速提档联网，公交出行分担率25.8%，成功创建“城乡交通运输一体化”全国示范县1个、全国水路旅游客运精品航线试点1条、“四好农村路”省级示范县2个、“金通工程”省级样板县1个，入围全省交通强市试点名单，完成四川省第十四届运动会道路运输保障工作。

高速公路建设 2022年，峨汉高速公路峨边至金口河段建成，新增通车里程23公里，全市高速公路通车里程突破450公里。小凉山彝区实现高速公路全覆盖，金口河大峡谷、峨边黑竹沟两个AAAA级旅游景区实现高速公路通达；境内在建里程163公里，成乐高速公路扩容乐山城区过境段、乐西高速公路乐山至马边段中心城区绕城段贯通，天眉乐、资乐高速公路控制性工程实现提前开工，乐西高速公路马边至昭觉段加快建设。1月28日，成乐高速公路扩容项目夹江收费站建成投运，同时旧站关闭。收费站位于乐山市夹江县新场镇，设“七进八出”15个收费车道，收费大棚设计融合“两山夹一江”概念。新夹江收费站建成通车后，将进一步完善夹江综合交通运输体系，助力夹江县打造“精品旅游环线”，推动“堰、纸、茶、瓷”四大文旅产业发展。4月，成乐高速公路扩容项目青衣江大桥合龙。该桥是成乐高速公路扩容项目乐山城区过境复线段唯一深水基础大跨径桥梁，位于乐山市中区棉竹镇境内，全长1.03公里，双向六车道，主桥采用连续刚构挂篮施工，具有深水、大跨径、变截面桥宽等特点。4月6日，乐西高速公路（乐马段）大渡河特大桥（90+150+90）米连续刚构顺利合龙。大渡河特大桥为全线关键控制性工程，桥梁全长3.45公里，设80个墩台，其中70#～73#墩（90+150+90）米连续刚构由54节悬灌段、4节现浇段、8节合龙段组成。针对大桥特点，反复比选施工方案，详细制订连续刚构梁施工工期安排与施工安全专项方案，对横跨安谷电站尾水渠坡面防护、塔吊安全、高空作业等危险源进行辨识评价、分级管控，保证桥梁建设过程顺利进行。6月6日，乐西高速公路控制性工程苏坝特大桥提前25天，在220米高度实现空中精准对接，完成钢管拱劲性骨架合龙。苏坝特大桥位于乐山市马边县苏坝镇，上跨马边河、国道348线及乡道008线，全桥长835.5米，主桥为跨径370.5米上承式钢筋混凝土劲性骨架拱桥，该跨径在同类型公路工程桥梁中位列全国第二、四川第一。6月10日，乐西高速公路（乐马段）首座隧道大田坳隧道贯通。大田坳隧道是乐西高速公路全线唯一一座全隧为V级的围岩隧道，最大埋深89米，给现场施工带来较大难度和安全风险。9月15日，资乐高速公路项目控制性工程——井研县集益镇赛功河四号大桥首桩开钻。该项目是《四川省高速公路网布局规划（2022—2035年）》中重庆（铜梁）—资中—井研—乐山—峨眉山—荥经一部分，连接资中、乐山等地。项目全长94.4公里，总投资189.6亿元，其中乐山段37.3公里，投资74.9亿元。12月20日，乐西高速公路（乐马段）第一长桥——大渡河特大桥贯通。大渡河特大桥全长3.45公里，是乐西高速公路（乐山至马边段）最长桥梁，也是全线关键控制性工程之一。全桥79跨28联，80个墩台，最高墩身39米，预制T梁700片（30米T梁50片，40米T梁650片）。12月26日，乐西高速公路（乐马段）临江河大桥实现双幅贯通。临江河大桥全长890米，跨临江河、跨苏沙路，全桥36跨8联，预制梁320片，双向四车道，设计时速80公里，桥面为双幅分离式结构。12月30日，省道66线峨眉至汉源高速公路峨边至金口河段开通试运营，这也是乐山市金口河区首条高速公路，从成都到黑竹沟国家森林公园车程缩短至3小时。峨边至金口河通车段途经峨边、黑竹沟、金口河3处，经过峨边隧道、营基坪隧道、官料河隧道、金口河隧道4座隧道，其中金口河隧道长8.1公里，最大埋深1.317公里，是全线第二特长公路隧道。

2022年12月30日，峨汉高速公路黑竹沟出口 彭钢 摄

国省干线公路 2022年，乐山市全年新（改）建国省干线22公里，干线公路总里程1190公里，其中二级及以上公路906公里，占比76%。全市普通国省干线公路PQI值为92.55，稳居全省第一方阵。省道215线大件路列入国家重点项目，环城公路加快建设，国道348线沙湾太平至轸溪段、国道245线金口河过境段等项目加快推进。省道215线过境公路项目控制性工程——大渡河特大桥完成桥面建设。位于乐山市市中区罗汉镇及安谷镇泊滩村，为跨大渡河而设，全长1.39公里，桥面宽度32米。桥型布置：6×40米简支T梁+3×40米连续梁+3×40米简支T梁+（40+60+40）米连续梁+4×40米简支T梁+4×40米简支T梁+（78+135+78）米连续梁+（40+60+40）米连续梁；其中因与大渡河现状河道斜交，起点岸6×40米简支T梁采用斜交30°，之后采用3孔40米现浇梁由斜交30°渐变到正交。大渡河特大桥左幅于2022年1月20日合龙，右幅于2022年5月24日合龙，主桥桥面于2022年7月15日全部完成。

农村公路建设 2022年，乐山市新（改）建农村公路921.1公里，为省下目标108.4%、市下目标102.4%，其中30户以上自然村组通硬化路完工352.8公里。乡（镇）通三级以上公路新增2个，总数95个，占比78.5%。写好两项改革"后半篇"文章，撤并建制村畅通工程完工414公里，为计划的110.2%，解决撤并村与新村委会缺乏直连道路、绕行严重突出问题。幸福美丽乡村路完工95公里，为省下计划的343%，满足群众便捷出行、产业集聚发展交通需求。铁索桥改公路桥开工10座，其中建成9座，保障临河地区群众安全出行。井研成功入围2022年"四好农村路"全国示范县创建名单，市中区、夹江县成功创建第六批省级示范县。全市有省级示范县8个，其中国家级示范县1个。落实援彝资金518万元，协助美姑县建成花椒产业路

2.49公里、便民路步行道0.2公里，完成4条产业路前期工作。落实帮扶资金253万元，协助沐川县边河村新建文化广场，实施农业园区周边道路硬化2.37公里，安装太阳能路灯240盏，建设美丽乡村路1.95公里。在全省率先推行农村公路自动化自主检测4589公里，完成年度目标109.7%；犍为国道213线岷江大桥桥梁结构监测系统建成投运，在全省率先完成公路长大桥梁结构监测系统建设。

城市公共交通 2022年，乐山市推进《乐山市公共交通专项规划（2021—2025年）》修编工作；修订完善《乐山市网络预约出租汽车经营服务管理实施细则（送审稿）》；拟定完成《关于进一步规范中心城区互联网租赁自行车管理实施意见（送审稿）》和配套的“一个规范、二个办法”，规范和促进乐山市中心城区互联网租赁自行车（含电单车）发展。组织开展2021年度乐山市中心城区出租汽车服务质量信誉考核，参考驾驶员4541人，评出AAA 级驾驶员2843人、AA级驾驶员1509人、A级驾驶员179人、B级驾驶员10人；参考企业37家，评出AAA级企业2家（省交通运输局组织专家组评定）、AA级企业26家、A级企业7家、B 级企业2家。制订《乐山市中心城区693 个巡游出租汽车经营权到期继续经营实施方案》，完成公平竞争审查、社会稳定风险评估备案、网络舆情风险评估备案、合法性审查，2022年底前完成中心城区巡游出租汽车经营权到期继续经营所有工作。组织中心城区943辆巡游出租车开展“爱心送考·黄丝带”公益活动，免费为中高考考生提供接送服务。全年新增城市公交线路2条、定制公交线路3条、新能源公交车158辆，新能源公交车占比62%。新增开行乐山市徐家扁小学到翡翠片区“师生号”定制公交，中心城区“学生号”公交专线累计开行 18 条，全年运营班次8522次，覆盖36所中小学，每日开行55趟班次，日均运载能力2500人。推行适老化交通出行服务，开行一条敬老爱老公交线路H1路（环线公交线路），改造19对38个公交站台，开通“95128”约车热线和网约车平台“一键叫车”等功能。

公路养护管理 2022年，乐山市交通运输局落实《乐山市普通国省道公路养护管理办法》《乐山市农村公路管理养护绩效考核办法（试行）》等制度，支持各地交通部门及公路管理机构履行主责主业。每周路况巡查，每月随机抽查，每季度综合考核，发放督查整改通知26份，整改突出问题26个。深化农村公路养护体制改革，落实“153”标准养护经费，配齐县、乡、村三级路长并充分发挥作用，农村公路列养率100%，986公里养护工程全部完工，农村公路管理养护绩效排名全省第三。落实“五清”（清河、清渠、清沟、清路、清院）行动部署，抓好普通公路“八清”（清路面、清水沟、清挡墙、清边坡、清护栏、清标识、清桥涵、清设施）工作，加强境内3条国道571公里、12条省道682公里及重点旅游路、景区路路域环境整治，发现整改突出问题60余个，投入清扫保洁人员23.26万人次，清扫车、洒水车2.53万辆，重污染天气期间主城区周边重点路段实行每天“三洒一扫”。建成夹江县公路机械化养护中心，具备停车、入厕、休憩、观景、饮水等服务功能普通公路规范化养护站54个，公路服务区（停车区）17个，并在服务区内设充电桩8个，在国道348线沙湾太平服务区建成全省首个普通国省道货车司机“暖心之家”。完成路面养护工程64公里，为目标的237%。

道路交通安全综合治理 2022年，乐山市集中开展5类专项整治，全覆盖排查隐患、全方位整治问题，闭环整改隐患1188处（起）。全年未发生一起较大以上安全生产事故、源头安全生产事故、森林火灾事故。全年交通运输连续9年未发生一起较大以上安全事故，连续19年未发生重特大安全生产事故。全市11个区（县）全部闭环实施机动车检测与维护制度，35家检测机构环保平台和维修平台联网调试，建成69个尾气治理维修企业。对全市28家机动车检测机构进行逐一检查，现场抽查128家重点维修企业。完成货车非法改装专项整治，累计检查销售企业11家、汽车维修企业70家、货车安全技术检验机构22家，查处车属公司和施工单位6家，查处非法改装货运车辆30辆，处罚金额20万元。持续推进大气污染防治攻坚，淘汰国三（老旧柴油车）以下排放营运货车75辆；检查汽车尾气治理维修企业69家，维护治理汽车尾气治理不合格车20127辆。排查公路12730公里、桥梁325座，走访企业1080家次，抽查在建项目22个，发现隐患616处，整改完成610处，隐患及时消除率99%。加大对安全生产责任履职不到位等处理力度，下发督办通知、整改函9份，对30家高风险运输企业主要责任人进行集中问责约谈，对24家危货运输企业主要负责人进行集中提醒谈话，停运整顿8家运输企业。开展普通公路安全隐患排查整治，销号安全隐患191处。完成村道生命安全防护工程556.5公里，排查整治交通事故易发多发路段71处。建成金口河区吉丰村4公里森林防灭火通道。完成自然灾害综合风险公路承灾体普查，绘制完成538处风险点分布图。对20家市级重点货运源头单位进行全覆盖督查，查处“三超一疲劳”违法违规行为1175起，查处非法改拼装车辆649起，查处货运车辆超限超载3775起，卸载335110.55吨，抄告1491辆次，超限车辆比例控制在1%内。全年检查船舶1231艘次，清理上岸、拆解老旧船舶、“三无”船舶84艘，完成船舶安全突出问题专项整治行动，注销船舶255艘，注销水路运输资质企业1家，取缔使用率不高渡口20个，整改隐患35起，无“跑船”事故发生。对3名违法船员《船员适任证书》进行记分，其中1名船员被一次性记15分，系《中华人民共和国船员违法记分办法》正式颁布实施以来全省首例。派出执法人员47353人次、执法车辆10704辆次，实施行政处罚强制措施2482余件（道路运输领域948件、路政管理领域1510件、水上交通领域20件、工程质监领域4件），处罚金额460.71万元。

港口航道建设 2022年8月23日，岷江犍为航电枢纽工程通过竣工环境保护验收。9月28日，鱼类增殖放流活动在岷江犍为航电枢纽举行，向岷江干流投放胭脂鱼、达氏鲟、厚颌鲂等13类鱼类计19.1万尾。11月15日，岷江犍为航电枢纽工程取得由水利部监制印发有效期为10年的《中华人民共和国水库大坝注册登记证》。11月18日，岷江龙溪口航电枢纽工程船闸实现施工期通航。龙溪口项目船闸建设周期约2年，具有施工期通航保障难度大、汛期度汛风险大、施工程序和施工工序复杂、工期紧等突出难点，是国内采用闸墙长廊道侧支孔输水系统船闸中规模最大、水头最高的船闸，34米口门宽度与三峡船闸宽度相当。11月20日，岷江犍为航电枢纽投产后首次机组大件吊装工作完成。岷江犍为航电枢纽工程于2015年12月底开工建设，2022年全面完工，实现航运、发电、防洪和水资源调度等功能，为重大件运输及“川货出川、出海”发挥着巨大航运效益。工程总投资104.24亿元，建设工期65个月，为二等大（2）型工程，主要建筑物包括船闸、泄洪冲砂闸、发电厂房、混凝土重力坝、鱼道、开关站和库区防洪堤等。枢纽正常挡水位为335米，渠化航道里程20.2公里，建有三级船闸1座，设计单向年过闸货运量1474.67万吨，可通行2×1000吨船队；电站装机容量50万千瓦，装设9台灯泡贯流式机组，单机容量55.6兆瓦，设计年发电量21.8亿千瓦时。岷江犍为航电枢纽工程克服新冠疫情和洪水不利影响，创造“11个半月9投”的安装投运新纪录，在导流程序复杂、施工保障难度大的情况下实现不断航施工。枢纽工程建设创新采用三期六段导流。一期工程率先形成临时航道，二期工程按期形成永久船闸，实现临时航道与永久船闸通航的无缝衔接，这在四川水运建设史上尚属首例。枢纽2022年上网电量23.85亿千瓦时，实现上网电量、售电收入双突破，提前42天完成全年发电目标。

2022年，岷江犍为航电枢纽全面建成 彭 钢 摄

航务（海事）工作 2022年，乐山市航务海事系统聚焦航道建设突破、运输组织突破、系统治理突破、绿色低碳突破“四个突破”，推动水运行业高质量发展。2020年，洪灾水运基础设施灾后重建项目完成交工验收，完成萝卜寺滩、碓窝滩等9个重点碍航滩段航道疏浚，石鸭子滩等3个应急抢通工程竣工投用，斗碛子滩等3个专项养护工程完成交工验收，完成投资2020万元。年内，开展航道例行巡航21次、专项巡航43次，巡航里程约7600公里；车辆巡查54次，巡查里程约3700公里；航标巡查413次。推动水运复兴，犍为枢纽过闸船舶1006艘次，大件码头进出港大件62批次，总重18561吨，最大吊装单件450吨。全市水运完成货运量308.56万吨、客运量65.26万人次，货运周转量91641.79万吨.公里，客运周转量375.37万人公里。实施平安渡运，峨眉山市观音湖渡口“平安渡运”船舶开工建造，码头开工建设。推动水运绿色发展，犍为建成4艘新能源客船，乐山大佛景区交付2艘新能源船、完成3艘船舶受电设施改造和5个码头岸电标准化改造。规范船舶集中停泊区管理，新建17个船舶集中停泊区、194个防洪缆桩，清理上岸、拆解老旧船舶、“三无”船舶84艘，完成船舶安全突出问题专项整治行动，注销船舶255艘，无“跑船”事故发生。乐山大件码头“暖心之家”建设基本完成，调派25人、6艘应急救援船艇驰援泸定6.8级地震灾区，是外市首支到达泸定县抗震救灾现场的水上交通应急救援力量。

省运会道路运输保障 2022年省运会举办期间，乐山市建立“以时间为轴、人车为流”调度体系，以分钟为单位，对接分类保障，周密组织，奋战保障一线，全过程驻点统一调度，调配341辆公交车和客车参与开闭幕式运输保障，完成43个单位（部门）13000余名观众运输服务，未发生一起观众滞留和运输安全责任事故，展现交通运输行业良好形象。省运会期间，调用790余辆次车辆用于赛事期间运输保障任务，运送运动员、裁判员、志愿者1.90万余人次，未发生滞留积压现象，未发生重大服务质量事件。

（本栏目供稿单位：乐山市交通运输局）

南充市交通

NANCHONG SHI JIAOTONG

2022年南充市交通运输能力概况

公路交通运输			
通车里程	总里程（公里）		30857.458
	其中	高速公路	574.06
		一级公路	242.773
		二级公路	1207.6
		三级公路	429.741
		四级公路	28265.467
		等外公路	137.817
公路密度	按国土面积计算：每百平方公里244.87公里		
	按人口计算：每万人41.48公里		
通达程度	通公路的乡镇200个，占乡镇100%		
	通公路的村2215个，占村100%		
客运站	总数（个）		174
	其中	一级站	4
		二级站	10
		三级站	4
		四级及以下站	156
营运车辆	总数（辆）		35369
	其中	客车3070辆64672座	
		货车32299辆464101.4吨	
公路运量	客运	客运量（万人次）	1581.3507
		旅客周转量（万人公里）	117939.7009
	货运	货运量（万吨）	12703.2159
		货物周转量（万吨公里）	1332239.9207
内河航运运输			
通航里程	总里程（公里）		1729.8
	其中	三级航道	
		四级航道	301.3
		五级航道	
		六级航道	
		七级航道	1428.5
港口（码头）	总数（个）		1
	吞吐量	旅客吞吐量（万人次）	192.7
		货物吞吐量（万吨）	918
水路运量	客运	客运量（万人次）	192.7
		旅客周转量（万人公里）	1900.71
	货运	货运量（万吨）	757.58
		货物周转量（万吨公里）	28588.5
营运船舶	总数（艘）		1089
	其中	客船237艘7876座	
		货船852艘192676吨	
城市公交运输			
营运车辆	677辆		
公交线路	63条		
公交站	1031个		
运量	0.6607亿人次		

交通运输概况 2022年，南充市交通运输局重点实施公路水路项目56个，完成投资115亿元，超目标任务9.5个百分点。实现公路客货运总周转量134.4亿吨公里，比上年增长3.5%，增速列全省第2位；水路旅客周转量0.2亿人公里，货物周转量2.9亿吨公里，嘉陵江南充游航线和阆中水城游航线成功入选全国50条精品航线中的国内水路旅游客运精品航线试点。营山县入选“四好农村路”全国示范县创建名单；仪陇县成功创建“四好农村路”省级示范县；顺庆区成功创建首批全省乡村运输“金通工程”样板县。交通战备工作获得省委省政府领导肯定性批示。阆营、南潼（南充段）、南充过境（东北段）、

2022年5月，仪陇县双胜镇花椒现代产业园区道路航拍图

南充市交通运输局　供图

成南扩容4条高速公路项目同时期开工建设，建设规模、投资额度刷新南充高速公路建设历史纪录。

交通项目规划 2022年，南充市交通运输局抢抓融入成渝双城经济区建设、南充—达州组团建设川东北省域经济副中心等重大国省发展战略机遇，争取南充至合川、平昌至仪陇、蓬安至岳池、剑阁至阆中、南部至绵阳、西充至射洪、南充至大竹等7条高速公路和省道212线、省道222线、省道223线、省道509线、省道513线、省道515线等6条省道纳入省级路网规划，项目建成后，南充连接成渝主城高速通道将达到14条。争取省交通运输厅提前下达2023年农村公路建设任务1174公里。编制形成《南充临江新区城市综合交通专项规划》。全年争取国、省补助资金18.8亿元，比上年增长34%。

区域交通物流中心规划 2022年，区域交通物流中心成为南充市“六个中心”建设之一。南充市交通运输局围绕区域性综合交通枢纽、综合物流枢纽，四川东向北向开放高地“两枢纽一高地”建设目标，牵头制定并印发实施《区域交通物流中心建设总体方案》《区域交通物流中心建设2022年实施方案》。总体方案重点谋划实施“水陆空”项目108个，计划投资1700余亿元，其中55个重大项目纳入国家级、省级重要规划，同时制订责任分工方案、建设考核办法、项目建设清单等，推动南充“一港双场四铁十六高速多线”的综合立体交通网络加速形成。

交通基础设施建设 2022年，南充市交通运输局创新“防疫泡泡”等措施，推动南充过境高速公路（东北段）、成南高速公路扩容项目用地获批主线施工；南潼高速公路（南充段）、阆营高速公路控制性工程多点施工。推进蓬安马回船闸改扩建、防洪桩建设、普通公路养护等32个项目全面实施，国道245线南部县嘉陵江三桥、仪陇县朱德故里景区旅游公路等15个项目提前完工，省道101线顺庆段、省道509线蓬安段等5个项目前期工作，全年累计完成交通运输项目投资115亿元，连续9年破百亿元、超目标。

农村公路建设养护 2022年，南充市交通运输局抓好两项改革“后半篇文章”交通“三项工程”，全年农村公路建设里程2280公里、投资总额28亿元，建设里程连续两年居全省第1位；撤并建制村畅通工程2066.9公里，乡村振兴产业路旅游路169.3公里，通组路356.9公里；村道安全生命防护工程建设2467.5公里，列全省第1位。推行农村公路“路长制”，实施大中修工程123公里，养护站建设3座。完成海溪桥等国省道危旧桥整治3座，人民桥等农村公路危桥整治41座，农村公路列养率为100%，优良中等路率为78.8%。

绿色交通建设 2022年，南充市交通运输局印发《嘉陵江南充段采砂堆码场及加工厂管理办法》，完善嘉陵江生态环境日常管理，制定《2022年南充市交通运输领域大气污染防治攻坚方案》《2022年南充市臭氧污染防治攻坚方案》《全市在建普通公路项目质量安全环保检查工作方案》等系列方案，重点对工程建设、砂石码头、汽车维修等方面大气污染防治工作开展综合督导检查。贯彻落实“双碳”工作要求，新投入纯电动巡游出租汽车68辆、客车60辆、清洁能源巡游出租汽车565辆，更新高能耗的老、旧车2337辆。完成船舶岸电系统受电设施改造1艘，进行改造新能源船舶3艘。

2022年12月，建设中的南充过境高速公路嘉陵江特大桥　　南充市交通运输局　供图

智慧交通建设 2022年，南充市交通运输局推行“互

联网+货运物流”新业态，发展无车承运试点企业，为南充近70家物流企业提供累计发货超万单，为企业物流降低运输成本1.5%，降低结算成本2%。开通“川渝互办专窗”，实现川渝两地“经营性道路旅客运输驾驶员从业资格证换证”等高频事项在专窗受理，市本级交通运输行政审批事项办件数36847件，列全市首位，按时办结率、群众满意率均为100%；“二期运行监测平台”项目顺利完成交工验收，视频资源整合35000余个，修复断电、断网外场设备15个。

“金通工程”建设 2022年，南充市顺庆区采取城镇公交线路（幸福公交）、乡镇片区公交（微公交）、预约响应式（“小黄车”）等多种服务方式，实现全区乡村客运全覆盖。3月15日，根据省交通运输厅、省财政厅《关于命名27个县（市、区）为“四川省乡村运输金通工程样板县”的通知》文件精神，南充市顺庆区等27个县（市、区）被命名为首批乡村运输“金通工程”样板县。

2022年8月，运行中的顺庆区城乡公交和“小黄车” 南充市交通运输局 供图

城市公共交通 2022年，南充市公共交通公司内设职能部室19个、营运分公司3个、维修公司1个，拥有全资子公司5家、参股公司3家，有在册职工1702人。全年营运里程3000多万公里，客运总量近6000万人次，营业总收入8000万元，税费总额340余万元。

水路运输 2022年，南充市交通运输局加强水上基础设施建设，22个集中停泊区、421个中高水位防洪桩完成建设，阆中市七里工业园区、彭城坝、赵家湾、袁家岩、华光楼等5个新建码头竣工验收；投入资金2463万元，完成省下达计划的111%。深入开展船舶碰撞桥梁隐患、船舶安全突出问题、船舶脱检脱管等专项整治行动，投入20余万元资金，购置救生衣、印制宣传资料等，设置32个水上安全宣传咨询站（点），发放1万份宣传资料。巩固水运环保成效，推进央督反馈问题整改验收销号工作，督促有关县（市、区）做好第二轮环保督察反馈问题整改验收销号工作。

交通运输综合执法 2022年，南充市交通运输局承办全省交通运输综合行政执法“大练兵大比武”片区预赛，获得优秀组织奖。印发实施《南充市交通运输系统法治宣传教育第八个五年规划（2021—2025年）》，聘请四川惠博律师事务所律师担任法律顾问，为业务工作及重大决策中的法律问题提供咨询意见。开展“路政宣传月”专项活动，出动宣传车80辆次。组织开展“利剑—2022”“雷霆行动”专项整治行动，对机场、火车站、汽车站等重要点位，以及群众反映较多的川北医学院附属医院、中心医院周边，开展“黑车”集中打击。全年围绕道路运输、公路路政、水上交通、工程质监四大板块，出动执法人员2.3万人次、执法车辆0.5万辆次、执法船艇10余艘次，办理违法案件1100余件。

交通工程质量安全环保管理 2022年，南充市交通运输局制定《2022年度南充市在建重点公路水运项目质量安全环保监督检查工作计划》，全面实行“监督工作组+专家+第三方检测机构”监督工作方式，开展综合检查和“冬安行动”“复工复产”“钢筋质量”“路面交安”“监理信用”“工地试验室信用”等各类专项检查

201次，出动检查人员370人次，聘请专家50人次，完成重点抽检和交工检测原材料检测221点（组）、实体质量检测超过3万点（组），合格率94.1%。

交通安全生产 2022年，南充市交通运输局通过局党委会专题研究部署安全生产工作23次，党委中心组学习5次，召开局安委会4次、安全生产视频调度会5次，及时传达学习习近平总书记关于安全生产系列重要论述精神和中省市安全生产相关会议精神。印发“安全生产强化年”“巩固提升年”和年度安全生产工作要点等系列工作方案，明确目标、细化分工、落实任务。运用“两书一函”工作机制，通过道路客运安全监管平台发出督促函12次，停泊区防洪桩发出督促函10次。深入开展“安全生产大检查”“护安2022专项执法”“公路水路房屋建筑安全整治”“燃气安全整治”等专项行动，排查治理安全隐患。全年全市水上交通、公路管理、工程建设领域无安全事故；道路运输领域事故起数、死亡人数分别比上年下降67%、70%。

春运工作 2022年春运期间，南充市交通运输局按照“疫情防控是核心、安全生产是底线、运输服务保障是基础”工作部署，设置交通运输场站体温检测点94个，冷链运输联合执法检查点17个，自助购、取票机55台，农民工专用售票窗口25个，农民工服务导台14个，同时在渡口、码头增设100余处利民便民设施。开行“春风行动”直达专车1868辆次，运送农民工返乡返岗6.84万人次；开行大专院校学生专车392辆次，运送学生1.08万人次。春运累计安全运输人员395.74万人次，比上年增长8.7%。

新冠疫情防控 2022年，南充市交通运输局做好新冠疫情防控工作，完成支援广安邻水疫情防控任务。落实“外防输入、内防反弹”要求，在全市42个高速公路路口、1个机场、6个火车站建立“点长制”，执行“落地检”20余万人次、“入川即检”9万人次。承担南充“8·21”“10·15”疫情隔离转运组、外防输入组各项工作，印发《应对极端条件下新冠疫情防控风险人员隔离转运实施预案》等系列文件，做好隔离场所统筹、风险人员转运、应急运力保障等多项工作，累计统筹全市隔离场所158处，储备应急运力200台，转运隔离人员超2万人次。同时，对承担重要物资运输车辆发放通行证3200余张，保证生产生活和防疫物资运输畅通。

“12328”热线运行 2022年，南充市交通运输局按照省、市“双号并行”要求，“12328”热线服务中心全面完成“12328”话务整体迁移“12345”中心运行，实行热线“一号通”。整合归并后，市“12345”平台全量负责“12328”热线业务受理和数据传输，全市交通运输系统具体承担“12328（12345）”热线工单办理。全年受理群众来电业务80245件，转办投诉举报10218件、意见建议3297件，限时办结率100%，回访满意率99.5%。

南潼高速公路九凤山隧道双线贯通 2022年6月24日，南潼高速公路重要控制性工程九凤山隧道双线贯通，为全线建设打下基础。南潼高速公路内接广南、成南、南充二绕高速公路，外通潼南、泸州，建成后将加

2022年6月，南潼高速公路九凤山隧道双线贯通仪式　　南充市交通运输局　供图

密南充融渝发展高速路网，填补川东北与川南无直达通道连接的空白。

阆营高速公路开工 2022年3月18日，阆营高速公路控制性工程白玉枢纽互通清溪河大桥进场施工并举行开工仪式。项目业主单位是四川阆营高速公路公司，施工单位是中铁大桥局集团、中铁十九局集团第一工程公司。该项目a是《四川省高速公路网规划（2014—2030年）》中20条联络线中阆中至达州高速公路的重要组成部分，属省重点交通项目。线路起于阆中市广南高速公路（国道75线）何家坪村，上跨兰渝铁路，经南部县永定镇、仪陇县柴井乡、仪陇县新政镇与巴南高速公路互通，经蓬安县徐家镇和营山县回龙镇、法堂乡、新店镇与巴广渝高速公路互通，顺接营达高速公路，全长103.4公里，估算总投资115.91亿元。

2022年10月，建成后的南部县嘉陵江三桥 南充市交通运输局 供图

顺蓬营一级公路主线建成通车 2022年，南充市顺蓬营一级公路主线建成通车。项目经顺庆区渔溪，进入蓬安县正源、长梁、锦屏、相如、河舒等地，最后到营山县。公路全长86公里，分为顺庆段、蓬安段、营山段3个路段。其中，顺庆段由四川路航公司于2018年正式开工建设，设计时速80公里，年末除新增隧道外，所有路基、路面、桥涵等工程完成并交工验收，开放通车。营山段由四川路桥集团于2018年11月30日正式开工建设，设计时速80公里，于2021年12月21日完成交工验收，开放通车。蓬安段由中国五冶集团于2018年正式开工建设，设计时速80公路，于2022年12月8日完成交工验收，开放通车。

南部县嘉陵江三桥建成通车 2022年10月15日，南充市南部县嘉陵江三桥建成通车。项目由四川路桥集团建设，于2019年5月开工，项目总投资12.024亿元，全长1.8公里，其中主桥全长695米，桥面宽41米，主体为三座超宽矮塔，塔顶设“V”字形装饰设计。项目位于南部县城北部的满福坝新城开发区，是连接南部县城与满福新城的重要过江通道，是落实“嘉陵江综合保护开发行动”的重点项目之一，是南部县城“跨江东进、向北发展”的重要枢纽。通车后，老城区通往满福坝的路程将由半小时缩短至5分钟。

阆中千佛至仪陇观紫公路（仪陇段）改（扩）建工程 2022年10月，省道205线阆中千佛至仪陇观紫公路（仪陇段）改（扩）建工程建成通车。项目由江西省洪建公司建设，是仪陇至阆中出境交通要道，也是仪陇县观紫片区乡村振兴示范区内重要交通骨架运输通道。路线起于仪陇县三蛟镇国道244线路口，经观紫镇、先锋镇，止于阆中千佛与仪陇交界处，全长13.3公里，总投资约1.8亿元，按二级公路技术标准建设，路基宽度8.5米，沥青混凝土路面。

定点帮扶 2022年，南充市交通运输局抓好驻村帮扶工作，成立由局主要负责人任组长的乡村振兴定点帮扶工作领导小组，抽派2名干部驻村帮扶蓬安县团堡山村，协调争取资金200余万元，改造党群服务中心530平方米，实施水毁点整治5处，新建村社道路1.6公里、改造拓宽8.5公里，加快实施2处山坪塘维修工作。

（本栏目供稿单位：南充市交通运输局）

宜宾市交通

YIBIN SHI JIAOTONG

2022年宜宾市交通运输能力概况

公路交通运输			
通车里程	总里程（公里）		26088.03
	其中	高速公路	517
		一级公路	86.30
		二级公路	977.10
		三级公路	420.40
		四级公路	23229.34
		等外公路	857.89
公路密度	按国土面积计算：每百平方公里196.40公里		
	按人口计算：每万人56.49公里		
通达程度	通公路的乡镇136个，占乡镇100%		
	通公路的村1792个，占村100%		
客运站	总数（个）		48
	其中	一级站	4
		二级站	10
		三级站	1
		四级及以下站	33
营运车辆	总数（辆）		20108
	其中	客车2813辆54373座	
		货车17295辆261799吨	
公路运量	客运	客运量（万人次）	1795
		旅客周转量（万人公里）	73774
	货运	货运量（万吨）	11129
		货物周转量（万吨公里）	706486
内河航运运输			
通航里程	总里程（公里）		963
	其中	三级航道	91
		四级航道	76
		五级航道	126
		六级航道	219
		七级航道	451
港口（码头）	总数（个）		10
	吞吐量	旅客吞吐量（万人次）	0
		货物吞吐量（万吨）	577.11
水路运量	客运	客运量（万人次）	34.89
		旅客周转量（万人公里）	197.90
	货运	货运量（万吨）	665.17
		货物周转量（万吨公里）	160638.42
营运船舶	总数（艘）		143
	其中	客船22 艘1695 座	
		货船121艘199693 吨	
城市公交运输			
营运车辆	1388辆		
公交线路	144条		
公交站	2077个		
运量	1.61亿人次		

交通运输概况 宜宾市地处金沙江、岷江、长江交汇处，川渝滇黔接合部核心区域，处于成都、重庆、昆明、贵阳4个省会城市的几何中心位置，具有直接辐射吸纳3省8市3700万人的优势，是国家重点打造的80个全国综合交通枢纽城市、50个铁路枢纽之一；是西部陆海新通道西线主通道［成都经泸州〈宜宾〉、百色至北部湾出海口］重要节点；是长江经济带沿江绿色发展轴的重要节点和上游成渝城市群的重要组成。国家综合立体交通网"6轴7廊8通道"主骨架中，有两轴（长三角—成渝主轴、粤港澳—成渝主轴）、两廊（西部陆海走廊、成渝昆走廊）在宜宾交会，宜宾港是国家确立的内河主要港口，被交通运输部定位为长江干支中转港口，境内长江、金沙江、岷江均为规划的国家高等级航道。2022年，宜宾市交通建设项目完成投资108.28亿元。其中高速公路完成投资52.95亿元，国省干线公路完成投资40.24亿元，农村公路完成投资15.09亿元，运输场站完成投资1.71亿元，养护工程及其他专项工程完成投资7.98亿元，智慧交通及信息化完成投资0.1亿元。连续4年实现交通建设投资突破百亿元。交通运输系统政务服务事项梳理、发布、电子签章均为100%，互联网共享数据72条，"一网通办"能力排名提升至第一名。完成世界动力电池大会、国际竹业品牌博览会以及中国国际名酒博览会、"9·3"疫情防控相关人员转运等重大活动（任务）运输保障工作，获宜宾市重大专项工作集体三等功。

道路运输 2022年，宜宾市有一级客运站4个（高速公路客运站、南岸汽车客运站、临港汽车客运站、赵场客运站），二级客运站10个（西门汽车客运站、柏溪客运站、珙县客运中心站、长宁高铁枢纽站、筠连县百兴客运站、南溪区金鸿汽车客运中心、高县城南汽车客运站、宜宾江安源江汽车客运中心、屏山县客运枢纽站、屏山锦之达客运站），三级客运站1个（兴文县通正客运站），四级及以下33个。客运量1795万人次，旅客周转量73774万人公里，货运量11129万吨，货物周转量706484万吨公里，客货运总周转量713861万吨公里，比上年增长3.4%，增长率排名全省第三。

水路运输 2022年，宜宾市通航总里程963公里（三级航道91公里、四级航道76公里、五级航道126公里、其他等级航道219公里，其余为等外航道）。营运货运码头10座、泊位24个，客运停靠点9个。客货船143艘，客船22艘，货船121艘；航运企业27家。完成水路客运量35万人，比上年下降6.59%；旅客周转量198万人公里，下降16.40%。货运量665万吨，增长10.50%；货物周转量160638万吨公里，增长4.08%。港口货物吞吐量577万吨，增长8.48%。集装箱吞吐量96105标准箱，增长6.13%。

城市公交 2022年，宜宾市有公交企业13家、公交车1388辆（新能源车1115辆，其中新能源纯电动车847辆、插电式混动动力车268辆）。中心城区有市公交公司1家公交企业、公交车 901 辆（新能源车709辆，其中新能源纯电动车441辆、插电式混动动力车268辆），441辆新能源纯电动公交车使用宁德时代动力电池，389辆新能源电动公交车为“宜宾造”产品。宜宾市现有公交线路144条（中心城区 63 条），公交站2077个（中心城区 880 个）。有出租车企业20家、出租车1804辆（凯翼新能源电动车704辆），中心城区有出租车企业7家、出租车1398辆（凯翼新能源电动车616辆）。网络预约出租车企业33家，1346辆（全部为清洁能源，其中新能源电动车576辆）。中心城区有网络预约出租车企业8家，网络预约出租车1003辆（全部为清洁能源，其中新能源电动车442辆），其中有752辆网络预约出租车为“宜宾造”凯翼汽车（含339辆凯翼新能源电动车）。

运输管理 2022年，宜宾市客运企业43家，其中中心城区有客运企业16家；宜宾市货运企业374家，其中中心城区货运企业155家（三江新区21家、翠屏区72家、叙州区62家）。宜宾市有危货运输企业23家，危货运输车辆698辆（危险品牵引车+整车504辆、挂车194辆）。宜宾市现有普货运输企业351家，普货运输车辆15331辆（普货牵引车+整车10742辆、挂车4589辆）。宜宾市有维修企业备案639家，许可证在有效期内17家，合计656家。开展货车司机党建试点工作，摸底排查货车司机1.3万人、道路运输经营业户2000余户，找出货车司机党员574人，建立企业党组织36个、网格化流动党组织14个，采取“2+10+N”模式，建成货车司机（船员）“暖心之家”2个、“暖心微家”10个、“暖心驿站”30余个。在四川省率先实现市（县）两级行业党委全覆盖，经验入选四川省改革30个典型案例。

驾驶员培训管理 2022年，宜宾市有驾校企业35家（一级驾校2家、二级驾校15家、三级驾校18家），驾培车辆1452辆，营运驾驶员89961人，其中，客运驾驶员25227人、危货驾驶员3157人、普货驾驶员38596人、巡游出租车驾驶员 9479人、网约车驾驶员13502人。

道路养护 2022年，宜宾市交通运输局为提升普通公路安全保障能力和通行服务水平，实施普通公路畅安工程守护人民群众生命财产安全，公路安全生命防护提升工程完成护栏安装3889公里。普通公路交通事故多发易发路段完成整治32.9公里；国省道四、五类危桥整治完成2座、三类桥梁提升改造完成16座，农村公路五类危桥改造完成3座；建成铁索桥改公路桥4座。

绿色交通 2022年，宜宾市推广应用新能源电动巡游出租车、网约车，中心城区完成巡游出租车电动化替换616辆、新增新能源电动网约车200辆。货运码头投入雾炮机42套、喷淋设施14套、洒水车11辆。推广使用港口岸电，宜宾市码头、趸船共建成港口岸电系统38套，完成26艘船舶的受电设施系统升级改造。

（本栏目供稿单位：宜宾市交通运输局）

达州市交通

DAZHOU SHI JIAOTONG

2022年达州市交通运输能力概况

公路交通运输			
通车里程	总里程（公里）		28847.752
	其中	高速公路	547
		一级公路	88.356
		二级公路	1273.442
		三级公路	429.306
		四级公路	26134.541
		等外公路	375.107
公路密度	按国土面积计算：173.7公里/百平方公里		
	按人口计算：50.23公里/万人		
通达程度	通公路的乡镇307个，占乡镇100%		
	通公路的村2754个，占村100%		
客运站	总数（个）		233
	其中	一级站	4
		二级站	4
		三级站	3
		四级及以下站	222
营运车辆	总数（辆）		23194
	其中	客车2444辆49074座	
		货车20750辆357789.54吨	
公路运量	客运	客运量（万人次）	2093.48
		旅客周转量（万人公里）	118973
	货运	货运量（万吨）	8117.62
		货物周转量（万吨公里）	1246766
内河航运运输			
通航里程	总里程（公里）		866
	其中	三级航道	
		四级航道	152
		五级航道	
		六级航道	
		七级航道	198
港口（码头）	总数（个）		
	吞吐量	旅客吞吐量（万人次）	
		货物吞吐量（万吨）	70.3383
水路运量	客运	客运量（万人次）	26.01
		旅客周转量（万人公里）	292.23
	货运	货运量（万吨）	460.64
		货物周转量（万吨公里）	9276.38
营运船舶	总数（艘）		350
	其中	客船75艘2747座	
		货船275艘63427吨	
城市公交运输			
营运车辆	909辆		
公交线路	91条		
公交站	1305个		
运量	1.346亿人次		

交通运输概况 2022年，达州市交通建设完成投资197亿元，完成省交通运输厅下达目标的213.3%，完成率居全省第一；全年项目争取资金18.7亿元，位居全省第二；国省干线路面性能指数居全省第三；主要经济指标客货周转量比上年增长3.41%，增速位居全省第四。开梁、镇广高速公路建设加快推进，达州绕城高速公路西段全省集中同步开工，大垫高速公路完成投资人招商，渠江风洞子航运涉水主体工程开工建设，市（州）项目推进、建设投资运行等多项指标列入省交通运输厅“红榜”。5月18日，达州机场大道正式通车；5月19日，川东北最大支线机场达州金垭机场正式通航，航线由14条增至27条，直达城市26个。年内，达州入选全省首批5个交通强市试点市，宣汉县、通川区入选交通强县试点县，成功创建省级“四好农村路”示范市。建成投用达州市公路物流港、宣汉县国道210线双河服务区两处货车司机“暖心之家”，行业党建实体运行经验获中组部、交通运输

2022年5月19日，达州金垭机场建成通航　　达州市交通运输局　供稿

部推广。率先启动交通执法“数字打非”，非法营运整治“新路子”获省交通运输厅推广。

高速公路建设 2022年，达州市加快推进高速公路建设。开梁、镇广、绕西三条在建高速公路全面推进，完成投资44.27亿元，完成目标任务的113.5%。大竹至垫江高速公路10月完成招商；城口经宣汉至大竹至邻水、达州至万州直达高速公路完成路线方案研究，省交通运输厅将项目前期咨询单位招标工作纳入工作计划；万源至城口、万源至开州、通江至开州等高速公路路线方案研究工作进入推进阶段。

国省干线建设 2022年，达州市续建及新开工普通国省干线项目30个，刷新历史纪录，完成里程95公里。其中省道202线达川区亭子镇柏树界至平滩大竹安吉界段升级改造工程完工；国道210线达州市过境段三期工程、国道542线达州至开江段公路工程、国道318线渠县过境（合力至渠南）段改线工程、省道101线万源市鹰背镇（平昌界）至康乐乡（镇巴界）段改建工程等7个项目加快建设；国道210线毛坝至宣汉城区段改建工程、省道202线宣汉县普光至清溪段改建工程、国道542线达川区管村至石桥（平昌界）段改建工程、省道203线渠县岡峰至石门（广安界）段改建工程等25个项目开工。

公路管养 2022年，达州市开展“全员式”路况巡查，组建44个巡查组，每两月开展一轮全覆盖巡查，清除路障200余处，拆除违章建筑3处，查处损害公路及设施行为6起，保护路产路权。“专班式”推进养护工程，争取2022年度普通国省道养护工程省级项目库入库项目36个，实施规模250.78公里，其中大修工程8个、中修工程20个、预防性养护工程8个，国省干线PQI指数持续保持优等水平，位居全省第3。“评赛式”提升养护水平，组织召开3次全市养护工作现场推进会，加快推进养护体制改革。“全时式”做好信息监测，全市普通公路设置交通情况调查观测站88个，其中连续式设备观测站12个，普通国道网观测里程566.79公里，全年新建观测站点4个。“服务式”做好公路保畅，从4月开始坚持每天收集全市11处国省道省界核酸采样点交通流量数据，开展3次全覆盖暗访督导，检查工作台账30余次，询问工作人员50余人次。

农村公路提档升级 2022年，达州市集中开展农村公路提升整治，完成常住人口30户及以上自然村组通硬化路777公里，完成年度目标任务176%；完成撤并建制村畅通工程788.9公里，完成年度目标任务106%；完成幸福美丽乡村路建设251公里，完成年度目标任务343%；完成村道安全生命防护工程2543公里；开工建设农村铁索桥改公路桥11座，改善农村公路通行环境。年内成功创建省级“四好农村路”示范市。

道路运输 2022年，达州市完成客货周转量1258663万吨公里，比上年增长3.41%，增速居全省第四。其中，完成客运量2093.48万人，旅客周转量118973万人公里，分别比上年下降11.94%和18.27%；完成货运量8117.6万吨，货物周转量1246766万吨公里，分别比上年上升0.9%和3.67%。全年全市完成水路客运量158.63万人次，客运周转量714.98万人公里，比上年分别上升27.58%、30.19%；货运量460.64万吨，货运周转量9276.38万吨公里，比上年分别上升15.23%、26.24%。

道路运输管理 2022年，达州市新增开行公交线路4条、金垭机场专线2条，优化调整公交线路11条，公开招标新购纯电动公交车30辆，主城区60个电子公交站牌及手机均实现实时查询；拓展推行“定制公交”服务，为6家大中企业、6所学校提供点对点接送服务，开行32条“学生专线”。全年“达州通”公交卡办理70.9万张，主城区60岁老年人刷卡（含刷身份证）免费乘车3100万人次。推进出租汽车行业改革。完成主城区出租汽车3年改革攻坚任务，确保原1063辆出租汽车全部实现“两权归企”。全年办理网约车车证658个、人证17017个，责令违规从事城际客运的2家平台公司进行整改，注销2家到期未申请延续经营公司。推进道路客运供给侧结构性改革。全年全市备案定制客运线路85条，投入定制客车527辆，定制客车占班线车总数21.9%，服务区域辐射重庆、南充、巴中等周边省市。指导渠县、开江打造“金通工程”样板县。开展车维企业信用评价。全年审查营运客车类型等级核验技术等级评定8000辆次，复核道路运输车辆达标核查900辆次。全市16家综合性能检测机构全部实现“三检合一”，达到“一次上线、一次检验、一次收费”一站式检测要求。加强货运企业日常监管。一季度开展对燃气运输企业专项检查，二季度开展对危化品运输装载源头、介质专项检查。5月和10月，成功处置罗江区、渠县外省籍危化品车辆在达州市泄漏事件；9月，组织21户危货企业开展消防处置演练，注销不符合资质条件的危货企业3家，注销危货车辆123辆。

交通运输综合执法　2022年，达州市在全省率先开展“护航二十大数字打非”专项整治行动，对跨市际、县际地下班线精准打击，查扣非法营运车辆1078辆次，其中“数字打非”811辆次，移交防疫部门11起26人次。大竹、渠县、开江等50余辆“网约车”转型为合法定制班线，净化客运市场秩序。督促网约车公司限期下架“上车下单”功能，下架非法载客软件4家，促进客运行业稳定；聚焦外省籍旅游包车违规揽客、货车超限超载、非法运输危险品等行业安全隐患，强化源头管理，全年查处违法外省籍旅途包车19辆次，查处非法运输危险货物及瓶装液化气违法行为4起，联合整治非法改装企业2家，责令超限卸载1048起、移交交警342起、处罚831起，保障全市道路运输安全稳定，防范重特大交通事故发生。

2022年，达州市率先启动交通执法“数字打非”

达州市交通运输局　供图

交通运输专项整治　2022年，达州市开展交通运输专项整治行动。开展桥隧专项行动。对44座大中桥梁定期检查，1月对省交通运输厅公路局抽检的10座国省道桥梁进行定期检查，2—6月协助相关单位完成国省道12座桥梁定期检查，7—10月完成22座国省道大桥定期检查。组织召开公路、水路与铁路并行地段安全专项整治专题会，公铁并行交会设备设施完成154个点位签订移交协议，其中公铁并行地段防护设施完成148处移交，公跨铁立交桥完成6处移交。

开展规范驾培市场秩序专项行动。持续抓好机动车驾驶培训考试“两个平台”联网对接工作，7月组织4家计时平台运营商召开专题座谈会，针对培训计时系统运营中存在的问题进行分析并提出明确要求，要求运营商严格技术规范、禁止数据造假；11月组织主城区3家管理部门召开会议，专题部署打击计时平台弄虚作假、强化教学过程监管等工作。全年组织出租车、客运、危货从业资格考试39场，报考人数4198人，考试合格人数3757人。9月1日起，在全市执行取消继续教育的规定，实施营运驾驶员违规记分处理1540人次，列入重点监控名单118人，吊销禁止进入道路运输行业名单10人的从业资格证。

开展道路客货运输行业突出违法违规问题专项整治。将“两客一危”运输企业及车辆作为整治重点，整治企业动态监控主体责任不落实、客货运输车辆“挂而不管”或“变相挂靠”、行业主管部门违法违规审批和检验等6个方面的突出问题；市交运中心、交警支队联合召开11次推进会，对15家高风险企业进行联合警示约谈，对2家高风险普货企业进行联合检查。

开展水运安全突出问题专项整治行动。建立船舶台账739个、船舶问题清单939个，通过专项整治提升营运船舶202艘、取缔各类船舶737艘、规范乡镇自用船619艘。开展船舶碰撞桥梁专项整治工作，完成16座桥梁（桥区）安全水域划定、水上航标设置、通航维护尺度公布等整治工作任务。对109座渡口、码头进行清理，督促19座渡口完善渡口守则碑（牌），对4座渡口和客运码头缺失的“两线”进行补设置，对无船舶运行的10座渡口和3座客运码头督促进行撤渡处理。

（达州市交通运输局）

航道建设　2022年，达州市稳步实施航道建设。渠江风洞子航运枢纽工程涉水主体工程开建，建成“两区三厂”，完成投资3.2亿元，完成年度目标任务106.7%。渠江达州至广安段航运建设工程项目建议书取得批复，规划选址和用地预审论证报告通过省自然资源厅专家评审，各项开工前置专题报告进入编制阶段。舵石鼓大坝隐患整治开始施工用房搭建和机械设备准备；南阳滩大坝隐患整治进行围堰，完成投资30万元；舵石鼓船闸隐患整治项目完工，完成投资450万元；集中停泊区完工，完成投资2823万元；平安渡运建设项目建造新能源船舶11艘和岸电11套，完成投资2825万元；渡口改造加快推进。

交通安全生产 2022年，达州市开展“护安2022”监管执法专项行动，对全市道路运输、水上交通、公路管理、交通建设施工等行业领域全面排查，派出检查组490个，出动执法人员777人次，检查单位1851个，排查整治隐患1679起、立案1068起、处罚款934.86万元。推进科技兴安，强化监测监控，建成1个市级、8个县级运管机构和97个一线运输企业的卫星定位系统监控体系，“两客一危”车辆入网率100%，在线率保持95%以上，实现动态监控全覆盖。开展船舶碰撞桥梁专项整治，5座通航桥梁、16座桥梁桥区水域航道、16座“未划定桥区水域”完成整治；开展船舶安全突出问题专项整治，排查交通监管船舶920艘次，规范提升整改船舶202艘次，取缔船舶718艘次；推进平安渡运，建成集中停泊区38个、防洪系缆桩1072个，改造渡口19个。

绿色交通建设 2022年，达州市开展“6·5”世界环境日和5月24日至31日“环保投诉周”活动，宣传节能减排、绿色低碳生态保护内容，主城区500余辆公交车载电视播放宣传片，1263辆出租车LED顶灯滚动播放宣传标语。4月1日起，市公交公司“碳达惠”上线，推出坐公交享积分得实惠活动，鼓励市民选择公交出行，提升公共交通出行分担率。全年全市建成I站（机动车排气检验机构）16户、M站（机动车尾气治理维修企业）57户，全市M站治理经I站检测尾气不达标车辆10479辆，其中9183辆完成治理并复检合格，实现排放超标车辆“检验、维修、复检”闭环管理；持续开展汽车维修行业挥发性有机物治理工作，联合环保部门对有喷烤漆作业的汽修企业进行重点检查，将245个喷烤漆房纳入台账管理，建立绿色钣喷企业105家，建立区域性汽车维修集中钣喷中心3个。

智慧交通建设 2022年，达州市智慧交通指挥系统初步建成，其中高品质视频会商系统、卫星地面站、视频联网网关整合、无人机系统、通信系统、机房、指挥大厅及配套工程建设完成；80处外场监控、8处可变信息情报板、11套车载和2套船载移动终端建设完工，实现外场监控监测设备与指挥大厅网络数据传输，形成应急指挥和通信保障能力。完成城市大脑项目交通版块前期调研和省政务信息资源共享平台上第一、第二批省管交通版块数据审核，所有申请数据及时回流达州。

“暖心之家”启用 2022年，达州市高标准建设公路物流港、双河服务区两处“暖心之家”，6月30日，双站揭牌同步启用。达州市公路物流港“暖心之家”参照A类标准精心打造，提前3个月完成建设任务；宣汉县国道210线双河服务区“暖心之家”占地面积2400平方米，建筑面积约1700平方米，是全省启用的第二个国省干道货车司机“暖心之家”。

2022年6月30日，宣汉县双河服务区货车司机“暖心之家”建成投用

达州市交通运输局　供图

新冠疫情防控 2022年，达州市执行“入川即检”“一检通认”“重点物资运输车辆通行证”“白名单”等防控措施，指导全市60个交通卡口全覆盖、规范化设置防疫查验点，配强人员力量，常态开展查验。5月19日至6月6日，从4家客运企业抽调30辆大型客车驰援广安邻水，转运7000余人；8月27日至9月25日，从鸿通公司调派3辆大型客车承担西藏返川集中隔离人员转运任务，运行88趟次、转运2191人；11月5日至12月4日，调派12辆

大型客车，会同卫健、公安交警等部门人员赴成都、南充、广元等地接送外省市返回达州人员，运行138趟次，转运3761人。全力保障旅客疏运，为医护人员、城区1.7万名公招考生做好交通保障。

达州机场大道通车 2022年5月18日，达州机场大道正式通车。项目呈南北走向，全长12.32公里，采用双向八车道技术标准建设，设计时速60公里，有16座桥梁，概算总投资29.54亿元，是连接达州主城区和金垭机场的重要交通干道。

2022年5月18日，达州机场大道全面通车

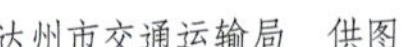

达州市交通运输局 供图

开梁高速公路建设 2022年，开梁高速公路建设项目完成投资12亿元，完成年度计划100%。累计完成路基工程73%、桥梁下部67%、桥梁上部4%、隧道开挖75%、涵洞工程95%。红线用地提交153.33公顷（剩余68.07公顷），占比58.1%；房屋拆迁完成365处（剩余50处），占比88%；电力杆线完成75%（35千瓦电力杆线完成100%），通信杆线完成89%，民用天然气完成95%，自来水管道完成93%。截至年底，项目累计完成投资25亿元，完成概算总投资78%。

镇广高速公路建设 镇广高速公路通江至广安段达川代表处所辖起讫桩号为K176+300～K220+900，主线全长44.6公里（其中达川境17.6公里，渠县境24.012公里，断链2.988公里），建安造价24.4亿元。主线桥梁16座，隧道5座，桥隧比为31%；设置互通式立交4座，其中枢纽立交1座，一般互通式立交3座，设服务区1处。截至2022年底，完成投资27.99亿元，完成投资总额33.75%；其中，路基工程完成8%，桥梁完成12%，涵洞完成18%，其他临时工程完成78%。

达州绕城高速公路西段建设 达州绕城高速公路西段起于恩广高速公路巴中至达州段安云互通，经新村乡、大堰乡、金檀乡、管村镇、罐子乡，止于营达高速公路罐子互通，采用双向四车道高速公路技术标准建设，设计时速100公里，路基宽度26米，全长32公里。2022年5月取得初设批复，9月实现控制性工程贤坡顶隧道、安云互通先期开工，12月底项目土地组卷报自然资源部。截至年底，房屋搬迁协议签订33%，坟墓迁移协议签订46%；路基挖方完成11.6%；先期开工点安云互通进场便道、便桥修建完成，安云互通1号拌和站内分点试验室完成建设并投入使用；先期开工点贤坡顶隧道出口端洞门便道硬化完成1100米，驻地完成硬化3200平方米，驻地板房建设基本完成。

成达万高铁、西渝高铁开工 2022年，成达万、西渝高铁项目全线开工。成达万高铁线路全长486.4公里，总投资851亿元，建设工期5年，达州境内设渠县北、达州南、开江南3座车站。截至年底，达州境内累计掘进隧道6073米，完成桥梁桩基149816米，开挖路基土石方479万立方米。西渝高铁项目总投资1237.22亿元，建设工期6年，达州境内设樊哙、宣汉南、达州南（成达万高铁共用）、大竹站4座车站。截至年底，达州境内隧道开工点位61个，正洞开挖169米，桥梁开工点位25个，完成桥梁桩基2336根。

达开快速通道建设 达开快速通道全长51.04公里，

其中达州东部经开区7.8公里、达川区28公里、开江县15.25公里。全线除部分特殊地段外，采用一级公路技术标准建设，双向六车道，预算总投资41.06亿元，建安投资29.95亿元，征地拆迁7.08亿元，平均每公里造价8046万元。截至2022年底，路基工程完成71.50%，桥涵工程完成69.30%，隧道工程完成71.88%。

2022年10月，达开快速通道明月江一号桥施工现场　　达州市交通运输局

达宣快速通道建设　达宣快速通道起于达州市通川区徐家坝，止于宣汉县城张家坝，路线全长20.89公里，采用双向六车道一级公路技术标准建设，设计时速80公里，桥涵设计荷载等级为公路-I级，路基宽度36米。截至2022年底，累计完成投资5400万元，完成市委市政府目标任务5000万元的108%。谢生坝州河特大桥完成52.78%；止点段路基完成64%，涵洞完成81%。

达万直达快速通道建设　2022年，达州市达万直达快速通道（金河大道中段）完成投资5.5亿元，完成省交通运输厅下达年度目标任务5亿元的110%。路基完成挖方57万立方米；达通一号隧道完成出口洞门开挖及边仰坡，右洞掘进41米；达通2号隧道完成进口洞门建筑，左线累计掘进601米，右线累计掘进503米；2号桥桩基、墩柱、0号台建设完成；框架涵完成2座214米，钢波纹管涵完成3座280米。

国道210线达州市过境段公路改建工程　国道210线达州市过境段公路改建工程分北、南两段实施，北段路线起于既有国道210线下穿湘渝铁路处，止于东岳互通，路线长10.75公里；南段路线起于斌郎乡，止于达川区、大竹县交界处，路线长27.45公里，线路总长38.20公里（新建段22.40公里，利用段15.80公里）。截至2022年底，项目房屋征收191处，共计56086平方米；坟墓迁改120余座，杆管线迁改395处，完成征拆工作36%；路基完成4.81公里，完成全线道路长度的21.5%；完成清表21.6%；开挖土石方27%；填方15%；控制性工程张家坳大桥开工建设。

渠江风洞子航运枢纽工程　2022年，渠江风洞子航运枢纽工程完成大临基础房屋拆迁、场地平整121906平方米，主营地硬化6500平方米，迁建管网8500米，新建10千瓦临时用电1.35公里，修建3条施工道路980平方米，修建排水沟带盖板7600米。营地基础混凝土浇筑14000立方米，场地换填页岩16500立方米，钢筋加工场浇筑砼2500立方米，钢筋场大棚安装完成，骨料仓大棚安装完成，一枯围堰备料550000立方米。综合仓库地坪硬化780立方米，一枯围堰推填400000立方米，高喷灌浆完成32890米，全年围堰土石方开挖完成90000立方米。

2022年10月，渠江风洞子航运枢纽工程建设现场

达州市交通运输局　供图

（本栏目供稿单位：达州市交通运输局）

广安市交通

GUANG'AN SHI JIAOTONG

2022年广安市交通运输能力概况

公路交通运输			
通车里程	总里程（公里）		16475.17
	其中	高速公路	435
		一级公路	177.147
		二级公路	608.68
		三级公路	382.162
		四级公路	14820.597
		等外公路	51.584
公路密度	按国土面积计算：每百平方公里241.9公里		
	按人口计算：每万人33.66公里		
通达程度	通公路的乡镇124个，占乡镇100%		
	通公路的村1366个，占村100%		
客运站	总数（个）		8
	其中	一级站	3
		二级站	3
		三级站	2
		四级及以下站	/
营运车辆	总数（辆）		8724
	其中	客车881辆21546座	
		货车7843辆122036.8吨	
公路运量	客运	客运量（万人次）	992.3914
		旅客周转量（万人公里）	34635.1493
	货运	货运量（万吨）	3719.1002
		货物周转量（万吨公里）	288837.3211
内河航运运输			
通航里程	总里程（公里）		294.16
	其中	三级航道	70.9
		四级航道	138.8
		五级航道	
		六级航道	
		七级航道	84.46
港口（码头）	总数（个）		9
	吞吐量	旅客吞吐量（万人次）	0
		货物吞吐量（万吨）	185.0998
水路运量	客运	客运量（万人次）	6.5041
		旅客周转量（万人公里）	105.0041
	货运	货运量（万吨）	420.9863
		货物周转量（万吨公里）	19184.6963
营运船舶	总数（艘）		261
	其中	客船26艘933座	
		货船235艘81899吨	
城市公交运输			
营运车辆	542辆		
公交线路	77条		
公交站	1205个		
运量	0.487603亿人次		

注：客运站“四级及以下站”统计，不含双向港湾站及农村招呼站

交通运输概况　2022年，广安市交通运输系统全面启动实施同城融圈交通三年大会战，加快构建同城融圈、链接双核、融通全国的现代综合交通运输网络，完成交通基础设施投资超80亿元，争取到位中央、省补助资金8.5亿元，发行收费公路专项债3.94亿元。前锋区创建“四好农村路”省级示范县，实现全市省级“四好农村路”示范县全覆盖，武胜县入围全国“四好农村路”示范县创建名单。广安市被省交通运输厅列为第二批交通强市试点，岳池县为交通强县试点，武胜县创建全省首批“金通工程”样板县。全市新能源公交车占比85.4%，位居全省前列。市级交通运输行业党委被省委“两新”工委评为先进基层党组织。全市公路总里程超1.5万公里，路网密度居全省第四。

加快推进重点交通项目工程建设，构建川东渝北区域综合交通枢纽。镇广高速公路广安段，全长21公里，项目投资24亿元，控制性工程白马渠江特大桥于2月开工建设，11月取得用地批复手续，全面启动征拆及道路部分施工。省道205线广安至花桥公路，全长39.13公里，采用二级公路技术标准建设，路基宽度12米，总投资7.32亿元，于6月通车。

全市交通运输服务水平不断提升，行业安全生产平稳有序，修订印发各类应急预案11个，全年未发生较大及以上生产安全事故，安全形势稳定。

交通基础设施建设 2022年，广安绕城高速公路西环线完成工可报告，城宣大邻高速公路、广岳中线公路启动前期工作。广渝快速通道、机场快速通道等项目完成工可报告，启动勘察设计编制。镇广高速公路广安段全线动工，南北大道、高竹互通主体完工，罗渡渠江大桥成功合龙，广武快速通道半幅路基基本成型、华蓥山隧道及引道工程双洞累计掘进1200余米，大龙渠江大桥加快上部结构施工，明月渠江大桥、下礼安渡改桥加快桥梁桩基施工，广花路、武胜中心嘉陵江大桥等项目建成通车。

2022年10月，广安绕城高速公路渠江特大桥 甘学志 摄

道路运输建设 2022年，广安市新开通武胜至成都、武胜至南充、邻水至大竹市际定制客运班线，投入运力40辆。新增开行坪滩至南充市际客运班线、岳池至两路省际班线，完成邻水至重庆、华蓥至武胜等34条道路运输客运线路延续经营审批，更新客运车辆15辆。开通高竹新区至渝北双凤桥枢纽站跨省公交线路，成为全市首条跨省公交且直达重庆主城区内公交线路。

交通"掌上办" 2022年，广安市梳理确定全市交通运输"一件事一次办"五个事项和实施清单，在政务服务一体化平台实现两个事项"一件事一次办"。加强"天府通办"移动端交通板块建设，梳理交通运输"掌上办"事项清单并建立动态调整机制。截至年底，梳理"掌上办"政务事项8个，其中航务海事事项5个、公路管理事项3个。

交通运输综合执法 2022年，广安市交通运输执法部门常态化开展扫黑除恶行动，深入开展突出问题大整治，加强重点领域行政执法，聚焦"两客一危"道路运输、重型货车非法改拼装、网络预约出租汽车经营、道路运输非法营运以及交通工程建设项目质量安全、水上交通运输安全环保等，开展行政执法检查，查处交通运输各类违法行为。全年开展各类行政执法检查917次，办结行政处罚案件860件，罚款金额750.55万元。对违法驾驶员记分368人次、违法车辆记分251辆次，纳入重点监控名单15人、禁止名单2人，纳入重点监控车辆10辆，退出市场车辆3辆。

农村公路建设 2022年，广安市建成撤并建制村畅通工程613.4公里，解决两项改革后撤并村与新村之间缺乏直连道路问题；建成乡村振兴产业路旅游路46公里，支撑乡村产业和旅游发展；建成较大规模自然村组通硬化路工程195公里，推进农村公路建设项目更多向进村入户倾斜；建成村道安防工程641.8公里，逐步补齐农村基础设施短板；实施30户以上通组路203.1公里；完成危桥改造3座，平安渡运28个。

2022年6月，乡村振兴产业大道 甘学志 摄

"12328"交通运输服务监督热线服务提质 2022年，广安市"12328"交通运输服务监督热线受理业务8375件。其中投诉举报类业务4020件，占业务总量的48 %；信息咨询类业务3098件，占业务总量的37%；意见建议类业务1257件，占业务总量的15%。业务总量比上年增长16.8%，其中投诉举报类增长38%，信息咨询类下降40%，意见建议类增长53.3%；信息咨询类及时答复率100%，回访满意率99.5%，及时答复满意率 100%，限时办结率100%。

镇广高速公路广安段建设 镇巴至广安高速公路广安段全长21公里，经广安区肖溪、石笋、白市、白马，止于前锋区虎城镇，通过虎城枢纽顺接广安绕城高速公路，双向四车道，路基宽度25.5米，设计时速100公里，投资24亿元。2022年，项目控制性工程白马渠江大桥进行拱架拼装，道路部分加快开展征地拆迁工作并全面启动路基土石方作业。

达渝高速公路高竹互通 达渝高速公路高竹互通是新增的互通出口，采用单喇叭方案，新建5条匝道和1条互通连接线，接省道208线。匝道全长1.82公里，互通连接线长0.16公里，设大桥3座共225米。新建收费站1处和相关服务设施。匝道设计时速40公里，单向单车道匝道路基宽度9米，单向双车道匝道路基宽度10.5米，对向分隔式双车道匝道路基宽度16.5米。连接线采用双向两车道二级公路技术标准建设，设计时速40公里，路基宽度12米。收费广场路面采用水泥混凝土结构，其余采用沥青混凝土结构。截至2022年底，项目主体完工，达到通车条件。

达渝高速公路邻水北互通 达渝高速公路邻水北互通及连接线项目，位于包茂高速公路（达渝段）K1448+327处，设匝道5条2.14公里（不包括渐变段）、匝道收费站1处、桥梁6座426.5米、涵洞20道441.4米、隧道1座，总投资2.4亿元。截至2022年底，公路部分路基工程完成100%，路面水稳全部完成。

国道350线广安枣山至武胜段公路改建工程 国道350线广安枣山至武胜段公路改建工程（广武快速通道）全长58.04公里，主线长55.79公里（其中加宽改造段长45.09公里，完全利用段长10.7公里），连接线长2.25公里。采用双向四车道一级公路技术标准建设，设计时速60公里，路基宽度23.5米/20.5米，沥青混凝土路面。全线设桥梁18座1350.06米，与路基同宽；拆除重建桥梁14座，修缮利用桥梁3座，直接利用既有桥梁1座，拆除重建天桥渡槽16座。项目总投资16.85亿元，财政评审建安费用9.34亿元，施工图批复工期3年。截至2022年底，项目全线路基成型27公里，完成路基挖方149万立方米，路基填筑71万立方米，软基换填42万立方米，路面水稳底基层完成16公里，11座桥梁完成梁板架设，2座完成基础及下部结构，新建半幅涵洞完成83道。

2022年8月，广武快速通道建设现场　　甘学志　摄

省道205线广安区花桥（渠县界）至彭家改造工程 省道205线广安区花桥（渠县界）至彭家改造工程，是《广安市综合交通发展规划（2008—2030年）》"一环七横十纵四支"公路网中的一纵，道路经广安区大有乡、花桥镇、井河镇、杨坪乡、兴平镇、悦来镇、彭家乡，全长39.13公里，新（改）建段长22.19公里，原路加宽改造段长16.95公里，设计时速60公里，路基宽度12米，采用二级公路技术标准建设，新建大桥5座、中桥4座、小桥1座，修建车行天桥2座，涵洞通道132道。项

2022年7月，省道205线公路　甘学志　摄

目于2020年3月15日开始施工，2022年6月交工通车。

明月渠江大桥建设　省道406线明月渠江大桥位于华蓥市明月镇竹合村至广安区方坪乡芙蓉村，在华蓥市明月镇明月渡口下游250米处跨越渠江。路线总长1039米，其中桥梁长799米、引道长240米。道路采用一级公路技术标准建设，桥梁与引道宽度23米，设计时速60公里。主桥长430米，桥型为110米+210米+110米预应力混凝土矮塔斜拉；引桥长360米，明月镇岸引桥采用5×40米预应力砼简支T梁，方坪乡岸引桥采用4×40米预应力砼简支T梁。项目总概算2.77亿元，预算总金额2.52亿元，计划总工期36个月。截至2022年底，广安侧5号、6号墩桩基础开始施工，广安侧便道施工完成，华蓥侧路基土石方完成80%。

2022年8月，华蓥明月滨江路投入使用路段　甘学志　摄

嘉陵江利泽航电枢纽配套工程　嘉陵江利泽航电枢纽配套工程是嘉陵江全江渠化开发规划17个阶梯中的第15级。项目位于合川区大石街道的利泽场，业主为重庆嘉陵江利泽航电开发公司，总投资35亿元，计划建设工期65个月（其中施工准备期12个月，主体工程施工期43个月，工程完成期10个月），设计总装机容量74兆瓦，死水位210.3米，校核洪水位235.86米，总库容6.19亿立方米；航道等级为四级（远期三级）；电站额定水头5.3米，装机容量74兆瓦，平均年发电量3.17亿千瓦时。截至2022年底，利泽航运枢纽一期工程完成99%，船闸主体完工并通航；完成初期蓄水、船闸初期通航验收。全年完成投资5.95亿元，累计完成投资21.21亿元。

华蓥山隧道及引道工程建设　华蓥山隧道及引道工程（广邻路）起于华蓥市城北转盘，终点接邻水一号大道，全长15.57公里，其中华蓥山隧道长6573.5米。隧道采用分离式单向双洞形式布置，设大中型桥梁15座3514.5米，涵洞19道。采用一级公路技术标准建设，双向四车道，设计时速60公里，路基宽度20米。项目总投资24.58亿元（其中经财政评审建安投资17.93亿元），工期计划5年。截至2022年底，项目两区三场建设完成，隧道双洞累计掘进1200米。

汽车站场建设　2022年9月3日，邻水县兴仁镇运输综合服务站改（扩）建工程开工。项目位于兴仁镇古佛社区，按照国家现行施工验收规范技术标准及相关行业标准执行，改建投资17.87万元，于11月3日竣工。12月8日，前锋蓥城运输服务站扩建工程开工。项目位于观阁镇，建设场地1720平方米，涉及主体改造、水电改造等方面，建设投资20万元，于12月28日改造完成。

（本栏目供稿单位：广安市交通运输局）

巴中市交通

BAZHONG SHI JIAOTONG

2022年巴中市交通运输能力概况

公路交通运输			
通车里程	总里程（公里）		25863.88
	其中	高速公路	426.1
		一级公路	67.761
		二级公路	1052.347
		三级公路	493.354
		四级公路	23705.725
		等外公路	118.588
公路密度	按国土面积计算：每百平方公里210.27公里		
	按人口计算：每万人95.79公里（按总人口270万人计算）		
通达程度	通公路的乡镇187个，占乡镇100%		
	通公路的村2228个，占村100%		
客运站	总数（个）		47
	其中	一级站	3
		二级站	6
		三级站	6
		四级及以下站	32
营运车辆	总数（辆）		9263
	其中	客车2984辆39524座	
		货车6279辆8438.32吨	
公路运量	客运	客运量（万人次）	1617.55
		旅客周转量（万人公里）	88709.51
	货运	货运量（万吨）	5256.51
内河航运运输			
通航里程	总里程（公里）		676
	其中	三级航道	
		四级航道	
		五级航道	
		六级航道	
		七级航道	194
港口（码头）	总数（个）		
	吞吐量	旅客吞吐量（万人次）	
		货物吞吐量（万吨）	
水路运量	客运	客运量（万人次）	27.61
		旅客周转量（万人公里）	106.61
	货运	货运量（万吨）	
		货物周转量（万吨公里）	
营运船舶	总数（艘）		67
	其中	客船67艘1785座	
		货船 艘 吨	
城市公交运输			
营运车辆	517辆		
公交线路	74条		
公交站	1130个		
运量	0.62亿人次		

交通建设概况 2022年，巴中市交通项目建设加快推进。镇广高速公路王坪至通江段建成通车，川陕界至王坪段、通江至广安段和苍巴高速公路加快建设。北环线东段等4个普通国省干线公路项目89公里建成通车，米仓大道、诺水大道等14个项目加快建设，巴城东环线开工。新（改）建农村公路724公里、通组路491公里，建成农村铁索桥改公路桥9座、乡镇第二生命救援通道22公里，实施农村公路生命防护工程2428公里，建成乡村振兴产业路旅游路95.4公里。创建省级“四好农村路”示范市。加快推进项目前期工作。镇广高速公路（川陕界）

2022年，建设中的米仓大道双峰垭斜井便道航拍

巴中市交通运输局　供图

至王坪段创全省高速公路项目先行用地办理时间最短的新纪录，平仪高速公路将启动工可和初设招投标，南苍盐高速公路完成工可报告初稿。国道347线通江县诺江镇至巴州区清江镇段、国道542线南江沙河镇（广元界）至巴州区时新街道段、省道517线通江涪阳至巴州枣林段正式启动前期工作。项目储备量大质优。南通万、平仪2条高速公路，省道517线等9条650公里省道，3700公里农村公路新（改）建，2200公里农村公路安防设施纳入省级路网规划；苍巴等7条高速公路、米仓大道等28条普通国省干线进入省“十四五”项目库。

（李艳梅）

道路水路运输 2022年，巴中市完成公路运输总周转量442880.57万吨公里，比上年增长3.42%，高于全省平均水平。完成2022年“春运”工作，累计疏运旅客152.06万人次。推进巴城客运服务质量整体提升“八大行动”，优化公交线路4条，建成2个公交港湾式停靠站、黄家沟和回风枢纽公交车充电站。巩固农村客运“金通工程”成果，推行响应式、定制客运服务，农村群众出行更加便捷。建成乡镇综合运输服务站7个、“平安渡运”项目19个、村级“金通·邮快驿站”972个，县、乡、村三级物流节点覆盖率达90%以上。综合交通提质增效。在全省交通运输行业率先成立低碳交通研究中心，为交通运输绿色发展提供智力支持。全市新增新能源公交车206辆、出租汽车128辆，更新升级船舶16艘。

2022年，巴中市投用新能源公交车206辆 巴中市交通运输局 供图

危货运输电子运单使用率、全市二类以上汽修企业危废规范处置率均达100%。公路综合管理系统建成投运，国省干线基础设施运行监测感知类设施设备建设有序推进。编制片区交通专项规划18个，启动编制《巴中市“十四五”交通与文化旅游融合发展规划》。

（李艳梅）

交通运输综合执法 2022年，巴中市交通运输综合执法监管进一步规范。坚持依法执法、公正执法、廉洁执法，发挥交通运输综合执法聚合效益，与公安、法院联勤联动，运用“数字打非”科技手段，整治非法营运，查处“黑车”420辆次，强制执行73件，纳入“黑名单”27人次。开展道路运输行业服务提升行动，查处客货运输违规经营行为289起，停班整顿客运车辆490辆次，纠正驾培维修行业违规问题112个。强化路产路权维护和路政监管力度，查处污染损坏公路案件2起，清除占用公路及用地87起，查处超限运输车辆12辆次，卸载货物82吨，超限率控制在1%以内。推进“双随机、一公开”监管模式，督促整改问题37个。

（李艳梅）

公路养护 2022年，巴中市推行农村公路管护“路长制”，实现农村公路管护体系构建率、爱路护路乡（村）规民约制定率、农村公路列养率3个100%，经验做法得到交通运输部认可推广。实施预防性、修复性养护5249公里，实施养护工程21个、143公里，改造危桥17座，普通国省干线PQI持续保持在90以上，农村公路PQI保持在75以上，位居全省前列。

（李艳梅）

交通工程质量及造价管理 2022年，巴中市工程建设质量保持可控状态。推进红线行动、平安工地等专项活动，开展综合检查4次、专项检查20次，督促整改问题

2022年，米仓大道一号梁场航拍图　　巴中市交通运输局　供图

88个。以“施工标准化”和“两区三厂标准化”建设为抓手，推广桩基旋挖施工等11项“四新技术”，不断提升工程质量技术保障。审查交通项目概（预）算及工程设计变更78个，审减率分别为0.97%、2.96%。

（李艳梅）

交通安全生产　2022年，巴中市交通安全生产形势稳定。深化安全生产大检查等10个专项整治行动，排查整治问题隐患265个，查处安全生产违法违规行为414起。修订完善《交通运输防汛抢险救灾应急预案》《突发事件交通运输保障应急预案》，组织开展交通工程建设项目防汛暨地质灾害应急演练8次，应急处置实战能力进一步提升。全年全市交通运输领域未发生较大及以上安全生产事故。“12345”（“12328”）监督电话高效运行，办理工单“18159”件，限时办结率98.6%，群众满意率99.39%。

（李艳梅）

南江县获评“四好农村路”示范县　2月1日，交通运输部、财政部、农业农村部、国家乡村振兴局联合发文命名全国153个县（市、区）为“四好农村路”全国示范县，巴中市南江县名列其中，再添国家级“四好农村路”示范县荣誉称号。截至年底，巴中市成功创建2个国家级、5个省级“四好农村路”示范县，实现全域“四好农村路”省级及以上示范县创建目标。

（李艳梅）

省道204线山花顶隧道开工　2022年6月14日，省道204线山花顶隧道及引道工程项目开工仪式在巴中市通江县厥溪沟举行。工程是《川陕根据地王坪烈士陵园交通专项改善实施方案》重要项目之一，是连接国道347线、省道204线、镇广高速公路的重要道路。路线全长5.66公里，起于通江县诺江镇千佛村，接省道204线诺水河至通江段，由西向东布线，经小关梁（设置山花顶1号隧道）、溪东沟、城北村、陈家山（设置山花顶2号隧道）、关家湾，止于诺江镇城东村厥溪沟，接省道204线厥溪沟至小江口段。全线采用一级公路技术标准建设，设计时速60公里，整体式路基宽度21.5米，设置大中桥4座385米，隧道2座4513米（其中一号隧道1663米，二号隧道2850米），全段桥隧比83%；设置互通一处（厥溪沟互通）。项目建成后，将进一步完善区域交通路网，增强县城东西两侧国省干线公路互联互通能力，形成高速公路与一级公路闭合成环的县城大交通快速通道。

（李艳梅）

镇广高速公路王通段开通试运营　2022年1月18日12时，全国首条红色主题高速公路——镇广高速公路王

2022年，镇广高速公路王坪至通江段建成通车　　巴中交通运输局　供图

坪至通江段开通试运营。王通段起于全国最大的红军烈士陵园——川陕革命根据地红军烈士陵园，经沙溪镇、瓦室镇、毛浴镇、诺江镇、春在镇，在广纳镇与巴万高速公路相交。路线主线全长33.4公里，路基宽度26米，设计时速100公里，桥隧比72.21%，总投资76.13亿元。项目开通运营后，从通江县城到烈士陵园，由90分钟缩短为20分钟，对畅通川陕革命根据地红军烈士陵园对外大通道，带动沿线红色旅游资源开发，推动川陕革命老区振兴发展有重要意义。

（李艳梅）

2条农村公路参评全国“十大最美农村路” 2022年6月—12月，交通运输部举办的全国“十大最美农村路”评选活动中，巴中市恩阳区产业园区环线道路、平昌县土兴镇乡村振兴环线公路获参评资格。参评的2条农村公路展示了巴中市在加快推进农村公路高质量发展中取得的成绩，为巩固拓展全市脱贫攻坚成果，全面推进乡村振兴贡献交通力量。

（李艳梅）

文村坝大桥建成 2022年8月9日，位于北环线东段的文村坝大桥建成，是巴中市首座设置墩台检查通道的公路桥梁。通过设置检查通道，桥梁养护人员日常巡查和定期检查时，可从桥面直接到达通道，在通道上近距离观察墩台是否存在病害，对桥梁技术状况进行准确评判，同时降低桥梁检测费用。

（文永强）

2022年，恩阳区产业园区环线道路 巴中市交通运输局 供图

雅安市交通

YAAN SHI JIAOTONG

2022年雅安市交通运输能力概况

公路交通运输			
通车里程	总里程（公里）		8442
	其中	高速公路	377
		一级公路	111
		二级公路	660
		三级公路	369
		四级公路	6532
		等外公路	393
公路密度	按国土面积计算：每百平方公里56.11公里		
	按人口计算：每万人59公里		
通达程度	通公路的乡镇86个，占乡镇100%		
	通公路的村554个，占村100%		
客运站	总数（个）		80
	其中	一级站	2
		二级站	4
		三级站	4
		四级及以下站	70
营运车辆	总数（辆）		15641
	其中	客车1120辆19158座	
		货车14521辆219159吨	
公路运量	客运	客运量（万人次）	694.6
		旅客周转量（万人公里）	32233.1
	货运	货运量（万吨）	6070.3
		货物周转量（万吨公里）	698937.3
内河航运运输			
通航里程	总里程（公里）		200
	其中	三级航道	
		四级航道	
		五级航道	50
		六级航道	
		七级航道	150
港口（码头）	总数（个）		
	吞吐量	旅客吞吐量（万人次）	
		货物吞吐量（万吨）	
水路运量	客运	客运量（万人次）	6.8
		旅客周转量（万人公里）	42.1
	货运	货运量（万吨）	
		货物周转量（万吨公里）	
营运船舶	总数（艘）		11
	其中	客船11艘353座	
		货船　艘　吨	
城市公交运输			
营运车辆	308辆		
公交线路	41条		
公交站	1030个		
运量	0.2425亿人次		

交通运输概况 2022年，雅安市境内建成成雅、雅西、雅乐、成名、雅康和峨汉（雅安段）6条高速公路，共377公里。在建的泸石高速公路，里程36公里。全市公路通车里程8442公里，其中高速公路377公里，国道5条663公里，省道10条609公里，农村公路6793公里。公路密度56.11公里/百平方公里、59公里/万人；二级以上公路里程1148公里，占比13.6%，其中国省干线中二级以上公路里程703公里，占比55%。名山区被确定为“四好农村路”全国示范县创建单位，雨城区、芦山县被省政府认定为第六批“四好农村路”省级示范县。荥经县被命名为全省首批乡村运输“金通工程”样板县、交通强县试点县。

交通固定资产投资 2022年，雅安市完成交通固定资产投资66亿元，完成目标任务的120%，其中市本级完成7.95亿元。高速公路完成投资21亿元，完成目标任务的105%。国省干线完成投资26亿元，完成目标任务的124%。农村公路及其他专项完成投资19亿元，完成目标任务的136%。

高速公路建设 2022年，雅安市峨汉高速公路完成年度投资4.29亿元，于12月30日完工通车。泸石高速公路完成年度投资14.5亿元，全线完成隧道工程60%，桥涵工程46%，路基工程51.2%，红军渡隧道贯通，翻身村右线大桥架设完成，加快桥梁上部结构施工。

国省干线建设 2022年5月，成雅快速通道（雅安段）新建项目建成通车。雅安市国省干线灾毁恢复重建工程

2022年，成雅快速通道草坝青衣江大桥　　韩　毅　摄

7条国省干线水毁整治项目均完工。省道104线雨城区坪石至回龙（洪雅界）段改造工程、国道318线名山区黑竹（成都界）至雨城区多营段改建工程、省道217线石棉隧道新建工程等项目开工建设。加快推进国道351线夹金山隧道工程、国道549线石棉境内改建工程等项目建设。

农村公路建设　2022年，雅安市新（改）建农村公路699公里（其中雨城区132.42公里、名山区117.84公里、荥经县97.67公里、汉源县102.65公里、石棉县78.89公里、天全县109.20公里、芦山县21.76公里、宝兴县38.53公里），撤并建制村畅通工程、通较大人口自然村组硬化路、村道生命安防工程等建设任务全面完成，农村路网完善，农村公路通行服务能力提升。完成新改建农村铁索桥改公路桥14座。

公路养护　2022年，雅安市组织开展巡查、检查和指导821余人次，发现普通国省干线公路安全隐患618处，处置路面病害481349.87平方米，交叉路口整治105处，补划交通标线34064平方米，减速震荡标线4086平方米，修复波形护栏11180米，疏通涵洞265处，桥梁护栏提升改造50座3057.7米，清除边坡危石3处、枯死行道树79株，修复增设交通标志标牌36个，边坡治理4处。

交通管理　2022年，雅安市开展疫情防控工作，在24个高速公路出站口和雅安火车站“入川即检”点位落实扫入川码、核酸检测等防疫措施。编制完成“十四五”综合交通发展规划，储备项目50余个，规划总投资3000亿元。谋划包装国道351线提升改造、国道108线雨城至荥经快速通道等4个重大项目，争取大邑至宝兴、芦山至名山、石棉至九龙3条高速公路及9条国省道纳入规划，新增投资约500亿元。争取上级补助资金11.5亿元，比上年增长58%；国道318线成都界至雨城段项目申请到位政策性开发性金融工具（基金）3.23亿元。完成“6·1”芦山地震和“9·5”泸定地震的抢险保通，科学开展灾后重建工作。

水运管理　2022年，雅安市完成汉源县神龙航务运输公司、汉源县捷达水上运输公司、四川铁汉旅游开发公司3家水路运输企业的核查工作，发出整改通知3份；核查船舶11艘，合格11艘。完成旅客周转量42.1万人公里，未发生水上交通安全事故。全年检查190次，出动人员1150人次，检查船舶390艘次。

交通安全生产管理　2022年，雅安市围绕安全专项整治三年行动“巩固提升年”和安全大检查活动，推进道路客货运输突出违法违规行为专项整治行动、船舶安全突出问题专项整治和“坚守公路水运工程质量安全红线”专项行动，全年未发生较大及以上生产安全事故，安全生产形势总体平稳。全年组织检查组354个1865人次，检查企业1132家次，发现整改问题隐患939项，整改率100%。

交通应急管理　2022年，雅安市组织开展“应急值班规范年”活动，开展应急值班培训；修订完善各类应急预案6个，储备应急机械105台，应急运输车辆近300辆，抢通因突发事件阻断公路11处。强化应急演练，组织交通系统综合应急演练，山洪抢险暨隧道坍塌事故应急救援演练，峨汉高速公路隧道坍塌、防洪度汛消防综合应急救援3次。

交通工程质量安全监督　2022年，雅安市对境内11个高速公路、国省干线新（改）建工程进行100%全覆盖质量安全监督，其中高速公路项目2个，国省干线项目7个，地方重点项目1个，水运工程1个。监督项目总投资189亿余元，总里程338.93公里。开展施工现场检查52次，发出检查结果通知书41份，发现质量问题206条，安全问题329条，提出整改意见249条，对存在的问题及时下发整改通知，并对整改落实情况进行跟踪复查。开展监督抽检6963点(组)，合格6879点(组)，合格率98.79%。全市交通在建工程未发生较大生产安全事故，未发生重大质量事故，工程质量处于受控状态。

“12328”交通运输服务监督 2022年，雅安“12328”电话服务中心受理、办结、回复“12345”转办工单5486件，其中信息咨询类3655件、投诉举报1402件、意见建议429件，分别占比66.6%、25.6%、7.8%。全年投诉举报工单限时办结率100%、回访满意率98.5%，“12328”运行服务质量考评获全省第8名，发挥“12328”热线倾听民声、畅通民意、排解民忧的作用。

交通运输综合执法 2022年，雅安市出动执法人员15848人次，执法车辆3012辆次，巡查国、省、县、乡道和旅游公路150917公里，检查客运班车、旅游包车、出租车、网约车、货运车辆4344辆，检查道路运输企业151家次，查处和督促整改各类交通运输违法违规行为830余起，立案270起，实施行政处罚收取罚款159万元。市交通运输执法支队联合公安交警开展流动治超执法行动64余次，检查货运车辆863辆次，查处违法超限超载货车212辆次，其中“百吨王”恶性超限超载货车14辆次，非法改装23辆次，无从业资格证驾驶货车营运且违法超限超载9人次，累计监督卸载超限货物9428吨。开展联合治理行动35次，制止喊客拉客750起，开展打击非法客运行动83次，查处非法客运车辆68辆次，引导当事人报废非法客运车辆7辆。

客货运输专项整治行动 2022年，雅安市查处非法营运99起，大件运输车辆未办证违法超限运输108起；货车超限超载1781起，非法改装货车632辆，卸载超限货物58703.74吨；网约车平台公司违规经营12起，网约车变相从事班线客运2起；货运驾驶员无从业资格证102起；不按期维护货运运输车辆20起，不配合超限检测7起；公司所属车辆违法超限运输且 1 年内违法超限运输的货运车辆超过本单位货运车辆总数10%的1起；班线客车站外揽客4起，班线客车未在批准的客运站点上下旅客1起。吊销企业道路运输经营许可证2家。

驾驶员培训管理 2022年，雅安市驾培机构培训初学学员15315人，完成1895人次客运、危险品（含爆炸品）运输从业资格培训和854人货运从业资格考核，1517人次客运、危险品（含爆炸品）运输从业资格和网络预约出租汽车驾驶员从业资格考试；审核道路运输从业资格许可资料1980份；通过全省一体化政务服务平台核发、换发、补发从业资格证5106个；营运驾驶员继续教育全面推行远程网络教学，结业2660人；组织121人参加全市有船乡（镇）签单员、企业安全员暨船员集中教育培训。举办全市公交车驾驶员、货车驾驶员和汽车维修工技能竞赛，组织人员参加川渝货车驾驶员技能大赛。

汽车维修管理 2022年，雅安市全面实施机动车排放检验与维护（I/M）制度，完成对全市具有机动车排放检验机构（I站）区县的全覆盖，治理维修企业（M站）与机动车排放检验机构（I站）完成系统联网，实现对大气污染物排放超标车辆的“检验、维修、复检”闭环管理。全市45家M站治理合格尾气排放超标车辆6739辆。强化汽车维修电子健康档案系统建设，全市安装汽车维修电子健康档案系统424家，完成一、二类汽车维修企业和三类综合小修企业系统建设与数据对接工作，覆盖率100%。

运输车辆检测 2022年，雅安市实现道路运输车辆“三检合一”。全市13家开展道路运输车辆检验检测和技术等级评定的机构全部取得市场监管部门GB 38900标准检测能力认证，具备道路运输车辆“三检合一”检测能力，实现“一次上线、一次检测、一次收费、结果互认”。全年全市开展技术等级评定车辆18395辆。

交通运输 2022年，雅安市有道路客运业户21户（包括分公司），其中从事班车客运和包车客运18户（包括分公司），农村客运3户，从事出租、公交企业21户。道路货物运输企业629户，其中普通货运622户、危险货物运输企业7户。驾驶培训学校21所，实际使用教练车475辆，教练员568人。维修企业840家。有客运站80个，其中一级客运站2个、二级客运站4个、三级客运站4个、农村客运站70个；全市开通客运线路166条，其中一类客运线路0条、二类客运线路55条（其中定制客运6条）、三类客运线路11条（其中定制客运2条）、四类客运线路100条（其中县内客运班线86条、毗邻县14条）；有客运车辆1120辆，其中班线客运326辆（包括定制客运车辆48辆），农村客运732辆，包车客运（旅游）62辆，营运货车14521辆。出租汽车639辆，公交车308辆。农村客运通乡镇96个，通达率100%；591个建制村实现通客车，建制村通客车率100%。完成市公交集团组建，购置新能源公交车34辆，新增“三区”公交线路2条，中心城区站点覆盖率94.7%。全域实现60岁以上户籍老人免费乘坐公交车。

2022年12月30日，峨汉高速公路汉源段建成通车　　韩　毅　摄

公路运输　2022年，雅安市交通“一卡通”平台发行公交卡数量累计167387张，有公交线路41条，线路里程599公里，实现互联互通线路17条。开展道路运输行业质量信誉考评，全市5家道路旅客运输企业均被评为AAA级；对7家从事危险货物运输企业进行2021年度质量信誉考核、复核，其中4家被评为AAA级、3家被评为AA级。11852辆重点营运车辆纳入市重点营运车辆卫星定位动态监控中心进行监控，车辆入网率88.6%，其中1282辆“两客一危”运输车辆推行加装和使用主动安全智能防控系统装置。全市完成客运量694.6万人，客运周转量32233.1万人公里；货运量6070.3万吨，货运周转量698937.3万吨公里；客运量比上年下降27.55%，客运周转量比上年下降29.42%；货运量比上年下降2.6%，货运周转量比上年增长3.34%。

水路运输　2022年，雅安市内河通航里程200公里，其中五级航道50公里、七级航道150公里。渡口23个，其中石棉县3个、汉源县13个、荥经县3个、雨城区4个。在用渡口4个。完成水路客运量6.8万人次，渡运量0.5万人。全年检验船舶56艘，其中商船52艘、渔业船舶4艘，制发船检证书50份、渔业船舶合格证明4份。船检整改不合格船舶2艘，拆解报废退出水路运输市场。交通运输部门管理的在籍船舶53艘，其中汉源县30艘、雨城区15艘、石棉县8艘。

春运工作　2022年春运期间，雅安市发班11.24万班次（其中加班、包车359趟次），安全运送旅客108.44万人次（不含出租车、公交车），比上年增长0.44%。开展车辆消毒20万辆/次，开展运输站场消毒237.91万平方米，体温监测147.96万人/次，滚动播报平安春运13.07万次，投入一线干部职工9000多人次，应急储备车辆客车114辆、货车121辆。无人员伤亡事故和严重服务质量投诉。

峨汉高速公路建成通车　2022年12月30日，峨汉高速公路建成通车。项目起于峨眉山市与乐峨高速公路互通相接，止于汉源县富林镇共和村与雅西高速互通相接。全线设置11处互通式立交，其中雅安境内3处：汉源流沙河枢纽互通（不落地）、汉源富泉互通（落地）、甘洛乌史大桥乡互通（落地，主要在凉山境内）。路线全长123公里，设计时速80公里，双向四车道，路基宽度25.5米，总投资205亿元；雅安汉源境内长34.29公里，投资61.28亿元。

泸石高速公路建设　项目起于泸定县泸桥镇咱里村，止于石棉大杉树。全线设7个互通式立交，其中雅安境内3个，分别为王岗坪互通（落地）、安顺互通（落地）、大杉树枢纽互通（不落地）。路线全长96.9公里，设计时速80公里，双向四车道，路基宽度25.5米，估算总投资160.73亿元。其中，石棉境内长36公里，估算投资65亿元。2022年，泸石高速公路完成年度投资14.5亿元，全线完成隧道工程60%，桥涵工程46%，路基工程51.2%，红军渡隧道贯通，翻身村右线大桥顺利架设完成，进行桥梁上部结构施工。

国道318线名山区黑竹（成都界）至雨城区多营段改建工程　项目位于雅安市雨城区、名山区，起于成雅界名山区治安场，经名山区茅河镇、黑竹镇、百丈镇、新店镇、万古镇、蒙阳街道、蒙顶山镇、雨城区碧峰峡镇、多营镇，止于国道318线灾后重建多营场镇过境段至黄泥岗，接原国道318线。路线全长51.08公里，其中沿现有国道318线提升改造19.09公里，新建绕城线路31.99公里。项目采用一级公路技术标准建设，路基宽度18.5米，批复概算投资33.89亿元。项目控制性工程于2022年3月开工建设，完成年度投资6.69亿元。

2022年5月30日，成雅快速通道（雅安段）建成通车　　韩　毅　摄

成雅快速通道（雅安段）建成通车　2022年5月，成雅快速通道（雅安段）建成通车。项目起于名山与蒲江交界处观音阁，顺接成雅快速通道蒲江段规划线路，沿成雅工业园区规划道路至解放乡上跨成雅高速公路，经红星、车岭、名山货运站至永兴北下穿成康铁路，沿雅安物流园西侧至草坝设桥跨越青衣江，经南郊至对岩接原国道108线。路线总长60.37公里，估算投资34.7亿元。采用一级公路技术标准建设，其中起点观音阁至永兴段设计时速80公里，路基宽度28米；永兴至对岩段设计时速60公里，路基宽度18.5米（其中青衣江特大桥宽24.5米）。项目采用PPP模式实施，投资方为中国建筑公司。

雅安市国省干线灾毁恢复重建工程　2022年，雅安市国道108线、国道351线、国道245线、国道318线、省道432线、省道435线、省道308线等7条国省干线水毁整治项目由市级部门按应急工程组织实施，项目业主为市公路建设服务中心。估算总投资7亿元，资金来源为上级补助。截至年底，7个项目全部完工。

国道549线石棉境内改建工程　项目起于广元村雅西高速桥下与国道108线相接，设置平交，上跨楠桠河，经电力路、翼王路穿越石棉城区，利用现有道路石西路（XT19）布线，沿大渡河而上，经安顺场、先锋乡核心规划区，再沿松林河而上，经蟹螺乡田坪村、新乐村，经湾坝河一级水电站，再沿松林河而上，设湾坝隧道，设一线天隧道，经大水沟，止于白水河电站与九龙县交界桥头位置。路线全长38.11公里，设计时速40/30公里，采用二/三级公路技术标准建设，路基宽度8.5/7.5米（特殊困难路段适当降低标准），估算总投资4.62亿元。至2022年底，完成年度投资10380万元。一标段主体工程完工。二标段完成土石方工程23%，挡防工程19%，桥涵工程49%，路基工程5%。三标段进行挡防工程施工。四标段进行松林河1号、2号桥施工，完成路基土石方工程7%，挡防工程11%。

夹金山隧道工程建设　项目起于雅安市宝兴县硗碛藏族乡波日沟，顺接既有国道351线硗碛段，起点桩号K0+110，设隧道穿越夹金山，止于阿坝州小金县达维乡唐家山，接国道351线达维段，路线全长10.07公里，其中夹金山隧道长9.35公里，平导长9.36公里，宝兴段引道长358米，小金段引道长362米。项目预算总投资18.42亿元，其中建筑安装工程费16.49亿元。2022年完成投资3.46亿元，隧道累计掘进4682米，其中主洞掘进1410米，平导洞掘进3272米。

雨名快速通道建成通车　2022年9月，雨名快速通道建成通车。项目起于雨城区雅州大道与爱国路平交口，利用原路至金鸡关隧道口，于清泉寺隧道口附近上跨成雅高速公路，经罗家山、原山墅北侧、丁家坝至龙奠

2022年，雨名快速通道项目两名工人正在进行挡墙施工　　韩毅　摄

桥，与国道318线平交并止于名山区城西火烧桥。路线全长5.88公里。项目投资12.97亿元。

“6·1”芦山地震抢通保通与灾后重建 2022年6月1日，芦山地震发生后，雅安市交通运输局按照市委市政府启动的二级响应要求，调集市应急保障中心、市交建集团以及雨城、天全等县（区）人员、机械，于震后两小时内赶到受灾最严重的芦山、宝兴两县，全力打通抗震救灾生命通道。地震当晚恢复因灾中断的省道431线、省道432线、省道308线3条省道，次日全线抢通大南路（大川镇至南天门）、油玉路（玉溪河至邛崃油榨）、芦太路（芦山县至太平镇）3条农村公路。截至6月12日，全市交通运输系统累计投入4000余人次、1000余台班，抢通32条公路、166处断道，共计36公里，清除坍方10万立方米。启用应急客货运输车辆360辆，累计调用客车70辆，转运群众、救援人员和宝兴高考师生1699人次。

2022年6月4日下午3点，宝兴县329名高考考生和113名考务人员，乘坐15辆应急客车到天全县参加高考　　韩　毅　摄

9月，国道351线宝兴新华隧道及路线绕避工程、省道432线宝兴县陇东镇复兴村火地槽崩塌点隧道新建工程、一般农村公路恢复重建等10个交通项目纳入“6·1”芦山地震灾后恢复重建实施规划，其中，芦山县重建项目3个，宝兴县4个，雨城区1个，天全县1个，芦山、宝兴、天全、雨城、名山打捆实施项目1个，总投资6.57亿元。截至12月底，开工9个，完成投资2.27亿元。

“9·5”泸定地震抢通保通及灾后重建 2022年9月5日，泸定地震发生后，雅安市交通运输局成立石棉县“9·5”泸定地震交通应急抢险前线指挥部，多路出击开展抢险救灾。地震当晚抢通因灾中断的3条国道，24小时内抢通除省道217线和石棉县新民乡、王岗坪乡、草科乡外的农村公路。截至9月28日，全市因灾中断的国道318线、国道108线、国道549线和省道217线4条国省道，X073线草科乡和坪村至甘孜九龙县界碑石段、县道066线新民乡马厂至王岗坪景区公路、县道067线新民乡双坪村至爱国村段、乡道021线幸福至跃进段等15条农村公路全部抢通。累计派出抢险救援队伍6支11818人次，挖掘机、装载机等救援机具设备3409台班。打通水上生命救援通道，累计投入18艘船舶运输450余趟次，运送救援人员4300余人次，转运伤员和被困群众550余人，运送救援物资6400余件。累计出动应急车辆217辆（客车109辆、货车108辆），运送人员1603人，转运帐篷、生活物资等应急救灾物资853吨。

12月，国道662线大渡河大桥（甘孜界）至王岗坪段、省道217线石棉县王岗坪至石棉县城段、石棉县县道066线王岗坪至王岗坪景区段灾后恢复重建等10个交通项目纳入“9·5”泸定地震灾后恢复重建总体规划、“9·5”泸定地震灾后恢复重建交通设施重建专项实施方案，总投资27.05亿元。截至12月底，开工7个项目，完成投资2.29亿元。

2022年“9·5”泸定地震后，雅安市交通运输执法支队队员和解放军战士在龙头石库区王岗坪临时码头转运1名婴儿　　韩　毅　摄

（本栏目供稿单位：雅安市交通运输局）

眉山市交通

MEISHAN SHI JIAOTONG

2022年眉山市交通运输能力概况

公路交通运输			
通车里程	总里程（公里）		9263.698
	其中	高速公路	457.6
		一级公路	488.97
		二级公路	477.177
		三级公路	354.053
		四级公路	6740.526
		等外公路	745.372
公路密度	按国土面积计算：百平方公里129.7公里		
	按人口计算：万人31.31公里		
通达程度	通公路的乡镇72个，占乡镇100%		
	通公路的村1272个，占村100%		
客运站	总数（个）		953
	其中	一级站	1
		二级站	5
		三级站	1
		四级及以下站	946
营运车辆	总数（辆）		18205
	其中	客车1225辆27036座	
		货车16980辆226494吨	
公路运量	客运	客运量（万人次）	794.518
		旅客周转量（万人公里）	30507.674
	货运	货运量（万吨）	9287.422
		货物周转量（万吨公里）	777471.074
内河航运运输			
通航里程	总里程（公里）		280
	其中	三级航道	
		四级航道	14
		五级航道	
		六级航道	64.7
		七级航道	11.02
港口（码头）	总数（个）		37
	吞吐量	旅客吞吐量（万人次）	15
		货物吞吐量（万吨）	
水路运量	客运	客运量（万人次）	7.98
		旅客周转量（万人公里）	118
	货运	货运量（万吨）	
		货物周转量（万吨公里）	
营运船舶	总数（艘）		97
	其中	客船41艘1300座	
		货船56艘4000吨	
城市公交运输			
营运车辆	1044辆		
公交线路	132条		
公交站	2890个		
运量	0.53亿人次		

交通建设概况　2022年，眉山市境内规划有“四横八纵”高速公路、“四横五纵”铁路、“五横九纵”快速通道和岷江航道，紧临双流、天府两大国际机场（距离均为60公里），成眉间动车公交化运营、列车数量达105列/日。眉山市政府所在地东坡区距成都市区70公里，距峨眉山80公里，距乐山大佛60公里；北临成都双流机场60公里，南距乐山大件运输码头60公里。境内规划布局“四横五纵” 铁路网，建成成昆铁路（含复线）和成贵高铁、连汪燕铁路，在建市域（郊）铁路成都至眉山线，川藏铁路，启动前期成都外环铁路。规划布局“四横八纵” 高速公路网，建成成雅、遂资眉、简蒲、乐雅、仁沐新、成自泸赤、成宜、成乐高速公路，在建天眉乐、荥经至铜梁高速公路，启动前期成峨高速公路。

2022年，眉山环城公路南环线岷江特大桥　　侯建明　摄

规划布局“五横九纵”快速路网，建成剑南岷东大道、环天府新区快速通道、太和大道、岷黑快速通道、大峨眉旅游西环线、天府大道眉山段、工业大道、天府大道、通江大道、益州大道南延线、梓州大道南延线、丹蒲快速通道，在建锦江大道、天府大道眉山城区段、眉山环城公路南环线、滨江大道、仁简快速通道、金简黄快速通道，启动前期彭蒲快速通道、东蒲快速通道、眉州大道东西延线。水运岷江航道规划5个梯级航电，建成青神汉阳航电，在建尖子山航电、汤坝航电和虎渡溪航电，启动前期张坎航电。全市有国道3条，省道19条。

2022年，天府大道眉山段高架桥　　侯建明　摄

《眉山市“十四五”综合交通运输发展规划》　2022年3月，《眉山市“十四五”综合交通运输发展规划》（以下简称《规划》）经市政府常务会审定通过、印发实施。《规划》加快构建“航空引领、轨道突破、公路成网、水路贯通、运输高效”的现代化综合交通运输体系，以“畅通道、建枢纽、强极核、联产业、优服务、抓保障”为抓手，聚焦轨道交通、高快干线、枢纽港站等关键领域，实现“铁公水空”多式联运新突破。“十四五”期间拟实施综合交通重点项目80个，到2025年，构建“11高8轨21快”［11高：建成8高，成都经济区环线、遂资眉、成雅、成乐、成自泸赤、成宜、乐雅、仁沐新高速公路；在建2高，天眉乐、铜梁经乐山至荥经高速公路；启动前期1高，成峨高速公路。8轨：建成3轨，成贵高铁、成昆铁路（含复线）、连汪燕铁路；在建2轨，市域（郊）铁路成都至眉山线、川藏铁路眉山段；启动前期1轨，成都外环铁路。21快：建成12快，天府大道、剑南岷东大道、环天府新区快速通道、天府大道眉山段、太和大道、岷黑快速通道、梓州大道南延线、益州大道南延线、工业大道、丹蒲快速、通江大道、大峨眉西环线；在建6快，眉山环城公路南环线、天府大道眉山城区段、滨江大道、金简仁快速、金简黄快速、锦江大道；启动前期3快，眉州大道东延线、东蒲快速、彭蒲快速］40条综合大通道，基本实现“233”（2个突破：建成市域铁路，实现轨道交通历史突破；建成“两港一枢纽”，实现货运枢纽历史突破。3个先行：创建都市圈轨道交通、高快速路同城同网、运输服务同质同价，实现同城交通先行；创建交通引领城市发展、农业发展、工业发展、文化旅游服务业发展，实现交产融合先行；创建国省级全域“四好农村路”示范，实现乡村振兴交通先行。3个交通圈：依托轨道交通、高速公路、快速路等打造成眉半小时通勤圈、相邻市际半小时通达圈、市域半小时通行圈）交通发展目标，建设成都都市圈南部综合交通枢纽，支撑眉山建设成都都市圈高质量发展新兴城市。

成眉交通同城化发展规划　2022年，眉山市在《成都都市圈发展规划》《成渝地区双城经济圈多层次轨道交通规划》等国省规划基础上，10月编制印发《成德眉资同城化综合交通发展规划（2022—2025年）》，推动构建成眉间“7高8轨16快”［7高：成雅、成都经济区环线、成乐、成自泸赤、成宜、天眉乐、成峨高速公路；8轨：成昆铁路、成贵高铁、川藏铁路、成都外环环线铁路、市域（郊）铁路成都至眉山线、市域铁路S5线仁寿支线、成眉市域铁路S16线、连汪燕铁路；16快：工业大道、剑南岷东大道、天府大道、滨江大道、环天府新区快速、丹蒲快速、金简仁快速、金简黄快速、彭邛快速、东蒲快速、彭蒲快速、锦江大道、梓州大道南延线、益州大道南延线、通江大道、眉资快速路（成渝高速至成宜高速联络线）］31条同城大通道。

乡镇级片区交通运输专项规划　2022年，眉山市做好两项改革“后半篇”文章相关工作，按照省交通运输厅《关于开展乡镇级片区交通运输专项规划编制工作的通知》要求，眉山市交通运输局统筹各县（区）交通运输系统，以21个乡镇级片区为单位，16个中心镇为核心，突出交通服务产业、旅游发展、便利群众出行、支撑片区核心等功能开展规划编制。5月，完成21个乡镇级片区交通运输专项规划编制及矢量数据梳理，全市布局农村公路6496条，线网总里程11144公里。

交通基础设施建设 2022年，眉山市综合交通建设完成投资168.5亿元。全年新开工铁路1条40公里（成都至眉山市域铁路S5主线），高速公路2条102.7公里［市域（郊）铁路成都至眉山线、乐资高速公路］，一级公路2条26.7公里（天府大道城区段、国道351线丹棱县城过境段），二级公路2条19.9公里（工业大道北段、省道429线洪雅东岳至柳江段）；建成通车一级公路4条（段）32.3公里（天府大道眉山段、眉山南环线东段、彭山岷江二桥引道、省道401线东坡崇仁至丹棱杨场段），二级公路3条18.7公里（省道210线高家至新民段、彭山环湖东路、锦江大道彭山段），综合客运枢纽1个（彭山北综合客运枢纽），独立桥梁2座760米（锦江大桥、彭山岷江大桥）；完成新（改）建农村公路超600公里；续建高速公路1条4公里（成乐高速公路扩容青龙以北段），一级公路2条19.5公里（眉山南环线西段、天府大道二峨山段），二级公路1条9.7公里（七里坪连接线），航电项目3个（汤坝、尖子山、虎渡溪航电枢纽）。

2022年，眉山环城公路南环线东段 侯建明 摄

农村公路建设 2022年，眉山市农村公路建设完成投资15.59亿元，建成827.7公里。其中撤并建制村畅通工程完成投资1.22亿元，建成205.4公里；美丽乡村旅游示范路完成投资1.88亿元，建成34.3公里；通30户及以上组硬化路完成投资2.04亿元，建成357.7公里；计划外农村公路完成投资10.45亿元，建成230.3公里。

“四好农村路”国省示范创建 2022年，眉山市推进“四好农村路”国省示范创建工作，全年建成并保有“四好农村路”示范路800公里，各县（区）保有量超100公里。眉山市成功创建为省级“四好农村路”示范市，彭山区成功创建为全国“四好农村路”示范县，东坡区、仁寿县、洪雅县成功创建为省级“四好农村路”示范县，全市实现“四好农村路”全域示范。

绿色交通建设 2022年，眉山市优化调整运输结构，推广节能低碳型交通工具，新购公交车100%为新能源纯电动公交车，在新建站场项目（彭山北综合客运枢纽、仁寿县交通枢纽站等重点项目）配套建设充电桩218座。引导低碳出行，全市972辆巡游出租车全部为清洁能源车辆，眉山天府新区、东坡区、彭山区、仁寿县实现城市公交一卡通互联互通，彭山区、丹棱县、青神县实现城乡公交一体化，提升城乡客运服务均等化水平。

公路水路运输 2022年，眉山市完成公路客运量794.52万人次，旅客周转量30507.67万人公里；货运量9287.42万吨，货物周转量777471.07万吨公里，客货运输总周转量780521.84万吨公里，比上年增长3.18%（全省平均增幅3.06%），排名全省第7位。完成水路客运量7.98万人次，旅客周转量118.5万人公里。

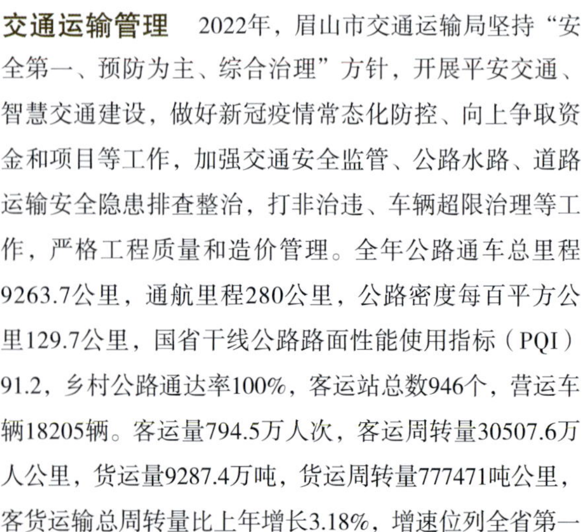

交通运输管理 2022年，眉山市交通运输局坚持“安全第一、预防为主、综合治理”方针，开展平安交通、智慧交通建设，做好新冠疫情常态化防控、向上争取资金和项目等工作，加强交通安全监管、公路水路、道路运输安全隐患排查整治，打非治违、车辆超限治理等工作，严格工程质量和造价管理。全年公路通车总里程9263.7公里，通航里程280公里，公路密度每百平方公里129.7公里，国省干线公路路面性能使用指标（PQI）91.2，乡村公路通达率100%，客运站总数946个，营运车辆18205辆。客运量794.5万人次，客运周转量30507.6万人公里，货运量9287.4万吨，货运周转量777471吨公里，客货运输总周转量比上年增长3.18%，增速位列全省第一

方阵。货车超限率控制在0.5%以内，超额完成省定2%以内的目标任务。水上交通安全连续25年保持无事故、无经济损失、无死亡人数“三为零”，道路运输连续15年没有发生负源头管理责任事故，公路及在建工程没有发生安全责任事故。

区域交通合作 2022年，眉山市交通运输局加强区域交通合作，落实公交优先发展战略，加大城市公交资金、用地、政策支持力度，新开行丹棱至蒲江960路跨市公交，成眉两市稳定日开行5条跨市公交线路。在成绵乐客运专线动车组实行日常线、高峰线、定制等方式组织运输，成眉动车历经4次调图，经停眉山动车对数达到105列。依托“金通工程”，按照“交邮融合、产业联动”工作思路，深化农村物流供给侧结构性改革。发挥成昆铁路（含复线）、成乐（成雅）高速公路和毗邻双流、天府国际双机场的交通优势，创新物流组织模式，推进货物多式联运。全市有城市公交客运线路132条，营运车辆1044辆，年运送旅客5300万人次。

“金通工程”建设 2022年，眉山市交通运输局结合乡村振兴战略，紧盯两项改革“后半篇”文章任务，推进乡村运输“金通工程”和“金通工程”样板县建设，创新多种出行方式，提供出行包车、定制客运、预约车，推行“赶场车”“上学车”等“响应式”服务，巩固乡镇和建制村100%通客车，城乡出行更加便利。推进城乡客运一体化，对符合条件的乡村客运实施公交化改造，彭山区、丹棱县和青神县实现城乡公交一体化。彭山区、丹棱县创建全省首批乡村运输“金通工程”样板县，丹棱县获批全省首批“交商邮”融合发展试点县。

成眉动车公交化营运 2022年4月，眉山市对接国铁成都局集团公司推进增购1组4辆编组公交化动车购置工作，在新购置车辆未到位情况下，协调国铁成都局集团公司调配车辆，实现成眉间开行动车100列以上目标。7月与国铁成都局集团公司成都车务段完成续签2022年度《眉山市旅客列车合作合同》和签订《眉山市旅客列车合作合同补充协议》，10月11日实施第四季度列车运行图后，成眉动车日开行105列，实现动车公交化运营。

交邮通物流节点建设 2022年，眉山市交通运输局按照《眉山市推进“金通工程·天府交邮通”品牌建设实施方案》，推进“金通工程·天府交邮通”建设。全年建成6个县级物流仓配中心、73个乡镇级快递物流运营中心、512个村级“金通·邮快驿站”，实现城乡物流配送网络县乡村三级全覆盖。“金通工程”串联城市与农村、农田与市场，“城货下乡、山货进城”流畅，“进城就业、返乡创业”便捷。

丹棱至蒲江跨市公交开通营运 2022年5月1日，眉山市丹（棱）蒲（江）城际公交960路正式开通运行。投入232万元，购置4辆26座纯电动公交车，首末站设置在丹棱县丹棱客运站和蒲江县蒲江高铁站，中途停靠13个站点，线路总长20公里，运行时长约40分钟，收发班时间为6:30—18:30，发班间隔15—30分钟/班次，票价2元/人。

交通运输综合执法 2022年，眉山市全面启用四川省交通运输行政执法综合管理信息系统进行行政检查录入和行政处罚全流程办理，组织区县进行系统应用培训。全年抽检客运、普货、危货、驾培等道路运输企业6162家次，抽检客运车辆53515辆次，检查水运企业、渡口、码头、船舶258次，其他检查1834次，办理行政处罚、行政强制案件3610起。全面实施交通执法队伍准军事化管理，按“四基四化”建设要求，启动国道351线新义检测站外观标识改造和执法车辆外观标识改造及车辆编号工作，完成综合行政执法制式服装和标志配发工作。

开展“眉山市道路运输非法营运专项整治、道路客货运输突出违法违规专项整治、网约车违法违规行为百日攻坚专项整治、数字打非”等专项行动，查处非法营运“黑车”515辆，违规网约车113辆，违规巡游出租车297辆，违规危险货物运输车辆11辆。全年累计对重点道路运输企业5家次、车辆205辆次、从业人员1822名记分，其中停业整顿车辆24辆次，1540名道路运输从业人员被列入“道路运输从业人员重点监控名单”，7名道路运输从业人员被列入“道路运输行业禁止进入名单”。

落实交通公安联合巡查制度，对重点货运源头企业实行联合巡查，检查重点货运源头企业1512次，查处货运源头企业超限装载处罚案件66件。加强全市超限检测站规范化管理，开展核载4.5吨的蓝牌照二轴货车超限超载违法行为专项治理。4月21日起，联合交警部门开展超限检测站秩序专项整治行动，确保货车过站必检、凡超必处。全年投入执法人员73091人次，检测货运车辆206万余辆，查处非法改拼装违法车辆290余辆，立案查处超限车辆1582辆，卸载货物6.9万余吨，全市超限率控制在0.5%以内。推进“非现场”执法，全市统筹规划不停车检测系统点位10个，其中省道210线仁寿县宝飞不停车检测点于6月竣工。

10月，眉山市交通行政执法支队参加省交通运输厅和省总工会组织的全省交通运输综合行政执法“大练兵大比武”决赛暨执法人员技能大赛，获第4名。

公路养护 2022年，眉山市加强公路养护，提升公路服务水平。推进实施国省干线养护工程81公里，国道公路PQI达到91.2，处于全省优等水平。落实农村公路管理养护体制改革各项工作任务，印发《眉山市市级农村公路日常养护资金分配办法》，开展农村公路管理养护绩效考核，全市农村公路中等以上比例达81%。持续做好桥隧养护管理和公路安全管理，16座四五类危桥整治完工14座、在建2座，完工村道安全生命防护工程58.59公里，排查整治公路安全隐患252处，桥隧养护管理和公路安全运营保障水平持续提升。

交通工程质量管理 2022年，眉山市交通运输局直接监督监管的续建、新建公路水运项目22个，其中高速公路项目1个，一级公路项目9个，水运项目2个，隧道15个，特大桥6座。推进施工标准化、红线行动、安全生产专项整治三年行动，开展综合检查1次、专项检查4次、日常巡查200余次、县区质监工作和农村公路质量督查1次。发出问题通报整改类书面通知31份，其中督查结果通知8份、整改通知 4 份、问题清单 5 份、转发通知 1 份、抽查意见通知13份，约谈企业负责人3次；立案调查违法案件1件，发现并督促整改落实质量安全环保各类问题约800个。全市交通建设工程质量提升，安全形势稳定，环保意识提高。全年交工验收项目合格率100%，竣工验收优良率55%，路基滑移沉降、沥青路面裂缝等问题减少。在2022年全省公路工程实体质量监督抽检中，眉山市抽检2039点，公路工程总体合格率99%，全省排名第2。成乐高速公路扩容项目获2020—2021年度四川省建设工程天府杯奖。年度信用评价A级比例5%。

交通工程造价管理 2022年，眉山市交通运输局强化交通工程建设造价监督管理，开展眉山环城公路南环线等项目造价监督检查4次，收集材价信息600余条，发布材价信息12期，全年全市新建交通建设项目审查率100%。对9个交通建设项目进行造价审查，其中概算审查项目7个，送审金额256647万元，审查金额248812万元，审减6671万元，审减率2.6%；预算审查项目2个，送审金额21652万元，审查金额20867万元，审减783万元，审减率3.6%。在概预算审查项目中，国省干线项目3个，送审金额46251万元，审减766万元，审减率1.7%；农村公路项目6个（43条路），送审金额232048万元，审减7110万元，审减率3.1%。完成环天府新区快速通道项目三工区、新增工程（一类变更）、多杆合一工程、10千伏配电工程、景观提升工程、公路设施交安工程等464项材料价格询价工作。

交通安全生产 2022年，眉山市交通运输局落实道路运输“三把关一监督”“三不进站、七不出站”“车辆例检”“三品检查”等制度，按照市际以上客运班线实名制售票乘车等安全管理规定，突出“两客一危”“农村客运”等重点车辆，强化动态监管，严查重处非法违法行为。全年对安全生产主体责任落实不到位的运输企业进行约谈4次，约谈企业8家次。对5家重点道路运输企业、205辆次重点营运车辆安全生产记分，对1822人次驾驶员从业资格证记分，其中停业整顿车辆24辆次，1540名道路运输从业人员被列入“道路运输从业人员重点监控名单”，7名道路运输从业人员被列入“道路运输行业禁止进入名单”。查处重点货运源头企业59家次，依托12个固定检测站，检测货车2065483辆次，查处超限运输车辆1582辆次，卸载超限货物6.9万吨，超限率控制在0.5%以内。查处非法营运“黑车”515辆，车辆非法改拼装290辆，道路运输企业和营运车辆违法违规行为3369起，累计处罚907.10万余元。落实普通公路巡查制度，加强国省干线公路和县道巡查、检查力度，特别是对临水临崖、长大纵坡、急弯陡坡、桥梁隧道等重点部位，开展集中隐患排查整治，整治摆摊设点、占道经营、侵占路产路权等违法违规行为。水上交通突出抓好重点船舶、重点时段、重点水域和重要环节四道关口的安全监管，严把船舶适航关、船员适任关和航行停泊关。依法注销灭失船舶登记信息185艘，取缔、拆解燃油客运船舶96艘，清退、拆解涉砂船舶9艘，清理处置“三无”船舶25艘。对重点交通建设工程项目进行行政执法检查99次，开展专项检查12次，下发限期整改通知书14份。

交通安全应急工作 2022年，眉山市交通运输局组织修订完善《地震应急预案》《防汛应急预案》等6项应急预案，组建500人应急队伍，落实应急储备客货车辆760辆，抢险机具28台，其他应急物资若干，配齐应急队伍和机具。会同彭山区人民政府成功承办“交通使命—2022”厅地联合应急演练，指导县（区）交通运输主管部门、行业协会和市级重点企业组织开展应急演练20次。健全完善岷江、青衣江流域汛情传递机制和市、县（区）、企业三级预警信息传递机制，确保政令畅通，信息传递及时、准确。执行24小时值班、领导带班和信息报告制度，采取市局当日值班员不定时抽查各县（区）局当日值班人员、带班领导在位情况的方式，督促各县（区）局保持人员全时在位，确保安全工作信息传递快捷畅通。

“交通使命—2022”地震应急联合演练 2022年5月18日，由省交通运输厅和眉山市政府联合主办的“交通使命—2022”地震应急联合演练在眉山市彭山区岷江锁江渡口举行，演练设立预警与集结、现场侦测、物资投送、快速桥架设、公路抢通、受灾群众转移安置等科目，出动无人机、长臂挖掘机、动力舟桥、快速桥、全地形抢险救援工作车等多种应急抢险装备，参演人员600余人。完成演练科目各项任务。通过演练，检验交通运输地震应急预案实际性，明确资源需求和人员职责；增强交通应急队伍的整体意识、协调意识和纪律意识；展示交通应急处置的科技水平和应对地震灾害应急抢险救援、保障生命通道畅通的应急处置能力。

新冠疫情防控 2022年，眉山市交通运输局投入一线防控人员26.46万人，体温监测1911.20万人次，消毒各类车辆166.37万辆次；入眉查验车辆1601.61万辆次、2431.06万人次，其中“入川即检”排查车辆26.69万辆次、55.21万人次，现场完成核酸检测54.73万人次；排查发现异常人员8686人次，包括西藏到眉2602人次、新疆到眉847人次、重庆到眉235人次、成都到眉300人次、青海到眉1877人次、内蒙古到眉80人次、贵州到眉103人次，其余省内外重点地区到眉2642人次，均第一时间移交卫健部门规范处置，未发生公共交通领域引发的疫情传播事件。

眉山环城公路南环线东段建成通车 眉山环城公路南环线（省道428线）起于东坡区工业大道南段，止于岷东大道，路线由西至东，先后与工业大道、成乐高速公路、成昆铁路、成绵乐客专、国道245线（原省道103线）、顺江大道、崇礼中路（在建）、岷东大道交叉，在岷江一桥下游约5公里处跨岷江，路线全长14.34公里，采用一级公路技术标准建设，设计时速80公里，配套市政设施，双向六车道，标准路幅宽60米，项目控制性工程为跨岷江的岷江特大桥、跨成昆铁路（含成昆铁路复线）大桥。项目划分为东、西两段实施，东段起于国道245线，止于岷东大道，长7.5公里，2019年3月27日开工，2021年12月全线控制性工程岷江三号特大桥主体完工。2022年5月27日，东段全面建成开放交通，累计完成投资19.36亿元。

国道0512线成乐高速公路扩容项目建设 国道0512线成都至乐山高速公路扩容项目位于成都市、眉山市和乐山市境内，是连接成都双流国际机场与三市的快速通道，分为主线和乐山城区过境复线两部分，总长141.29公里，总投资估算231亿元，新（扩）建段均为双向八车道，路基宽度分别为42米和41米，设计时速120公里和100公里，沥青混凝土路面。主线划分为成都三环路川藏立交至彭山青龙场段新建复线和青龙场至乐山段原路加宽两段，主线起点位于成都三环路川藏立交，止于乐山张徐坝互通，在张徐坝互通顺接乐宜高速公路并与乐雅高速公路形成十字交叉，里程129.93公里。乐山城区过境复线起于棉竹北枢纽互通跨青衣江大桥西侧桥台，顺接乐自高速公路乐山城区连接线，止于冷山枢纽互通，与乐雅高速公路十字交叉，顺接乐雅高速公路峨眉连接线，里程11.36公里。项目在眉山市境内长60公里，估算投资60亿元，分三期建设。一、二期工程建成通车。三期工程青龙场枢纽互通以北新建段眉山境内4.1公里双向八车道新建高架桥段，2020年10月开工建设，由省公路设计院公司设计，重庆交通管理咨询公司监理，中交第四公路工程公司施工。2022年，开展青龙枢纽互通改造和路基桥梁施工，完成投资4亿元，累计完成投资7亿元。

天眉乐高速公路开工建设 天府新区经眉山至乐山高速公路起于成都天府新区国道108线，经眉山天府新区、彭山区、东坡区、仁寿县、青神县，止于乐山市市中区，接乐山绕城高速公路，全长94公里，总投资291亿元（其中成都段15公里，投资59亿元；眉山段69公里，投资199亿元；乐山段10公里，投资33亿元），眉山境内设置互通11座（其中枢纽互通2座、落地互通9座），在仁寿视高设置彭祖山服务区、青神白果乡设置青神服务区。项目业主为四川天眉乐高速公路公司，由省交通设计公司设计。2022年9月，仁寿视高互通、东坡土地互通、青神虎渡溪岷江特大桥等控制性工程先期开工，完成投资20.02亿元。

2022年，市域（郊）铁路成都至眉山线跨岷江特大桥施工现场全景　　侯建明　摄

资乐高速公路开工建设　资中至乐山高速公路起于内江市资中县，线路走向自东向西，经眉山市仁寿县识经镇、汪洋镇、彰加镇，进入乐山市井研县，止于乐山市中区。路线全长93.3公里，双向六车道，估算投资195.64亿元，平均每公里造价2.09亿元；眉山仁寿县境内长37公里，估算投资71亿元。2020年12月31日，省政府办公厅批复项目采取BOT模式建设，授权资阳市牵头，内江、眉山、乐山市配合开展投资人招标。2021年3月公开招标，省铁投集团、中铁城市发展投资集团、四川路桥集团联合体中标。2022年12月27日，项目公司四川乐资铜高速公路公司与仁寿县政府在仁寿县签订征拆工作协议；12月29日，项目控制性工程促进村大桥开工建设，完成投资1.5亿元。

连汪燕铁路仁寿段建成通车　连汪燕铁路仁寿段是国家铁路网威远—连界—汪洋—燕岗（简称连汪燕）铁路的重要组成部分，是以省铁投公司为投资主体，地方政府共同参与建设的地方性铁路。项目在眉山市境内长30公里，均在仁寿县境内，为单线货运铁路，是仁寿县第一条铁路，总投资15.68亿元。2022年7月通过静态、动态验收，9月完成联调联试工作，11月4日完成初步验收，12月30日通车试运行，计划2023年6月正式运营。

市域（郊）铁路成都至眉山线开工建设　市域（郊）铁路成都至眉山线（S5）为向北至成都方向的跨行政区市域轨道交通线，串联成都和眉山。线路起于成都天府新区红莲站，向南串联天府文创城、视高、南天府公园、乐高、黑龙滩、岷东新区，止于眉山东站。线路全长59公里（成都段19公里、眉山段40公里），概算投资220.5亿元（成都段84亿元、眉山段136亿元），设车站13座（眉山段8座、成都段5座）。建设年限4年，项目业主为成眉轨道交通公司。2021年12月，项目纳入《成渝地区双城经济圈多层次轨道交通规划》，开展工可编制，完成项目公司组建。2022年8月23日，取得省发展改革委立项批复；9月20日，取得省发展改革委初步设计批复，完成环评、水保、林地等30个前期要件报批。9月26日，项目开工建设。全年完成眉山段项目部驻地、临建设施建设工作，开展视高站、跨岷江特大桥等控制性工程施工，完成投资10亿元。

天府大道眉山城区段开工建设　天府大道眉山城区段起于天府大道眉山段终点与岷东大道交叉口，止于工业大道，路线由东向西经过东坡区富牛镇、太和镇、尚义镇，先后跨岷江，下穿成绵乐客专，上跨成昆铁路和成乐高速公路，路线全长16.6公里，一级公路（配套市政功能）标准，机动车通道设计时速80公里，辅道设计时速40公里，双向十二车道（八个机动车道+四个非机动车道），沥青混凝土路面，路基宽度33.5～80米，总投资41.12亿元，其中由天眉乐公司投资建设部分29.53亿元，由其代建部分投资11.59亿元。2022年12月23日，天府大道眉山城区段道路工程国道245线大件临时改道工程先期开工，完成投资5.02亿元。

益州大道南延线建设　益州大道南延线起于成都市益州大道规划终点处（成都天府新区与眉山天府新区交界处），途经视高街道、成都第三绕城高速、天府大道眉山段，止于黑龙滩附近与天府大道眉山段相交处，路线全长16.254公里，全线采用一级公路（兼顾城市道路功能）技术标准，主路设计时速80公里，辅路设计时速40公里，双向12车道，路基宽度60米，沥青混凝土路面，总投资36.49亿元。2020年10月开工建设，由中交第一公路勘察设计研究院有限公司设计，成都久久工程项目管理有限公司监理，中交第二航务工程局有限公司（牵头单位）、中交第三航务工程局有限公司（成员单位）施工。2022年进行路基、桥涵、隧道施工，完成投资10.2亿元，累计完成投资26.7亿元。

天府大道眉山段建成通车 天府大道眉山段起于天府大道与成黑旅游通道平交口，经眉山天府新区、仁寿县、东坡区，止于岷东大道，路线全长17.71公里，采用一级公路（兼顾城市道路功能）技术标准建设，机动车道设计时速80公里，辅道设计时速40公里，路基宽度80米，双向十二车道（八个机动车道+四个非机动车道），沥青混凝土路面。采用PPP模式建设，由眉山天环基础设施项目开发有限责任公司组织实施，省交通设计院公司设计，四川路航建设工程公司施工。2019年3月27日开工建设，2022年12月建成，完成投资13.6亿元，累计完成投资41.6亿元。

2022年，天府大道眉山段建成通车　　侯建明　摄

梓州大道南延线建设 梓州大道南延线（省道424线大林至仁寿段）全长17.28公里（含连接线长度），采用“双向六车道+双向两车道辅道”一级公路技术标准建设，沥青混凝土路面，设计时速80公里，路基标准宽度48米，其中与红星路南延线仁寿共线段采用双向八车道标准，路基宽度40.5米，总投资28.07亿元。全线设置桥梁3座，天桥5座，涵洞及通道46道，穿龙泉山脉隧道1处，互通立交1处。2020年10月开工建设，2022年加快路基、路面建设，完成投资7.4亿元，累计完成投资13亿元。

天府仁寿大道二峨山段建设 天府仁寿大道二峨山段项目起于简蒲高速公路仁寿黑龙滩立交附近，接天府仁寿大道清水至三绕段，与在建的天府仁寿大道大化至城区段在团灯坝位置顺接，全长12.46公里（其中，隧道2座总长2637米，采用四洞单向通行），一级公路技术标准，双向八车道，路基宽度45.5米和80米，设计时速80公里，沥青混凝土路面，总投资25.85亿元。2020年5月开工建设，2022年进行路基、桥涵和隧道施工，完成投资5.02亿元，累计完成投资17.54亿元。

滨江大道北段东线建设 滨江大道北段东线起于环天府新区快速通道，与环天快速路连接采用分离式立交平面交叉，路线向正北方向展线，在桩号K1+651.5处与规划道路航空大道连接线平面交叉，在桩号K1+940处与规划道路通江大道平面交叉，止于新津县工业及物流集中贸易发展区与郑园路止点顺接，路线全长2.55公里，一级公路标准，设计时速60公里，沥青混凝土路面，总投资2.5亿元。2021年5月开工建设，2022年完成投资0.6亿元，累计完成投资1.45亿元。

通江大道建设 通江大道起于彭山区青龙镇南河上顺河大桥桥头引道处，由西向东展线，与滨江大道北段东线在K1+100处平面交叉，止于彭山区牧马镇在建航空大道K1+783.236处，路线全长4.83公里，双向六车道，采用二级公路（含市政配套）标准，设计时速60公里，路基宽度40米，其中跨线桥段路基宽度42.5米，沥青混凝土路面，总投资2.7亿元。2021年6月开工建设，2022年完成投资0.3亿元，累计完成投资1.1亿元。

眉山环城公路南环线西段建设 眉山环城公路南环线（省道428线）起于东坡区工业大道南段，止于岷东大道，路线由西至东，先后与工业大道、成乐高速公路、成昆铁路、成绵乐客专、国道245线（原省道103线）、顺江大道、崇礼中路（在建）、岷东大道交叉，在岷江

2022年，建设中的眉山环城公路南环线西段下穿成贵高铁　　侯建明　摄

一桥下游约5公里处跨岷江，路线全长14.34公里，一级公路技术标准，设计时速80公里，配套市政设施，双向六车道，标准路幅宽60米，项目控制性工程为跨岷江的岷江特大桥、跨成昆铁路（含成昆铁路复线）大桥。项目划分为东、西两段实施，西段起于工业大道，止于国道245线，长6.9公里。2020年9月开工建设，2022年3月31日，西段靠近工业大道2公里主线建成开放交通，剩余路段进行桥梁、路基工程施工，累计完成投资5.9亿元。

眉山天府新区工业大道北段开工建设　眉山天府新区工业大道青龙互通至新津大件外绕段起于青龙大道与格力大道交叉口附近，顺接成乐高速公路扩容建设青龙场跨线桥起点，经青龙大道、建设路，在K2+785处下穿成绵乐城际高铁后沿城际高铁右侧设线，于K3+347.497处与环天府新区快速通道平面交叉，在K6+480处与国道245线共线，止于大件路与国道108线平交口处，路线全长5.26公里（扣除涉铁段路线）。项目采用二级公路标准（满足大件运输兼顾市政配套），设计时速60公里，双向四车道，沥青混凝土路面，总投资5.79亿元。2022年9月29日开工建设，完成投资0.4亿元。

彭山岷江大桥建成通车　彭山岷江大桥建设（拆除重建）项目位于彭山区原岷江大桥旧址，起于迎宾大道与国道245线交叉口长寿牌坊平交处，止于岷江东岸规划环湖东路交叉口，路线总长2.86公里，其中桥梁全长509米，二级公路标准，沥青混凝土路面，双向六车道，设计时速60公里。主桥采用三塔斜拉桥，上部孔跨布置结构采用37.5+39+55+120+120+55+39+35米整联连续预应力混凝土箱梁，是全国首座采用竖转施工的双拱塔双索面三塔斜拉桥。2022年12月，项目建成通车，完成投资0.58亿元，累计完成投资2.8亿元。

彭山区环湖东路建成通车　彭山区环湖东路位于彭山城区岷江东岸，路线起于拟建岷江大桥东岸桥头，自北向南沿规划尖子山航电枢纽工程左岸河堤布线，止于规划尖子山航电枢纽工程大坝东岸，路线全长5.27公里，设计时速60公里，路基宽度26米，双向四车道，二级公路标准，配套市政设施，沥青混凝土路面。2021年2月项目开工建设，2022年12月建成通车，完成投资1.5亿元，累计完成投资2.3亿元。

2022年，彭山区环湖东路建成通车　　侯建明　摄

彭山岷江二桥引道建成通车　彭山区岷江二桥引道改（扩）建工程位于彭山区观音街道、江口街道，路线

起于岷江二桥引道至观音街道附近，与国道245线相交，止于岷东大道，顺接岷东大道，路线全长3.68公里，路基宽度29米，双向六车道，一级公路标准，沥青混凝土路面。2022年2月开工建设，10月建成通车，完成投资0.75亿元。

彭山北综合客运枢纽建成投运 彭山北综合客运枢纽站建设项目是眉山市“十四五”发展规划重点建设的综合客运枢纽项目，是重要的民生工程。项目位于成绵乐客运专线彭山北站的北侧，总占地5.33公顷，新建综合客运枢纽站3651.44平方米、公交检修用房436.08平方米、设备用房282.5平方米、室外附属60644平方米、道路1004米，改造现有站前广场，新建驻车发班区及充电区，形成高铁、汽车客运、公交、出租、社会车辆一站换乘的综合交通枢纽。2021年7月开工建设，2022年10月建成投入运营，累计完成投资1.54亿元。

2022年，集高铁、长途客运、城市公交、出租汽车于一体的眉山市彭山北综合交通枢纽站建成投入使用 侯建明 摄

锦江大桥建成通车 锦江大桥位于彭山区牧马镇府河之上，河西连牧马镇及黄龙溪景区，河东接锦江乡中法农业科技园旅游区。线路全长2.1公里，其中桥梁长250米，双向四车道，设计时速50公里，路基宽度30米。2020年9月开工建设，2022年9月建成通车，完成投资0.7亿元，累计完成投资1.95亿元。

省道401线东坡崇仁至丹棱杨场段建成通车 省道401线东坡崇仁至丹棱杨场段是眉山市“一核三环”公路路网的重要组成部分，起于丹棱县杨场镇，止于东坡区思蒙镇，与东坡区规划道路相接，止于工业大道，建成后连接丹棱县陶瓷产业园区与东坡区甘眉工业园区。线路全长4.13公里，采用一级公路技术标准建设，设计时速80公里，路基宽22.5米，双向四车道，沥青混凝土路面。2021年4月开工建设，2022年6月全线贯通，完成投资0.5亿元，累计完成投资2.36亿元。

省道401线丹蒲快速路建成通车 省道401线丹蒲旅游快速通道是丹棱向北融入成都，实现与成新蒲快速通道、成蒲高铁、天府绿道无缝对接的交通主动脉，“成眉同城化”发展的重要交通基础设施项目。路线起于丹棱县国道351线与端淑大道交叉口，止于蒲江县官帽村（丹蒲交界处），全长13.99公里，一级公路技术标准，沥青混凝土路面，设计时速80公里，路基宽度24.5米（城区段K0+000—K2+000采用34.5米市政配套），主线设桥梁6座1375米，涵洞56座1811米，配套建设10米宽绿化带、3米宽绿道、2个驿站、1个特色农产品售卖长廊，总投资11.08亿元。2018年3月开工建设，2022年5月建成通车，完成投资0.28亿元，累计完成投资11.02亿元。

省道104线丹名快速路建成通车 省道104线丹名旅游快速通道是丹棱向西北融入大峨眉旅游环线，对接雅安市名山区，连接蒲名快速路、成雅高铁、成雅高速公路的交通要道。路线起于丹棱县与东坡区交界处，止于丹棱县与雅安市名山区交界处（K20+792），全长20.86公里（其中K0+00—K2+723段为丹棱县城利用段，K2+723—K4+623.9段与省道401线重合），采用二级公路技术标准改建，沥青混凝土路面，设计时速60公里，县城至幸福古村段路基宽度15米，双向四车道，其余路段路基宽度10米，双向两车道，配套建设10米宽绿化带、3米宽绿道、2个观景平台，设桥梁11座1375米，涵洞48座1122.1米，隧洞1座424米，采用PPP模式建设，总投资

2022年，丹名快速路建成通车 侯建明 摄

6.04亿元。2018年3月开工建设，2022年11月全线贯通，完成投资0.34亿元，累计完成投资5.9亿元。

国道351线丹棱县城过境段开工建设 国道351线丹棱县城过境段是依托丹棱发展规划，连接眉山—丹棱—洪雅—峨眉，引导各类优势资源向丹棱集聚的重要过境要道与物流集散通道。项目起于丹棱县与东坡区交界处附近冲子靴，止于狮子村汪林山附近，全长9.83公里（含利用段0.90公里），采用一级公路技术标准建设，设计时速80公里，路基宽度33米（利用段路基宽度40米），双向四车道，沥青混凝土路面，主线设桥梁4座473米，涵洞10座453米，总投资7亿元。2022年5月开工建设，开展桥梁、路基施工，完成投资4亿元。

省道429线洪雅东岳至柳江段改建工程建设 省道429线洪雅东岳至柳江段改建工程起于洪雅县东岳镇，止于柳江镇李湾口大桥，与县道170线柳江镇至玉屏山段平交，路线全长14.52公里，其中改建路段12.89公里，路面改造段1.43公里，完全利用段0.2公里，采用二级公路技术标准建设，设计时速40公里，沥青混凝土路面，总投资1.47亿元。2022年7月开工建设，开展路基、桥涵施工，完成投资0.4亿元。

洪雅至瓦屋山旅游快速通道建设 洪雅至瓦屋山旅游快速通道（省道308线眉山市洪雅县袁坪至瓦屋山镇段新建工程）起于洪雅县柳江镇郭山村柳桃平交，接大峨眉国际旅游西环线二标ZK30+360处，经王关、双溪村、瓦屋山镇、沙湾村，止于瓦屋山国家森林公园，全长37.54公里，总投资19.55亿元，采用PPP模式建设，二级公路技术标准，沥青混凝土路面。其中袁坪至瓦屋山镇段21.31公里路基宽度12米，设计时速60公里，投资10.7亿元。瓦屋山场镇张沙路至金花桥段15.72公里，K0+000—K8+000（瓦屋山镇至富坪段）路基宽度12米，设计时速60公里；K8+000—K15+720（富坪至终点段）路基宽度8.5米，设计时速40公里。2019年5月29日开工建设，2022年12月主体工程基本完工，初步具备通车条件，完成投资1.24亿元，累计完成投资10.7亿元。

洪雅七里坪连接线建设 洪雅七里坪连接线起于西环线2K45+830处，与西环线平面交叉，路线沿山腰顺势而下，经雅峨村，止于峨洪路，全长9.6公里，路基宽度10米，沥青混凝土路面，三级公路技术标准，设计时速30公里，总投资3.4亿元。2020年6月开工建设，2022年进行桥涵施工，完成投资0.5亿元，累计完成投资1.4亿元。

省道210线高家至新民段改（扩）建工程建设 省道210线高家至新民段改（扩）建工程位于眉山天府新区高家镇，起于高家镇，止于新民村，全长7.14公里，采用双向四车道二级公路技术标准建设，设计时速60公里，路基标准宽度17米，总投资2.32亿元。2021年7月开工建设，2022年开展路基、桥涵施工，完成投资0.9亿元，累计完成投资1.7亿元。

尖子山航电枢纽工程建设 尖子山航电枢纽工程位于眉山市彭山区境内，是规划调整后岷江中游6级航电规划自上而下开发的第1个梯级，2022年5月纳入《岷江成都至乐山段航运发展规划》，以航为主，发电为辅，兼顾水环境综合整治和防洪功能综合开发，2016年开始前期勘测，按照4级航道标准设计，完成32个专题报告的审批，水库正常蓄水位426米，电站装机容量6.9万千瓦，年发电量2.85亿千瓦时，渠化航道14.9公里，工程概算总投资16.89亿元。2019年经公开招商，广西亚王水电公司中标投资建设尖子山航电工程，2019年10月9日开工建设。由于资金链断裂和融资未到位，2020年10月工程停工。2021年9月，投资建设方与彭山区政府签订退出与承接事宜备忘录。2022年8月，彭山区政府完成重新招商工作，中国葛洲坝机电建设公司中标为新投资建设单位。2022年12月，工程复工，开展钢筋加工场、骨料筛分场、一枯围堰和施工营地建设，完成投资1亿元，累计完成投资7.87亿元。

2022年，建设中的彭山岷江尖子山航电枢纽工程　　侯建明　摄

岷江汤坝航电枢纽工程建设 岷江汤坝航电枢纽工程位于眉山市东坡区境内，是规划调整后岷江中游6级航电规划自上而下开发的第2个梯级，2022年5月纳入《岷江成都至乐山段航运发展规划》，是四川省“十三五”期省重点开工建设项目。项目由眉山岷江水电开发公司开发建设，以通航为主，发电为辅，兼顾防洪、灌溉、供水、流域综合开发，按照4级航道标准设计，坝址位于眉山市主城区岷江一桥下游1.7公里处，水库正常蓄水位414.80米，电站装机容量6.9万千瓦，多年平均发电量2.83亿千瓦时，船闸按四级航道通行2×500吨级船队进行设计，渠化航道13.8公里，工程概算总投资21.06亿元。2022年，完成1号机组安装、2号机组部分安装和2号料场建设，实施部分220千伏送出工程、防洪堤压脚工程、鱼道工程、1号料场拆除等施工，完成投资16亿元，累计完成投资44.27亿元。

岷江虎渡溪航电枢纽工程建设 岷江虎渡溪航电枢纽工程位于眉山市青神县境内，是规划调整后岷江中游6级航电规划自上而下开发的第4个梯级。2022年5月纳入《岷江成都至乐山段航运发展规划》，是四川省“十三五”期省重点开工建设项目。工程建设以通航为主，发电为辅，兼顾防洪、灌溉、供水、流域综合开发，按照4级航道标准设计，坝址位于眉山市青神县主城区岷江一桥下游约3.5公里处，水库正常蓄水位391米，电站装机容量6.3万千瓦，多年平均发电量2.04亿千瓦时，船闸按Ⅳ级航道通行2×500吨级船队进行设计，渠化航道13.4公里，工程总投资14.25亿元。2020年10月开工建设，2022年完成征地移民工作，土建工程完成98%，完成1号水轮发电机组安装，开展2号机组、3号机组安装工作，完成投资3亿元，累计完成投资14.84亿元。

（本栏目供稿单位：眉山市交通运输局）

2022年，青神岷江虎渡溪航电枢纽全貌　　侯建明　摄

资阳市交通

ZIYANG SHI JIAOTONG

2022年资阳市交通运输能力概况表

公路交通运输			
通车里程	总里程（公里）		12668
	其中	高速公路	380
		一级公路	32
		二级公路	422
		三级公路	291
		四级公路	11419
		等外公路	124
公路密度	按国土面积计算：每百平方公里218.39公里		
	按人口计算：每万人49.09公里		
通达程度	通公路的乡（镇）80个，占乡（镇）100%		
	通公路的村963个，占村100%		
客运站	总数（个）		10
	其中	一级站	1
		二级站	5
		三级站	1
		四级及以下站	3
营运车辆	总数（辆）		6738
	其中	客车1224辆28932座	
		货车5514辆74961吨	
公路运量	客运	客运量（万人次）	854
		旅客周转量（万人公里）	38008
	货运	货运量（万吨）	1981
		货物周转量（万吨公里）	333711
内河航运运输			
通航里程	总里程（公里）		372
	其中	三级航道	0
		四级航道	0
		五级航道	0
		六级航道	0
		七级航道	88
港口（码头）	总数（个）		1
	吞吐量	旅客吞吐量（万人次）	0
		货物吞吐量（万吨）	188.44
水路运量	客运	客运量（万人次）	0.97
		旅客周转量（万人公里）	4.85
	货运	货运量（万吨）	188.44
		货物周转量（万吨公里）	1365.32
营运船舶	总数（艘）		70
	其中	客船8艘133座	
		货船62艘6248吨	
城市公交运输			
营运车辆	351辆		
公交线路	43条		
公交站	906个		
运量	0.21亿人次		

交通运输概况 2022年，资阳市交通运输系统抓好规划引领、项目投资、运输服务、平安交通建设等重点工作。全年完成交通固定资产投资71.85亿元，比上年增长44.6%；完成公路运输总周转量33.75亿吨公里，增长3.36%；完成邮政业务总量7.98亿元，增长10.95%。雁江区成功创建“四好农村路”省级示范县和首批“四川省乡村运输金通工程样板县”，安岳县成功获批省第二批交通强县试点，乐至县农村客货邮融合发展工作经验获交通运输部在全国推广，资阳市成为全省6个“四好农村路”省级示范县（区）全覆盖市（州）之一，“金通工程”覆盖率100%。“快递进村”试点取得阶段性成效，县、乡、村三级物流体系基本建立，建成县级仓配中心3个、镇级运营中心80个、村级驿站963个，实现所有乡（镇）和建制村覆盖率100%。资中至铜梁（四川境）高速公路提前开工建设，成资同城化三大标志性工程之一成资大道建成通车。

交通发展规划 2022年，资阳市围绕服务全省构建“一轴两翼三带”区域经济布局，出台《资阳市“十四五”综合交通运输发展规划》，以“链接双核、支撑同城、联动两翼、畅捷城乡”为导向，谋划“8高11轨16快”综合交通网络，支撑成渝相向发展，建设成渝门户枢纽。先后制订《资阳市幸福美丽乡村路实施方案》《资阳市乡镇级片区交通运输专项规划》等专项规划，加快编制《资阳中心城区常规公交发展规划》，指导行业重要领域发展，助推交通强市建设。突出“成渝

2022年6月23日，资阳市融入成渝地区双城经济圈交通一体化发展情况调研　　资阳市交通运输局　供图

之心、巴蜀门户”定位，谋划一批具有前瞻性、对全局有重大带动作用的重点项目，努力让重点项目纳入上位规划，或符合上位规划支持方向。成自宜高铁、成渝中线高铁、成渝高速扩容等7个项目纳入《成渝地区双城经济圈建设规划纲要》，成达万高铁、成都外环铁路、资中至铜梁（四川境）高速、资阳西综合枢纽站等10个项目纳入《成渝地区双城经济圈综合交通运输发展规划》，东西城市轴线资简段和乐简段、省道102线资安快速通道、省道207线安岳卧佛至石羊快速通道等66个项目纳入省交通运输厅、省发展改革委《“十四五”综合交通运输发展规划重点项目清单》。

重点项目建设　2022年，资阳市聚焦助力成渝地区中部崛起，加快大通道项目建设，资中至铜梁（四川境）高速公路提前开工建设，成渝高速公路扩容完成投资人招商，三台经乐至至犍为高速公路前期工作加快推进。成资同城化三大标志性工程之一成资大道建成通车，成资临空大道、省道207线安岳卧佛至石羊快速通道加快建设，东西城市轴线资简段、乐简段启动建设。全年完成国省道养护工程80公里，国道路面使用性能指数PQI达90以上（优等）。围绕两项改革“后半篇”文章和巩固脱贫攻坚成果同乡村振兴有效衔接，以乡村振兴产业路旅游路工程、撤并建制村畅通工程和较大人口规模自然村组通硬化路为重点，新（改）建农村公路793公里，新增170个撤并建制村通4.5米硬化路，新增350个较大人口规模自然村组通硬化路。资阳首座综合客运枢纽成渝高铁资阳北综合客运枢纽站开工建设，成自高铁资阳西综合客运枢纽站取得工程可行性批复。

道路运输　2022年，资阳市新开通资阳城区至天府国际机场、四川音乐学院临空经济区校区（美术学院）至天府国际机场2条跨市公交专线，新开行资阳城区环线公交线路1条，优化调整公交线路4条，开行定制客运线路7条，全市开行公交线路43条。开通“敬老公交专线”，设置爱心专座，增配装有老花眼镜、创可贴、碘伏等物品的便民箱，不断丰富公交服务，关心关爱老年乘客等特殊群体。购置新能源公交车50辆，持续推动公共交通绿色发展。开通巡游出租汽车电召服务电话，不断提升出租汽车便捷服务水平。全市投入资金80余万元，6个二级以上客运站全面建成道路客运电子客票系统，支持电子客票出票、退票、改签、核销、换票、查验、检票及电子客票打印等功能，并实现与省电子客票系统互联互通。

交通安全维稳　2022年，资阳市交通运输行业安全生产形势持续稳定。全面贯彻上级有关安全生产工作指示精神，持续健全完善安全生产组织机构和安全生产工作机制，修订完善《突发事件总体应急预案》《防汛抗旱应急预案》等8个应急预案，组织开展应急演练6次。开展安全生产专项整治“集中攻坚年”行动，紧盯道路水

2022年6月2日，资阳市交通运输局联合施工企业开展防洪防汛应急演练　　资阳市交通运输局　供图

上运输、公路养护管理、在建工地等重点行业领域，聚焦冬季、汛期、重要节庆等重要时段，强化安全生产监管，排查各类安全隐患474处，整治完成458处，完成村道安全生命防护工程402公里，整治农村公路危桥11座、事故易发多发路段22处。建立健全重要时段、重要群体、重点领域涉稳隐患摸排和网上网下舆情收集研判机制。回应群众关切。全年办理人大代表建议10件，其中主办3件、会办7件；办理政协提案19件，其中主办6件、会办13件。所有建议、提案均在规定时间内办结，沟通率、按时办复率、满意率均为100%。全市“12328”受理业务9844件，限时办结工单回访满意率100%。通过“软件+人工”监测方式，开展网络舆情监控，监控到网络舆

情37件，均全部办结。

交通运输政务服务 2022年，资阳市交通运输局围绕推进交通运输行业治理体系和治理能力现代化总目标，坚持问题导向、民意导向，主动作为、多措并举，全面提升交通运输系统服务水平和服务效能，推进政务服务“一网通办”，优化营商环境，助力全市经济社会高质量发展。道路运输驾驶员从业资格证补发、换发、变更、注销和年度诚信考核等5项高频服务事项实现“跨省通办”，互联网便民服务系统中道路旅客运输驾驶员从业资格证换发等10项高频事项实现“川渝通办”，客运企业执照和经营许可证申办等4项业务实现“一件事一次办”。道路运输车辆“三检合一”、普货车辆异地年审等改革措施落实。为交通运输企业发放“助企纾困政策明白卡”，帮助117家交通运输企业纳入专项贷款白名单。

交通行政执法 2022年，资阳市交通运输局贯彻习近平法治思想，推进规范公正文明执法，理顺行政执法体制，完善行政执法程序，落实行政执法责任。在中共资阳市委市政府坚强领导下，紧盯行业乱象，加强协调联动，持续开展“打非治违”，确保法律有效实施。持续整治巡游出租汽车（网约车）乱象，整治车容车貌，规范驾驶员经营行为，查处拒载、议价、不打表、甩客等违规经营行为。协调属地政府和公安、城管、交警等部门力量，以场站周边喊客、拉客等乱象整治为重点，持续开展道路运输乱象综合集中整治行动，常态化开展扫黑除恶斗争，持续巩固道路客运非法营运整治成果。全年全市累计出动执法人员20676人次，执法车辆5288辆次，巡查公路里程19.6万公里，检查货运车辆22.65万辆次、客运车辆17308辆次、船舶1582艘次，检查货运企业3384家次。办理行政处罚案件446起，行政强制案件30起，移送公安、交警、司法等部门案件364起。

2022年10月2日，资阳市交通运输局执法人员参加全省交通综合行政执法“大练兵大比武”决赛暨执法人员技能大赛 资阳市交通运输局 供图

疫情防控 2022年，资阳市交通运输系统落实省、市疫情防控指挥部部署要求，坚持“外防输入，内防反弹”总策略和“动态清零”总方针不动摇，按照“一断三不断”总体要求和“三个不得、一个确保”工作原则开展交通管控和物流运输保通保畅工作。4月，全市常态化设置“入川即检”查验点31个（其中高铁资阳北站1个、高速公路27个、国省干线公路省界3个），每个查验点配备1至2个核酸采样台，执行“即采即走即追”等货车司机服务管理“六条措施”，保障物流畅通。做好极端条件下物资运输保障工作，建成7个物资中转站和3个市域外接驳站，助力打通货物畅通“最后一公里”。落实客运场站、交通运输工具分级防控要求和交通从业人员健康监测，没有发生行业性疫情传播。全年查验来（返）资车辆136万台次，查验人员217万人次，核酸检测152万人次，点对点闭环转运风险人员6722人次。

2022年8月30日至9月2日，资阳市交通运输局志愿者在现代大道卡点值守 资阳市交通运输局 供图

（本栏目供稿单位：资阳市交通运输局）

阿坝藏族羌族自治州交通

ABA ZANGZU QIANGZU ZIZHIZHOU JIAOTONG

2022年阿坝州交通运输能力概况

公路交通运输			
通车里程	总里程（公里）		15591.152
	其中	高速公路	220.506
		一级公路	4.299
		二级公路	1912.425
		三级公路	1450.585
		四级公路	11456.861
		等外公路	546.476
公路密度	按国土面积计算：每百平方公里18.76公里		
	按人口计算：每万人162.48公里		
通达程度	通公路的乡镇225个，占乡镇100%		
	通公路的村1376个，占村100%		
客运站	总数（个）		240
	其中	一级站	0
		二级站	10
		三级站	9
		四级及以下站	221
营运车辆	总数（辆）		11939
	其中	客车2192辆56040座	
		货车9747辆217600吨	
公路运量	客运	客运量（万人次）	321.414
		旅客周转量（万人公里）	29940.6643
	货运	货运量（万吨）	2189.379
		货物周转量（万吨公里）	458245.010
内河航运运输			
通航里程	总里程（公里）		
	其中	三级航道	
		四级航道	
		五级航道	
		六级航道	
		七级航道	
港口（码头）	总数（个）		
	吞吐量	旅客吞吐量（万人次）	
		货物吞吐量（万吨）	
水路运量	客运	客运量（万人次）	
		旅客周转量（万人公里）	
	货运	货运量（万吨）	
		货物周转量（万吨公里）	
营运船舶	总数（艘）		
	其中	客船　艘　座	
		货船　艘　吨	
城市公交运输			
营运车辆	117辆		
公交线路	44条		
公交站	1159个		
运量	0.057031亿人次		

交通运输概况　2022年，阿坝州完成交通投资225.38亿元，超额完成210亿元的计划投资任务，再创建州以来历史新高，为全州经济稳增长提供支撑。印发实施《“县县通高速”实施方案》，川汶高速公路立项前置要件全部编制完成，汶彭、郎川高速公路工可报告编制完成并通过省交通运输厅初审，高速公路前期工作取得突破性进展，“县县通高速”建设加快推进。建成若尔盖县阿牙路、金川县撒卡路等乡村振兴产业路旅游路（美丽乡村路）146公里，完成目标任务122公里的119.7%。建成22个撤并建制村畅通工程项目124.64公里，完成目标任务85.9公里的145%。建成74条30户以上自然村组通硬化路92公里，完成目标任务92公里的100%。汶

2022年，若尔盖县辖曼镇虢昌村道路　　阿坝州交通运输局　供图

川、黑水、金川3县成功创建第六批“四好农村路”省级示范县，全州省级示范县7个，位居全省前列。壤塘县入围全国“四好农村路”示范县创建名单，完成创建全国城乡交通运输一体化示范县内业资料评审。

交通规划 2022年，阿坝州印发《阿坝藏族羌族自治州“十四五”综合交通运输发展规划》，为高质量建设“一州两区三家园”提供交通支持和保障。结合阿坝州实际，印发《贯彻落实交通强国、交通强省决策部署加快建设交通强州的实施意见》，为建设交通强州明确方向。

交通基础设施建设 2022年，阿坝州实施27个交通重点项目，其中久马高速公路阿坝县城至川青界于12月31日建成试通车；九绵高速公路完成42公里路基工程、24公里路面工程；都四轨道交通映秀至卧龙段隧道掘进完成50%以上、桥梁下部结构基本完成，小金段于9月进场开展桥梁桩基施工；国道351线夹金山隧道主洞完成掘进705米、平导完成2605米；松潘过境路隧道、桥梁主体工程基本完工；松潘镇江关至草原公路、松潘草原至黑水麻窝公路、双九路路基工程基本完工；理小路除邛崃山隧道、扎红隧道土建工程外全部建成；茂红路、绵茂路、安曲至马尔康界公路、理黑路试验段、达维至夹金山公路、绰斯甲电站还建路等6个项目建成。金抚路、松潘草原至红原阿木公路、马尔康日部至上壤塘公路等项目开工建设。国道248线金川电站还建路、国道317线双江口电站还建路等10个等重点项目推进。

新（改）建国省道和农村公路，建成国道545线绵茂路、国道347线茂红路、国道317线绰斯甲电站还建路、国道351线达维至夹金山公路、省道217线安曲至马尔康界公路、省道446线理黑路试验段等6个项目336.442公里，完成目标任务149公里的225.8%。建成小金县冒水路、金川县安沐路等农村公路407公里，完成年度目标任务330公里的123%。完成茂县、汶川县等村道安全生命防护工程632公里，完成年度目标任务445公里的142%。完成马尔康市二茶、宝岩等农村铁索桥改公路桥6座，为年度目标任务6座的100%。

“金通工程”建设 2022年，阿坝州壤塘、茂县成功创建“金通工程”样板县，九寨沟、小金“金通工程”样板县创建工作完成州级初评，待省交通运输厅评审。

2022年，管理规范的阿坝州农村客运“金通工程”　　阿坝州交通运输局　供图

全年全州各县（市）兑付中央和省下达农村客运补助资金2373.55万元，完成年度目标任务。

客运站场建设 2022年，阿坝州客运综合枢纽站完成固定资产投资3400万元。新开工建设茂县枢纽站，继续推进松潘黄胜关枢纽站建设，新（改）建乡镇运输服务站45个。

道路运输“打非治违”专项整治 2022年，阿坝州持续开展道路运输“打非治违”专项整治工作，及时通报工作开展情况，对出现的问题及时指正，确保运输市场健康稳定发展。全年出动运政执法人员13118人次，出动执法车辆3117辆次，检查车辆59680辆，查处各类非法违规车辆411辆，其中查处非法营运车辆127辆、违规营运车辆210辆，行政处罚案件337起，处罚金额152.75万元。

客货运输 2022年，阿坝州十三县（市）及卧龙特区均建有三级及以上汽车客运站，其中二级站10个、三级站9个。实现乡镇和建制村100%覆盖道路运输站点，其中乡镇客运站（含港湾式简易站）221个、村级招呼站（牌）及城市公交站牌1159个。道路旅客运输企业8户，投放客运车辆1585辆，其中市际旅游客运1127辆、县内旅游包车41辆、班线客运车辆417辆；开行客运班线139条，其中省际班线12条、市际班线68条、县际班线59条；道路危险化学品运输企业6户、车辆153辆。投入营运公交车117辆，运营线路44条，年客运量570.31万人次；投入营运出租车924辆，年客运量1625.18万人次。

全年全州客运量321.41万人，客运周转量29940.66万人公里，货运量2189.38万吨，货运周转量458245.01万吨公里；客运量比上年下降9.02%，旅客周转量比上年下降27.65%，货运量比上年下降5.44%，货物周转量比上年上升3.37%。客货运总周转量461239.0764万吨公里，比上年上升3.08%。

交通运输管理 2022年，阿坝州组织实施2021年度道路运输、危险化学品运输企业服务质量信誉考核，完成客货运输业户数据库清理。联合生态环境部门初步建立机动车排放检验与维护制度（I/M制度），新增符合资质条件的M站1家——松潘和川汽修厂。组织开展道路危险化学品运输安全风险集中整治，强化危险化学品运输源头监管和执法检查。组织开展“服务质量提升，阿坝驾培在行动”主题活动，进一步强化汽车驾培服务质量督导。强化营运车辆联网联控工作，落实重点营运车辆违法违规处理“一周一通报”，全年下发34期通报。

交通工程质量管理 2022年，阿坝州加强公路工程质量管理。办理质量监督手续13项、试验室备案手续20项。采取综合督查、专项巡查等方式强化现场施工质量管控，通过第三方检测机构对全州在建高速公路、国省干线、地方重点项目等开展原材料、工程实体专项检测，对发现问题及时制发抽查意见通知书或通报，督促相关单位及时整改。持续开展工程质量安全红线行动及高速公路平安工地考核工作，提升工程质量安全管理水平。

交通工程造价管理 2022年，阿坝州审查全州国省干线建设项目造价文件118项，送审金额139.95亿元，审减金额4.16亿元，审减率2.97%。会同相关部门现场踏勘，充分沟通技术方案，了解地质水文、料场分布、取弃土场位置、征地拆迁、生态红线等情况，严格控制工程投资。强化设计变更管理，规范设计变更程序。开展项目概（预）算执行情况、合同及设计变更管理情况、投资动态管理及控制情况、计量支付管理情况等监督检查。

行政审批改革 2022年，阿坝州继续强化行业现代化治理体系建设。贯彻《法治中国建设规划（2020—2025年）》《法治社会建设实施纲要（2020—2025年）》要求，坚持领导干部述责述廉述法，主要负责同志带头述法；全年组织州交通运输局党组成员集中学法12次、干部职工集中学法18次。持续深化综合行政执法改革，推进行政执法规范化、标准化建设；运用交通运输行政执法管理系统，持续做好执法领域突出问题专项整治行动。不断深化交通运输领域“放管服”改革，精简优化行政许可及公共服务事项，全部实现“最多跑一次”。

绵茂路通车 2022年12月27日，国道545线绵竹至茂县公路正式通车。绵茂路位于山岭重丘区，同时穿越龙门山4条地震断裂带，77处地灾隐患点，每年受汛期暴雨影响，有效施工时间不足6个月，是全国在建公路中地质条件最复杂、施工难度最大、危险性最高的公路之一，具有“三多二高一复杂”的特点。通车后，绵竹至茂县车程从原来的3.5小时缩短至2小时。

久马高速公路阿坝段建成试通车 2022年12月31日，久治（川青界）至马尔康高速公路阿坝段50公里建成试通车，正式对社会车辆开放，这是全省首条西北出川高速公路大通道，四川省与青海省首次实现高速公路连接。通车的久马高速阿坝段50公里起于川青省界处，经各莫镇、安斗乡、河支镇、阿坝镇，止于阿坝镇色尔古村，总投资33亿元，设互通立交2处、服务区1处、停车区1处。开通阿坝收费站及省界临时收费站，暂未开通

2022年，久马高速公路航拍图　　阿坝州交通运输局　供图

莲宝叶则收费站、德格停车区、多果服务区。截至年底，久马高速公路累计完成投资196.1亿元，占总投资65%。除当年首通段50公里建成通车外，久马高速公路计划在2023年实现中壤口至王家寨互通48.5公里建成试通车。

2022年，夹金山隧道TBM施工　　阿坝州交通运输局　供图

夹金山隧道TBM施工　2022年6月26日，国道351夹金山隧道项目TBM（全断面隧道掘进机）设备开始小金端平导洞掘进工作，TBM施工在国内普通国省干线公路首次使用。“夹金山号”TBM为全断面敞开式岩石掘进机，直径7.93米，设备全长215米，总重量1600吨，配置先进的锚杆钻机、超前钻机、应急喷混系统、有害气体检测装置、空压机、发电机、应急排水系统等，可实现自动开挖、出碴、初期支护等功能于一体，施工效率是钻爆法的2～3倍。TBM设备开始施工后，平导洞掘进速度由2米/天平稳提升至5～20米/天，掘进速度进一步提高。项目建成后，通行夹金山时间由原来的1个小时缩短至10分钟。

（本栏目供稿单位：阿坝州交通运输局）

甘孜藏族自治州交通

GANZI ZANGZU ZIZHIZHOU JIAOTONG

2022年甘孜州交通运输能力概况

公路交通运输			
通车里程	总里程（公里）		32950.874
	其中	高速公路	
		一级公路	
		二级公路	682.4
		三级公路	4205.967
		四级公路	27559.792
		等外公路	502.715
公路密度	按国土面积计算：每百平方公里22公里		
	按人口计算：每万人299公里		
通达程度	通公路的乡镇323个，占乡镇100%		
	通公路的村2735个，占村100%		
客运站	总数（个）		309
	其中	一级站	
		二级站	2
		三级站	23
		四级及以下站	284
营运车辆	总数（辆）		5594
	其中	客车1824辆38532座	
		货车3770辆57728.4吨	
公路运量	客运	客运量（万人次）	387.283
		旅客周转量（万人公里）	46324.735
	货运	货运量（万吨）	1763.837
		货物周转量（万吨公里）	231815.061
内河航运运输			
通航里程	总里程（公里）		3
	其中	三级航道	
		四级航道	
		五级航道	
		六级航道	
		七级航道	
港口（码头）	总数（个）		2
	吞吐量	旅客吞吐量（万人次）	10.38
		货物吞吐量（万吨）	
水路运量	客运	客运量（万人次）	10.38
		旅客周转量（万人公里）	72.68
	货运	货运量（万吨）	
		货物周转量（万吨公里）	
营运船舶	总数（艘）		5
	其中	客船5艘211座	
		货船0艘0吨	
城市公交运输			
营运车辆	286辆		
公交线路	82条		
公交站	704个		
运量	0.11272亿人次		

注：通航总里程统计为非等级航道

交通固定资产投资 2022年，甘孜州完成交通投资107.2亿元，连续10年超100亿元。高速公路完成投资39.23亿元，国省干线完成投资55.68亿元，农村公路完成投资9.35亿元（其中包括川藏铁路配套农村公路2.61亿元），养护大中修和灾毁恢复重建工程以及农村公路专项工程完成投资2.94亿元，完成年度目标任务100亿元的107.2%。

交通规划 2022年，《国家公路网规划（2022—2035年）》《四川省高速公路网布局规划（2022—2035年）》在甘孜州境内规划布局高速公路9条，其中国高线路3条（国道4217线、国道4218线、国道0615线），新增国道0615线两康高速顺利纳入国家路网规划，省高网6条（省道66线、省道73线、省道79线、省道87线、省道95线、省道99线），路网规模约3000公里（其中：国高规划线路925公里，省高规划线路1390公里、展望线路685公里），形成"两纵三横四联"高速路网规划格局，实现18个县（市）政府驻地均有高速公路规划线路覆盖。《国家公路网规划（2022—2035）》在甘孜州新增国道662线、国道663线、国道664线、国道701线4条国道进入国家公路网，净增国道线路规模650公里。《四川省普通省道网布局规划（2022—2035年）》中，甘孜州新增21条省道进入省道网，净增普通省道线路规模约2300公里，新增省道覆盖乡（镇）节点44个。

交通基础设施建设 2022年，甘孜州加快建设康新高速公路康定过境段等24个项目，提档升级国省干线595公里，大中修路面32公里。国道4218线康定至新都桥高速公路、国道318线提质改造工程辅助通道康定至雅江段等8个项目开工建设。加快推进康玉高速公路前期工作，康定新都桥至炉霍段完成工程可行性研究报告编制并报经省交通运输厅审查，省道95线石渠至甘孜、石渠至称多高速公路开展路线方案研究；国道548线色达色柯镇至翁达镇段改建工程有序推进。

运输服务保障能力建设 2022年，甘孜州认真落实疫情防控相关工作要求，全州19个“入川即检”查验点严格落实来（返）川人员核酸检测要求，精准识别来（返）川车辆，最大限度提升道路通行效率。其间累计排查车辆203万辆、人员450万人，现场检测核酸30万余人，现场管理1.8万人。闭环转运重点地区货运车辆20262辆、司乘人员26745人。开展新疆、西藏重点人员暖心接返接驳转运，累计转运5265辆20301人。截至11月底，全州客货总周转量21.23亿吨公里，比上年上升3.41%，保障了应急运输和物流畅通。

农村公路建设 2022年，甘孜州建成美丽乡村路111公里、自然村组通硬化路196公里、通畅撤并建制村道203公里。争取上级补助资金3761.65万元，完成省民生实事的24座农村公路铁索桥改公路桥建设，累计完成危桥整治42座。加快推进农村公路安全生命防护工程建设，累计建成安全护栏1034公里，其中新建622公里、补建412公里。色达县、泸定县分别成功创建“四好农村路”国家级示范县和省级示范县。

乡村客运“金通工程”建设 2022年，甘孜州开通定制客运班线16条，开行定制客运公交线路5条。支持色达、巴塘、九龙、丹巴4县创建省级“金通工程”样板县。推进农村物流节点体系建设试点，打造“金通工程·天府交邮通”甘孜品牌，建成“金通工程·天府交邮通”816个、乡（镇）综合服务站21个。康定、泸定、色达3县完成县、乡、村三级物流体系建设试点任务，打通农村物流服务“最后一公里”。

交通运输综合执法 2022年，甘孜州交通运输系统强化管理改进服务，服务能力和治理水平明显提升。在深化“放管服”改革的同时，严格落实依法治交，持续做好执法改革“后半篇”文章，加大交通执法检查力度，推进规范公正文明执法。累计出动交通执法人员11300余人次，现场查获涉嫌非法营运车辆111辆，查处非法改装车辆30辆，累计处罚69.35万元；办理交通运输执法处罚案件10件，公路路产损坏占用赔（补）偿认定6起。持续开展普通公路超限超载治理，查处超限货运车辆1146辆次，卸载货物11814吨，普通公路超限率控制在0.66%以下。

交通工程质量造价管理 2022年，甘孜州累计完成71个项目的造价审核，送审金额145.66亿元，审核金额145.39亿元，项目造价审核首次突破100亿元。加大对35个在建项目2300公里的质量监管，开展综合检查、巡查和专项检查75次，检查施工、监理合同段207个，实体抽检33260个点（组），监督检查覆盖率100%。对发现问题点对点进行督促整改，工程质量总体可控。

交通安全生产 2022年，甘孜州开展安全生产专项整治三年行动“巩固提升年”，累计排查安全隐患问题1079处，整改完成648处，纳入工程治理项目230处，落实监测措施201处。安全高效完成南北线5批次大件运输保障任务。行业重大以上生产安全事故“零发生”。

智慧交通建设 2022年，甘孜州实施智慧出行项目建设，投入49万元建成“掌上通甘孜”微信小程序，实现境内国省干线气象查询、旅行攻略、路线规划、实时路况、停车场查询、汽车维修等功能掌上查询服务。全州农村客运车安装使用卫星定位和视频监控装置，实现运输服务安全监管智能化。实施“12328”“12345”双号整合并行，加强事中事后跟踪督办，提升交通运输服务质效。全年累计接受咨询求助4655条、意见建议108条、投诉举报1655条。截至年底，投诉举报限时办结率、回访满意率均达100%，在全省“12328”运维服务中名列首位。

国道318线提质改造工程辅助通道康定至雅江段 项目起于东俄洛国道318线与国道248线平交口处，经高尔寺山垭口、帕姆林村，止于雅江县城东。路线全长65.067公里。项目于2022年3月开工，截至2022年12月，多项控制性工程取得重大进展：单台隧道累计开挖744米，

2022年，国道318线巴塘至竹巴龙段　　甘孜州交通运输局　供图

占总长度1582米的47%；卡江布隧道累计开挖807米，占总长度1265米的64%；杉木槽隧道累计掘进1329米，占总长度2458米的54%；三道桥一号隧道累计掘进1136米，占总长度2365米的48%；三道桥二号隧道累计掘进626米并已贯通；河口隧道累计开挖469.9米，占总长度1421米的33%。累计完成投资100015万元，占估算投资的47.58%。

国道215线白玉至巴塘段改建工程　项目起于白玉县麻通电站拦水坝下游，经绒盖乡、泽其西、盖玉乡、松多乡至巴塘县空军疗养院后，沿巴塘县西侧山腰布线，止于巴楚河大桥。路线全长188公里。项目于2019年10月开工，截至2022年12月，多项控制性工程取得重大进展，白玉隧道累计开挖2963米，米拉山隧道累计开挖4212米，均按计划进度贯通。累计完成投资247286万元，占概算总投资的93%。

国道318线巴塘县城至竹巴龙大桥段白格堰塞湖灾后恢复重建工程　项目起于巴塘县城南侧的巴楚河大桥桥头，顺巴楚河左岸利用原路加宽，经巴塘电站大桥、江口、水磨沟、朗达曲卡、竹巴龙乡，设金沙江大桥跨越金沙江后，止于西藏境电站还建道路项目起点。路线全长28公里。2020年7月开工，2022年10月完工。项目累计完成投资91592万元，占概算总投资的95%。

2022年10月，巴塘县金沙江大桥建成　　甘孜州交通运输局　供图

交通运输“9·5”抗震救灾及灾后重建　2022年9月5日12时52分，四川省甘孜州泸定县发生6.8级地震，甘孜州交通运输局及时组织开展道路抢通保通工作。在震后20分钟，抢通灾区第一条“生命通道”；震后30分钟，完成大批抢险人员、机具设备及相关救援物资集结，兵分几路向震中挺进；震后1.5小时，到达地震灾区，并在泸定公路分局设立保通保畅组前线应急指挥部；震后2小时，抢通省道434线经雅加埂通往震中的通道；震后4小时，抢通国道318线泸定至二郎山段大坝的便道；震后6小时，抢通省道217线复线段泸定至猫子坪大桥的便道；震后17小时，抢通省道434线金光村至磨西镇的便道；震后7天，抢通了22条农村公路；震后23天，抢通除发旺村、紫雅场村外的全部农村公路，打通通往震中的环线主通道，保障救援力量和应急物资运输。组建地震客货运输保障应急车队，储备应急客运车辆85辆、货运车辆72辆。开通磨西至康定道路应急运输，累计出动应急客运车辆578辆次，运送6964人次；出动应急货车95辆次，运送救灾物资和防疫物资1586吨。开辟水上运输通道，组织21艘船艇，累计转运被困群众、伤员和运送救援队伍累计6335人次，运送应急物资约6000余件。灾后恢复重建方面，完成《甘孜州“9·5”泸定地震灾后恢复重建交通专项规划》编制，会同省交通运输厅编制《“9·5”泸定地震灾后恢复重建交通设施重建专项实施方案》，及时启动实施“9·5”泸定地震道路交通灾后恢复重建重点项目7个。

（本栏目供稿单位：甘孜州交通运输局）

凉山彝族自治州交通

LIANGSHAN YIZU ZIZHIZHOU JIAOTONG

2022年凉山州交通运输能力概况

公路交通运输			
通车里程	总里程（公里）		29456.952
	其中	高速公路	346
		一级公路	48.991
		二级公路	1166.274
		三级公路	1777.104
		四级公路	24788.231
		等外公路	1330.352
公路密度	按国土面积计算：每百平方公里49.01公里		
	按人口计算：每万人59.74公里		
通达程度	通公路的乡镇541个，占乡镇100%		
	通公路的村3736个，占村100%		
客运站	总数（个）		3693
	其中	一级站	4
		二级站	11
		三级站	10
		四级及以下站	3668
营运车辆	总数（辆）		23840
	其中	客车4610辆77067座	
		货车19230辆274021.8吨	
公路运量	客运	客运量（万人次）	2638
		旅客周转量（万人公里）	150442
	货运	货运量（万吨）	16104
		货物周转量（万吨公里）	1671104
内河航运运输			
通航里程	总里程（公里）		860.91
	其中	三级航道	
		四级航道	
		五级航道	156.65
		六级航道	164.83
		七级航道	74.83
港口（码头）	总数（个）		102
	吞吐量	旅客吞吐量（万人次）	87.25
		货物吞吐量（万吨）	224.11
水路运量	客运	客运量（万人次）	123.98
		旅客周转量（万人公里）	2389.46
	货运	货运量（万吨）	85.21
		货物周转量（万吨公里）	7250.20
营运船舶	总数（艘）		303
	其中	客船259艘3288座	
		货船44艘5003吨	
城市公交运输			
营运车辆	829辆		
公交线路	111条		
公交站	个		
运量	亿人次		

交通运输概况 2022年，凉山州交通发展保持快速发展势头，全州公路通车里程29456.95公里，比上年增加395.90公里，增长1.44%。从道路等级划分，高速公路346公里，增加108公里，增长45.4%；一级公路48.99公里，增加6公里，增长1.4%；二级公路1166.27公里，增加3.88公里，增长0.33%；三级公路1777.10公里，增加240.02公里，增长1.56%；四级公路24788.23公里，增加107.34公里，增长0.43%；等外级公路1330.35公里，减少69.35公里，下降5%。从道路行政等级划分，高速公路346公里，增加108公里，增长45.4%；普通国道公路2490.89公里，普通省道1827.24公里，县道5162.941公里，乡道11459.44公里，村道7664.42公里。

全州客运站总数3693个，比上年增加21个。其中一级站4个，增加1个；二级站11个，减少1个；三级站10个；四级及以下客运站3668个，增加21个。受新冠疫情影响，全州营运车辆23840辆，比上年减少3393辆。其中客车4610辆77067座，增加223辆2037座，实现客运量2638万人次，减少1514万人次；完成旅客周转量150442万人公里，减少80044万人公里。货车19230辆274021.8吨，减少3616辆，减少15812.7吨；货运量16104万吨，增加4393万吨，货物周转量1671104万吨公里，增加548922万吨公里。城市公交运输线路111条、营运车辆829辆，比2021年分别减少线路21条、营运车辆104辆。

内河通航里程860.91公里，其中五级航道156.65公里、六级航道164.83公里、七级航道74.83公里；港口

（码头）132个，比上年增加30个。旅客吞吐量87.25万人次，增加31.08万人次；货物吞吐量224.11万吨，增加39万吨。水路客运量123.98万人次，减少14.42万人次；旅客周转量2389.46万人公里，增加193.64万人公里。货运量85.21万吨，增加10.92万吨；货物周转量7250.2万吨公里，增加1632.75万吨公里。营运船舶总数303艘，减少2艘。其中客运船舶客船259艘3288座，减少3艘，增加221座；货运船舶44艘5003吨，增加1艘1308吨。

交通规划编制 2022年，凉山州印发《凉山州综合交通运输“十四五”发展规划》，制定《凉山州交通强州建设“五年行动计划”实施意见（2022—2026年）》“1+6”体系，《普通国省道国土空间控制规划》获州规委会、州政府常务会审查通过，报省交通运输厅备案。组织编制《凉山州“十四五”交通+旅游融合发展规划》《西德冕喜同城化发展交通专项规划》等系列专项规划，支撑州委、州政府重大战略实施。推动金沙江向家坝库区航道建设工程（四川凉山段）前期工作，完成项目可研报告报审和初步设计编制。

交通强州建设“五年行动计划”实施 2022年8月24日，凉山州委、州政府正式印发《凉山州交通强州建设“五年行动计划”实施意见（2022—2026年）》，按照“一年强基础、三年见成效、五年上台阶”总体思路，从目标任务、实施路径、项目计划、组织保障、资金筹措等方面，系统谋划未来五年及更长时期凉山交通发展。2022—2026年，全州拟建交通基础设施项目总投资4484亿元，重点推进195个项目，五年期内完成规划投资2573亿元［其中铁路航空224亿元、高速公路2001亿元、国省干线198亿元、农村公路54亿元、乡镇提级（中心镇通三级）43亿元、管养工程23亿元、客运站场3亿元、内河水运24亿元、安全和执法建设3亿元］。

主要目标：一是加快铁路航空建设，加速迈入“高铁时代”。实现成昆铁路扩能工程全线通车运营并力争提速建设，加快推进西昌青山机场扩建升级为口岸机场，初步构建起适应全域特色旅游开发、民生保障、应急救援需求的铁路航空运输体系。二是加快高速公路建设，基本实现“县县通高速”。建成10条高速公路出州大通道，建成和在建高速公路总里程突破1500公里，新增14个县（市）通高速公路，基本实现“县县通高速”历史目标。三是加快普通公路建设，干线路网“内联外畅”。新改建普通公路5300公里，力争全州85%的普通国道、60%的普通省道达到三级及以上技术标准，力争全州中心镇、普通乡镇通三级及以上公路比重分别达86%、59%，30户以上村组通硬化路比重达70%，撤并乡镇至新乡镇政府直连路、撤并建制村至新村委会及乡镇政府直连路100%硬化，临水临崖危险路段安保工程100%覆盖。四是加快综合枢纽建设，区域通达“提质增效”。构建安宁河流域西德冕喜四县（市）综合立体路网体系，基本形成以西昌为核心的“一小时同城化通勤圈”，安宁河流域高质量发展交通先导作用充分体现。金沙江翻坝体系建设取得新进展，综合运输枢纽体系基本形成。

重点任务：

铁路航空方面：全面建成成昆铁路扩能工程，新开工3个机场项目，建成会东民用机场和盐源通用机场。力争成昆铁路复线提速、宜宾至西昌至攀枝花铁路项目纳入国家“十四五”中期调规，尽早实现开工建设。加快推进青山机场T2航站楼扩建工程、雷波通用机场等6个机场项目前期工作形成项目储备。

高速公路方面：加快建设峨汉、乐西、德会、沿江、西昭等5个在建高速公路项目721公里。新开工建设西香、西宁、禄会、金西、昭普、攀盐等6个高速公路项目589公里。加快会东至云南会泽等3个高速公路项目前期工作。全面形成环西昌高速公路网，基本构建全州“五纵两横一联”高速公路通道体系。

国省干线方面：全面建成国道356线布拖县城至金阳县热柯觉乡段、省道468线会东县城至野牛坪等26个项目（路段）900公里。新开工建设国道227线盐源县黄泥梁子大桥、省道219线冕宁县城厢至德昌县德州段等20个项目827公里。启动省道464线布拖县城至冯家坪段等8个项目469公里前期工作。基本建成“连接城乡、衔接顺畅、结构合理”的国省干线路网。

农村公路方面：建设乡村振兴旅游路产业路640公里，撤并乡镇通新乡镇政府、撤并建制村通新乡镇政府、撤并建制村通新村委会等直连路989公里，建设通组公路1911公里，改造农村铁索桥27座，完善农村公路安防设施5887公里，基本形成全州“畅乡达村、结构合理、安全高效”的农村路网体系。

乡镇提级方面：实施中心镇通三级公路专项工程10个287公里，加快推进省道218线喜德县光明至洛哈段等5个项目125公里前期工作，新增23个中心镇通三级及以上公路，全州通三级及以上公路中心镇59个。

公路管养方面：实施国省道养护工程1500公里，动态清零国省干线上典型地质灾害点，建设长大桥隧结构安全监测系统，完成接养国省道路侧护栏补建，全面提升国省道安全通行能力。推动农村公路网格化管理，建立健全“总路长+县、乡、村路长”的“路长制”管理模式。运输站场方面。建成西昌市高铁枢纽站、越西县综合客运枢纽站。完成8个县级公路客运站改扩建，全州二级及以上县级客运站比重达75%。深入实施“金通工程”，改造乡镇客运综合服务站，推动“交邮商”融合发展。

内河水运方面：建成雅砻江库区便民码头21个，新开工金沙江向家坝库区航道建设工程，推进乌东德、白鹤滩、溪洛渡库区航道建设。尽早开工金沙江下游白鹤滩、乌东德、溪洛渡翻坝转运体系工程。安全执法方面。建成国家区域性公路交通应急装备物资（凉山）储备分中心，增强公路水路应急处置物资设备保障和指挥调度能力。加快非现场执法治超系统建设，推动全州交通综合执法“四基四化”建设，提升交通执法规范化、信息化、智能化水平。

组织保障：州本级成立交通强州建设“五年行动计划”协调推进工作组，下设六个工作专班，统筹全州综合交通建设各项工作。各县（市）参照建立相应工作机制，将组织管理“链条”延伸至基层一线。

凉山州交通发展大会召开　2022年8月26日，凉山州交通发展大会在西昌举行。州委书记段毅君，省交通运输厅党组书记罗佳明出席并讲话。州委副书记、州长阿石拉比主持。中铁城投集团董事长杨林浩，州人大常委会主任龙伟，州政协主席杨文泉，州委副书记范继跃、沙文出席。会上，凉山州与省交通运输厅签订《共同推进凉山州交通强州建设“五年行动计划”战略合作协议》；州委常委、盐源县委书记、州国资委党委书记尹江涛解读《凉山州交通强州建设“五年行动计划”实施意见（2022—2026年）》及配套政策；州交通运输局、州发展改革委、州交投公司发言；观看全州交通发展专题片。

2022年8月26日，凉山州交通发展大会召开　　凉山州交通运输局　供图

交通建设投资　2022年，凉山州完成公路水路交通建设投资419.8亿元，再创历史新高，完成省交通运输厅下达目标任务348.25亿元的120.6%。完成投资比上年增长52%，投资完成量位居全省第1位。其中，完成高速公路建设投资361.8亿元、国省干线建设投资24.4亿元、农村公路建设投资21.1亿元、运输场站建设投资1.3亿元、养护及其他工程建设投资11.2亿元，完成省州两级交通建设投资目标任务。全年争取上级部门下达凉山补助资金23.66亿元，其中中央车购税资金13.77亿元、省补资金9.89亿元。

交通基础设施建设　2022年，凉山州德昌至会理高速公路、宜宾至攀枝花（沿江）高速公路会东至会理段建成通车；峨汉高速公路甘洛段、乐山至西昌高速公路、宜宾至攀枝花（沿江）高速公路、西昌至云南昭通高速公路全面开工建设；西昌至香格里拉、西昌至宁南、会东至云南禄劝高速公路控制性工程开工建设。

推进13个续建普通国省干线项目建设，新开工国道356线金阳丙底至土沟段工程、国道227线黄泥梁子大桥、省道218线喜德县洛哈镇至西昌丁字坡段改建工程（一期工程）3个项目，建成完工国道356线布拖段、省道217线美姑牛牛坝至依所解段、省道465线会理云岩村至米易界段、省道309线越西普雄镇至团结桥段4个项目，建成普通国省干线公路里程171.1公里，完成年度目标126公里的135.8%。建立《凉山州普通国省干线新改建项目竣工验收台账（截至2022年底）》，对全州普通国省干线项目基本情况、竣工验收前置要件办理情况及存在的问题进行全面梳理。

2022年，德会高速公路建成通车　　凉山州交通运输局　供图

全年新（改）建农村公路1958.6公里，其中建成自然村组通硬化路911.8公里，新增533个自然村组通硬化路，建成撤并建制村畅通工程682.8公里，建成旅游路资源路和产业路146.2公里。建成农村公路安保工程3010公里，全面开工27座铁索桥改公路桥项目建设，建成18座。

推进67个472公里普通国省干线公路大中修及预防性养护工程建设，建成22个160公里，在建45个项目。完成4座普通国省干线危桥改造，启动2座危桥改造工作。完成80处162.49公里普通国省道交通事故易发多发路段整治，5处89.56公里普通国省道重大灾害路段原点位治理。对全州116座三类桥梁进行重点梳理，对全州768座国省干线桥梁和38座隧道进行定期检查。制定《凉山州普通国省干线公路养护移交工作指南》《凉山州普通国省干线公路养护市场化改革试点工作方案》。

完成木里4座便民渡口码头建设。完成雷波县新洋丰、金沙口2个应急性港湾式停泊区建设。

交通项目前期工作　2022年，凉山州金口河至西昌、昭觉经布拖至普格、攀枝花至盐源高速公路完成工可编制，通过省交通运输厅和省发展改革委联合审查，完成投资人招商招标文件初稿编制。取得国道348线磨盘山隧道至大金河段省交通运输厅初步设计批复，开展省道469线木里乔瓦镇至园坝子（马班邮路）二期工程初步设计及施工图设计，取得国道356线金阳界至布拖县城段公路改建工程、省道465线会理县云岩村至米易界段公路改建工程、国道348线（原省道307线）盐源小高山隧道工程等19个项目较大设计变更批复。纳入交通强州建设“五年行动计划”工可阶段工作的国省道项目10个，完成工可文本编制和报批前置要件办理3个，完成工可文本编制、办理用地预审等报批前置要件5个，工可方案修改完善4个。完成国家区域性应急物资储备中心项目工可报告编制。协调推动白鹤滩、乌东德航道建设项目前期工作，取得州、县两级有关单位关于项目社稳、航评等前期专题批复文件。

交通运输管理　2022年，受新冠疫情影响，凉山州客运量2637万人，比上年下降29.7%；客运周转量150442万人公里，比上年下降27.5%。货运量16104万吨，比上年增长5.7%；货运周转量1971021万吨公里，比上年增长17.9%；总周转量986065.2万人万吨公里，比上年增长17.4%。节假日期间，发送班车201408趟次，运送旅客总量 3300452人次，另外定制客运发班2674班，运送12089人次。全年全州水路运输累计完成客运量117.18万人，比上年降低18%，旅客周转量2253.46万人公里，比上年增长2.5%；完成货运量85.21万吨，比上年增长12%，货物周转量7250.20万吨公里，比上年增长22%。组织农民工安全有序返岗“春风行动”专车700余趟次，累计运送农民工2万名。完成德昌汽车客运站改（扩）建、49个乡镇综合服务站功能改建。雷波县成为全州最后一个开通公交服务的县市。全年新办客运、危险品货运、出租车从业资格证3235个，网约车资格证2223个，换发从业资格证7375个。234人取得道路运输企业主要负责人和安全生产管理人员安全考核合格证书。印发《凉山州推动乡村运输“交商邮”融合发展试点线路的工作方案》，推进农村物流发展。全年受理“12328”交通运输服务监督电话17626件，比上年增加8417件，增长91.4%。

截至年底，全州有驾校46所，其中一级驾校4所、二级驾校7所、三级驾校35所，教练车1529辆，教练员1947人，全年有47065名学员进入监管服务平台。12个县市完成43家M站分布。全州公交车辆总数731辆，其中清洁能源车辆458辆（油电混动车辆33辆、氢燃料车辆10辆、纯电车辆415辆），占比62%。全州出租车总数1655辆，清洁能源出租车795辆（全部为纯电车辆），占比48%。

交通运输综合执法 2022年，凉山州出动交通运输综合行政执法人员103285人次，执法车辆27078辆次，巡查里程605163公里（其中巡查国省干线520398公里、农村公路84765公里），检查货运车辆2245150辆次、客运车辆115730辆次、船舶3869艘次，检查货运源头企业4476家。全年全州办结交通运输行政执法案件6495件（行政处罚案件3703件、免予行政处罚案件2792件）。其中行政处罚案件中路政703件、运政2983件、航务海事15件、工程质检2件，行政处罚决定书金额2404万元。办结办理行政强制案件194起（其中路政31起、运政159起、航务海事4起），移送公安、交警、司法等部门案件96起。对全州38个2071.15公里重点交通建设项目开展建设质量监督（其中高速公路10个、二级公路8个、三级及以下公路20个），累计开展全覆盖检查200余次，下发整改文件190余份。

道路旅客运输专项整治行动 2022年10月13日至2023年1月5日，凉山州交通运输局联合州公安局、卫生健康委、人力资源社会保障局、高速公路执法、高速公路交警等单位，开展为期85天的“非法客运”等道路旅客运输违法违规行为专项整治行动。重点打击非法营运，班线客车、客运包车超越许可事项从事道路客运经营等违法行为，网约车从事巡游出租客运、线下揽客等违法违规行为，特别是要从重从快严肃查处非法客运车辆以及私自包车接送中高风险区务工返乡人员等行为。严厉打击运输疫情风险地区来（返）凉人员车辆在辖区高速公路（含服务区、停车区）下客，让乘车人员步行、翻越高速公路隔离设施或由本地车辆运送出高速公路等甩客、非法转运、逃避疫情防控卡点检疫等违法行为。严厉打击利用公众号、微信群、QQ群、电话等形式以“拼车”“顺风车”为名，非法从事道路旅客运输、包车客运等违法违规经营行为的牵头者和组织者，特别是欺行霸市、具有黑社会性质的非法客运团伙、黑恶势力。严厉打击车站周边、社会停车场、人员等重点区域的喊客、拉客、窜窜、黄牛、非法售票和非法组织运输等非法经营活动，打击取缔“非法客运”，违法违规包车、发车点。

交通应急管理 2022年，凉山州对418辆次跨县、区及跨省营运客车和265辆次危险品运输车辆进行等级评定。新冠疫情期间，全州高速公路出口、国省干线与州外接壤处设立“入川即检”疫情防控卡点28处，“入凉即检”疫情防控卡点54处，累计排查车辆10.2万辆次，排查人员20余万人次，完成核酸采样19.7万余份。采取“一事一协调”机制，及时沟通协调解决300余起货运物流通畅问题，累计发放800余张《四川省重点物资通行证》。落实驾驶员、车辆、企业安全管理记分，全年记分处理驾驶员78人次、车辆3辆次；对56家客运企业和24家危险货物运输企业全覆盖检查；会同交警约谈高风险运输企业69家。全州船舶垃圾转运处置量，生活污水和残油废油的转运量、处置量均超过90%，经营性港口均落实港口船舶生活垃圾免费接收。全州组建17支591人应急抢通保通队伍，备有挖掘机、装载机等应急机械135台，开展应急演练15次。

智慧交通建设 2022年，凉山州完成交通运行监测与应急指挥系统工程、桥梁健康监测系统工程一期、超载超限检测站电子抓拍系统建设，全面推进重点水域水上交通安全监管系统、农村公路客运车辆主动安全防御系统建设，推进公路网交通情况调查数据采集与服务系统前期工作。全州“两客一危”车辆入网总数1723辆，入网率100%，上线率97.68%，数据合格率99.98%，轨迹完整率 98.96%。

“民族团结号”“民族进步号”公交、“石榴籽顺馨号”网约车发车 2022年7月20日，西昌市“民族团结号”“民族进步号”公交车、“石榴籽顺馨号”网约车发车仪式在西昌城北公交停车场举行。公交专线特意选取5路和6路，寓意开启56个民族“团结一心，亲如一家”民族团结和谐新篇章。民族团结主题公交车所在的5路、6路不仅通往民族乡，更通往高速发展的西部

2022年7月20日，西昌市“民族团结号”“民族进步号”公交车正式发车
凉山州交通运输局 供图

新城，途经高铁西站、市中心商圈、学校、社区。网约车奔跑于西昌市的每个角落，提升民族团结进步宣传效果。车辆上线后将成为西昌街头移动的“民族团结”主题教育基地。

“放管服”改革 2022年，凉山州交通运输局印发《凉山州交通运输局深化“放管服”改革优化营商环境2022年工作要点》。推进“无差别综合窗口”试点工作。认领启用道路运输经营许可证等11类电子证照，实现证照应用共享。全年许可服务事项办件量31120件（其中办理公路超限运输线路联审11382件），行政审批服务事项群众满意率100%。全面推广使用“天府通办”App，做好道路运输高频服务事项“跨省通办”工作。

中共凉山州交通运输行业委员会成立 2022年4月27日，中共凉山州交通运输行业委员会成立。截至年底，在全州货车司机新就业群体中构建“1+17”党建工作机制（即州交通运输行业党委+17县市交通运输行业党委），全州成立道路货运企业党支部16个。对分散的个体党员货车司机，依托交通运输综合执法部门，根据“户籍所在、运输路线、活动区域、业务范围”对区域内货车司机流动党员进行分类，建立个体司机流动党支部43个，构建覆盖全州道路货运领域的“组织网”。

凉山州交通运输抢险保通和应急物资储备中心挂牌 2022年11月14日，凉山州交通运输抢险保通和应急物资储备中心挂牌仪式在西昌举行。中心是凉山州推进交通运输系统事业单位分类改革的重要成果，主要应对州内地震、洪水、滑坡、泥石流、冰冻雨雪以及桥梁坍塌导致公路阻断等国省干线公路交通突发事件处置工作，州内干线公路应急抢险、水毁恢复、冰雪灾害抢通任务，公路交通应急装备物资管理维护任务，建立应急救援抢险装备操作技能人才数据库，战备钢桥架设及应急抢险救援队伍建设，战备公路交通保障和公路交通应急技能培训等职责。

2022年11月14日，凉山州交通运输抢险保通和应急物资储备中心挂牌

凉山州交通运输局 供图

西香高速公路、西宁高速公路、会禄高速公路集中开工 2022年9月26日，凉山州举行交通强州重点工程西香、西宁、会禄高速公路集中开工仪式，仪式地点设在国道7611线西昌至香格里拉（四川境）高速公路项目海南隧道点位（西昌市海南街道缸窑社区普格方向）。西香、西宁、会禄3个高速公路项目是凉山州交通强州建设“五年行动计划”重点项目，建设总里程369公里，总投资905亿元，分别占全省新开工高速公路项目总里程935公里的39.5%、总投资2198.7亿元的41.2%。随着3个高速公路项目集中开工，凉山在建高速公路8个1100公里，总投资2370亿元，分别占全省在建高速公路总里程4025公里的27.3%、总投资8162亿元的29%。

2022年9月26日，举行凉山交通强州重点工程集中开工仪式

凉山州交通运输局 供图

翰林大道入选全省“最美农村路” 2022年，凉山州越西县翰林大道入选全省“最美农村路”。道路起于越城镇，途经水观音景区，止于大瑞镇苹果现代产业园，全长7.81公里，按照三级公路技术标准建设，路基宽8.5米，沥青混凝土路面。路线建成，将为周边产业发展提供交通支撑，解决周边群众进县城、往西昌的出行问题，缓解国道245线交通拥堵，提升水观音景区服务功能，为全面推进水观音国家级旅游度假区建设，促进苹果产业园区旅游产业升级迭代和越西县“农旅文”融合发展打下基础。

国道7611线西香高速公路建设 国道7611线西昌至香格里拉（四川境）段高速公路起于西昌市小庙乡，经黄联关、平川镇、盐源县城、棉垭乡，止于长柏乡（川滇界）。主线全长182.65公里，实际建设里程155.42公里，主线设黄联关、得力铺、平川、玛璜铺、盐源、果场、棉垭、元宝、泸沽湖、长柏等10处互通式立交；预留白家（枢纽）互通式立交建设条件。西昌支线设东河（枢纽）、川兴、海南、西溪4处互通式立交，预留大兴（枢纽）互通式立交建设条件。项目同步建设西昌支线38.12公里，木里支线33.83公里，泸沽湖支线5.85公里。得力铺、平川、盐源、卫城、果场、川兴、海南等7条互通式立交连接线32.57公里。主线及西昌、木里、泸沽湖支线均采用双向四车道技术标准建设，设计时速80公里，路基宽度25.5米。盐源互通式立交连接线采用一级公路技术标准建设，其余互通式立交连接线采用二级公路技术标准建设。项目全线控制性工程为“三桥五隧”。“三桥”分别为雅砻江特大桥（主跨1200米单跨钢桁梁悬索桥）、卧罗河特大桥（主跨1620米单跨钢桁梁悬索桥）、理塘河特大桥（主缆跨度630米无塔悬索桥）；“五隧”分别为磨盘山隧道（长9650米）、小高山隧道（长14032米）、棉桠隧道（长10581米）、长柏隧道（长11446米）、下麦地隧道（长11440米）。全线桥隧比74.3%，概算总投资587.38亿元，平均每公里造价2.51亿元。2022年9月26日开工，预计2028年底完工。项目是《国家高速公路网规划》都匀至香格里拉高速公路的重要组成路段，建成后，将成为凉山州融入粤港澳大湾区和南亚自由贸易区最便捷的经济通道，有利于推进国家“一带一路”、长江经济带发展、西部大开发等重大战略实施。

省道71线西宁高速公路建设 省道71线西昌至宁南高速公路起于西昌市大兴乡，接规划待建的国道7611线西香高速公路西昌支线，经西昌市海南街道，普格县五道箐镇、螺髻山镇、荞窝镇、普基镇、花山镇、大坪乡，宁南县松新镇、幸福镇，止于宁南县宁远镇，接在建国道4216线宜攀高速公路宁南至攀枝花段。全线采用双向四车道高速公路技术标准建设，其中起点至普格县城59.14公里，设计时速80公里，路基宽度25.5米；普格县城至终点46.67公里，设计时速100公里，路基宽度26米。全线设西昌东、五道箐、螺髻山、荞窝、普格、松新、宁南北等7处匝道收费站，设置螺髻山、宁南北2处服务区。全线沥青混凝土路面，西昌东互通连接线采用一级公路技术标准建设，其余互通连接线采用二级公路技术标准建设。项目路线与则木河断裂带多次交错并行，位于强震区（地震烈度8度以上），控制性工程为大箐隧道（长10059米）、荞窝特大桥（主跨325米上承式钢管混凝土拱桥）。项目全长105.81公里，桥隧比72.4%，核定项目初步设计概算239.86亿元，平均每公里造价2.27亿元。2022年9月26日开工，预计2027年底完工。项目是四川省高速公路网规划中18条成都放射线之一成都经乐山至云南的重要组成路段，是四川省南向出川的重要通道。

省道81线会禄高速公路建设 省道81线会理至禄劝（四川境）高速公路。路线起于会理市城南街道、南阁枢纽互通，接在建的德会高速公路，利用国道4216线宁南至攀枝花高速公路至会东县姜州镇，经铁柳镇，止于乌东德金沙江（川滇界），接云南省规划拟建乌东德至禄劝高速公路。全线设桥梁20座，其中特大桥1座，大桥16座，中桥3座，涵洞、通道11道，分离式立交5处；隧道3座，其中特长隧道2座、长隧道1座；设姜州、铁柳、乌东德3处互通式立交。主线采用双向四车道高速公路技术标准建设，设计时速80公里，路基宽度25.5米。项目主要控制性工程为“一桥三隧”，分别为乌东德金沙江特大桥（主跨1180米悬索桥，其中云南岸塔高297米，为国内第一混凝土高塔），乌东德特长隧道（长8922米），新民特长隧道（长4406米），铁柳隧道（长1542米）。项目路线全长47.73公里，其中新建30.03公里，全线桥隧比74%，总投资77.56亿元。2022年9月26日开工，预计2026年底完工。项目是四川省高速公路网规划中18条成都放射线之一成都经布拖至云南的重要组成路段，是四川省南向出川的重要通道。

德会高速公路、沿江高速公路会理至会东段建成通车 2022年12月30日，德昌至会理高速公路、沿江高速公路会理至会东段建成通车，标志着凉山州会理市、会东县结束不通高速公路历史，也标志着四川省高速公路通车运营里程突破9000公里。

德会高速公路是《四川省高速公路网布局规划（2022—2035年）》中“乐山—云南”线的省界段（德昌—会理—云南禄劝），线路起于德昌县锦川镇，设锦川枢纽互通接国道5线京昆高速公路西攀段，经德昌老碾镇，会理六华镇、益门镇、外北至会理市区，设南阁枢

2022年12月30日，德会高速公路、沿江高速公路会理至会东段建成通车　　凉山州交通运输局　供图

纽接国道4216线宜宾至攀枝花沿金沙江高速公路宁南至攀枝花段。路线全长78.4公里，总投资121.4亿元，批复总工期4年，于2020年6月正式开工建设，2022年12月30日建成通车，较批复工期提前1年半。

沿江高速公路会理至会东段（30公里）是全国投资最大的单体高速公路项目宜宾至攀枝花沿金沙江高速公路一段，途经会东县鲹鱼河镇、姜州镇，会理市彰冠镇、城南街道，设南阁互通与德会高速公路相接。两个项目（路段）将与国道5线京昆高速公路、会禄高速公路形成川滇大通道，进一步加强川滇连通，助推川南、滇中北融入“一带一路”和“长江经济带”战略发展新格局。建成后从国道5线京昆高速公路锦川枢纽互通出发，经德会高速公路约60分钟可到达会理市，再经沿江高速公路会理至会东段约20分钟可到达会东县。

西香高速公路棉桠隧道开工　2022年12月7日上午，西香高速公路盐源段（控制性工程）棉桠隧道开工仪式在盐源县棉桠镇中心村举行。棉桠隧道是西香高速公路控制性工程之一，为双向四车道特长分离式隧道，总投资约25亿元，进出口点均位于棉桠镇中心村，左、右洞长度分别为10570米和10577米，所穿越地层主要岩性为石灰岩、粉砂岩、白云岩等，隧道设计时速80公里，预计2026年12月31日贯通。

黑水河特大桥攀枝花岸主墩封顶　2022年11月25日，由四川路桥集团承建的沿江高速公路宁南至攀枝花段，国内首座跨越活动地震断裂带的悬索桥（黑水河特大桥）攀枝花岸主墩封顶。项目位于凉山州宁南县宁远镇码口村，是沿江高速公路宁攀段“两桥两隧”控制性工程之一，全长865.5米，其中攀枝花岸主塔高140米，设计时速80公里。受活动地震断裂带影响，桥址区岩体普遍破碎，地质条件复杂，同时桥梁跨越白鹤滩水库，库岸稳定性受水位涨落影响较大，高烈度地震区库岸再造为黑水河特大桥工程一大难点。项目预计于2023年12月建成。

沿江高速公路宜金段隧道建设　2022年11月19日，由四川路桥集团承建的凤凰包隧道贯通，标志着沿江高速公路宜宾新市到金阳段隧道掘进突破16万米大关，至此沿江高速公路宜金段完成隧道掘进过半。凤凰包隧道位于屏山县新市镇，是分离式隧道，左线长3166米，右线长3175米，是沿江高速公路宜金段重难点工程之一。隧道洞口为中山构造剥蚀堆积类型，穿越的山体山脊浑厚，地质情况复杂。为确保隧道施工高质量、高标准安全有序进行，沿江高速公路全方位实施光面爆破等新工法，全过程运用绿色环保新工艺，全环节采用信息化手段进行施工作业实时管控，保证施工科学规范安全，确

2022年11月19日，沿江高速公路宜金段隧道掘进突破16万米　　凉山州交通运输局　供图

保凤凰包隧道贯通任务完成。

乐西高速公路庆恒1号隧道左洞单幅贯通 2022年11月10日，乐西高速公路马边至昭觉段控制性工程庆恒1号隧道左洞较计划工期提前40天贯通，标志着乐西高速公路首座特长隧道单幅贯通，为2024年实现昭觉至美姑分段式通车奠定基础。乐西高速公路庆恒1号隧道位于昭觉县拉一木乡和庆恒镇境内，为分离式瓦斯隧道，瓦斯工区长度超1600米，纵坡坡比2.8%。隧道左线全长4078米，最大埋深444米，以Ⅳ、Ⅴ级围岩为主。隧址区属四川省西南部攀西高山深切地区，平均海拔2000米，山峰海拔3500～4100米。隧道穿越山峰呈斜坡状平台，进口沟谷地区海拔1526米，出口沟谷地区海拔1700米。

乐西高速公路瓦洛隧道左线贯通 2022年1月17日，乐西高速公路首座超1500米微瓦斯隧道瓦洛隧道左线贯通。隧道左线全长1807米，宽10.75米，高5米，采用钻爆施工工艺建设。

2022年1月17日，乐西高速公路瓦洛隧道左线贯通

凉山州交通运输局 供图

西昭高速公路北山村三号大桥首个桥墩封顶 2022年5月29日，西昭高速公路北山村三号大桥首根薄壁空心墩封顶。大桥位于西昌市和喜德县境内，桥梁路线横跨邛海水源之一的东河河谷。大桥空心墩16根，墩高60米至65米之间，大桥处于全线唯一1条Ⅸ级烈度地震断裂带上，桥梁结构按照高等级抗震要求设计。

金阳县金阳河三峡连心桥正式通车 2022年6月30日，金阳县金阳河三峡连心桥正式通车。项目总投资3.39亿元，桥梁全长757.7米，引道接线长42.3米。6号桥墩196米，是目前世界上最高的钢管混凝土钢构空心墩。大

2022年6月30日，世界上最高的钢管混凝土钢构空心墩大桥——金阳县金阳河三峡连心桥通车 卢尔呷 摄

桥通车后解决金阳新老两城出行不便难题，新老城区车程由原来的一个多小时缩短到十几分钟。

国道353线鲁昆山隧道试运行通车 2022年1月24日，国道353线鲁昆山隧道试运行通车。隧道全长1277米，设计时速60公里，于2019年10月29日开工建设。隧道建成后，比原通车里程节约5公里，消除鲁昆山越岭路段行车安全隐患，提升路段通行能力。

国道277线盐源至米易黄泥梁子大桥开工建设 2022年8月19日，国道227线盐源至米易黄泥梁子大桥举行开工仪式。大桥跨越雅砻江，线路长1.8公里，其中桥梁长626米，引道长1210米。全线采用三级公路技术标准建设，桥梁宽度12米，引道路基宽度7.5米。项目总投资3.9亿元，计划工期3年。

2022年8月19日，盐源至米易黄泥梁子大桥开工建设

凉山州交通运输局 供图

（本栏目供稿单位：凉山州交通运输局）

荣誉榜

RONGYU BANG

2023

四川交通年鉴

先进名录

XIANJIN MINGLU

2022年感动交通十大年度人物

杨光银　四川省港航投资集团有限责任公司货车司机

中华全国总工会表彰的2022年全国五一劳动奖

全国五一劳动奖章

汤晓明　四川省交通运输厅高速公路交通执法第二支队十四大队副大队长、一级主办

中华全国总工会2021年度工会财务会计工作情况

市、县级和基层工会财务会计工作先进单位

四川省交通运输工会委员会

四川省总工会表彰的2022年度四川省五一劳动奖和工人先锋号

四川省五一劳动奖状

四川省交通运输厅道路运输管理局

四川省工人先锋号

四川岷江港航电开发有限责任公司龙溪口分公司工程部

（交通运输工会）

优秀专家

YOUXIU ZHUNJIA

“天府青城计划”天府名师

（四川交通部门）

方　文　四川交通职业技术学院教务处处长、教授

刘新江　四川交通运输职业学校副校长、正高级讲师

“天府青城计划”天府卓越工程师

（四川交通部门）

马洪生　四川省公路规划勘察设计研究院有限公司教授级高级工程师

郝　岭　四川省交通勘察设计研究院有限公司副总经理、正高级工程师

2022年度交通运输青年科技英才

（四川交通部门）

邬　凯　四川省公路规划勘察设计研究院有限公司总工办副主任工程师、正高级工程师

李　胜　四川交通职业技术学院道路与桥梁工程系副主任、副教授、高级工程师

赵艺程　四川交通职业技术学院道路与桥梁工程系党总支副书记、副教授

第十四批四川省学术和技术带头人后备人选

（四川交通部门）

孙才志　四川省公路规划勘察设计研究院有限公司高级工程师

何云勇　四川省公路规划勘察设计研究院有限公司高级工程师

李　胜　四川交通职业技术学院道路与桥梁工程系副主任、副教授、高级工程师

首届“四有”好老师

（四川交通部门）

沈　洋　四川交通运输职业学校建筑工程系副主任

（本栏目撰稿人：倪　雪）

人物风采

RENWU FENGCAI

杨光银

四川港投集团货车司机

从业多年以来，杨光银严格遵守公司出车制度，认真保养车辆。在他看来，行车安全是各项工作的重中之重。7年驾驶生涯，他从未发生过一起交通事故。

班务会驾驶经验交流、公司每年一次驾驶技术大比武…… 杨光银珍惜每次学习机会，并把每次出车当作是对自己驾驶技术的考验。在历次执行运输任务过程中，他从未由于个人原因发生货物丢失、损坏或延时送达等情况。

凭借优质的服务、高度的信誉，杨光银的工作赢得客户、各大工地的好评，先后被川运众城物流评为“五星驾驶员”“优秀个人”和“模范驾驶员”。

2022年9月5日12时52分，四川省甘孜藏族自治州泸定县突发6.8级地震。在山石崩塌的危急时刻，四川港投货车司机杨光银以车挡石，挽救了7名高速公路施工人员的生命。

几秒钟后，山体大面积垮塌，车身完全损毁，杨光银的左臂和头部被砸受伤。但每每回忆起当天的情况，杨光银都说，“虽然会后怕，但决不后悔”。

事情发生后，网友们也为杨光银点赞。“车子毁了还可以再买，但人命大于天。我只是做了一件微不足道的事情，相信每一位司机遇到这种情况都会去挡一挡。”杨光银说。

杨光银长年在外跑车，很少有时间陪伴自己的女儿，后来，他们之间就约定好，每次出车他都要和女儿通电话报平安。

地震那天，女儿一直没有接到杨光银的电话。等到通讯恢复后，一接通电话，就听见女儿在电话那头放声大哭。她说：“爸爸你知道吗，一直联系不上你，我好害怕。同学们给我看你的新闻视频时，我才知道你当时的情况是有多危险，我好心疼啊。”

女儿说：“只要爸爸平平安安，我们家就是团团圆圆的。”杨光银说：“我觉得自己不是一个好爸爸，大家都说我是英雄，可我最想做女儿心中的英雄。”

任　东

四川交通职业技术学院教师

任东，男，汉族，1988年2月出生，大学本科，优秀共产党员，副教授，四川交通职业技术学院教师，从事汽车维修学习工作16年，高级技师，政府特殊津贴，“天府青城计划”天府工匠，全国交通技术能手，成都工匠，温江工匠，成都市劳模和工匠人才创新工作室领办人，温江区工匠人才创新工作室领办人，国家职业技能鉴定高级考评员，世界技能大赛汽车技术项目国家集训专家教练，国家技能竞赛裁判，宝马和丰田品牌培训师，国家级精品在线课核心成员。

获国家级技能竞赛一等奖2项（其中一项冠军），省级技能竞赛一等奖3项。成功申请实用新型专利5项，公开发表论文5篇，获国家级、省级教学成果奖二等奖各1项，参编教材3本。

躬身传承技艺，指导学生参加技能竞赛获得世界银牌2名，中华人民共和国第一届职业技能大赛金牌1名，国家级一等奖9名，国家级二等奖6名，省级一等奖17名。培养全国技术能手5名，全国交通技术能手2名，全国青年岗位能手2名，四川工匠2名，成都工匠2名，成都市技术能手3名。

积极响应乡村振兴号召，多次前往凉山州指导学生训练，以赛育人助脱贫。服务宝马、雷克萨斯、丰田等车企，帮助企业开展技术攻关和人才培养规范体系建设。

林国进

四川省公路设计院公司隧道与地下工程分院院长

林国进，男，汉族，1974年6月出生，博士研究生在读，教授级高级工程师，四川省公路设计院公司隧道与地下工程分院院长，主要从事隧道工程规划、勘察、设计与科研工作，从事本行业27年。

林国进同志主持或参与完成隧道设计800余座，包括全世界最长公路隧道——彭州至汶川高速公路龙门山隧道（24600米/在设）等，业绩遍及全国10余个省区及四川省全部市州，里程逾1500公里。主持完成西部交通建设科技项目“公路隧道抗震及减震技术研究”等20多项省部级科研项目，获国家级、省部级奖项20余项，出版学术专著10本，发表学术论文66篇，获得软件著作权登记6项，主编或参编标准规范6部。主持开发基于数字地球内嵌GIS系统拥有自主知识产权的“公路隧道计算机辅助设计系统”，历时20余年持续改进，已经成为公路隧道基础性设计软件，融入到了隧道设计各个环节，极大提高隧道设计效率与质量，取得了显著的经济与社会效益。

该同志主持或参与完成的项目荣获国际隧道协会年度工程奖1项，詹天佑奖、全国优质工程奖、工程建设质量奖等国家级奖项6项，省部级优秀设计奖33项。从业至今，先后获评“享受国务院特殊津贴专家”“四川省勘察设计大师”“四川省学术和技术带头人”等荣誉称号。

李树鼎

咨询监理公司咨询设计院院长

李树鼎，男，汉族，1978年10月出生，硕士研究生，正高级工程师，咨询监理公司咨询设计院院长、公司总工办副主任，擅长道路工程勘察设计与防灾减灾技术，从事本工作19年。

李树鼎同志自参加工作以来，取得防灾减灾技术发明专利3项、实用新型专利1项；独立发表文献3篇，合著11篇。获国家级勘察设计奖1项，省部级勘察设计奖5项。参与2项指南编写，参与编写《“5·12”汶川大地震四川灾区公路应急调查与抢通》，主创人员参与交通运输部“重大公路灾害遥感监测与评估技术”科研项目与中国科学院“中国西部山区公路灾害成因与减灾对策”院士咨询项目。获评四川省勘察设计协会“第四届四川省优秀青年工程勘察设计师”，四川省公路学会“2023年度十名优秀工程师”“第四届四川省公路优秀科技工作者”“第二届四川省公路青年优秀科技奖”等荣誉称号。2021年获省交通运输厅“优秀共产党员”称号。

在特殊路基勘察设计与防灾减灾方面有较高技术水平。作为专业负责人参加的雅安至泸沽高速公路获中国土木工程詹天佑奖。担任映秀至汶川高速公路两阶段勘察设计、汶川至马尔康高速公路初步设计项目负责人，在“5·12”汶川地震恢复重建与涉藏地区高速公路建设中作出重要贡献。

邓平安

四川港航嘉陵江金沙航电公司金银台枢纽生产技术部经理

邓平安，男，汉族，1982年11月出生，大学本科，电力运行高级工程师，四川港航嘉陵江金沙航电开发有限公司金银台枢纽生产技术部经理，擅长电气技术，从事本工种20年。

邓平安同志自参加工作以来，先后攻克如改进机组进水口闸门起闭操作法、发电机冷却风机频繁故障、翻板闸门防浪防渣墙研究、发电机油系统混合冷却方式、机组检修油品质量技术监督等5项技术难关。其中翻板闸门防浪防渣墙每年可为公司创造显著的经济效益；机组检修油品质量技术监督使单机检修节省人工投入144小时，折合检修工期缩短6天。获发明专利1项，实用新型专利3项，还有1项申报专利已受理待审。并在学术性部级期刊《电子技术与软件工程》中发表《水轮发电机组定子铁芯局部损伤分析及处理》技术论文，为贯流式发电机组在定子铁芯表面局部受损时，提供在机舱内检修的技术参考，节省大修费用180余万元；在国家级科技综合类专业学术期刊《科技新时代》中发表论文《介质温度变化对运行中流量开关的影响》，从微观上分析温度变化对自动化元件可靠运行的影响以及解决方案，避免事故停机给公司带来的辅助服务考核损失。带头研究金银台枢纽扩机方案取得实质性进展，现已完成（预）可行性研究。在多年的生产经营工作中，为公司电力生产和经济运行方面作出了突出的贡献。所管理集体先后荣获四川省总工会“五小”活动先进班组、四川省“青年文明号”等荣誉；个人先后获得省交通厅航务局“青年岗位能手”、原交投集团“劳动模范”、省港投集团“港投工匠”等荣誉称号，是四川电力行业安全生产专家库成员。

（本栏目供稿单位：省交通运输工会）

附录

FULU

2023

四川交通年鉴

政策法规选编

ZHENGCE FAGUI XUANBIAN

四川省高速公路条例

（2015年9月25日四川省第十二届人民代表大会常务委员会第十八次会议通过，根据2022年6月9日四川省第十三届人民代表大会常务委员会第三十五次会议《关于修改〈四川省高速公路条例〉的决定》修正）

第一章　总　则

第一条　为了促进高速公路事业的健康发展，保障高速公路安全、畅通、完好，根据《中华人民共和国公路法》《中华人民共和国道路交通安全法》等有关法律、法规的规定，结合四川省实际，制定本条例。

第二条　四川省行政区域内高速公路的规划、建设、养护、经营、服务、使用、管理等活动，适用本条例。

第三条　省人民政府交通运输主管部门主管全省高速公路工作。

高速公路管理机构按照职责和本条例规定，具体负责高速公路交通运输综合行政执法和高速公路运行管理、运营服务监管、安全监管、应急处置等工作。

第四条　省人民政府公安机关负责全省高速公路交通安全和治安管理工作，所属交通管理部门按照职责和本条例规定，具体负责高速公路的交通秩序维护、交通安全违法行为查处、交通事故处理和交通安全宣传教育等工作。

第五条　县级以上有关地方人民政府及其相关部门按照国家和省有关规定，负责高速公路筹资、建设、管理等工作。

高速公路沿线乡镇人民政府应当建立健全基层交通安全协助机制，开展道路交通安全宣传，协助做好本辖区高速公路沿线交通安全工作。

第六条　高速公路经营者依法取得的高速公路收费权、广告经营权和服务设施经营权受法律保护，任何单位和个人不得侵害。

高速公路经营者从事高速公路养护、收费和其他经营服务等活动应当依法进行。

第七条　高速公路沿线县级以上地方人民政府应当按照应急预案，负责本行政区域内高速公路突发事件的应急处置工作。

省人民政府交通运输主管部门应当制定全省高速公路突发事件应急预案，报省人民政府批准后组织实施。

高速公路经营者应当按照高速公路突发事件应急预案，配备应急设施、设备和物资，组建应急队伍并定期组织演练。

第八条　任何单位和个人都有爱护高速公路及其附属设施的义务，不得破坏、损坏、非法占用或者非法利用高速公路、高速公路用地和高速公路附属设施。

第九条　省人民政府交通运输主管部门可以会同发展改革等部门在高速公路建设、养护、经营、服务、使用等方面推行以信用为基础的新型监管机制，按照国家和省有关规定实施守信激励和失信惩戒。

第十条　鼓励开展高速公路科学技术研究，推进交通基础设施网与运输服务网、信息网、能源网融合发展，积极推广、使用先进的管理方法、技术、设备。

第二章　建设和养护

第十一条　省人民政府交通运输主管部门应当会同省级有关部门和有关市（州）、县（市、区）人民政府，根据国民经济和社会发展以及国防建设需要，按照国家高速公路规划的总体要求和国家规定的程序编制省高速公路规划。

省高速公路规划的调整，按照前款规定的程序执行。

第十二条　高速公路项目可以采取政府投资、社会投资、政府和社会资本合作等方式建设，具体筹集资金方式由省人民政府决定。鼓励、引导国内外经济组织依法投资建设高速公路。

政府投资高速公路项目由省人民政府按照有关规定确定依法成立的单位负责建设，或者由省人民政府授权单位与通过竞争方式确定的国内外经济组织合作建设。

社会投资高速公路项目应当向社会公布，由省人民政府授权单位依法采取公开招标投标方式选择投资人。

政府和社会资本合作高速公路项目，按照国家和省有关规定执行。

第十三条　高速公路建设用地规划应当符合国土空间规划，并贯彻切实保护耕地、节约用地的原则。

拟建高速公路沿线地方人民政府应当组织有关单位依法做好高速公路建设征地拆迁和安置补偿工作。高速公路建设征地拆迁、安置补偿和被征地农民社会保障费用的相关标准按照国家和省的规定核定。任何单位和个人不得截留、挪用征地拆迁、安置补偿和被征地农民社会保障费用。

拟建高速公路沿线县级以上地方人民政府及其有关部门应当依法保障高速公路建设所需水电、砂石、民用爆炸物品、临时用地等，维护高速公路建设秩序。

第十四条　高速公路建设应当遵循基本建设程序，执行国家和省有关工程勘察、设计、施工和监理规范以及技术标准。

第十五条　高速公路建设应当严格执行批准工期。因项目投资人自身原因造成建设期延长的，延长的建设期计入收费期。

第十六条　高速公路收费、监控、通信等系统以及超限运输检测设施、服务区、管理用房等应当按照国家和省有关规定和标准，与高速公路同步规划、同步建设、同步投入使用。管理用房应当满足高速公路经营者、高速公路管理机构和公安机关交通管理部门的工作需要。

已经通车的高速公路未按照前款规定建设相关系统、设施、服务区和管理用房的，由高速公路经营者负责建设和完善。

高速公路管理机构、公安机关交通管理部门和高速公路经营者应当建立相关系统、设施和数据的共建共享共用机制。

第十七条　高速公路项目建成后，应当按照国家和省有关规定进行验收，涉及交通安全的，征求公安机关交通管理部门的意见；未经验收或者验收不合格的，不得交付使用。

高速公路经营者应当在项目竣工验收后六个月内，按照国家和省有关规定，向高速公路管理机构提供相关档案资料。

第十八条　高速公路经营者应当按照国家和省规定的养护技术规范，编制高速公路养护规划和年度养护计划，并报省人民政府交通运输主管部门备案。

高速公路经营者应当按照年度养护计划实施养护作业，保证高速公路经常处于良好的技术状态。

从事高速公路养护作业的单位应当按照国家规定依法取得相应的养护作业资质。

第十九条　高速公路大修、中修工程施工应当经省人民政府交通运输主管部门批准；影响交通安全的，省人民政府交通运输主管部门应当征得公安机关交通管理部门同意后批准。

高速公路大修、中修工程施工单位应当在施工开始之日前五日向社会公告，并在施工路段前方及相关入口处设置公告牌，在施工区域设置警示标志和安全防护设施，配备安全管理人员。

高速公路大修、中修工程完工后，应当按照规定验收；涉及交通安全的，公安机关交通管理部门应当参与验收。

第二十条　高速公路经营者应当科学调度，统筹安排养护作业，确定合理的施工时间和工期并提前向社会公告，按期完工，减少对车辆通行的影响。

第二十一条　高速公路经营者应当按照国家和省有关规定做好高速公路绿化和用地范围水土保持工作。

第二十二条　高速公路经营者应当开展日常养护巡查，并制作巡查记录；发现高速公路及其附属设施损毁或者存在安全隐患的，应当立即设置警示标志和安全防护设施，及时组织抢修或者采取措施消除安全隐患。

高速公路经营者应当定期对高速公路及其附属设施进行技术检测；发现不符合有关技术标准和车辆通行安全要求的，应当及时维修，并向社会公告。

第二十三条　高速公路管理机构应当定期对高速公路及其附属设施的完好情况进行抽检，对达不到国家和省规定要求的，责令高速公路经营者限期采取相应措施。

公安机关交通管理部门、高速公路管理机构发现高速公路坍塌、坑槽等损毁，应当责令高速公路经营者采取措施及时修复；危及交通安全，尚未设置警示标志的，公安机关交通管理部门、高速公路管理机构应当及时采取安全措施，疏导交通，并通知高速公路经营者。

第三章　经营和服务

第二十四条　省人民政府交通运输主管部门会同公安等部门制定全省统一的高速公路服务质量规范，由高速公路管理机构定期进行考评并向社会公告，促进高速公路经营者提高服务质量。

高速公路经营者应当健全制度，加强管理，提高公共服务和运营管理水平，保障服务设施完好，公开服务项目、收费标准、监督电话等事项，接受社会监督，为高速公路使用者提供优质、安全、便捷、文明的服务。

第二十五条　高速公路管理机构、公安机关交通管理部门和高速公路经营者应当共同建立高速公路联合指挥调度服务平台，开展高速公路的指挥调度、运行监测、信息研判等工作；通过电视、报纸、广播、互联网、可变情报板等方式发布高速公路施工、事故、拥堵、气象、交通管制、行车提示及安全警示等信息。

第二十六条　高速公路车辆通行费收费标准，应当根据高速公路的技术等级、投资总额、当地物价指数、偿还贷款或者有偿集资款的期限和收回投资的期限以及交通量、建设质量等因素计算确定并报省人民政府审查批准。

高速公路车辆通行费收费标准根据道路技术状况、运营服务质量等情况调整，具体办法由省人民政府制定。

高速公路可以按照国家规定，根据不同路段、时段、车型以及支付方式等情形实行差异化收费，降低高速公路出行成本，提升路网资源利用率。

第二十七条　高速公路实行全省联网收费，统一清分和结算，具体办法由省人民政府交通运输主管部门制定。

第二十八条　车辆通行高速公路有下列情形之一的，按照国家收费公路联网收费运营和服务有关规定收取车辆通行费：

（一）无通行卡的；

（二）持调换或者伪造的通行卡的；

（三）故意损坏、屏蔽通行卡，或者干扰收费设施的；

（四）采取其他方式偷逃通行费的。

第二十九条　军队车辆、武警部队车辆，公安机关、高速公路管理机构在辖区内高速公路上处理交通事故、执行巡查任务、实施监督检查和处置突发事件的统一标志的制式车辆，悬挂应急救援专用号牌的国家综合性消防救援车辆，运输联合收割机（包括插秧机）的车辆，整车合法装载运输鲜活农产品的车辆，以及国务院交通运输主管部门或者省人民政府批准执行抢险救灾任务的车辆，免交车辆通行费。

第三十条　高速公路经营者应当按照规定在高速公路入口设置计重检测设施，对货运车辆进行计重检测，不得放行违法超限车辆驶入高速公路。

违法超限车辆强行驶入高速公路，故意堵塞收费站或者影响高速公路通行秩序，在高速公路服务区、高速公路出口等发现违法超限车辆的，高速公路经营者应当及时报告公安机关交通管理部门和高速公路管理机构。公安机关交通管理部门和高速公路管理机构应当派员及时到达现场，依法处理。

第三十一条　高速公路经营者不得擅自关闭高速公路收费站、服务区和互通立交匝道。

第三十二条　高速公路经营者应当设置和开启足够数量的收费车道。高速公路收费站出入口排行车辆超过二百米或者匝道收费站出站车辆排行至主线车道的，高速公路经营者应当采取增加收费人员、增设相关设备等应急管理措施，保证车辆通行畅通。

收费站通行能力不能满足通行需要且采取前款规定的应急管理措施不能解决拥堵问题的，高速公路经营者应当改造或者迁建收费站。

第三十三条　高速公路清障救援由高速公路经营者组织实施，具体收费项目和收费标准由省人民政府发展改革、交通运输等部门确定并向社会公布。

高速公路清障救援单位应当遵循安全、高效、就近的原则，将障碍物或者故障车辆拖移至距事发地最近的出口处或者与当事人商定的地点，不得指定维修场所，不得擅自增加收费项目、提高收费标准。

高速公路监督检查车辆和清障救援的车辆，应当按照规定分别设置统一的标志和示警灯。

第三十四条　高速公路服务区对外承包、租赁经营的，其承包、租赁经营期不得超过高速公路收费期。

第三十五条　高速公路经营者负责高速公路服务区日常管理及服务。

高速公路服务区应当提供入厕、停车、饮用水等免费服务，有条件的还应当提供车辆能源补给、加水、维修和购物、餐饮、住宿、医疗急救等经营性服务。

高速公路服务区所在地人民政府有关行政主管部门负责对服务区消防、食品安全、环境保护、价格等的监督管理。

第三十六条　社会投资高速公路项目收费期届满，高速公路经营者应当将高速公路及其附属设施、与高速公路项目有关的其他权益按照合同约定移交省人民政府指定的项目接收单位，国家另有规定的除外。

第四章　路政管理

第三十七条　新建、改建高速公路初步设计文件批准之日起三十日内，沿线县级以上地方人民政府应当依法划定高速公路建筑控制区的范围。

在高速公路建筑控制区域内，除公路养护、防护需要以外，不得新建、扩建建筑物或者构筑物。

高速公路建成通车前，沿线县级以上地方人民政府相关部门应当依法查处在高速公路用地、建筑控制区内违规新建、改建建筑物、构筑物的行为。高速公路建成通车后，由高速公路管理机构依法实施路政管理，沿线县级以上地方人民政府相关部门应当协助和配合。

第三十八条　高速公路交通标志、标线应当符合国家有关标准和技术规范。

高速公路管理机构根据路网运行、交通管理等需要，经过科学评估并征求公安机关交通管理部门意见后调整交通标志、标线，由高速公路经营者负责实施。

第三十九条　在高速公路用地范围内设置非交通标志标牌，应当经省人民政府交通运输主管部门批准。经批准设置的非交通标志标牌，不得遮挡交通标志，不得妨碍安全视距。

在高速公路建筑控制区内禁止设置广告牌等非交通标志标牌。

第四十条　在不影响安全的情况下，城镇开发边界范围内高速公路底层架空空间可以用于绿化和绿道建设、群众休闲、体育健身、车辆停放等公益用途。具体办法由省人民政府交通运输主管部门会同有关部门另行制定。

第四十一条　高速公路经营者应当加强对所管辖高速公路桥梁桥下空间和涵洞的日常巡查和管理。发现违法堆积物或者设施的，应当立即劝阻和制止，并向高速公路管理机构报告，及时消除安全隐患。

第四十二条　运输不可解体物品的超限运输车辆确需行驶高速公路的，承运人应当向省人民政府交通运输主管部门申请办理《超限运输车辆通行证》；影响交通安全的，省人民政府交通运输主管部门应当征求公安机关交通管理部门的意见。承运人应当按照公安机关交通管理部门指定的时间、路线、速度行驶，并采取有效的通行安全保障措施。

第五章　交通安全管理

第四十三条　行人、非机动车、摩托车、拖拉机、轮式专用机械车、铰接式客车、全挂拖斗车，以及其他设计最高时速低于七十公里的车辆，禁止进入高速公路。

第四十四条　高速公路入口加速车道后的适当位置应当标明允许通行的车型及最高、最低行驶速度，驶入高速公路的车辆应当按照交通信号行驶。

同方向为二条行车道的，左侧为小型客车道，右侧为客货车道；载货汽车、专项作业车及大、中型载客汽车可以借用小型客车道超车，超越后应当及时驶回客货车道。同方向为三条及以上行车道的，左侧第一条行车道只允许小型客车通行，禁止其他车辆驶入。

除执行抢险救援等紧急任务的警车、消防车、救援车、救护车以及从事高速公路管理、养护活动的车辆外，其他车辆不得在非紧急情况下占用应急车道行驶或者停车。

第四十五条　驶入高速公路的车辆有下列情形之一的，驾驶人应当立即开启危险报警闪光灯，将车辆移至应急车道或者路肩，在来车方向一百五十米外设置故障车警告标志牌：

（一）车辆发生交通事故或者故障，无法及时移至服务区或者收费站外的；

（二）驾驶人突发疾病影响驾驶安全的；

（三）发生危及交通安全的其他突发情形的。

第四十六条　在高速公路上行驶，应当遵守下列规定：

（一）不得穿越中央隔离带；

（二）不得在车道上下人员或者装卸货物；

（三）从匝道驶入行车道时，应当在加速车道内提高车速并开启左转向灯，不得妨碍行车道内车辆的通行；

（四）从应急车道驶入行车道时，应当在应急车道内提高车速并开启左转向灯，不得妨碍行车道内车辆的通行；

（五）遇前方交通阻塞时，应当在行车道内等候或者依次通行，开启危险报警闪光灯，不得驶入应急车道或者路肩。

第四十七条　因自然灾害、恶劣天气或者发生交通事故等情形影响车辆正常通行的，公安机关交通管理部门应当及时采取交通管理措施，疏导车辆；采取措施仍然无法保障交通安全的，公安机关交通管理部门依法关闭高速公路，并及时告知高速公路管理机构、高速公路经营者，同时向社会通告；紧急情况下，公安机关交通管理部门现场执法人员可以先行处置，同时报告省人民政府公安机关交通管理部门。省人民政府公安机关交通管理部门、高速公路管理机构等应当组织路网调度和区域交通分流。影响交通安全情形消除后，应当立即恢复交通，并及时发布相关信息。

第四十八条　车辆通过隧道时应当遵守下列规定：

（一）进入隧道前注意观察交通信号，并开启灯光装置；

（二）在隧道内依次通行，不得随意穿插、变道行驶；

（三）除车辆发生故障不能继续行驶外，隧道内严禁停车。

高速公路隧道入口前方的限速标志应当按二十公里/小时速度级差设置。

隧道群、特长隧道出口适当位置应当按照规定设置限速标志。

第四十九条　运载爆炸物品、易燃易爆化学物品，以及剧毒、放射性等危险物品的车辆不得进入高速公路危险化学品运输车辆限行路段。确需进入的，应当经公安机关交通管理部门批准，按照指定的时间、路线、速度行驶，悬挂明显标志，采取必要的安全措施。

高速公路危险化学品运输车辆限行路段由省人民政府公安机关规定，并向社会公告。

危险化学物品运输车辆发生事故，当事人应当立即报告公安机关交通管理部门。事故发生地县级以上地方人民政府应当组织应急管理、公安、交通运输、生态环境等部门以及高速公路经营者、医疗机构等，开展事故抢险救援工作。

第五十条　在高速公路上发生交通事故，仅造成财产损失、人员轻微受伤的，当事人应当立即将车辆移至就近服务区、收费站外等地点，再协商处理或者报警；发生人员伤亡的交通事故或者事故车辆不能移动的，应当立即开启危险报警闪光灯，在来车方向一百五十米外设置故障车警告标志牌，车上人员应当迅速转移到路外安全地点，并立即报警。

第六章　法律责任

第五十一条　违反本条例规定，法律、法规已有规定的，从其规定。

第五十二条　违反本条例第十九条规定，未经批准或者未按照规定要求进行高速公路大修、中修工程施工的，由高速公路管理机构责令改正，拒不改正的，处以一万元以上三万元以下罚款；情节严重的，处以三万元以上五万元以下罚款。

第五十三条　违反本条例第二十八条规定，持调换或者伪造的高速公路通行卡，故意损坏、屏蔽通行卡或者干扰收费设施等方式偷逃高速公路车辆通行费的，由高速公路管理机构责令当事人改正并补缴车辆通行费，可并处以应缴车辆通行费三倍罚款。

第五十四条　违反本条例第三十条规定，高速公路经营者在入口放行违法超限车辆驶入高速公路的，由高速公路管理机构没收放行车辆的全部通行费，并按照放行车辆数每辆处以二千元罚款。

第五十五条　违反本条例第三十一条规定，高速公路经营者擅自关闭高速公路收费站、服务区和互通立交匝道的，由高速公路管理机构责令改正，拒不改正的，处以五万元以上七万元以下罚款；情节严重的，处以七万元以上十万元以下罚款。

第五十六条　违反本条例第三十二条规定，高速公路经营者未采取应急管理措施，导致收费站车辆拥堵的，由高速公路管理机构责令改正，拒不改正的，处以一万元以上三万元以下罚款；情节严重的，处以三万元以上五万元以下罚款。

第五十七条　违反本条例第三十三条规定，清障救援单位违法指定车辆维修场所的，由高速公路管理机构没收违法所得，并处以二千元以上五千元以下罚款。

第五十八条　驾驶人违反本条例规定，有下列情形之一的，由公安机关交通管理部门处以二百元罚款：

（一）非紧急情况下在应急车道行驶或者停车的；

（二）违反车道行驶规定，占用小型客车道行驶的；

（三）违反规定超车的；

（四）发生交通事故不按照规定撤离现场的。

第五十九条　驾驶人违反本条例规定，有下列情形之一的，由公安机关交通管理部门处以五百元以上一千元以下罚款：

（一）在高速公路车道上下人员或者装卸货物的；

（二）驾驶禁止驶入高速公路的车辆驶入高速公路的。

第六十条　高速公路管理机构、公安机关交通管理部门等有关部门及其工作人员在高速公路管理过程中滥用职权、玩忽职守、徇私舞弊的，对直接负责的主管人员和其他直接责任人员依法给予行政处分；构成犯罪的，依法追究刑事责任。

第七章　附　则

第六十一条　本条例下列用语的含义：

（一）高速公路，是指按照国家公路工程技术标准建设的专供汽车分道高速行驶并全部控制出入的多车道公路及其附属设施，以及划定为高速公路管理的区域。

（二）应急车道，是指高速公路行车道边缘线以外可供车辆在紧急情况下停车或者行驶的硬路肩区域。

第六十二条　法律、行政法规对高速公路投资、建设、管理等相关事项另有规定的，从其规定。

第六十三条　本条例自2015年12月1日起施行。

（本栏目供稿单位：厅政策法规处）

统计资料

TONGJI ZILIAO

2022年全省交通固定资产投资完成情况表

单位：万元

指 标		数 量	指 标	数 量
计划总投资		138487152.5	扩建	1037526.0
其中：中央投资			改建和技术改造	5348014.8
自开始建设至本年底	累计完成投资	71290508.6	单纯建造生活设施	
	建筑工程	58010427.8	迁建	
	安装工程	255084.6	恢复	854173.2
	设备工器具购置	276396.3	单纯购置	
	其他	12748599.9	3. 按构成分	
	累计新增固定资产	17059244.5	建筑工程	21827579.1
本年计划投资		11266949.8	安装工程	73464.8
其中：中央投资		2629014.9	设备工器具购置	49906.7
本年完成投资		25101009.0	其他	3150058.4
1. 按交通行业分			本年新增固定资产	6240240.0
水上运输业		660824.6	本年资金来源合计	23681894.2
航道		591554.6	上年末结余资金	1509595.9
出海航道			其中：中央预算	38.1
内河航道		591554.6	中央国债	0.0
港口		36370.0	部专项资金	10266.6
沿海港口			地方预算	43074.4
内河港口		36370.0	本年资金来源小计	22172298.3
水上运输部门		32900.0	中央预算资金	238323.9
海事			中央国债	6100775.9
救捞			部专项资金	1019456.0
科研教育			地方预算资金	
公路运输业		24440184.4	省级预算	1019456.0
公路线路基础设施		23488278.1	燃油税返还	171711.5
其中：国家高速公路		12658944.9	通行费	0.0
地方高速公路		12462083.6	地方政府债券	280610.5
公路场站基础设施		545639.3	市级及以下预算	5081319.9
公路运输业其他		406267.0	国内贷款	6113009.0
科研教育			其中：中央专项建设基金	0.0
信息化		100229.3	利用外资	0.0
其他		306037.7	企事业单位自筹资金	5815891.4
2. 按建设性质分			交通发展基金	5082.0
新建		17861295.0	其他资金来源	1434483.2

（厅建管处）

2022年四川省公路概况表

项目	单位	数值	备注
公路总里程	公里	405390.216	
国道	公里	22859.714	
其中：国家高速	公里	5431.047	
普通国道	公里	17428.667	
省道	公里	25398.489	
其中：省道高速	公里	3671.446	
普通省道	公里	21727.043	
县道	公里	62373.057	
其中：县道高速	公里	74.828	
乡道	公里	103831.006	
专用道	公里	0.000	
村道	公里	190927.950	
高速路	公里	9179.709	
一级路	公里	4889.896	
二级路	公里	18132.906	
三级路	公里	17422.043	
四级路	公里	343541.899	
等外级	公里	12223.763	
等级公路	公里	393166.453	占总里程96.98%
二级及以上公路	公里	32202.511	占总里程7.94%
国省道二级及以上公路	公里	27426.837	占国省道总里程比例56.83%
普通国道二级及以上公路	公里	11866.433	占普通国道总里程68.09%
普通省道三级及以上公路	公里	12350.794	占普通省道总里程56.85%
普通国道二级及以上(三州三级及以上)公路	公里	15731.137	占普通国道总里程90.26%
有铺装和简易铺装路面	公里	382326.495	占总里程94.31%
桥梁总数	延米/座	4517958.98/48955	
其中：特大桥	延米/座	696353.5/451	
大桥	延米/座	2705443.04/10569	
危桥	延米/座	24693.28/580	
公路密度	公里/百平方公里	83.14	
	公里/万人	48.40	
乡镇数量	个	4251	
乡镇通三级及以上公路	个	2640	占比62.1%
建制村数量	个	45533	
建制村通双车道	个	11858	占比26.04%
自然村组	个	175871	
自然村组通硬化路	个	116521	占比66.25%

2022年全省公路密度及通达情况表

行政区划名称	公路密度		乡镇通三级及以上公路情况		
	以国土面积计算	以人口计算	乡镇总数	乡镇通三级及以上公路	乡镇通三级及以上公路所占比重
	公里/百平方公里	公里/万人	个	个	百分比
全省	83.14	48.41	4251	2640	62.10
成都市	203.82	17.70	253	236	93.28
自贡市	227.20	34.21	96	64	66.67
攀枝花市	71.33	44.07	44	24	54.55
泸州市	164.13	46.64	121	83	68.60
德阳市	174.20	29.35	119	100	84.03
绵阳市	120.75	50.26	271	181	66.79
广元市	146.85	90.03	230	117	50.87
遂宁市	258.44	43.76	105	82	78.10
内江市	260.57	38.03	107	80	74.77
乐山市	129.98	50.86	211	145	68.72
南充市	247.08	48.38	393	232	59.03
眉山市	128.69	30.94	126	87	69.05
宜宾市	196.15	57.05	172	102	59.30
广安市	257.43	50.68	171	130	76.02
达州市	173.70	50.23	307	171	55.70
雅安市	55.91	54.78	137	87	63.50
巴中市	210.22	77.91	187	98	52.41
资阳市	218.39	50.61	116	77	66.38
阿坝州	18.76	164.81	221	139	62.90
甘孜州	22	275.91	323	182	56.35
凉山州	48.82	59.74	541	223	41.22

续表

行政区划名称	建制村通双车道情况			自然村组通硬化路情况		
	建制村总数	建制村通双车道	建制村通双车道所占比重	自然村组总数	自然村组通硬化路	自然村组通硬化路所占比重
	个	个	百分比	个	个	百分比
全省	45533	11858	26.04	175871	116521	66.25
成都市	2653	1513	57.03	19550	13217	67.61
自贡市	1071	318	29.69	6449	3398	52.69
攀枝花市	348	132	37.93	1665	1061	63.72
泸州市	1335	358	26.82	9580	7388	77.12
德阳市	1412	714	50.57	12503	7448	59.57
绵阳市	3245	978	30.14	12878	8350	64.84
广元市	2396	517	21.58	8368	3925	46.90
遂宁市	1891	285	15.07	5746	4754	82.74
内江市	1609	434	26.97	8672	6064	69.93
乐山市	1987	729	36.69	9228	6775	73.42
南充市	5235	816	15.59	12321	7089	57.54
眉山市	1052	284	27.00	7281	3150	43.26
宜宾市	2813	854	30.36	12324	9403	76.30
广安市	2683	622	23.18	7383	5972	80.89
达州市	2754	261	9.48	9307	7830	84.13
雅安市	1004	478	47.61	4567	3900	85.40
巴中市	2228	375	16.83	6610	4189	63.37
资阳市	1988	234	11.77	9369	5726	61.12
阿坝州	1358	448	32.99	1487	1419	95.43
甘孜州	2735	749	27.39	1238	1081	87.32
凉山州	3736	759	20.32	9345	4382	46.89

2022年全省各市（州）公路基本情况排名表（一）

名次	总里程		二级及以上		二级及以上公路占总里程%		国省干线中二级及以上公路比例%	
	市 州	里程（公里）	市 州	里程（公里）	市 州	百分比	市 州	百分比
	全省合计	405390.216	全省合计	32202.511	全省合计	7.94	全省合计	56.83
1	甘孜州	32999.124	成都市	4585.747	成都市	15.62	成都市	87.39
2	南充市	31131.685	阿坝州	2137.23	眉山市	15.39	广安市	81.4
3	凉山州	29441.353	南充市	2048.308	德阳市	14.06	南充市	81.33
4	成都市	29349.801	绵阳市	1981.228	阿坝州	13.71	德阳市	81.15
5	达州市	28834.474	达州市	1895.52	雅安市	13.59	乐山市	79.61
6	宜宾市	26087.98	广元市	1678.663	攀枝花市	10.38	泸州市	73.06
7	巴中市	25856.713	乐山市	1662.1	乐山市	9.99	资阳市	70.57
8	绵阳市	24512	泸州市	1662.012	泸州市	8.23	内江市	70.33
9	广元市	24083.917	宜宾市	1580.57	绵阳市	8.08	遂宁市	68.6
10	泸州市	20188.31	凉山州	1545.666	广安市	7.41	巴中市	66.59
11	乐山市	16637.731	巴中市	1539.046	广元市	6.97	眉山市	66.37
12	广安市	16475.712	德阳市	1469.644	内江市	6.88	雅安市	65.5
13	阿坝州	15591.152	眉山市	1425.918	南充市	6.58	达州市	65.16
14	内江市	14070.775	广安市	1221.369	资阳市	6.58	绵阳市	61.63
15	遂宁市	13955.95	雅安市	1147.321	达州市	6.57	广元市	60.29
16	资阳市	12666.694	内江市	967.833	遂宁市	6.5	自贡市	56.68
17	德阳市	10452.25	遂宁市	907.166	自贡市	6.29	宜宾市	55.64
18	自贡市	9996.816	资阳市	832.959	宜宾市	6.06	阿坝州	48.27
19	眉山市	9265.869	甘孜州	730.65	巴中市	5.97	攀枝花市	41.96
20	雅安市	8441.971	自贡市	628.502	凉山州	5.25	凉山州	32.44
21	攀枝花市	5349.939	攀枝花市	555.059	甘孜州	2.21	甘孜州	12.24

续表

名次	等级公路占总里程比例%		水泥、沥青路面里程（含简易铺装）		水泥、沥青路面铺装率（含简易铺装）		国省干线水泥、沥青路面铺装率（含简易铺装）	
	市　州	百分比	市　州	里程（公里）	市　州	百分比	市　州	百分比
	全省合计	96.98	全省合计	382326.495	全省合计	90.1	全省合计	96.83
1	成都市	99.93	南充市	30818.741	成都市	99.93	眉山市	100
2	广安市	99.69	成都市	29328.102	乐山市	99.47	南充市	100
3	南充市	99.6	甘孜州	28511.315	遂宁市	99.12	德阳市	100
4	巴中市	99.54	达州市	28373.973	南充市	98.99	遂宁市	100
5	乐山市	99.37	凉山州	26641.629	资阳市	98.75	资阳市	100
6	资阳市	99.02	宜宾市	24679.923	眉山市	98.57	成都市	99.99
7	达州市	98.7	巴中市	23949.201	达州市	98.4	乐山市	99.37
8	内江市	98.62	绵阳市	22976.307	德阳市	98.39	宜宾市	99.21
9	甘孜州	98.48	广元市	20739.537	广安市	97.06	广安市	98.83
10	德阳市	98.44	泸州市	18228.164	自贡市	96.73	达州市	98.7
11	遂宁市	98.21	乐山市	16550.087	雅安市	95.66	内江市	98.23
12	自贡市	97.78	广安市	15991.092	宜宾市	94.6	绵阳市	97.39
13	宜宾市	96.71	阿坝州	14040.449	内江市	93.92	巴中市	97.28
14	阿坝州	96.49	遂宁市	13833.152	绵阳市	93.73	阿坝州	96.8
15	凉山州	95.48	内江市	13215.398	巴中市	92.62	雅安市	96.75
16	雅安市	95.34	资阳市	12508.298	凉山州	90.49	泸州市	95.69
17	泸州市	95.3	德阳市	10284.011	泸州市	90.29	广元市	94.84
18	绵阳市	92.48	自贡市	9669.798	阿坝州	90.05	凉山州	94.24
19	眉山市	91.96	眉山市	9133.374	攀枝花市	89.32	自贡市	93.97
20	广元市	88.88	雅安市	8075.396	甘孜州	86.4	甘孜州	92.17
21	攀枝花市	88.19	攀枝花市	4778.548	广元市	86.11	攀枝花市	91.49

2022年全省各市（州）公路基本情况排名表（二）

名次	桥梁数量		四、五类桥梁数量		四、五类桥梁比例%		国、省干线四、五类桥梁比例%		公路以国土面积计算		密度以人口计算	
	市 州	座	市 州	座	市 州	百分比	市 州	百分比	市 州	公里/百平方公里	市 州	公里/万人
	全省合计	48955	全省合计	580	全省合计	1.18	全省合计	0.13	全省合计	83.14	全省合计	48.41
1	成都市	5498	绵阳市	117	绵阳市	3.49	巴中市	0.59	内江市	260.57	甘孜州	275.91
2	达州市	3375	南充市	108	南充市	3.26	攀枝花市	0.34	遂宁市	258.44	阿坝州	164.81
3	绵阳市	3351	甘孜州	64	甘孜州	2.79	凉山州	0.31	广安市	257.43	广元市	90.03
4	南充市	3313	广元市	44	广元市	1.83	广元市	0.25	南充市	247.08	巴中市	77.91
5	宜宾市	2580	成都市	36	广安市	1.55	乐山市	0.2	自贡市	227.2	凉山州	59.74
6	凉山州	2566	巴中市	32	巴中市	1.46	自贡市	0.2	资阳市	218.39	宜宾市	57.05
7	乐山市	2549	广安市	29	德阳市	1.33	绵阳市	0.18	巴中市	210.22	雅安市	54.78
8	广元市	2400	德阳市	23	阿坝州	0.96	宜宾市	0.16	成都市	203.82	乐山市	50.86
9	泸州市	2354	阿坝州	20	资阳市	0.92	广安市	0.16	宜宾市	196.15	广安市	50.68
10	甘孜州	2297	凉山州	16	攀枝花市	0.78	阿坝州	0.14	德阳市	174.2	资阳市	50.61
11	雅安市	2199	泸州市	13	遂宁市	0.71	德阳市	0.12	达州市	173.7	绵阳市	50.26
12	巴中市	2189	资阳市	13	成都市	0.65	泸州市	0.08	泸州市	164.13	达州市	50.23
13	阿坝州	2076	遂宁市	10	凉山州	0.62	遂宁市	0.07	广元市	146.85	南充市	48.38
14	眉山市	2062	乐山市	9	自贡市	0.6	南充市	0.06	乐山市	129.98	泸州市	46.64
15	广安市	1872	攀枝花市	9	泸州市	0.55	甘孜州	0.04	眉山市	128.69	攀枝花市	44.07
16	德阳市	1728	达州市	8	雅安市	0.36	资阳市	0	绵阳市	120.75	遂宁市	43.76
17	内江市	1572	宜宾市	8	乐山市	0.35	成都市	0	攀枝花市	71.33	内江市	38.03
18	资阳市	1412	雅安市	8	内江市	0.32	雅安市	0	雅安市	55.91	自贡市	34.21
19	遂宁市	1401	自贡市	6	宜宾市	0.31	内江市	0	凉山州	48.82	眉山市	30.94
20	攀枝花市	1160	内江市	5	达州市	0.24	达州市	0	甘孜州	22	德阳市	29.35
21	自贡市	1001	眉山市	2	眉山市	0.1	眉山市	0	阿坝州	18.76	成都市	17.7

续表

名次	市　州	乡镇总数	乡镇通三级及以上公路	乡镇通三级及以上公路所占比重	市　州	建制村总数	建制村通双车道	建制村通双车道所占比重	市　州	自然村组总数	自然村组通硬化路	自然村组通硬化路所占比重
		个	个	百分比		个	个	百分比		个	个	百分比
	全省合计	4251	2640	62.10	全省合计	45533	11858	26.04	全省合计	175871	116521	66.25
1	成都市	253	236	93.28	成都市	2653	1513	57.03	阿坝州	6610	4189	95.43
2	德阳市	119	100	84.03	德阳市	1412	714	50.57	甘孜州	8368	3925	87.32
3	遂宁市	105	82	78.10	雅安市	1004	478	47.61	雅安市	1238	1081	85.40
4	广安市	171	130	76.02	攀枝花市	348	132	37.93	达州市	12321	7089	84.13
5	内江市	107	80	74.77	乐山市	1987	729	36.69	遂宁市	9580	7388	82.74
6	眉山市	126	87	69.05	阿坝州	1358	448	32.99	广安市	12324	9403	80.89
7	乐山市	211	145	68.72	宜宾市	2813	854	30.36	泸州市	7383	5972	77.12
8	泸州市	121	83	68.60	绵阳市	3245	978	30.14	宜宾市	1487	1419	76.30
9	绵阳市	271	181	66.79	自贡市	1071	318	29.69	乐山市	6449	3398	73.42
10	自贡市	96	64	66.67	甘孜州	2735	749	27.39	内江市	12878	8350	69.93
11	资阳市	116	77	66.38	眉山市	1052	284	27.00	成都市	19550	13217	67.61
12	雅安市	137	87	63.50	内江市	1609	434	26.97	绵阳市	7281	3150	64.84
13	阿坝州	221	139	62.90	泸州市	1335	358	26.82	攀枝花市	5746	4754	63.72
14	宜宾市	172	102	59.30	广安市	2683	622	23.18	巴中市	9307	7830	63.37
15	南充市	393	232	59.03	广元市	2396	517	21.58	资阳市	1665	1061	61.12
16	甘孜州	323	182	56.35	凉山州	3736	759	20.32	德阳市	8672	6064	59.57
17	达州市	307	171	55.70	巴中市	2228	375	16.83	南充市	9369	5726	57.54
18	攀枝花市	44	24	54.55	南充市	5235	816	15.59	自贡市	12503	7448	52.69
19	巴中市	187	98	52.41	遂宁市	1891	285	15.07	广元市	9228	6775	46.90
20	广元市	230	117	50.87	资阳市	1988	234	11.77	凉山州	9345	4382	46.89
21	凉山州	541	223	41.22	达州市	2754	261	9.48	眉山市	4567	3900	43.26

2022年全省机动车驾驶员培训统计表（一）

地区	培训人次合计（人次）	培训合格人次（人次）	从业资格培训人次（人次）	残疾人驾驶员培训人次（人次）	培训合格人次（人次）
四川省	1197725	803350	85916	876	654
成都市	375502	247735	11252	432	355
自贡市	42570	38206	2869	46	45
攀枝花市	37649	18285	3511	11	5
泸州市	54511	26988	4189	6	
德阳市	39113	26095	3800		
绵阳市	83603	63333	5755	128	69
广元市	24587	24587	3271	22	22
遂宁市	34826	31398	4600	22	20
内江市	35522	32307	4276		
乐山市	41269	26682	2913		
南充市	57093	42846	1740	4	4
眉山市	41922	7194	2438	45	3
宜宾市	57836	1963	1963		
广安市	38114	29274	1890	8	6
达州市	63199	53762	4644	36	36
雅安市	15315	11946	1633	17	14
巴中市	34026	27168	3046	34	34
资阳市	28400	18626	1346		
阿坝州	11963	9616	1511		
甘孜州	14008	14008	14008		
凉山州	66697	51331	5261	65	41

2022年全省机动车驾驶员培训统计表（二）

地区名称	教学车辆									机动车驾驶模拟器	被动式模拟器	教学场地（含租赁场地）面积
	合计	残疾人教学车辆	大型客车	通用货车半挂车（牵引车）	城市公交车	中型客车	大型货车	小型汽车	摩托车			
	（辆）	（辆）	（辆）	（辆）	（辆）	（辆）	（辆）	（辆）	（辆）	（台）	（台）	（平方米）
四川省	36432	41	127	299	42	35	1154	34549	226	6299	2200	27745337
成都市	12796	18	31	103	11	12	276	12363		1556	597	7690114
自贡市	1007	2	2	9	2	1	55	938		308	71	1270636
攀枝花市	618	1	3	3	3	2	29	558	20	172		599109
泸州市	1627	1	8	3		1	29	1586		368	156	1416036
德阳市	1412		10	13	1	2	34	1352		350	80	1416021
绵阳市	2277	6	13	14	5		72	2134	39	564	244	2178393
广元市	855	1	2	7		2	36	808		191	54	1016832
遂宁市	1100	2	3	14	2	3	49	1029		255	189	838102
内江市	899		2	8	3		46	840		312	86	1166030
乐山市	1421		9	18	2		44	1348		215	57	1235257
南充市	2334	2	7	41	1	2	101	2182		353	88	1203664
眉山市	1173	1	4	12	1	1	36	1119		424	393	873652
宜宾市	1437		4	7	2	1	29	1394				1180783
广安市	1038	1	3	3	2	2	18	1010		198	65	729332
达州市	1492	1	7	12	3	2	54	1414		316		1154654
雅安市	546	1	4	3		1	16	469	53	197	48	488436
巴中市	1232	2	4	10	2	2	38	1176				805021
资阳市	848		2	1			27	704	114	70	24	577522
阿坝州	449		2	1		1	26	419				130854
甘孜州	346			8			41	297		112		273662
凉山州	1525	2	7	9	2		98	1409		338	48	1501226

2022年全省公路客运班线统计表（一）

计量单位：条

地区名称	客运班线条数												
	合计	定制客运班线	一类客运班线	定制客运班线	二类客运班线	定制客运班线	三类客运班线	定制客运班线	四类客运班线	县内班线	定制客运班线	毗邻县间班线	定制客运班线
四川省	10992	523	676	68	1254	153	1055	151	8007	7123	106	884	45
成都市	1245	158	55	23	836	101	193	33	161	118	0	43	1
自贡市	436	9	19		91	5	30		296	263	3	33	1
攀枝花市	166	7	53	3	19	1	12		82	74	3	8	
泸州市	575	27	154	14	53	10	10	2	358	320	1	38	
德阳市	294	5	2		107	4	20		165	129		36	1
绵阳市	857	23	12		125	11	85	12	635	580		55	
广元市	667	11	19	4	69	2	64	2	515	411		104	3
遂宁市	355	42	13	3	103	20	50	9	189	165	7	24	3
内江市	674	7	47	0	143	5	22	1	462	385		77	1
乐山市	389	8	11	0	68	6	36	2	274	255		19	0
南充市	1048	16	79	1	166	12	33	2	770	693		77	1
眉山市	345	23	2		107	10	2	2	234	191	3	43	8
宜宾市	856	37	31		83	15	109	5	633	553	7	80	10
广安市	332	17	52	4	42	7	21		217	183	6	34	
达州市	820	109	36	15	64	29	121	48	599	527	8	72	9
雅安市	166	8			55	6	11	2	100	86		14	
巴中市	831	28	40		78	17	65	11	648	640		8	
资阳市	421	5	5		124	4	19		273	251	1	22	
阿坝州	562	101	17	1	72	26	61	13	412	386	56	26	5
甘孜州	441	13	11		53	9	24	4	353	346		7	
凉山州	767	21	18		51	5	67	3	631	567	11	64	2

2022年全省公路客运班线统计表（二）

计量单位：班次/日

地区名称	客运班线平均日发班次（班次/日）						
	合计	一类客运班线	二类客运班线	三类客运班线	四类客运班线	县内班线	毗邻县间班线
四川省	88952	1174	7143	7595	73041	65288	7753
成都市	5408	99	1645	1243	2422	2134	288
自贡市	3059	39	372	367	2281	1984	297
攀枝花市	4650	34	48	245	4323	4179	144
泸州市	5404	181	357	160	4706	4010	696
德阳市	2152	3	265	149	1736	1550	186
绵阳市	5075	13	524	528	4011	3805	206
广元市	2196	24	135	48	1990	1707	282
遂宁市	2948	91	710	548	1599	1312	288
内江市	6076	116	466	291	5203	4140	1063
乐山市	3330	12	221	346	2752	2626	126
南充市	4668	52	219	498	3899	3456	443
眉山市	2093	3	285	34	1771	1475	296
宜宾市	7532	34	288	634	6576	5914	662
广安市	2143	92	110	157	1784	1514	270
达州市	6605	174	359	1118	4954	4378	576
雅安市	3525		173	412	2940	2143	797
巴中市	7284	45	145	335	6759	6753	6
资阳市	2051	6	295	109	1641	1576	65
阿坝州	1934	32	113	111	1678	1453	225
甘孜州	850	11	65	36	738	731	7
凉山州	9971	115	350	227	9279	8449	830

2022年全省公路客运班线统计表（三）

地区名称	道路客运班线条数（条）					道路客运班线平均日发班次（班次/日）				
	合计	<200公里	≥200且<400公里	≥400且<800公里	≥800公里	合计	<200公里	≥200且<400公里	≥400且<800公里	≥800公里
四川省	10992	9881	751	199	161	88952	86067	2369	395	121
成都市	1245	885	287	66	7	5408	4878	437	89	4
自贡市	436	380	44	4	8	3059	2959	90	5	5
攀枝花市	166	118	20	17	11	4650	4607	20	16	7
泸州市	575	473	59	14	29	5404	5160	173	12	59
德阳市	294	273	21			2152	2136	16		
绵阳市	857	801	56			5075	4996	80		
广元市	667	611	43	7	6	2196	2128	55	9	4
遂宁市	355	292	58	3	2	2948	2674	273	1	
内江市	674	606	56	6	6	6076	5970	100	3	4
乐山市	389	352	31	4	2	3330	3278	47	5	1
南充市	1048	885	105	8	50	4668	4442	210	4	13
眉山市	345	319	20	6		2093	2066	22	6	
宜宾市	856	802	44	5	5	7532	7460	64	7	2
广安市	332	293	25	5	9	2143	2089	45	4	6
达州市	820	774	28	13	5	6605	6352	193	59	1
雅安市	166	145	18	3		3525	3486	36	3	
巴中市	831	749	40	23	19	7284	7154	79	38	13
资阳市	421	401	11	6	3	2051	2031	14	5	2
阿坝州	562	452	77	32	1	1934	1842	76	15	1
甘孜州	441	330	84	27		850	581	242	27	
凉山州	767	710	31	25	1	9971	9781	99	89	2

2022年全省农村客运统计表（一）

地区名称	客运通达情况				农村客运站数量	农村客运线路数量	农村客运线路平均日发班次
	乡镇总数	通客运的乡镇	建制村总数	通客运的建制村			
	个	个	个	个	个	条	班次/日
四川省	2910	2910	29473	29473	43030	8588	81864
成都市	181	181	2000	2000	140	306	6688
自贡市	77	77	752	752	1638	300	2434
攀枝花市	38	38	230	230	590	84	4252
泸州市	119	119	1140	1140	2036	511	6121
德阳市	80	80	910	910	1136	165	2518
绵阳市	155	155	1792	1792	3567	729	4169
广元市	140	140	1603	1603	2514	555	2335
遂宁市	81	81	1223	1223	1815	238	1883
内江市	74	74	987	987	572	455	5131
乐山市	130	130	1162	1162	2116	314	2708
南充市	232	232	2750	2750	5839	801	4505
眉山市	77	77	731	731	947	210	1623
宜宾市	132	132	1805	1805	5060	676	7907
广安市	118	118	1499	1499	1400	254	2281
达州市	198	198	2023	2023	2949	583	4575
雅安市	96	96	591	591	520	100	2742
巴中市	136	136	1619	1619	2612	665	6764
资阳市	85	85	1022	1022	1095	259	1644
阿坝州	173	173	1135	1135	1526	433	1462
甘孜州	289	289	2181	2181	2470	346	731
凉山州	299	299	2318	2318	2488	604	9392

2022年全省农村客运统计表（二）

地区名称	农村客运车辆车辆数合计	农村公共汽电车		农村班线客车合计	按类型分						按等级分		
					客车	特大型客车	大型客车	中型客车	小型客车	乘用车	高级	中级	普通
	辆	辆	标台	辆	辆	辆	辆	辆	辆	辆	辆	辆	辆
四川省	27676	4387	4567	23289	22670		779	7607	14284	619	1634	7876	13779
成都市	1487	811	739	676	660		7	378	275	16	23	426	227
自贡市	678		186	678	631		2	411	218	47	57	340	281
攀枝花市	420	27	27	393	317			28	289	76	90	36	267
泸州市	1668	545	540	1123	1123		44	370	709		108	398	617
德阳市	799	273	273	526	526		37	315	174			139	387
绵阳市	2158	579	579	1579	1573		86	694	793	6	44	440	1095
广元市	1364	223	207	1141	1141		27	329	785		154	685	302
遂宁市	783			783	783		5	271	507		34	252	497
内江市	925	81	81	844	844		48	646	150		119	495	230
乐山市	856	30	30	826	824		52	305	467	2	35	414	377
南充市	2412	226	220	2186	1956		5	798	1153	230	110	616	1460
眉山市	648	14	11	634	598		2	328	268	36	13	368	253
宜宾市	2699	768	964	1931	1931		147	454	1330		303	700	928
广安市	870	240	240	630	630		30	386	214		30	377	223
达州市	1624	39	39	1585	1519		158	739	622	66	242	797	546
雅安市	808	82	81	726	636		1	224	411	90	147	253	326
巴中市	2249	9	9	2240	2190		37	123	2030	50	81	610	1549
资阳市	814			814	814		1	348	465		5	265	544
阿坝州	496	63	124	433	433		4	7	422		4	16	413
甘孜州	709	69	62	640	640		4	28	608				640
凉山州	3209	308	154	2901	2901		82	425	2394		35	249	2617

2022年全省道路危险货物运输业户统计表

计量单位：户

地区名称	道路危险货物运输业户数合计												
	合计	按营业性质分		按危险货物运输种类分									
		经营性	非经营性	运输1类危险品	运输2类危险品	运输3类危险品	运输4类危险品	运输5类危险品	运输6类危险品	运输7类危险品	运输8类危险品	运输9类危险品	运输剧毒化学品
四川省	494	492	2	91	268	290	144	112	91	30	210	135	27
成都市	122	120	2	8	68	70	20	14	12	6	32	25	17
自贡市	21	21		2	14	18	6	5	11		18	5	1
攀枝花市	19	19		4	9	5	2		1		6		2
泸州市	24	24		7	13	17	12	7	9		13	7	2
德阳市	56	56		9	39	43	29	24	14		41	24	1
绵阳市	32	32		4	16	17	11	12	6	8	12	12	
广元市	13	13		3	4	4	3	1	1	1	2	4	1
遂宁市	17	17		4	11	15	4	4	4		9	8	
内江市	11	11		2	8	9	4	6	2	4	8	4	
乐山市	24	24		3	6	9	6	6	3	4	10	6	
南充市	15	15		5	7	6	4	6	3	6	6	6	
眉山市	24	24		10	22	19	11	13	9		15	10	
宜宾市	23	23		10	12	15	8	5	8	1	12	7	
广安市	14	14		5	7	9	1	3	0		4	3	
达州市	21	21		3	13	12	10	3	2		10	4	
雅安市	7	7		2	4	5	3	2	1		3	2	
巴中市	13	13		4	6	3	8	0	0		0	3	3
资阳市	6	6			1	1			2		0	2	
阿坝州	6	6		2	3	3	2	1	1		1	2	
甘孜州	2	2		1	1	1			2		0	1	
凉山州	24	24		3	4	9					8	0	

2022年全省汽车租赁车辆统计表

计量单位：辆

地区名称	租赁车辆数量					
	合计（辆）	客车（辆）	5座及以下（辆）	6–9座（辆）	10座及以上（辆）	货车（辆）
四川省	3256	3256	2462	702	92	
成都市	1887	1887	1454	380	53	
自贡市	94	94	70	24		
攀枝花市						
泸州市	223	223	133	89	1	
德阳市						
绵阳市	118	118	99	19		
广元市	101	101	70	30	1	
遂宁市	196	196	164	31	1	
内江市	0	0	0	0		
乐山市	0	0	0	0		
南充市	55	55	53	2		
眉山市						
宜宾市	139	139	128	10	1	
广安市						
达州市	163	163	130	32	1	
雅安市	20	20	18	2	0	
巴中市	109	109	58	18	33	
资阳市	24	24	13	10	1	
阿坝州						
甘孜州	25	25	11	14		
凉山州	102	102	61	41		

2022年各市（州）出租汽车综合统计表

地区名称	出租汽车												
	营运车数（辆）										其他	出租汽车经营业户数（户）	客运量（万人次）
	合计	汽油车	乙醇汽油车	压缩天然气车	液化天然气车	双燃料车	纯电动车	混合动力车	其中：插电式混合动力车	氢能源车			
四川	45792	4306				26240	15246					1159	128432
成都	16347	79				4509	11759					114	22618
自贡	1448					1448						23	4678
攀枝花	1522	1381				95	46					12	5016
泸州	2076	135				1691	250					418	9516
德阳	1448					1392	56					28	6219
绵阳	3264					2894	370					113	10131
广元	907	45				856	6					21	3665
遂宁	1283					1178	105					16	4181
内江	1505					1505						131	5299
乐山	1589	75				1502	12					24	4419
南充	2286					2081	205					33	7224
眉山	981					981						7	3731
宜宾	1793					1072	721					20	5862
广安	1018					770	248					11	3174
达州	2129	74				2002	53					24	10195
雅安	639	20				458	161					13	2856
巴中	1353	57				1139	157					18	8154
资阳	667					667	0					18	3056
阿坝	924	908				0	16					14	1625
甘孜	916	722				0	194					79	2122
凉山	1697	810				0	887					22	4692

2022年全省各市（州）城市客运综合统计表

地区名称	公共汽车运营车数（辆）											标准运营车数（标台）	公共汽电车经营业户数	公共汽车客运量（万人次）	轨道交通经营业户数	轨道交通客运量（万人次）
	运营车数	汽油车	柴油车	压缩天然气	液化天然气	双燃料车	无轨电车	纯电动车	混合动力车	其中：插电式混合动力车	氢能源车					
四川	34010	139	2144	11043	1077	148		16358	2818	1256	283	39323.2	250	256769	1	157176
成都	16657		123	6146	997	79		8648	394		270	19631	34	97211	1	157176
自贡	1002		18	412				277	295	251		1235.4	7	21008		
攀枝花	694	4	348		20			274	48			777.7	3	8237		
泸州	1915		246	490				825	354	313		2190.4	10	18740		
德阳	821			230				531	50		10	927.2	7	4307		
绵阳	1782		33	793				459	497			2099.3	12	14232		
广元	534	15	36	335				138	10			585	8	3947		
遂宁	466			240				216	10			524.2	5	5783		
内江	973		5	351				457	157	58	3	1100.5	8	8895		
乐山	1213	44	92	371	20	52		503	131	126		1318.9	15	8804		
南充	1185		145	325				565	150	150		1381.2	13	9698		
眉山	1063		28	468				485	82	6		1105.2	11	5493		
宜宾	1409		79	194				868	268	0		1667	15	13592		
广安	536		8	31	40			407	50	30		618.5	8	4876		
达州	909		22	353				255	279	279		1048.8	11	13459		
雅安	308		16	72		16		204				294.5	9	2587		
巴中	517		39	78				400				568.3	4	6185		
资阳	379	25	5	154				195				385.1	8	2074		
阿坝	565	45	407			1		112				741.1	15	571		
甘孜	286	6	172					108				250.5	20	1129		
凉山	796		322					431	43	43		873.4	27	5944		

2022年全省各市（州）公路运输量统计表

地区	客运量（万人）	旅客周转量（万人公里）	货运量（万吨）	货物周转量（万吨公里）
四川省	29816	1685878	172329	18579935
成都市	3432	310960	35047	3932548
自贡市	1549	40070	4877	625888
攀枝花市	918	29075	10704	614954
泸州市	1976	141945	8811	1277496
德阳市	1323	60021	8881	788089
绵阳市	2409	121044	7109	784675
广元市	393	30687	4078	615167
遂宁市	759	50935	4032	490776
内江市	2041	62593	5686	505237
乐山市	1052	64461	10114	1232490
南充市	1581	117940	12703	1332240
眉山市	795	30508	9287	777471
宜宾市	1795	73774	11129	706484
广安市	992	34635	3179	288837
达州市	2093	118973	8118	1246767
雅安市	695	32233	6070	698937
巴中市	1618	88710	5256	473744
资阳市	854	38008	1981	333711
阿坝州	321	29941	2189	458245
甘孜州	387	46325	1764	231815
凉山州	2833	163041	11313	1164363

2022年水路交通运输主要指标统计表

项目名称	计算单位	2022年	2021年	同比增长（%）	备注
一、基础设施					
（一）通航里程	公里	10881	10881	0.00	涉及通航河流176条，通航水库、湖泊147个
其中：三级航道	公里	866	866	0.00	
四级航道	公里	1026	882	16.33	
（二）港口	个	18	18	0.00	货物吞吐能力10391万吨，250万TEU,千吨级泊位44个
其中：码头泊位	个	403	371	8.63	
（三）渡口	个	735	801	-8.24	
二、运输、港口、船舶生产企业					
（一）运输经营业户	户	1254	1281	-2.11	
1.运输企业	家	389	421	-7.60	
2.个人（联户）经营者	户	865	860	0.58	
（二）港口经营业户	家	92	86	6.98	
（三）船舶生产企业	家	38	38	0.00	
三、运输装备					
海事登记有效船舶合计	艘	6010	6855	-12.33	
其中：运输船舶	艘	4262	4495	-5.18	其中：货运船舶（轮驳船）2987艘、客船1275艘
	吨	1300774	1345249	-3.31	
	座	35498	37314	-4.87	
	千瓦	720843	545218.09	32.21	
其他船舶	艘	1748	2360	-25.93	其中渡船695艘
四、运输服务					
（一）货运量	万吨	6049	5400	12.02	
（二）货物周转量	亿吨公里	276	265	4.15	占综合交通运输的9%
（三）客运量	万人	726	864	-16.06	
（四）旅客周转量	万人公里	8716	9784	-10.92	
（五）货物吞吐量	万吨	3216	2044	57.34	仅含有港口经营许可证的港口码头
（六）集装箱吞吐量	万TEU	28.76	26.27	9.48	泸州港：190311TEU，宜宾港：96105TEU
（七）铁水联运量	万TEU	4.26	3.73	14.21	
五、海事装备					
（一）海事监督艇	艘	281	281	0.00	
（二）海事应急抢险救助艇	艘	66	48	37.50	
（三）海事工作船码头	个	65	65	0.00	
（四）视频监控点	个	824	587	40.37	
其中:码头视频	个	550	380	44.74	
船载视频	个	274	207	32.37	
（五）AIS基站	个	33	33	0.00	
六、固定资产投资	亿元	66.08	52.93	24.84	

2022年全省交通事故统计表

地区	道路运输		水上交通		建设施工	
	事故数（起）	死亡人数（人）	事故数（起）	死亡人数（人）	事故数（起）	死亡人数（人）
合计	66	81	1	18579935	2	0
阿坝	0	0	0	3932548	0	0
巴中	5	5	0	625888	0	0
成都	34	37	0	614954	0	0
达州	4	4	0	1277496	0	0
德阳	3	10	0	788089	0	0
甘孜	0	0	0	784675	0	0
广安	0	0	0	615167	0	0
广元	0	0	0	490776	0	0
乐山	4	6	0	505237	0	0
凉山	0	0	0	1232490	0	0
泸州	2	2	0	1332240	0	0
眉山	2	2	0	777471	0	0
绵阳	2	2	0	706484	0	0
南充	0	0	0	288837	0	0
内江	1	1	0	1246767	0	0
攀枝花	0	0	0	698937	0	0
遂宁	3	3	0	473744	0	0
雅安	0	0	0	333711	0	0
宜宾	2	5	1	458245	2	0
资阳	0	0	0	231815	0	0
自贡	4	4	0	1164363	0	0

（厅安监处）

四川省2022年交通运输经济运行分析报告

（厅规划处）

2022年，全省交通运输系统深入贯彻落实习近平总书记来川视察重要指示精神，在中共四川省委、省政府和交通运输部的坚强领导下，紧紧围绕年度目标，坚持以新发展理念引领高质量发展，更好服务和融入新发展格局，更好统筹疫情防控和经济社会发展，更好统筹发展和安全，迎难而上、锐意进取、砥砺前行，全年交通运输经济运行总体平稳，全省公路水路投资再创新高，运输结构加速优化，港口吞吐量快速增长，路网运行平稳有序，安全生产总体稳定。

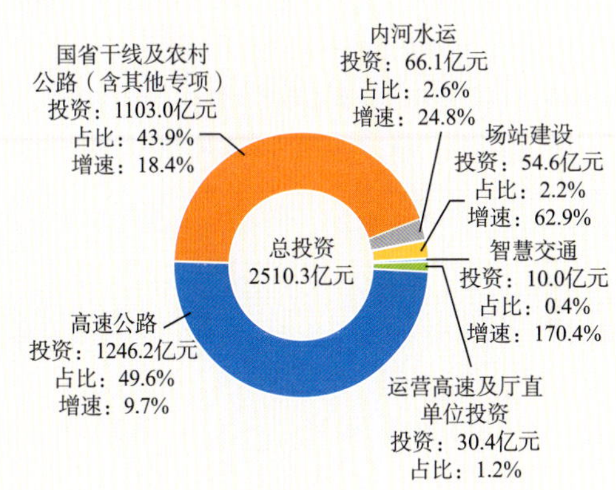

图1 2022年全省公路水路固定资产投资构成

一、2022年交通运输经济运行态势

（一）投资再创新高，各项投资增幅较大

1．超额完成全年固定资产投资目标。全年全省公路水路固定资产投资（不含养护）完成2510.3亿元，居全国第一位，占全省综合交通固定资产投资3660.8亿元的68.6%，比上年增加352.4亿元，增长16.3%，超额完成部、省下达的年度目标，持续保持高位运行。具体分类投资如下：公路建设完成投资2349.2亿元。其中，高速公路完成投资1246.2亿元，比上年增长9.7%；国省干线及农村公路（含其他专项）完成投资1103.0亿元，比上年增长18.4%。场站建设完成投资54.6亿元，比上年增长62.9%。内河水运完成投资66.1亿元，比上年增长24.8%。智慧交通完成投资10.0亿元，比上年增长170.4%。高速公路运营及厅直单位完成投资30.4亿元。

2．重点项目建设成效显著。出台一系列稳住经济增长的措施办法，实施“决战四季度、大干一百天”攻坚行动，全省公路水路重点项目建设取得显著成效。全年新增高速公路里程571公里，截至年底，全省高速公路通车总里程达到9179公里，居全国第三位。其中，宜彝高速公路、德遂高速公路、德会高速公路及泸永高速公路等4个项目全线通车，广平高速公路、峨汉高速公路、绵九高速公路等5个项目部分路段通车。新改建普通国省干线2232.6公里，为年度目标1700公里的131.3%。新增普通国省干线里程325.3公里，全省普通公路通车总里程达3.9万公里。其中，国道350线彭州过境段等255个续建项目，全年新改建2024.2公里；国道210线达川界至大竹县月华镇段改造工程等106个项目实现开工建设，全年新改建208.4公里。国道244线巴中市南江县东榆至马跃溪过境公路新建工程等116个项目建成通车。新改建农村公路23663.8公里，为年度目标20500公里的115.4%。其中，建成撤并建制村畅通工程10666.8公里、旅游路产业路1880.3公里、通组硬化路7845.3公里，分别占年度目标的152.4%、208.9%和112.1%。新增农村公路里程5595.9公里，全省农村公路通车总里程达到35.7万公里。

新增高等级航道144公里，为年度目标110公里的130.9%，提前三年完成部“十四五”期下达的高等级航道建设任务。其中，岷江尖子山航电枢纽实现实质性复工，犍为、岷江龙溪口、老木孔等重点航电枢纽已全部开工建设。

（二）运输结构持续优化，客货运输有升有降

1．公路运输总周转量稳定增长。全年全省完成公路运输总周转量1888.1亿吨公里，比上年增长3.1%，高于全国平均水平4.1个百分点和全省服务业增加值增速。其中完成公路货物周转量1858亿吨公里，比上年增长3.8%。

2．货运量规模小幅增长。全省完成公路水路货运量17.8亿吨，比上年增长0.9%，增速低于铁路7.3个百分点，公路水路货运量占综合货运量的比重为96.5%，比上年降低0.3个百分点，运输结构进一步调整。分季度看，一、二、三、四季度公路水路货运量分别增长5.2%、增长0.8%、下降3.2%、增长1.2%，全年呈现“V”型走势。其中完成公路货运量17.2亿吨，比上年增长0.6%，其中一、二季度分别增长5.2%、1.3%，三、四季度分别下降3.2%和0.5%。三季度以来，受高温限电、疫情多次反复导致工业企业部分停工停产，公路运输需求减少，货运量连续两个季度小幅下降。完成水路货运量6049万吨，比上年增长12.0%，其中一、二、三、四季度分别增长5.0%、下降16.6%、下降0.9%、增长52.0%。受部分市（州）今年砂石禁采停运企业在四季度恢复全马力生产、长江水位稳定长途货源增加等拉动，四季度水路货运量“补偿式”大幅上涨。

图2　2020—2022年，全省公路水路货运量分季度增速

3．港口吞吐量保持两位数增长。全省完成港口吞吐量3216万吨，比上年增长57.3%，其中一、二、三、四季度分别增长64.0%、增长23.5%、下降4.0%、增长110.2%；完成集装箱吞吐量28.7万标箱，比上年增长9.5%。港口吞吐能力进一步提升。截至2022年底，全省港口泊位403个、年吞吐能力10392吨，比上年增加32个、1093吨。通过延长翻坝码头作业时间、增加运输车辆及码头装卸设施、合理组织转运车辆运输路线等方式，提高翻坝码头作业能力和港口运行效率，全年向家坝升船机通过量和转运总量比上年分别增长16.4%、31.0%。嘉陵江和金沙江港口生产需求旺盛，广元—重庆“水上穿梭巴士”、广安—重庆集装箱班轮稳定运行。

4．客运量延续低位震荡态势。全省完成公路水路客运量3.1亿人，比上年下降33.9%，客运量规模为疫情前（2019年，下同）的41%左右，恢复程度慢于铁路（55%左右）和航空（46%左右），公路水路客运量占综合客运量的比重为71.1%，占比较去年下降0.2个百分点。公路完成公路客运量3.0亿人，在去年低基数基础上，比上年进一步下降34.3%，恢复至疫情前的41.2%，其中一、二、三、四季度分别恢复至疫情前的42.7%、44.4%、38.6%和38.6%。受今年疫情反复和近几年居民出行结构加速调整的影响，公路部分班线客运、旅游客运不定期停运，全省公路客运市场需求持续减弱。水路完成水路客运量726万人、比上年下降16.1%，恢复至疫情前的37.6%，其中一、二、三、四季度分别恢复至疫情前同期的39.8%、39.7%、40.9%和30.0%。

图3　2020—2022年，全省公路水路客运量分季度增速

5．重点城市客运量恢复超八成。成都完成城市客运量26.4亿人，比上年下降12.7%，恢复至疫情前的84.2%，其中，一、二、三、四季度分别恢复至98.2%、93.6%、69.1%和77.0%，受下半年疫情防控政策多次调整优化影响，三、四季度城市客运量恢复放缓。分方式看，公共汽电车、轨道交通、巡游出租汽车客运量比上年分别下降9.7%、12.7%、25.2%，分别恢复至疫情前的60.5%、112.3%、67.2%，轨道交通客运量超过疫情前规模。

（三）路网运行通畅有序，车流总体稳中有降

1.路网车流量稳中有降。全年全省高速公路网日均交通量212.1万辆，比上年下降11.1%。受省内疫情防控政策调整和优化影响，9月、12月高速公路车流量降幅最大，比上年分别下降49.3%和17.0%。普通公路日均交通量6702pcu/日，比上年下降5.3%，其中普通国道下降4.9%，普通省道下降7.6%。

2. 出入川高速公路和普通公路通道车流量“一升一降”。出入川高速公路主要通道日均车流量为17.0万辆，比上年下降12.5%。分方向看，重庆方向10.2万辆/日，下降14.6%；陕西方向2.5万辆/日，下降8.1%；贵州方向1.8万辆/日，下降19.3%；甘肃方向0.50万辆/日，下降9.5%；云南方向2.0万辆/日，增长0.7%。受叙威高速开通的拉动，云南方向车流量实现逆势增长。出入川普通公路主要通道日均交流量16504辆/日，比上年增长5.5%。分方向看，西藏方向5815辆/日，增长1.9%；青海方向5032辆/日，增长9.9%；甘肃方向5657辆/日。

（四）扎实筑牢安全底线，安全形势总体稳定

截至2022年12月25日，全省公路水路行业发生安全生产事故68起、死亡84人，比上年分别下降18.1%和20.8%，其中，道路运输事故67起、死亡82人，水上交通事故1起、死亡2人，公路管理、交通建设领域未发生事故。

一是大力夯实交通安全基础。开展公路安全设施和交通秩序管理精细化提升行动，开展事故多发易发路段整治、危旧桥梁改造、重大灾害路段治理、铁索桥改公路桥建设等，新建成8230公里村道安防工程。

二是持续开展安全生产检查。扎实开展公路水路行业安全生产专项整治三年行动“巩固提升”。聚焦客货运输、客运站、水上客运等重点行业领域，始终保持行业监管高压态势；聚焦重点时段、重大节假日和重要会议，实施超常规措施，落实省、市、县三级包保责任，坚决守住行业安全生产。开展危险化学品专项治理。

三是积极提升应急管理质效。组建500人规模应急队伍，推进“5+8+N”公路水路交通应急物资储备体系建设。有力应对地震灾害，出动抢险队伍近2.2万人次，重点排查公路1.18万公里、点位6065处，运送受困群众和抢险队员1.93万人次、救灾物资2500余吨，高效科学完成抢通保通保运任务。

二、交通运输重点工作推进情况

（一）强力推进促落实，强国试点任务稳步实施

一是建立健全工作机制。印发实施《四川省交通强国建设试点厅内工作机制》，研究制定省、厅试点工作推进方案，试点工作领导、联络及日常管理机制等，加强跟踪管理和对试点具体实施单位（项目公司、地方政府等）的督促指导。

二是加快推进试点任务。持续深化川渝合作，积极推进成渝地区双城经济圈交通一体化发展；推动轨道运力匹配、时刻协同、就近换乘，统筹推进“轨道+公交+慢行”融合发展；智慧高速公路从无到有，总里程突破400公里，车路协同应用初见成效；编制大峨眉交旅融合示范区建设专项方案。

三是有序推进强市强县工作。加快推进第一批18个单位、27个试点项目建设，确定6个市（州）、15个县（市、区）作为第二批交通强市、交通强县试点。试点项目覆盖成渝地区双城经济圈交通一体化发展、提升交通防灾减灾体系韧性、农村公路管理试点、交通运输绿色低碳体系等十几个领域。

（二）紧盯重点推实施，服务重大战略积极进展

一是成渝地区双城经济圈建设成势见效。持续深化川渝合作，全面对接高速公路、普通省道等布局规划，加快构建川渝路网体系；全力推动路网顺畅互通，建成泸州至永川高速公路，推进毗邻地区普通国省道提档升级，着力消灭农村断头路、瓶颈路；共同打造国际性综合交通枢纽集群，成功申报国家首批综合货运枢纽补链强链城市（群）；加快共建长江上游航运中心，开展嘉陵江梯级通航建筑物跨省联合调度，共同推进川渝促进运输融合发展。

二是“同城化”建设起步阶段基本完成。全面落实成德眉资同城化发展“先手棋”重要部署，进一步提高成德眉资路网体系融合畅通水平，成都铁路枢纽环线建成开通公交化运营，打通11条都市圈城际“断头路”，加快交通基础设施互联互通，有序建设市域铁路，基本形成都市圈半小时轨道通勤圈。持续推进运输服务共建共享，实现都市圈内68%的区（市）天府通“一卡通刷、一码通乘、优惠共享”。

三是服务重大项目建设推进有序。绵苍、泸古金、苍巴等高速公路全面施工，金沙江下游翻坝转运设施项目前期加快实施，川藏铁路配套公路和国道318线提质改造工程加快推进。新增泸永1条出川大通道（达27条），新增平武、会理、会东、金口河4个县（区）通高速公路。黄河干流若尔盖段生态修复治理项目按期保质完成，并得到黄强省长高度肯定。

（三）迎合需求促提升，运输服务能力提质增效

一是积极推进货运服务提升效率。深入推进“互联网+货运”发展，新增网络平台道路货物运输经营者11家。做引领，持续推动公（铁）转水、水水中转，稳定开行11条

铁水联运班列，秦巴无水港打造成渝地区战略支点、“四向通达”公铁水多式联运示范工程、成渝（德阳）“一核两支点”新生态泛亚贸易通道公铁海多式联运示范工程成功申报全国示范项目。创品牌，建设高效农村物流体系，新增江安县“金通畅行”、合江县“交邮商融合，助力乡村振兴”等4个项目成功创建全国农村物流服务品牌。降成本，交商邮共建场站6672个，新增“金通·邮快驿站”1410个，“客货兼顾、空间可变”的乡村运输新车型广泛应用，发展交邮合作线路376条，覆盖3126个建制村，累计代运邮件381万件。

二是着力促进客运服务提升质量。高端供给大幅增加，截至2022年底，“门到门”服务网络进一步扩大，定制客运经营业户118户，定制客运平台31家，定制客运线路453条，定制客运车辆3999辆，实现全省三类以上客运班线全覆盖。深化民生兜底服务，开行跨省农民工返乡返岗专车4048趟次，运送农民工15.8万人次；开行学生返家返校专车1085趟，运送学生4.1万人次；开展中、高考“春风行动”，护航21万中高考学子；滴滴、首汽、曹操等网约车平台开通老年人一键叫车功能，打造敬老爱老公交线路19条，完成274个公交站台适老化提升改造，新增700辆低地板、低入口公交车辆。

（四）科学规范强服务，行业治理能力显著提升

一是“放管服”改革高位推进。深入推进“一网通办”前提下的“最多跑一次”改革，实现全省53个交通运输行政许可、311个办理事项省市县三级“一张网”全覆盖办理。道路运输4类23项高频事项实现“跨省通办”，9类证照与部证照系统联调且实现标准全国统一。建成“司机之家”29个，深化“厕所革命”，自2018年以来累计新改建行业厕所900余座。

二是行业治理能力不断提升。做实数字监管，对全省993家“两客一危”企业安全生产状况精准数字画像，排名靠后企业纳入重点监管；开展“数字打非”专项行动，精准查获非法营运车辆622台。持续办好维护货车司机权益“9件实事”。深入开展“阳光行动”，头部网约车平台全部向社会公开计价规则和抽成比例。

三是市场化改革不断深化。印发《四川省高速公路投资管理暂行办法》《四川省公路养护作业单位资质管理实施细则（试行）》等，31家单位通过资质审查，加快培育公路养护市场。建立建设领域项目和市场主体全覆盖的信用管理制度体系，道路运输领域涵盖“人”“车”“户”的信用监管评价体系构建成型。

（五）高效统筹促保障，疫情防控和保通保畅工作高效开展

一是推动疫情防控政策及时优化。创新实施“入川即检”，全省交通运输部门牵头设置801个公路查验点，累计查验2240万辆车、4215万人，查出红黄码78527人、阳性病例7283人。严格落实“四个100%”常态措施，实行动态分区分级，充分利用主动安防系统、川行通、电子围栏技术，强化科学精准防控。规范疫情防控转运工作，确保隔离转运的交通安全。

二是推动物流运输畅通高效。按照国务院物流保通保畅工作部署，第一时间组建由中共四川省委书记王晓晖和省长黄强任总负责人的工作机制，制定维护产业链供应链稳定八条措施，建立重点物资通行证和保供企业“白名单”制度，“秒批秒办”发放通行证33.6万张，“一企一策”靠前服务1265家国家和省重点“白名单”企业；出台加强货车司机管理服务六条措施，对入川货车实施“一检通认”“即采即走即追”闭环管理，推动全省货运物流有序运行、持续向好。

三是推动助企纾困政策落地落实。积极推动千亿交通物流专项再贷款、免征交通运输服务增值税等助企纾困政策落地落实，累计发放贷款14.4亿元，减免交通运输服务增值税约2.2亿元。制定出台针对ETC货车的差异化收费政策，在原有优惠基础上再降1个百分点，进一步降低货车通行成本。全年各项通行费优惠减免52.7亿元，约占通行费总收入的20.7%。

尽管全年交通运输经济运行总体平稳，但也要清醒地看到，部分问题不容忽视，经济运行有“利”也有“忧”。一是投资维持高位运行压力较大。受国家土地政策变化影响，生态用地、环评等政策日益收紧，项目前期工作周期不断拉长；同时工程建设造价攀升，配套资金不足，制约项目工程建设整体推进，交通建设投资难以维持高位。二是运输结构性问题突出。客运市场传统运力过剩和“黑车”市场空间巨大的畸形特征，定制客运、乡村客运发展仍然不足；货运市场缺乏必要的规制、引导和调控，运力严重过剩，市场主体小、散、弱特征明显，行业集约化、标准化、信息化推进缓慢。三是行业监管能力需要提升。管理理念和管理制度不适应新形势新需要，运用大数据、互联网进行数字监管和事中事后监管的能力还有差距，全链条、全过程监管体系尚未形成，部分领域小规模、区域性、苗头性事件依然多发频发，综合治理能力和水平还需进一步提升。

三、2023年交通运输经济运行走势预判

从国内看，全国主要地区已经过疫情高峰，经济运行

正在走出至暗时刻，虽然经济恢复的基础尚不牢固，经济发展仍然面临需求收缩、供给冲击、预期转弱三重压力，但我国经济处于重要战略机遇期、长期向好的基本面没有改变。中央经济工作会议提出2023年要大力提振市场信心，推动经济运行整体好转，随着《扩大内需战略规划纲要（2022—2035年）》和经济刺激政策的实施，我国经济韧性强、潜力大、活力足的优势逐步释放，交通运输经济持续恢复具备较好的基础。

从省内看，随着成渝地区双城经济圈、新时代推进西部大开发形成新格局、共建“一带一路”等一系列重大国家战略的实施，四川必将紧抓机遇、加快建设和发展。全省已经过新冠感染高峰，疫情对经济发展、交通项目建设和客货运输的影响逐步消退，全省各领域行业工作已逐渐有序开展。预计2023年一季度交通运输经济处于平稳转段期，逐步向再平衡过渡，考虑到2022年各季度基数，预计2023年二季度以后交通运输主要指标逐步回升，全年增速整体呈现前低后高，快速恢复的态势。

综合分析判断，全年主要指标预计如下：公路水路投资保持高位运行，预计投资规模与上年持平。公路水路货运量增速不断回升，预计全年货运量比上年增长5%～8%左右，港口货物吞吐量比上年增长10%～20%左右。公路水路客运市场逐步复苏，但客运规模远低于疫情前水平，预计全年客运量与上年基本持平。

四、2023年主要工作打算

（一）早谋划，接续拉动交通建设投资

一是抓好交通运输部“十四五”规划中期调整窗口期，加大汇报力度，争取更多国家高速公路、国道省际瓶颈路、灾后恢复重建项目纳入交通运输部“十四五”规划中期调整方案，获得国家规划支持。

二是全面贯彻落实党的二十大精神和省第十二次党代会精神，围绕交通强国、交通强省、国家综合立体交通极建设，制定印发高速公路年度实施方案，总结提炼交通强国试点经验，加快推进交通强市、强县试点建设等重大项目、重点专项建设，持续深化重大战略项目落实。

三是主动作为，系统梳理全省“十四五”综合交通运输发展规划执行情况，掌握地方实际情况，早谋划、早安排，充分挖掘地方投资潜力。

（二）抓项目，高效推动重点项目建设

一是扎实抓好项目储备。加快“十四五”规划项目工可、勘察设计招标，加快前期类项目工可报告基本编制完成，形成项目储备良性循环。

二是做深做细前期工作。统筹要素资源，优先保障规划内项目建设需要，继续发挥已有的省级部门联席沟通机制、项目管家制度，用好省级部门常态化对接协调机制，形成工作合力，有效推进项目前期工作。

三是稳在建、促新开。继续实行“红黄黑”月度看板管理和“红黑榜”季度通报，严格打表推进项目建设，定期跟踪调度，层层压实责任，督促加快推进在建项目。抓紧新开工一批成熟项目，尽快形成实物工作量，形成储备一批、开工一批、建设一批、竣工一批的良性循环。

（三）促转型，着力提升运输服务质效

一是持续加快客运增效。全面推进定制客运发展，将定制客运纳入道路客运电子客票服务范围，满足人民群众多样出行需求。推动全省深化道路运输价格改革政策落地实施，推动中长距离客运班线供给结构优化，强化客运班线源头管控。推动公共汽电车站台适老化改造，提升老年人城市交通出行便利化水平。强化网约车全链条联合监管，继续开展交通运输新业态平台企业抽成“阳光行动”，持续深化巡游出租汽车转型升级，促进新老业态融合发展。

二是持续推动货运提质。深入推动“交商邮”融合发展，提高农村物流网络节点覆盖率，打造农村物流服务品牌，提升农村运输服务品质和安全运营水平。落实跨境公路运输支持政策，大力发展国际运输，完善跨境公路运输节点，组建我省跨境公路班车车队。着力发展先进运输组织方式，加快推进国家多式联运示范工程建设。

（四）重提升，持续加强行业治理监管

一是持续强化协同监管。健全完善与公安、商务、文旅、应急、市场监管等部门的信息共享和机制协同，为运输安全生产事故风险预警预防、问题隐患协同治理夯实信息数据和体制机制基础，对非法违规运营行为进行协同共治。建立健全危险货物道路运输联合执法协作机制和案件移交接收机制，推动完善危险货物道路运输全流程、全链条、全要素的监管体系。

二是严格落实行业监管工作措施。持续督促运输企业健全完善安全生产责任制、安全生产管理制度和关键岗位操作规程，压紧落实企业安全生产主体责任。进一步深化道路运输综合监管信息系统应用，健全完善以违法违规行为预警、不安全驾驶行为预警为重要手段的事故预防体系。

机构及领导名录

JIGOU JI LINGDAO MINGLU

2022年四川省交通运输厅厅领导名录

党组书记 罗佳明
（2022.03免厅长）
党组副书记、厅长 陈书平
（2022.03任职，2022.07免职）
党组副书记、副厅长、一级巡视员 张 琪
党组成员、副厅长 宁 坚
省纪委监委驻厅纪检监察组组长、党组成员 杨 晖
党组成员、副厅长 朱学雷
（2022.07免现职，晋升一级巡视员）
党组成员、副厅长 张 勇
副厅长（兼），省邮政管理局党组书记、局长、一级巡视员
徐文葛
安全总监 王 波
党组成员、总工程师 王茂奎
总规划师 寇小兵
机关党委书记、党组成员 张贤翠
副厅长 许 磊
（2022.07任现职，免厅公路局局长、党委书记职务）
省交通战备办公室主任 刘洁梅
一级巡视员 朱学雷
（2022.07晋升职级）
二级巡视员 蒲继生
二级巡视员 邓良权
二级巡视员 但 伦
二级巡视员 陈亚莉
二级巡视员 冯书明
（2022.08免二级巡视员职级，2022.07任交职学院党委书记）
（龙运波）

2022年四川省交通运输厅内设机构及领导名录

厅办公室（精神文明建设办公室）
主任、一级调研员 屈洪斌
副主任、三级调研员 丁 杨
副主任 陈超超
副主任 范 涛

厅政策法规处（综合执法监督处）
处长 黄朱林
（2022.06免厅政策法规处处长职务，交流凉山州交通局任职）
处长 魏婷婷
（2022.08提拔任现职）
副处长、一级调研员 孙秋明
（2022.07免现职务职级，交流任交职学院副院长）
副处长 李 丽
（2022.09提拔任现职）

厅综合规划处
处长、一级调研员 胡厚池

副处长 苏林军

副处长 全应红

（2022.08免厅综合规划处副处长职务）

副处长 张 静

副处长 刘 俤

（2022.09提拔任现职）

副处长（挂职） 杨静喜

（2022.07由泸州市江阳区副区长、区工商联主席、民盟泸州市委副主委挂任现职）

厅财务处

处长、一级调研员 周翠琼

副处长、三级调研员 丁 敏

（2022.04晋升三级调研员）

副处长 吴佳沁

（2022.10提拔任现职）

厅人事教育处

处长、一级调研员 李宏琳

副处长 李阗阗

（2022.01免现职，任厅安全监督处处长）

副处长、三级调研员 周 芳

（2022.04晋升三级调研员）

厅建设管理处

处长 赵 刚

副处长、一级调研员 马海燕

副处长、三级调研员 陈 广

（2022.04晋升三级调研员）

厅公路管理处

处长 翟艺阳

（2022.09提拔任现职）

副处长 翟艺阳

（2022.09提拔任处长）

副处长 唐 楷

（2022.10免现职，提拔任厅公路局副局长）

厅行政审批处

处长、一级调研员 刘 芳

（2022.09晋升一级调研员）

副处长 陈泓冰

（2022.08交流任现职，免厅安全监督处副处长职务）

副处长（挂职） 刘 彬

（2022.07由遂宁市安居区政协副主席、民革遂宁市委副主委挂任现职）

厅运输管理处（出租车行业指导办公室）

处长、一级调研员 唐 力

（2022.05交流任现职，免厅机关党委专职副书记、机关纪委书记职务）

副处长、三级调研员 唐 科

（2022.04晋升三级调研员）

副处长 宋薇平

（2022.04免现职，交流任省交通运输工会副主席）

副处长（挂职） 彭 登

（2022.10由重庆市道路运输事务中心客运处副处长挂任现职）

厅安全监督处（应急办公室）

处长 李阗阗

（2022.01提拔任现职，免厅人事教育处副处长职务）

副处长 陈泓冰

（2022.08免现职，交流任厅行政审批处副处长）

副处长 李鹏程

（2022.08提拔任现职，免省交通战备办公室四级调研员职级）

厅航务海事处

处长 陈春梅

厅审计处

处长 苏林军

副处长、三级调研员 夏 历

（2022.10提拔任现职）

厅科技和信息化处

处长、一级调研员 钟映梅

副处长、二级调研员 罗 萍

（2022.09晋升二级调研员，2021.11-2022.11挂任乐山市市中区区委常委、副区长）

副处长 谢富刚

（2022.08提拔任现职，2021.09-2022.09挂任重庆市交通局科技处副处长）

副处长（挂职） 赵文平

（2022.07由巴中市南江县副县长、巴中市知联会副会长挂任现职）

厅外经外事处

处长 全应红

（2022.08免厅综合规划处副处长职务）

副处长 魏婷婷

（2022.08同时担任厅政策法规处处长）

副处长 邹齐佳

（2022.10提拔任现职）

厅信访处

处长、一级调研员 何志远

副处长、三级调研员 刘翔宇

（2022.09晋升三级调研员，2021.12–2022.12挂任广安市邻水县委常委、副县长）

厅离退休人员工作处

处长、一级调研员 李宏琳

厅机关党委（机关纪委）

专职副书记（正处级）、机关纪委书记、一级调研员 唐　力

（2022.06免现职，交流任厅运输管理处处长）

专职副书记（正处级）、机关纪委书记 廖迎春

（2022.06提拔任现职）

副书记（副处级） 廖迎春

（2022.06提拔任专职副书记、机关纪委书记）

副书记、机关纪委副书记（副处级） 段　阅

（2022.06兼任机关纪委副书记，2022.10提拔任省交通运输工会主席）

副书记（副处级） 李洪平

（2022.06提拔任现职）

省交通战备办公室

（2022.12川编发〔2022〕63号调整为厅交通战备处）

副主任（正处级）、一级调研员 王子开

（2022.03免现职，交流任厅高速公路交通执法第一支队一级高级主办）

副主任（正处级） 王武平

（2022.11交流任现职）

省纪委监委驻厅纪检监察组

副组长 张仁良

综合处处长、三级调研员 刘　芳

（龙运波）

2022年四川省交通运输厅直属单位领导名录

省交通运输工会

主席 唐蓉华

（2022.10免现职，2022.08晋升厅机关党委一级调研员）

主席 段　阅

（2022.10交流提拔任现职）

副主席 敬川平

副主席 宋薇平

（2022.04交流任现职，免厅运输管理处副处长职务）

四川省交通运输厅公路局（副厅级单位）

党委书记、局长 许　磊

（2022.07免现职，任副厅长）

党委副书记、副局长、一级调研员 李武强

（2022.03免现职务职级，交流任厅高速公路交通执法第五支队一级高级主办）

党委副书记、纪委书记、工会主席、二级巡视员 吴　波

（2022.07晋升二级巡视员，2022.08任党委副书记）

副局长 李俊韬

副局长 胡　旭

副局长 蒋　军

副局长 唐　楷

（2022.10提拔任现职，免厅公路管理处副处长职务）

总工程师 李　林

四川省航务海事管理事务中心

党委书记、主任、一级调研员 蒲朝勇

副主任、党委副书记、一级调研员　张晓川
（2022.04晋升一级调研员）
副主任、三级调研员　万　军
副主任、纪委书记、工会主席　易　翥
（2022.03任工会主席）
副主任　龚元帅
（2022.04提拔任现职）
安全总监　罗奎盛

四川省交通运输厅道路运输管理局（副厅级单位）
党委书记、局长　彭　涛
副局长、二级巡视员　柏吉琼
（2022.04兼任省交通物流发展中心主任、党委书记，2022.07晋升二级巡视员）
纪委书记　黄　伟
副局长　胡　松
副局长　刘　松
安全总监、一级调研员　周继斌
（2022.07晋升一级调研员）

四川省交通运输综合行政执法总队（四川省交通运输厅高速公路管理局）
党委书记、总队长（局长）、督办　刘孝明
副总队长（副局长）（保留正处级）、党委副书记、一级高级主办　邓　洪
副总队长（副局长）（正处级）、工会主席、督办　张　钧
（2022.07晋升督办，2022.09免现职）
副总队长（副局长）、党委副书记、纪委书记（保留正处级）、工会主席　聂红峰
（2022.02任副总队长〈副局长〉、纪委书记；2022.09任党委副书记、工会主席，免厅高速公路交通执法第四支队支队长、党委书记职务）
副总队长（副局长）、纪委书记（保留正处级）、一级高级主办　黄　健
（2022.01免现职务职级，交流港航投资集团工作）
副总队长（副局长）、纪委书记（保留正处级）、二级高级主办　张　敏
（2022.09免现职务职级，任厅高速公路交通执法第一支队支队长、党委书记）
副总队长（副局长）　吴　晨
（2022.09任现职，免厅高速公路交通执法第一支队支队长、党委书记职务）
副总队长（副局长）（挂职）　沈　茂
（2022.09结束挂职）

总工程师　孙　振

四川省交通运输厅高速公路交通执法第一支队
党委书记、支队长　吴　晨
（2022.09免现职，任省交通运输综合行政执法总队〈厅高速公路管理局〉副总队长〈副局长〉）
党委书记、支队长　张　敏
（2022.09任现职，免省交通运输综合行政执法总队〈厅高速公路管理局〉副总队长〈副局长〉职务、二级高级主办职级）
副支队长、党委副书记、三级高级主办　冉　卫
副支队长、三级高级主办　罗　勇
副支队长、纪委书记　郭筱雅

四川省交通运输厅高速公路交通执法第二支队
党委书记、支队长、一级高级主办　吕　军
副支队长、党委副书记、纪委书记、工会主席、二级高级主办　颜　敏
副支队长、一级高级主办　王　庆
（2022.05免现职）
副支队长　周　军
副支队长　任建伟
（2022.08交流提拔任现职）

四川省交通运输厅高速公路交通执法第三支队
党委书记、支队长、一级高级主办　李宏军
副支队长、纪委书记、工会主席、一级高级主办　陈　岗
副支队长、党委副书记、二级高级主办　何清华
副支队长、二级高级主办　杨森林
（2022.05免现职）
副支队长、三级高级主办　吴　俊
（2022.05交流提拔任现职务职级，免去省交通运输综合行政执法总队〈厅高速公路管理局〉三级高级主办职级）

四川省交通运输厅高速公路交通执法第四支队
党委书记、支队长　聂红峰
（2022.02任省交通运输综合行政执法总队〈厅高速公路管理局〉副总队长〈副局长〉、纪委书记；2022.09任省交通运输综合行政执法总队（厅高速公路管理局）党委副书记、工会主席，免现职）
党委书记、支队长　韦　勇
（2022.09提拔任现职）
党委副书记、副支队长、纪委书记、三级高级主办　余　良
副支队长、三级高级主办　韦　勇
（2022.09提拔任支队长、党委书记）

副支队长、三级高级主办　唐　娟
副支队长　强　薇
（2022.09交流提拔任现职）

四川省交通运输厅高速公路交通执法第五支队

党委书记、支队长　罗国华
副支队长、党委副书记、纪委书记、一级高级主办　姜学宏
副支队长　李　方
副支队长　温　心

四川省交通运输厅高速公路交通执法第六支队

党委书记、支队长、一级高级主办　胡　刚
副支队长、党委副书记、工会主席、二级高级主办　吉后马布
副支队长、纪委书记、二级高级主办　董　清
副支队长、三级高级主办　高洪贵
（2022.05免现职务职级，交流任厅高速公路交通执法第二支队三级高级主办）
副支队长　徐　昊
（2022.05交流提拔任现职）

四川省交通运输厅高速公路交通执法第七支队

党委书记、支队长　曾衍家
副支队长、二级高级主办　寇　伟
（2022.05免现职务职级，交流任厅高速公路交通执法第三支队二级高级主办）
副支队长、纪委书记、二级高级主办　何良通
副支队长　陆东海
（2022.05交流提任厅高速公路交通执法第七支队副支队长，免省交通运输综合行政执法总队〈厅高速公路管理局〉四级高级主办职级）
副支队长　曾渭洪
（2022.08提拔任现职，免厅高速公路交通执法第七支队四级高级主办职级）

四川交通职业技术学院

党委书记　王东平
（2022.07免现职）
党委书记　冯书明
（2022.07任现职，2022.08免厅二级巡视员职级）
院长、党委副书记　蒋永林
党委副书记、纪委书记　徐　林
（2022.10免现职，交流省人大任职）
副院长　彭　谦
（2022.07免现职）
副院长　李　红
副院长　权　全
副院长　鞠　敬
副院长　刘玉荣
副院长　杨甲奇
（2022.07免现职）
副院长　杨　桦
（2022.10提拔任现职，免去交职学院组织人事处〈离退休人员工作处〉处长职务）
副院长　袁　杰
（2022.10提拔任现职，免去交职学院汽车工程系主任职务）

四川省交通工程质量监督站

党委书记、站长、一级调研员　梁正钦
副站长、纪委书记、工会主席、三级调研员　高艳龙
（2022.05免现职，交流提拔任厅造价站站长）
副站长、三级调研员　邹　南
（2022.07晋升三级调研员）
副站长　包　杰

四川省交通运输发展战略和规划科学研究院

院长　陈　斌
副院长　康子庄
副院长　周志彬
副院长　韩先科
（2022.06免现职）

四川省川藏铁路配套公路保障中心

主任　杨　丰
副主任　隆泽均
副主任　张　德
副主任　向泉明
（2022.06免现职，交流蜀道集团工作）

四川省公路规划勘察设计研究院有限公司

董事长、党委书记　罗玉宏
总经理、副董事长、党委副书记　柯　勇
党委副书记、纪委书记、监事　姜洪武
董事、副总经理　余　强
董事、副总经理　蒋劲松
副总经理　何恩怀
副总经理　张书豪
总工程师　牟廷敏
工会主席　杨　芳

四川省交通勘察设计研究院有限公司

董事长、党委书记 刘四昌

总经理、副董事长、党委副书记 王 屹

董事、党委副书记任康秀

纪委书记、监事、工会主席 李 可

副总经理 谭举鸿

副总经理 李 杰

副总经理 郝 岭

副总经理 陆 涛

总工程师 朱 明

四川省交通管理学校

党委书记 鞠友才

校长、党委副书记 范双成

副校长 瞿 勇

纪委书记、工会主席 王志荣

（2022.01免纪委书记职务，2022.09保留六级管理岗位）

副校长 杨 鹰

副校长 付传龙

副校长 陈 盼

（2022.09交流任现职，免厅运管局人事处处长职务）

四川交通运输职业学校（四川交通技师学院）

校长（院长）、党委书记 曾祥亮

副校长（副院长）、党委副书记 龚文安

（2022.03晋升交职学院五级管理岗位，免现职）

副校长（副院长）、党委副书记、纪委书记 杨鹏辉

（2022.03任现职，免交职学院组织人事处〈离退休人员工作处〉处长职务）

副校长（副院长）、纪委书记、工会主席 周 萍

（2022.03免纪委书记职务）

副校长（副院长） 刘新江

副校长（副院长） 张定国

（2022.03提拔任现职）

四川智能交通系统管理有限责任公司

智能公司董事长、党委书记 易 术

智能公司党委副书记、纪委书记 李晓春

财务总监 刘 烽

四川省交通运输厅交通建设工程造价管理站

站长 高艳龙

（2022.05提拔任现职，免省交通工程质量监督站副站长党委副书记、纪委书记、工会主席职务、三级调研员职级）

副站长 王茜茜

副站长 李世洪

四川公路工程咨询监理有限公司

党委书记、董事长 罗 廷

总经理、党委副书记、副董事长陈 谋

董事、党委副书记、工会主席 卢夏琼

纪委书记、监事 穆树林

副总经理 李 博

副总经理兼总工程师 杨新春

副总经理 范安军

四川省交通物流发展中心

党委书记、主任 柏吉琼

（2022.04任党委书记，2022.07晋升厅道路运输管理局二级巡视员）

副主任 余 波

副主任、纪委书记 李 志

（2022.01提拔任现职，2022.04任纪委书记）

四川省交通宣传中心

主任 徐 航

副主任 刘涛声

四川省交通运输厅信息中心

主任 许长枫

（2022.04提拔任现职）

副主任 许长枫

（2022.04提拔任主任）

副主任 文 静

四川省交通运输运行调度中心

主任、党总支书记 王卓伟

副主任 文 俊

副主任 邓旭峰

副主任 宋 扬

（2022.06提拔任现职）

四川省交通运输重点项目工作中心

主任、党委书记 刘俊学

（2022.04起在厅建设管理处副处长岗位顶岗锻炼2022.05提拔任主任，2022.07任党委书记）

副主任 刘俊学

（2022.05提拔任主任，2022.07任党委书记）

副主任、纪委书记、工会主席　毛　林

（2022.02交流任副主任，2022.07任纪委书记、工会主席）

四川省公路交通应急装备物资储备中心

党委书记、主任　王雪飞

（2022.04免现职，任省智慧交通科技有限责任公司董事长、总经理）

党委书记、主任　刘　剑

（2022.04任现职，免省智慧交通科技有限责任公司董事长、总经理）

副主任、党委副书记　刘　健

（2022.04免现职，保留六级管理岗位）

副主任、党委副书记　陈　斌

（2022.04任现职，免厅机关后勤服务中心党委副书记、副主任职务）

副主任　罗　强

副主任、纪委书记　毛　林

（2022.02免现职，交流任省交通运输重点项目工作中心副主任）

副主任　袁顺山

副主任　周　斌

（2022.07交流提拔任现职，免厅综合规划处四级调研员职级）

四川省交通运输厅交通史志总编室

总编辑　丁　杨

副总编辑　岑　松

四川省交通运输厅机关后勤服务中心

党委书记、主任　王武平

（2022.11同时任省交通战备办公室副主任）

副主任、党委副书记　陈　斌

（2022.04免现职，任省公路交通应急装备物资储备中心党委副书记、副主任）

副主任、党委副书记　曾玉超

（2022.06交流任现职）

副主任　周德树

（2022.12到龄免职退休）

副主任、纪委书记　李建荣

副主任　方星智

（2022.09交流提拔任现职，免省交通运输综合行政执法总队〔厅高速公路管理局〕四级高级主办职级）

四川交通运输职业资格中心

主任　李　明

（2022.08到龄免职退休）

主任　何天茂

（2022.08提拔任现职）

副主任　何天茂

四川兴蜀公路建设发展有限责任公司

董事长、党委书记　袁　泉

总经理　潘　华

党委副书记　姚　平

纪委书记、监事会主席　马华卫

董事、副总经理　唐元华

董事、副总经理、工会主席　刘　臻

副总经理　樊增彬

董事、总工程师　黎勇成

四川省智慧交通科技有限责任公司

董事长、总经理　刘　剑

（2022.04免现职，任省公路交通应急装备物资储备中心党委书记、主任）

董事长、总经理　王雪飞

（2022.04任现职，免省公路交通应急装备物资储备中心党委书记、主任职务）

副总经理　刘晓东

副总经理　戴　元

监事　周国泉

四川省交通运输厅公路局医院

党委书记　万玉琳

（龙运波）

2022年四川省市（州）交通运输局领导名录

成都市交通运输局

党组书记、局长（一级巡视员） 王翼刚

党组副书记、副局长（正局长级） 曾 虎

（2022.07任职）

党组成员、副局长 金大中

党组成员、市纪委监委驻市交通运输局纪检监察组组长 郭海涛

党组成员、副局长 王清宇

党组成员、副局长 何发礼

党组成员、副局长 王 晖

（2022.09免去局机关党委书记、2022.10任副局长）

总工程师 周亚军

（2022.04任职）

原党组成员、副局长 易传斌

（2022.09辞去公职）

原二级巡视员 王 宏

（2022.02退休）

党组成员、副局长 李慎康

党组成员、副局长 肖 茂

党组成员、副局长 李占强

（2022.11挂职局党组成员，2022.12挂职副局长）

党组成员、副局长、市邮政管理局局长 刘 凯

（2022.08任职）

总工程师 李平友

安全总监 杨小慧

副局长 李紫薇

自贡市交通运输局

党组书记、局长 冯永志

（2022.02免职）

党组书记、局长 黄万波

（2022.02任职）

党组成员、市公路建设服务中心主任 高建军

党组成员、市纪委监委驻市交通运输局纪检监察组组长 蒲友明

党组成员、副局长 王 平

党组成员、机关党委书记 黄志高

党组成员、副局长 王国荣

（2022.09任职）

攀枝花市交通运输局

党组书记、局长 温 洮

（2022.12任职党组书记）

党组副书记 朱明高

（2022.12任职）

党组成员、副局长 刘彦锋

（2022.12任职）

党组成员、总工程师 胡湘川

（2022.12任职党组成员，2023.01任职总工程师）

党组成员、副局长 胡桂生

（2022.12任职党组成员）

党组成员、副局长 闵传铮

（2022.12任职党组成员）

党组成员、驻局纪检监察组组长 李劲松

（2022.01任职驻局纪检监察组组长、2022.12任职党组成员）

安全总监 赵光亮

（2022.02任职）

泸州市交通运输局

党组书记、局长、一级调研员 朱　江

（2022.01任职）

党组副书记、市公路局党委书记、局长 曾兴宇

党组成员、副局长、三级调研员 刘体文

党组成员、副局长、三级调研员 肖　菲

党组成员、副局长、市邮政局党委书记、局长 覃　尧

党组成员、副局长 朱晓群

（2022.04任职）

党组成员、市纪委监委派驻纪检监察组组长 牟　涛

（2022.05任职）

安全总监 谭　镔

党组成员、机关党委书记 陈顺梅

总规划师 邹　海

（2022.05任职）

总工程师 饶　纲

（2022.09任职）

副局长 兰　艳

（2022.12任职）

党组书记、局长 沈昭平

（2022.01免职）

副局长 陆曹蓉

（2022.04免职）

党组成员、市纪委监委派驻纪检监察组组长 杨玲兰

（2022.05免职）

德阳市交通运输局

党委书记、局长 李麒麟

党委委员、副局长 李　明

（2022.12 免职）

党委委员、驻局纪检组组长 谭红兵

党委委员、副局长 杨庆富

党委委员、副局长 李　争

党委委员、机关党委书记 陈　林

党委委员、安全总监 杨清文

副局长 林照明

总工程师 陈　源

（2022.12 任职）

绵阳市交通运输局

党委书记、局长 谭　谱

党委委员、副局长、市邮政管理局党组书记、局长 景　炜

市纪委监委驻市交通运输局纪检监察组组长、局党委委员

王　丽

党委委员、副局长 康孝先

党委委员、副局长 何家荣

党委委员、副局长 蒋国为

党委委员、机关党委书记 张　玲

总工程师 杨　放

安全总监 何　俊

（2022.06 免职）

安全总监 程　鹏

（2022.07 任职）

广元市交通运输局

党组书记、局长 韩顺东

党组副书记、副局长 秦乔昌

（2022.04 任职党组成员、05 任职副局长、07 任职党组副书记）

党组成员、副局长 吴文斌

（2022.04 离职）

党组成员、副局长 陈林河

党组成员、副局长 马　军

党组成员、副局长 张立安

党组成员、副局长（兼）、市邮政管理局局长 蒋　浏

党组成员、直属机关党委书记 敬艳霞

党组成员、副局长（挂职） 李兆基

安全总监 冯传斌

市交通运输工会主席 白　燕

总工程师 刘　炯

遂宁市交通运输局

党组书记、局长 韩　麟

（2022.11任职）

党组书记、局长 肖　舰

（2022.02免职）

党组成员、机关党委书记 余礼军

党组成员、副局长职务 肖　伟

（2022.11免职）

党组成员、副局长　王　勇

党组成员、副局长　张　扬

（2022.04任职）

党组成员、副局长　左致远

（2023.02任职）

党组成员、安全总监　刘永志

总工程师　衡　平

（2022.04任职）

内江市交通运输局

党委书记、局长　陈代兵

党委委员、副局长　刘　波

党委委员、副局长　王　亮

党委委员、副局长　朱　鹏

党委委员、总工程师　徐洪友

党委委员、机关党委书记　龙　岗

党委委员、市交通建设服务中心主任　严　波

乐山市交通运输局

党组书记、局长　李智勇

党组成员、副局长　罗文智

党组成员、驻局纪检监察组组长　范明亮

党组成员、副局长　陈　东

（2022.04任职）

党组成员、直属机关党委书记　张翼华

党组成员、副局长　宛　诚

（2022.04任职）

南充市交通运输局

党委书记、局长　刘晓梅（女）

（2022.03 任职）

党委书记、局长　杨积义

（2022.03 免职）

党委委员、副局长、市邮政管理局局长　罗通明

党委委员、副局长　徐小斌

党委委员、副局长　马七林

党委委员、副局长　蒋　勇

（2022.11 任副局长，免去总工程师）

党委委员、副局长　张世民

（2022.05 免去党委委员、副局长，任一级调研员）

党委委员、安全总监　凡　兵

党委委员、市公路管理局局长　苏　彬

党委委员、市纪委监委驻局纪检监察组组长　马　彦

（2022.11 任职）

党委委员、机关党委书记　申　敏（女）

（2022.11 任职）

党委委员、市纪委监委驻局纪检监察组组长　甘雨鑫（女）

（2022.11 免职）

党委委员、机关党委书记　何　毅

（2022.11 免职）

宜宾市交通运输局

党组书记、局长，市交通战备办主任，宜宾高新区党工委副书记、管委会主任　华　涛

（2022.06任职）

党组副书记　李果伟

副局长、二级调研员　李兴岷

驻局纪检监察组组长、党组成员　肖振玲

党组成员、机关党委书记　李万红

（2022.05任职）

党组成员、机关党委书记　许振健

党组成员、副局长　何俊锋

党组成员，市邮政管理局党组书记、局长　陈　峰

（2022.08任职）

党组成员、总工程师　王建平

党组成员、副局长　吕　明

达州市交通运输局

党组书记、局长　蒋　波

党组成员，市公路建设服务中心主任　吴　燕

（2022.09 免去市公路建设服务中心主任职务，2022.09 调出）

党组成员，市公路建设服务中心主任　程杨君

（2022.12 任职）

党组成员、副局长，三级调研员　荆　林

党组成员、副局长，三级调研员　曾　俊

党组成员、副局长　张玉红

（2022.04 免去副局长职务）

党组成员、副局长　张建军

党组成员、副局长　王大云

党组成员、机关党委书记　王兴洪

总工程师　薛奉荣
安全总监　李自东

广安市交通运输局

党组书记、局长　葛　勇
党组成员、副局长　郑永锋
（2022.04 免职）
党组成员、副局长　王志强
党组成员、副局长　程财军
党组成员　黄光军
（2022.12 免职）
党组成员、副局长（挂职）　周泉
（2022.08 挂职期满）
党组成员、副局长　文雪琨
（2022.01-2022.06 任局机关党委书记，2022.06 任副局长）
党组成员、市纪委监委驻市交通运输局纪检监察组组长　吴洪平
党组成员、副局长（挂职）　张沛之
（2022.01 任党组成员、副局长，2023.01 挂职期满）
党组成员、机关党委书记　朱　欣
（2022.10 任职）
党组成员、总工程师　曾德丽
（2022.05 任总工程师，2023.02 任党组成员）

巴中市交通运输局

党组书记、局长　张云清
党组成员、副局长　魏　巍
党组成员、副局长　王湘云
党组成员、副局长　袁　丁（挂职）
党组成员、副局长　吴歆勇
（2022.02 任职）
党组成员、执法支队队长　李　勇
党组成员、机关党委书记　李丕俊
安全总监　黄方亮
总工程师　吴　冬
（2022.03任现职）
工会主任　唐东风
二级调研员　王　平
四级调研员　郭　亮
四级调研员　张　英

雅安市交通运输局

党组书记、局长　余万俊
（2022.03 任职）
党组副书记、副局长　马永强
（2022.11 任局党组副书记、2022.12 任副局长）
党组成员、副局长　张　华
（2022.11 免局党组副书记，2022.12 免副局长，2022.12 任市公路建设服务中心主任）
党组成员、副局长　叶其林
党组成员、副局长　季宗强
（2022.11 任局党组成员，2022.12 任副局长）
党组成员、副局长　罗康军
（挂职，2022.09 任党组成员、副局长）
副局长　龙　兴
（2022.12 免副局长）
党组成员、机关党委书记　李红英
党组成员、市纪委监委驻市交通运输局纪检监察组组长　肖　强
总工程师　裴廷伟
安全总监　施尚宏

眉山市交通运输局

党组书记、局长　范纯文
党组成员、纪检监察组组长　赵　敏
党组成员、副局长　郑绍飞
党组成员、副局长　曾　涛
党组成员、副局长　何永列
（2022.03 任副局长）
党组成员、机关党委书记　杨　军
党组成员、副局长　刘　帅
党组成员、副局长　郑大勇
（2022.05 挂职）
党组成员、副局长　李剑伟
（2022.11 挂职）

资阳市交通运输局

党组书记、局长 赖才建

（2022.5免职）

党组书记、局长 彭建华

（2022.6任党组书记，2022.7任局长，2022.7任市交战办主任）

局党组成员、副局长 施 毅

（2022.6免党组成员，2022.7免副局长）

党组成员、副局长 魏 威

党组成员、副局长，市邮管局党组书记、局长 刘文忠

（2022.6任党组成员（兼），2022.7任副局长〈兼〉）

党组成员、总工程师 张祖德

（2022.9免党组成员，2022.10免总工程师）

党组成员、机关党委书记 宋晓星

（2022.7免职）

党组成员、副局长 张学问

党组成员、副局长 陈永才

（2022.8任职）

党组成员、机关党委书记 王永良

（2022.9任职）

副局长 孙宝京

（2022.9任职）

党组成员、总工程师 王晓霞

（2022.9任党组成员，2022.11任总工程师）

阿坝州交通运输局

党组书记、局长 益 英

党组成员、副局长 斯旦珍

党组成员、副局长 陶朝勋

党组成员、副局长 蒲 龙

（2022.04 任现职）

党组成员、副局长 余禹岐

党组成员、副局长 周可夫

党组成员、交通战备办公室专职主任 杨太平

党组成员、总工程师 袁 磊

党组成员、驻局纪检组组长 龙 华

党组成员、安全总监 赵 中

党组成员、机关党委书记 周玉贵

二级调研员 刘显辉

副县级干部 尹 忠

甘孜州交通运输局

党委书记、局长 李言明

党委委员、纪检监察组组长 李登义

党委委员、副局长 康秀英

党委委员、副局长 肖星义

党委委员、副局长 张 斌

党委委员 孙忠元

（2022.11免党委委员）

党委委员、安全总监 高宝寿

党委委员、机关党委书记 张文淼

党委委员、政治部主任 曲 西

党委委员、副局长 黄永洪

（2022.10任党委委员、2022.11任副局长）

党委委员、副局长（援藏） 黎勇成

总工程师 刘军儒

凉山州交通运输局

党组书记、州交战办主任 苏 杰

（2022.02免党组副书记任党组书记，2022.06免局长职务、任凉山州交通战备办公室主任）

党组副书记、局长 黄朱林

（2022.02任党组副书记，2022.06任局长）

凉山州交通战备办公室主任 雷 鸣

（2022.06免职）

党组成员、副局长 杨华俊

党组成员、副局长 郑 磊

（2022.06任副局长）

州纪委派驻纪检组组长、党组成员 李 琳

党组成员、机关党委书记 虞卫东

党组成员、副局长（挂职） 何从敬

安全总监 木乃什突

总工程师 陈兵文

（2022.05退休）

总工程师 苏 康

（2022.07任职）

副局长、州邮政局局长 邵建洲

（本栏目供稿单位：各市〈州〉交通运输局）

常用缩略语注释

治理公路“三乱”：乱设站卡、乱罚款、乱收费。

运输管理“三把关，一监督”：严把运输经营者市场准入关，严把营运车辆技术关，严把驾驶员资格关；强化源头管理，完善动态监督。

汽车客运站管理“三不进站，五不出站”：易燃、易爆、易腐蚀物品不进站，无关人员不进站，无关车辆不进站；行驶证、驾驶证、从业资格证、道路运输证、客运线路标志牌、超长客运派车通知单不全或不符合规定的，报班车辆安检不合格的，驾驶员酒后和不按规定配备驾驶员的，车辆超载、超高的，天气恶劣不宜行车等情况不能出站。

超长客运管理“五统一”：建立超长客运管理中心、客运站、代办点三级售票网络，将车票代售网点建到每一个乡镇，实行统一售票；实行政府指导价，统一超长客运票价；根据售票情况，统一运力调度；对客车线路牌收发、运行费用报销、单车服务质量实施统一管理；实行单车趟次结算、按座位系数结算的分配方式，统一营收分配。

严禁旅客携带“三品”：易燃品、易爆品、危险品。

安全管理“一岗双责”：主要负责人对安全工作负总责，其他副职领导既对各自分管的业务和部门负责，又对分管业务范围内的安全生产工作负责。

行政审批管理“两集中，两到位”：部门的行政审批职能向一个内设机构相对集中，该内设机构向政务服务中心集中；部门将行业审批权向政务服务中心窗口授权到位，行政审批事项在政务服务中心办理到位。

“四江六港”：四江即长江、岷江、嘉陵江、渠江，六港即宜宾港、泸州港、乐山港、广元港、南充港、广安港。

“两客一危”：指从事旅游的包车、三类以上班线客车和运输危险化学品、烟花爆竹、民用爆炸物品的道路专用车辆。两客是指单次运营里程超过800公里的客运车辆和高速公路客运车辆；一危是指危险品运输车辆。

交通行政执法形象“四统一”：统一执法标识标志、统一执法证件、统一执法服装、统一执法场所外观。

农村公路建设项目“七公开”：①建设计划。省（区、市）、市（地、州、盟）、县（市、区）、乡镇、村农村公路建设计划按层级公开。②补助政策。公开农村公路建设资金补助政策，包括县、乡、村道及危桥改造、安保工程等的补助标准和资金。③招投标。符合招标条件的农村公路建设项目，应公开建设规模、技术标准、招标方式、标段划分、评标方法、中标结果、监督机构等。④施工管理。公开工程概况、施工许可（以年度计划替代施工许可的小型项目除外）、参建单位（建设单位、设计、施工、监理等）、岗位职责、质量安全控制、进度计划、主要原材料等信息。⑤质量监管。公开质量管理单位或监督机构、主要职责、质监负责人、联系方式、检查内容及方法、检查结果等。聘请村民监督员的，相关信息也同时公开。⑥资金使用。公开建设资金筹措、资金来源、资金到位、拨付情况等。⑦工程验收。公开工程验收方式、评定结果、竣（交）工验收鉴定书等。

“三基三化”：基层执法队伍的职业化建设、基层执法站所的标准化建设、基础管理制度的规范化建设，全面推进交通运输依法行政。

“六打六治”：打击矿山企业无证开采、超越批准的矿区范围采矿行为，整治图纸造假、图实不符问题；打击破坏损害油气管道行为，整治管道周边乱建乱挖乱钻问题；打击危化品非法运输行为，整治无证经营、充装、运输，非法改装、认证，违法挂靠、外包，违规装载等问题；打击无资质施工行为，整治层层转包、违法分包问题；打击客车客船非法营运行为，整治无证经营、超范围经营、挂靠经营及超速、超员、疲劳驾驶和长途客车夜间违规行驶等问题；打击“三合一”“多合一”场所违法生产经营行为，整治违规住人、消防设施缺失损坏、安全出口疏散通道堵塞封闭等问题。

“一带一路”：“丝绸之路经济带”和“21世纪海上丝绸之路”的简称。它将充分依靠中国与有关国家既有的双多边机制，借助既有的、行之有效的区域合作平台。“一带一路”倡议是目前中国最高的国家级顶层战略。

四川省道路旅客运输安全生产“六严禁”：严禁营运客车超速行驶，严禁营运客车超员运行，严禁营运客车驾驶员疲劳驾驶，严禁不按规定时间运行，严禁站外揽客、私拉乱跑，严禁故意损毁、屏蔽GPS监控系统。

六不发航：证照不齐不发航、超载不发航、船况不良不发航、停航封渡不发航、气候不良不发航、乘客不穿救生衣不发航。

监督执纪的“四种形态”：指党内关系要正常化，批评和自我批评要经常开展，让咬耳扯袖、红脸出汗成为常态；党纪轻处分和组织处理要成为大多数；对严重违纪的重处分、作出重大职务调整应当是少数；而严重违纪涉嫌违法立案审查的只能是极极少数。

法律“七进”：法律进机关、进学校、进乡村、进社区、进寺庙、进企业、进单位。

PPP：指政府和社会资本合资，是公共基础设施建设中一种项目融资模式。

三大发展战略：实施多点多极支撑发展战略，构建全省竞相发展新格局；实施“两化”互动、城乡统筹发展战略，形成“四化”同步发展新态势；实施创新驱动发展战略，增强转型发展、跨越提升新动力。

“放管服”：“放”即简政放权，降低准入门槛；“管”即公正监管，促进公平竞争；“服”即高效服务，营造便利环境。

“四好农村路”：是中共中央总书记、国家主席、中国共产党中央军事委员会主席习近平于2014年3月4日提出的。习近平指出，“要求农村公路建设要因地制宜、以人为本，与优化村镇布局、农村经济发展和广大农民安全便捷出行相适应，要进一步把农村公路建好、管好、护好、运营好，逐步消除制约农村发展的交通瓶颈，为广大农民脱贫致富奔小康提供更好的保障”。

寄递物流“三个100%”：100%做到先验视，后封箱。100%寄递物流实名制。100%通过X光机安检制度。

“四个一律”：对非法生产经营建设和经停产整顿仍未达到要求的，一律关闭取缔；对非法违法生产经营建设的有关单位和责任人，一律按规定上限予以经济处罚；对存在违法生产经营建设行为的单位，一律责令停产整顿，并严格落实监管措施；对触犯法律的有关单位和人员，一律依法严格追究法律责任。

“一干多支，五区协同”：“一干多支”发展战略，是中共四川省委对站在新起点的四川作出的重要谋划，是促使四川走在西部全面开发开放前列的重要举措。做强“主干”，支持成都加快建设全面体现新发展理念的国家中心城市。发展“多支”，打造各具特色的区域经济板块，推动环成都经济圈、川南经济区、川东北经济区、攀西经济区竞相发展；大力促进“五区协同”发展，推动成都平原经济区、川南经济区、川东北经济区、攀西经济区、川西北生态示范区协同发展，推动成都与环成都经济圈协同发展，构建四川“一干多支、五区协同”区域发展新格局。

“四个意识”：政治意识、大局意识、核心意识、看齐意识。

“四个自信”：中国特色社会主义道路自信、理论自信、制度自信、文化自信。

“两个维护”：坚决维护习近平总书记党中央的核心、全党的核心地位，坚决维护党中央权威和集中统一领导。

“四向拓展，全域开放”：突出南向，重点对接国家中新合作机制、粤港澳大湾区、北部湾经济区，深化与南亚、东南亚等合作。提升东向，重点依托长江经济带，承接东部沿海地区和美日韩等发达国家先进生产力，加强与京津冀、长三角、中原经济区、华中经济区合作。深化西向，重点释放中欧班列（蓉欧快铁）、“空中丝绸之路”等泛欧泛亚通道能力，推进对欧高端合作。扩大北向，重点服务国家外交战略，主动参与中蒙俄经济走廊建设。同时，加强与周边省（区、市）合作，深化与扶贫协作、对口支援省份的全面合作。

“两检合一”：车辆年检（安全技术检验）和年审（综合性能检测）依法合并。

春风行动：原指每年春季进行的招聘等就业促进行动，这里指为统筹做好道路运输疫情防控和农民工返岗出行保障，按照“省级统筹、属地负责”和“政府牵头、部门协同、统一组织、供需对接，全程管控、安全温馨”的原则，成立由交通运输、人力资源社会保障、卫生健康和公安等部门组成的工作组，组织实施“点对点、一站式”直达运输服务。

金通工程：乡镇及建制村通客车的提质升级版，以统一乡村客运标识、统一招呼站（牌）、统一车辆外观、统一从业人员标识为抓手，以建设美丽清新、安全绿色、便捷优质、精细管理乡村客运为主要任务，建人民满意乡村客运服务体系。

（厅史志总编室）

索引

SUOYIN

一、本索引按汉语拼音字母顺序排列。内文中包含的表格、内文插图、专文、资料在其款目后括号内分别注明“表”“图”“专”“资”，彩色插页标识注明“插”。
二、索引款目后的数字表示内容所在的页码，数字后的字母（a、b）表示栏别（即版面的左、右栏）。

A

B

C

D

E

F 

G 

H

I

J

K

L

M 

N

P

Q 

R

S

T

W

X

Y 

Z